KB261639

스콧 켈비의 DSLR 사용자를 위한

어도비 포토샵 라이트룸 5

초판 1쇄 발행 | 2015년 3월 25일
초판 2쇄 발행 | 2016년 4월 15일

지 은 이 | 스콧 켈비
옮 긴 이 | 홍성희
발 행 인 | 이상만
발 행 처 | 정보문화사
기획팀장 | 최동진
책임편집 | 고진주
디 자 인 | 남현
주　　소 | 서울특별시 종로구 대학로 12길 38(동숭동)
전　　화 | 02-3673-0037~9(편집부), 02-3673-0114(대)
팩　　스 | 02-3673-0260
등　　록 | 제1-1013호
I S B N | 978-89-5674-625-8

도서문의 및 A/S 지원
정보문화사 홈페이지 | http://infopub.co.kr

이 책은 저작권법에 따라 보호받는 저작물이므로 무단 전재와 무단 복제를 금하며,
이 책 내용의 전부 또는 일부를 사용하려면 반드시 저작권자와 정보문화사의 서면동의를 받아야 합니다.

- 정보문화사는 독자 여러분의 의견에 항상 귀를 기울이고 있습니다.
- 잘못된 책은 구입처에서 교환해드립니다.
- 가격은 뒤표지에 있습니다.

Scott Kelby

the Adobe Photoshop

Lightroom 5

스콧 켈비의 DSLR 사용자를 위한

어도비 포토샵 라이트룸 5

스콧 켈비 지음 | 홍성희 옮김

정보문화사
Information Publishing Group

저자의 글

내가 집필하는 모든 저서의 머리말은 항상 아내에게 전하는 감사 인사로 시작한다. 아내가 얼마나 훌륭한 사람인지 안다면 그 이유를 충분히 이해할 것이다.

아내와 장을 보러 가면 아내는 우유를 가져오라고 시킨다. 그리고 우유를 가지고 돌아오면 아내는 따뜻한 미소로 나를 맞는다. 내가 우유를 찾아와서 기쁜 것이 아니다. 단 60초만 떨어져 있어도 다시 만나면 "저 사람이 내가 사랑하는 남자야"라는 의미의 미소이다. 팔불출처럼 보일지 모르겠지만 결혼한 지 거의 24년이 되어가지만 매일 수십 번씩 그 미소를 마주한다면 세상에서 최고의 행운을 가진 사나이라고 느낄 것이다. 아내는 아직까지도 가슴을 두근거리게 만드는 능력이 있으며 이런 인생을 선물해준 아내에게 무한한 행복과 감사를 느낀다.

두 번째로 아들 조던에게 고맙다는 말을 전하고 싶다. 필자는 16년 전 조던을 임신하고 있을 때 첫 번째 저서를 집필하고 있었으며, 조던은 나의 저서들과 함께 성장해왔다. 그래서인지 함께 비디오 게임을 하려고 내가 원고를 한두 페이지 정도 마칠 때까지 기다릴 줄 아는 인내심도 가지게 되었다. 조던은 나에게 '작은 친구'이며, 그가 부드러움과 사랑이 넘치는 가슴을 가진 소년으로 자라는 과정을 지켜보는 것은 나의 큰 기쁨이다.

우리 훌륭한 딸 키라, 마치 우리의 기도가 응답을 받은 것처럼 오빠에게 좋은 동생이 되고 우리에겐 기적은 매일 일어날 수 있다는 것을 다시 한 번 증명해주었단다. 엄마를 빼닮았다는 말은 내가 해줄 수 있는 최고의 칭찬이란다.

형 제프에게는 감사할 점이 많다. 나의 인생에는 감사할 일이 많지만 자라면서 형과 같은 롤모델이 있다는 것은 특히 감사할 점이다. 제프는 최고의 형이며, 형제가 있다는 것은 큰 기쁨이다.

켈비 미디어 그룹의 팀 전체에게 깊은 감사를 드린다. 누구든지 자신의 팀을 특별하다고 생각하겠지만 나의 팀은 정말로 특별하다. 팀원 모두와 함께 일하게 된 것이 자랑스러우며, 아직도 팀원들의 능력에 놀랄 때가 많다. 그리고 그들이 쏟아 붓는 열정과 자부심에 감명 받는다.

켈비 미디어 그룹의 에디터 킴 도티에게 감사한다. 킴의 놀라운 사고방식, 열정, 침착함, 세부 사항에 집중하는 능력들이 내가 계속 책을 쓸 수 있게 도와주었다. 책을 집필할 때에는 이 세상에 홀로 남겨진 듯한 기분이 들 때가 많다. 킴은 그런 내 옆을 지켜주며 팀이라는 것을 느끼게 해주었다. 집필 중 간혹 벽에 부딪히면 용기를 북돋는 응원이나 도움이 되는 아이디어로 극복할 수 있게 도와주었기 때문에 킴에게 대한 감사는 말로 다 표현할 수 없다.

그리고 내 저서를 디자인한 뛰어난 재능을 가진 제시카 말도나도(일명: 포토샵 걸)가 팀원이라는 점 또한 큰 행운이다. 제시카의 디자인은 정말 훌륭하며 표지 디자인과 레이아웃에 넣은 작은 세부 디자인은 독창적이다. 제시카는 재능이 뛰어날 뿐 아니라 함께 일하기 즐거운 동료이다. 그녀는 모든 레이아웃 디자인에서 다섯 단계를 앞서 생각할 줄 아는 똑똑한 디자이너이다. '빅 데이브' 댐스트라와 그의 팀원들에게도 감사한다. 원고와 그래픽을 받아서 레이아웃 작업을 하는 데이브와 팀원들은 빡빡한 마감일에도 불구하고 깔끔하고 멋진 레이아웃을 가진 책을 만들어주었다.

또한 저서에 실린 모든 테크닉을 시험하고 빼놓은 단계가 없도록 꼼꼼히 확인해준 켈비 미디어 그룹의 기술 에디터, 신디 스나이더에게도 감사한다. 신디의 레이더망을 피해 빠져나가는 실수란 없다.

창의적인 슈퍼스타 팀을 이끄는 장본인은 바로 친구이자 창작 디렉터인 펠릭스 넬슨이다. 무한한 재능과 창의력, 정보력과 아이디어를 가진 펠릭스는 우리가 만드는 모든 책을 항상 더 좋게 만든다.

최고의 친구이자 경영을 담당하는 데이브 모우저는 항상 전보다 좋은 성과를 얻을 수 있도록 만드는 원동력이다. 친구이자 사업 동료인 진 A. 켄드라가 지금까지 나에게 준 응원과 우정에 감사한다. 진은 나와 아내 칼레브라 그리고 우리 회사에 없어서는 안 될 소중한 존재이다. 상임 어시스턴트 수잔 하지논에게도 큰 감사를 전한다. 그녀가 내 사업을 관리해주는 덕에 책을 쓰는 시간을 가질 수 있다.

피치핏 프레스의 에디터 테드 웨이트에게도 감사한다. 켈비 미디어 그룹의 킴 도티와 마찬가지로 테드도 나와 외부 세상을 연결시켜주었다. 세상에 변화를 가져올 수 있는 책을 만들기 위한 테드의 노고와 헌신에 감사한다. 또한 발행인 낸시 알드리치 루엔젤과 사라 제인 토드와 스캇 코울린 그리고 빼놓을 수 없는 게리 폴이 속한 그녀의 팀에게도 감사한다.

늦은 밤에 보내는 이메일에도 친절히 답해준 라이트룸 제품 부장 톰 호가티와 이 책의 계획 단계부터 큰 도움을 준 브라이언 오닐 휴즈에게도 감사한다. 이 책의 최신판 계획 단계부터 완벽한 홍보 담당자와 간혹 기술 에디터의 역할가지 해준 친구 매트 클로스코우스키에게도 큰 빚을 졌다. 매트의 의견 덕분에 이 책의 내용이 훨씬 풍성해졌다.

어도비사의 친구들과 오랫동안 많은 가르침을 주신 훌륭한 사진가들, 지혜와 질책으로 가늠할 수 없는 많은 도움을 주는 나의 멘토들에게도 감사한다.

무엇보다도 하나님과 그의 아들 예수 그리스도에 감사한다. 나를 아내에게 인도해주고 훌륭한 두 아이를 갖게 해주었으며, 사랑하는 일을 직업으로 삼을 수 있도록 해주었고, 필요할 때면 항상 힘을 불어넣어주어 가족들과 행복한 삶을 누리게 해주었다.

저자 소개

스콧 켈비(Scott Kelby)는 『월간 포토샵 유저(Photoshop User)』의 출판인이자 공동 설립자이며, 잡지 『라이트룸(Lightroom)』의 편집장이다. 또한 사진가를 위한 주간 인터넷 생방송 토크쇼 〈더 그리드(The Grid)〉와 시청률이 높은 주간 인터넷 방송 프로그램인 〈포토샵 유저 TV(Photoshop User TV)〉의 진행자이기도 하다.

그는 포토샵 전문가 협회(NAPP)와 어도비 포토샵 연합의 회장직을 연임하고 있으며, 트레이닝/교육/출판 회사인 켈비 미디어 그룹의 대표이다.

사진가이며 디자이너인 스콧은 『The Adobe Photoshop Book for Digital Photographers』, 『Professional Portrait Retouching Techniques for Photographers Using Photoshop』, 『Light It, Shoot It, Retouch It: Learn Step by Step How to Go from Empty Studio to Finished Image』, 『Photoshop Classic Effect』, 『The Photoshop Element Book for Digital Photographers』, 『The Digital Photography Book, Vols. 1~4』를 포함한 50권 이상의 책을 집필한 저자로서 여러 가지 수상 경력을 가지고 있다.

특히 그의 책 『The Digital Photography Book, Vol. 1』은 디지털 사진 관련 도서 중 역대 최고의 판매량을 기록하였으며 스콧은 지난 3년 동안 사진 관련 분야의 베스트셀러 자리를 놓치지 않고 있다.

그의 저서들은 중국어, 러시아어, 스페인어, 한국어, 폴란드어, 프랑스어, 독일어, 일본어, 네델란드어, 스웨덴어, 터키어, 포루투갈어 등 전 세계의 언어로 번역 출간되었고 그의 공헌을 인정받아 미국 사진가 협회에서 매년 수여하는 ASP 인터내셔널 어워드를 수상하기도 했다.

어도비 포토샵 세미나 투어와 포토샵 월드 컨퍼런스&엑스포의 트레이딩 디렉터인 그는 1993년부터 포토샵 강의를 해오고 있으며, 어도비 포토샵 트레이닝 DVD 시리즈를 제작하고 KelbyTraining.com에 온라인 강의 동영상도 제공하고 있다.

그의 블로그와 SNS에서 스콧 켈비에 대해 더욱 많은 정보를 얻을 수 있다.

블로그: http://scottkelby.com
트위터: @scottkelby
페이스북: www.facebook.com/skelby
구글+: Scottgplus.com

CHAPTER 01

IMPORTING
라이트룸으로 사진 불러오기   18

차례

CUSTOMIZING
나만의 작업 방식에 맞는 라이트룸 설정하기 — 136

EDITING ESSENTIALS
사진의 기본 보정 — 156

차례

CHAPTER 05

DJ DEVELOP(PART 2)
사진 보정하기   202

차례

CHAPTER 08

EXPORTING IMAGES
이미지 저장하기와 보내기 기능들 296

CHAPTER 09

JUMPING TO PHOTOSHOP
포토샵으로 전환하기 322

차례

CHAPTER 12

DSLR: THE MOVIE
DSLR로 촬영한 영상 사용하기 418

CHAPTER 13

THE BIG PRINT
사진 출력하기 430

읽기 전에 알아두어야 할 7가지 주의사항

첫 번째 챕터를 시작하기 전에 2분만 투자하여 다음 7가지 주의 사항을 읽어둔다면 라이트룸 5를 습득하는데 큰 도움이 될 것이다. 여기엔 중요한 정보도 포함되어 있으므로 그냥 지나친다면 필자에게 이메일로 질문해야 하는 번거로움이 생길 수 있다. 어쨌거나 이 항목에 실은 캡처들은 그냥 보기 좋으라고 넣은 것이다. 우리는 무엇이든지 보기 좋게 만들어야 하는 사진가가 아닌가.

1. 7가지 주의사항을 설명한 영상을 만들었다.

7가지 주의사항이 읽기 싫다면 'http://kelbytraining.com/books/LR5'에서 더 자세히 설명한 영상을 볼 수 있다. 짧은 영상이므로 책으로 읽는 시간의 반밖에 걸리지 않을 것이다(사실 '반'은 과장이다. 그러나 영상은 분명히 도움이 되므로 시간을 투자해 보기 바란다).

2. 'http://kelbytraining.com/books/LR5'에서 다운로드 받아 사용하면 된다.

이 책에 실은 사진들은 'http://kelbytraining.com/books/LR5' 또는 정보문화사 홈페이지(www.infopub.co.kr)의 [자료실]–[통합자료실]에서 다운로드 할 수 있다. 이 항목을 지나치고 챕터 1로 건너뛴다면 이런 정보를 얻지 못하고 필자에게 왜 진작 알려주지 않았냐는 항의 메일을 보낼 것이다.

3. 이 책은 순서대로 보는 것이 좋다.

필자의 다른 책을 읽어보았다면 필자가 항상 '순서대로 읽지 않아도 괜찮다'고 쓴 항목을 기억할 것이다. 그러나 이 책은 일반적인 라이트룸으로 실행하는 작업 순서에 따라 썼기 때문에 라이트룸을 처음 사용한다면 챕터 1부터 보기를 권장한다. 각 레슨 첫 페이지에 있는 도입문은 중요한 정보를 포함하고 있기 때문에 꼭 읽기 바란다.

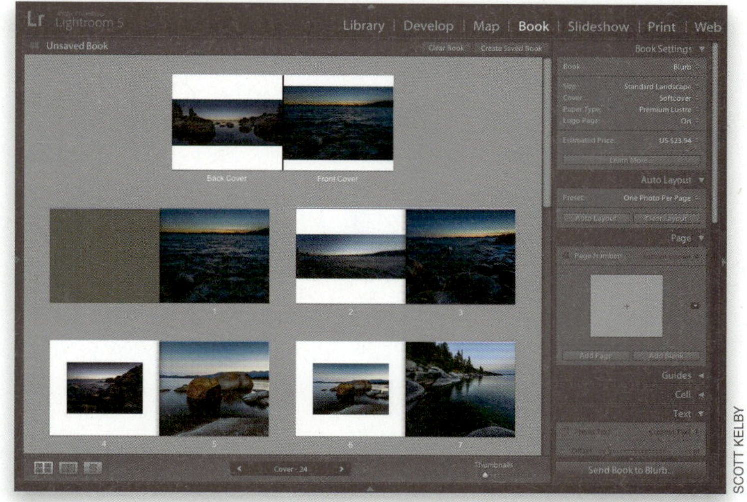

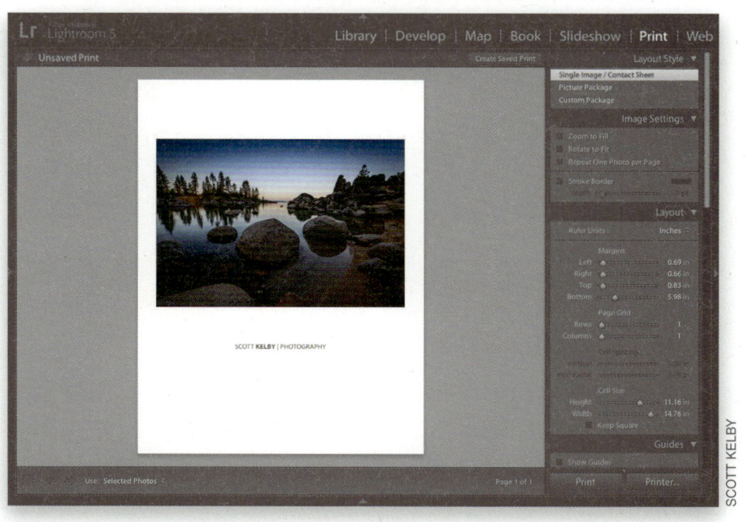

4. 라이트룸의 공식명은 "어도비 포토샵 라이트룸 5"이다.

필자가 매번 "어도비 포토샵 라이트룸 5"라고 쓴다면 나중에는 필자(혹은 근처에 앉은 사람)의 목을 조르고 싶을 정도로 지겨워질 것이다. 그러므로 여기서부터는 줄여서 "라이트룸" 혹은 "라이트룸 5"라고 칭할 것이다.

5. 각 챕터의 도입문은 눈여겨보지 않아도 괜찮다.

챕터의 도입문은 잠시 휴식을 가지기 위해 쓴 것이기 때문에 사실 본문 내용과는 연관성이 없다. 그저 기발한 도입문을 쓰는 것은 필자만의 개인적인 전통이며 모든 책의 도입문을 동일한 방식으로 쓴다. 그러므로 '진지한' 성격이라면 챕터 도입문이 마음에 들지 않을 것이므로 그냥 건너뛰기 바란다.

6. 필자의 라이트룸 워크플로우 챕터는 마지막에 읽는다.

이 책의 끝 부분에는 보너스 챕터로 필자의 워크플로우를 실었다. 그러나 워크플로우 챕터는 이 책을 다 읽은 후에 읽기 바란다. 그전에 읽는다면 필자의 설명을 이해하지 못할 것이다.

7. [Web] 모듈 챕터가 없다.

이 책을 보다 보면 [Web] 모듈에 대한 챕터가 빠졌다는 점에 의아해할 것이다. [Web] 모듈에 대한 챕터는 웹사이트에만 올렸다(링크는 7.5에 있다). [Web] 모듈 챕터를 웹사이트에만 올린 이유는 어도비사가 지난 세 버전의 라이트룸에서 [Web] 모듈에 새로운 기능을 전혀 추가하지 않았기 때문이다. 그래서 필자 역시 사용을 권하지 않는다. 그러나 만약의 경우를 위해 챕터를 업그레이드하여 웹사이트에 실었다. 사용하지 않을 보너스라고 생각하면 된다.

(7.5) 특별히 보너스 영상을 제작했다.

챕터 11과 13에서 배우게 될 투명도 기능으로 만드는 아이덴티티 플레이트(Identity Plate) 그래픽을 단계별로 보여주는 보너스 영상을 만들었다. 영상은 'http://kelbytraining.com/books/LR5'에서 볼 수 있다.

Photo by Scott Kelby   Exposure: 1/150 sec | Focal Length: 28mm | Aperture Value: f/5.6

IMPORTING
라이트룸으로 사진 불러오기

지금 이 도입문을 읽고 있다면 서론의 주의사항에서 이미 챕터 도입문은 본문의 내용과 연관성이 없다는 점을 숙지했으리라 믿는다. 챕터 도입문은 잠시 한숨을 돌릴 목적으로 쓴 것이다. 물론 아직 배운 것이 없으니 챕터 1에는 한숨을 돌릴만한 도입문이 필요하지 않다. 하지만 도입문을 넣지 않으면 이 페이지는 비워놓아야 하는데, 필자가 지금까지 배운 점이 하나 있다면 사람들은 빈 페이지를 좋아하지 않는다는 것이다. 그렇기 때문에 간혹 어떤 책을 보면 빈 페이지에 "이 페이지는 일부러 비워놓았습니다"라는 문구가 인쇄되어 있다. 필자가 의문을 갖는 것은 페이지를 일부러 비운 이유를 설명하지 않는다는 점과 "이 페이지는 일부러 비워놓았습니다"라는 문구로 인해 그 페이지는 더 이상 빈 페이지가 아니라는 점이다. 그러므로 이 빈 페이지에 대한 이슈는 사기이다. 하지만 그 점을 지적하면 "인쇄용지 1연"이라는 둥 "반정부 단체의 선전 전략 퇴치용"이라는 둥 수 십 가지의 기술적인 이유 때문에 비워두어야 한다고 둘러댈 것이다. 이 페이지는 절대 그러한 음모론에 속하지 않는다는 점을 보장한다. 그러므로 여기는 쉬어갈 필요가 없는 시점이지만(지금쯤이면 필요를 느끼고 있을지도 모르겠다) 도입문을 넣었다. 출판업계에서는 이것을 "당겨쓰기"라고 하지만 실제의 명칭이 아니며 의도적으로 비운 페이지에만 사용할 수 있기 때문에 여기에는 쓸 수 없다. (필자는 도입문에 대해 서론에서 분명히 경고했다.)

사진 저장 위치 선택하기

라이트룸에서 사진을 불러오기 전에 먼저 라이브러리를 저장할 위치를 결정해야 하는데, 이 일이 생각보다 쉽지 않다. 지금까지 촬영한 사진의 분량 즉, 라이트룸으로 관리할 사진의 분량 외에도 향후 몇 년간 촬영할 사진의 분량까지 고려하여 컴퓨터에 저장할지 외장 하드에 저장할지를 결정해야 하기 때문이다.

Desktop 컴퓨터 사용자의 경우

라이트룸은 기본적으로 컴퓨터의 하드디스크에 사진을 저장하도록 설정되어 있기 때문에 자동으로 PC나 MAC의 [Pictures] 폴더에 모든 사진을 저장한다. 그러므로 라이트룸의 [Import] 창에서 별도의 저장 위치를 설정하지 않으면 사진을 컴퓨터의 하드디스크에 저장한다. 컴퓨터 하드디스크에 충분한 공간이 있다면 문제가 없을 것이다. 하지만 컴퓨터 하드디스크에 충분한 여유 공간이 없다면 외장 하드를 구입해서 저장한다. 외장 하드에 저장해도 라이트룸으로 사진을 관리할 수 있다. 다음의 몇 페이지에 걸쳐 그 방법을 배울 것이다.

Note

어느 정도의 여유 공간이 필요한지 궁금하다면 다음을 고려해보자. 촬영이 일주일에 한 번 있고 매 촬영 때마다 4GB 카드 한 개를 사용한다면 1년에 200GB의 공간이 필요하다. 그러므로 하드디스크 공간을 고려할 때 크게 생각해야 한다.

랩톱 컴퓨터 사용자의 경우

대부분의 랩톱은 하드디스크의 용량이 크지 않기 때문에 사진 편집을 할 때 주로 랩톱 컴퓨터를 사용한다면 외장 하드에 사진 라이브러리를 저장하는 것이 좋다. 수천 장 혹은 수만 장의 사진을 저장해야하기 때문에 많은 사진가들이 외장 하드를 사용한다. 최근에는 외장 하드의 가격도 매우 저렴해졌다. 500GB 외장 하드는 5만 원 정도이며, 조금만 더 투자하면 1,000GB를 저장할 수 있는 1TB 외장 하드를 7~8만 원 정도에 구입할 수 있다.

라이트룸은 처음에 폴더 구성 기능 설정만 잘해놓으면 사진 관리에 탁월한 프로그램이다. 간단하지만 중요한 한 가지 법칙만 지키면 된다: 모든 사진을 폴더 하나에 저장하는 것이다. 모든 사진이 하나의 폴더 안에 있다면 하위 폴더의 개수는 제한이 없다. 불러온 사진들을 여기 저기 다른 위치에 나누어 저장하면 사진 관리에 어려움을 겪을 것이다.

다음에 할 일: 폴더 구성하기

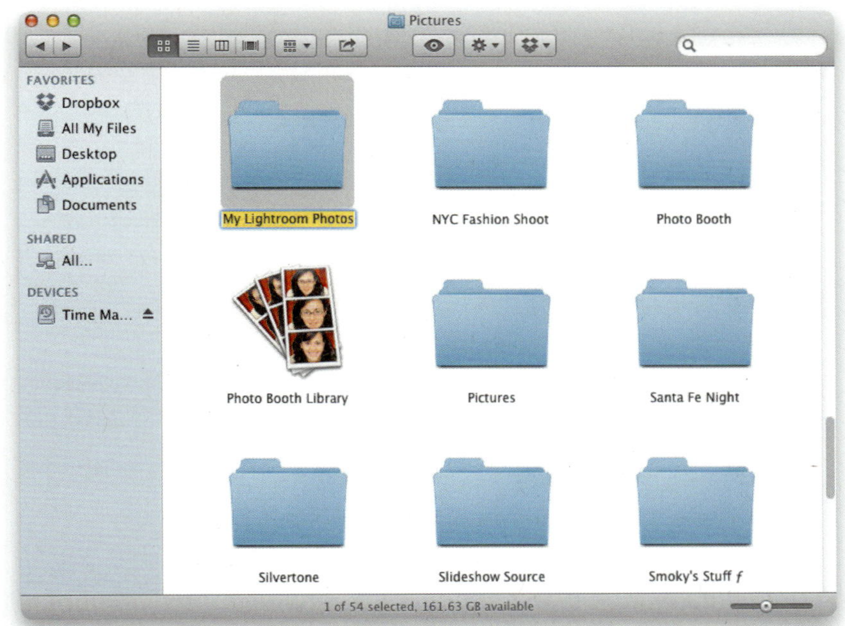

STEP 01

이번 레슨의 목적은 모든 사진을 하나의 주 폴더에 저장하는 것이다. 사진을 컴퓨터에 저장하기로 결정했다면 나머지 과정은 간단하다. 라이트룸은 컴퓨터의 [Pictures] 또는 [My Pictures] 폴더를 주 폴더로 사용하도록 설정되어 있고 메모리 카드에서 사진을 불러오면 자동으로 폴더를 선택한다. 여기에 한 가지 설정을 더 추가하면 사진 관리는 더욱 쉬워진다. [Pictures] 폴더에 새 폴더를 생성한 후 'My Lightroom Photos'로 이름을 설정한다. 폴더 이름을 필자와 똑같이 설정할 필요는 없지만 여기서는 편의를 위해 그렇게 설정했다. 하위 폴더를 만들어 사용하면 나중에 컴퓨터의 하드디스크에 공간이 부족할 때(그 시기는 예상보다 빨리 올 것이다) 사진 라이브러리 전체를 간편하게 이동하거나 복사 또는 백업할 수 있다. 지금 간단하게 설정을 하는 것만으로도 이후에 몇 시간 혹은 며칠이 걸릴 수도 있는 작업시간을 절약할 수 있다.

STEP 02

컴퓨터에 이미 여러 개의 사진 폴더가 있다면 [My Lightroom Photos] 폴더로 이동해서 모든 사진을 하나의 폴더에 저장하는 것이 좋다. 별것 아닌 것처럼 보이겠지만 이 간단한 정리 과정 하나로 사진 정리 작업이 얼마나 쉬워지는지 발견하면 놀랄 것이다. 외장하드를 사용하는 경우에도 동일한 방법을 사용한다. 외장하드 사용 방법은 다음 단계에서 알아보자.

STEP 03

외장 하드에 사진을 저장하는 경우에는 새 폴더를 만들고 [My Lightroom Photos], 또는 원하는 이름으로 폴더명을 설정한 다음 라이트룸으로 관리할 사진 폴더들을 외장 하드의 폴더로 이동한다. 물론 폴더 안에 있는 사진들은 그대로 유지한 채로 옮긴다. 수 천 장이나 되는 사진들을 빈 폴더에 몽땅 저장하는 방법은 아무도 원하지 않을 것이다. 이 과정은 사진을 라이트룸으로 불러오기 전에 모두 마친다. 다음 레슨에서 사진 불러오기와 불러온 사진을 저장할 새 폴더의 사용 설정 방법에 대해 자세히 배울 것이다.

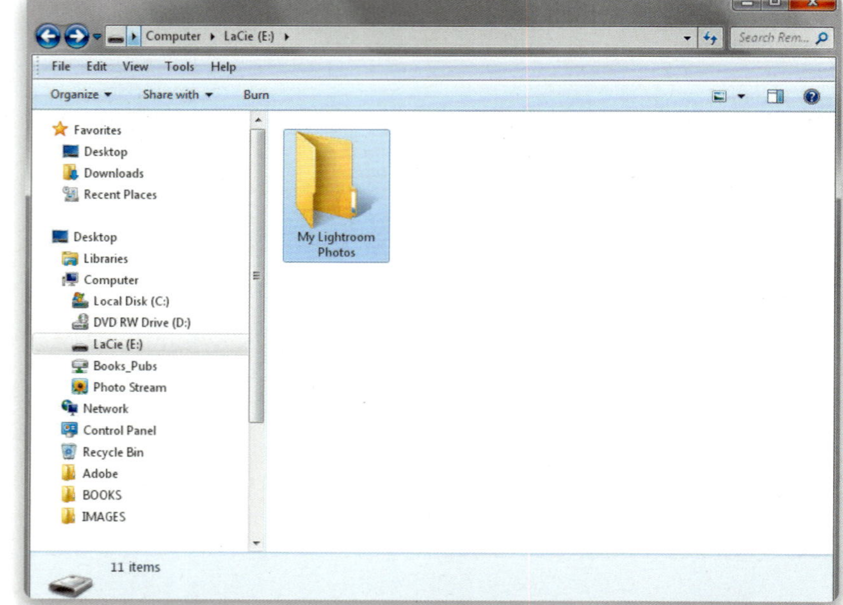

라이트룸으로 불러오는 사진은 카메라, 정확히 말하자면 카메라의 메모리 카드에 있거나 컴퓨터에 이미 저장한 사진들일 것이다. 먼저 카메라의 메모리 카드에서 사진을 불러오는 방법에 대해 알아보자(컴퓨터에 저장한 사진을 불러오는 방법은 36쪽, '컴퓨터에 저장한 사진 불러오기'에 있다).

카메라에서 라이트룸으로 사진 불러오기

STEP 01

라이트룸을 열고 카메라 혹은 메모리 카드 리더기를 컴퓨터에 연결하면 라이트룸 창 위에 예제 사진과 같이 [Import] 창이 나타난다. 창의 상단에는 다음과 같은 중요한 정보가 있다. ❶ 불러올 사진의 위치: 여기서는 카메라에서 사진을 불러온다. ❷ 사진에 실행할 기능: 여기서는 카메라에 기록한 사진을 복사한다. ❸ 사진을 저장할 위치: 여기서는 컴퓨터의 [Pictures] 폴더에 저장한다. 카메라 혹은 메모리 카드에서 사진을 불러오고 싶지 않은 경우에는 [Cancel] 버튼을 클릭하면 [Import] 창이 사라진다. [Library] 모듈에서 왼쪽 패널 영역에 있는 [Import] 버튼을 클릭하면 [Import] 창을 열어 언제든지 사진을 불러올 수 있다.

STEP 02

라이트룸은 카메라나 메모리 카드 리더기를 연결하면 내장된 사진을 불러와야 한다고 자동으로 인식하므로 목록이 창 왼쪽 상단의 "FROM"에 나타난다. 컴퓨터에 한 개 이상의 리더기를 연결했을 때 다른 카드에서 사진을 불러오려면 [FROM] 버튼을 클릭하고 팝업 메뉴에서 다른 카드 리더기 혹은 [Desktop]이나 [Pictures] 폴더와 같은 다른 저장 위치를 선택한다. 최근에 불러온 사진 폴더도 선택할 수 있다.

STEP 03

중앙 Preview 영역의 오른쪽 하단에는 썸네일의 크기를 조절하는 슬라이더가 있다. 썸네일을 크게 보려면 슬라이더를 오른쪽으로 드래그한다.

Tip

사진 크게 보기

불러오는 사진을 전체화면으로 보려면 사진을 더블클릭해서 줌인하거나 사진을 클릭한 다음 E 키를 누른다. 사진을 줌아웃 하려면 다시 더블클릭하거나 G 키를 누르면 된다.

STEP 04

사진을 미리 확인할 수 있는 미리 보기 썸네일은 불러올 사진을 선택할 수 있다는 장점이 있다. 촬영할 때 실수로 셔터를 눌러 찍은 사진이나 필요 없는 사진을 미리 걸러낼 수 있다. 썸네일의 체크박스는 모든 사진을 불러오도록 기본 설정이 되어 있다. 불러오고 싶지 않은 사진은 체크박스를 해제한다.

만약 수 백 장의 사진들 중 일부만 불러오려면 Preview 영역 하단의 [Unchecked All] 버튼을 클릭해서 사진 전체를 체크 해제한 다음 Ctrl(MAC: [Command])키를 누르고 불러오려는 사진만 클릭하고 그 중 사진 하나의 체크박스를 클릭한다. 또한 Preview 영역 하단의 [Sort] 팝업 메뉴에서 [Checked State]를 선택하면 선택한 사진들을 Preview 영역 상단으로 정렬할 수 있다.

Tip

여러 장의 사진 일괄 선택하기

불러오려는 사진들이 순서대로 배치되어 있다면 첫 번째 사진을 클릭하고 Shift 키를 누른 채 마지막 사진까지 클릭해서 일괄 선택한다.

[Import] 창 상단에는 파일을 원본 그대로 복사하는 [Copy]와 어도비의 DNG 형식으로 변환해서 불러오는 [Copy as DNG] 버튼이 있다. 틀린 답은 없으므로 잘 모르겠다면 기본 설정인 [Copy]를 클릭하고 메모리 카드에 있는 사진을 복사해서 컴퓨터(혹은 외장 드라이브)에 저장한다. 어느 항목을 선택해도 카드에 있는 원본은 그대로 유지되기 때문에 불러오기를 실행하다가 문제가 생겨도 걱정할 필요는 없다.

Note

어도비의 DNG[디지털 네가티브] 파일 형식의 장점에 대해서는 57쪽, 'DNG 파일 형식의 장점'을 참고할 것.

STEP 07

[Copy]와 [Copy as DNG] 버튼 하단에는 세 개의 보기 선택 항목이 있다. 메모리 카드의 모든 사진 보기로 기본 설정이 되어 있는데, 촬영 후 사진을 다운로드하고 다시 그 카드를 촬영에 사용한 다음 컴퓨터에 연결했을 때 [New Photos] 버튼을 클릭하면 아직 불러오지 않은 사진만 볼 수 있다. [Destination Folders] 버튼은 사진을 저장할 폴더에 이미 동일한 이름을 가진 파일이 있는 경우 숨기는 기능이다. [Move] 버튼과 [Add] 버튼은 잡동사니를 정리하고 파일을 이동할 때 보기 편리하도록 만든 기능 버튼이므로 사용하지 않아도 된다.

STEP 08

이번엔 불러올 사진의 저장 위치를 설정해보자. 창 오른쪽 상단에 사진의 저장 위치를 알리는 [To] 영역이 있다. 예제는 컴퓨터 하드디스크의 [Pictures] 폴더에 사진을 저장하도록 설정되어 있다. [To]를 클릭하고 누른 채 팝업 메뉴를 열어 기본 설정인 [Pictures] 폴더나 다른 저장 위치를 설정한다. 팝업 메뉴에서 가장 최근에 사용한 저장 폴더를 선택할 수 있다. 하단의 [Destination] 패널을 보면 선택한 폴더로 가는 경로가 나타난다. 지금까지 배운 내용을 정리하면 다음 세 가지와 같다.

❶ 사진은 메모리 카드에서 불러온다.

❷ 카드에 저장한 사진을 이동하는 것이 아니라 복사해서 이동하는 것이다.

❸ [To] 영역에서 지정한 폴더에 복사한 사진을 저장한다.

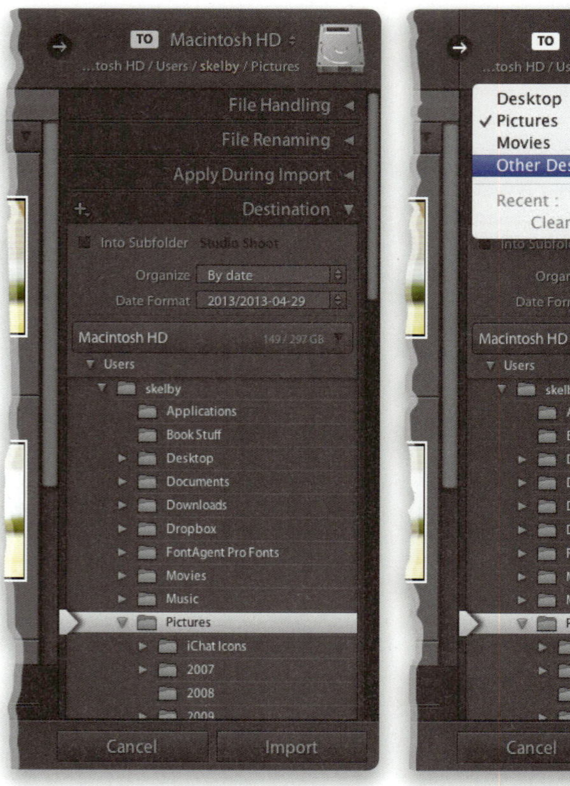

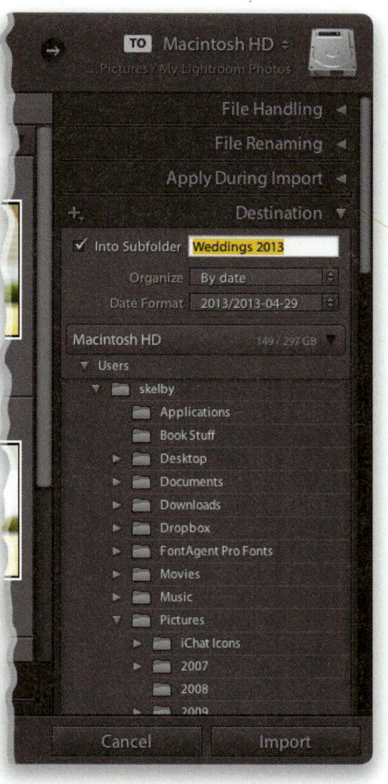

STEP 09

앞에서 만든 [My Lightroom Photos] 폴더를 선택해도 불러온 사진을 아무렇게나 저장하지 않기 때문에 걱정할 필요는 없다. 불러온 사진을 자동으로 폴더 안에 날짜별로 저장하거나 필자처럼 새 폴더를 만들어 원하는 이름으로 저장하도록 설정할 수 있다. 필자가 사용하는 방법에 대해 먼저 알아보자. 창 오른쪽의 [Destination] 패널에서 'Into Subfolder' 체크박스를 클릭한다. 오른쪽에 입력란이 나타나면 원하는 폴더 이름을 입력한다. 여기서는 [My Lightroom Photos] 폴더 안에 만든 [Weddings 2013] 하위 폴더에 사진을 저장할 것이다. 필자는 개인적으로 촬영 내용을 정확하게 설명하는 이름을 선호하지만 년도나 월 등의 날짜로 구분하는 방법을 선호하는 사진가도 있다. 날짜별로 사진을 저장하는 방법에 대해서는 다음 단계에서 알아볼 것이다.

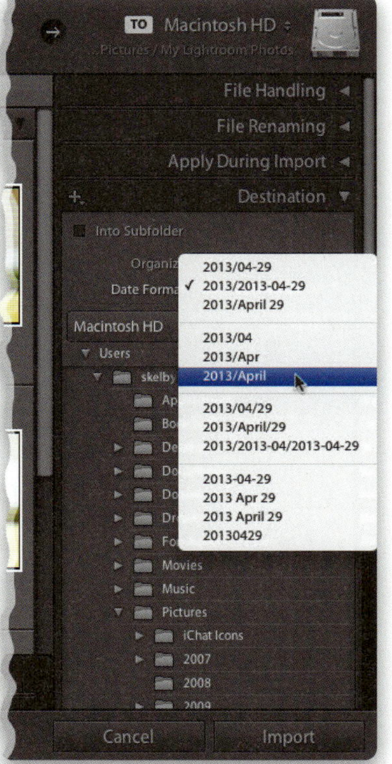

STEP 10

사진을 날짜별로 정리하려면 먼저 'Into Subfolder'의 체크를 해제해야 한다. [Organize] 팝업 메뉴에서 'By Date'를 선택한 다음 [Date Format] 팝업 메뉴에서 원하는 날짜 형식을 선택한다. 모든 형식에 연도가 가장 앞에 있는데 [2013]이 주 하위 폴더이고 '/' 다음에 표기한 이름이 그 안에 포함되는 하위 폴더의 이름이기 때문이다. 여기서는 '2013/April'을 선택했다. 이제 불러오는 사진은 [My Lightroom Photos] 폴더에 속한 [2013] 폴더의 [April] 폴더에 저장된다. 여기에서 선택하는 것은 새로운 [2013] 폴더 안에 만드는 새 폴더의 이름이다. '/'가 없는 이름을 선택하면 [2013] 폴더 안에 하위 폴더를 만들지 않고 선택한 항목의 이름을 가진 폴더를 만든다. 날짜는 기능을 실행한 당일의 날짜를 자동으로 사용한다.

STEP
11

파일을 불러오는 위치와 저장할 위치를 파악했으
니 다음은 [File Handling] 패널에 대해 알아보자.
[Render Previews] 메뉴에는 라이트룸에서 미리
보기 사진을 확대할 때 사진이 나타나는 속도를 설
정하는 네 가지 항목이 있다.

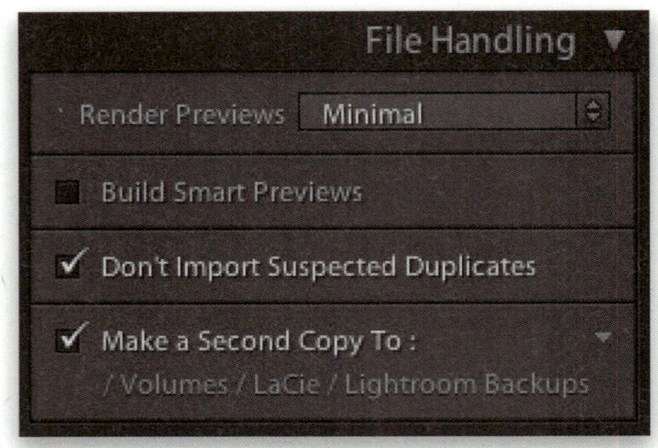

1. Minimal

'Minimal'은 사진의 렌더링 시간을 최소화한다. 사
진을 더블클릭해서 'Fit to Window' 크기로 줌인하
면 렌더링을 실행하며 잠시 후 고화질의 미리 보기
이미지가 나타난다(이때 화면에 'Loading'이라는
메시지가 나타난다). 사진을 100% 크기로 확대하
면 잠시 더 기다려야 하며 다시 'Loading' 메시지
가 나타난다. 사진을 확대하기 전에는 고화질의 미
리 보기 이미지를 만들지 않기 때문이다.

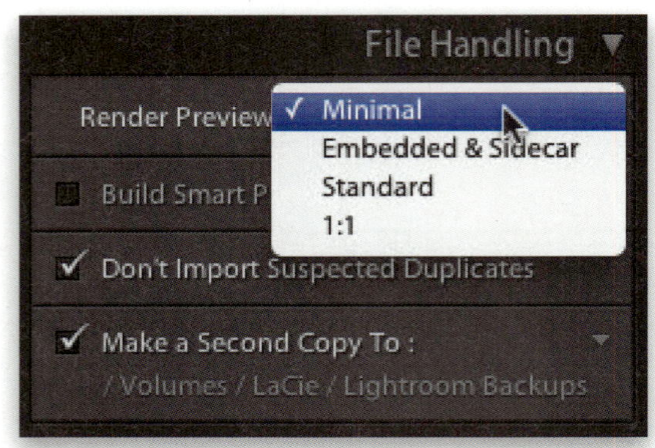

2. Embedded & Sidecar

'Embedded & Sidecar'는 사진을 불러올 때 저
해상도의 JPEG 썸네일(촬영할 때 카메라 후면의
LCD에서 보는 미리 보기 이미지와 같은 형식)을
파일에 포함하는 방식이다. 사진을 로딩하면 미
리 보기 이미지의 크기는 작아도 확대한 고해상도
의 이미지처럼 보이는 고해상도의 썸네일을 로딩
하기 시작한다.

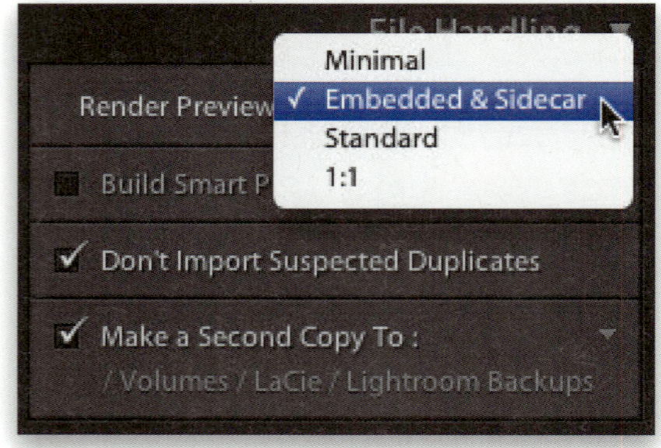

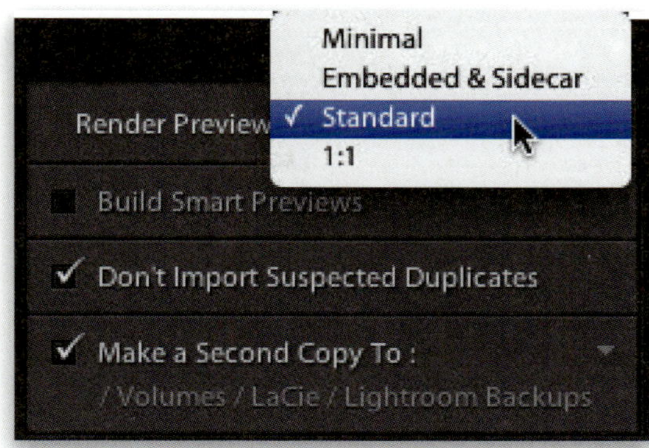

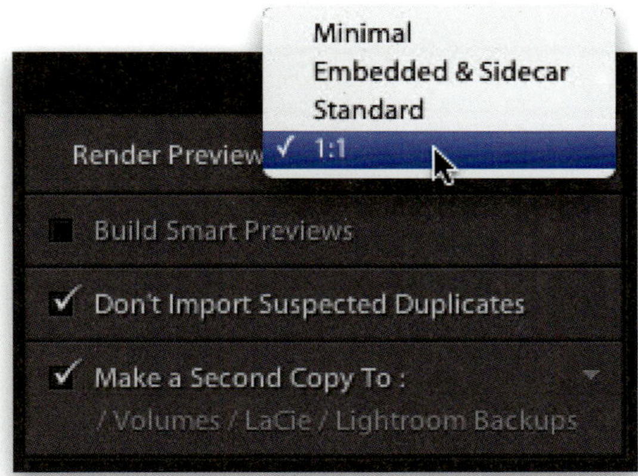

3. Standard

'Standard' 미리 보기는 저해상도 미리 보기 이미지를 불러오자마자 고해상도 미리 보기 이미지를 렌더링하기 때문에 'Fit to Window'로 클릭할 때 대기 시간 없이 바로 고해상도 미리 보기 이미지를 볼 수 있는 대신 사진을 불러올 때 시간이 조금 더 걸린다. 그러나 더 큰 이미지로 확대하면 동일한 렌더링 메시지가 나타나며 몇 초 정도 더 기다려야 한다.

4. 1:1

'1:1' 미리 보기는 저해상도 썸네일이 나타난 다음 고해상도 미리 보기 이미지를 렌더링하기 때문에 기다리지 않고 원하는 크기의 이미지로 확대할 수 있다. 그러나 '1:1' 미리 보기는 두 가지 단점이 있다. ❶ 속도가 너무 느리다. 기본적으로 [Import] 버튼을 클릭한 후 커피 한두 잔을 마시고 돌아와도 될 정도로 시간이 오래 걸린다. 하지만 렌더링 메시지를 보지 않고 어느 사진이든 마음대로 확대할 수 있다. ❷ 대형 고해상도 미리 보기 이미지는 라이트룸 데이터베이스에 저장하기 때문에 파일 크기가 커진다. 크기가 너무 커서 '1:1' 미리 보기는 30일 후에 자동으로 삭제된다. 그러므로 '1:1' 미리 보기 이미지를 가진 사진 파일을 30일 동안 열지 않았다면 고해상도 미리 보기 모드는 필요 없다. [Edit] (MAC:[Lightroom]) 메뉴의 [Catalog Settings]에서 [File Handling] 탭을 선택하면 '1:1' 미리 보기의 삭제 시기를 설정할 수 있다.

> **Note**
>
> 필자는 'Minimal' 미리 보기 기능을 사용한다. 사진을 확대할 때 기다리는 1, 2초 정도는 감수할 수 있다. 게다가 더블클릭한 사진만 미리 보기 이미지를 렌더링하기 때문에 시간을 절약하는 셈이다. 그러나 시간당으로 보수를 받는다면 시간이 오래 걸리는 '1:1' 미리 보기 모드를 추천한다(농담이라는 것 모두 알리라 믿는다).

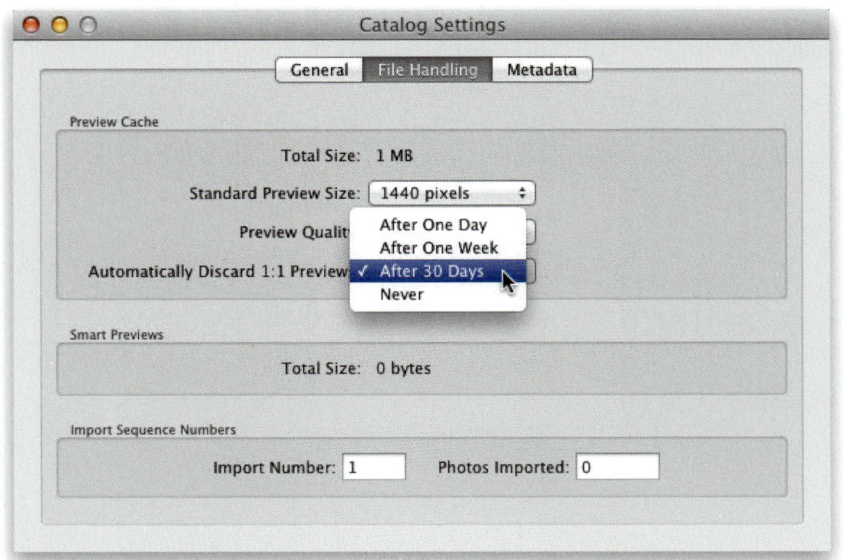

STEP 12

[Render Previews] 팝업 메뉴([Build Smart Previews] 팝업 메뉴에 대해서는 곧 알아볼 것이다) 하단의 [Don't Import Suspected Duplicates]는 동일한 이름의 파일을 불러오지 않는 기능이므로 체크한다. [Make a Second Copy To]는 불러오는 사진을 다른 하드디스크에 백업하는 기능으로 매우 중요하다. 이 기능에 체크하면 백업 파일이 있기 때문에 컴퓨터(혹은 외장 하드)에서 마음껏 사진을 편집하고 실험할 수 있다. 백업 파일은 별도의 하드디스크에 저장하는 것이 매우 중요하다. 사실 필자는 컴퓨터 하드와 백업용 드라이브에 최소 두 개의 복제 파일을 저장하기 전에는 메모리 카드에 있는 사진을 삭제하지 않는다. 그러므로 이 항목을 체크하고 하단에서 백업 파일의 저장 위치를 설정한다. 오른쪽의 화살표를 클릭하면 최근에 저장한 위치를 선택할 수 있다.

STEP 13

다음에는 사진을 불러올 때 자동으로 파일명을 변경하도록 설정하는 [File Renaming] 패널을 살펴보자. 필자는 항상 파일명을 변경하는데, 카메라에서 설정한 'DSC0399'과 같은 단순한 파일명보다는 'Andrews Wedding'과 같이 촬영에 대해 설명하는 파일명을 설정하면 사진을 찾기 쉽다. [Rename Files]를 체크하고 팝업 메뉴에서 다양한 형식의 선택항목 중 하나를 선택한다. 선택 항목의 이름으로 어떤 형식인지 금방 알 수 있다. 필자는 'Andrews Wedding 001', 'Andrews Wedding 002'처럼 파일명 뒤에 일련번호가 있는 형식을 선호하기 때문에 'Custom Name – Sequence'를 선택한다. 원하는 형식이 없으면 메뉴 하단의 'Edit'을 선택해서 직접 설정할 수도 있다.

Note

설정 방법은 50페이지의 '파일명 템플릿 만들기'에서 알아본다.

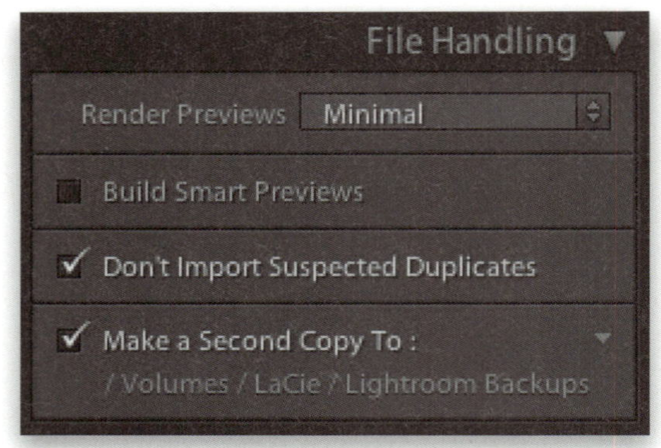

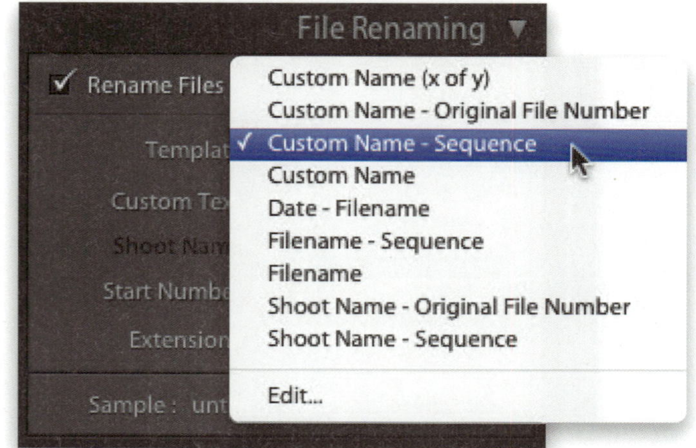

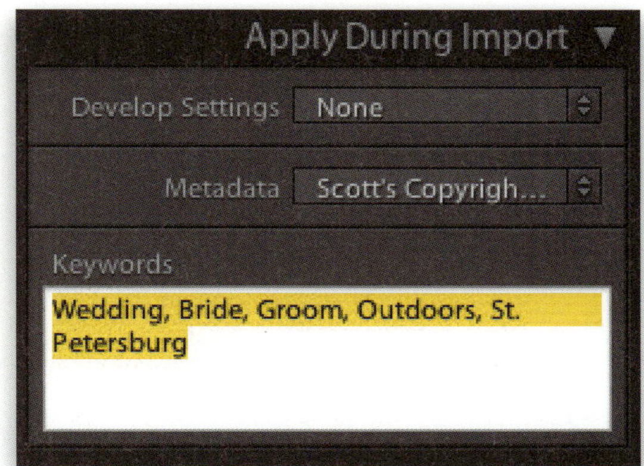

STEP 14

[Apply During Import] 패널은 사진을 불러올 때 적용하는 세 가지 기능을 설정한다. 상단의 [Develop Settings] 팝업 메뉴에는 특수효과나 보정을 자동 적용하는 설정 항목들이 있다. 예를 들어, 불러오는 사진을 흑백으로 변환하거나 색상 보정 등을 자동으로 적용할 수 있다. [Develop Settings] 팝업 메뉴를 클릭하고 팝업 메뉴에서 라이트룸에 내장된 프리셋 중 하나를 선택한다. 하단의 'User Presets'를 선택하면 직접 프리셋을 설정할 수 있다. 이 기능에 대해서는 챕터 5에서 자세히 알아볼 것이므로 지금은 효과를 적용하지 않는 'None'을 선택한다.

STEP 15

[Metadata] 팝업 메뉴는 사진을 불러올 때 저작권, 연락처, 사용 권한, 캡션 등 다양한 정보를 파일에 자동 적용한다. 가장 먼저 메타데이터 템플릿이라고 부르는 사진에 적용할 정보를 입력하고 저장하면 예제 사진처럼 [Metadata] 팝업 메뉴에서 템플릿을 선택할 수 있다. 템플릿은 개수의 제한이 없으므로 저작권 정보만 있는 템플릿, 연락처 정보만 있는 템플릿 등 각기 다른 목적에 따라 여러 개를 만들어두고 사용하면 편리하다. 메타데이터 템플릿을 설정하는 방법은 이번 챕터의 58페이지 '메타데이터(저작권) 템플릿 만들기'에 자세히 설명했으므로 설명을 자세히 읽은 다음 첫 번째 템플릿을 설정하고 이 페이지로 돌아와 팝업 메뉴에서 새로 만든 템플릿을 선택해보자.

Note

필자는 촬영한 사진을 불러올 때 모든 사진에 저작권 정보를 적용한다.

STEP 16

[Apply During Import] 패널 하단의 'Keywords'에 검색 키워드를 입력하면 라이트룸이 입력한 키워드를 사진에 포함해서 나중에 사진을 검색할 때 설정한 키워드로 검색할 수 있다. 키워드는 불러오는 모든 사진에 적용 가능한 포괄적인 단어를 사용하는 것이 좋다. 여기서는 'Wedding, Bride, Groom, Outdoors, St. Petersburg(웨딩을 촬영한 장소)'와 같은 단어들을 입력했다. 이때 단어 사이에 콤마를 입력한다. 지나치게 자세한 설명은 입력하지 않도록 한다. 예를 들어 'Kiss'와 같은 단어는 모든 사진에서 인물들이 키스를 하고 있지는 않기 때문에 사용하지 않았다.

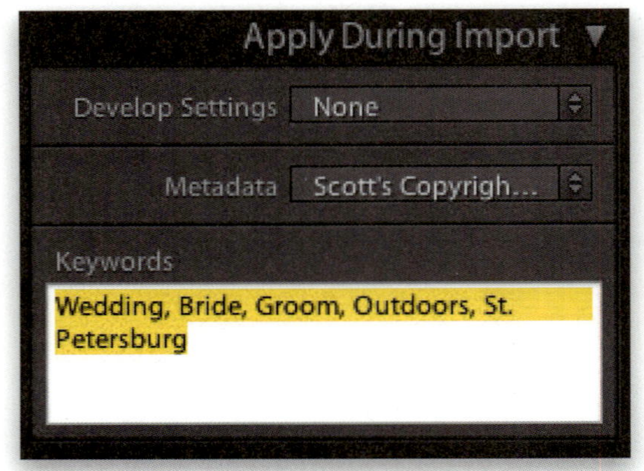

STEP 17

앞에서도 언급했지만 [Import] 창 오른쪽 하단의 [Destination] 패널은 불러오는 사진의 저장 위치를 보여준다. 패널 왼쪽 상단의 [+] 버튼을 클릭하고 팝업 메뉴에서 'Create New Folder'를 선택하면 원하는 위치에 새 폴더를 만들 수 있다. 'Affected Folders Only'를 선택하면 패널에 사진을 저장하는 폴더만 표시한다. 필자는 항상 이 항목을 선택하는데, 불러오는 사진을 저장하지 않는 폴더들은 이 단계에서 볼 필요가 없기 때문이다.

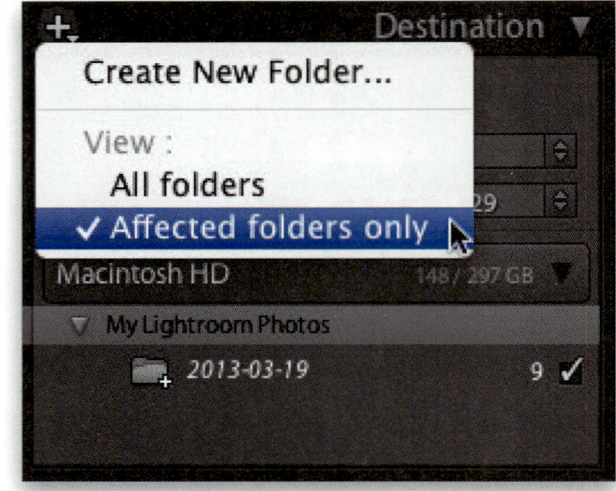

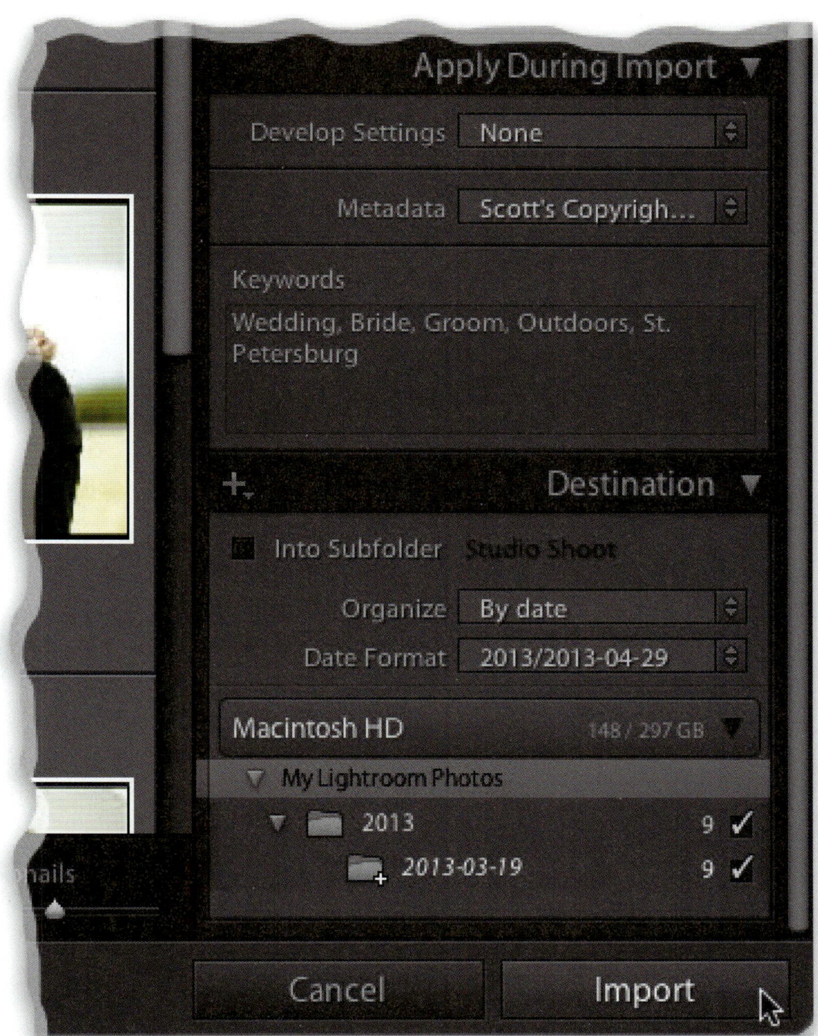

STEP 18

지금까지 사진을 불러와서 위치와 미리 보기 설정을 마쳤다. 사진의 파일명과 저작권 정보를 설정하고 검색 키워드 설정도 끝냈다. 이제 [Import] 창 오른쪽 하단에 있는 [Import] 버튼을 클릭해서 사진을 불러오는 단계만 남았다. 지금까지의 과정이 복잡해 보이지만 걱정하지 않아도 된다. 이미 적용해놓은 파일명과 메타데이터 프리셋(템플릿)이 작업 방식을 훨씬 빠르고 능률적으로 만들어줄 것이다. 프리셋은 매우 유용한 기능이다. [Import] 버튼을 클릭하기 전에 지금까지의 과정을 Import 프리셋으로 저장하는 방법에 대해서 알아보는 것도 좋을 것이다.

Note

프리셋으로 저장하는 방법에 대한 내용은 38페이지 '[Import Preset], [Compact View]로 사진 불러오는 시간 단축하기'에 설명이 되어있다.

외장 하드
연결하지 않고
Smart Previews
기능 사용하기

과거에는 외장 하드에 사진을 저장하고(내장 하드디스크의 용량이 적었기 때문에 보편적으로 사용하는 방법이었다) 컴퓨터와 연결을 해제하면 사진을 더 이상 편집할 수 없었다. 썸네일을 보거나 다른 컬렉션을 여는 것은 가능했지만 [Develop] 모듈에서 노출이나 화이트 밸런스 등의 사진 보정은 불가능했다. 하지만 Lightroom 5의 Smart Previews 기능을 사용하면 외장 하드를 연결하지 않아도 사진 편집이 가능하다.

STEP 01

오프라인에서 사진을 편집하려면 [Import] 창에서 기능을 활성화한다. 오른쪽 상단 [File Handling] 패널에 있는 'Build Smart Previews'에 체크한다.

Note

오프라인은 사진을 저장한 외장 하드를 컴퓨터나 랩톱에 연결하지 않은 상태를 뜻한다.

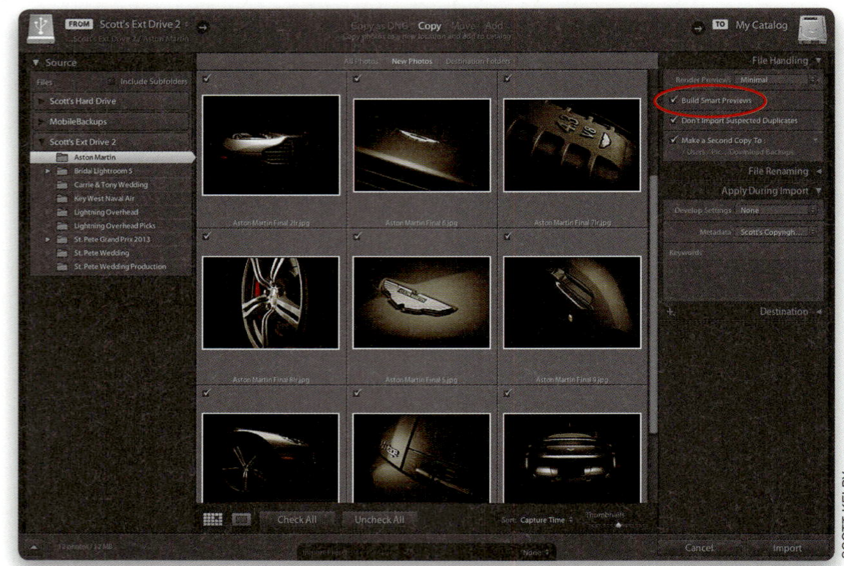

STEP 02

불러온 사진들 중 하나를 클릭하면 오른쪽 상단에 있는 히스토그램 아래의 'Original+Smart Preview'가 현재 보이는 사진이 원본임을 알려준다. 왼쪽의 [Folders] 패널은 현재 컴퓨터에 연결한 하드디스크를 목록에서 볼 수 있으며(여기서는 'Scott's Ext Drive 2'로 되어있다.) 원본 역시 스마트 프리뷰를 가지고 있다.

Tip

불러온 사진의 Smart Preview 기능 활성화하기

사진을 불러올 때 'Build Smart Previews'에 체크하지 않았다면 스마트 프리뷰를 추가할 사진을 선택한 다음 [Library]–[Previews]–[Build Smart Previews] 메뉴를 선택한다.

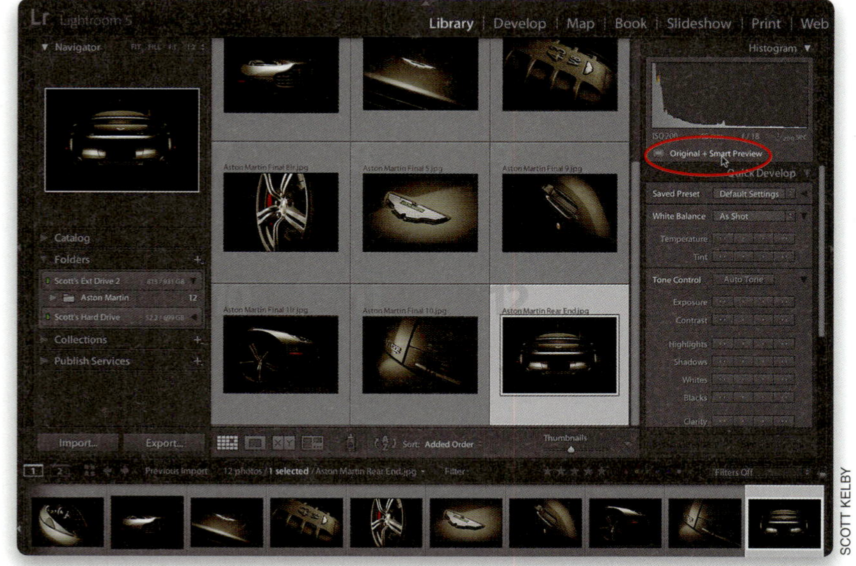

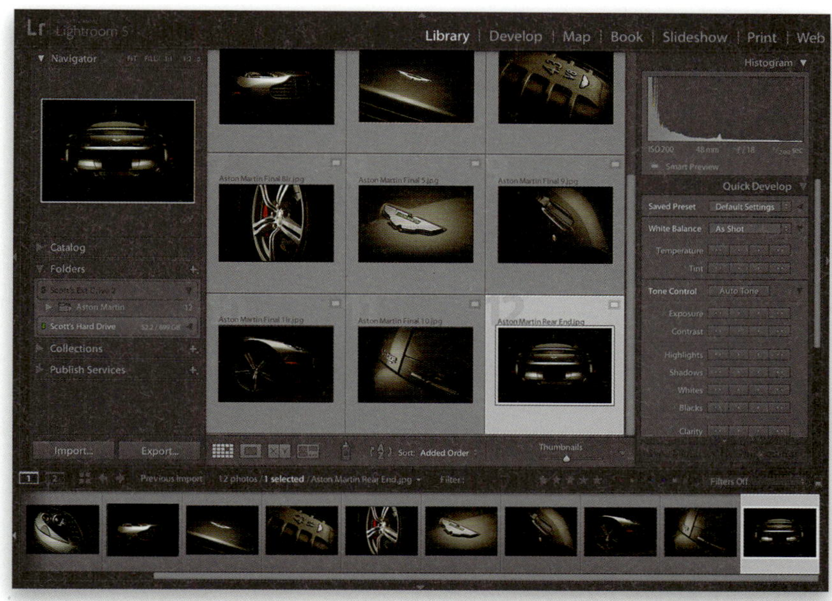

STEP 03

다음은 Smart Previews 기능을 사용해보자. 먼저 외장 하드 연결을 해제한 후에 [Folders] 패널을 보면 외장 하드의 이름이 비활성화되어 회색으로 나타난다. 각 썸네일 오른쪽 상단에는 회색의 직사각형이 있다(이전의 라이트룸 버전에서는 사진을 편집할 수 없다고 알려주는 물음표 아이콘이 나타났다. 라이트룸 5에서는 스마트 프리뷰 모드를 만들지 않아도 물음표 대신 느낌표가 나타난다). 회색의 직사각형은 현재 보고 있는 사진이 스마트 프리뷰라는 것을 알려주는 표시이다. 또한 히스토그램 하단을 보면 원본 이미지가 해제되었으므로 'Original+Smart' 대신 'Smart Preview'만 나타난다.

STEP 04

D 키를 눌러 [Develop] 모듈로 전환하면 노출, 화이트 밸런스, Adjustment Brush 등 원본처럼 사진을 편집할 수 있다. 이제 출장을 가거나 외부에서 작업을 할 때 더 이상 외장 드라이브들을 가져갈 필요가 없다. 또한 외장 하드를 다시 연결하면 스마트 프리뷰에 적용한 변경 사항들을 자동으로 업데이트한다. 하지만 스마트 프리뷰를 카탈로그에 저장하면 파일 크기가 커지기 때문에 모든 사진에 스마트 프리뷰를 적용하지는 않는다. 스마트 프리뷰를 사용해 12개의 사진을 불러오면 카탈로그에는 4MB가 추가되는데, 이는 얼마 되지 않는 것처럼 보이지만 사진이 많을 경우 엄청난 용량이 추가되는 것이다.

Tip

Smart Preview 삭제하기

스마트 프리뷰가 필요 없는 사진들은 선택한 다음 [Library]의 [Previews]에서 [Discard Smart Previews] 메뉴를 선택하여 삭제한다.

컴퓨터에 저장한 사진 불러오기

컴퓨터에 저장한 사진을 불러오는 것은 메모리 카드에서 사진을 불러오는 것보다 훨씬 간단하다. 사진을 불러올 때 필요한 기능을 이전에 이미 설정했기 때문이다. 컴퓨터에 설정을 저장했기 때문에 저장 위치와 파일명 설정 등을 다시 신경 쓰지 않아도 된다. 게다가 컴퓨터 하드디스크의 속도는 가장 빠른 메모리 카드보다도 훨씬 빠르기 때문에 사진을 Lightroom으로 더 빨리 불러올 수 있다.

STEP 01

불러오려는 사진이 이미 컴퓨터에 저장되어 있다면 [File]–[Import Photos and Video] 메뉴를 선택하거나 Ctrl–Shift–I (MAC:[Command]–Shift–I)키를 눌러 [Import] 창을 불러온다. 왼쪽의 Source 목록에서 불러오려는 사진이 있는 폴더를 찾아서 클릭하면 폴더에 있는 사진들의 썸네일을 불러온다. 창이 예제 사진에서 보는 것보다 작으면 왼쪽 하단의 화살표를 클릭해서 확장한다. 썸네일은 Preview 영역 오른쪽 하단의 [Thumbnails] 슬라이더를 드래그하면 크기를 조절할 수 있다. 기본적으로 모든 사진을 불러오게끔 설정이 되어 있는데 필요하지 않는 사진은 썸네일 왼쪽 상단의 체크를 해제한다.

STEP 02

컴퓨터에 저장한 사진을 라이트룸에 추가하기 위해 현재 저장된 폴더에서 [Import] 창 상단의 [Add] 버튼을 클릭한다. 챕터의 시작 부분에서 모든 사진을 하나의 폴더에 저장하는 것이 중요하다고 설명했다. 불러오는 사진들이 컴퓨터의 다른 위치에 저장되어 있다면 [Move] 버튼을 클릭한 다음 창 오른쪽의 [Destination] 폴더에서 [My Lightroom Photos] 폴더를 선택한다.

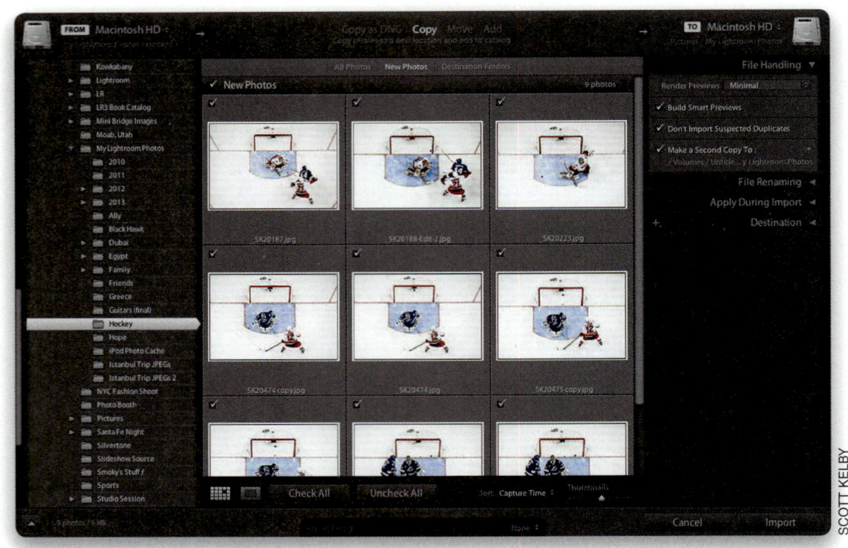

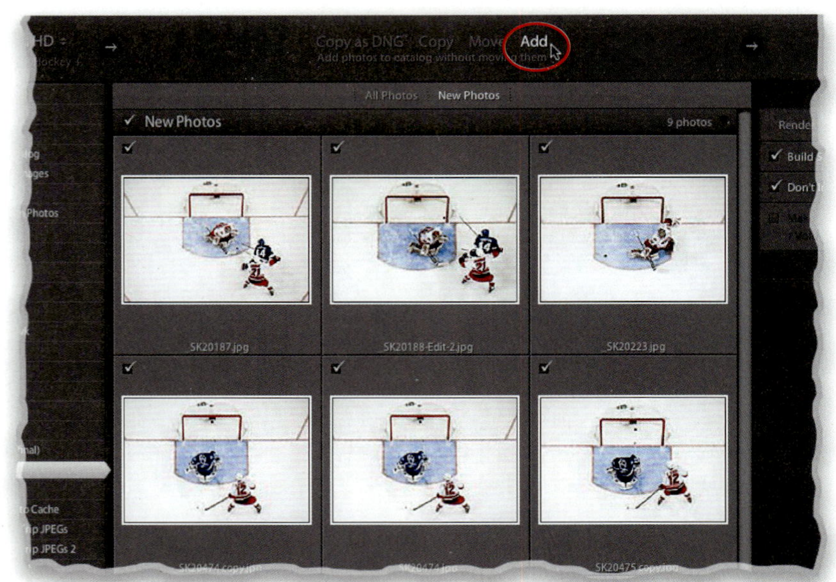

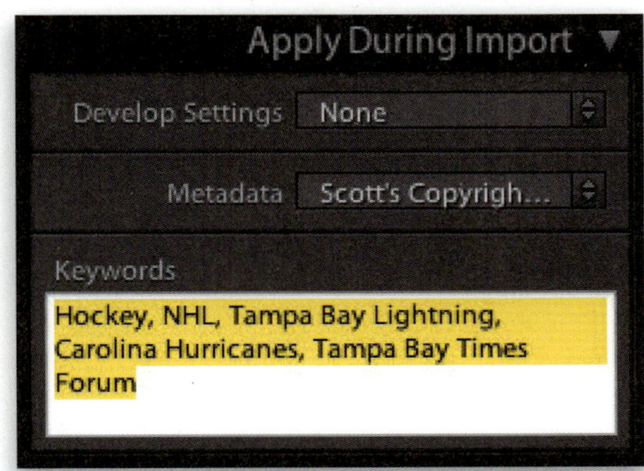

STEP 03

사진이 이미 컴퓨터에 저장되어 있기 때문에 사진을 불러오는 기능 외에 [Import] 창에서 실행해야 할 기능은 거의 없다. 그러나 오른쪽에 있는 [File Handling] 패널에서 라이트룸에서 줌인하는 이미지의 렌더링 속도는 설정해야 한다. [Render Previews] 팝업 메뉴에서는 23페이지 '카메라에서 라이트룸으로 사진 불러오기'의 **Step 11**에서 자세한 설명을 읽은 다음 원하는 항목을 선택한다. 또한 'Don't Import Suspected Duplicates'를 체크해서 중복된 사진은 불러오지 않게 설정한다.

STEP 04

[Apply During Import] 패널 설정에 대해 한 가지 더 알아두어야 할 점은 키워드 설정이다. 23페이지 '카메라에서 라이트룸으로 사진 불러오기'의 **Step 14**부터 읽고 키워드를 설정한다.

[Import Preset], [Compact View]로 사진 불러오는 시간 단축하기

사진을 불러올 때 설정을 동일하게 적용한다면 "왜 사진을 불러올 때마다 같은 정보를 매번 입력해야하지?"라는 생각이 들 것이다. Import 프리셋을 설정하면 그럴 필요가 없다. 사진을 불러올 때 미리 저장한 프리셋을 선택하고 몇 개의 키워드만 입력한 후 사진을 저장하는 하위 폴더의 이름을 설정하는 정도의 과정만 필요하다. 사실 여러 개의 프리셋을 만들어두면 간소화된 [Import] 창만 필요하다.

STEP 01

먼저 불러오기를 설정해보자. 여기서는 가장 보편적으로 사용하는 방식을 사용한다. 내가 얘기하는 보편적인 방식이란 컴퓨터에 연결한 메모리 카드에서 사진을 불러와 [Pictures] 폴더의 하위 폴더에 복사하여 사진을 저장한 다음 외장 하드에 백업 파일을 저장하는 방식을 프리셋으로 저장하는 과정을 말한다. 사진을 불러올 때 저작권 정보를 추가하고 'Minimal Render Previews'를 선택해서 썸네일이 빨리 나타나도록 설정해보자. 혹은 자신의 작업 방식에 맞는 설정을 선택한다.

STEP 02

[Import] 창 중앙 하단의 가는 검은색 바 왼쪽에 'Import Preset'이 있다. 오른쪽 끝에서 'None'을 클릭하면 나타나는 팝업 메뉴에서 'Save Current Settings as New Preset'을 선택한다. 컴퓨터에 저장한 사진을 불러올 때 사용하는 설정 역시 두 번째 프리셋으로 만들어 저장한다. 다음은 프리셋을 사용해보자.

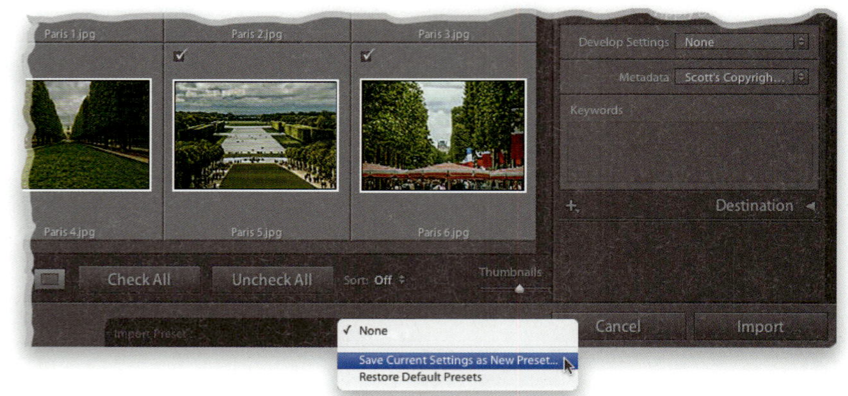

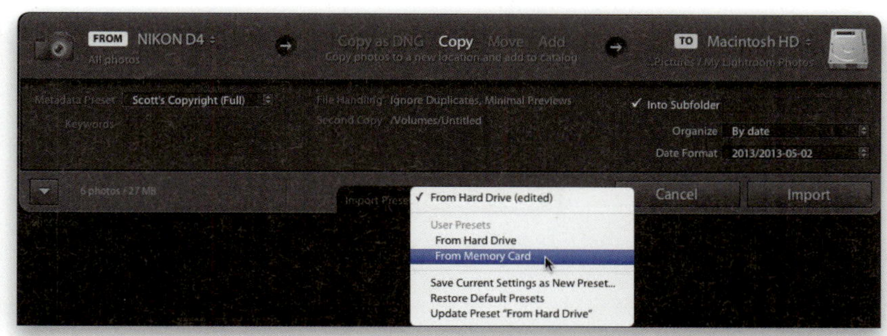

STEP 03

[Import] 창 왼쪽 하단에 있는 화살표 모양의 [Show Fewer Options] 버튼을 클릭하면 예제 사진처럼 간소화된 Compact View 창으로 전환한다. Compact View 창은 사진을 불러올 때 필요한 정보를 이미 프리셋으로 저장했기 때문에 패널이나 그리드 등이 있는 복잡한 창이 필요하지 않다는 장점이 있다. 사진을 불러올 때는 Compact View 창 하단에 있는 팝업 메뉴에서 프리셋을 선택한다. 여기서는 메모리 카드에서 사진을 불러오는 'From Memory Card' 프리셋을 선택했다. 그리고 몇 가지 추가 정보를 입력한다. 추가 정보를 입력하는 방법은 다음 단계에서 자세히 설명할 것이다.

Note

왼쪽 하단의 화살표 형태의 [Show More Options] 버튼을 클릭하면 이전의 [Import] 창으로 전환한다.

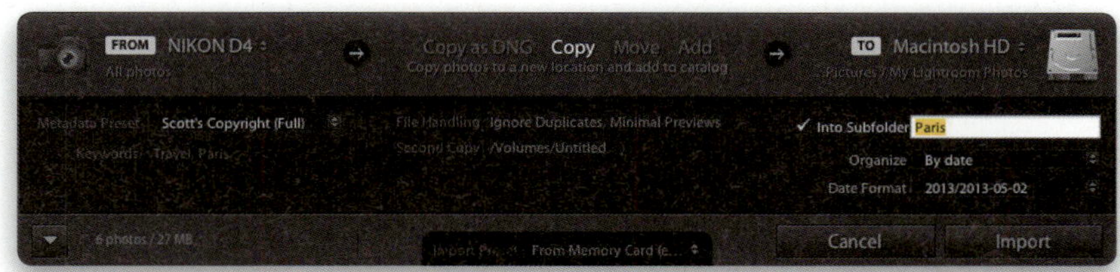

STEP 04

간소화된 [Import] 창 상단은 23페이지의 예제사진에서 보는 [Import] 창과 동일하다. 왼쪽에서부터 오른쪽으로 사진을 불러오는 위치, 불러온 사진에 적용할 설정, 불러온 사진의 저장 위치순으로 표시한다. 여기서는 ❶ 카드 리더기에서 사진을 불러오고 ❷ 불러오는 사진을 복사하여 ❸ 복사한 사진을 하드디스크에 저장한다. 중앙 섹션에서는 불러오는 사진에 적합한 키워드를 입력한다. 사진마다 키워드가 다르기 때문에 불러오기 프리셋을 설정할 때 키워드란은 비워두었다. 오른쪽에는 [File Handling]과 [Second Copy] 설정을 표시한다. 가장 오른쪽에는 사진을 저장하는 하위 폴더의 이름을 입력한다. 키워드와 하위 폴더의 이름을 입력하고 [Import] 버튼을 클릭하면 사진을 불러올 수 있다. 이처럼 프리셋을 설정하면 사진을 불러올 때마다 일일이 사진 정보를 입력할 필요가 없기 때문에 작업 시간을 단축한다.

DSLR에서
영상 불러오기

최근에 출시되는 대부분의 DSLR 카메라는 고화질 영상 촬영 기능을 가지고 있으며, 라이트룸 역시 DSLR로 촬영한 영상을 불러올 수 있는 기능을 업데이트했다. 메타데이터를 추가하고 컬렉션에서 영상을 분류하거나 등급, 레이블, Pick 플래그 등의 설정도 가능하다. 편집 기능은 제한되지만 영상을 불러와서 재생할 수 있다(편집 기능에 대해서는 챕터 12에서 자세히 알아볼 것이다).

STEP 01

영상 파일은 [Import] 창의 썸네일 왼쪽 하단에 비디오 아이콘으로 표시되어 있어 구분하기 쉽다. [Import] 버튼을 클릭하면 사진을 불러올 때와 같이 라이트룸으로 영상을 불러온다. 썸네일 왼쪽 상단의 체크박스를 해제하면 불러오기를 취소한다.

STEP 02

라이트룸으로 영상을 불러오면 왼쪽 하단에 비디오 아이콘 대신 영상의 길이를 표시한 재생바가 나타난다. 영상을 선택하면 첫 프레임이 보이는 큰 화면으로 전환된다. 컴퓨터의 Space Bar 를 누르거나 타임 스탬프를 클릭한다.

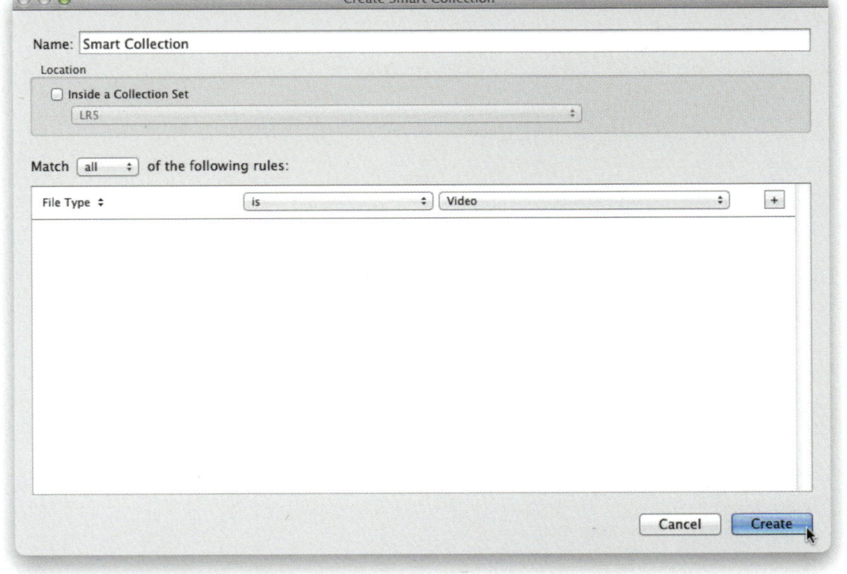

STEP 03

Loupe 보기 모드에서 영상을 미리 보기 하려면 영상 하단의 [Play] 버튼을 클릭한다. 라이트룸에서 영상을 보낼 수 있는데, 이때 [Export] 대화창에서 'Include Video Files'에 체크하는 것을 잊지 말자.

Tip

DSLR 영상 편집 프로그램

어도비사의 Premiere Pro 최신버전에는 DSLR 영상 편집 기능이 내장되어 있다. 영상 편집에 관심이 있다면 'www.adobe.com'에서 30일 무료 시험판을 다운로드해서 사용해보자.

STEP 04

스마트 컬렉션 기능을 사용하면 모든 영상 파일을 한곳에 정리할 수 있다. [Collections] 패널 헤더 오른쪽에 있는 [+] 버튼을 클릭한 다음 팝업 메뉴에서 'Create Smart Collection'을 선택한다. 대화창 왼쪽의 첫 번째 팝업 메뉴인 [File Name/Type]에서 'File Type'을 선택한다. 두 번째 팝업 메뉴에서는 'Is', 세 번째 팝업 메뉴에서는 'Video'를 각각 선택한다. [Name]에 컬렉션의 이름을 입력하고 [Create] 버튼을 클릭하면 모든 영상 파일을 스마트 컬렉션에 추가할 수 있다. 스마트 컬렉션은 영상을 불러올 때마다 실시간으로 업데이트하여 영상을 컬렉션에 추가하기 때문에 매우 편리하다.

테더링 촬영하기

라이트룸의 테더링 기능은 필자가 좋아하는 기능들 중 하나이다. 별도의 프로그램을 사용하지 않고도 카메라로 사진을 촬영하는 즉시 라이트룸에 전송하는 테더링 기능은 다음과 같은 장점이 있다: (1) 촬영하는 이미지를 카메라 후면의 작은 LCD가 아닌 큰 모니터로 확인할 수 있기 때문에 촬영에 도움이 된다. (2) 촬영하는 이미지를 바로 저장하기 때문에 촬영 후 사진을 라이트룸으로 불러올 필요가 없다. 경고: 테더링 촬영을 한 번 해보면 다시는 다른 방식으로 촬영하기 싫을 것이다.

STEP 01

테더링 촬영의 첫 번째 단계는 카메라를 구매할 때 함께 받은 USB 케이블을 컴퓨터에 연결하는 것이다. 무슨 케이블인지 잘 모르겠다면 카메라가 들어 있던 상자를 살펴보기 바란다. 사용설명서와 일반적으로 디지털 카메라에 제공되는 다른 이상한 케이블들과 함께 들어있을 것이다. 케이블을 카메라에 연결해보자. 필자는 스튜디오나 야외 촬영에서 사진가 조 맥날리에게 배운 방법대로 예제 사진과 같은 장비를 사용해서 테더링 촬영을 하며, 맨프로토(Manfrotto)사의 131DDB Tripod Accessory Arm 바에 TetherTools Aero Traveler Tether Table을 설치한다.

STEP 02

장비 설치를 마친 다음 [File]–[Tethered Capture]–[Start Tethered Capture] 메뉴를 선택한다. 대화창의 입력 항목들은 [Import] 창과 유사하다. [Session Name]에 촬영 제목을 입력하고 파일명을 설정한다. 또한 사진을 저장할 하드디스크를 선택하고 필요한 메타데이터나 키워드 정보를 입력한다. 'Segment Photos By Shots' 체크박스는 [Import] 창과 다른 한 가지 중요한 기능인데, 이 기능은 테더링 촬영을 할 때 매우 편리하다.

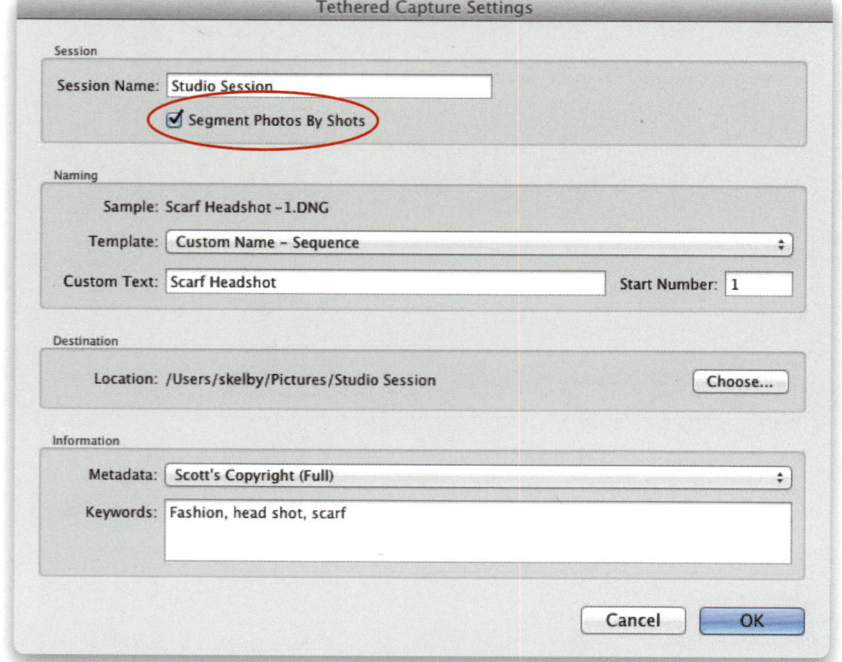

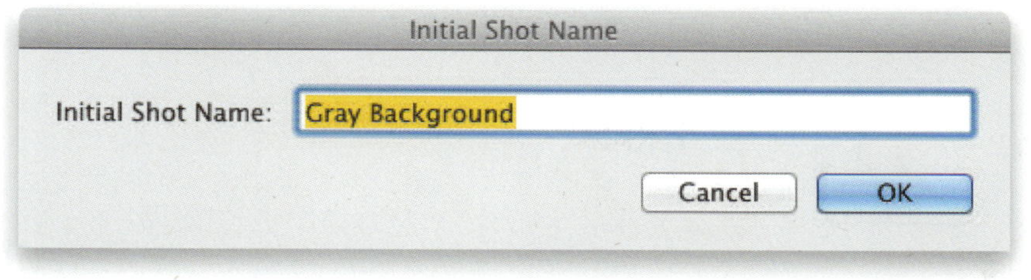

STEP 03

'Segment Photos By Shots'는 촬영과 동시에 사진을 분류하는 기능이다. 예를 들어 패션화보를 촬영한다고 가정하자. 촬영에 두 가지 조명 세팅을 사용하는데, 하나는 회색 배경으로 촬영하고 나머지 하나는 흰색 배경으로 촬영한다. 이때 [Shot Name]을 클릭하면 두 개의 폴더에 촬영한 사진을 나누어 분류한다. 'Segment Photos By Shots'를 체크하고 [OK] 버튼을 클릭해서 [Initial Shot Name] 대화창을 불러온 다음 촬영 전반부를 설명하는 제목을 입력한다.

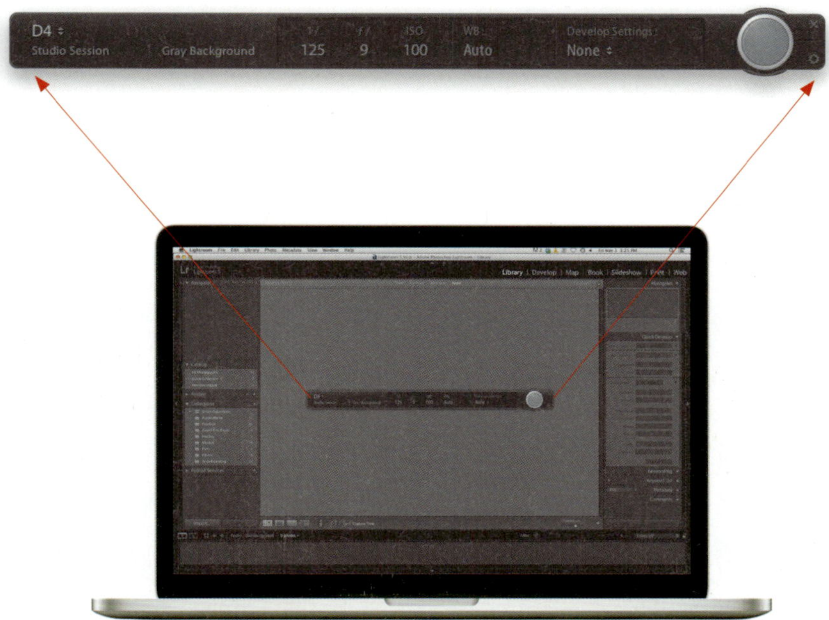

STEP 04

[OK] 버튼을 클릭하면 예제 사진과 같은 창이 나타나며 왼쪽에 라이트룸에 연결한 카메라의 기종이 보인다. 만약 두 대 이상의 카메라를 연결했다면 카메라 기종을 클릭하고 팝업 메뉴에서 촬영에 사용하는 카메라를 선택한다. 라이트룸이 카메라를 감지하지 못하면 'No Camera Detected'라는 경고문이 나타나는데 USB 케이블이 제대로 연결되어 있지 않거나 라이트룸과 호환되지 않는 카메라 제조사나 기종일 가능성이 높다. 카메라 기종 오른쪽에 셔터스피드, f-스톱, ISO 등 카메라의 현재 설정을 표시한다. 오른쪽에서는 [Develop] 모듈 프리셋을 적용할 수 있다(이 기능에 대해서는 챕터 5에서 자세히 알아볼 것이다).

Tip

Tethered Capture 창 숨기거나 간소화하기

Ctrl-T(MAC:[Command]-T)키를 누르면 Tethered Capture 창을 보이게 하거나 숨길 수 있다. Tethered Capture 창을 간소화 하기 위해 Alt(MAC:[Option])키를 누른 채 오른쪽 상단의 [X] 버튼을 클릭하면 [-] 버튼으로 바뀐다. [-] 버튼을 클릭하면 셔터 버튼만 남기고 창이 축소된다. 원래의 크기로 전환하려면 오른쪽 상단의 버튼을 다시 Alt-클릭(MAC:[Option]-클릭)한다.

STEP 05

Tethered Capture 창 오른쪽의 원형 버튼은 셔터 버튼이며 카메라의 셔터와 동일한 기능을 한다. 이제 사진을 촬영하면 라이트룸에 이미지가 나타난다. 촬영한 사진 파일 전체를 USB 케이블(혹은 무선 송신기)을 통해 컴퓨터로 전송하기 때문에 반응속도가 카메라의 LCD 화면만큼 빠르지는 않다. JPEG 형식으로 촬영하는 경우엔 RAW 형식보다 파일 크기가 작기 때문에 전송 속도가 훨씬 빠르다. 예제 사진은 테더링 촬영의 예이다. 만약 사진을 [Library] 모듈의 Grid 보기 모드로 보면 카메라의 LCD로 보는 사진과 거의 크기 차이가 없을 것이다.

Note

Canon과 Nikon 기종은 테더링 기능에 다르게 반응한다. Canon 기종은 메모리 카드와 하드디스크에 모두 파일을 저장하지만 Nikon은 하드디스크에만 저장한다.

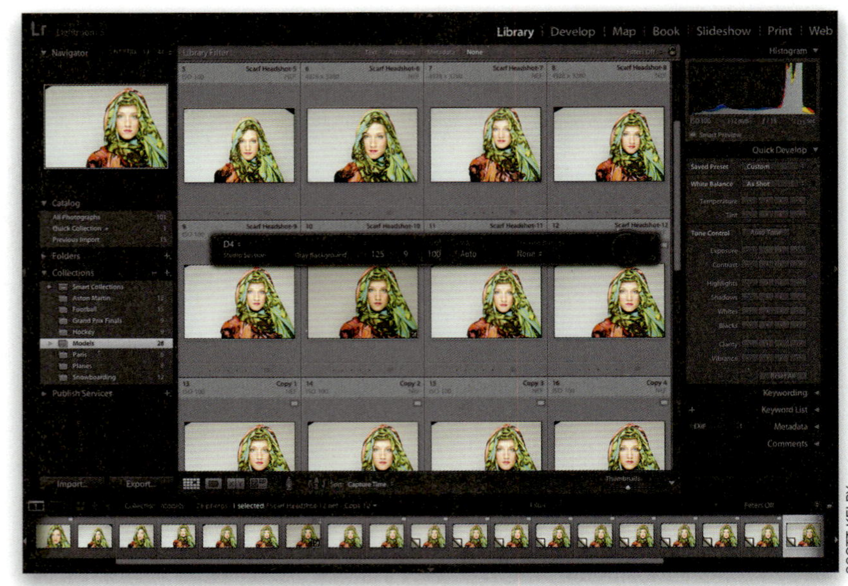

STEP 06

테더링 촬영의 장점 중 하나는 촬영한 사진을 큰 화면에서 확인할 수 있다는 것이다. 큰 화면으로 보면 조명의 상태, 초점 등 전반적인 결과를 더 정확하게 확인할 수 있을 뿐만 아니라 스튜디오에서 촬영할 때 사진가의 어깨 너머로 작은 LCD 화면을 보려고 애쓰지 않아도 된다. 그러므로 사진을 볼 때는 더블클릭해서 Loupe 보기 모드로 전환하는 것이 좋다.

Note

Grid 보기 모드에서 촬영을 진행하려면 썸네일 크기를 최대로 확장하고 도구바의 [Sort Order] 왼쪽에 있는 [A–Z] 버튼을 클릭해서 가장 나중에 촬영한 사진이 상단에 나타나도록 설정한다.

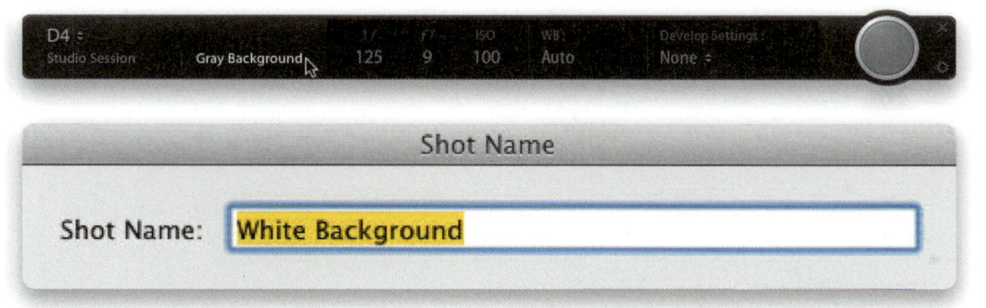

STEP 07

이번엔 Segment Photos By Shot 기능을 사용해 보자. 첫 번째 세팅한 조명(회색 배경)에서 촬영을 마쳤다고 가정하고 그 다음에 세팅한 조명에서 촬영을 시작하기 전에 [Tethered Capture] 창에서 먼저 입력했던 'Gray Background'를 클릭하거나 Ctrl-Shift-T (MAC:[Command]-Shift-T) 키를 눌러 [Shot Name] 대화창을 불러온다. 그리고 다음 촬영 세팅의 이름을 입력하고 촬영을 다시 시작한다. 여기서는 'White Background'를 입력했다. 설정 이후에 촬영한 사진들은 [Studio Session] 폴더의 하위 폴더에 저장된다.

> **Tip**
>
> **Tethered Capture 단축키**
> 라이트룸 5에는 필자처럼 테더링 기능을 좋아하는 사진가를 위해 Tethered Capture 기능 단축키를 추가했다. 단축키는 F12 키이다.

STEP 08

필자는 스튜디오에선 항상 테더링 촬영을 하며, 간혹 야외 촬영에도 사용하는데 필자가 테더링 촬영을 할 때에는 [Library] 모듈 대신 [Develop] 모듈에서 사진을 확인한다. 그 이유는 촬영한 사진을 그 자리에서 간단하게 보정할 수 있기 때문이다. 또한 필자가 테더링 촬영을 하는 목적은 촬영하는 사진을 크게 보기 위해서이므로 전체화면으로 전환하기 위해 Shift-Tab 키를 누른다. 마지막으로 L 키를 두 번 눌러 Lights Out 모드로 전환하면 사진이 검은색 배경 중앙에 나타나기 때문에 시선에 방해되는 요소를 없앨 수 있다. 사진을 보정하려면 L 키를 누르고 Shift-Tab 키를 눌러 패널을 불러온다.

Image Overlay 기능으로 레이아웃 확인하기

Image Overlay는 잡지 표지, 브로슈어 표지, 내지 레이아웃, 웨딩북 등 특정 프로젝트를 위한 촬영을 하는 경우 사진이 레이아웃에 적합한지 확인할 수 있는 기능이다. 레이아웃을 미리 확인할 수 있기 때문에 촬영 후 시간을 절약하고 좌절감이나 혼란을 겪을 필요가 없으며 포토샵에서 약간의 작업만 하면 되기 때문에 사용법도 간단하다.

STEP 01

가장 먼저 포토샵에서 라이트룸 Image Overlay 기능으로 사용할 레이아웃을 불러온다. 이때 포토샵을 사용하는 이유는 텍스트와 그래픽을 제외한 파일 배경 전체를 투명하게 전환해야 하기 때문이다. 예제 사진에 있는 표지 레이아웃의 배경은 불투명한 회색이다(물론 이미지를 포토샵으로 불러오면 자동으로 회색 배경을 적용한다). 이 레이아웃 파일을 라이트룸으로 불러오기 전에 준비과정이 필요하다. ⓐ 모든 레이어를 그대로 유지하고 ⓑ 회색의 불투명한 배경을 삭제한다. 일반적인 이미지의 배경은 흰색이지만 이 이미지는 흰색 텍스트가 있기 때문에 보기 쉽게 회색으로 설정했다.

STEP 02

오버레이 이미지를 라이트룸으로 불러오기 전의 준비 과정은 매우 간단하다: ❶ 배경 레이어(여기서는 회색 배경)를 [Layers] 패널 하단의 휴지통으로 드래그해서 삭제한다. ❷ [File]–[Save As] 메뉴를 선택한 다음 대화창의 [Format] 팝업 메뉴에서 'PNG'를 선택한다. PNG 형식은 레이어를 유지하고 배경을 투명하게 만든다. 그러면 [Save As] 대화창이 PNG 형식으로 이미지를 저장하려면 복제 파일을 저장해야 한다고 알려주지만, 상관없으므로 걱정할 필요가 없다.

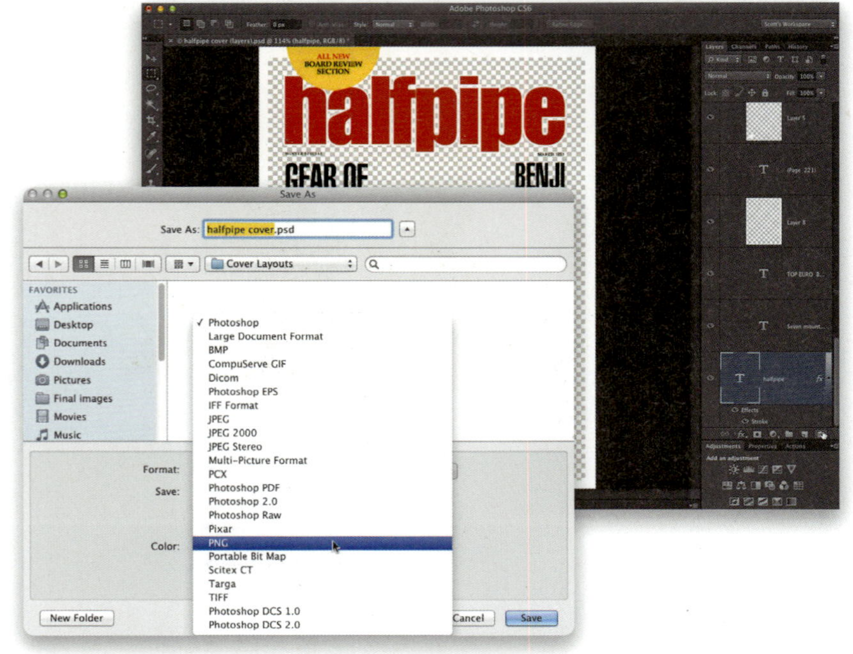

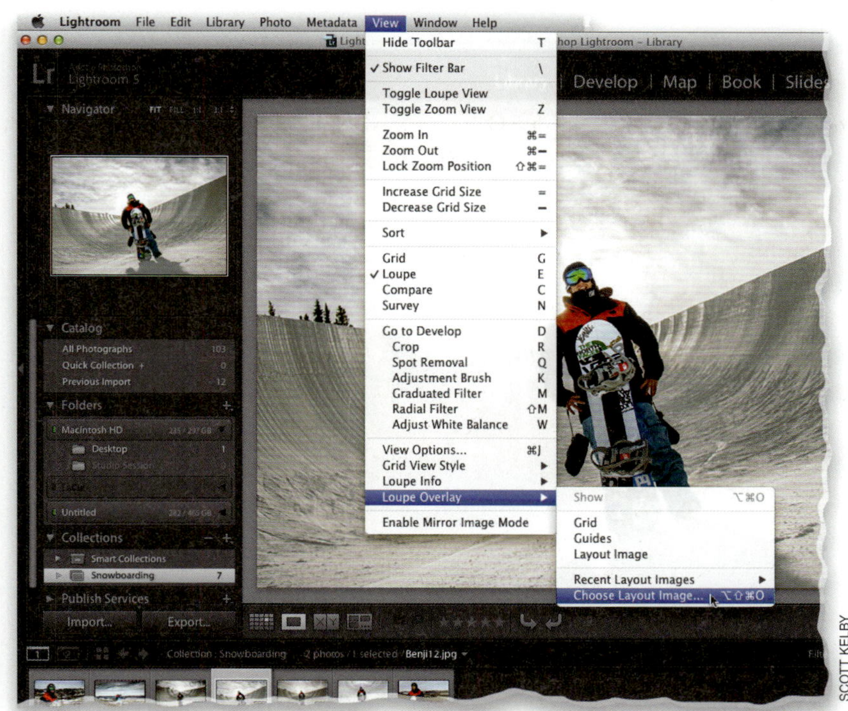

라이트룸의 [Library] 모듈에서 [View]-[Loupe Overlay]-[Choose Layout Image] 메뉴를 선택한다. 그리고 포토샵에서 작업한 PNG 파일을 선택하여 불러온다.

STEP 04

오버레이 이미지를 선택하면 현재 화면에 있는 사진 위에 예제 사진과 같이 이미지가 나타난다. 표지 레이아웃을 숨기려면 [Loupe Overlay] 메뉴에서 'Layout Image'의 체크를 해제한다. 오버레이 이미지를 다시 보려면 'Layout Image'를 다시 선택하거나 Ctrl-Alt-O(MAC:[Command]-[Option]-O)키를 눌러 보이기/숨기기를 실행한다. 다음은 Image Overlay의 다른 기능에 대해서도 알아보자.

Note

회색 배경을 삭제하지 않았다면 **Step 01**에서 불러온 예제 사진의 레이아웃 이미지에 가려 사진이 보이지 않을 것이므로 배경 레이어를 삭제한 다음 PNG 형식으로 저장하는 것이 중요하다.

STEP 05

Image Overlay를 불러온 다음 ←/→ 키를 눌러 레이아웃에 다른 사진을 대입해 볼 수 있다. 예제 사진은 표지 레이아웃에 다른 사진을 대입한 것이다.

STEP 06

Step 05의 예제 사진을 보면 피사체가 약간 오른쪽으로 치우쳐있다. 이러한 경우 오버레이 이미지의 위치를 조절한다. Ctrl(MAC:[Command])키를 눌러 커서가 이동 아이콘으로 바뀌면 이미지를 드래그하여 원하는 위치로 이동한다.

SCOTT KELBY

Overlay Image에는 투명도 조절 기능도 있다. Ctrl(MAC:[Command])키를 누르면 하단에 두 개의 조절 기능이 나타난다. 왼쪽의 [Opacity]를 클릭하고 왼쪽으로 드래그하면 투명도가 낮아진다. 여기서는 투명도를 46%로 낮추었다.

Note

오른쪽으로 드래그하면 투명도가 높아진다.

오른쪽 [Matte]의 기능 또한 유용하다. **Step 07**의 예제 사진을 보면 레이아웃 이미지의 배경이 불투명하다. 이때 [Matte]를 클릭하고 왼쪽으로 드래그하면 배경의 투명도를 낮춰서 오버레이 이미지 밖의 영역을 볼 수 있다. [Matte]를 사용하면 사진을 보면서 오버레이 이미지의 위치를 조절할 수 있어 편리하다.

파일명 템플릿 만들기

디지털 카메라는 일정한 파일명을 반복해서 사용하기 때문에 드라이브에 있는 수천 장 이상의 사진을 잘 정리하는 것이 중요하다. 그러므로 사진을 불러올 때 파일명을 잘 설정해야 한다. 가장 일반적인 방법은 새로운 파일명에 촬영 날짜를 포함하는 것이다. 그러나 라이트룸의 파일명 프리셋은 단 하나만 날짜를 포함하고 있으며 카메라가 설정한 파일명을 그대로 사용한다. 다행히 라이트룸에서는 파일명 템플릿을 직접 만들 수 있다.

STEP 01

[Library] 모듈에서 왼쪽 하단의 [Import] 버튼을 클릭하거나 단축키 Ctrl-Shift-I (MAC: [Command]-Shift-I)를 눌러 [Import]창을 불러온다. 중앙 상단의 [Copy as DNG] 또는 [Copy]를 클릭하면 오른쪽에 [File Renaming] 패널이 나타난다. 패널에서 'Rename File'을 체크하고 [Template] 팝업 메뉴에서 'Edit'를 선택하여 [Filename Template Editor] 대화창을 불러온다.

STEP 02

대화창 상단에는 라이트룸의 파일명 프리셋을 선택하는 팝업 메뉴가 있다. 예를 들어 'Custom Name-Sequence'를 선택하면 하단의 프리셋에 두 개의 파란색 토큰이 나타난다. 앞의 토큰은 텍스트이고 뒤의 토큰은 자동 번호이다. 토큰을 삭제하려면 토큰을 클릭한 다음 Backspace (MAC: Delete) 키를 누른다. 프리셋을 새로 만들려면 두 개의 토큰을 모두 삭제하고 하단의 팝업 메뉴에서 원하는 설정을 선택한 후 [Insert] 버튼을 클릭하여 입력란에 추가한다.

Note

토큰은 어도비사가 부르는 이름이며, PC에서는 중괄호로 표시된다.

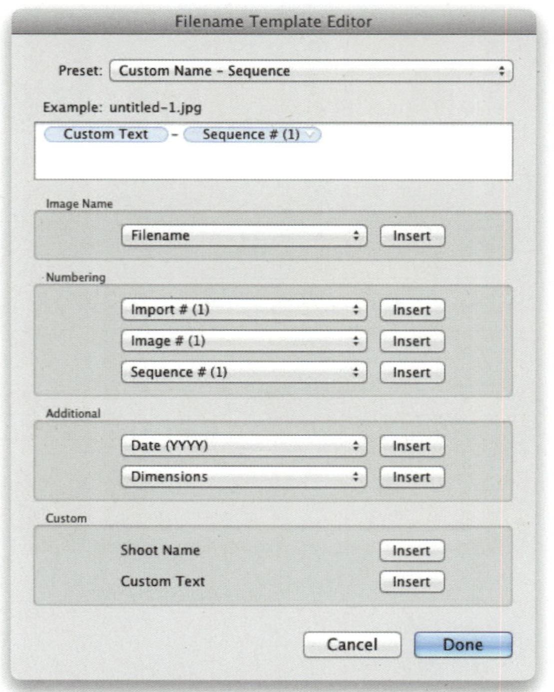

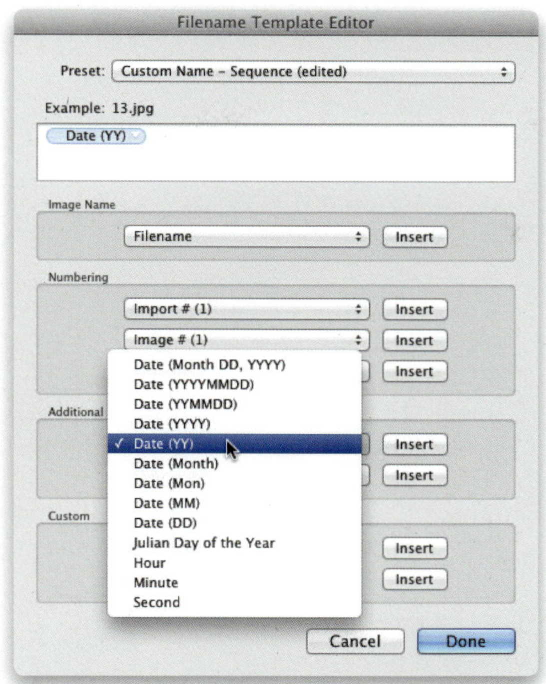

이번에는 사진가들이 많이 사용하는 파일명 템플 릿을 알아보자. 물론 하나의 예시이므로 자신에게 맞는 템플릿으로 설정해도 된다. 가장 먼저 연도 를 넣는다. 파일명을 짧게 하기 위해 연도는 뒤의 두 자리 수만 사용한다. 그러므로 [Additional] 팝 업 메뉴에서 'Date(YY)'를 선택하면 입력란에 토큰 이 나타나며 상단에서 현재 설정하는 파일명 템플 릿의 예를 볼 수 있다. Y는 연도를 표기한다는 의 미이며 YY는 두 자리 수만 표기한다. 여기서는 파 일명이 '13.jpg'이다.

Note

이름으로 파일을 분류하는 경우 파일명을 한곳에 모을 수 있어 편리하다.

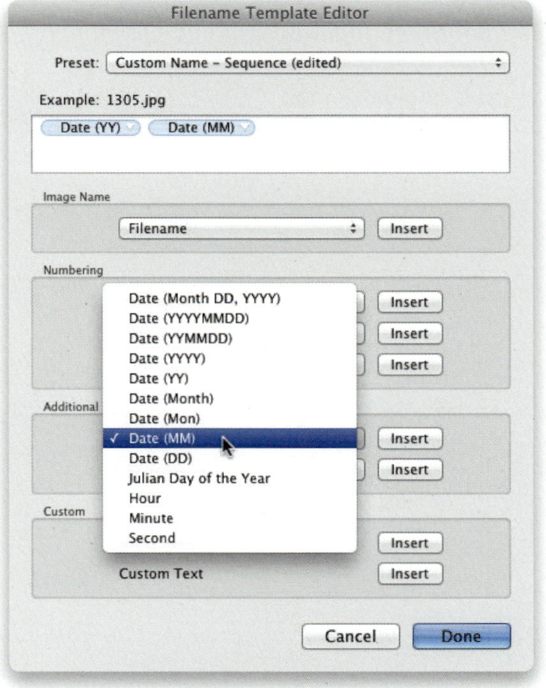

두 자리 수의 연도를 선택한 다음에는 팝업 메뉴에 서 촬영한 월을 표시하는 'Date(MM)'를 선택한다. 날짜는 촬영하는 순간 카메라가 파일에 기록한 메 타데이터에 따라 설정한다. 만약 'Date(Month)'를 선택하면 달의 명칭 전체를 사용하므로 파일명은 '1305'가 아닌 '13May'와 같이 표기된다.

STEP 05

파일명 템플릿에 대해 더 알아보기 전에 파일명 설정에는 일련의 규칙이 있다는 점을 기억하자. 바로 단어 사이에 띄어쓰기를 하지 않는 점이다. 하지만 모든 단어를 붙여서 표기하면 파일명을 읽기 어렵기 때문에 단어들 사이에 시각적 분리 공간을 만들기 위해 밑줄을 넣는다. 단어 사이에 밑줄을 삽입하려면 'Date(MM)' 토큰 다음에 커서를 클릭하고 Shift 키와 - 키를 동시에 눌러 입력한다. 필자는 다른 사진가들과 조금 다른 파일명을 사용한다. 보통은 카메라가 설정한 파일명을 그대로 사용하지만 필자는 불러오는 사진을 묘사하는 간단한 단어를 파일명으로 사용한다. 그러면 파일을 열어보지 않아도 어떤 사진인지 알 수 있기 때문에 편리하다. 파일명을 직접 입력하기 위해 대화창의 Custom 영역에서 'Custom Text' 오른쪽의 [Insert] 버튼을 클릭하고 밑줄 바로 뒤에 [Custom Text] 토큰을 추가하면 한 단어 문구를 추가할 수 있다. 그리고 다시 밑줄을 입력하면 파일명은 '_Custom Text_' 와 같은 형식이 된다. 입력란 상단의 보기는 파일명을 설정하기 전까지 'untitled'로 표기된다.

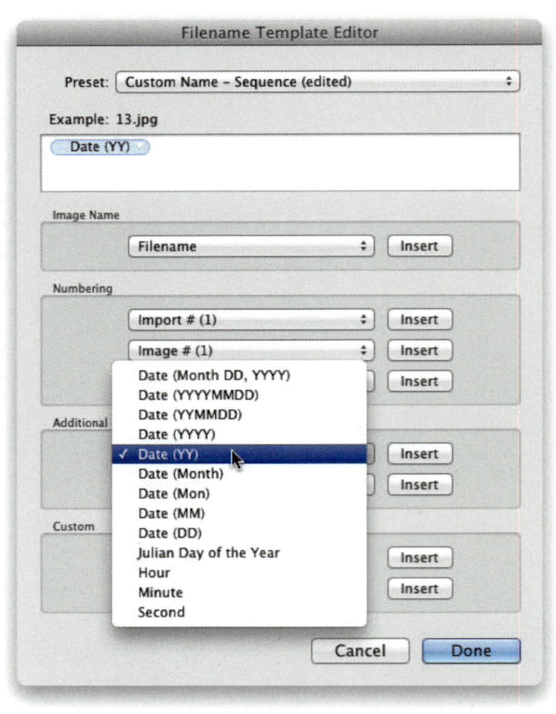

STEP 06

이제 라이트룸이 파일명에 일련번호를 자동 적용하도록 설정해보자. [Numbering] 영역의 세 번째 팝업 메뉴에서 원하는 번호 항목을 선택한다. 여기서는 'Sequence #(001)' 토큰을 선택했다. 이 항목은 파일명 끝에 세 자리수의 번호를 자동 적용한다. 상단의 파일명 예제를 보고 선택한 항목을 확인한다.

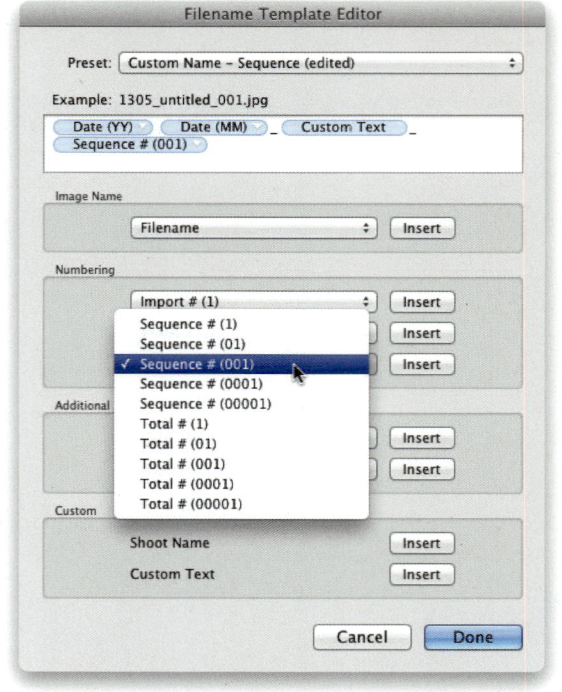

STEP 07

파일명 설정을 확인한 다음 [Preset] 팝업 메뉴에서 'Save Current Settings as New Preset'를 선택하고 대화창에서 프리셋 이름을 입력한다. 프리셋의 이름은 다음에 사용할 때 알아보기 편리하게 자세히 쓴다. 여기서는 'Year, Month, Type in Name, Auto Nbr'라고 입력했다. [Create] 버튼을 선택한 다음 [Done] 버튼을 클릭해서 프리셋을 저장한다. 이제 [Import] 창에서 [File Renaming] 패널의 [Template] 팝업 메뉴를 클릭하면 프리셋 목록에서 새로 저장한 프리셋을 찾을 수 있다.

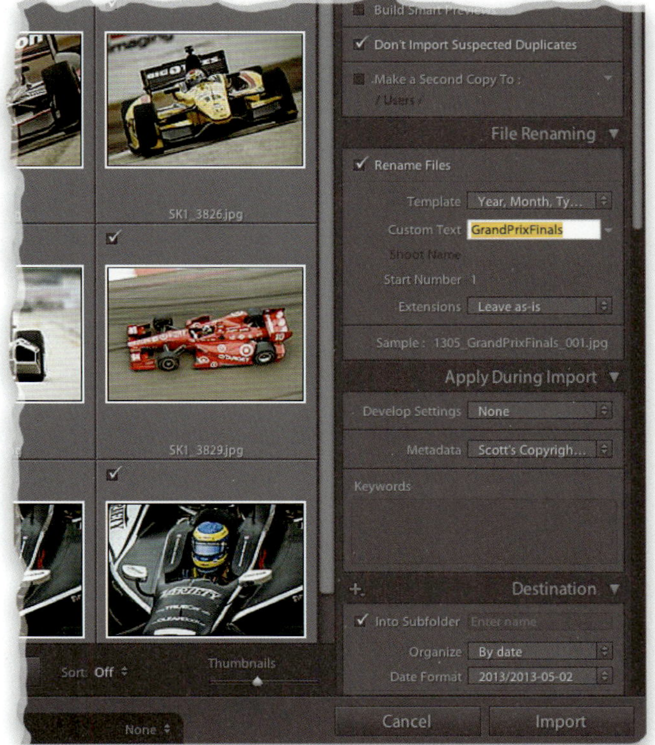

STEP 08

다음은 미리 추가한 [Custom Text] 토큰을 활용해보자. [Template] 팝업 메뉴에서 새 프리셋을 선택한 다음 Custom Text 영역에 파일명을 상세하게 입력한다. 여기서는 'GrandPrixFinals'라고 입력했다. 이때 단어 사이에 띄어쓰기를 하지 않는다. 그러면 입력한 파일명이 두 개의 밑줄 사이에 나타나 파일명을 보기 쉽게 만든다. 파일명을 입력한 다음 [File Renaming] 패널 하단의 'Sample' 영역에서 사진에 적용할 새 파일명의 예를 확인할 수 있다. [Apply During Import]와 [Destination] 패널 설정까지 마친 다음 [Import] 버튼을 클릭해서 사진을 불러온다.

사진 불러오기 기본 설정

사진 불러오기 기본 설정에 대한 내용을 불러오기 챕터의 뒷부분에 넣은 이유는 지금 쯤이면 라이트룸으로 사진 불러오기를 실행해보고 불러오기 과정을 어느 정도 숙지한 후임에도 불구하고 흡족하지 않은 점이 있을 것이라는 추측 때문이다. 여기서는 라이트룸의 기본 기능을 자신의 작업 방식에 맞게 직접 설정해보자.

STEP 01

불러오기 기본 설정을 하기 위해 PC는 [Edit] 메뉴에서 MAC은 [Lightroom] 메뉴에서 'Preference'를 선택해서 [Preference] 대화창을 불러온다.

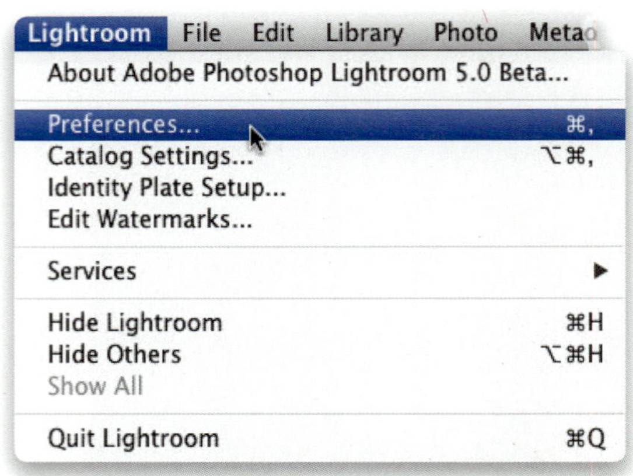

STEP 02

[Preference] 대화창 상단의 [General] 탭을 클릭한다. 두 번째의 Import Options 영역은 메모리카드를 연결할 때 실행하는 기능을 선택한다. 기본적으로 메모리 카드를 감지하면 자동으로 [Import] 창을 불러오도록 설정되어있다. [Import] 창을 자동으로 불러오는 것을 원하지 않는다면 체크박스를 해제한다. 두 번째 기능은 라이트룸 5에 새로 추가한 항목이다. 이전 버전의 라이트룸은 다른 모듈에서 사진 불러오기 단축키를 누르면 진행 중인 모든 작업을 멈추고 [Library] 모듈로 전환해서 불러오는 사진을 보여준다. 라이트룸이 사용자가 다른 모듈의 작업을 멈추고 현재 불러오는 사진을 편집할거라고 가정하기 때문이다. 하지만 라이트룸 5 부터는 'Select the "Current/Previous Import" collection during import'의 체크를 해제하면 현재 작업 중인 폴더나 컬렉션을 그대로 유지한 채 사진을 불러오게 설정할 수 있다.

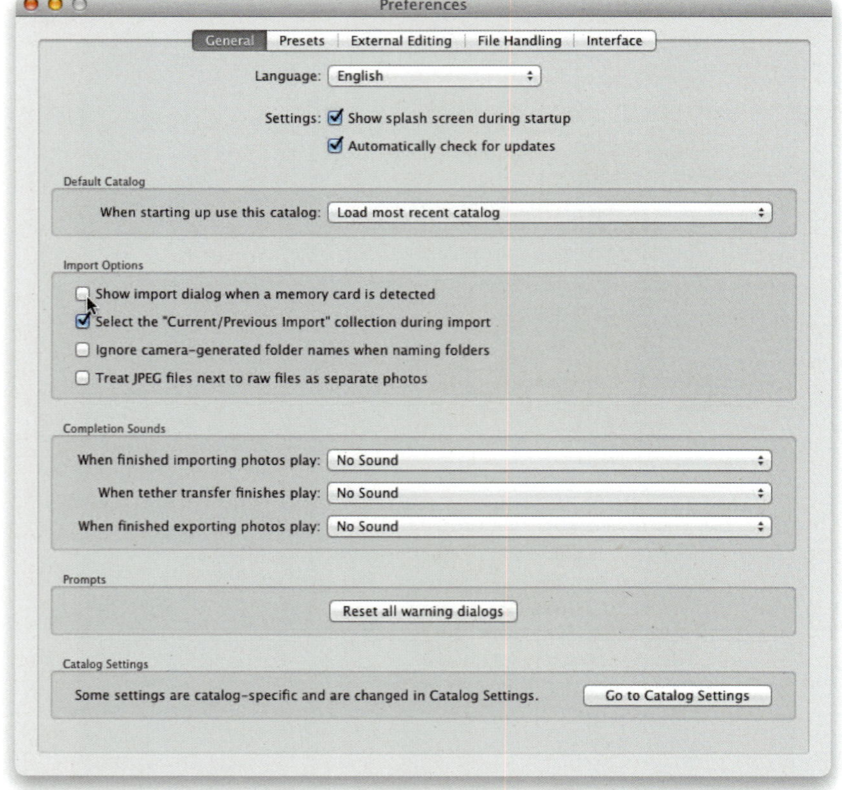

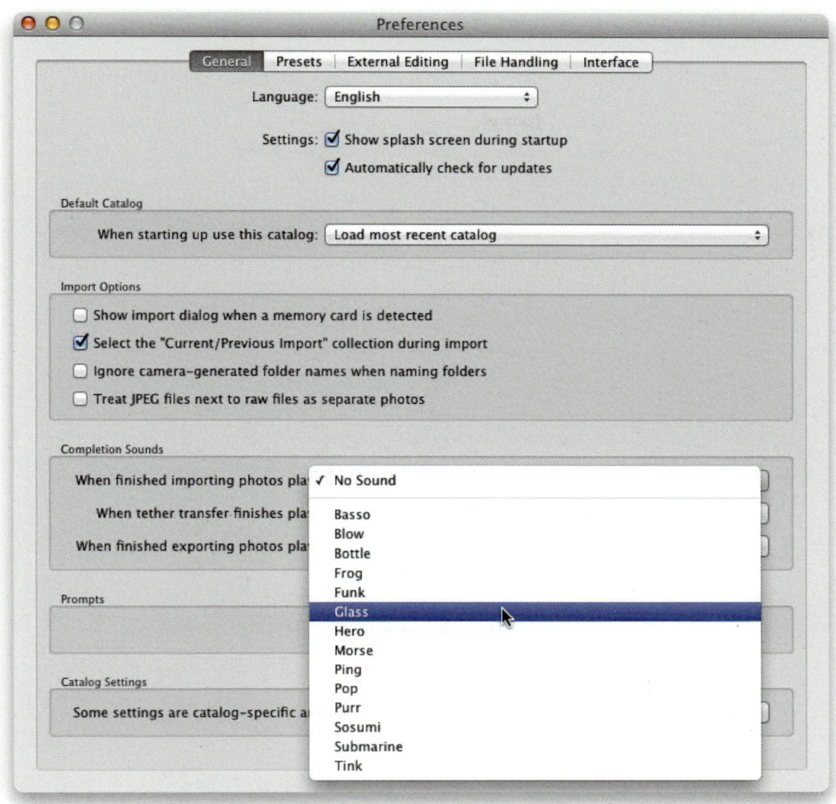

STEP 03

[General] 탭에서 알아두어야 할 불러오기 설정 항목이 두 가지 더 있다. Completion Sounds 영역에서 불러오기를 완료하면 알림음이 나도록 선택할 수 있을 뿐 아니라 팝업 메뉴에서 알림음의 종류를 선택할 수도 있다.

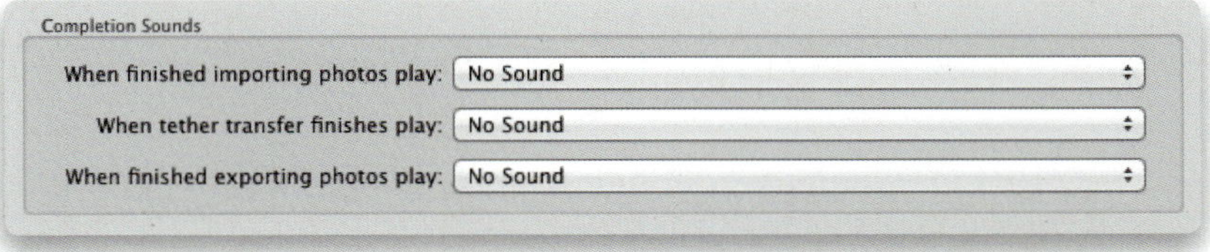

STEP 04

Completion Sounds 영역의 불러오기 완료 알림음 선택 항목 하단에는 테더링 촬영한 사진 불러오기 알림음과 사진 보내기 완료 알림음을 선택하는 팝업 메뉴가 있다. 불러오기 설정 항목은 아니지만 함께 설정하면 편리한 항목이다. 이번 챕터는 불러오기 기능에 대해 다루고 있으므로 다른 기본 설정 항목에 대해서는 이후에 추가로 더 설명할 것이다.

STEP 05

이번에는 [General] 탭 하단에 있는 [Go to Catalog Settings] 버튼을 클릭해보자. [Catalog Settings] 대화창에서 [Metadata] 탭을 클릭한다. [Metadata] 탭에서는 저작권, 키워드 등의 메타데이터를 RAW 파일에 적용하거나 별도의 파일(XMP sidecar)을 만들어 저장하도록 선택할 수 있다. 'Automatically Write Changes into XMP'에 체크해서 XMP sidecar를 만들면 각 사진이 두 개의 파일, 즉 사진 파일과 메타데이터를 담은 XMP 파일을 갖게 된다. 메타데이터를 별도의 XMP 파일에 저장하는 이유는 라이트룸이 주로 데이터베이스 파일에 추가하는 메타데이터를 인식하고 있지만 라이트룸에서 보내기를 실행하기 전에 실제로 사진에 적용을 하지는 않기 때문이다. JPEG, TIFF, PSD 형식의 파일은 복제 파일을 포토샵으로 보내기 할 때 메타데이터를 파일에 바로 적용한다. 그러나 일부 프로그램은 메타데이터를 읽지 못하기 때문에 별도의 XMP 보조 파일이 필요하다.

Note

[Go to Catalog Settings] 기능은 [Edit](MAC: [Lightroom]) 메뉴에서도 선택할 수 있다.

STEP 06

앞에서 'Automatically Write Changes into XMP'에 대해 설명했지만 사용하는 것은 추천하지 않는다. XMP 파일에 메타데이터를 기록하는데 시간이 걸려서 라이트룸의 속도가 느려지기 때문이다. 대신 XMP 파일을 포함한 파일을 친구 혹은 의뢰인에게 보내려면 [Library] 모듈에서 사진을 선택한 다음 [Metadata] 메뉴에서 'Save Metadata to File'의 단축키인 [Ctrl]-[S](MAC:[Command]-[S])키를 누른다. 그러면 메타데이터를 별도의 XMP 파일에 기록한다.

Note

사진을 보낼 때는 XMP 파일과 함께 두 개의 파일을 보내야한다.

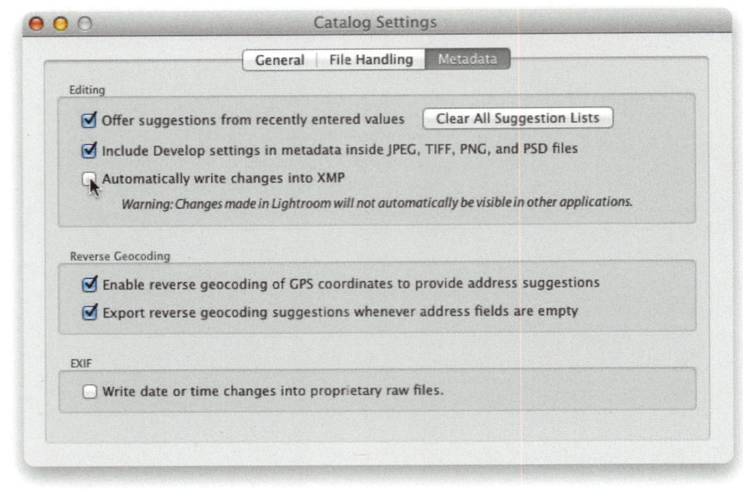

사진을 불러올 때 DNG(Digital Negative) 형식으로 변환하는 선택 항목이 있다. DNG 형식은 현재 디지털 카메라가 각 제조사마다 고유의 RAW 파일 형식을 사용해서 미래에 제조사들이 과거의 파일 형식을 새로운 형식으로 대체하는 경우를 우려하여 어도비사에서 개발한 파일 형식이다. DNG 파일은 독점 형식이 아니기 때문에 호환성의 제약을 받지 않을 뿐만 아니라 다른 장점도 많다.

DNG 파일 형식의 장점

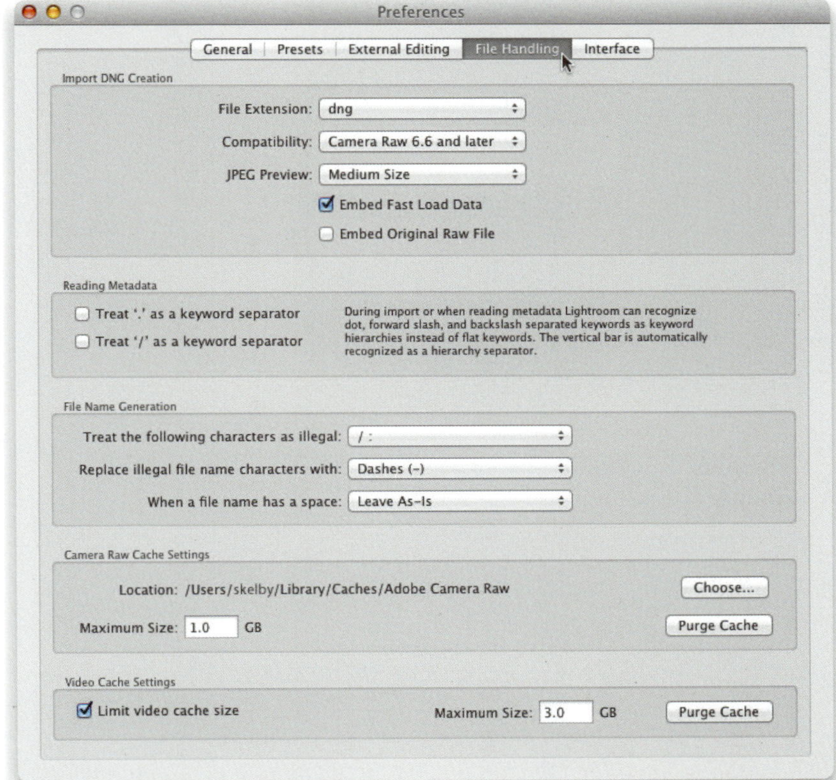

DNG 기능 설정하기

Ctrl−⟨,⟩(MAC:[Command]−⟨,⟩)키를 눌러 라이트룸의 [Preference] 대화창을 불러온 다음 [File Handling] 탭을 클릭한다. Import DNG Creation 영역의 상단을 보면 필자의 DNG 변환 설정 사항을 확인할 수 있다. DNG 파일을 RAW 원본에 기록할 수 있지만 그러면 파일 크기가 너무 커지기 때문에 필자는 이 메뉴를 사용하지 않는다. 사진을 DNG 파일 형식으로 변환해서 불러오려면 [Import] 창 상단의 [Copy as DNG]를 선택한다.

DNG 형식의 장점 #1: DNG 파일은 크기가 작다

RAW 형식은 일반적으로 파일 크기가 커서 저장 공간을 많이 차지한다. 파일을 DNG 형식으로 전환하면 30% 정도의 공간을 절약할 수 있다.

DNG 형식의 장점 #2: DNG 파일은 XMP와 같은 보조 파일이 필요 없다

RAW 파일을 편집하면 메타데이터를 XMP 보조 파일에 저장한다. 그러므로 누군가에게 메타데이터를 포함한 RAW 파일을 전달하려면 RAW 형식의 원본 파일과 메타데이터와 편집 정보를 기록한 XMP 보조 파일을 함께 보내야한다. 하지만 DNG 형식의 경우 Ctrl−⟨S⟩(MAC:[Command]−⟨S⟩)키를 누르면 모든 정보를 파일에 직접 기록한다. 그러므로 DNG 파일을 전달해야 하는 경우 단축키를 사용해 메타데이터를 기록하면 된다.

메타데이터(저작권) 템플릿 만들기

이번 챕터의 앞부분에서 라이트룸으로 사진을 불러올 때 저작권과 연락처 등의 정보를 파일에 자동으로 기록하는 메타데이터 템플릿의 편리함에 대해 언급했다. 이번 레슨에서는 메타데이터 템플릿을 만드는 방법에 대해 알아보자. 메타데이터 템플릿은 연락처 정보 템플릿, 기본 정보만 있는 템플릿 등 용도에 따라 다양하게 만들 수 있기 때문에 미리 만들어두고 목적에 따라 적용하면 편리하다.

STEP 01

메타데이터 템플릿은 [Import] 창에서 바로 만들 수 있다. Ctrl-Shift-I (MAC:[Command]-Shift-I)키를 눌러 [Import] 창을 불러온 다음 [Apply During Import] 패널의 [Metadata] 팝업 메뉴에서 'New'를 선택한다.

STEP 02

[New Metadata Preset] 대화창 하단의 [Check None] 버튼을 클릭하여 라이트룸에서 메타데이터를 볼 때 입력하지 않은 항목은 나타나지 않게 설정한다.

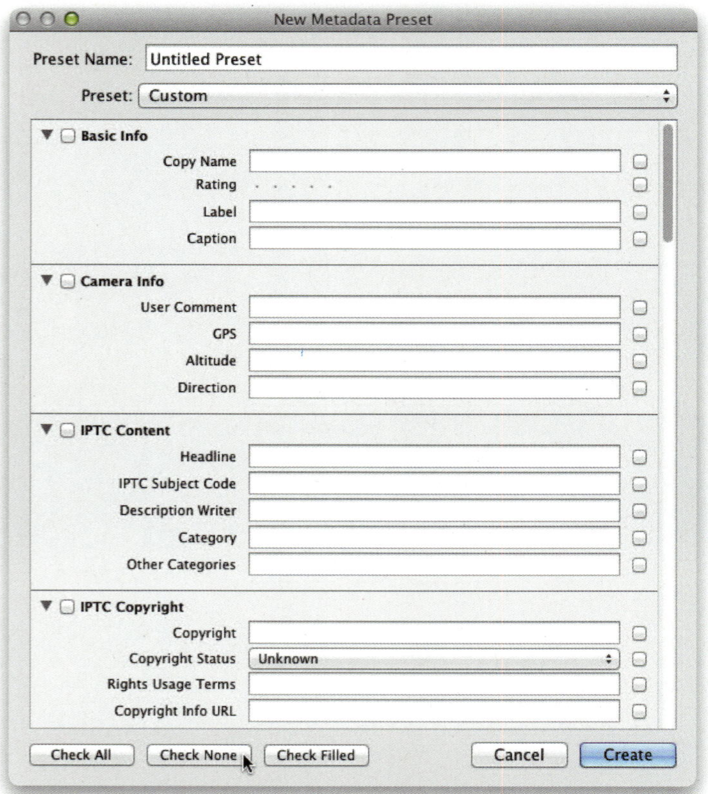

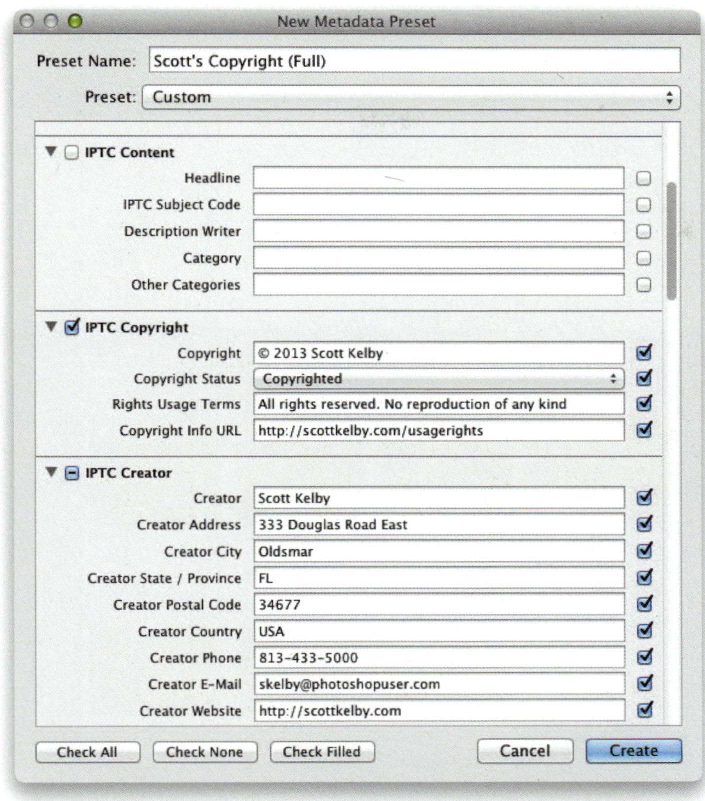

STEP 03

IPTC Copyright 영역에 저작권 정보를 입력한 다음 IPTC Creator 영역에 연락처 정보를 입력한다. 누군가 웹사이트에서 사진을 다운로드할 때 저작권에 대해 문의할 연락처가 필요하기 때문이다. 만약 IPTC Copyright 영역의 [Copyright Info URL]에 입력한 주소만으로도 충분하다고 생각한다면 연락처 입력은 건너뛰어도 상관없다. 메타데이터 프리셋은 잠재 고객에게 연락처를 제공한다는 목적도 갖고 있기 때문이다. 필요한 모든 메타데이터의 입력을 마친 후 대화창 상단에 프리셋 이름을 입력한 다음 [Create] 버튼을 클릭한다. 여기서는 'Scott's Copyright (Full)'로 설정했다.

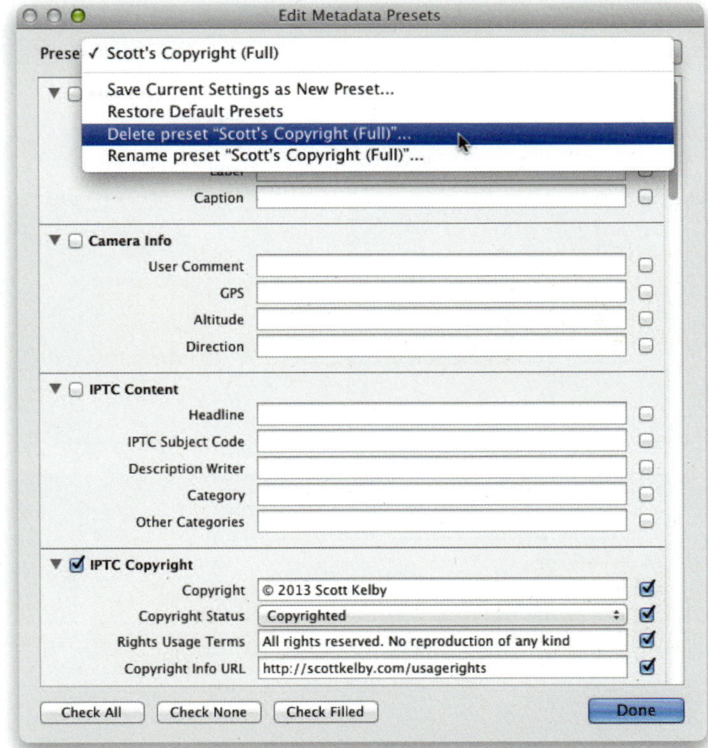

STEP 04

메타데이터 템플릿은 삭제 역시 간단하다. [Apply During Import] 패널의 [Metadata] 팝업 메뉴에서 'Edit Presets'를 선택한다. [Edit Metadata Presets] 대화창 상단의 [Preset] 팝업 메뉴에서 삭제할 프리셋을 선택한다. 대화창에 해당 프리셋의 메타데이터가 나타나면 다시 [Preset] 팝업 메뉴에서 'Delete preset "Name of Preset"'을 선택한다. 경고창이 프리셋을 삭제할지 물으면 [Delete] 버튼을 클릭하여 삭제한다.

라이트룸 인터페이스에 대해 알아두어야 할 4가지 사항

라이트룸으로 사진을 불러온 다음 미리 알아두면 편리한 인터페이스에 대한 4가지 사항을 알아보자.

STEP 01

라이트룸에는 각각 다른 기능을 가진 7개의 모듈이 있다. 사진을 라이트룸으로 불러올 때는 항상 [Library] 모듈의 중앙에 나타나며 모든 사진 분류, 탐색, 키워드 등을 설정할 수 있다. [Develop] 모듈에는 노출, 화이트 밸런스, 색상 조정 등 사진을 보정하는 기능이 있다. 나머지 5개의 모듈은 이름만 봐도 기능을 쉽게 알 수 있다. 상단의 작업표시줄에서 원하는 모듈의 이름을 클릭하여 다른 모듈로 전환하거나 단축키를 사용한다.

Note

[Library] 모듈의 단축키는 Ctrl – Alt – 1 (MAC: [Command]–Option– 1), [Develop] 모듈의 단축키는 Ctrl – Alt – 2 (MAC:[Command]–Option– 2)이다.

STEP 02

라이트룸 인터페이스에는 상단의 작업표시줄, 좌우패널 영역, 하단의 Filmstrip, 사진을 불러오는 중앙의 Preview 영역 등 5개 영역이 있다. 어느 패널이든 가장자리의 삼각형 아이콘을 클릭하면 패널을 숨길 수 있는데, Preview 영역을 확장해서 사진을 크게 보고 싶을 때 유용하다. 예를 들어, 인터페이스 상단 중앙에 있는 작은 회색 삼각형 아이콘을 클릭하면 작업표시줄을 숨길 수 있다. 아이콘을 한 번 더 클릭하면 작업표시줄을 다시 불러온다.

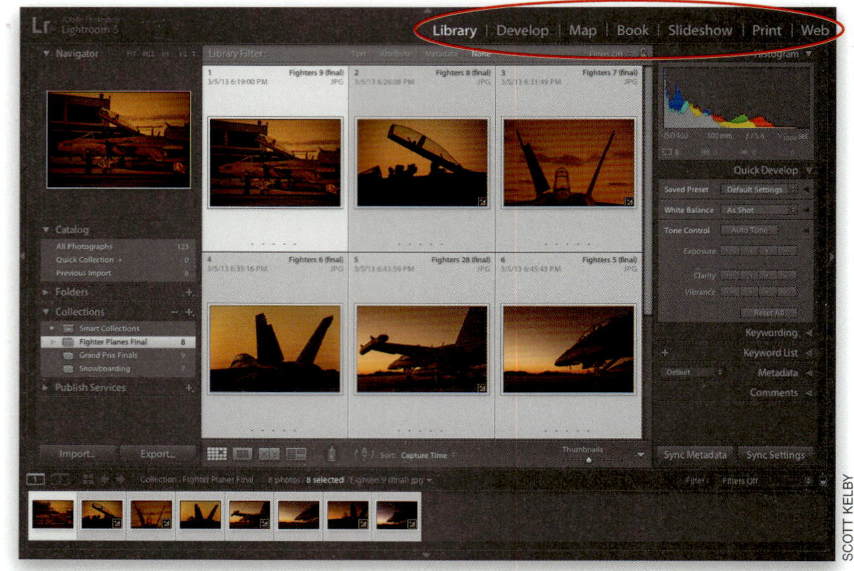

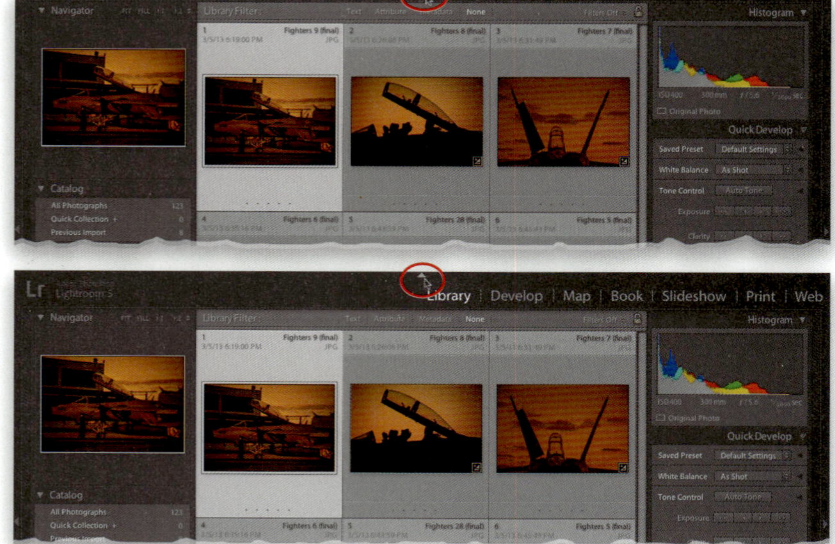

STEP 03

필자가 가장 많이 듣는 불만은 라이트룸 패널의 기본 설정인 Auto Hide & Show 기능이다. 패널을 숨긴 상태에서 작업 중 패널이 필요할 때 패널이 있던 위치로 커서를 가져가면 패널이 자동으로 나타나고 커서를 치우면 패널을 다시 숨긴다. 이론상으로 아이디어는 훌륭하다. 문제는 커서를 스크린의 오른쪽, 왼쪽, 상단, 하단 가장자리로 움직일 때마다 패널이 나타나 오히려 작업에 방해가 된다는 점이다. 그래서 이 기능을 해제하는 방법에 대해 많은 질문을 받는다. Auto Hide & Show 기능을 해제하려는 패널에서 삼각형 아이콘을 마우스 오른쪽 버튼으로 클릭하고 팝업 메뉴에서 'Manual'을 선택 해제한다. 이 기능은 각 패널에서 개별적으로 해제해야 한다.

STEP 04

필자는 Manual 모드를 사용하기 때문에 필요에 따라 패널을 열거나 닫을 수 있다. 단축키를 사용해도 되는데 F5 키는 상단의 작업표시줄 열기/닫기, F6 키는 Filmstrip 숨기기, F7 키는 왼쪽의 패널 영역 숨기기, F8 키는 오른쪽 패널 영역 숨기기를 실행한다. 새로운 MAC용 키보드나 랩톱에서는 [Fn] 키를 동시에 눌러야할 수도 있다. Tab 키는 양쪽 패널 영역을 함께 숨기는데 필자가 가장 많이 사용하는 단축키는 Shift – Tab 키로 모든 패널을 숨겨 사진만 창에 나타나게 하는 기능이다. 또한 왼쪽 패널 영역은 주로 프리셋과 템플릿을 적용하고, 작업 중인 사진의 미리 보기와 프리셋, 템플릿이 있으며, 나머지 모든 보정 기능들은 오른쪽 패널 영역에 있다는 점을 기억해두면 작업할 때 훨씬 쉽게 인터페이스를 사용할 수 있다.

불러온 사진 보기

불러온 사진의 분류와 선택 작업에 대한 챕터로 넘어가기 전에 잠깐 시간을 할애해서 보기 모드에 대해 숙지하는 것은 매우 중요하다. 보기 모드를 숙지하는 것은 사진을 선별하는데 큰 영향을 미치기 때문이다.

STEP 01

라이트룸으로 불러오는 사진은 Preview 영역 중앙에 썸네일로 나타난다. 썸네일의 크기는 Preview 영역 하단의 짙은 회색 도구바에 있는 [Thumbnails] 슬라이더로 조절한다. 오른쪽으로 드래그하면 썸네일이 커지고, 왼쪽으로 드래그하면 작아진다.

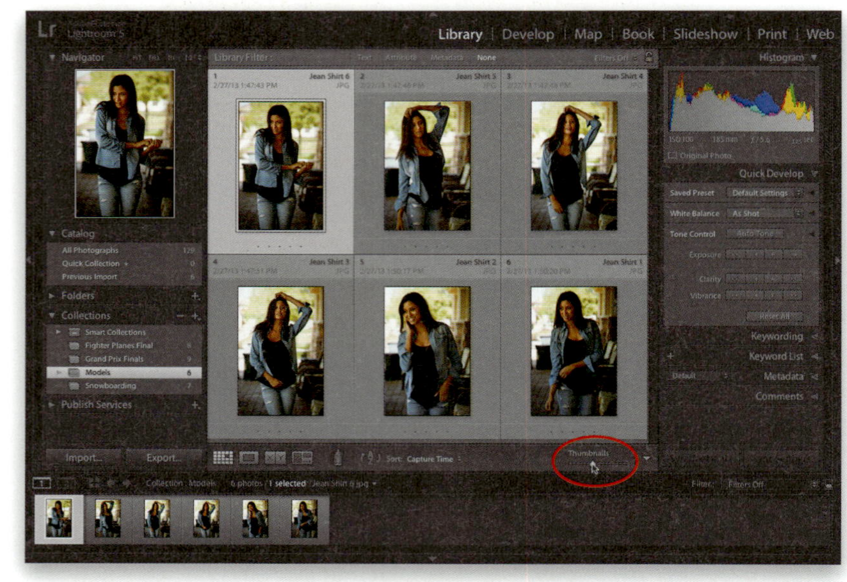

STEP 02

썸네일을 크게 보려면 더블클릭하거나 E 키 혹은 Space Bar 를 누른다. 이렇게 확대한 사진은 Loupe 보기 모드(루페를 사용해서 본 것 같기 때문에 붙인 이름이다)이며, 기본적으로 Preview 영역에서 사진 전체를 볼 수 있도록 설정되어 있다. 이것을 Fit in Window 보기 모드라고 하는데 사진을 더 확대하려면 [Navigator] 패널의 왼쪽 상단에서 [Fill]과 같이 다른 크기를 선택하고 사진을 더블클릭한다. Preview 영역을 채우는 크기로 확대한다. [1:1]을 선택하면 사진이 100% 크기로 확대된다.

STEP 03

필자는 사진을 더블클릭했을 때 Preview 영역 중앙에 사진 전체가 나타나도록 [Navigatior] 패널을 [Fit]으로 설정한다. 사진을 확대해서 보기 위해 Loupe 보기 모드에서 커서가 돋보기 아이콘으로 전환하면 사진을 한 번 클릭한다. 클릭한 영역이 1:2 배율로 확대된다. 원래의 크기로 돌아오려면 사진을 다시 한 번 클릭한다. 다시 썸네일 보기(Grid 보기 모드)로 돌아오려면 ⒢키를 누른다. ⒢키는 반드시 기억해야 할 중요한 단축키이다(지금까지 배운 중요한 단축키는 모든 패널을 숨기는 [Shift]—[Tab]키와 Grid 보기 모드로 전환하는 ⒢키이다). 다른 모듈에 있을 때 ⒢키를 누르면 언제든지 [Library] 모듈의 Grid 보기 모드로 전환하기 때문에 유용하게 사용할 수 있다.

Expanded라고 부르는 기본 셀은 가장 많은 정보를 담고 있다.

STEP 04

썸네일을 감싸고 있는 영역을 셀이라고 부르는데 셀은 파일명, 파일 형식, 크기 등 사진에 대한 정보를 담고 있다. 셀에서 보이는 정보의 종류를 설정하는 방법에 대해서는 챕터 3에서 자세히 다룰 것이다. 여기서는 알아두면 유용한 또 다른 단축키에 대해 알아보자. ⒥키는 한 번 누를 때마다 세 가지 종류의 셀로 번갈아 전환하며 각각의 셀은 다른 정보를 표시한다. 확장된 셀은 간소화한 셀보다 더 많은 정보를 담고 있다. ⓣ키를 누르면 도구바를 숨길 수 있다. ⓣ키를 계속 누르고 있으면 단축키를 누른 동안에만 도구바를 숨긴다.

⒥키를 눌러 Compact 보기로 전환하면 셀의 크기가 축소되어 모든 정보를 숨기고 사진만 보여준다.

⒥키를 한 번 더 누르면 각 셀의 번호와 일부 정보를 추가한다.

Lights Dim과 Lights Out 외의 다른 보기 모드 사용하기

필자가 라이트룸에서 가장 좋아하는 기능 중 하나는 사진에만 집중할 수 있는 보기 모드이다. 그래서 모든 패널을 숨길 수 있는 Shift - Tab 키를 선호한다. 하지만 그보다 더 사진에 집중할 때는 패널을 숨긴 후 사진 주변을 어둡게 만드는 Lights Dim과 Lights Out 기능을 사용한다.

STEP 01

 키를 눌러 Lights Dim 모드를 활성화하면 Preview 영역 중앙에 있는 사진을 제외한 모든 영역이 마치 조명을 낮춘 것처럼 어두워진다. Lights Dim 모드는 패널 영역과 작업표시줄, Filmstrip 영역을 전과 같이 사용할 수 있다.

STEP 02

L 키를 한 번 더 누르면 Lights Out 모드로 전환한다. Lights Out 모드는 사진 외의 영역을 완전히 어둡게 만들어 화면에 사진만 보인다. 사진을 전체 화면으로 확대하려면 Lights Out 모드로 전환하기 전에 Shift - Tab 키를 눌러 측면, 상단, 하단의 패널을 모두 숨긴다. 그러지 않으면 **Step 01**의 예제 사진처럼 넓은 검은 여백 중앙의 작은 사진만 볼 수 있다.

Note

Lights On 모드로 전환하려면 L 키를 한 번 더 누른다.

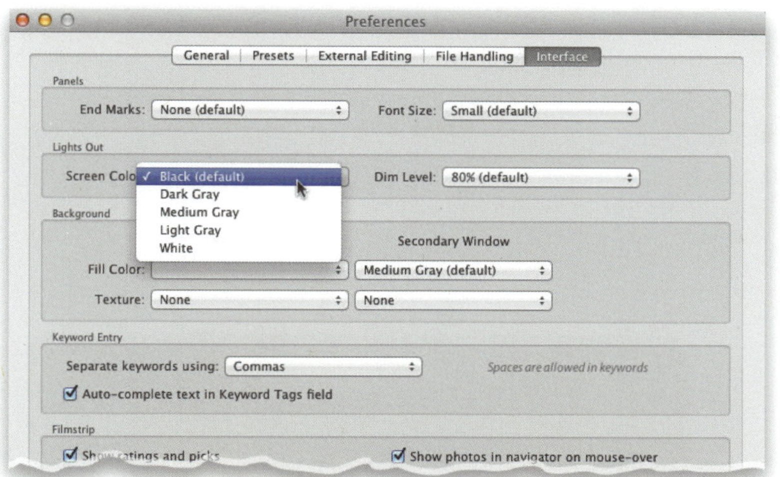

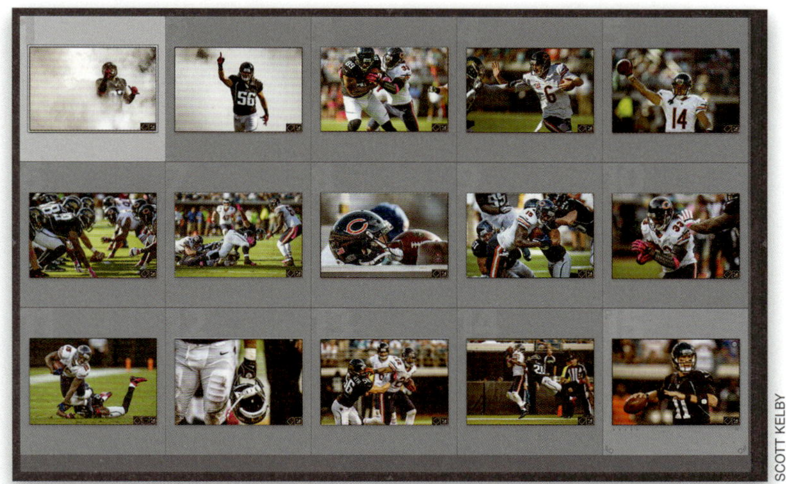

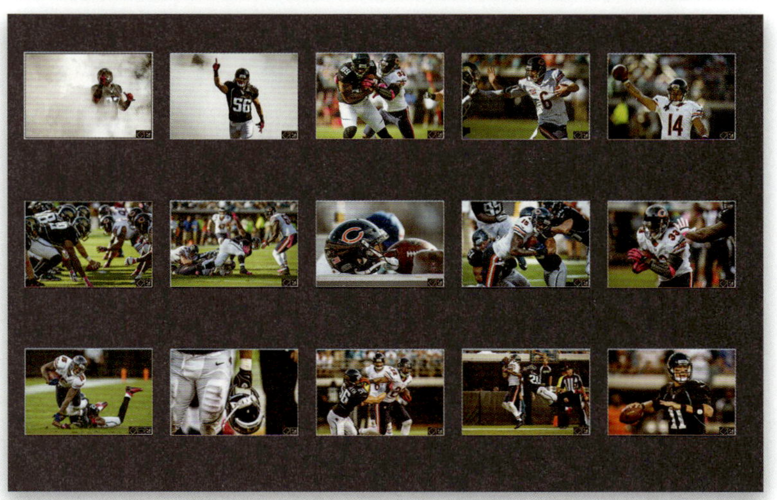

Lights Out 모드 설정하기

Lights Out 모드는 생각보다 설정 기능이 많다. PC의 [Edit] 메뉴 혹은 Mac의 [Lightroom] 메뉴에 있는 [Preferences] 대화창에서 [Interface] 탭을 클릭하면 [Screen Color]와 [Dim Level] 팝업 메뉴에서 Lights Out 모드일 때 화면의 밝기와 색상을 조절할 수 있다.

STEP 03

라이트룸 창에서 시각적 방해요소 없이 사진을 Grid 모드로 보려면 Shift–F 키를 두 번 누른다. Shift–F 키를 한 번 누르면 라이트룸 창의 작업 표시줄 위에 있는 타이틀 바를 숨기고 창을 화면에 꽉 차게 확장한다. Shift–F 키를 두 번 누르면 스크린 상단의 메뉴바를 숨긴다. Shift–F 단축키와 Shift–Tab 단축키로 패널, 작업표시줄, Filmstrip을 숨기고 T 키로 도구바를 숨기면 회색 배경에서 사진만 볼 수 있다. 필터 바가 보이면 \ 키를 눌러 숨긴다. '두 개의 가는 바가 그 정도로 시선에 방해가 될까'라는 생각이 든다면 한 번 시험해보고 판단하자. 다행히 위의 방법보다 훨씬 간단한 단축키가 있다. Ctrl–Shift–F(MAC: [Command]–Shift–F), \, T 키를 차례로 누르면 된다. 원래의 화면으로 돌아오려면 이 단축키를 다시 한 번 누른다. 예제 사진은 위의 단축키를 누른 결과이며 하단의 예제 사진은 L 키를 두 번 눌러 Lights Out 모드로 전환한 모습이다.

이전의 라이트룸에서는 사진을 [전체화면 보기]로 전환해도 사진 둘레에 검은색 바가 있었다. 물론 극적인 효과는 있었지만 진정한 전체화면 보기가 아니었으며 네 개의 단축키를 눌러야 겨우 '거의 전체화면 보기' 모드로 전환할 수 있었다. 하지만 라이트룸 5에서는 단축키 하나로 진정한 전체화면 보기 모드로 전환할 수 있다.

전체화면 보기

STEP 01

이전 버전의 라이트룸에서는 전체화면 보기로 전환하는 과정이 거추장스러웠다. 가장 먼저 [Shift]-[Tab] 키를 눌러 패널을 숨기고, [F] 키를 눌러 전체화면 모드로 전환한 다음 [L] 키를 두 번 눌러 Lights Out 모드로 전환했다. 원래의 화면으로 돌아가려면 같은 과정을 다시 한 번 거쳐야 했기 때문에 기본적으로 8개의 단축키를 사용해야 하는 것과 마찬가지였다. 하지만 라이트룸 5에서는 [F] 키만 누르면 전체화면 보기로 전환한다.

SCOTT KELBY AND COURTESY OF APPLE INC.

STEP 02

Step 01의 예제 사진을 보면 좌우에 검은색 바가 있다. 사진을 확대해서 스크린 전체를 채우려면 [Ctrl]-[+](MAC:[Command]-[+]) 키를 누른다. 일반 보기 모드로 돌아오려면 [F] 키 또는 [Esc] 키를 누른다. 사진을 전체화면으로 확대하는 단축키를 사용하면 작업을 마치고 라이트룸을 종료할 때까지 설정을 기억하고 있다. 필자는 사실 사진을 자동으로 전체화면으로 줌인하는 설정 항목이 있으면 한다.

가이드와 크기 조절이 가능한 그리드 오버레이 기능 사용하기

어도비사는 라이트룸 5에 이동이 가능한 가이드를 추가했다. 라이트룸의 가이드는 포토샵의 가이드와 같은 기능이지만 더 탁월하다. 또한 크기 조절이 가능한 그리드도 추가했는데 이는 사진 일부분의 기울기를 맞추는 등 매우 유용한 기능을 가지고 있다.

STEP 01

[View]–[Loupe Overlay]–[Guides] 메뉴를 선택해서 가이드를 활성화하면 두 개의 흰색 가이드선이 스크린 중앙에 나타난다. 가로나 세로 가이드를 움직이기 위해 Ctrl(MAC:[Command])키를 누른 채 커서를 가이드 위로 움직여 커서가 양방향 화살표로 바뀌면 원하는 위치로 드래그한다. 두 개의 가이드를 동시에 움직이려면 Ctrl(MAC:[Command])키를 누른 채 가이드 교차 지점의 검은색 조절점을 클릭하고 드래그한다. 가이드를 취소하려면 Ctrl–Alt–O (MAC:[Command]–Option–O)키를 누른다.

STEP 02

그리드 역시 가이드와 마찬가지로 [View]–[Loupe Overlay]–[Grid] 메뉴를 선택해서 사진 위에 나타나면 기울기 조절 등 다양한 기능을 사용할 수 있다. Ctrl(MAC:[Command])키를 누르고 있으면 스크린 상단에 조절바가 나타난다. [Opacity]를 클릭하면 그리드의 투명도를 조절할 수 있다. 여기서는 '100%'로 설정했다. [Size]는 그리드 간격을 조절한다. 왼쪽으로 드래그하면 간격이 좁아지고 오른쪽으로 드래그하면 간격이 넓어진다. 그리드를 해제하려면 Ctrl–Alt–O (MAC:[Command]–[Option]–O)키를 누른다.

Note

오버레이 기능은 동시에 여러 개를 활성화할 수 있으므로 가이드와 그리드를 동시에 사용할 수 있다.

라이트룸 아이콘으로 사진 드래그 앤 드롭하기

Desktop이나 컴퓨터 폴더에서 사진을(여러 개의 사진도 가능하다) 라이트룸 아이콘으로 드래그 앤 드롭하면 [Import] 창을 활성화한다. 사진이 나타나는 폴더는 자동으로 선택한다. 또한 Desktop이나 폴더에서 다수의 사진을 선택하여 드래그 앤 드롭을 한 경우 아이콘으로 드래그한 사진만 표시되어 선택하지 않은 사진을 제외하고 라이트룸으로 불러온다.

복제 파일은 불러올 수 없다

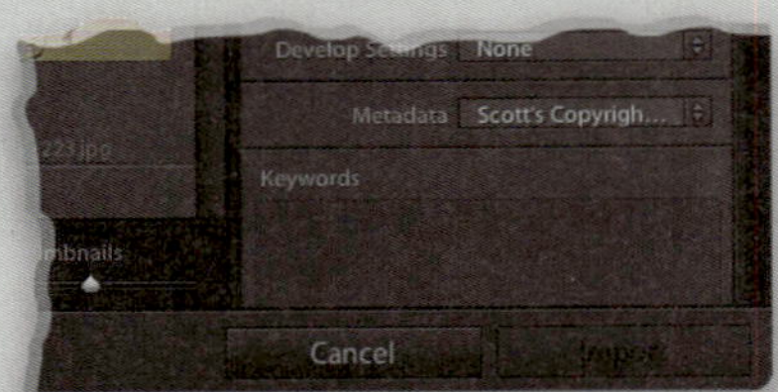

사진을 불러올 때 라이트룸 카탈로그에 이미 사진이 있으며(복제 파일) 'Don't Import Suspected Duplicates(복제 파일로 의심되는 파일은 불러오지 않기)' 항목에 체크한 경우 라이트룸에 이미 있는 사진은 [Import] 창에 회색으로 나타난다. 만약 선택한 모든 사진이 복제 파일이라면 [Import] 버튼 역시 회색으로 비활성화되어 사진을 불러올 수 없다.

여러 개의 카탈로그를 만들어 라이트룸 속도 높이기

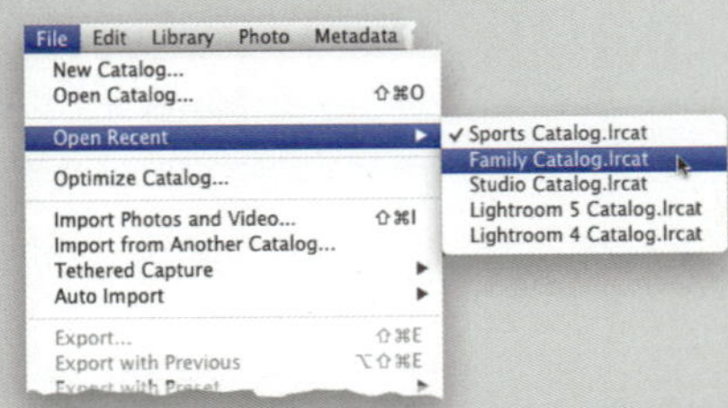

필자는 랩톱에 한 개의 카탈로그와 스튜디오용 컴퓨터에 세 개의 카탈로그를 사용하지만 웨딩 사진가인 한 친구는 다른 방식을 사용한다. 처음 들었을 때는 놀랐지만 생각해보니 일리가 있다. 그 친구는 각 웨딩 촬영별로 카탈로그를 분류한다([File]-[New Catalog] 메뉴를 선택한다). 각 웨딩마다 천 장 이상의 사진을 촬영하며, 한 명이나 두 명의 사진가가 함께 촬영하는 경우도 빈번하다. 그의 경우 각 카탈로그가 천 장 정도의 사진만 가지고 있기 때문에 일반적으로 3만에서 4만 장 정도의 사진을 가진 카탈로그에 비해 라이트룸의 속도가 느려지지 않는다. 한 번의 촬영 분량이 많은 사용자라면 고려해볼 만한 방법이다.

[Import] 창이 자동으로 나타나지 않는다면

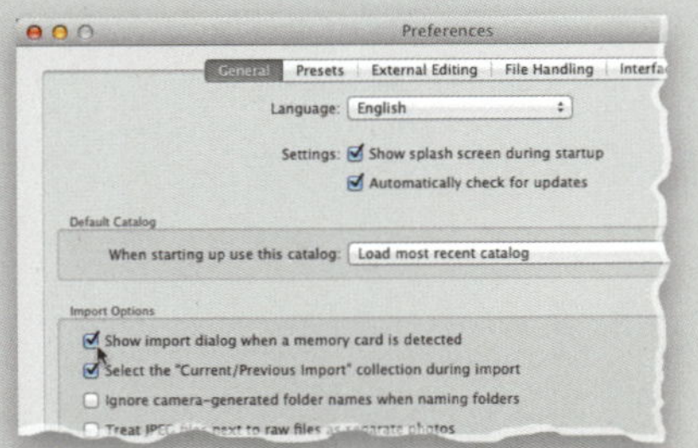

메모리 카드를 컴퓨터에 연결하면 라이트룸이 [Import] 창을 자동으로 활성화한다. 만약 자동으로 창을 불러오지 않는다면 Ctrl - ▾ (MAC: [Command]- ▾ 키를 눌러 [Preference] 메뉴를 불러온 다음 상단의 [General] 탭을 클릭한다. 'Show Import Dialog When Memory Card Is Detected'를 체크해 메모리 카드를 감지하면 [Import] 대화창을 열도록 설정할 수 있다.

사진 분류를 마친 다음 파일명을 재설정해야 하는 이유

사진을 불러올 때 파일명을 재설정할 수 있다. 사진을 설명하는 파일명으로 바꾸는 것은 분명히 필요한 과정이다. 그러나 파일명은 사진을 분류하고 초점이 맞지 않은 사진이나 플래시가 발광하지 않은 사진 등 필요 없는 사진을 삭제한 후에 재설정하는 것이 좋다. 그 이유는 라이트룸이 자동으로 파일에 일련번호를 설정하기 때문이다. 그러므로 파일명을 재설정한 후 사진을 삭제하면 빈 숫자가 생긴다. 필자는 개의치 않지만 그런 점에 신경을 많이 쓰는 사용자라면 분류를 마친 다음 파일명을 재설정하는 방법을 고려해보기 바란다.

마지막으로 불러온 사진으로 돌아가기

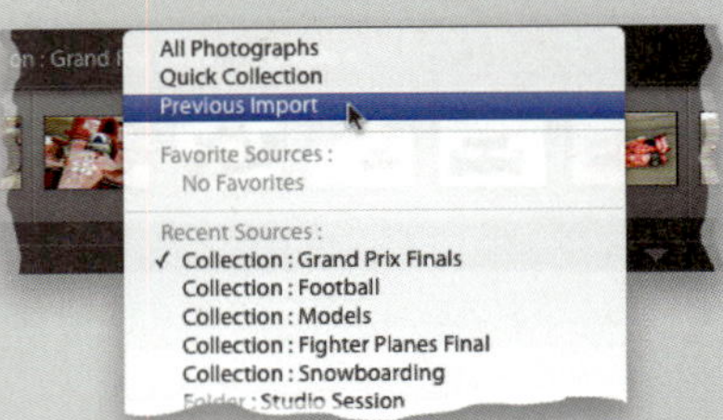

라이트룸은 마지막으로 불러온 사진 세트를 기억하고 있기 때문에 [Library] 모듈의 [Catalog] 패널에서 'Previous Import'를 선택하면 언제든지 마지막으로 불러온 사진을 찾을 수 있다. 하지만 하단의 [Filmstrip] 영역의 왼쪽에서 현재 이미지의 이름을 클릭하고 있으면 나타나는 팝업 메뉴에서 'Previous Import'를 선택하는 것이 훨씬 더 빠르다.

여러 개의 촬영 분을 날짜별로 정리하기

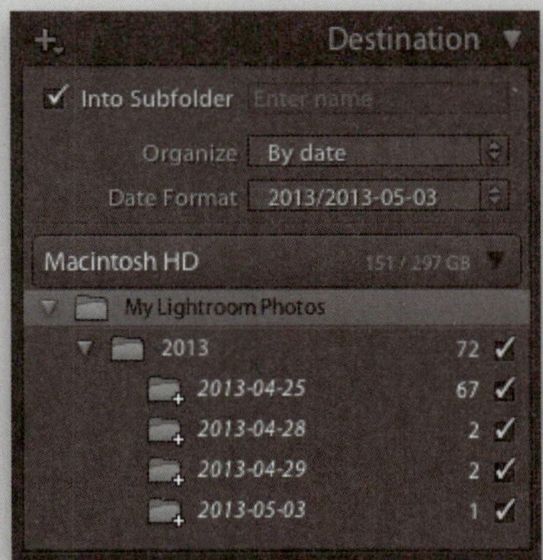

필자는 하나의 메모리 카드에 여러 개의 촬영 분을 가지고 있는 경우가 많다. 각각 다른 날 촬영한 사진이 하나의 메모리 카드에 들어있는 경우 말이다. 만약 필자와 같은 방식으로 메모리 카드를 사용한다면 [Import] 창의 [Destination] 패널에 있는 [Organize By Date] 기능을 사용하여 사진을 촬영한 날짜 별로 구분할 수 있다. 선택하는 [Date Format] 형식에 따라 약간의 차이가 있지만 폴더를 촬영 날짜별로 정리한다. 오른쪽에 체크한 폴더만 라이트룸으로 불러오기 때문에 특정한 날짜에 촬영한 사진만 선택해서 불러올 수 있다.

한 번의 촬영에 여러 개의 메모리 카드를 사용한 경우

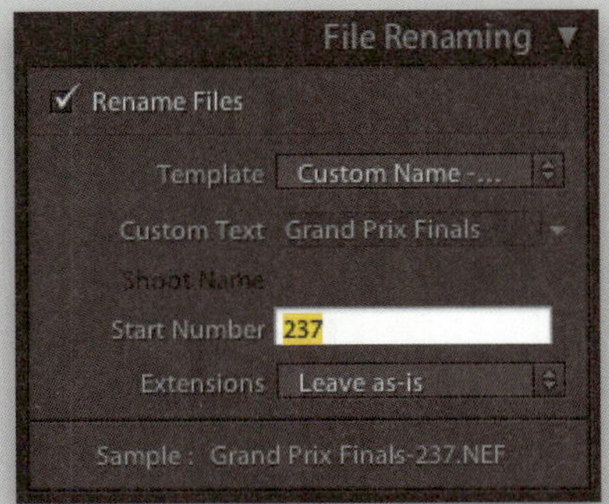

같은 촬영에 여러 개의 메모리 카드를 사용했다면 각 메모리 카드에 있는 첫 번째 사진의 번호를 항상 1로 시작하는 것보다는 [File Renaming] 패널의 [Template] 팝업 메뉴에

서 'Custom Name-Sequence'를 선택하여 [Start Number] 영역에 직접 번호를 지정해주는 것이 좋다. 예를 들어, 첫 번째 메모리 카드에서 236개의 사진을 불러왔다면 두 번째 카드의 첫 번째 사진은 237부터 시작하도록 설정하는 것이다. 그리고 두 번째 카드에서 244개의 사진을 불러왔다면 세 번째 카드의 사진은 481번부터 시작하도록 설정한다. 필자는 불러온 사진의 개수를 계산하지 않고 이전에 불러온 마지막 사진의 번호를 보고 다음 번호를 [Start Number] 영역에 입력한다.

Element Library

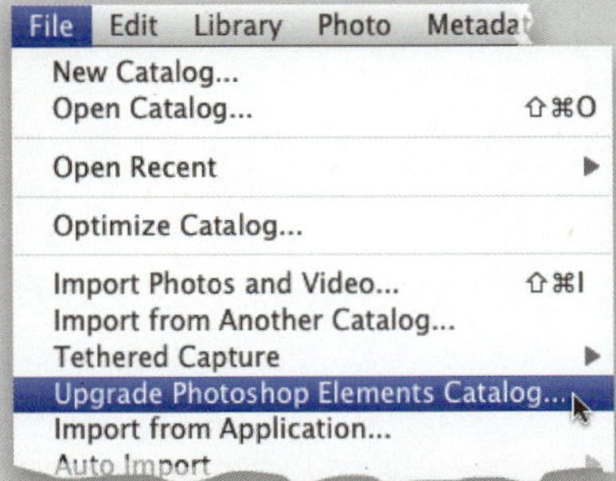

만약 Element 5 혹은 이후 버전에서 라이트룸 5로 사진을 불러온다면 [Element] 카탈로그를 불러올 수 있다. 라이트룸의 [File]−[Upgrade Photoshop Element Catalog] 메뉴를 선택한 다음 대화창의 팝업 메뉴에서 [Element] 카탈로그를 선택한다. 라이트룸과의 호환성을 위해 Element 카탈로그를 업그레이드해야 할 수도 있다. 업그레이드를 선택하면 Element 카탈로그를 불러오면서 라이트룸을 종료한 다음 재시작한다.

외장하드 백업하기

[File Handling] 패널의 'Make a Second Copy To Feature' 기능이 제 역량을 발휘하려면 복제 파일을 별도의 외장하드에 저장해야 한다. 백업 파일을 같은 컴퓨터의 다른 폴더나 원본을 저장한 외장하드에 저장하는 것은 바람직한 방법이 아니다. 컴퓨터의 하드디스크나 원본을 저장한 외장하드에 문제가 생기는 경우 작업하던 사진과 복제 파일까지 모두 잃을 수 있기 때문이다. 그러므로 백업 파일은 항상 별도의 외장하드에 저장한다.

두 개의 외장하드 사용하기

원본을 이미 외장하드에 저장한 경우 백업용 드라이브까지 두 개의 외장하드를 사용한다. 많은 사진가들은 겹쳐서 쌓을 수 있는 두 개의 소형 외장하드를 구매해서 한 개는 파이어와이어 케이블(IEEE 1394)로 연결하고 다른 하나는 USB 2 케이블로 연결한다. 가격이 저렴하지는 않지만 문제가 생길 경우 파일을 복원하는데 필요한 경비보다는 훨씬 저렴하다.

DNG 형식으로 변환해서 저장 공간 절약하기

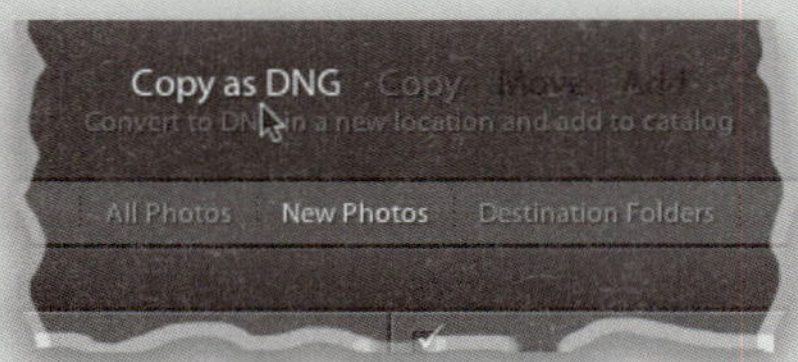

랩톱을 사용하는 경우 RAW 파일을 불러올 때 [Import] 창 상단의 [Copy as DNG]를 선택하면 15%에서 20% 정도의 하드디스크 공간을 절약할 수 있다.

Grid 보기의 썸네일 크기 조절하기

[Library] 모듈의 Grid 보기 모드에서 썸네일은 중앙의 Preview 영역 하단의 도구바 외에도 ⊕/⊖ 키로 크기를 조절할 수 있다. [Import] 창에서도 마찬가지이다.

폴더로 사진 불러올 때 시간 절약하기

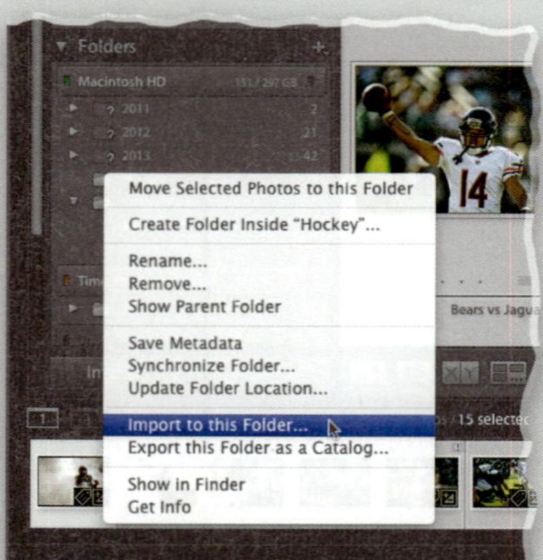

이미 만들어 놓은 폴더로 사진을 불러올 때 [Library] 모듈의 [Folders] 패널에서 폴더를 마우스 오른쪽으로 클릭한 다음 팝업 메뉴에서 'Import to This Folder'를 선택하면 [Import] 창에 이미 폴더가 선택되어 나타난다.

DNG 형식으로 변환하기

[Import] 창에서 [Copy as DNG]를 선택하지 않아도 언제든지 사진을 DNG 형식으로 변환할 수 있다. 변환할 사진을 클릭한 다음 [Library]–[Convert Photos to DNG] 메뉴를 선택한다. 그러면 RAW 파일을 DNG 형식으로 변환하고 RAW 파일은 그대로 라이트룸에 남아있다. 이때 RAW 원본 파일을 삭제하는 선택 항목이 있는데 DNG 파일은 RAW 파일을 포함하고 있으므로 필자는 이 항목을 선택한다. JPEG과 TIFF 형식도 DNG 형식으로 변환할 수 있지만 아무 이점이 없으므로 필자는 RAW 형식만 DNG 형식으로 변환한다.

폴더 안의 사진 정리하기

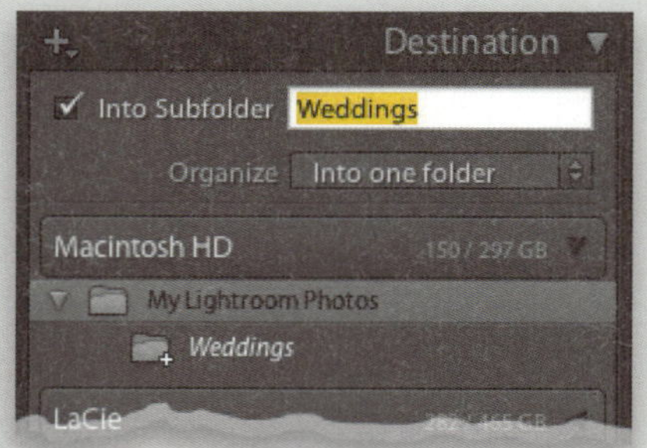

사진을 불러올 때 [Destination] 패널에서 사진의 분류방식을 설정할 수 있다. 'Into Subfolder' 항목을 체크하지 않고 [Organize] 팝업 메뉴에서 'Into One Folder'를 선택하면 라이트룸은 [Import] 창 오른쪽 상단의 [To] 영역에서 선택한 위치로 파일을 보낸다. 이때 파일은 분리된 폴더로 정리되지 않는다. 'Into One Folder'를 선택한 후 'Into Subfolder' 항목을 체크하고 폴더명을 설정한다. 불러오는 사진들을 [Pictures]나 [My Lightroom Photos] 폴더 안의 분리된 폴더에 저장할 수 있다. 이 방법을 사용하지 않는다면 곧 감당할 수 없을 정도로 사진 정리가 복잡해질 것이다.

라이트룸 5의 개선된 백업 파일 처리 방식

이전의 라이트룸에서는 이미지를 백업 하드디스크로 복사할 때 직접 설정한 파일명이나 메타데이터, 키워드 등을 포함하지 않고 메모리 카드에 있는 원본만 그대로 복사했다. 라이트룸 5는 복제 파일명을 재설정하고 메타데이터 등의 정보도 함께 복제해서 저장한다.

원본을 손실했다면 스마트 프리뷰를 사용한다

스마트 프리뷰로 만든 원본의 소형 버전 크기는 긴 면이 2,540 픽셀로 생각보다 크다. 그러므로 만약 원본을 손실했다면(간혹 생기는 일이다) 스마트 프리뷰를 DNG 파일 형식으로 보내기하여 실제 파일로 만든다. 원본보다 해상도는 떨어지지만 아예 없는 것보다는 나을 것이다.

PSD 파일 불러오기 & 편집하기

이전 버전의 라이트룸은 RAW, TIFF, JPEG 형식의 파일만 불러와 편집할 수 있었다. 하지만 어도비사는 라이트룸 3 버전에 포토샵 고유의 파일 형식인 PSD 파일을 불러올 수 있는 기능을 추가했다. 또한 CMYK 혹은 Grayscale 모드의 PSD 파일도 불러올 수 있다.

메모리 카드 해제하기

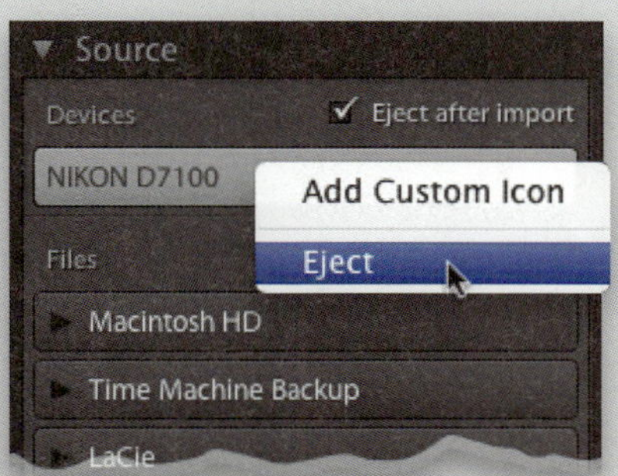

메모리 카드에서 어떤 사진도 불러오지 않고 카드를 빼려면 [Import] 창의 [Source] 패널에서 마우스 오른쪽을 클릭하고 팝업 메뉴에서 'Eject'를 선택한다. 새 메모리 카드를 연결했다면 창 왼쪽 상단에서 [From] 버튼을 클릭하고 팝업 메뉴에서 선택한다.

불러오는 사진의 용량 확인하기

[Import] 창 왼쪽 하단을 보면 불러오는 사진의 개수와 총용량을 확인할 수 있다.

미리 보기 렌더링에 걸리는 시간

필자는 미리 보기 렌더링에 걸리는 시간을 측정해보았다. 메모리 카드에서 랩톱으로 불러오는 14개의 사진이 각 미리 보기 렌더링 종류에 따라 걸리는 시간은 다음과 같다.

Embedded & Sidecar: 19초
Minimal: 21초
Standard: 1분 15초
1:1: 2분 14초

결과를 보면 1:1 미리 보기 이미지의 렌더링 시간이 Embedded & Sidecar 미리 보기 이미지 렌더링 시간의 7배가 걸린다. 그렇게 나쁘지 않다고 생각했다면 140개나 340개의 사진을 불러올 때 걸리는 렌더링 시간을 상상해보자. 필자의 실험 결과를 염두에 두고 자신의 작업 방식에 적합한 미리 보기 이미지 형식을 선택하자. 만약 각각의 사진을 가깝게 줌인해서 초점

과 디테일을 확인하는 사진가라면 1:1 미리 보기 이미지가 적합할 것이다. 필자처럼 사진을 빠르게 탐색하고 불러오는 사진들 중 10~20% 정도의 선택할만한 사진들만 줌인하여 확인하는 사진가라면 Embedded & Sidecar 미리 보기 이미지만으로도 충분하다. 대부분의 경우 사진을 전체화면으로 확인한다면 Standard 미리 보기 이미지가 적합하다. 그리고 썸네일이 고화질로 렌더링한 것처럼 보이길 원한다면 Minimal 미리 보기 이미지를 선택한다.

필요 없는 폴더 숨기기

컴퓨터에 이미 있는 폴더에서 사진을 불러오는 경우 [Source] 패널에 있는 긴 폴더 목록은 방해가 되므로 필요 없는 폴더를 숨긴다. 사진을 불러올 폴더를 찾은 다음 더블클릭하면 선택한 폴더만 보이고 나머지 폴더들을 숨길 수 있다.

Nikon 기종으로 테더링 기능을 사용할 수 없을 때

라이트룸의 테더링 촬영 기능과 호환되는 Nikon 카메라 기종(D90, D5200, D7000, D300, D300s, D600, D700, D3, D3x 등)을 연결해도 화면이 활성화되지 않는 경우 카메라의 USB 설정이 원인일 가능성이 높다. 카메라의 [Setup] 메뉴에서 [USB]를 클릭한 다음 'MTP/PTP'로 설정한다. Nikon D4와 D7100과 같은 최신형 기종은 기본적으로 'MTP/PTP'로 설정되어 있다.

영상 클립만 보기

먼저 [Filmstrip] 영역 왼쪽 상단의 경로 팝업 메뉴에서 'All Photographs'를 선택한다. 그리고 [Library] 모듈 상단의 [Library Filter]에서 [Attribute]를 클릭한다. [Library Filter]가 보이지 않는다면 ＼키를 누른다. [Kind] 오른쪽에 있는 필름 모양의 [Videos] 버튼을 클릭하면 라이트룸에 있는 영상 클립만 나타난다. 영상 클립으로만 컬렉션을 만들 때 편리하다.

사진 자동 진행 기능 해제하기

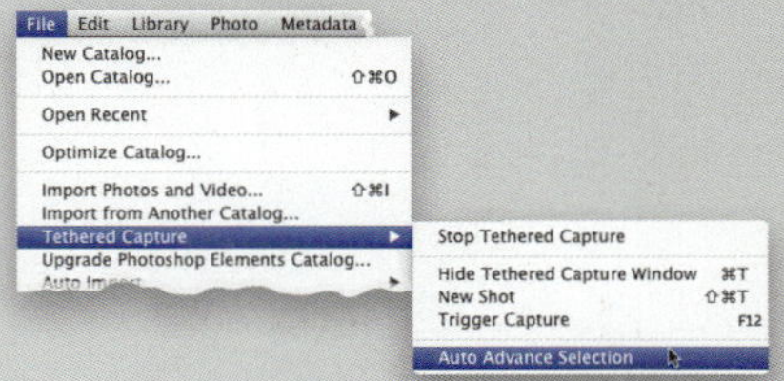

필자는 테더링 촬영을 할 때 새로 찍은 이미지를 전체화면으로 보려고 한다. 이때 사진 자동 진행 기능을 사용하면 조금 더 길게 살펴보고 싶은 사진이 있어도 바로 다음 사진으로 넘어가기 때문에 불편하다. 사진 자동 진행 기능을 해제하려면 [File]-[Tethered Capture] 메뉴를 선택하고 'Auto Advance Selection'를 해제한 후 ←/→키를 사용하여 확인하고 싶은 사진을 선택한다.

CHAPTER 02

LIBRARY
사진 정리하기

각 챕터의 제목에 노래 제목이나 TV 프로그램 제목, 또는 영화 제목을 붙이는 것은 필자만의 전통이다. 필자의 포토샵 저서 중 샤프닝에 대한 챕터에는 텍사스 출신의 록밴드 ZZ Top의 'Sharp Dressed Man'이라는 제목을 붙였었다. 챕터의 부제는 챕터의 내용을 설명하는 간단한 문장을 사용한다. 챕터 제목만으로는 내용이 분명하지 않은 경우가 있기 때문이다. 예를 들어 다른 저서에서는 'Super Size Me'라는 제목을 붙인 챕터가 있다. 크기 재조절에 대한 챕터의 제목이었다. 하지만 이전 버전의 라이트룸 저서에는 챕터 제목을 그냥 평범하게 지었다. 그리고 지금 라이트룸 5를 쓰면서 그 결정을 후회하고 있다(물론 챕터의 내용을 추측하기는 훨씬 쉽지만). 라이트룸에 대한 책을 사는 사람들의 대부분은 사진가일 것이다. 그리고 사진가는 창의적인 사람들이기 때문에 챕터 제목을 창의적인 노래 제목, TV 프로그램, 영화 제목 등으로 붙이면 좋아할 것이라고 생각했다. 아이튠 스토어에서 검색해보았더니 'Library'라는 노래 제목이 있었다. Final Fantasy라는 밴드의 곡이었는데 들어보니 몇 년 만에 처음 들어보는 정말 형편없는 곡이었다. 그런데도 앨범 미리 듣기는 12개의 완벽한 별점을 받았다. 그런 등급을 준 사람들은 제정신이 아니거나 아마 그 앨범의 다른 수록곡 'He Poos Clouds'가 마음에 들어서일 것이다. 그 곡의 제목을 챕터 제목으로 사용할 수 있었으면 좋겠다. 그러면 16살이 된 아들마저도 그 제목을 보고 웃을 것이다.

폴더의 기능과 중요성

사진을 불러올 때 하드디스크에 저장할 폴더를 선택해야 한다. 그리고 필자는 이러한 경우를 제외하고는 폴더를 사용하지 않는다. 폴더는 과거의 필름을 보관하는 장소와 마찬가지이기 때문에 최대한 안전하게 보관해야 한다고 생각한다. 필자는 [Folders] 패널을 거의 사용하지 않고 대신 안전한 컬렉션 기능을 사용한다. 여기서는 폴더에 대해 간단히 설명하고 폴더가 필요한 경우를 알아보자.

STEP 01

라이트룸을 종료하고 [Pictures] 폴더를 열어보면 실제의 사진을 저장한 하위 폴더들이 보인다. 여기서는 예제 사진처럼 Desktop에서 폴더에 있는 사진을 다른 폴더로 옮기거나 사진을 추가하고 삭제할 수 있다. 이 모든 작업은 라이트룸의 [Folders] 패널에서도 실행할 수 있는데, 모든 폴더를 볼 수 있고 파일을 옮기거나 삭제하는 등 컴퓨터에서 하는 작업이 모두 가능하다.

STEP 02

[Folders] 패널은 [Library] 모듈 왼쪽의 패널 영역에 있다. 예제 사진과 같이 라이트룸으로 불러와서 저장한 모든 사진 폴더가 보인다. 하지만 실제 사진이 라이트룸 안에 있는 것은 아니며 라이트룸은 사진을 관리만 한다.

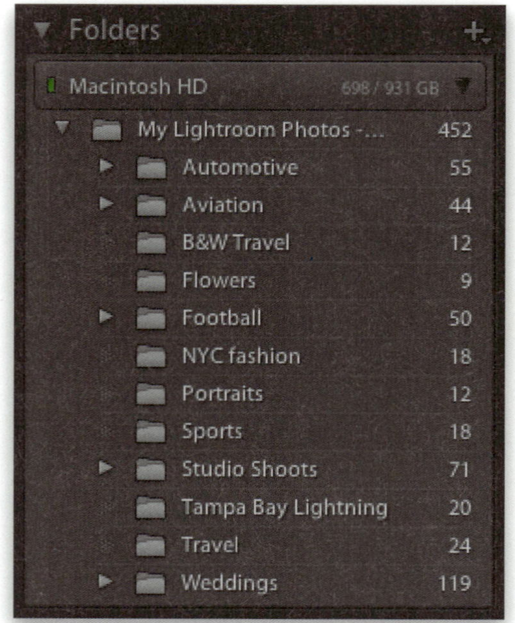

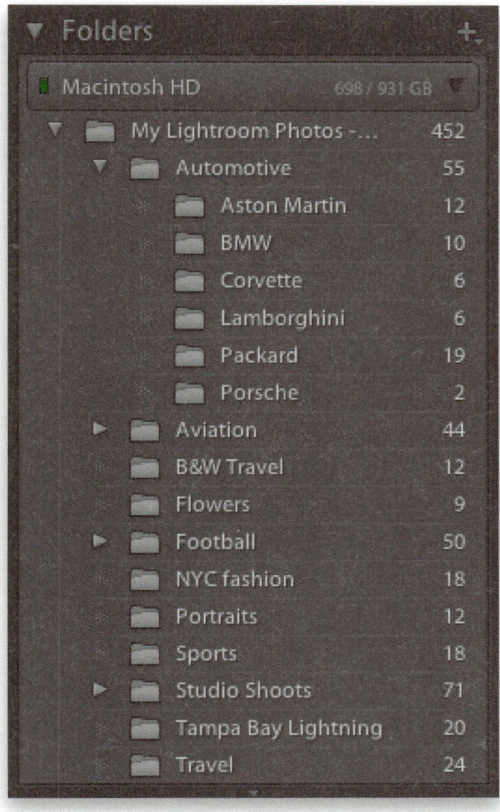

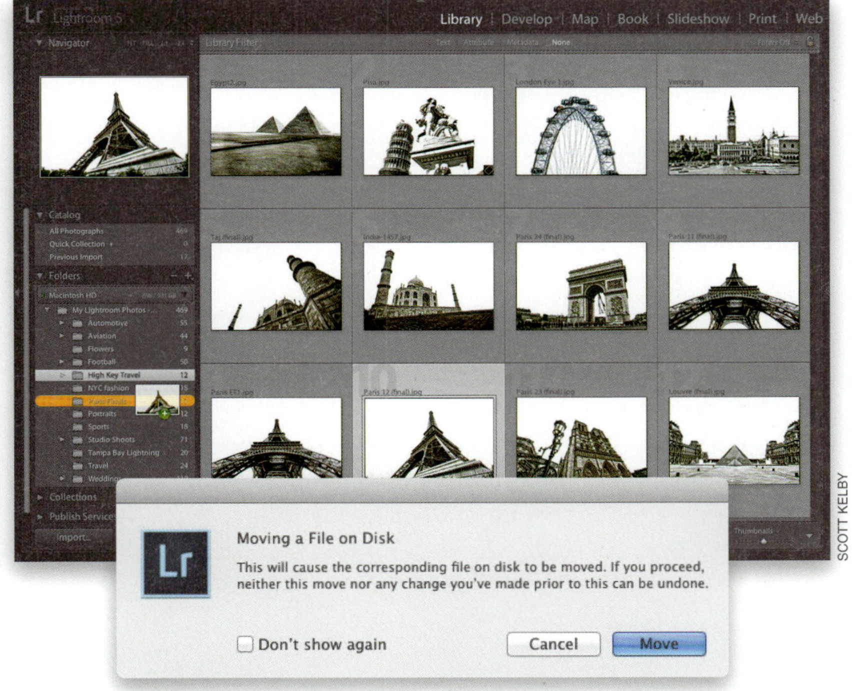

STEP 03

폴더 이름 옆에 있는 작은 삼각형 아이콘이 회색인 경우 그 폴더 안에 하위 폴더가 있다는 의미이며, 아이콘을 클릭하면 하위 폴더를 볼 수 있다. 아이콘이 회색이 아니라면 하위 폴더가 없다는 의미이다.

Note

작은 삼각형의 정식 명칭은 'disclosure triangles; 공개 삼각형'이지만 아무도 사용하지 않는 용어이다. 실제로 사용하는 사람이 있다면 아마도 고등학교 졸업 파티에 파트너가 없었을 것이다.

STEP 04

폴더를 클릭하면 해당 폴더에 저장한 사진들을 라이트룸으로 불러와 볼 수 있다. 예제 사진과 같이 썸네일을 클릭하고 다른 폴더로 드래그하면 컴퓨터에서 파일을 다른 위치로 옮기는 것과 마찬가지로 다른 폴더에 사진을 저장한다. 실제 파일을 옮기는 것이기 때문에 라이트룸에 경고창이 나타난다. 경고문을 보면 좀 무서운 생각이 들겠지만 단순히 파일을 옮긴 후 마음이 바뀌어 되돌리기 단축키 [Ctrl]-[Z](MAC:[Command]-[Z])를 눌러도 실행을 취소할 수 없다는 내용이다. 하지만 사진을 옮긴 폴더에서 사진을 찾아 원래 있던 폴더로 다시 드래그하면 되므로 걱정할 필요는 없다.

STEP 05

[Folders] 패널의 폴더 아이콘에 물음표가 있고 회색으로 표시한 폴더가 있다면 라이트룸이 해당 폴더를 찾을 수 없다는 의미이다. 폴더를 다른 위치로 이동했거나 폴더를 저장한 외장 하드를 컴퓨터에 연결하지 않은 경우에 나타난다. 후자의 경우라면 외장 하드를 연결하면 문제는 해결된다. 만약 전자의 경우라면 해당 폴더를 마우스 오른쪽 버튼으로 클릭하고 팝업 메뉴에서 'Find Missing Folder'를 선택해서 [Open] 대화창을 불러온다. 폴더를 찾아 클릭하면 라이트룸이 폴더를 재연결하여 사진을 볼 수 있다.

Tip

여러 개의 폴더 이동하기

이전 버전의 라이트룸에서는 한 번에 한 개의 폴더만 이동할 수 있었다. 라이트룸 5에서는 여러 개의 폴더를 Ctrl - 클릭(MAC:[Command]-클릭)키로 선택한 다음 드래그해서 한 번에 이동할 수 있다.

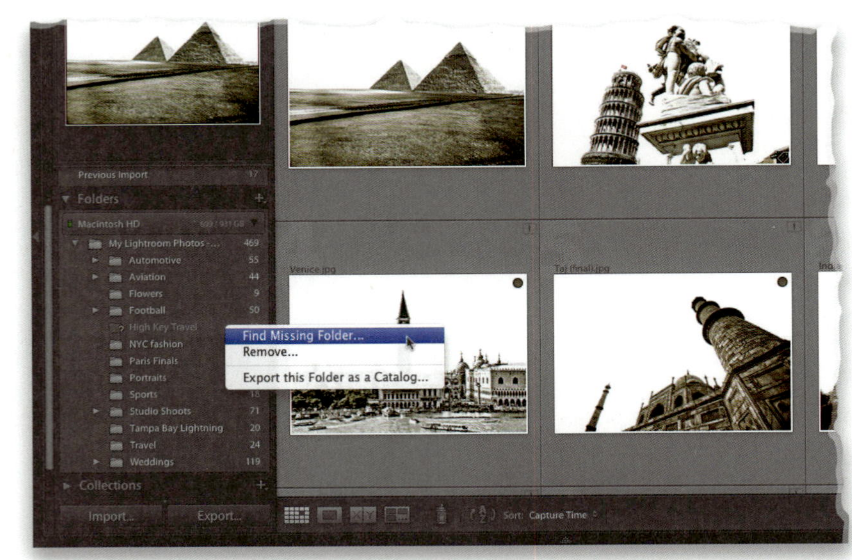

STEP 06

필자가 간혹 [Folders] 패널을 사용하는 때가 있는데, 사진을 불러온 다음 컴퓨터에 있는 폴더에 사진을 추가하는 경우이다. 예를 들어, 파리 여행에서 촬영한 사진들을 불러와 저장했는데 나중에 형이 자신이 촬영한 사진들을 이메일로 보내주었을 경우이다. 이 때 Desktop에서 형의 사진들을 드래그해서 [Paris Finals] 폴더에 저장해도 라이트룸은 자동으로 폴더의 사진을 업그레이드하지 않는다. 따라서 [Folders] 패널에서 [Paris Finals] 폴더를 마우스 오른쪽 버튼을 클릭한 후 팝업 메뉴에서 'Synchronize Folder'를 선택해야 한다.

[Synchronize Folder] 대화창을 불러오면 새로 추가한 6개의 사진을 불러올 준비가 되어있다. 사진을 불러오기 전에 선택 항목에서 저작권, 메타데이터 등을 설정한 후 하단의 [Synchronize] 버튼을 클릭해서 라이트룸으로 사진을 불러온다. 이러한 경우를 제외하면 필자는 [Folders] 패널 대신 [Collections] 패널을 사용한다.

다른 폴더 옵션

마우스 오른쪽 버튼으로 폴더를 클릭하면 팝업 메뉴에서 폴더 이름을 재설정하거나 하위 폴더를 생성하는 등 다른 설정을 할 수 있다. 'Remove' 항목을 선택하면 해당 파일은 라이트룸에서만 삭제되며 실제 파일은 컴퓨터의 [Pictures] 폴더에 남아있다.

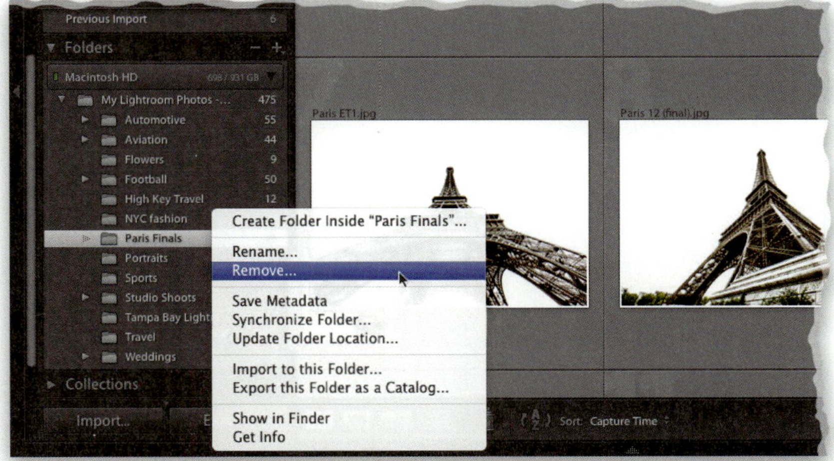

Collection 기능으로 사진 분류하기

사진 분류 작업은 어떤 방식을 사용하느냐에 따라 편집 과정에서 가장 즐거운 과정이 되거나 가장 좌절스러운 과정이 되기도 한다. 필자는 사진 분류 과정을 전보다 즐길 수 있게 되었다. 빠르고 효과적이며 분류 과정의 최종 목표인 최고의 사진 즉, 실제로 의뢰인에게 보여주거나 포트폴리오에 추가하거나 출력할만한 사진들을 선택하는데 도움이 되는 워크플로우를 발견했기 때문이다.

STEP 01

사진 분류 작업의 최종 목표는 촬영한 사진들 중 최고의 이미지들을 선별하는 동시에 초점이 맞지 않은 사진, 실수로 셔터를 누른 사진, 플래시가 발광하지 않은 사진 등의 삭제할 이미지를 골라내는 것이다. 사용하지 않을 사진들로 하드디스크를 채울 필요는 없기 때문이다.

라이트룸에는 세 가지 사진 등급 설정 방법이 있다. 가장 많이 사용하는 방법은 1~5개의 별점 등급이다. 사진에 별점 등급을 설정하려면 사진을 클릭한 다음 키보드에서 숫자키를 누른다. 사진을 클릭하고 ③키를 누르면 예제 사진과 같이 사진 하단에 별 세 개가 나타난다. 별점 등급을 바꾸려면 다른 숫자키를 누른다. 별점을 해제하려면 ⓪키를 누른다. 사진에 별점 등급을 설정하면 필터링 기능으로 별점 5개 등급의 사진만 보거나 4개 등급이나 3개 등급의 사진만 모아서 볼 수도 있다. 별점 이외에도 컬러 라벨 등급이 있다. 빨간색은 최하위, 노란색은 중하위 등의 순서로 등급을 설정한다. 혹은 예제 사진처럼 별점과 컬러 라벨 두 가지 등급을 동시에 설정할 수도 있다.

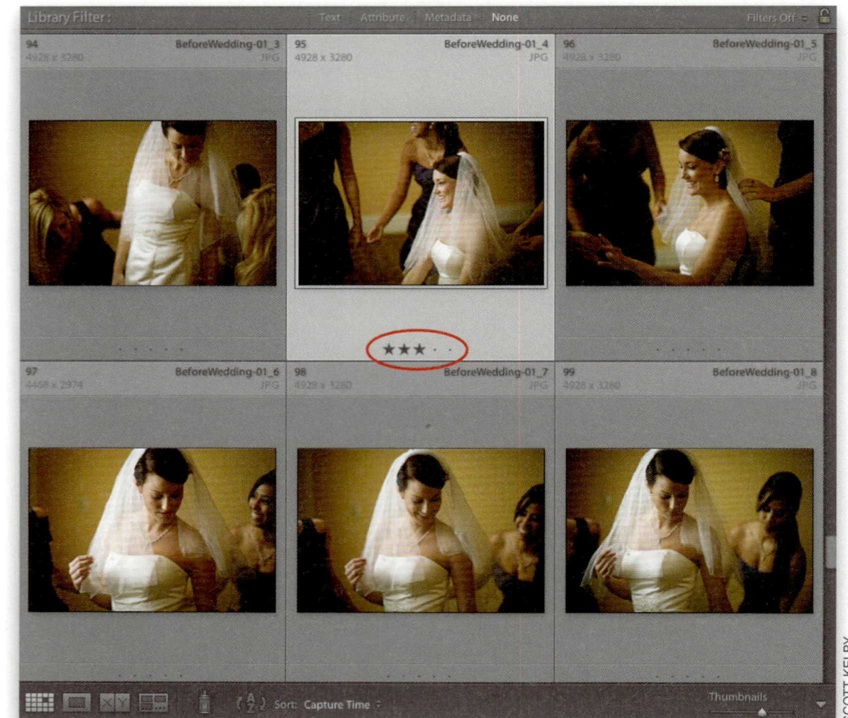

STEP 02

하지만 필자는 별점과 컬러 라벨 등급 설정을 추천하고 싶지는 않다. 선별 과정에 시간을 너무 소요하기 때문이다. 일반적으로 최상의 사진에 별점 5개를 설정한 사진이 아마 타인이 보게 될 유일한 사진일 것이다. 훌륭하지만 완벽하지는 않은 사진에는 별점 4개를 설정한다. 별점 3개는 중간 등급으로 그저 그런 사진이다. 별점 2개는 삭제하지는 않지만 하위 등급의 사진이다. 별점 1개를 설정한 사진은 초점이 맞지 않거나 흔들렸다는 이유로 삭제할 사진들이다. 결국 별점 5개를 제외한 사진들은 사용하지 않을 사진이 된다. 그러므로 주의를 기울여야할 사진들은 최상의 사진들과 최악의 사진들 뿐이다.

STEP 03

필자는 별점이나 컬러 라벨 대신 플래그 사용을 추천한다. 플래그 기능으로 최상의 사진은 Pick 등급으로, 최악의 사진은 Reject 등급으로 설정할 수 있다. 선별 작업을 마치면 라이트룸이 Reject 등급의 사진을 삭제한다. 플래그를 사용하면 사용하지 않는 사진에 등급을 설정하느라 시간을 허비하지 않아도 된다. 사진을 Pick로 설정하려면 [P] 키를 누른다. Reject 사진은 [X] 키를 눌러 설정한다. 키를 누르면 알림 메시지가 설정한 등급을 알려주고 사진의 그리드 셀에 작은 깃발 아이콘이 나타난다. 흰색의 깃발은 Pick 등급이고 검은색 깃발은 Reject 등급이다.

STEP 04

필자는 다음과 같은 과정으로 사진을 분류한다: 라이트룸으로 사진을 불러오면 [Library] 모듈에 Grid 보기 모드로 나타난다. 사진을 더 자세히 보기 위해 첫 번째 사진을 더블클릭해서 Loupe 보기 모드로 전환한다. 사진이 마음에 들면 [P] 키를 눌러 Pick 등급으로 설정한다. 삭제할 사진은 [X] 키를 눌러 Reject 등급으로 설정한다. 그 외의 사진들은 그냥 두고 [→] 키를 눌러 다음 사진으로 진행한다. 실수로 플래그 등급을 설정한 경우(예를 들어 실수로 사진을 Reject 등급으로 설정한 경우)에는 [U] 키를 눌러 설정을 취소한다. 이 방법을 사용하면 단시간에 수 백 장의 사진을 분류할 수 있다. 하지만 아직 분류 작업이 끝난 것은 아니다.

STEP 05

Pick과 Reject 사진을 설정한 후 하드디스크에서 Reject 사진을 삭제한다. [Photo]-[Delete Rejected Photos] 메뉴를 선택하면 Reject로 설정한 사진들만 불러오고 하드디스크에서 삭제할지 라이트룸에서 제거할지를 묻는 대화창이 나타난다. Reject 사진은 드라이브에 남겨둘 필요가 없기 때문에 필자는 항상 [Delete From Disk]를 선택한다. 그러므로 필자와 같은 생각이라면 [Delete from Disk] 버튼을 클릭해서 사진을 삭제하고 Grid 보기 모드로 돌아온다.

Note

불러온 사진을 바로 선별하고 삭제하기 때문에 아직 컬렉션에는 추가하지 않은 상태이다. 그러므로 대화창에서 사진을 디스크에서 삭제할지 묻는 것이다. 사진을 컬렉션에 추가한 후에는 [Delete from Disk] 버튼을 클릭하면 사진을 하드디스크가 아닌 컬렉션에서 삭제한다.

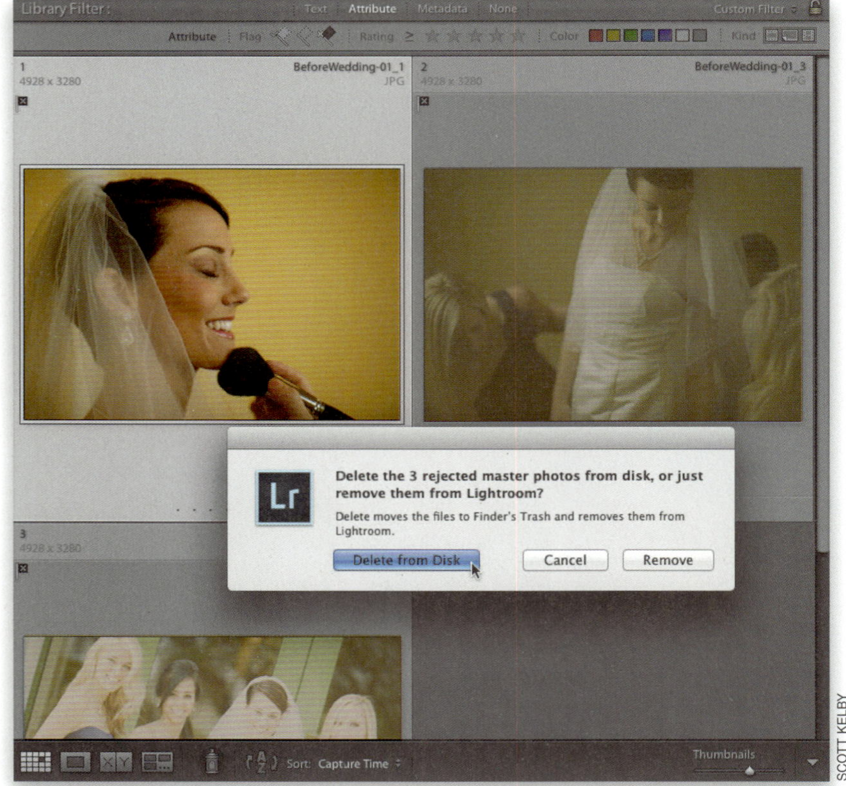

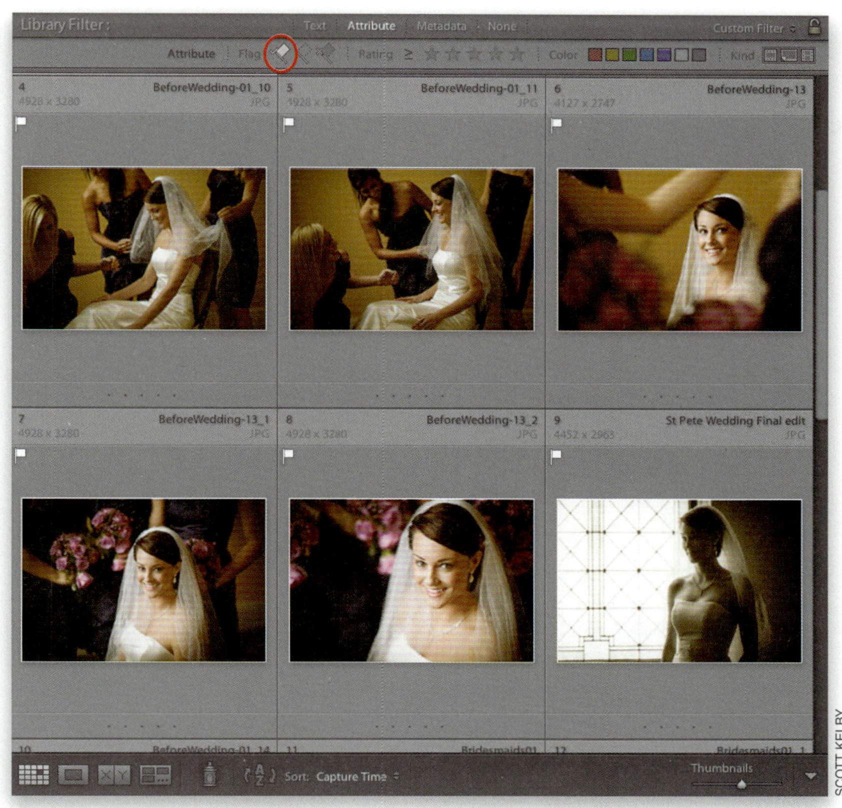

Pick 사진만 보려면 Preview 영역 상단의 Library Filter 바에서 [Attribute]를 클릭해서 Attribute 바를 활성화한다. Library Filter 바가 보이지 않는다면 ⎇키를 누른다. 바에서 흰색 Pick 플래그를 클릭하면 Pick를 설정한 사진들만 나타난다.

Tip

다른 Library Filter 사용하기

[Filmstrip] 영역 오른쪽에도 Library Filter가 있어서 Pick, Reject 혹은 플래그 설정을 하지 않은 사진들만 선택해서 볼 수 있다. 하지만 플래그와 별점 그리고 메타데이터 일부만 볼 수 있다.

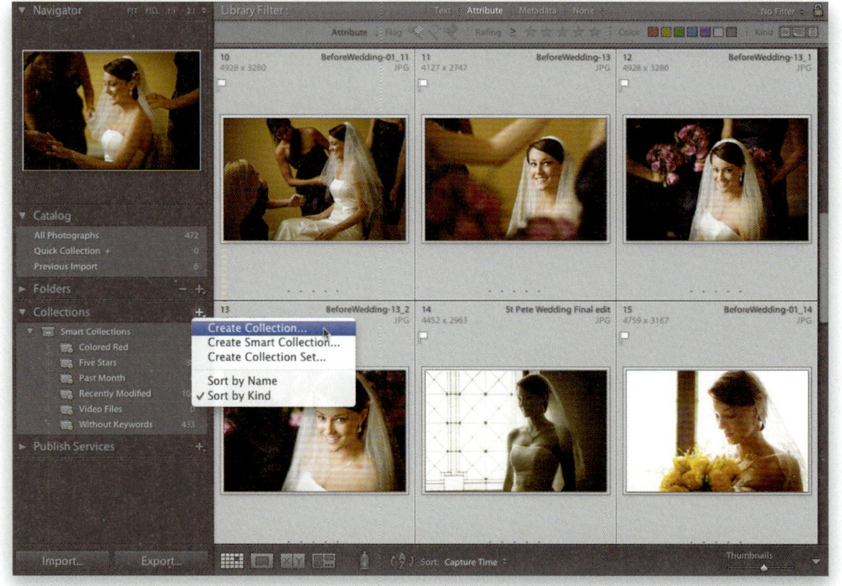

다음은 Pick 사진들을 컬렉션에 추가한다. 컬렉션은 사진 분류 단계뿐 아니라 라이트룸 워크플로우 전체의 중추 역할을 하는 기능이다. 컬렉션은 촬영한 사진들 중 최상의 사진을 모아놓은 앨범이라고 생각하면 된다. Pick 사진을 컬렉션에 추가한 다음에는 클릭 한 번으로 언제든지 사진을 볼 수 있다. Pick 사진을 컬렉션에 추가하려면 Ctrl – A (MAC:[Command] – A)키를 눌러 Pick 사진 전체를 선택한 다음 왼쪽 패널 영역의 [Collections] 패널 헤더에 있는 작은 [+] 버튼을 클릭한다. 팝업 메뉴에서 'Create Collection'을 선택한다.

STEP 08

[Create Collection] 대화창에서 컬렉션의 이름을 입력하고 하단에서 세트를 지정한다. 아직 세트 기능에 대해 배우지 않았기 때문에 지금은 체크하지 않은 채 둔다. [Options] 영역에서는 앞의 단계에서 이미 Pick 사진을 선택했기 때문에 컬렉션에 추가하도록 'Include selected photos'가 체크되어 있다. 일단 나머지 두 개의 항목 'Make new virtual copies'와 'Set as target collection'에는 체크하지 않고 [Create] 버튼을 클릭한다.

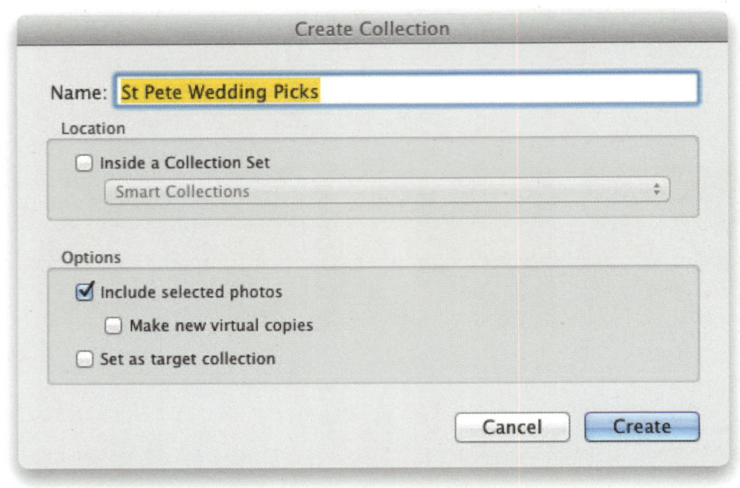

STEP 09

Pick 등급 사진들을 컬렉션으로 만든 후에는 언제든지 [Collections] 패널에서 예제 사진과 같이 컬렉션의 이름(여기서는 [St. Pete Wedding Picks])을 클릭해서 사진을 볼 수 있다. 컬렉션은 작업의 편이성을 위한 기능이기 때문에 컴퓨터에 있는 실제 사진에는 영향을 미치지 않는다. 그러므로 컬렉션에서 사진을 제거해도 컴퓨터의 폴더에는 사진이 그대로 남아있다. 물론 컬렉션을 만들기 전에 삭제한 Reject 사진은 실제로 삭제된다.

Note

애플사의 iPod, iPad, iPhone 사용자라면 iTune 소프트웨어에 익숙할 것이다. 라이트룸의 컬렉션은 iTune의 플레이리스트 기능과 유사하다. 플레이리스트에서 곡을 삭제해도 하드디스크(혹은 iTunes Music Library)에서 삭제되지 않는 것과 마찬가지이다.

STEP 10

지금부터는 컬렉션에 있는 사진만 가지고 작업을 할 것이다. 298개의 웨딩 사진 촬영 분 중 26개의 사진만 Pick 등급으로 설정해서 컬렉션으로 만들었다. 하지만 26개의 사진을 모두 출력하거나 포트폴리오에 넣거나 신부에게 보내지는 않을 것이다. 그러므로 의뢰인에게 보내거나 출력하거나 포트폴리오에 넣기 위해 Pick 컬렉션 중에서 최고의 사진을 선별해야 한다.

STEP 11

이 단계에서 사진 선별에 사용할 수 있는 기능은 세 가지이다. 첫 번째는 이미 알고 있는 Pick 플래그 기능이며 컬렉션을 만들 때와 같은 과정이다. 하지만 그 전에 사진의 Pick 플래그 설정을 취소해야 한다. 이전 버전의 라이트룸에서는 Pick 사진을 컬렉션에 추가하면 자동으로 플래그 설정을 최소했지만 라이트룸 5부터는 설정을 유지한다. 플래그를 제거하려면 Ctrl-A (MAC:[Command]-A) 키를 눌러 컬렉션에 있는 사진 전체를 선택한 다음 U키를 누른다. 두 번째 방법은 Survey 보기 모드로, 필자는 동일한 포즈를 촬영한 사진과 같이 비슷한 사진들을 선별할 때 자주 사용한다. 먼저 예제 사진과 같이 비슷한 사진들을 모두 선택한다.

Note

사진을 여러 장 선택할 때는 한 개를 선택한 다음 Ctrl (MAC:[Command])키를 눌러 나머지 사진들을 선택한다.

STEP 12

N 키를 눌러 Survey 보기 모드로 전환한다. Survey 보기 모드는 선택한 사진들을 모두 화면에 배치하기 때문에 비교하기 쉽다. 그리고 필자는 Survey 보기 모드로 전환하면 사진들을 더 크게 볼 수 있도록 Shift - Tab 키를 눌러 모든 패널을 숨긴다.

Tip

Lights Out 모드 사용하기

Lights Out 모드는 사진 이외의 영역을 어둡게 전환해서 사진에만 집중할 수 있게 하기 때문에 Survey 보기 모드에 사용하기에 완벽한 기능이다. L 키를 두 번 눌러 Lights Out 모드로 전환해보자. L 키를 한 번 더 누르면 원래의 화면으로 돌아온다.

STEP 13

다음은 Pick 사진들을 선별한다. 최고의 사진 몇 장만 남을 때까지 가장 취약한 사진부터 제거하고 다음으로 취약한 사진을 제거하는 과정을 계속한다. 사진을 제거하려면 커서를 사진 위로 가져가서 오른쪽 하단에 나타나는 작은 [X]를 클릭한다. Survey 보기 모드에서 제거하는 사진은 컬렉션에서 삭제되지 않는다. 사진을 제거하면 라이트룸이 자동으로 남은 사진들로 화면을 채우도록 재배치한다. 이 과정으로 계속 사진을 제거하면 남은 사진들의 크기는 여백을 채우기 위해 계속 확대된다.

Tip

사진의 순서 바꾸기

Survey 보기 모드에서 사진을 볼 때 사진들을 드래그해서 순서를 바꿀 수 있다.

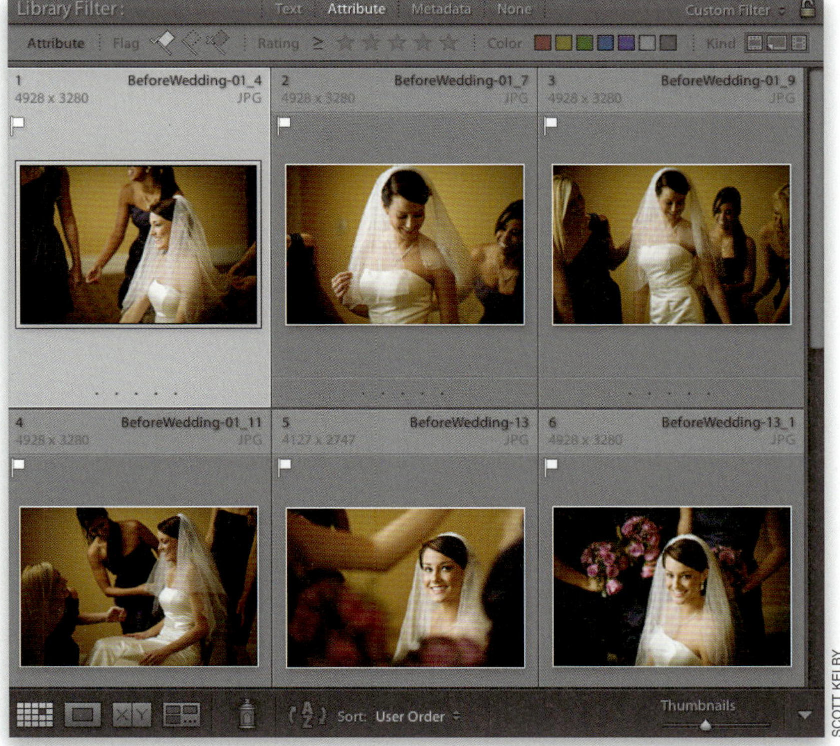

STEP 14

사진 선택을 마치면 G 키를 눌러 Grid 보기 모드로 돌아간다. 예제 사진과 같이 Survey 보기 모드에 남아있던 사진만 자동으로 선택되어 있으므로 P 키를 눌러 Pick 등급으로 설정한다. 또 다른 세트의 비슷한 사진들을 선택한 다음 N 키를 눌러 Survey 보기 모드로 전환해서 사진을 선별한다. 사진을 모두 선별할 때까지 동일한 작업 순서를 반복한다.

Note

처음에 만든 Pick 등급 컬렉션의 사진을 U 키를 눌러 플래그 설정을 취소하고 다시 플래그 기능을 사용해야 한다.

STEP 15

[Pick] 컬렉션에서 최고의 사진을 선별한 다음에는 별도의 컬렉션을 만든다. Preview 영역의 Library Filter 바에서 [Attribute]를 클릭하고 흰색의 플래그를 선택하면 컬렉션에서 Pick 등급을 설정한 사진들만 나타난다.

STEP 16

Ctrl – A (MAC:[Command]–A)키를 눌러 스크린에 있는 모든 Pick 사진을 선택한 다음 Ctrl – N (MAC:[Command]–N)키를 눌러 [Create Collection] 대화창을 불러온다. 이때 컬렉션의 이름은 Pick 컬렉션 이름의 앞부분과 같아야 한다. 예를 들어 Pick 컬렉션의 이름이 [St Pete Wedding Picks]라면 새로 만드는 컬렉션은 [St Pete Wedding Selects]로 입력한다. 컬렉션은 패널에 알파벳순으로 나열하기 때문에 앞부분을 같은 이름으로 설정해야 쉽게 찾을 수 있다.

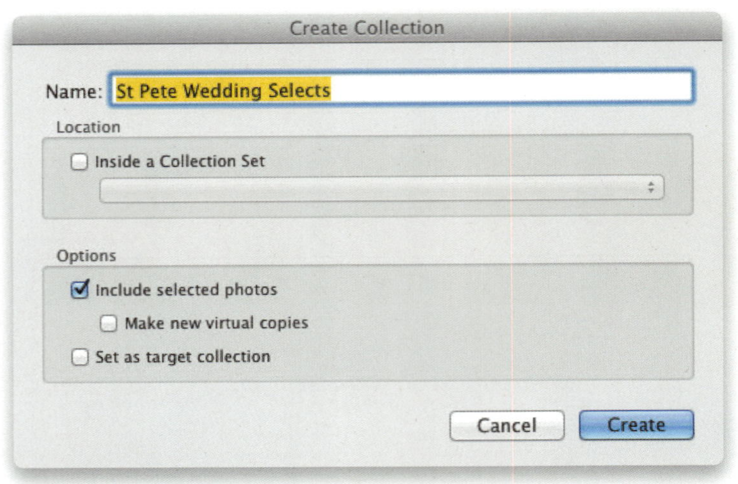

STEP 17

이제 [Collections] 패널에는 두 개의 컬렉션이 있다. 촬영한 사진들 중 선택한 [Pick] 컬렉션과 그 중 최고의 사진을 선택해서 새로 만든 [Selects] 컬렉션이다. 패널을 보면 예제 사진과 같이 두 개의 컬렉션이 상하로 배치되어 있다.

Note

아직도 사진 선택에 사용할 수 있는 세 번째 방법이 남아있다. 그 방법을 알아본 다음에는 한 번의 촬영에서 찍은 사진들로 여러 개의 컬렉션을 만들 때 유용한 컬렉션 세트에 대해 더 배울 것이다.

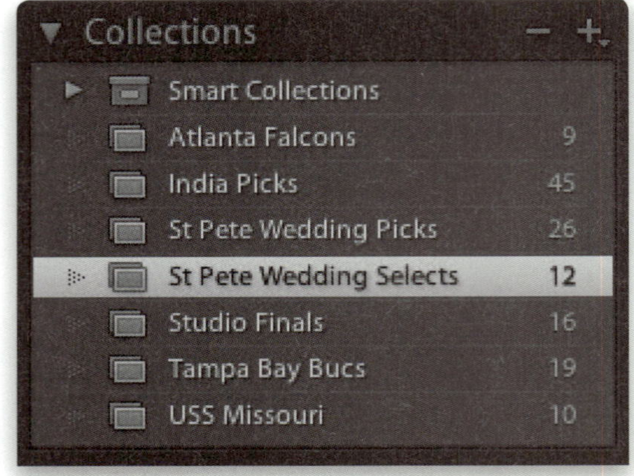

STEP 18

세 번째 사진 선별 방법은 최고의 사진 한 개를 선택해야 하는 경우에 적합하다. 예를 들어 웨딩 촬영 사진들 중 스튜디오 블로그에 올리기 위해 단 한 장의 완벽한 사진이 필요할 때 Compare 보기 기능을 사용한다. Compare 보기 기능은 최고의 사진 한 개를 선택하는데 도움을 주기 위해 만들어졌다. 가장 먼저 [Selects] 컬렉션에서 첫 번째 사진을 선택한 후 Ctrl-클릭(MAC:[Command]-클릭)키를 눌러 두 번째 사진을 선택하여 두 장의 사진을 선택한다. 그리고 C키를 눌러 Compare 보기 모드로 전환하면 두 장의 사진이 나란히 화면에 나타난다. 다음은 Shift-Tab키를 눌러 패널을 숨겨 사진을 최대한 확대한다. L키를 두 번 눌러 Lights Out 모드를 실행해도 좋다.

STEP 19

Compare 보기 기능은 두 장의 사진이 경쟁하는 방식이라고 생각하면 이해하기 쉽다. 여기서는 왼쪽의 사진의 현재의 승리자이다. 오른쪽의 사진이 도전자이다. 두 장의 사진을 살펴보고 어느 사진이 더 나은 지를 결정한다. 오른쪽 사진이 패배했다면 →키를 눌러 컬렉션에 있는 다음 사진을 불러온다. 그러면 예제 사진과 같이 오른쪽에 다음 사진이 나타난다.

STEP 20

새로 불러온 오른쪽 사진이 왼쪽 사진보다 낫다면 Preview 영역 하단의 도구바에 있는 [Make Select] 버튼(중앙에 작은 화살표가 있는 [XIY] 버튼)을 클릭해 오른쪽 사진과 왼쪽 사진의 위치를 바꾼다. 그리고 새로운 도전자를 불러온다. Compare 보기 모드에서의 사진 선택 과정을 정리해보자: 두 장의 사진을 선택한 다음 ⓒ키를 눌러 Compare 보기 모드로 전환하고 오른쪽 사진이 왼쪽 사진보다 나은지 비교한다. 오른쪽 사진이 아니라면 ⊟키를 누르고 왼쪽 사진보다 더 좋으면 [Make Select] 버튼을 누른다. 이 과정을 반복해서 [Selects] 컬렉션에 있는 사진을 모두 비교하면 최고의 사진 한 개만 남는다. 도구바 오른쪽의 [Done] 버튼을 클릭해서 선택 과정을 종료한다.

STEP 21

필자는 Compare 보기 모드에서 사진을 비교할 때 항상 키보드의 화살표 키를 사용하지만 도구바에서 [Previous]와 [Next] 버튼도 사용할 수 있다. [Make Select] 버튼 왼쪽의 [Swap] 버튼은 두 사진의 위치를 바꿀 수 있다. 하지만 필자는 이 버튼의 필요성을 느끼지 못하기 때문에 [Make Select] 버튼만 사용한다. 지금까지 사진 선별을 위한 세 가지 보기 기능에 대해 알아보았다. 어느 모드를 사용할 것인지 결정하자. 필자의 경우 다음과 같은 경우에 각각의 보기 기능을 사용한다: ❶ Loupe 보기 모드는 Pick 사진을 선택할 때 사용한다. ❷ Survey 보기 모드는 동일한 포즈나 광경을 촬영한 사진들을 선별할 때 사용한다. ❸ Compare 보기 모드는 최고의 사진 한 장을 선택할 때 사용한다.

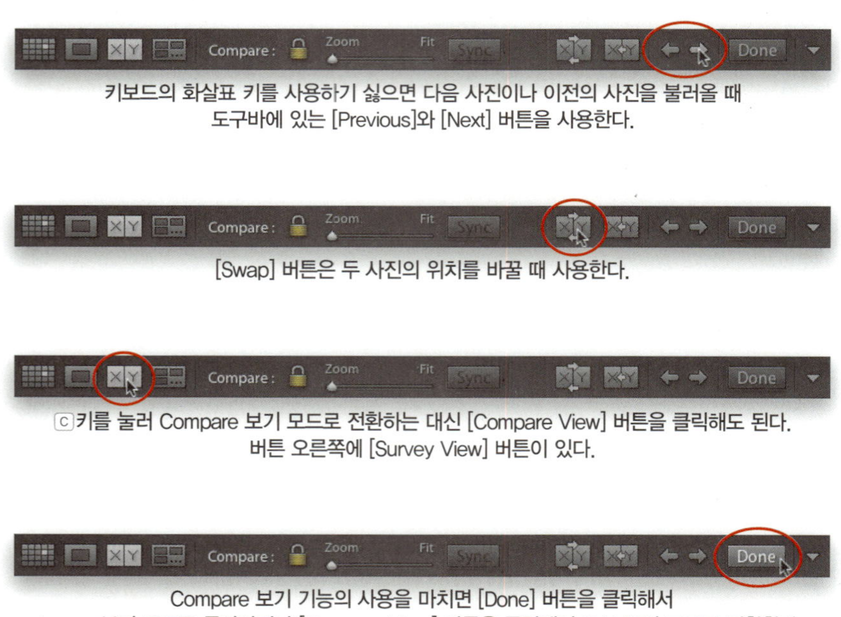

STEP 22

필자는 Compare 보기 모드에서 한 장의 사진을 선택한 다음에는 다시 새로운 컬렉션을 만들지 않는다. 대신 6 키를 눌러 Red 라벨 등급으로 설정한다.

STEP 23

이제 촬영 분 중 이 사진을 찾으려면 [Library] 모듈의 Grid 보기 모드(G 키)를 불러온 다음 [Library] 필터에서 [Attribute]를 클릭한다. 그리고 [Color] 메뉴에서 빨간색 라벨을 선택한다. 지금까지 사진 분류 과정의 핵심인 컬렉션 만들기와 컬렉션을 이용해서 사진을 선별하고 최고의 사진을 쉽게 선택하는 방법에 대해 알아보았다. 다음은 웨딩이나 여행 사진과 같이 연계되어 있지만 다수의 컬렉션을 가진 촬영 분을 정리하는 방법에 대해 알아보자.

컬렉션 세트 기능으로 사진 정리하기

뉴욕에서 일주일을 보내면서 매일 촬영을 했다면 여행에서 돌아온 후 라이트룸으로 사진을 불러와 Times Square, Central Park, 5th Avenue, The Village 등 다양한 컬렉션을 만들 것이다. 라이트룸은 컬렉션을 알파벳순으로 자동 나열하기 때문에 같은 여행에서 촬영한 컬렉션들이라도 목록 여기저기에 흩어지게 된다. 이때 컬렉션 세트 기능을 사용하면 하나의 컬렉션 세트 안에 여러 개의 컬렉션을 모을 수 있다.

STEP 01

컬렉션 세트는 여러 개의 하위 폴더를 만들어 연관된 주제의 폴더들을 하나의 폴더에 모아서 정리하는 것과 같은 기능이다. 컬렉션 세트를 만들려면 가장 먼저 [Collections] 패널 헤더 오른쪽에 있는 작은 [+] 버튼을 클릭하고 팝업 메뉴에서 'Create Collection Set'을 선택한다. 그리고 [Create Collection Set] 대화창에서 컬렉션 세트의 이름을 설정한다. 여기서는 웨딩에서 촬영한 사진들을 정리하기 위해 'Moore Wedding'을 입력하고 [Create] 버튼을 클릭한다.

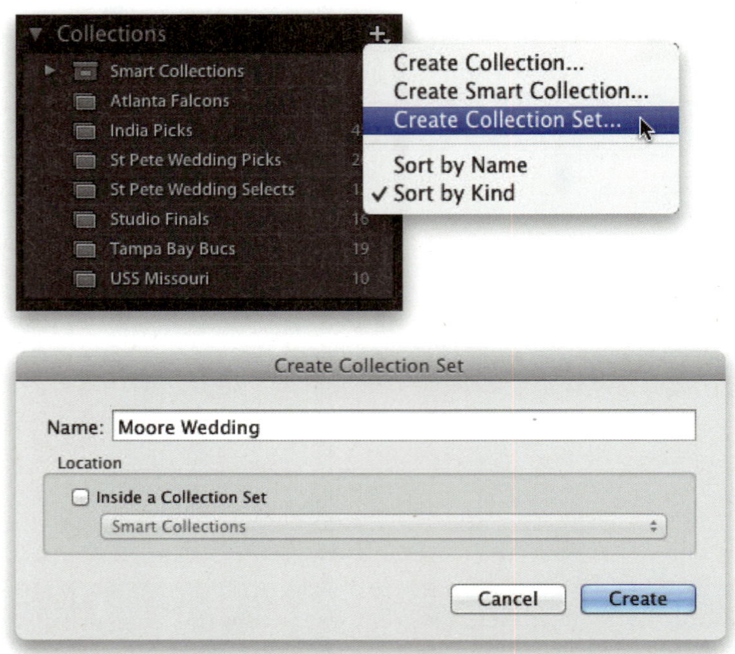

STEP 02

새로 만든 컬렉션 세트는 [Collections] 패널에 나타난다. 이제 Moore Wedding에서 촬영한 사진들로 컬렉션을 만들어보자. 컬렉션으로 만들 사진들을 Ctrl-클릭(MAC:[Command]-클릭)키를 눌러 모두 선택한 다음 [+] 버튼의 팝업 메뉴에서 'Create Collection'을 선택한다. [Create Collection] 대화창에서 컬렉션의 이름을 입력하고 'Inside a Collection Set'를 체크한 후 팝업 메뉴에서 'Moore wedding'을 선택한 다음 [Create] 버튼을 클릭한다.

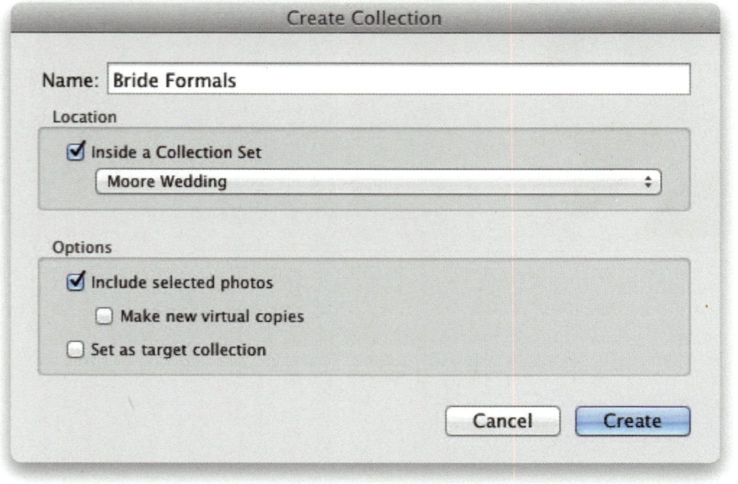

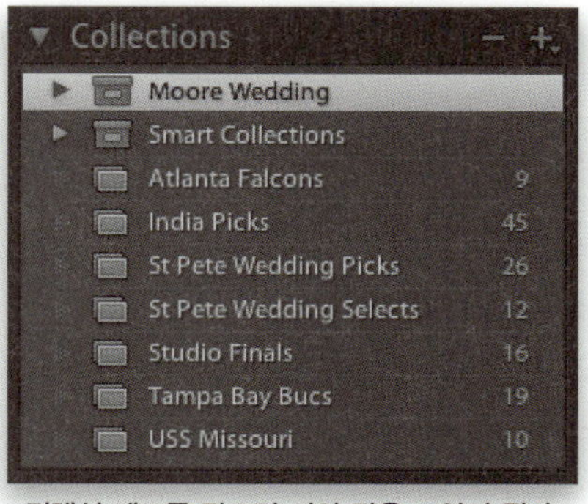

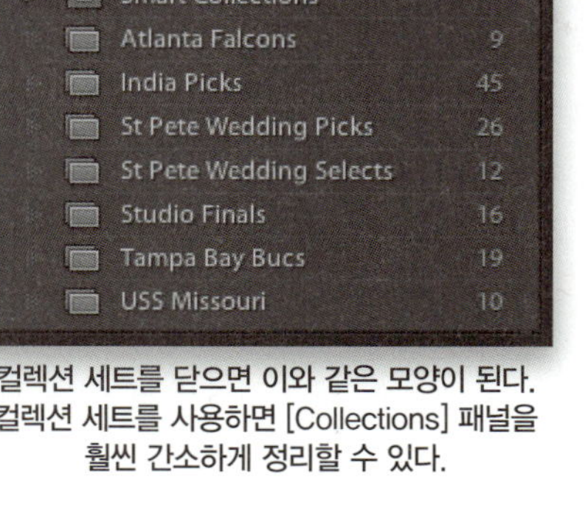

컬렉션 세트를 닫으면 이와 같은 모양이 된다.
컬렉션 세트를 사용하면 [Collections] 패널을
훨씬 간소하게 정리할 수 있다.

컬렉션 세트를 열면 세트에 저장한
컬렉션들을 볼 수 있다.

 STEP 03

[Collections] 패널을 보면 [Moore Wedding] 컬렉션 세트에 추가한 컬렉션들이 하위 컬렉션으로 나타난다. 웨딩 사진과 같은 경우는 상황에 따른 다양한 컬렉션들을 만들어 하나의 헤더 안에 정리하면 편리하다. 또한 여기서는 컬렉션 세트를 먼저 만들었지만 이후에도 [Collections] 패널에서 컬렉션 세트를 만들어 언제든지 컬렉션을 추가할 수 있다.

STEP 04

또한 컬렉션 세트 안에 다른 컬렉션 세트를 추가할 수 있다. 그렇기 때문에 **Step 01**에서 첫 번째 컬렉션 세트를 만들 때 대화창에 [Inside a Collection Set] 팝업 메뉴가 나타난다. 모든 웨딩 사진을 하나의 컬렉션으로 묶기 위해 [Wedding]이라는 컬렉션 세트를 만든 다음 그 안에 모든 웨딩 사진 컬렉션 세트를 넣는다. 그러면 웨딩 사진을 찾아야하는 경우 모든 웨딩 사진이 있는 [Wedding] 컬렉션 세트만 클릭하면 된다.

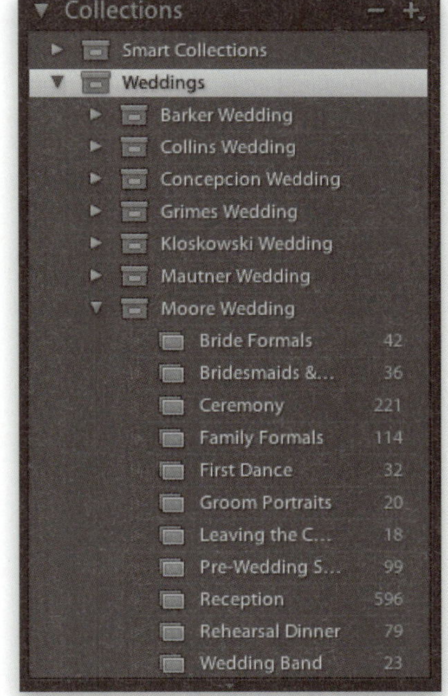

모든 웨딩 사진 컬렉션을 하나의 웨딩 컬렉션 세트로 만들었다. 특정 웨딩 컬렉션을 보려면
원하는 컬렉션 제목 왼쪽의 삼각형 아이콘을 클릭한다.

스마트 컬렉션의 자동 정리 기능 사용하기

지난 3년간 촬영한 웨딩 사진 중 별점 5개 등급의 신부 포트레이트만 모아서 컬렉션을 만들어야 한다고 가정하자. 이때 모든 컬렉션을 탐색해 사진을 찾을 수 있지만 스마트 컬렉션 기능으로 사진을 찾아 자동으로 컬렉션을 만들 수도 있다. 탐색 기준만 설정하면 라이트룸이 대신 사진을 찾아준다. 스마트 컬렉션의 장점은 자동 업데이트 기능이다. Red 라벨 등급의 스마트 컬렉션을 만들었다면 사진을 Red 라벨로 설정할 때마다 자동으로 스마트 컬렉션에 추가한다. 스마트 컬렉션은 개수의 제한이 없다.

STEP 01

스마트 컬렉션 기능을 알아보기 위해 최고의 여행사진만 모아서 컬렉션으로 만들어보자. [Collections] 패널 헤더 오른쪽의 [+] 버튼을 클릭하고 팝업 메뉴에서 'Create Smart Collection'을 선택한다. [Create Smart Collection] 대화창의 [Name]에 컬렉션의 이름을 입력하고 [Match] 팝업 메뉴에서 'All'을 선택한다. 팝업 메뉴 하단에 있는 [Other Metadata]에서 [Keywords]를 선택하고 팝업 메뉴에서 'Contains'를 선택한 다음 오른쪽 입력란에 'Travel'을 입력한다. 만약 최근에 촬영한 사진들로만 컬렉션을 만들려면 입력란 오른쪽에 있는 [+] 버튼을 클릭하여 탐색 기준 설정 항목을 추가한다. [Date]-[Capture Date]를 선택하고 입력란에 '12'를 입력한 후 오른쪽의 팝업 메뉴에서 'is in the last'를 선택한 다음 'months'를 선택한다.

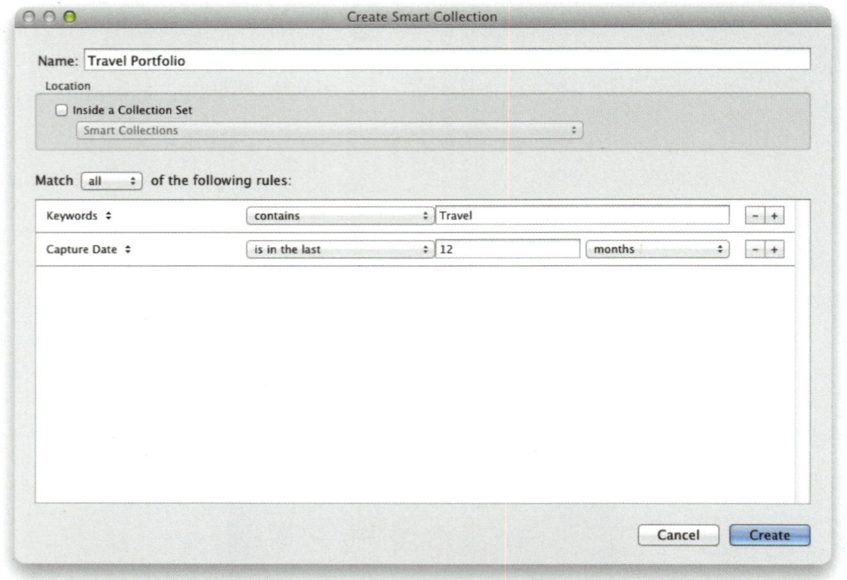

STEP 02

탐색 조건을 더 좁혀보자. Alt (MAC:[Option])키를 누른 채 [+] 버튼을 클릭하고 버튼이 바뀌면 [#]를 클릭한다. 마지막으로 설정한 탐색 조건 오른쪽의 [#] 버튼을 클릭해서 추가 탐색 조건 설정 항목을 불러온다. [Any of the following are true] 팝업 메뉴는 그대로 두고 [Source]의 팝업 메뉴에서 [Collection]을 선택한다. 오른쪽에서 [Contains]를 선택하고 'Selects'를 입력하면 모든 [Selects] 컬렉션에서 사진을 탐색하여 불러올 것이다.

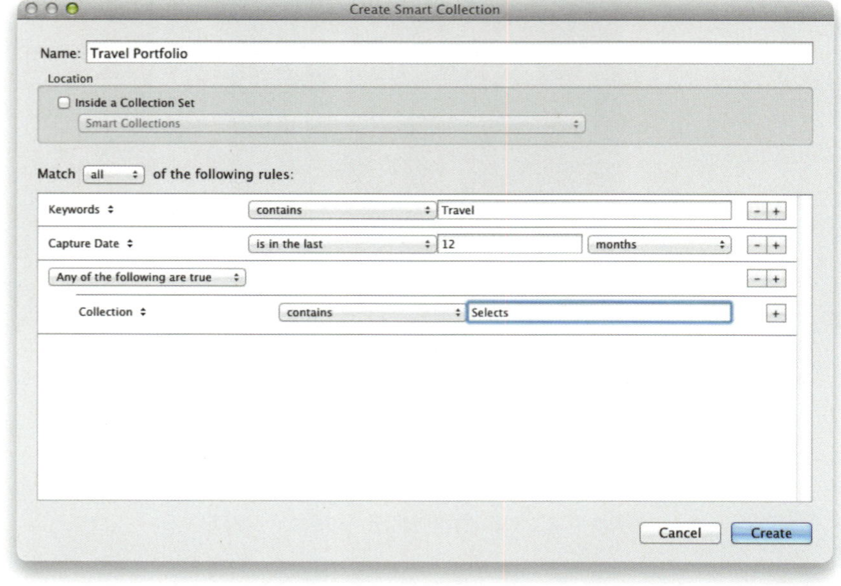

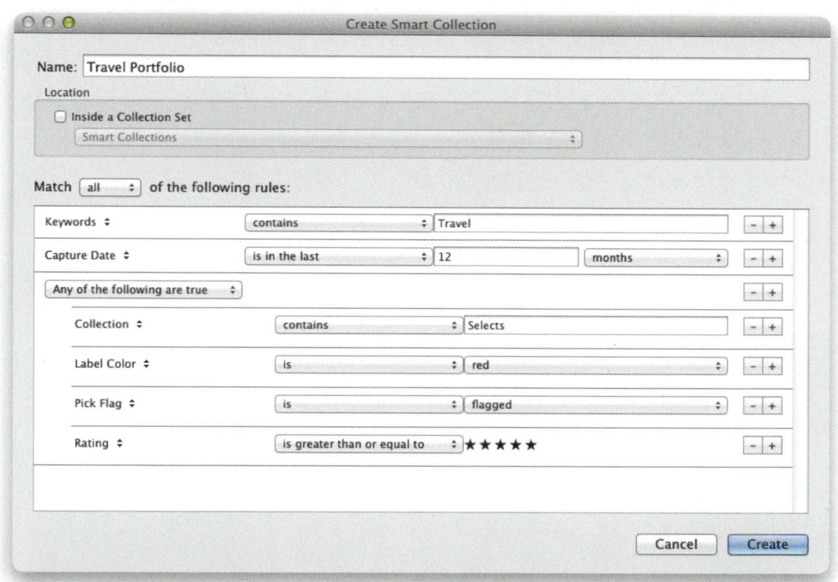

STEP 03

[Select] 컬렉션에 사진을 추가하는 대신 Red 라벨 등급으로 설정한 경우를 위해 탐색 조건을 더 추가해보자. 첫 번째 팝업 메뉴에서 'Label Color'를 선택한 다음 [is]-[red]를 선택한다. 현재 설정에서 [Create] 버튼을 클릭하면 [Selects] 컬렉션에 있는 사진들과 Red 라벨 등급 사진들 중 지난 12개월 동안 촬영한 'Travel' 키워드를 가진 사진들을 탐색해서 스마트 컬렉션으로 만든다. 만약 Pick 플래그나 별점 등급을 사용했다면 이 조건들 또한 탐색 조건으로 추가할 수 있다.

Note

등급 설정 이외에도 사진의 크기나 컬러 프로필, 비트, 색상 채널의 개수, 파일 형식 혹은 스마트 프리뷰 등으로도 스마트 컬렉션을 만들 수 있다.

STEP 04

[Create] 버튼을 클릭하면 제시한 조건에 부합하는 사진들을 탐색해서 컬렉션으로 만드는데, 이 기능의 가장 좋은 점은 자동으로 컬렉션을 업데이트한다는 것이다. 'Travel'이라는 키워드를 가진 사진을 [Select] 컬렉션에 추가하거나 Red 라벨 등급, 별점 5개, Pick 플래그를 설정하면 자동으로 스마트 컬렉션에 추가한다. 그리고 12개월 이전에 촬영한 사진은 자동으로 제거한다. 또한 최근 촬영한 여행사진 중 [Select] 컬렉션에 넣지 않았거나, Pick 플래그나 별점을 설정하지 않은 사진의 Red 라벨 등급 설정을 취소한다면 스마트 컬렉션에서 자동으로 제거된다. 스마트 컬렉션 탐색 조건은 언제든지 재설정할 수 있다. [Collections] 패널에서 스마트 컬렉션을 더블클릭하면 대화창에서 [+] 버튼을 클릭하여 탐색 조건을 추가하거나 [−] 버튼을 클릭하여 제거하거나 팝업 메뉴에서 조건을 변경한다.

Stack 기능으로 사진 정리하기

Stack 기능은 원래 폴더 기능이지만 컬렉션에서도 사용할 수 있다. Stack 기능을 사용하면 유사한 이미지들을 모으기 때문에 사진을 일일이 스크롤 하는 수고를 덜어준다. 예를 들어, 같은 포즈를 취하고 있는 22장의 사진이 있다고 가정하자. 항상 22장의 사진을 모두 봐야할 필요는 없다. Stack 기능은 22개의 썸네일을 하나의 그룹으로 묶어서 한 개의 썸네일 밑에 쌓기 때문에 다른 이미지를 보기 위해 유사한 사진들을 스크롤 할 필요가 없다.

STEP 01

세미나에서 촬영한 사진들을 라이트룸으로 불러왔다. 사진들을 살펴보면 같은 포즈의 사진들이 여러 장 있다. 모든 사진들을 일일이 보고 최고의 사진을 선택하는 것은 복잡하고 힘든 과정이므로 같은 포즈의 사진들끼리 모아서 Stack으로 만들어보자. 유사한 포즈의 사진들 중 첫 번째 사진을 클릭한 다음 [Shift] 키를 누른 채 마지막 사진을 클릭해서 모두 선택한다.

Note

[Filmstrip] 영역에서도 사진을 선택할 수 있다.

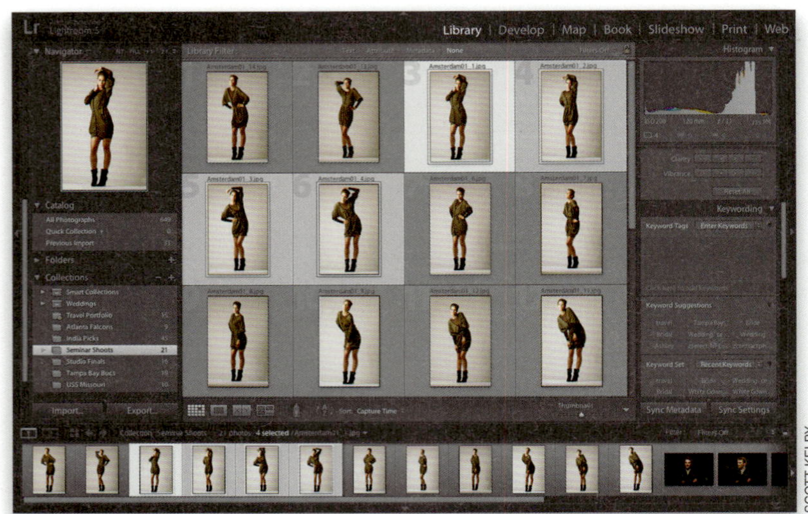

SCOTT KELBY

STEP 02

[Ctrl]-[G](MAC:[Command]-[G])키를 눌러 선택한 사진들을 Stack으로 설정한다. 이 때 단축키를 'Group'을 의미하는 'G'로 생각하면 기억하기 쉽다. 그리고 그리드를 보면 선택한 포즈의 사진들 중 하나의 썸네일만 있다. 나머지 사진들은 삭제하거나 제거한 것이 아니라 한 개의 썸네일 밑에 그룹으로 묶은 것이다.

SCOTT KELBY

예제 사진에서 Stack으로 만든 썸네일을 자세히 살펴보자. 썸네일 왼쪽 상단의 사각형 아이콘 안에 숫자 '4'가 보인다. 이 아이콘은 썸네일 밑에 여러 장의 사진이 있다는 의미이며, 해당 Stack에 있는 사진의 개수를 알려준다. 밑에 있는 사진을 보려면 숫자를 클릭하거나 S 키를 누른다. 또는 썸네일 양쪽 가장자리에 있는 작은 바를 클릭해도 된다. 사진들을 다시 합치려면 세 가지 중 하나의 방법을 다시 실행한다. 이미 만들어놓은 Stack에 사진을 추가하려면 선택한 사진을 드래그 앤 드롭한다.

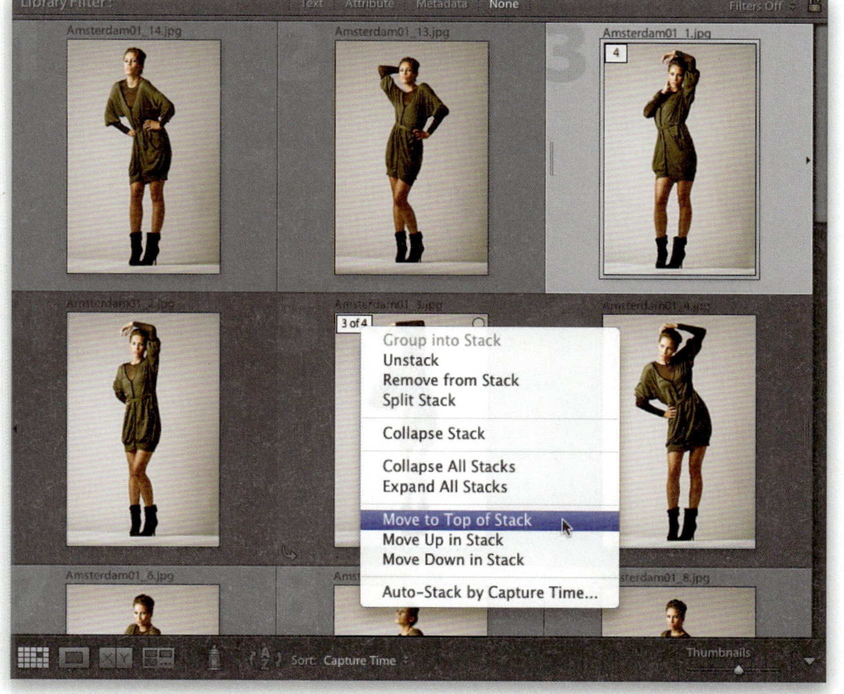

다음은 Stack을 관리하는 방법에 대해 알아보자. Stack을 만들 때 첫 번째 선택한 사진이 맨 위로 올라가지만 원하는 사진을 위에 놓을 수도 있다. 가장 먼저 Stack을 편 다음 원하는 사진의 번호를 표시한 사각형 아이콘을 마우스 오른쪽 버튼으로 클릭하고 'Move to Top of Stack'을 선택한다.

STEP 05

Stack에서 사진을 제거하려면 Stack을 연 다음 숫자 아이콘을 마우스 오른쪽 버튼으로 클릭하고 팝업 메뉴에서 'Remove from Stack'을 선택한다. Stack에서 사진을 제거해도 사진을 삭제하거나 컬렉션에서 제거하지 않는다. 사진을 그룹에서 제거한 후 Stack을 다시 접고 Grid를 보면 제거한 사진은 일반 썸네일로 나타난다.

Note

여러 개의 사진을 그룹에서 제거하려면 Ctrl-클릭(MAC:[Command]-클릭)으로 사진들을 선택한 다음 마우스 오른쪽 버튼으로 숫자 아이콘을 클릭하고 팝업 메뉴에서 'Remove from Stack'을 선택한다.

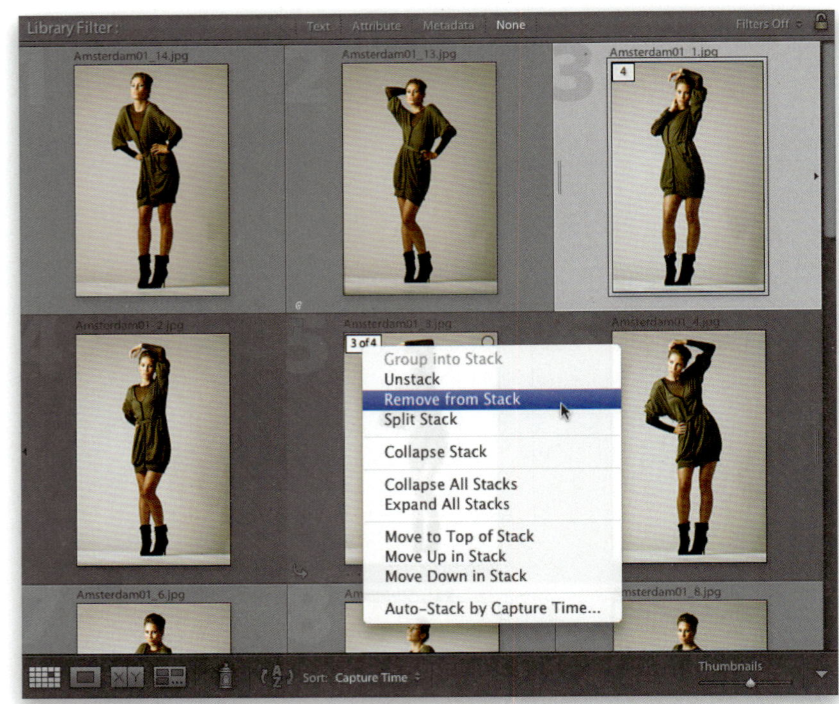

STEP 06

Stack 기능에 대해 더 알아보기 전에 사진 제거에 대해 한 가지 더 알아두어야 할 점이 있다. 사진을 그룹에서 제거할 뿐 아니라 완전히 삭제하려면 Stack을 연 다음 사진을 선택하고 Space Bar 를 누른다. 모든 Stack을 열어서 썸네일을 모두 보려면 아무 썸네일이나 마우스 오른쪽 버튼으로 클릭하고 [Stacking]-[Expand All Stacks]를 선택한다. 모든 Stack을 접으려면 'Collapse All Stacks'를 선택한다.

Note

선택할 썸네일이 Stack이 아니어도 상관없다.

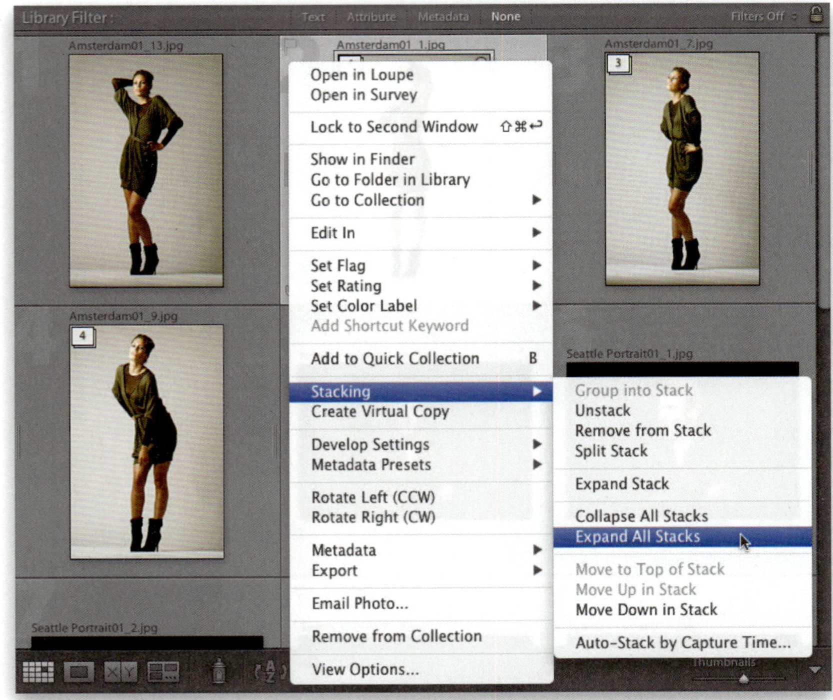

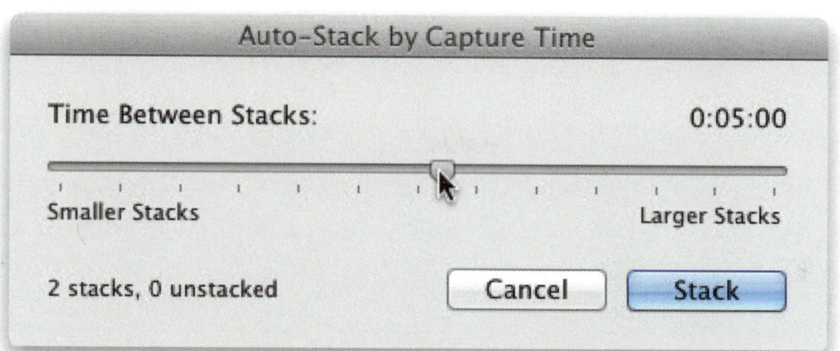

STEP 07

라이트룸은 사진들 사이의 촬영 간격에 따라 자동으로 유사한 사진들을 그룹으로 만든다. 예를 들어, 스튜디오에서 촬영하는 경우 거의 일정한 시간 간격으로 촬영하는 경우가 많다. 그리고 인물이 의상을 바꿔 입을 때 최소한 5분 이상의 시간 간격이 생긴다. 그러므로 Auto-Stack 기능을 5분으로 설정하면, 촬영을 5분 이상 멈췄을 때 그 전에 촬영한 사진들을 자동으로 묶어서 Stack으로 만든다. Auto-Stack 기능을 활성화하려면 아무 썸네일이나 마우스 오른쪽 버튼으로 클릭하고 팝업 메뉴에서 [Stacking]-[Auto-Stack Capture Time]을 선택한다. 그리고 대화창에서 슬라이더를 오른쪽이나 왼쪽으로 드래그해서 시간 간격을 설정한다. 한 번 시험해보면 생각보다 꽤 유용하다는 것을 깨닫게 될 것이다.

STEP 08

Auto-Stack 기능을 사용하면 간혹 그 그룹에 속하지 않은 사진들을 포함하는 경우가 있다. 이때 그룹을 분리해서 별도의 그룹으로 만들 수 있다. Stack을 열고 다른 Stack으로 분리할 사진들을 모두 선택한 후 그 중 하나의 숫자 아이콘을 마우스 오른쪽 버튼으로 클릭한다. 그리고 팝업 메뉴에서 'Split Stack'을 선택하면 두 개의 Stack으로 나눈다. 여기서는 8개의 사진과 4개의 사진 그룹으로 나누었다. 마지막으로 사진을 Stack으로 묶은 후 접은 상태에서 사진에 적용한 설정은 가장 위에 있는 사진에만 적용한다. Quick Develop 설정, 키워드 등의 설정 변경을 모든 사진에 적용하려면 Stack을 열고 모든 사진을 선택한 다음 변경하면 된다.

Quick Collection 기능

컬렉션은 사진을 분리된 앨범에 영구적으로 정리 보관할 수 있는 기능이다(여기서 '영구적'이라는 것은 라이트룸을 몇 달 뒤에 다시 열어도 컬렉션이 그대로 남아있다는 의미이다. 물론 언제든지 삭제할 수 있기 때문에 실제로 영구적인 것은 아니다). 하지만 간혹 작업의 편의성을 위해 몇 개의 사진을 임시로 묶지만 영구 보존할 필요는 없는 경우가 있는데, 이럴 때 Quick Collection 기능을 사용한다.

STEP 01

임시 컬렉션이 필요한 경우는 많지만 필자는 특히 짧은 시간 안에 슬라이드 쇼를 만들어야 하는 경우 Quick Collection을 가장 많이 사용한다. 여러 개의 컬렉션에서 사진들을 모아서 만들어야 하는 경우에 유용하다. 예를 들어, 잠재 의뢰인이 전화로 필자가 최근에 촬영한 미식축구 경기 사진을 보고 싶다고 하면 해당 [Select] 컬렉션에서 사진을 더블클릭하여 Loupe 보기 모드로 전환한 다음 Ⓑ 키를 눌러 슬라이드 쇼에 추가할 사진들을 Quick Collection에 추가한다. 스크린에 사진을 Quick Collection에 추가한다는 알림 메시지가 나타난다.

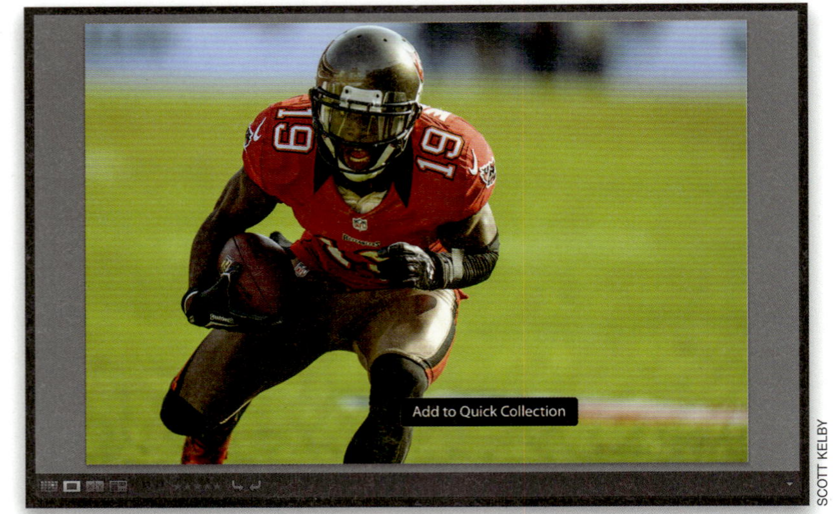

STEP 02

다른 미식축구 사진 컬렉션을 열고 같은 과정으로 사진들을 선택해서 Quick Collection에 추가한다. 이 방법으로 짧은 시간 안에 슬라이드 쇼에 사용할 최고의 사진 10~15장을 여러 개의 컬렉션에서 선택한다. 단축키 대신 Grid 모드에서 썸네일 오른쪽 상단에 커서를 놓으면 나타나는 작은 원을 클릭해도 Quick Collection에 사진을 추가할 수 있다. 원을 클릭하면 두꺼운 검은색 테두리를 가진 회색 원으로 바뀐다. Ctrl－J(MAC:[Command]－J)키를 누르고, 상단의 [Grid View] 탭을 클릭한 후 'Quick Collection Markers'의 체크를 해제하면 회색 원을 비활성화한다.

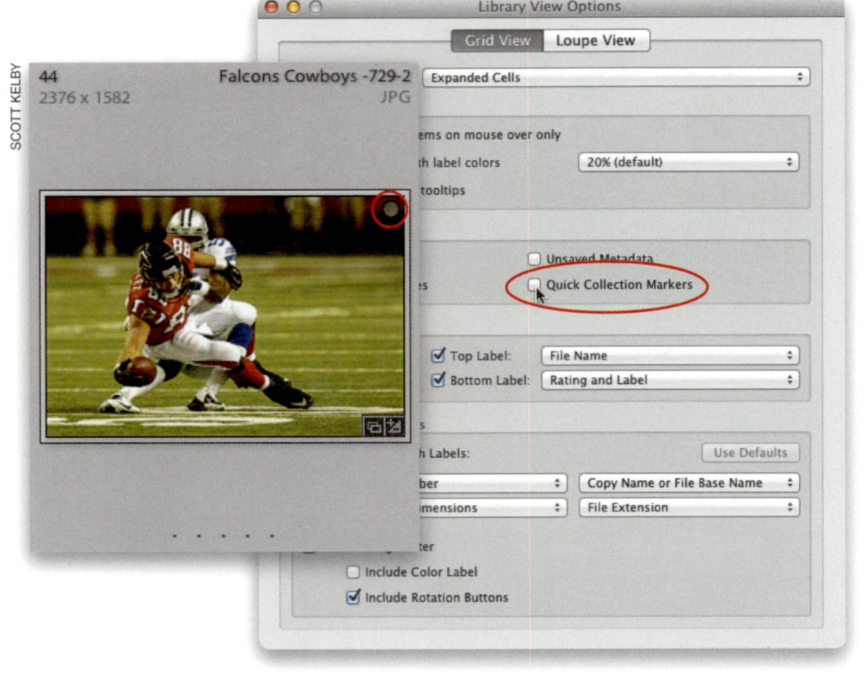

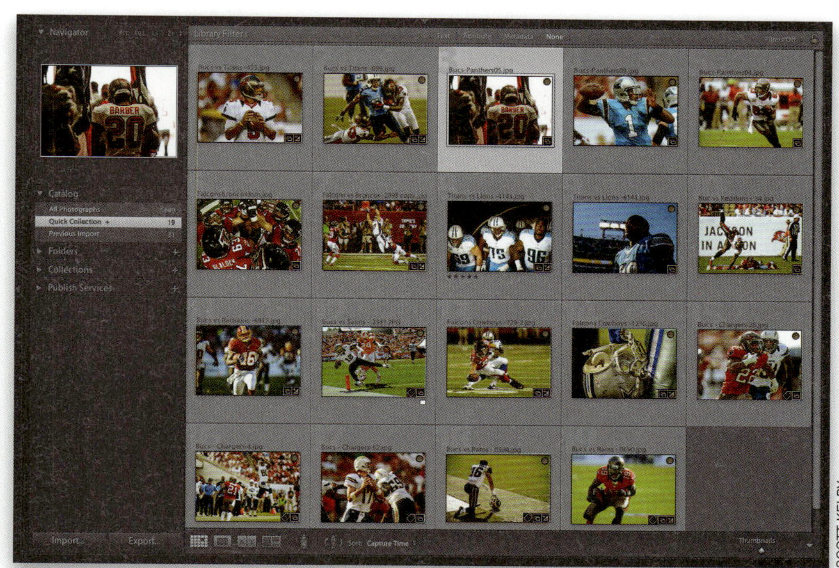

SCOTT KELBY

SCOTT KELBY AND COURTESY OF APPLE INC.

STEP
03

Quick Collection에 추가한 사진들을 보려면 [Catalog] 패널에서 [Quick Collection]을 클릭한다. 사진을 제거하려면 썸네일을 클릭한 다음 Space Bar (MAC: Delete)를 누른다. 사진 원본은 삭제되지 않고 Quick Collection에서만 제거한다.

STEP
04

Quick Collection에 있는 사진들은 Ctrl - Enter (MAC: [Command]-[Return])키를 누르면 라이트룸의 [Slideshow] 모듈에 있는 Default 프리셋을 사용해 전체화면 슬라이드 쇼를 볼 수 있다. 슬라이드 쇼를 멈추려면 Esc 키를 누른다.

Tip

Quick Collection 저장하기

Quick Collection을 일반 컬렉션으로 저장하려면 [Catalog] 패널에서 [Quick Collection]을 마우스 오른쪽 버튼으로 클릭하고 팝업 메뉴에서 'Save Quick Collection'을 선택한다. 대화창에서 새 컬렉션의 이름을 설정한 후 저장한다.

편리한 Target Collection 기능 사용하기

앞에서 Quick Collection으로 임시 컬렉션을 만들어 즉석 슬라이드 쇼를 실행하는 방법에 대해 알아보았다. 하지만 Quick Collection보다는 Target Collection이 더 유용하다. 동일한 단축키를 사용하지만 Quick Collection 대신 원래의 컬렉션을 사용하는 것이다. 다음 두 페이지를 읽으면 왜 Target Collection이 더 탁월한지 이해할 것이다.

STEP 01

예를 들어 지난 한 해 동안 꽤 많은 모터사이클 사진을 촬영했다고 가정하자. 마음에 드는 모터사이클 사진들만 모아서 컬렉션을 만들어 클릭 한 번으로 사진을 볼 수 있으면 편리할 것이다. 그래서 [Motorcycles]라는 새 컬렉션을 만들었다. [Collections] 패널에서 [Motorcycles] 컬렉션을 마우스 오른쪽 버튼으로 클릭한 다음 팝업 메뉴에서 'Set as Target Collection'을 선택한다. 그러면 컬렉션 이름 오른쪽에 [+] 버튼을 추가해 해당 컬렉션이 Target Collection이라는 것을 나타낸다.

STEP 02

Target Collection에 사진을 추가하는 것은 간단하다. 사진을 선택한 다음 B키를 누르면 [Motorcycle] Target Collection에 사진을 추가한다. 예를 들어, 예제 사진은 빅독 개조 모터사이클을 스튜디오에서 촬영한 사진들이다. 필자는 이 사진들로 [Red Chopper Finals]라는 컬렉션을 만들었다. 또한 사진을 모두 선택하고 B키를 눌러 사진을 [Motorcycle] Target Collection에도 추가한다. 이때 스크린에 [Add to Target Collection "Motorcycle"]이라는 알림 메시지가 나타난다. 사진들은 [Red Chopper Finals] 컬렉션에서 제거하지 않는다. [Motorcycles] Target Collection에만 추가된다.

Note

Target Collection의 단축키는 Quick Collection과 동일하다.

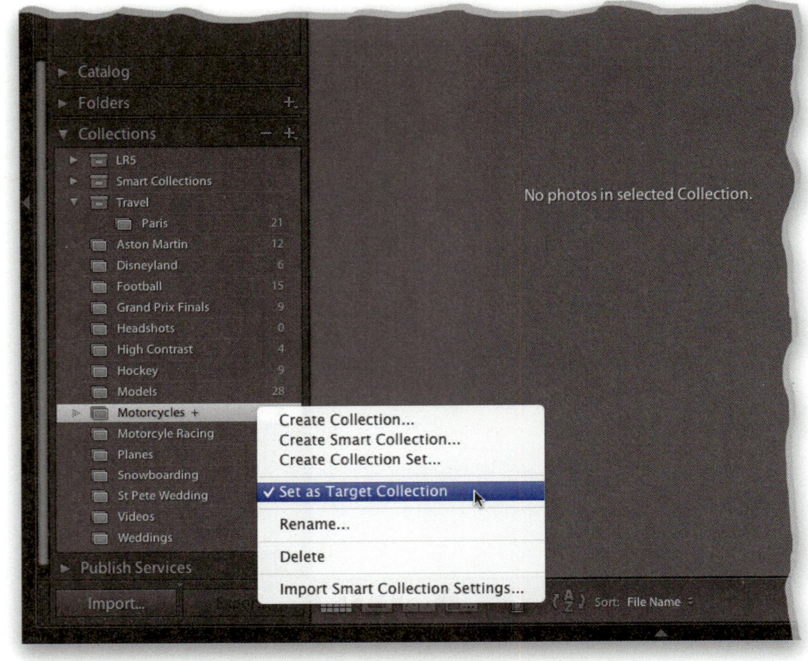

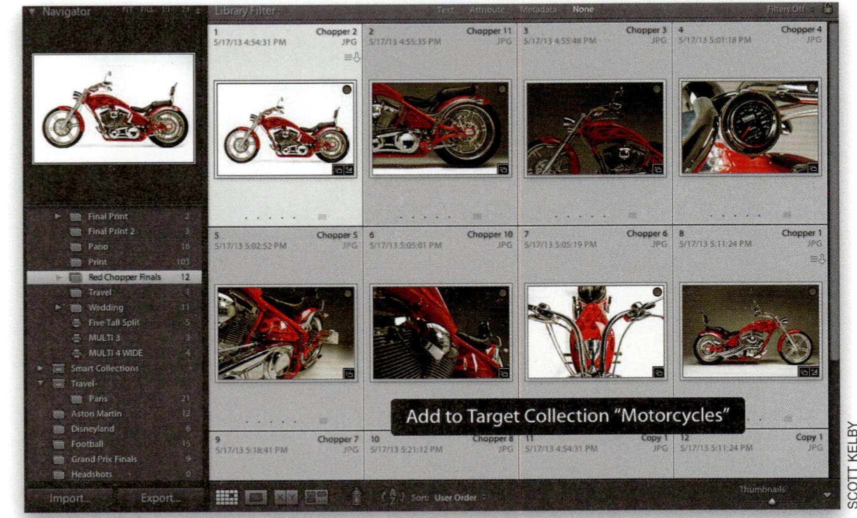

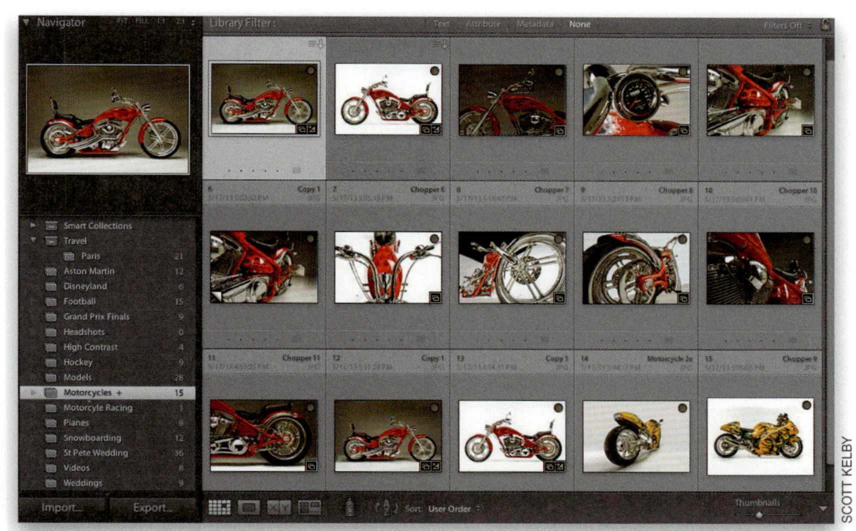

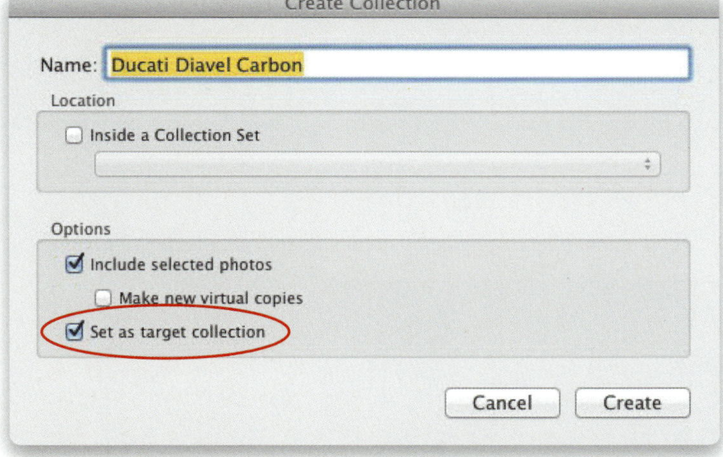

STEP 03

최종 선택한 모터사이클 사진들을 모두 한 곳에 모아놓았기 때문에 이제 [Motorcycles] Target Collection을 클릭하면 빨간색 개조 모터사이클 사진들과 함께 다른 모터사이클 사진들을 볼 수 있다.

STEP 04

어도비사는 라이트룸 5 버전부터 컬렉션을 만들 때 [Create Collection] 대화창에서 'Set as target collection'를 체크하여 Target Collection을 간편하게 설정할 수 있게 하였다. 그런데 Target Collection은 한 번에 한 개만 설정할 수 있으므로 Target Collection으로 설정하면 이전에 선택한 Target Collection의 설정을 취소한다. 위의 방법 외에도 B키를 누르면 사진을 새로 선택한 Target Collection에 추가할 수 있으며, Quick Collection 기능을 다시 사용하려면 사진을 마우스 오른쪽 버튼으로 클릭하고 팝업 메뉴에서 'Set as Target Collection'을 선택한 후 Target Collection 설정을 취소한다.

상세 검색을 위한 특정 키워드 추가하기

라이트룸에서 사진 찾기는 쉽다. 예를 들어, 뉴욕 여행에서 촬영한 사진들을 보려면 [New York] 컬렉션을 클릭하면 된다. 또는 'New York'이라는 키워드를 검색해도 된다(사진을 처음 불러올 때 설정한 키워드를 기억하는가?). 하지만 야간에 촬영한 엠파이어 스테이트 빌딩 사진만 필요한 경우에는 어떻게 해야 할까? 이러한 경우가 빈번하다면 이번 레슨이 도움이 될 것이다.

STEP 01

상세 검색 키워드에 대해 알아보기 전에 한 가지 알아둘 점이 있다. 대부분의 사용자들에게 이 정도 수준의 키워드 설정이 필요하지는 않다. 하지만 상업 사진가나 스톡 포토 에이전시와 일을 하는 사진가라면 모든 사진에 키워드를 설정해야 한다. 다행히 라이트룸에서 키워드를 설정하는 과정은 비교적 쉽다. 특정 키워드를 추가하는 방법은 여러 가지가 있는데, 가장 먼저 오른쪽 패널 영역에 있는 [Keywording] 패널을 사용하는 방법에 대해 알아보자. 사진을 클릭하면 불러올 때 적용한 키워드가 [Keywording] 패널 상단에 나타난다. 키워드는 보통 "지정했다"라고 하지 않고 "태그했다"라고 말하는데 '키워드 NFL을 태그한 사진'이라고 하면 된다.

STEP 02

예제 사진은 불러올 때 'Bucs, Football, NFL, Patriots' 등 12개의 포괄적인 키워드를 태그했다. 다른 키워드를 추가하려면 키워드 하단에 있는 입력란을 클릭해서 입력하고 Enter(MAC:[Return]) 키를 누른다. 여기서는 선택한 사진에 키워드 'Tom Brady'를 추가했다.

Note -

한 개 이상의 키워드는 단어 사이에 쉼표를 넣는다.

- -

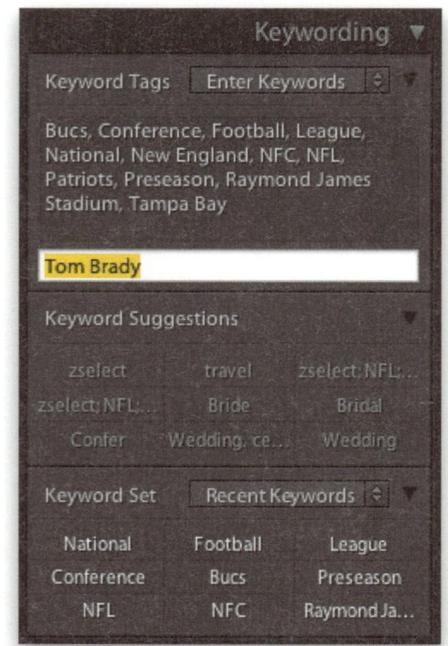

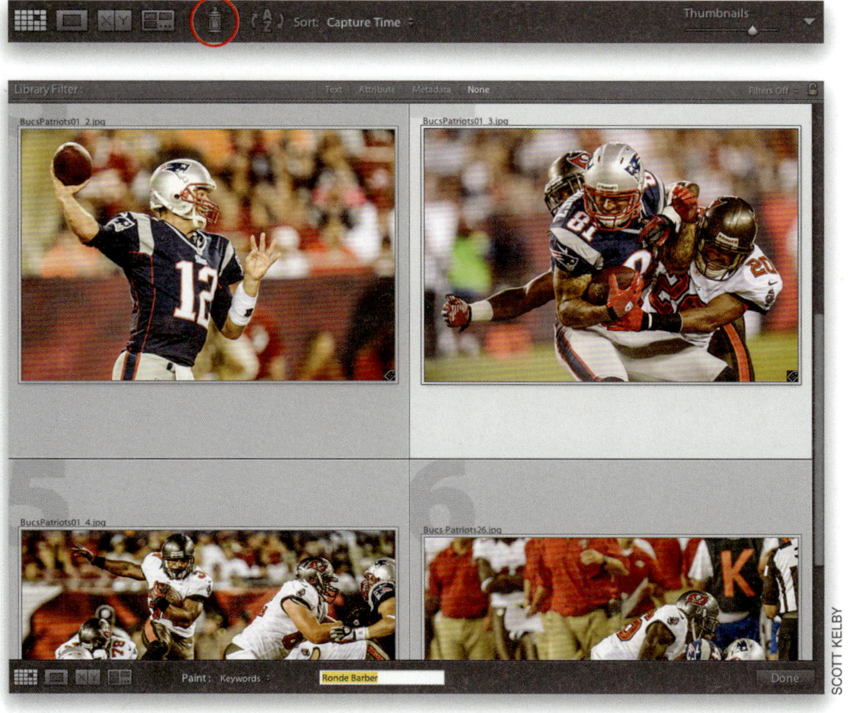

STEP 03

[Keywording] 패널은 다수의 사진에 동일한 키워드를 태그하기에 적합하다. 예를 들어, 제1쿼터에 촬영한 사진이 71장이라고 한다면 71장의 사진을 모두 선택한 다음 [Keywording] 패널의 [Keyword Tags]에 키워드를 입력한다. 여기서는 'First Quarter'를 입력해서 키워드를 태그했다. [Keywording] 패널은 필자가 다수의 사진에 키워드를 태그할 때 첫째로 선택하는 방법이다.

Note

사진을 모두 선택하려면 첫 번째 사진을 클릭하고 Shift 키를 누른 채 마지막 사진까지 스크롤한 다음 클릭한다.

Tip

키워드 선택

필자는 키워드를 정할 때 '수개월이 지난 후 이 사진을 검색하기 위해 [Find] 영역에 어떤 키워드를 입력할 것인가?'를 염두에 둔다. 이 점을 고려해서 키워드를 설정하면 원하는 사진을 쉽게 찾을 수 있다.

STEP 04

특정 키워드를 특정 사진에만 태그하려면(예를 들어 특정 선수의 사진에만 키워드를 태그하고 싶은 경우) 서너개의 사진이 서로 근접해 있는 경우엔 앞에서 알아본 [Keywording] 패널을 사용한다. 하지만 20개 30개의 사진이 컬렉션 전체에 퍼져있다면 Grid 보기 모드 하단의 도구바에 있는 스프레이 페인트 캔 모양의 Painter 도구를 사용해서 키워드를 태그할 수 있다. 가장 먼저 Painter 도구를 클릭한 다음 오른쪽에 Keywords가 나타나는지 확인하고 입력란에 키워드를 입력한다. 여기서는 "Ronde Barber"를 입력했다.

STEP 05

다음은 사진을 스크롤하면서 키워드에 해당하는 사진을 클릭하고 키워드를 입력해서 적용한다. Painter 도구를 클릭하면 예제 사진과 같이 태그한 사진에 흰색 테두리가 나타나고 적용한 키워드를 알려주는 알림 메시지가 뜬다. 연속으로 나열된 사진들에 동일한 키워드를 태그하려면 마우스 버튼을 누른 채 사진들을 선택해서 태그한다. Painter 도구를 비활성화하려면 도구바에서 다시 한 번 클릭한다. 필자는 촬영 분량이 많은 사진 컬렉션에서 특정 사진에만 키워드를 태그할 때 Painter 도구를 사용한다.

Note

키워드 개수에 제한은 없지만 키워드 사이에는 쉼표를 넣어야 한다.

Tip

Keyword Set 만들기

동일한 키워드를 자주 사용한다면 Keyword Sets 로 저장해서 한 번의 클릭으로 적용할 수 있다. 키워드 세트를 만들려면 [Keyword Tags] 입력란에 키워드들을 입력한 다음 패널 하단의 [Keyword Set] 팝업 메뉴를 클릭하고 'Save Current settings as New Preset'을 선택해서 목록에 추가한다.

STEP 06

[Keyword List]에서는 지금까지 설정한 모든 키워드와 사진을 불러올 때 이미 태그되어 있는 키워드를 모두 볼 수 있다. 키워드 옆의 숫자는 그 키워드를 태그한 사진의 개수이다. 목록에서 키워드에 커서를 놓으면 오른쪽 끝에 흰색 화살표가 나타나는데 클릭하면 해당 키워드를 태그한 사진을 볼 수 있다. 여기서는 'Ronde Barber'를 클릭하여 카탈로그 전체에서 해당 키워드를 태그한 사진 4개를 불러왔다.

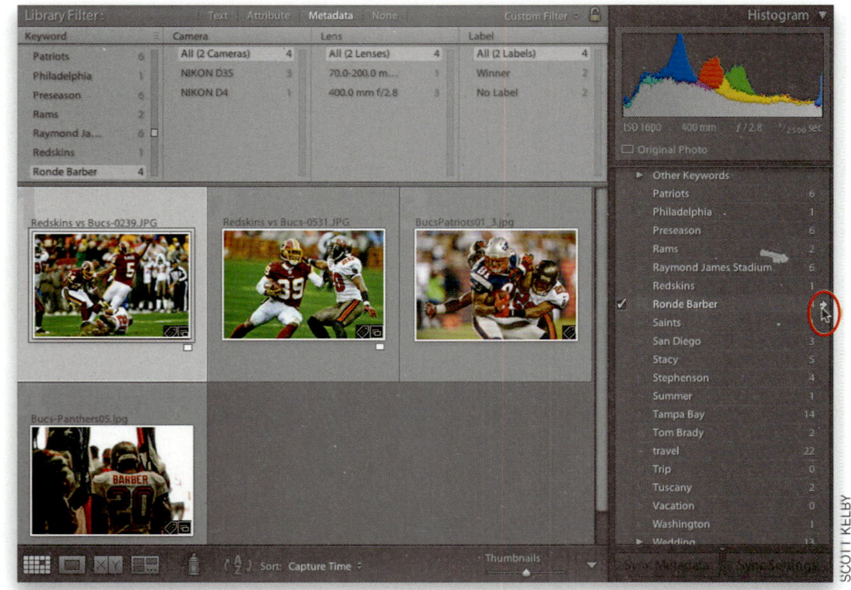

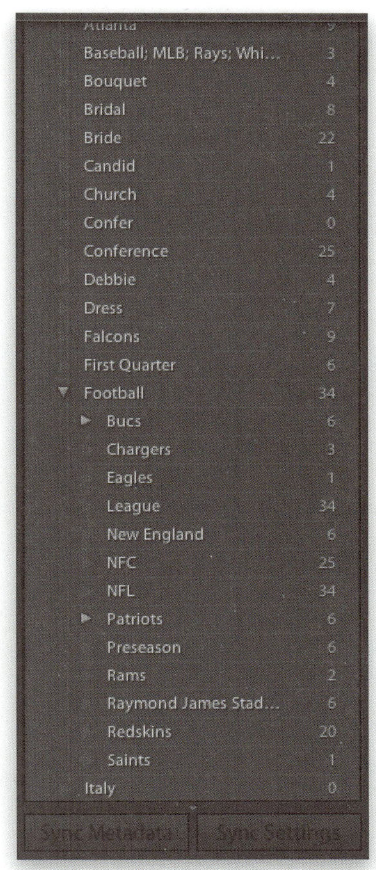

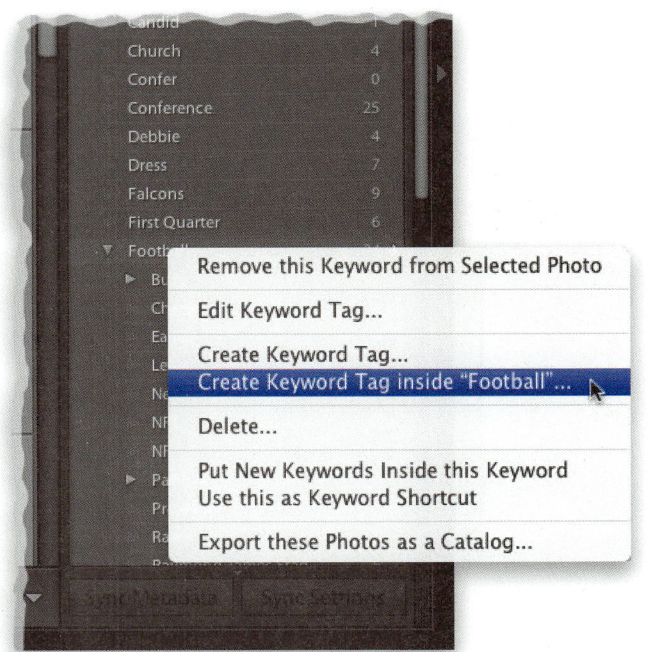

STEP 07

상세한 키워드를 태그하다 보면 키워드 목록이 상당히 길게 되어 키워드 찾기가 불편하다. 이러한 경우 하위 폴더를 만드는 것과 같은 방식으로 키워드 목록을 정리할 수 있다. 예를 들어 Football을 주 키워드로 만들고 그 안에 NFL, Patriots, Bucs 등과 같은 상세 키워드를 넣는 것이다. 긴 목록을 짧게 정리한다는 목적 외에 키워드를 찾기도 훨씬 편리하다. 예를 들어, [Keyword List] 패널에서 키워드 'Football'만 클릭해도 'NFL', 'Patriots', 'Bucs' 등과 같이 카탈로그에 있는 미식축구와 연관된 모든 파일을 볼 수 있다. 하지만 'Patriots'만 클릭하면 해당 키워드를 태그한 사진만 불러온다. 키워드 목록만 정리해도 많은 시간을 절약할 수 있다.

> **Tip**
>
> **키워드 드래그 앤 드롭하기와 삭제하기**
>
> [Keyword List] 패널에서 사진에 키워드를 바로 드래그 앤 드롭하거나, 반대로 사진을 키워드에 드래그 앤 드롭할 수 있다. 사진의 키워드는 [Keywording] 패널의 [Keyword Tags] 영역에서 삭제한다. 키워드를 모든 사진과 [Keyword List] 패널에서 완전히 삭제하려면 [Keyword List] 패널에서 삭제하려는 키워드를 클릭하고 패널 헤더 왼쪽에 있는 [–] 버튼을 클릭한다.

STEP 08

하나의 키워드를 주 키워드로 설정하려면 다른 키워드를 드래그 앤 드롭하면 된다. 아직 하위 키워드를 추가하지 않았다면 대신 이 방법을 사용해 보자. 주 키워드로 설정할 키워드를 마우스 오른쪽 버튼으로 클릭한 다음 팝업 메뉴에서 'Create Keyword Tag Inside'를 선택하면 새로운 하위 키워드를 만들 수 있는 대화창을 불러온다. 하위 키워드를 입력한 다음 [Create] 버튼을 클릭하면 주 키워드 하단에 하위 키워드가 나타난다. 하위 키워드를 숨기려면 왼쪽의 삼각형 아이콘을 클릭한다.

사진의 파일명 변경하기

챕터 1에서 카메라의 메모리 카드에서 사진을 불러올 때 파일명을 재설정하는 방법에 대해 알아보았다. 그러나 이미 컴퓨터에 저장한 사진을 불러올 때는 단순히 라이트룸에 파일을 추가하는 것이기 때문에 원래의 파일명을 유지한다. 이번에는 이미 불러온 사진의 파일명을 바꾸는 방법에 대해 알아보자.

STEP 01

파일명을 재설정할 사진 컬렉션을 클릭한 다음 Ctrl-A(MAC:[Command]-A)키를 눌러 사진 전체를 선택한다. [Library]-[Rename Photos] 메뉴를 선택하거나 F2키를 눌러 [Rename Photos] 대화창을 불러온다. 대화창에서 [Import] 창과 같은 [File Naming] 프리셋을 설정할 수 있다. 원하는 프리셋을 선택한다. 여기서는 파일명을 직접 설정하면 파일명과 함께 자동으로 1번부터 일련번호를 지정하는 'Custom Name-Sequence' 프리셋을 선택했다.

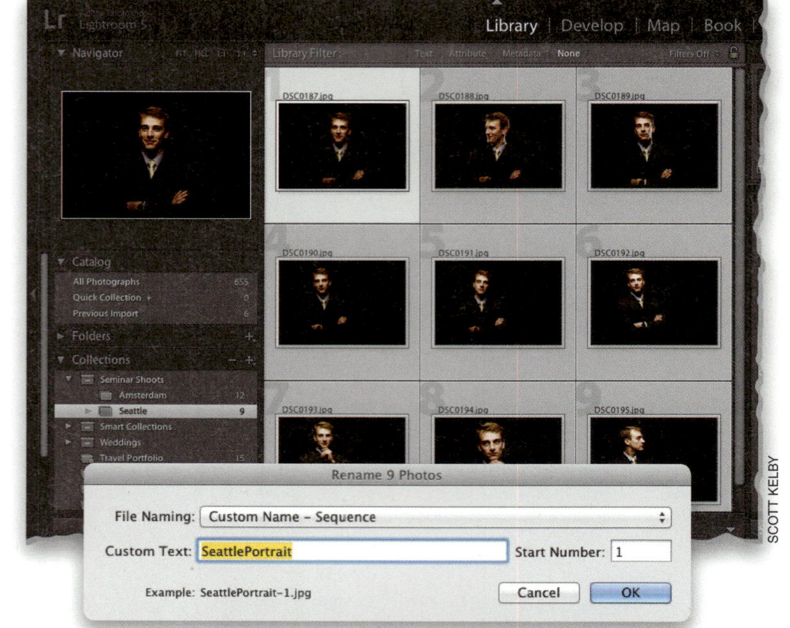

STEP 02

[OK] 버튼을 클릭하면 설정이 즉시 적용된다. 이 과정에 단 몇 초만 투자하면 나중에 라이트룸뿐만 아니라 컴퓨터 폴더나 이메일 등에서 사진을 찾을 때 혼잡을 피할 수 있다. 게다가 의뢰인에게 사진을 보내는 경우에도 상대방이 사진을 찾기 쉽다.

디지털 카메라는 촬영한 사진에 카메라의 기종과 렌즈, 플래시 발광 여부 등 다양한 정보를 자동으로 기록한다. 라이트룸에서 이러한 EXIF 데이터를 기반으로 사진을 검색할 수 있다. 게다가 파일에 저작권 정보, 뉴스 서비스에 업로드하기 위한 캡션 등 데이터도 직접 기록할 수 있다.

저작권 정보, 캡션과 메타데이터 추가하기

STEP 01

사진 파일에 기록한 메타데이터라고 부르는 정보는 [Library] 모듈의 오른쪽 패널 영역에 있는 [Metadata] 패널에서 볼 수 있다. EXIF 데이터라고 부르는 데이터는 촬영에 사용한 카메라와 렌즈의 기종, 사진의 크기, 라이트룸에서 설정한 등급이나 라벨 등이다. 하지만 그 외에도 훨씬 다양한 정보를 담고 있다. 카메라가 파일에 기록한 모든 데이터를 보려면 패널 헤더 왼쪽의 팝업 메뉴에서 'EXIF'를 선택하거나 캡션과 저작권 정보를 설정할 수 있는 입력란까지 보려면 'EXIF and IPTC'를 선택한다.

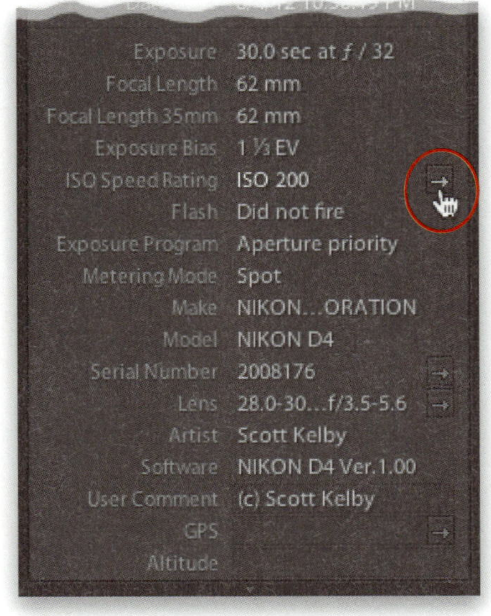

STEP 02

카메라가 기록한 EXIF 데이터는 수정이 불가능하지만 추가 정보를 설정할 수 있는 항목들이 있다. 예를 들어, 캡션을 추가하려면 [IPTC] 영역의 [Caption] 입력란을 클릭하고 캡션을 입력한 후 Enter(MAC:[Return])키를 누른다. [Metadata] 패널에서 별점이나 라벨 등급을 설정할 수도 있다.

STEP 03

챕터 1에서 저작권 메타데이터 프리셋을 만들었지만 사진을 불러올 때 프리셋을 적용하지 않았다면 [Metadata] 패널 상단에 있는 [Preset] 메뉴에서 적용할 수 있다. 또한 저작권 템플릿을 만들지 않았다면 저작권 정보를 직접 추가할 수 있다. [Metadata] 패널 하단의 [Copyright] 영역에서 [Copyright Status]—[Copyrighted] 메뉴를 선택한 다음 [Copyright] 입력란에 저작권 정보를 입력한다. 저작권 정보 설정은 여러 개의 사진에 한 번에 적용할 수 있다. Ctrl—클릭(MAC: [Command]—클릭)키를 눌러 저작권 정보를 적용할 사진을 모두 선택한 다음 [Metadata] 패널에서 정보를 입력하면 즉시 적용한다.

Note

추가하는 메타데이터는 라이트룸 데이터베이스에 저장하기 때문에 라이트룸에서 JPEG, PSD, TIFF 형식의 사진을 불러올 때 메타데이터를 색상 보정 등의 이미지 편집 설정과 함께 적용한다. 하지만 RAW 형식 파일의 경우는 다르다. 차이점에 대해서는 다음 단계에서 알아볼 것이다.

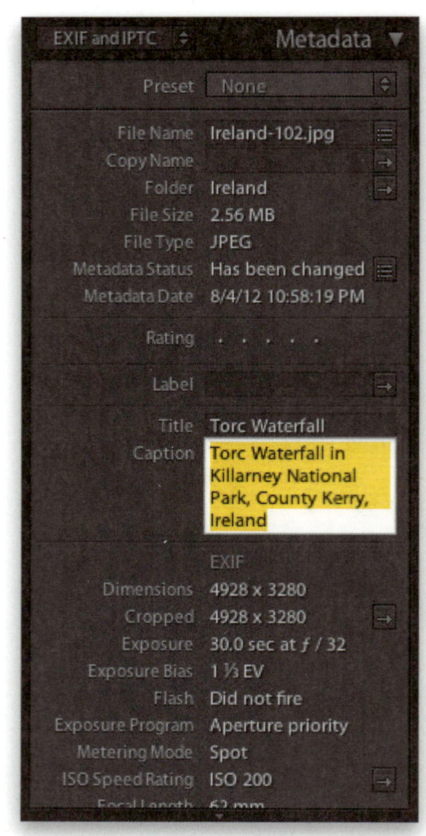

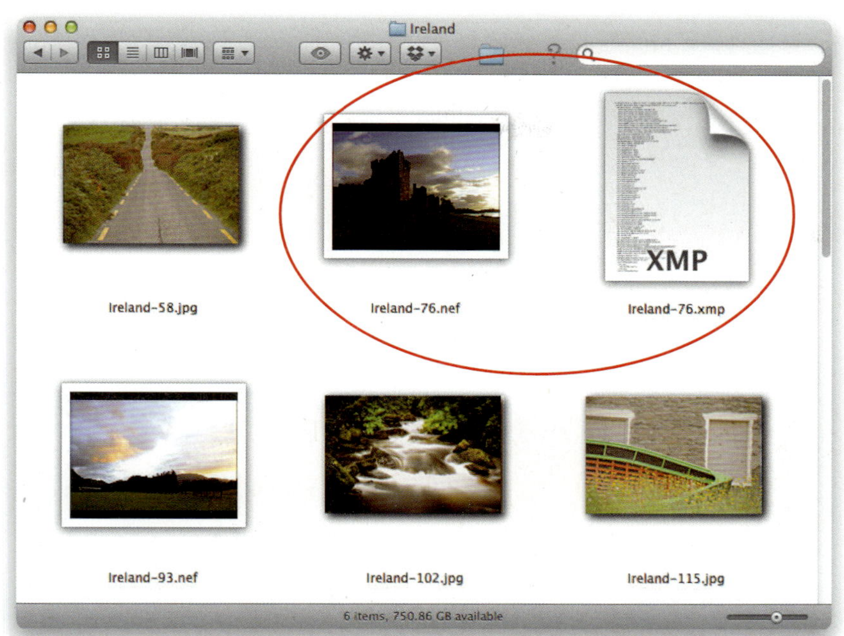

STEP 04

RAW 파일을 의뢰인이나 동료 등 타인에게 전달하거나 RAW 원본 파일을 다른 프로그램에서 사용할 때 라이트룸에서 추가한 메타데이터(저작권 정보, 키워드, 색상 보정 설정까지 포함)는 RAW 파일 자체에 기록할 수 없기 때문에 보이지 않는다. 그래서 XMP이라고 부르는 별도의 보조 파일을 사용한다. XMP 보조 파일은 자동으로 생성되지 않으며 RAW 파일을 전달하기 전에 Ctrl-S (MAC: [Command]-S)키를 눌러 만든다. XMP 보조 파일을 만든 후 폴더를 열어보면 RAW 파일 옆에 XMP 보조 파일이 있다. 이 두 개의 파일은 함께 있어야하기 때문에 두 개의 파일을 모두 전달하는 것을 잊지 말자.

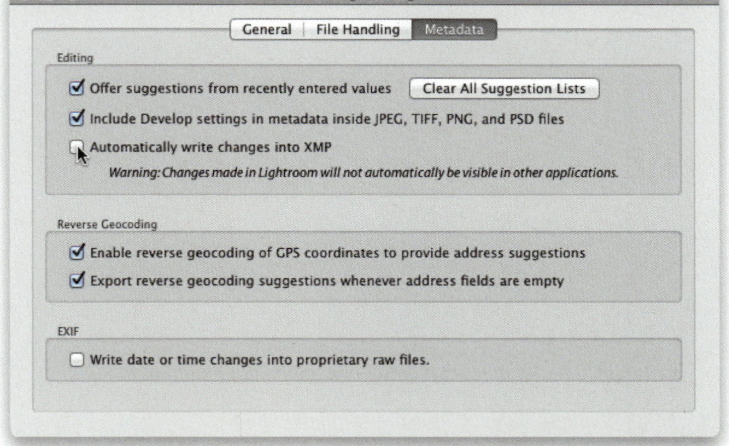

STEP 05

RAW 파일을 불러올 때 DNG 파일로 변환했다면 Ctrl-S (MAC:[Command]-S)키를 눌러 DNG 파일에 정보를 직접 기록한다. 또는 라이트룸의 카탈로그 설정 대화창에서 자동으로 메타데이터를 XMP 보조 파일에 기록하도록 설정할 수도 있다. PC에서는 [Edit] 메뉴, Mac에서는 [Lightroom] 메뉴를 선택한 후 [Catalog Setting] 대화창에서 [Metadata] 탭을 클릭하고 'Automatically write changes into XMP'를 체크한다. 한 가지 단점이라면 속도이다. RAW 파일에 설정 변경을 적용할 때마다 XMP 파일의 데이터도 변경하기 때문에 속도가 느려진다. 그래서 필자는 이 항목을 체크하지 않는다.

Note

DNG 파일의 또 다른 장점은 챕터 1을 참고한다.

이번에 알아볼 기능은 유용하다기보다는 그냥 멋진 기능이지만 만약 사용하는 카메라에 GPS 기능(사진을 촬영한 장소의 위도와 경도 정보를 사진에 기록하는 기능)이 내장되어 있거나 디지털 카메라용 GPS 장비를 구매했다면 친구들을 불러 모아 놀라게 해주자. 라이트룸은 GPS 정보를 보여줄 뿐만 아니라 한 번의 클릭으로 지도를 불러와 사진을 촬영한 지점을 정확히 짚어낼 수 있다.

STEP 01

GPS 기능이 내장된 카메라 혹은 GPS 장비를 연결한 카메라로 촬영한 사진을 라이트룸으로 불러온다.

Note

Ricoh, Canon, Nikon 등의 제조사들에서 내장 GPS 기능이 있는 카메라를 만들며 Canon과 Nikon DSLR의 많은 기종들이 GPS 연결 포트를 탑재하고 있다. Nikon사의 GP-1는 20만 원 정도이며, Canon사의 GP-EP2는 30만 원 정도에 구매할 수 있다.

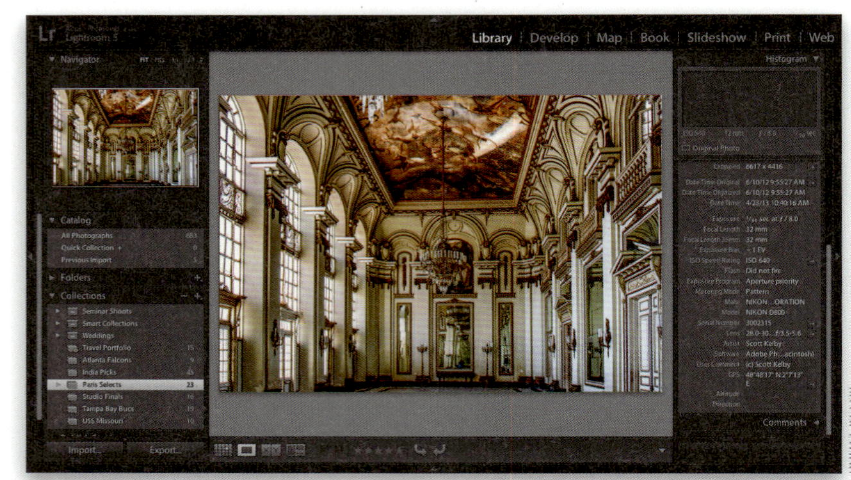

STEP 02

[Library] 모듈의 오른쪽 패널 영역에 있는 [Metadata] 패널 하단의 [GPS] 영역에 사진을 촬영한 장소의 GPS 정보가 있다.

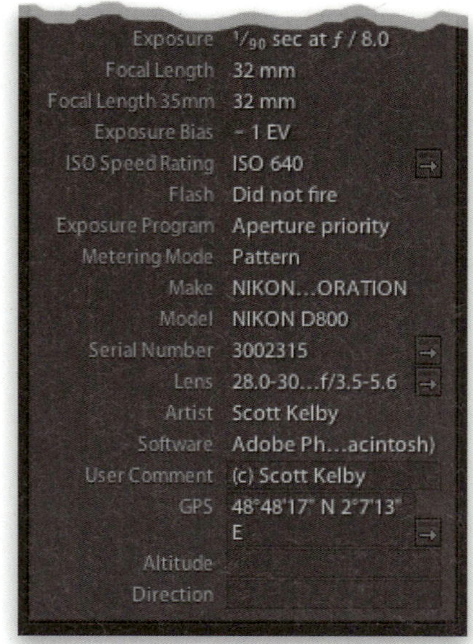

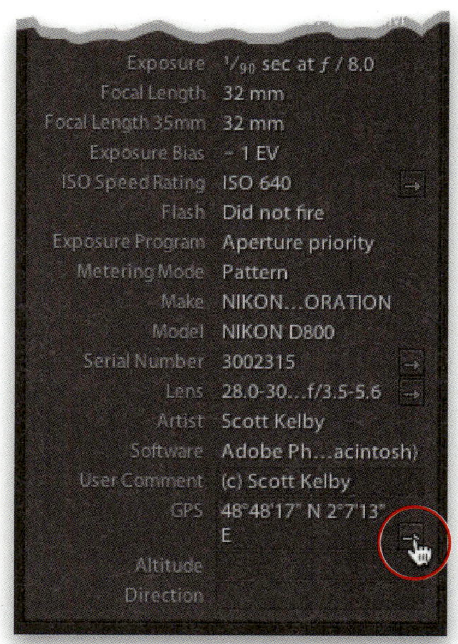

촬영 장소의 GPS 정보를 보는 것만으로도 놀라운데, 다음 기능을 강의 중에 보여주면 모두 감탄한다. [GPS] 영역 오른쪽 끝에 있는 화살표를 클릭해보자.

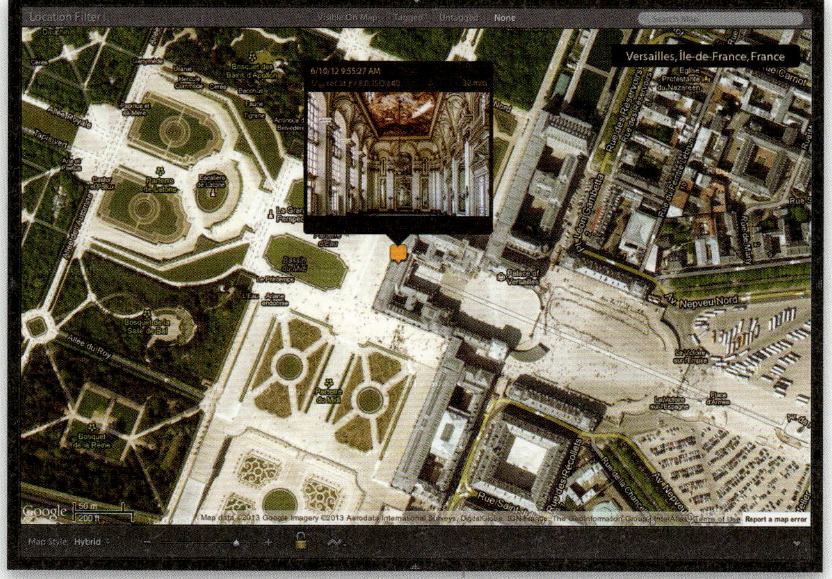

인터넷이 연결된 상태에서 화살표를 클릭하면 라이트룸이 자동으로 [Map] 모듈로 전환하고 촬영한 장소를 표시한 컬러 인공위성 사진을 불러온다. 사실 이 기능의 용도를 전혀 알 수 없지만 멋진 기능이라는 점은 모두가 동의할 것이다. 다음은 [Map] 모듈에 대해 더 알아보자.

세계 지도에서 사진 정리하기

라이트룸 5에는 시각적인 방법을 사용하는 다른 사진 정리 기능이 있다. 별것 아닌 것처럼 보이겠지만 한 번 시도해보면 탁월한 기능에 놀랄 것이다. [Map] 모듈을 사용하지만 사진을 정리하는 기능이기 때문에 Library 챕터에 넣었다.

STEP 01

라이트룸의 Map 기능으로 사진을 정리하는 방법은 두 가지가 있다: ❶ GPS 정보를 가지고 있는 사진을 자동으로 세계 지도에 추가한다. GPS 정보가 보이지 않는 경우 GPS 정보가 없다고 생각하겠지만 실제로는 있을 가능성이 높다. 대부분의 아이폰과 안드로이드 기반 스마트폰은 사진을 촬영한 장소의 GPS 정보를 자동으로 사진 파일에 기록한다. 그리고 그 사진들이 라이트룸에 있다면 지도에도 있을 것이다. ❷ 사진의 GPS 정보가 없다면 지도를 검색해서 직접 위치를 지정한다.

Note

[Map] 모듈은 구글맵을 사용하기 때문에 인터넷을 연결한 상태에서 사용해야 한다.

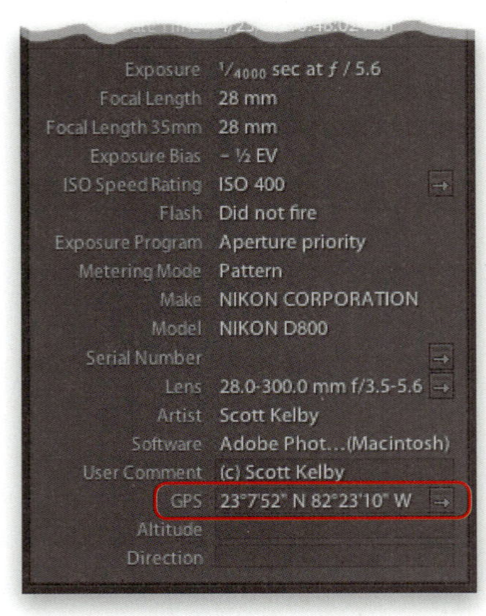

STEP 02

먼저 사진을 세계 지도에 자동으로 추가하는 방법에 대해 알아보자. 물론 GPS 정보를 가진 사진이 있는 경우에 한해서이다. 만약 없다면 휴대폰으로 사진을 몇 장 찍어서 시험해보자. 상단의 [Map] 모듈을 클릭한 후 지도에 추가할 사진 컬렉션을 클릭한다. 라이브러리 전체에 있는 모든 GPS 사진을 지도에 추가하려면 [Catalog] 패널에서 'All Photographs'를 클릭한다. 지도를 보면 각 사진을 촬영한 지점을 표시한 오렌지색 핀이 있다. 핀은 그 지점에서 촬영한 사진의 개수를 표시한다.

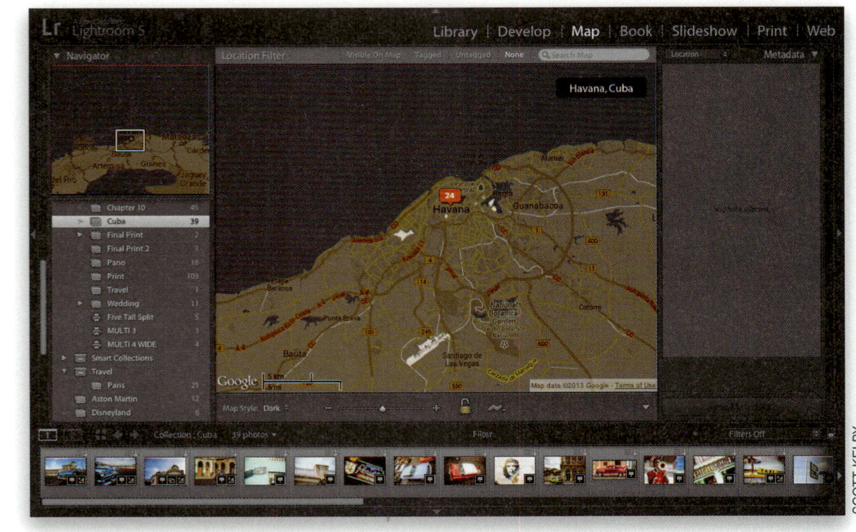

커서를 핀 위에 놓으면 작은 미리 보기 모드 창이 해당 지점에 속한 사진들 중 첫 번째 사진을 보여 준다. 또한 핀을 더블클릭하면 커서를 치워도 미리 보기 창이 나타난 후 그대로 유지된다. 다른 사진들을 보려면 창 안에 있는 화살표를 클릭하거나 ⊟/⊟ 키를 누른다. 미리 보기 창을 더블클릭하면 [Library] 모듈의 Loupe 보기 모드로 전환해서 사진을 볼 수 있다. 오렌지색 핀을 클릭하면 핀이 황금색으로 바뀌고 사진을 모두 선택한다.

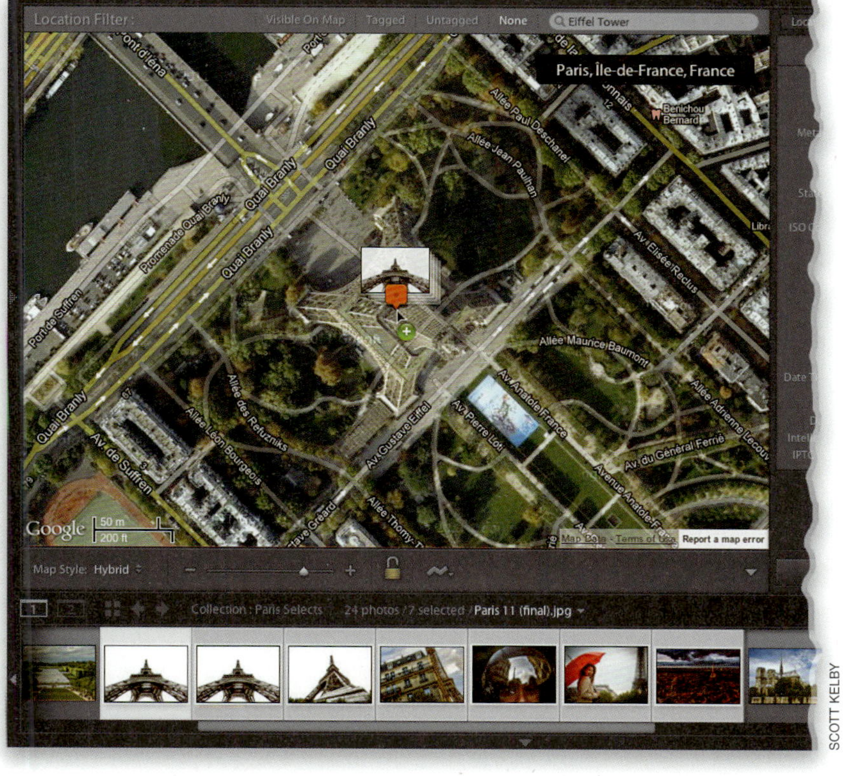

GPS 데이터가 없는 사진도 지도에 추가할 수 있다. 사진의 촬영 지점을 직접 찾아 추가하는 것은 생각보다 어렵지 않다. 촬영 지점을 지도에서 찾은 후 사진을 드래그하여 추가한다. 예를 들어, 프랑스 파리에서 촬영한 GPS 정보가 없는 사진들이 있다. 지도 오른쪽 상단에 있는 [Search] 영역에서 'Paris, France'를 입력하면 자동으로 설정 지점을 찾는다. 다음은 [Filmstrip] 영역에서 지도에 추가할 사진들을 모두 선택하고 드래그해서 파리를 표시한 핀에 드롭한다. 또한 에펠탑이나 타지마할과 같은 명소에서 촬영한 사진이 있다면 지명 대신 'Eiffel Tower'나 'Taj Mahal'과 같은 명소의 이름을 직접 입력해도 된다.

Note

지도 상단의 [Search] 영역이 보이지 않는다면 Ctrl−F (MAC:[Command]−F) 키를 누른다.

STEP 05

아마 지금 쯤 "그래 멋있기는 하지만 사진 정리 기능에 대한 내용은 어디에 있는거지?"라는 의문이 생길 것이다. 사진 정리 기능은 지도에서 원하는 핀을 찾은 다음에 사용한다. 예를 들어, 파리에 사진을 추가한 후에 지도를 검색하지 않고 원할 때 언제든지 사진을 볼 수 있도록 그 지점을 [Saved Location] 패널에 저장한다. 먼저 파리에 있는 핀을 클릭한 다음 왼쪽 패널 영역의 [Saved Location] 패널 헤더에서 [+] 버튼을 클릭하여 [New Location] 대화창을 불러온다.

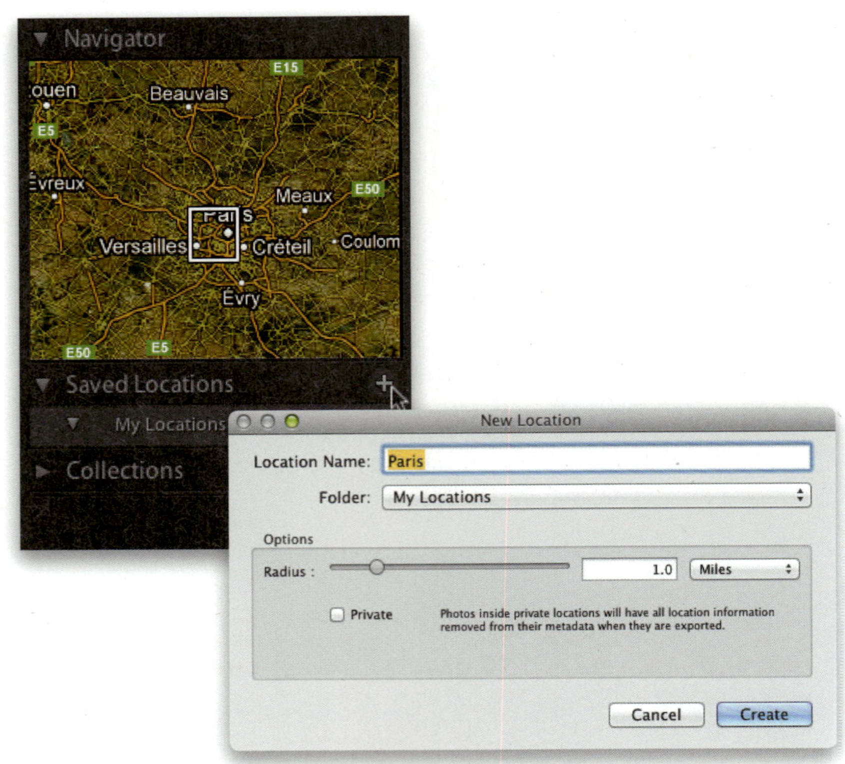

STEP 06

대화창에서 장소의 이름을 입력하고 하단의 [Radius] 슬라이더로 사진을 태그할 수 있는 지점의 반경(마일 혹은 킬로미터)을 설정한다. 예를 들어, 파리에서 보낸 일주일 동안 근방에 있는 지역들도 방문했다면 반경을 넓게 설정해서 근접한 지역에서 촬영한 사진들도 한 개의 핀에 포함할 수 있다. 그러므로 여행 중 25마일 반경 안에 머물러 있었다면 [Radius]를 '25'로 설정한다. 슬라이더를 드래그하면 지도에는 흰색의 원이 반경을 표시한다. 지도를 더 확대해서 보려면 하단의 도구바에서 [Zoom] 슬라이더를 사용한다. 마지막으로 [New Location] 대화창에 있는 'Private' 항목을 체크하면 파일을 라이트룸 밖에 저장하는 경우 자동으로 GPS 데이터를 제거해서 위치 정보를 알 수 없도록 설정한다. 설정을 마치고 [Create] 버튼을 클릭하면 위치를 [Saved Location] 패널에 추가한다.

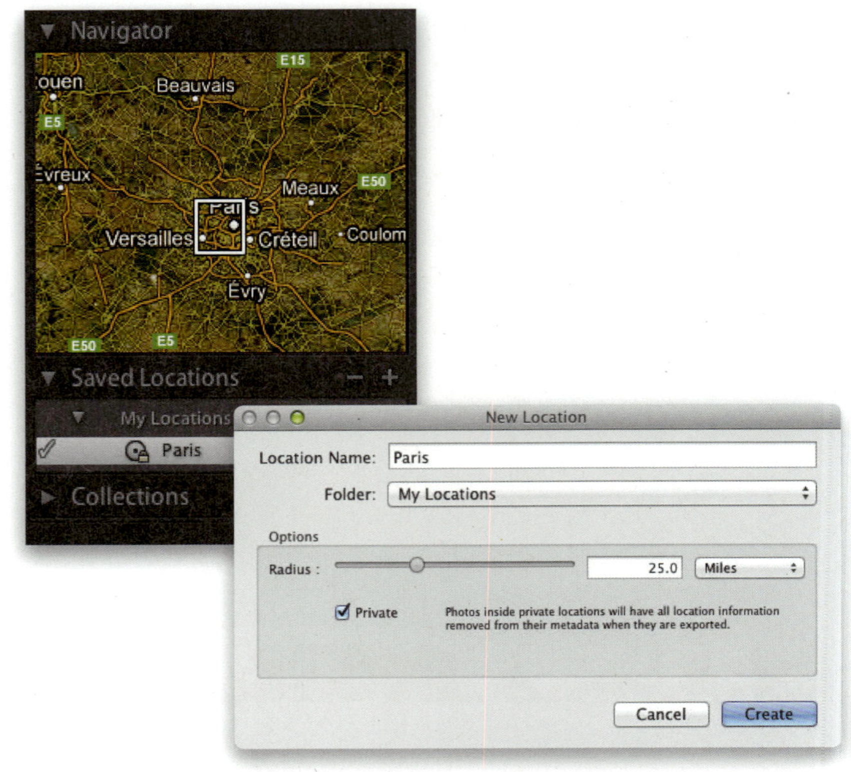

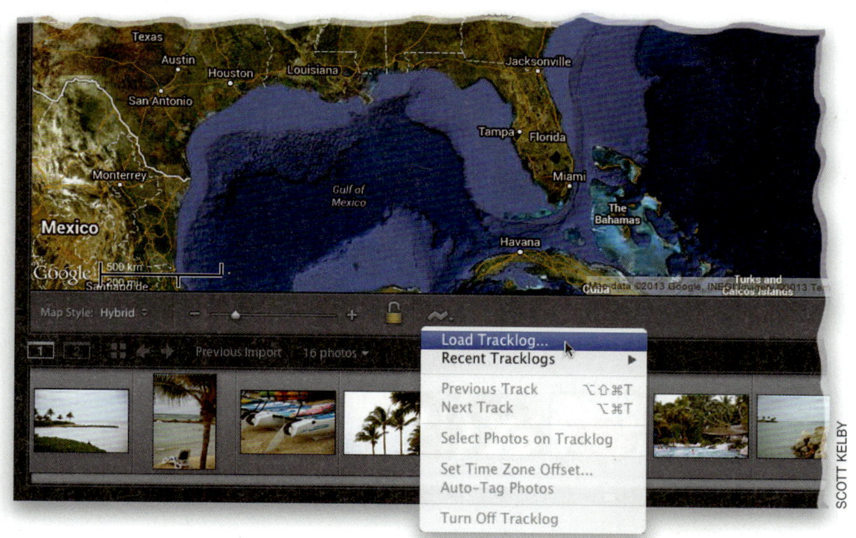

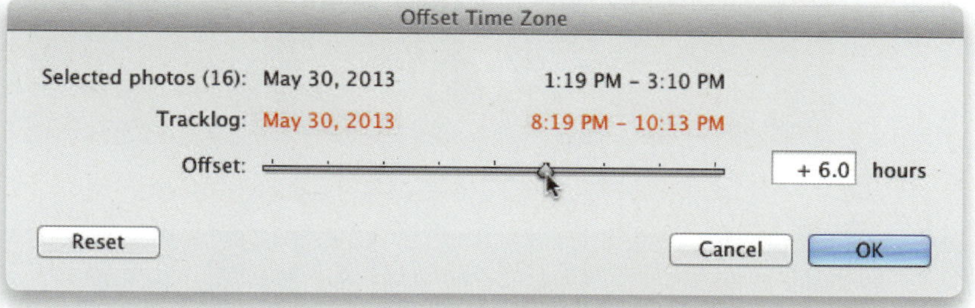

STEP 07

[Map] 모듈에는 알아두어야 할 중요한 기능이 몇 가지 더 있다. 예를 들어, 카메라에 연결하는 GPS 장치가 있다면 이미지에 바로 GPS 데이터를 기록하는 대신 GPS 장치가 작동하는 동안 갔던 모든 장소를 목록으로 만들어(Tracklog라고 부른다) 라이트룸으로 불러온 후 이미지와 맞출 수 있다. 트랙로그는 지도 하단의 도구바에서 챠트 모양의 아이콘을 클릭한 다음 팝업 메뉴에서 'Load Tracklog'를 선택한다.

STEP 08

트랙로그를 사용하는 GPS 장치를 가지고 여행한다면 트랙로그를 사용할 때 체류하는 지역의 시간대로 설정을 변경해야 한다. 트랙로그는 카메라로 촬영한 사진에 기록한 시간과 트랙로그의 시간을 대조해서 맞추기 때문이다. 시간대를 설정하지 않으면 라이트룸으로 트랙로그를 불러왔을 때 최소한 한 시간 이상 차이가 난다. 다행히 라이트룸에서 시간대를 변경할 수 있다. 카메라의 시간대 설정을 변경하지 않은 경우 여행에서 촬영한 사진들을 모두 선택한 다음 도구바의 [GPS Tracklog] 팝업 메뉴에서 'Set Time Zone Offset'을 선택하고 대화창에서 시간대를 변경한다. 이제 트랙로그와 사진의 시간대가 일치하기 때문에 지도에 사진을 추가할 수 있다. 하지만 아직 끝나지 않았다.

STEP 09

사진의 시간대는 변경했지만 지도에 추가하려면 사진을 선택하고 [GPS Tracklog] 팝업 메뉴에서 'Auto-Tag Selected Photos'를 선택해야 한다.

Tip

지도 줌인하기

지도를 확대해서 특정 지점을 보려면 더블클릭해서 한 단계 더 줌인한다. 또는 도구바에 있는 [Zoom] 슬라이더를 사용하거나 키보드의 +/− 키를 누른다. Alt (MAC:Option)키를 누른 채 줌인하고 싶은 지역을 클릭하고 바깥 방향으로 드래그해도 된다. 마우스의 스크롤 휠을 사용할 수도 있다.

STEP 10

지도 상단에 있는 Location Filter는 라이브러리에서 지도에 태그한 사진을 검색하는데 편리한 기능이다. 그러므로 GPS 정보를 가진 모든 사진을 즉시 보려면 [Library] 모듈의 [Catalog] 패널에서 'All Photograph'를 선택한 다음 [Map] 모듈로 돌아가서 [Tagged] 버튼을 클릭한다. 그러면 [Filmstrip] 영역에 태그한 사진들을 모두 하이라이트 표시한다. 직접 지도에 추가할 수 있도록 지도에 추가하지 않은 사진들을 보려면 [Untagged] 버튼을 클릭해서 [Filmstrip] 영역에 하이라이트 표시가 되어 나타나도록 한다. 현재 지도에 태그한 모든 사진을 보려면 [Visible On Map] 버튼을 클릭한다.

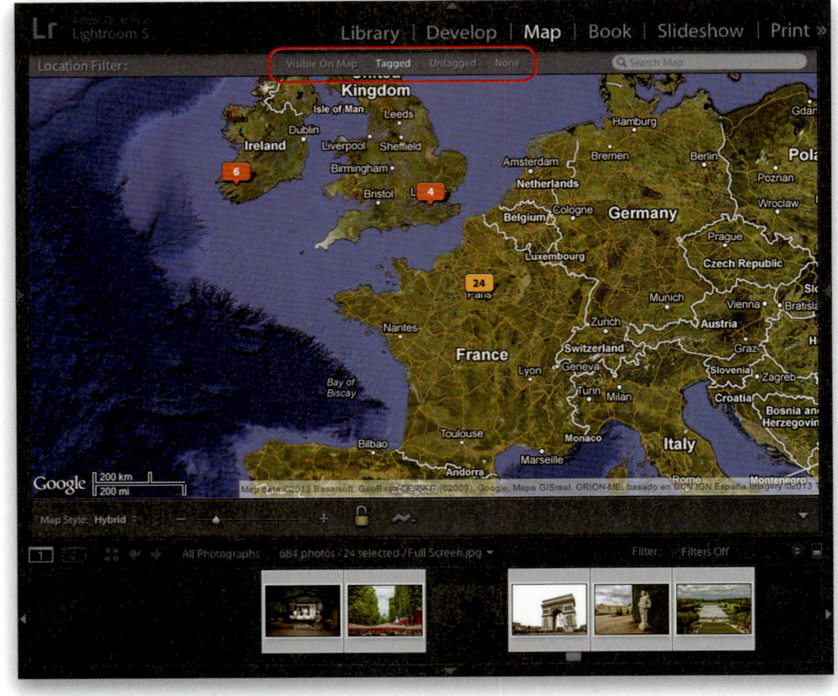

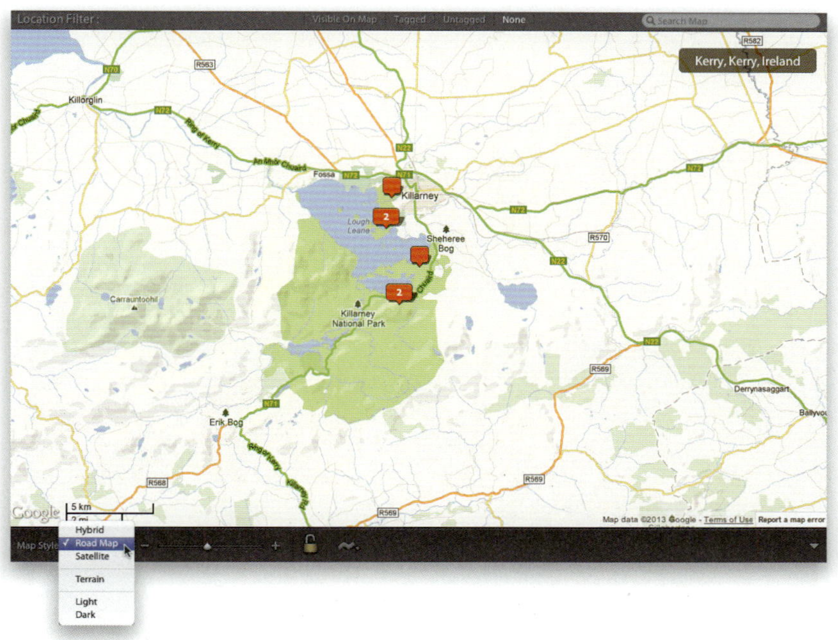

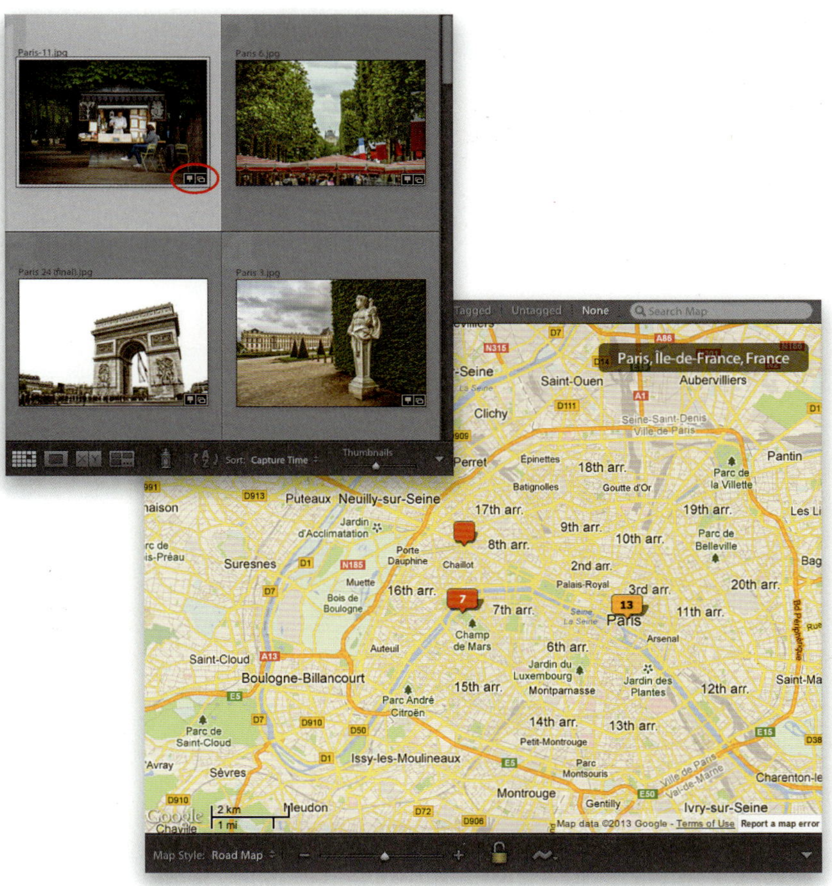

STEP 11

아직까지 지도 자체에 대해서는 자세히 알아보지 않았지만 몇 가지 항목을 알아두면 도움이 될 것이다. 먼저 기본적인 지도 보기 모드는 'Hybrid'이며 거리 이름과 일반적인 지도의 데이터를 표시한다. 하지만 도구바 왼쪽 끝에 있는 [Map Style] 팝업 메뉴에서 'Road Map', 'Satellite', 'Terrain'과 다른 지도 모드를 선택할 수 있다. 예제 사진은 'Road Map' 보기 모드이다.

Tip

핀의 위치 드래그하기

핀을 지도에 추가할 때 원하는 위치로 드래그할 수 있다. 그러나 핀을 다른 위치로 드래그하는 실수를 방지하기 위해 핀을 고정하려면 지도 하단에 있는 도구바의 Lock Markers 아이콘을 클릭한다.

STEP 12

지도에서 이미지를 찾는 더 빠른 방법이 있다. [Library] 모듈의 Grid 보기 모드에서 썸네일 하단에 사진을 크롭하거나 편집 등을 적용했을 때 나타나는 작은 배지 모양의 아이콘이 있다. 이와 같이 GPS 배지 아이콘도 있는데 핀 모양이며 이 아이콘을 클릭하면 지도에 있는 사진의 위치를 바로 볼 수 있다.

Tip

GPS 위치 보기

지도에 태그한 사진의 실제 GPS 데이터(위도와 경도)는 [Metadata] 패널에서 찾을 수 있다.

앞부분에서 사진을 쉽게 찾기 위해 사진을 불러올 때 알아보기 쉬운 파일명을 설정하고 간편한 검색을 위해 키워드를 적용했다. 이제 그 결실을 확인할 차례이다. 필요한 사진을 단 몇 초 만에 찾는 것이다. 시작 단계부터 사진 컬렉션 전체를 정리가 제대로 된 체계적인 카탈로그로 만드는 것이 이번 챕터의 목표였다. 이제 결과를 확인해보자.

사진 빨리 찾기

STEP 01

검색을 시작하기 전에 검색 위치를 지정한다. 특정 컬렉션만 검색하려면 [Collections] 패널에서 해당 컬렉션을 클릭한다. 카탈로그 전체를 검색하려면 [Filmstrip] 영역의 왼쪽 상단을 보면 현재 위치를 표시한 경로를 클릭한 채 팝업 메뉴에서 'All Photographs'를 선택한다. 다른 항목들은 Quick Collection, 마지막으로 불러온 사진들, 최근에 사용한 컬렉션이나 폴더에서 사진을 검색할 때 사용한다.

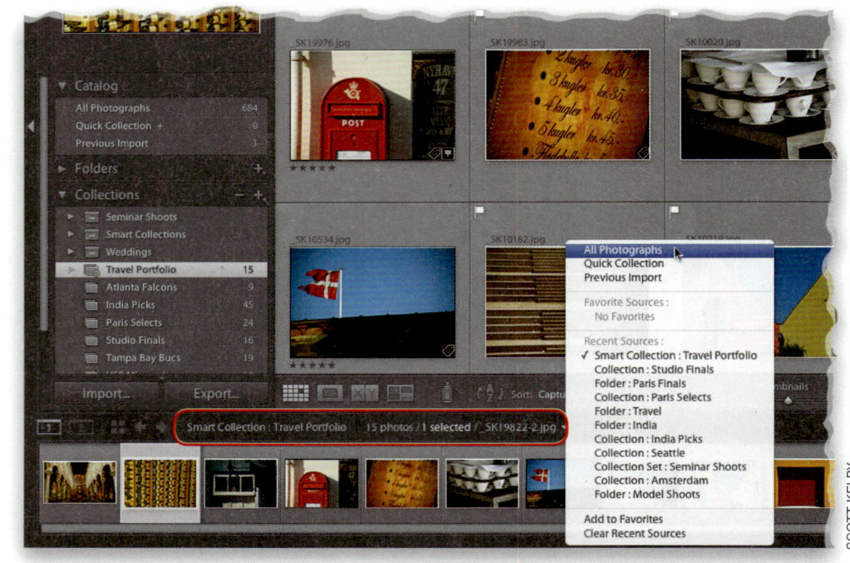

STEP 02

검색 위치를 지정한 다음 가장 빠르게 사진을 찾는 방법은 단축키를 사용하는 것이다. Ctrl-F (MAC:[Command]-F)키를 누르면 [Library] 모듈 Grid 보기 모드 상단에 Library Filter 바를 불러온다. 대부분의 경우 단어를 사용해서 검색할 가능성이 크기 때문에 검색란에 검색어를 입력하면 기본적으로 지정한 검색어를 파일명, 키워드, 캡션, EXIF 데이터 등 모든 요소를 검색한다. 여기서는 'Naval'을 입력해보았다. 검색 영역 왼쪽에 있는 두 개의 팝업 메뉴에서 검색 범위를 좁힐 수 있다. 예를 들어 첫 번째 팝업 메뉴에서 검색 범위를 캡션이나 키워드 등으로만 설정할 수 있다.

STEP 03

검색 범위를 지정하는 또 다른 방법은 사진에 설정한 등급을 이용하는 것이다. Library Filter 바에서 [Attribute]를 클릭하면 선택 항목들이 나타난다. 이번 챕터 앞부분에서 [Attribute] 선택 항목들은 Pick 등급으로 설정할 때 사용해보았으므로 이미 익숙하겠지만 몇 가지 더 알아두어야 할 점이 있다. 별점 등급의 경우 별점 4개 등급을 클릭하면 별점 4개 등급 이상의 사진들을 보여준다. 그러므로 별점 4개 등급의 사진들만 보기 위해 'Rating' 바로 옆에 있는 '≥' 기호를 클릭하고 있으면 나타나는 팝업 메뉴에서 'Rating is Equal to'를 선택한다.

STEP 04

검색어와 등급으로 사진을 검색하는 방법 외에도 메타데이터로 사진을 검색할 수 있다. 즉 사용한 렌즈 기종이나 ISO 설정, f—스톱 등의 데이터로 검색이 가능하다. Library Filter에서 [Metadata]를 클릭하면 촬영 날짜, 카메라 기종, 렌즈, 라벨 등급 등의 다양한 검색 항목이 있는 여러 개의 칼럼이 있다. 그러나 사진의 촬영 날짜나 사용한 렌즈 기종을 기억해내야 한다면 그것은 파일명이나 키워드를 제대로 설정하지 않았다는 의미이다. 이 방법은 최후의 선택으로 사용한다.

STEP 05

메타데이터 사진 검색에는 4개의 기본 항목이 있다.

날짜: 사진의 촬영 연도를 기억한다면 [Date] 칼럼에서 연도를 선택하여 해당 연도에 촬영한 사진들을 불러온다. 검색 범위를 조금 더 좁히려면 연도 왼쪽의 화살표 아이콘을 클릭하고 달과 날짜, 요일 등을 차례로 선택한다.

카메라 기종: 촬영 날짜는 기억하지 못하지만 사용한 카메라 기종을 기억하는 경우에는 [Camera] 칼럼에서 카메라 기종을 선택한다. 선택 항목 오른쪽에는 그 항목 조건에 해당하는 사진의 개수를 표시한다.

렌즈 기종: 광각 렌즈로 촬영한 사진을 찾고 있다면 [Lens] 칼럼에서 사용한 렌즈의 기종을 선택한다. 어안 렌즈와 같은 특수 렌즈를 사용한 경우 사진을 쉽게 찾을 수 있다. 칼럼은 순서대로 사용하지 않고 필요한 검색 항목만 클릭하여 사용할 수 있다.

라벨 등급: 마지막 칼럼은 Attribute 검색과 관련이 없는 것처럼 보이지만 특정 검색 항목에 해당하는 사진들이 다수인 경우 높은 등급으로 설정한 사진들만 선별할 수 있기 때문에 검색 범위를 좁힐 수 있다.

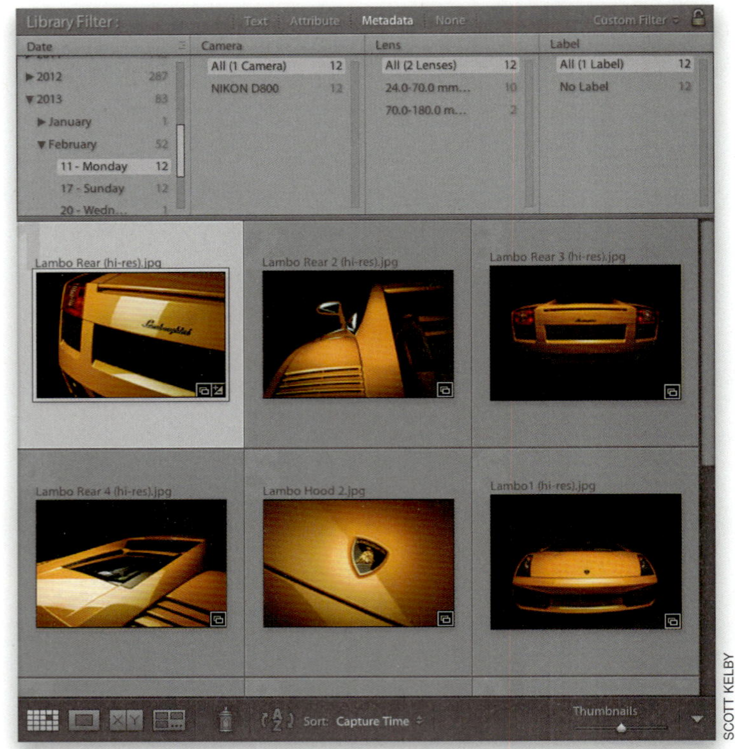

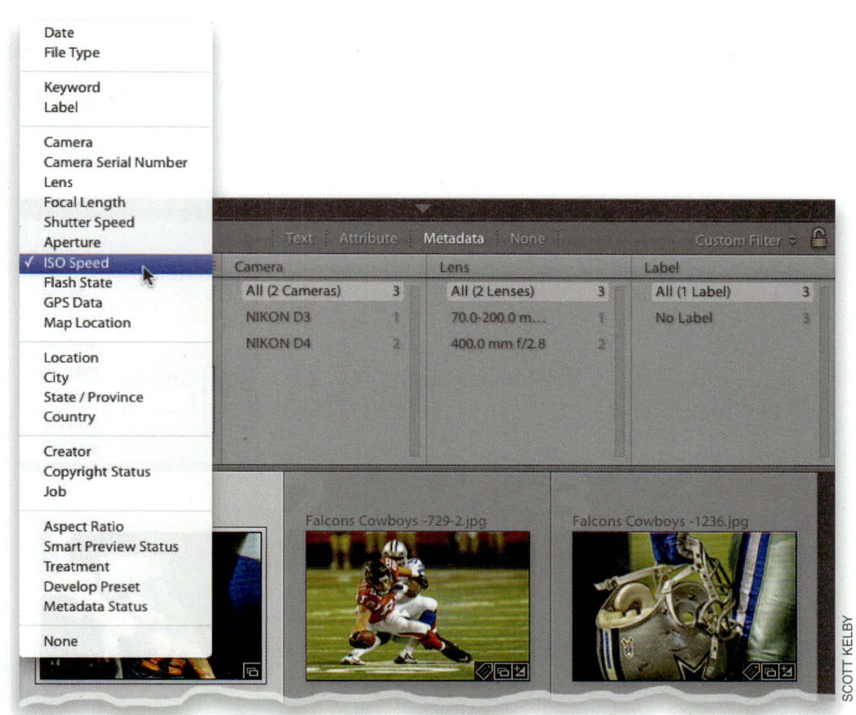

STEP 06

낮은 채광 조건에서 촬영을 하는 경우가 많다면 ISO로 검색하는 편이 더 도움이 될 것이다. 다행히 각 검색 칼럼은 자신이 필요한 메타데이터의 종류로 직접 구성할 수 있다. 칼럼의 헤더를 클릭하고 팝업 메뉴에서 새로운 항목을 선택한다. 여기서는 첫 번째 칼럼에 'ISO Speed'를 추가했다. 이제 첫 번째 칼럼에서 낮은 채광으로 촬영한 사진을 검색할 때 '800', '1600' 혹은 더 높은 ISO를 선택하면 된다. 검색에 도움이 되는 또 다른 검색 항목은 'Creator(저작권 정보)'로, 카탈로그에서 한 번의 클릭으로 타인이 촬영한 사진을 검색할 수 있다.

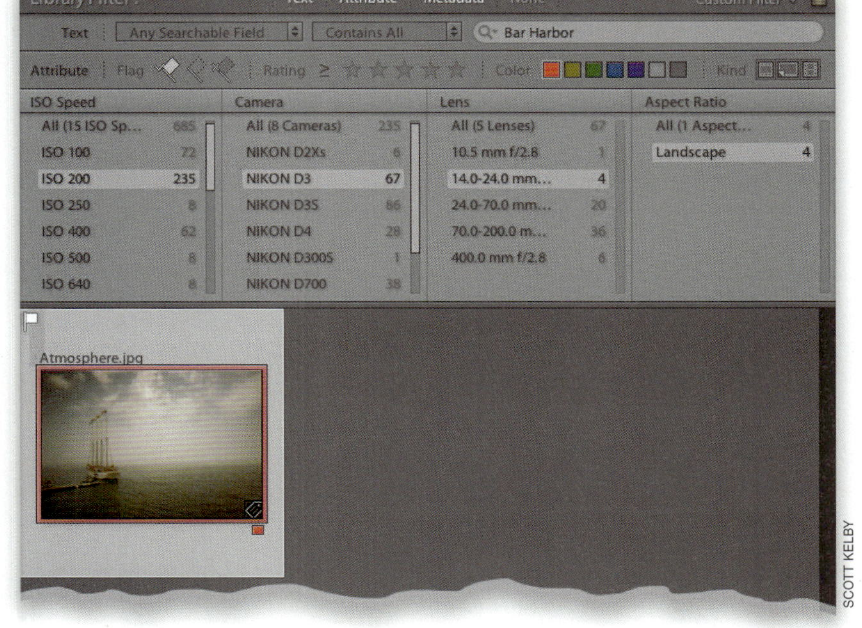

STEP 07

Library Filter에서는 검색 항목을 한 번에 여러 개 선택할 수 있기 때문에 검색 조건을 세분화할 수 있다. Library Filter에서 [Text], [Attribute], [Metadata] 선택 항목을 Ctrl –클릭(MAC:[Command]–클릭)키로 선택한다. 이제 특정 키워드로 검색한 Pick 등급과 Red 라벨 등급의 사진들 중 Nikon D3와 14–24mm 렌즈를 사용하여 ISO 200 설정으로 촬영한 사진을 검색할 수 있다. 또한 검색 조건을 프리셋으로 저장할 수 있다. 물론 메타데이터 검색을 사용해야 할 필요가 없도록 처음 사진을 불러올 때 키워드 설정을 제대로 해야 하지만 탁월한 기능임에는 틀림없다.

Note

여기서는 키워드를 'Bar Harbor'로 검색했다.

여러 개의 카탈로그 만들기 & 사용하기

라이트룸은 수 만장의 사진을 관리하도록 디자인된 프로그램이다. 필자는 카탈로그에 십 만장이 넘는 사진을 가지고 있는 사진가들을 많이 알고 있다. 그리고 라이트룸은 그 정도의 사진 분량도 어렵지 않게 관리할 수 있다. 그러나 카탈로그의 용량이 커지면 문제가 발생할 가능성도 있기 때문에 두 번째 카탈로그를 만들어 카탈로그의 크기를 통제하고 라이트룸의 속도를 유지하는 것도 좋은 방법이다.

STEP 01

지금까지 라이트룸을 처음 실행했을 때 만든 카탈로그만 가지고 사진을 관리했다. 그러나 여행 사진, 가족사진, 스포츠 사진 등 가지고 있는 사진의 종류에 따라 별도의 카탈로그를 만들 수도 있다. 라이트룸의 [File]-[New Catalog] 메뉴를 선택한다. [Create Folder with New Catalog] 대화창의 [Save As] 입력란에 간단한 카탈로그 이름을 입력하고 저장 위치를 설정한다. 여기서는 "Wedding Catalog"라고 입력했다. 필자는 후에 찾기 쉽도록 [Lightroom] 폴더에 모든 카탈로그를 저장한다.

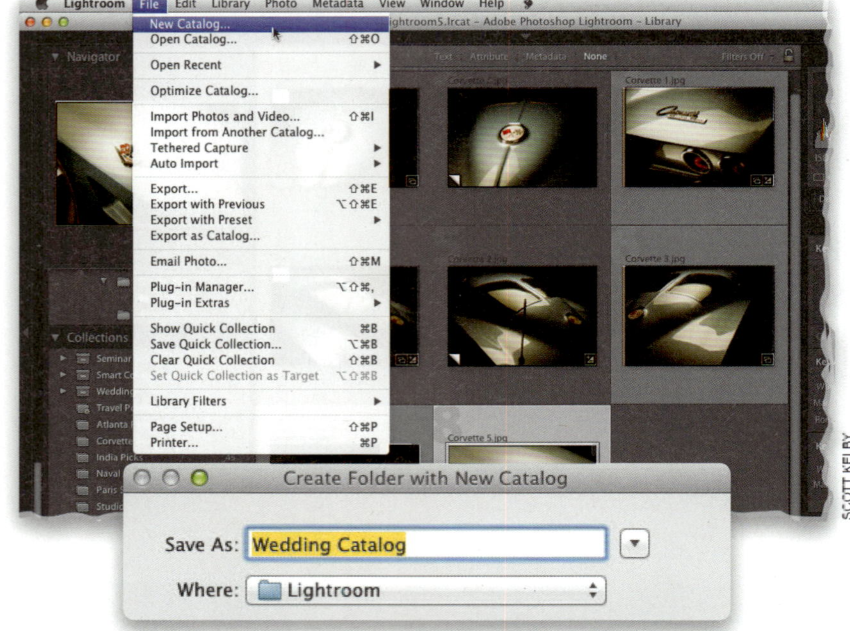

STEP 02

[Create] 버튼을 클릭하면 자동으로 데이터베이스를 닫고 새로 만든 카탈로그로 라이트룸을 재시작한다. 왼쪽 하단에 있는 [Import] 버튼을 클릭해서 새 카탈로그로 웨딩 사진들을 불러와보자.

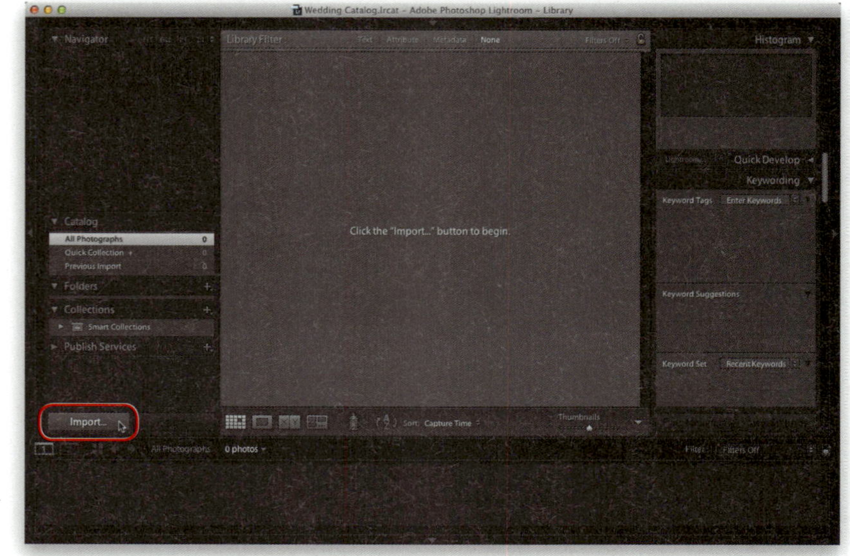

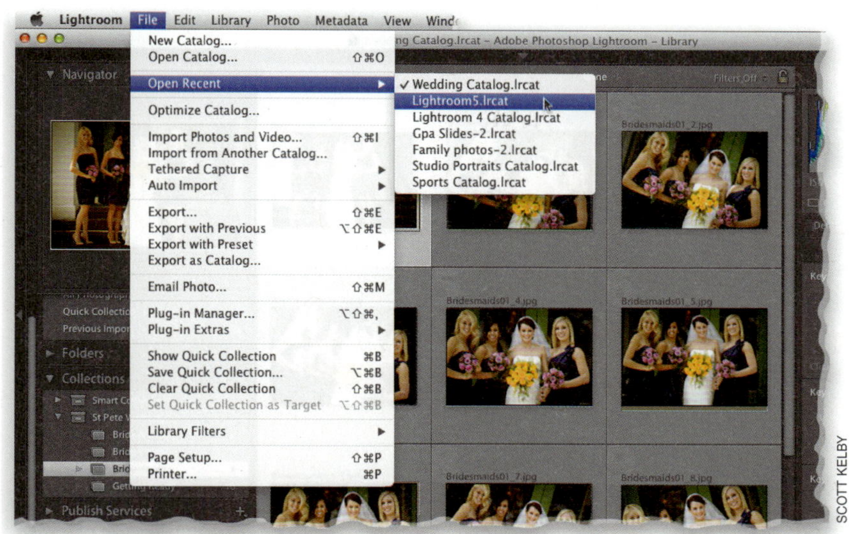

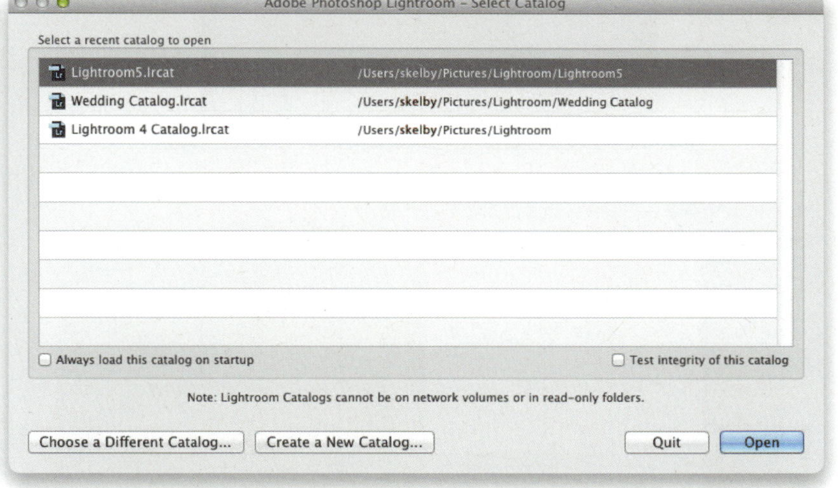

STEP 03

이 단계부터는 사진을 불러와 키워드 설정하기, 컬렉션들 만들기 등 앞에서 이미 배운 과정들과 동일하다. 새로운 [Wedding] 카탈로그 만들기가 끝나고 주 카탈로그로 돌아가려면 예제 사진과 같이 [File]–[Open Recent] 메뉴에서 라이트룸을 처음 실행했을 때 만든 카탈로그를 선택한다. [Open Catalog] 대화창에서 [Relaunch]를 클릭하면 라이트룸이 웨딩 사진 카탈로그를 저장한다. 라이트룸을 종료하고 재시작해야 하지만 다행히 오래 걸리지는 않는다.

STEP 04

라이트룸을 시작할 때 [Alt](MAC:[Option])키를 누르고 있으면 사용할 카탈로그를 선택할 수 있다. 그리고 예제 사진처럼 [Select Catalog] 대화창에서 카탈로그를 선택한다.

Note

대화창의 'Select a Recent Catalog to Open' 영역에 새로 만든 카탈로그가 보이지 않으면 새 카탈로그를 만든 다음 저장하지 않았거나 최근에 사용하지 않았을 가능성이 크다. 이 때는 대화창 왼쪽 하단의 [Choose a Different Catalog] 버튼을 눌러 [Browse](MAC:[Open]) 대화창에서 원하는 카탈로그를 찾는다. [Create a New Catalog] 버튼을 누르면 새 카탈로그를 만들 수 있다.

Tip

항상 동일한 카탈로그로 시작하기

항상 특정 카탈로그로 라이트룸을 시작하려면 카탈로그 목록 하단의 'Always Load this Catalog on Startup' 항목을 체크한다.

랩톱에서 Desktop으로: 두 대의 컴퓨터에서 카탈로그 동기화하기

야외 촬영을 할 때 랩톱에서 라이트룸을 사용했다면 사진과 함께 모든 편집 설정, 키워드, 메타데이터를 스튜디오에서 사용하는 Desktop 컴퓨터의 라이트룸 카탈로그에도 동일하게 추가한다. 랩톱에서 보낼 카탈로그를 선택하고 스튜디오용 컴퓨터에 폴더를 만들어 불러오는 간단한 과정이다. 라이트룸이 모든 과정을 실행하며 몇 가지 설정만 해주면 된다.

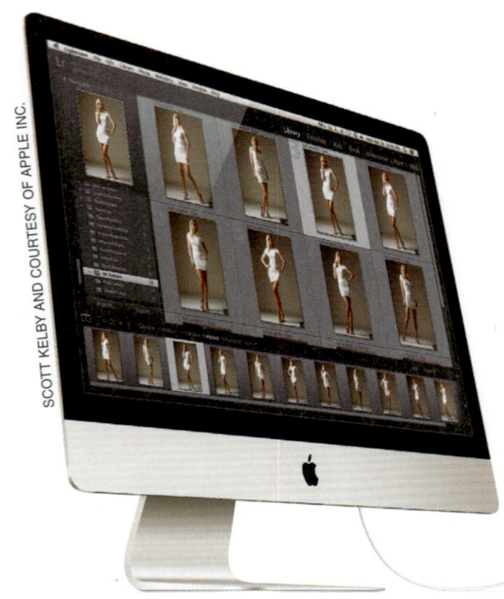

가장 먼저 랩톱에서 폴더(촬영한 모든 사진)나 카탈로그(선별을 마치고 Pick 등급으로 설정한 사진만) 중 어느 것을 보내기 할지 결정한다. 여기서는 컬렉션을 선택했다. [Collections] 패널에서 스튜디오 컴퓨터의 주 카탈로그와 동기화할 컬렉션을 선택한다. 폴더를 선택해도 [Folders] 패널에서 폴더를 선택한다는 점 말고는 차이가 없다. 무엇을 선택해도 라이트룸에서 적용한 모든 메타데이터와 편집 설정을 컴퓨터에서 동기화할 것이다.

라이트룸에서 [File]–[Export as Catalog] 메뉴를 선택한다.

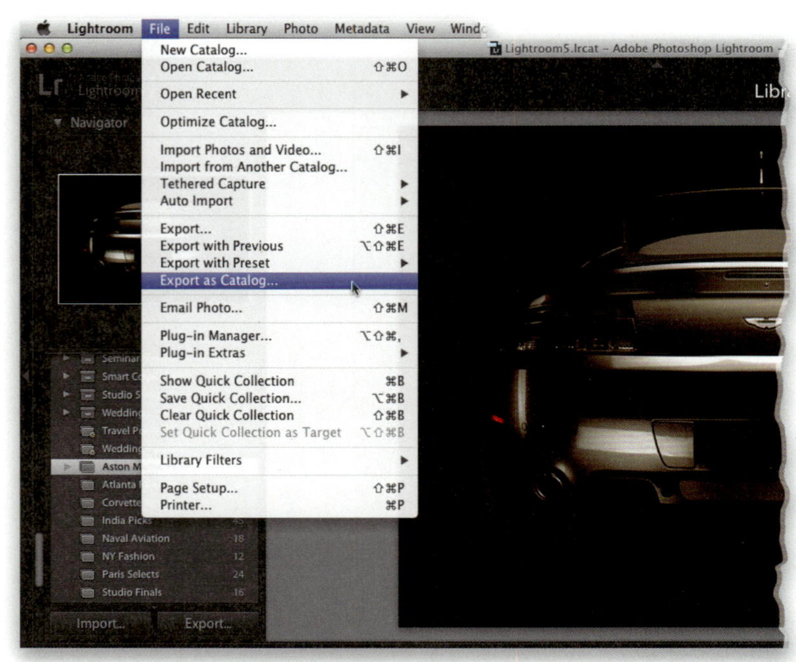

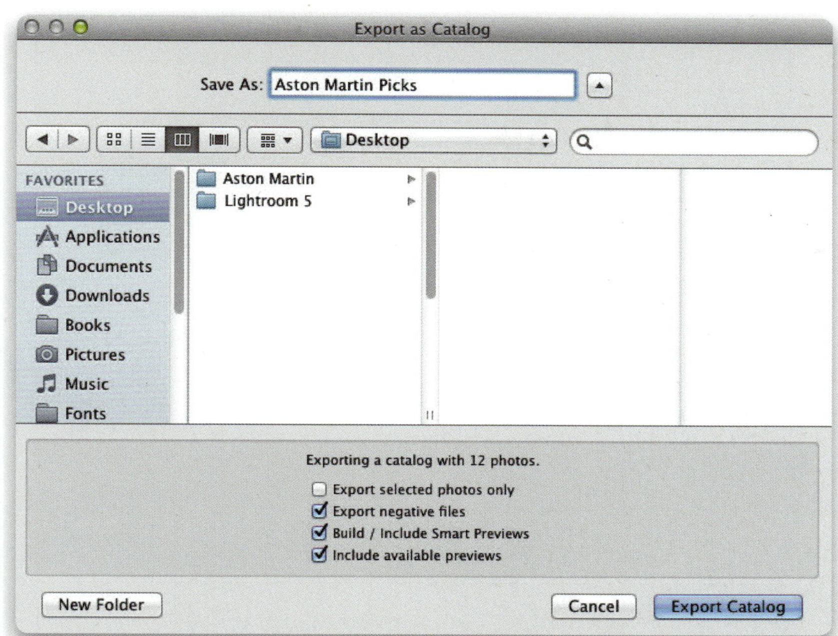

STEP 03

[Export as Catalog] 대화창에서 내보내는 카탈로그의 이름을 설정한다. 하단에는 매우 중요한 선택 항목들이 있다. 라이트룸으로 사진을 불러올 때 미리 보기를 포함하도록 기본 설정되어 있으며 필자도 스튜디오 컴퓨터로 불러올 때 다시 렌더링하는 시간을 절약하기 위해 항상 'Include available previews' 항목을 체크한 채로 내버려둔다. 또한 'Build / Include Smart Preview'를 체크해서 스마트 프리뷰를 포함할 수 있다. 여기서 가장 중요한 항목은 'Export Negative Files'이다. 이 항목을 체크 해제하면 실제 사진을 제외한 미리 보기와 메타데이터만 보내기 하므로 사진을 보내려면 체크한다.

Note

상단의 'Export Selected Photos Only'를 체크하면 'Export as Catalog' 메뉴를 선택하기 전에 컬렉션에서 선택한 사진들만 내보내기 한다.

STEP 04

[Save](MAC:[Export Catalog]) 버튼을 클릭해서 보내기를 실행한다. 일반적으로 시간이 오래 걸리지는 않지만 카탈로그에 있는 사진의 분량이 많을수록 시간이 길어진다. 사진을 저장한 폴더는 외장 하드에 복사한 다음 스튜디오 컴퓨터에 옮겨야 하기 때문에 필자는 대부분의 경우 폴더를 Desktop에 저장한다. 그 다음 Desktop에 있는 폴더를 외장 하드로 복사한다.

STEP 05

스튜디오로 돌아온 후 외장 하드를 스튜디오 컴퓨터와 연결한 다음 폴더를 사진의 저장 위치로 복사한다. 라이트룸에서 [File]–[Import from Another Catalog] 메뉴를 선택해서 예제 사진과 같은 대화창을 불러온다. 스튜디오 컴퓨터로 복사한 폴더를 찾아 연 다음 파일의 확장자가 'LRCAT'로 표기된 파일을 클릭하고 [Open](MAC:[Choose]) 버튼을 클릭한다. 예제 사진을 보면 라이트룸이 만든 폴더 안에 4개의 아이템이 있다: ❶ 미리 보기를 포함한 파일, ❷ 스마트 미리 보기 모드를 포함한 파일, ❸ 카탈로그 파일, ❹ 실제 사진이 있는 폴더.

Note

여기서는 사진을 챕터 1에서 만든 [My Lightroom Photos] 폴더에 복사했다.

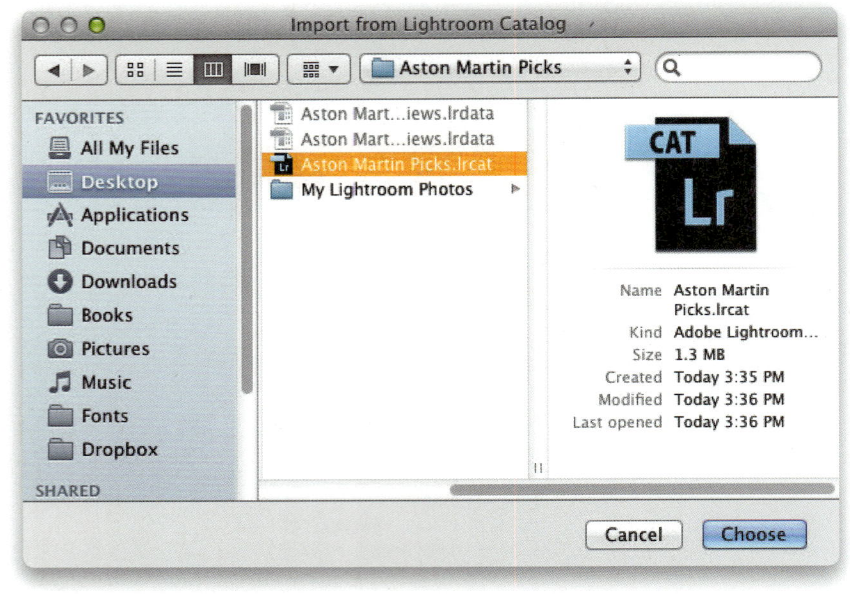

STEP 06

[Open](MAC:[Choose]) 버튼을 클릭해서 [Import from Catalog] 대화창을 불러오면 오른쪽 미리 보기 영역에서 체크하는 사진들을 모두 불러온다. 필자는 항상 모든 사진을 체크한다. 왼쪽의 'New Photos' 영역에 [File Handling] 팝업 메뉴가 있다. 스튜디오 컴퓨터 폴더에 이미 사진을 복사했으므로 기본 설정인 'Add New Photos to Catalog Without Moving'을 선택한다. 하드디스크에서 폴더로 바로 사진을 복사하려면 'Copy new photos to a new location and import'를 선택한다. 세 번째 항목은 왜 있는지 모르겠지만 사진을 불러오지 않는다는 항목이다. 설정을 마치고 하단의 [Import] 버튼을 클릭하면 랩톱에서 적용한 편집 설정, 키워드 등을 모두 포함한 사진을 불러와 컬렉션으로 만든다.

Note

좌측 하단의 'Show Preview'에 체크표시가 되어 있어야 미리보기 영역이 나타난다.

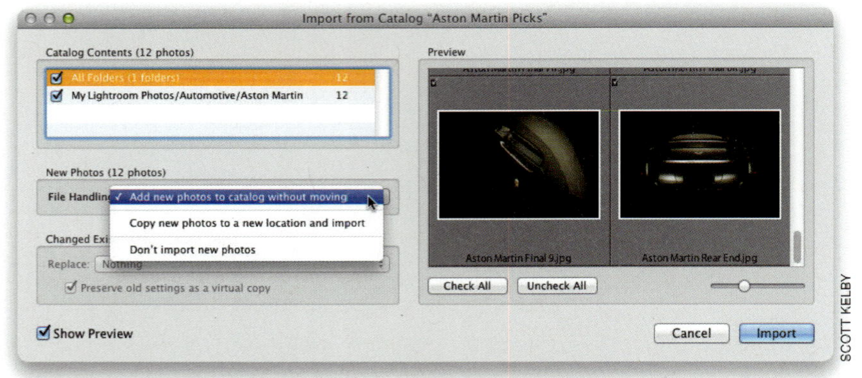

라이트룸에서 사진에 적용한 설정, 편집, 키워드 등은 모두 라이트룸 카탈로그에 저장하기 때문에 매우 중요한 파일이다. 그렇기 때문에 카탈로그는 반드시 정기적으로 백업해야 한다. 카탈로그를 백업해 두면 카탈로그 데이터베이스에 문제가 생길 경우 걱정하지 않아도 된다. 백업 설정만 해주면 라이트룸이 카탈로그 데이터베이스를 자동으로 백업한다.

카탈로그 백업하기 (매우 중요하다)

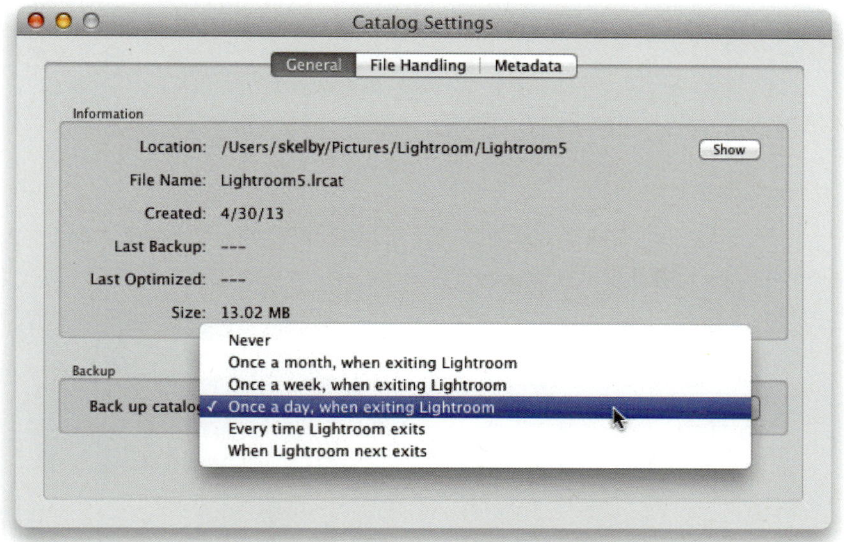

STEP 01

[Edit](MAC:[Lightroom])–[Catalog Settings] 메뉴를 선택한다. [Catalog Settings] 대화창에서 상단의 [General] 탭을 클릭한 다음 하단에 있는 'Backup' 영역의 [Back Up Catalog] 팝업 메뉴에서 자동 백업 설정을 선택한다. 여러 개의 백업 주기 설정 항목이 있는데 'Once a Day, When Exiting Lightroom'을 추천한다. 그러면 라이트룸을 종료할 때마다 자동으로 카탈로그 데이터베이스를 백업하기 때문에 사고가 생겨도 손실을 최대 하루 분량의 편집 내용으로 제한할 수 있다.

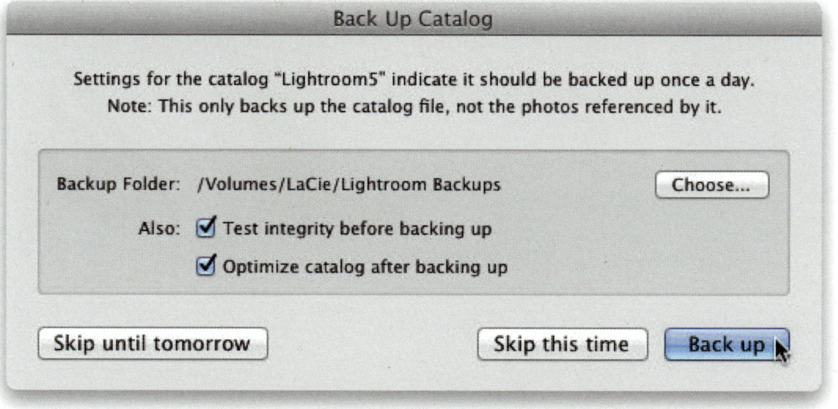

STEP 02

백업 설정을 마친 후에는 라이트룸을 종료할 때 [Back Up Catalog] 대화창에서 카탈로그 데이터베이스 백업을 상기시켜 준다. 하단의 [Back Up] 버튼을 클릭하면 백업을 시작한다. 시간이 얼마 걸리지 않으므로 [Skip this time]이나 [Skip until tomorrow] 버튼을 눌러 미루지 말자. 기본적으로 카탈로그 백업은 [Lightroom] 폴더에 있는 [Backup] 폴더의 하위 폴더로 저장된다. 컴퓨터에 문제가 생기는 경우를 위해 백업은 외장 하드에 저장하는 것이 안전하다. 그러므로 [Back Up Catalog] 대화창에서 [Choose] 버튼을 클릭한 다음 외장 드라이브를 찾아 [OK](MAC:[Choose])를 클릭한다.

STEP 03

카탈로그를 백업한 다음 카탈로그나 컴퓨터가 손상된 경우 카탈로그를 복구하는 방법을 알아보자. 라이트룸을 시작한 다음 [File]–[Open Catalog] 메뉴를 선택한다. [Open] 대화창에서 **Step 02**에서 저장한 [Backups] 폴더를 열면 24시간 간격으로 저장된 백업 파일 목록이 있다. 원하는 날짜의 폴더를 클릭한 다음 'LTCAT' 파일을 클릭해서 선택하고 [Open] 버튼을 눌러 복구한다.

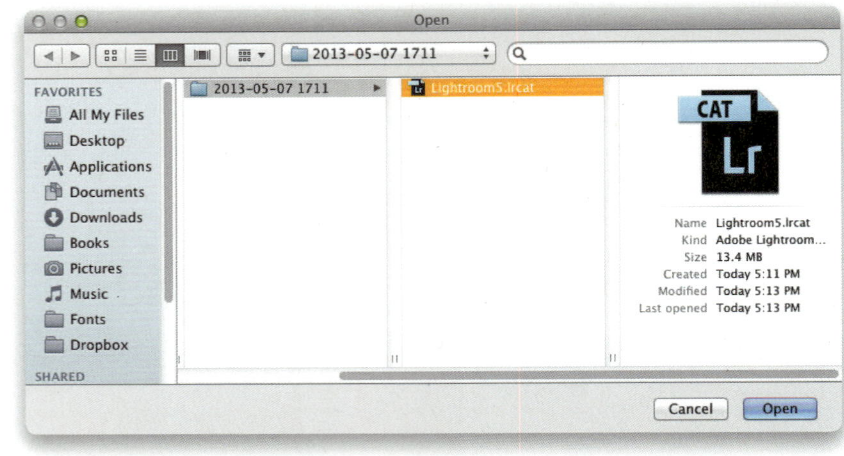

라이트룸의 속도가 느려질 때 카탈로그 최적화하기

라이트룸에 수 만장이 넘는 사진을 저장하면 속도가 약간씩 느려지기 시작한다. 속도가 느려진다고 느낀다면 [File]–[Optimize Catalog] 메뉴를 선택하여 현재 사용하는 카탈로그를 최적화한다. 최적화는 몇 분 정도 걸린다. 라이트룸에 많은 사진이 없어도 두 달 정도에 한 번씩 카탈로그를 최적화해서 항상 최고 속도를 유지하는 것이 좋다. 또한 카탈로그를 백업할 때 'Optimize Catalog After Backing Up'을 선택하면 카탈로그를 자동으로 최적화할 수 있다.

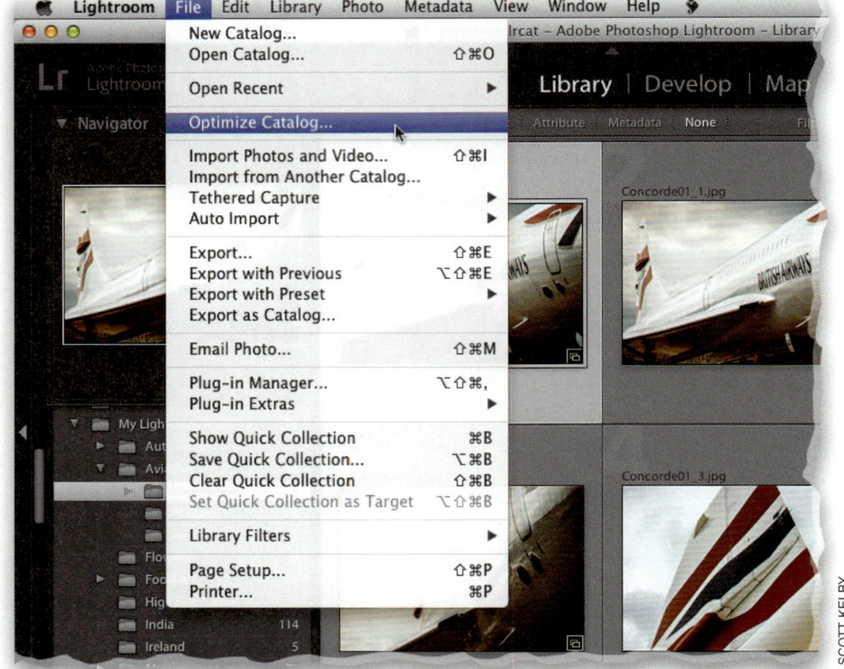

라이트룸에서 작업을 하다보면 간혹 썸네일 오른쪽 상단에 느낌표 아이콘이 있는 사진을 발견할 수 있다. 이는 라이트룸이 원본 사진을 찾을 수 없다는 의미이다. 사진의 썸네일은 볼 수 있고 Loupe 보기 모드에서도 사진을 확대할 수 있지만 사진 원본이 필요한 색상이나 화이트밸런스 보정 등의 편집은 전혀 할 수 없기 때문에 원본 파일과 재연결해야 한다.

사진 재연결하기

STEP 01

예제 사진의 썸네일에 원본 파일을 찾을 수 없다는 의미의 느낌표 아이콘이 보인다. 원본을 찾을 수 없는 원인은 두 가지이다: ❶ 사진 원본을 외장 하드에 저장하고 현재 드라이브를 컴퓨터에 연결하지 않은 상태이기 때문이다. 드라이브만 연결하면 라이트룸이 즉시 원본 파일을 재연결해서 문제를 해결한다. 하지만 사진 원본을 외장 하드에 저장하지 않았다면 다른 문제 때문이다. ❷ 사진 원본을 다른 위치로 옮기거나 삭제한 경우이다. 그러한 경우에는 직접 사진 원본을 찾아 재연결해야 한다.

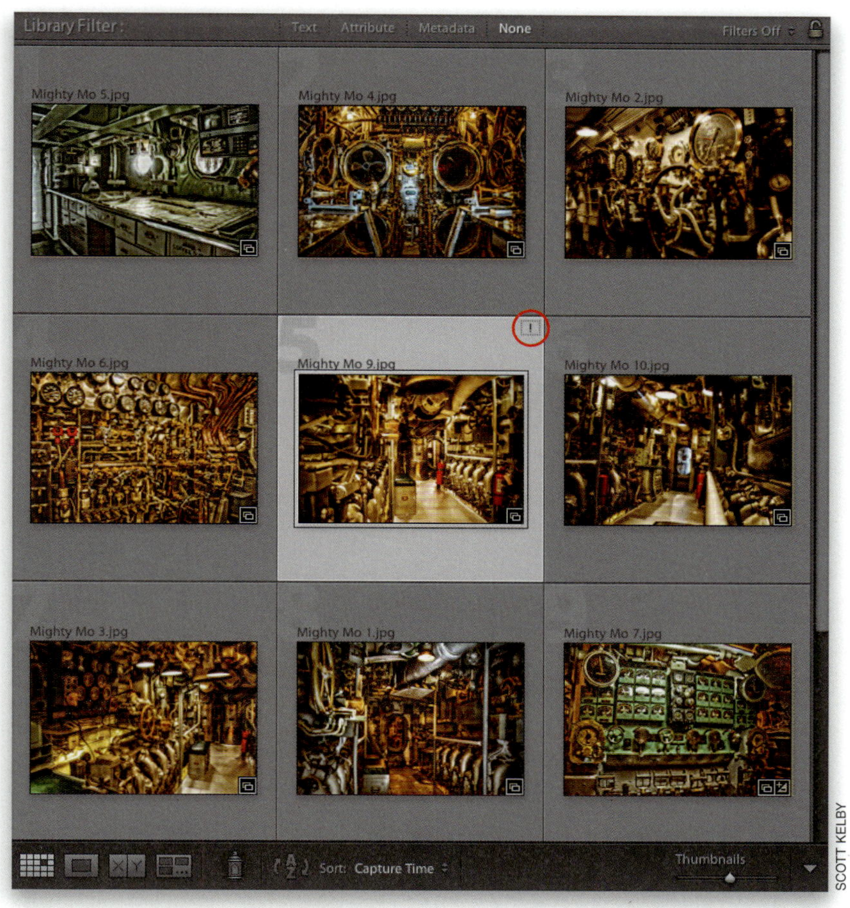

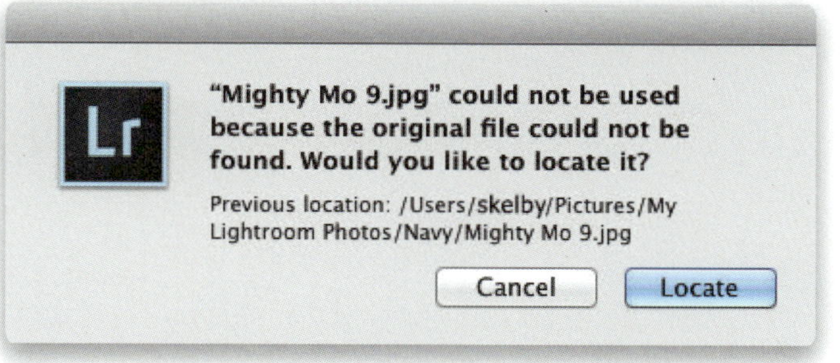

STEP 02

없어진 사진을 마지막으로 본 위치를 찾기 위해 느낌표 아이콘을 클릭하면 대화창이 원본 파일을 찾을 수 없다고 알린다. 이미 알고 있는 사실을 알리는 경고글 하단에 더 중요한 내용이 있다. 파일의 마지막 위치를 표시하기 때문에 외장 하드나 플래시 드라이브 등 파일을 다른 위치로 옮겼다면 라이트룸이 찾을 수 있도록 위치를 알려준다.

STEP 03

하단의 [Locate] 버튼을 클릭한 다음 대화창에서 원본 파일의 현재 위치를 찾는다. "나는 파일을 옮기지 않았어!"라고 생각하고 있겠지만 파일이 혼자 하드디스크를 돌아다닐 수는 없으므로 옮긴 사실을 잊어버렸을 것이다. 그래서 원본 파일을 찾는 과정이 더 까다롭다. 사진을 찾으면 사진을 클릭하고 [Select] 버튼을 선택하여 라이트룸과 재연결한다. 폴더 전체의 위치를 옮긴 경우 하단의 'Find nearby missing photos'를 체크해서 폴더 전체에서 빠진 사진들을 자동으로 재연결한다.

Tip

모든 사진과 연결 유지하기

모든 사진과의 연결을 지속적으로 유지하기 위해서는 [Library] 모듈에서 [Library]−[Find All Missing Photos] 메뉴를 선택하여 Grid 보기 모드로 연결이 끊어진 모든 사진들을 불러온 후 이번 레슨에서 배운 대로 사진 원본들을 찾아 재연결한다.

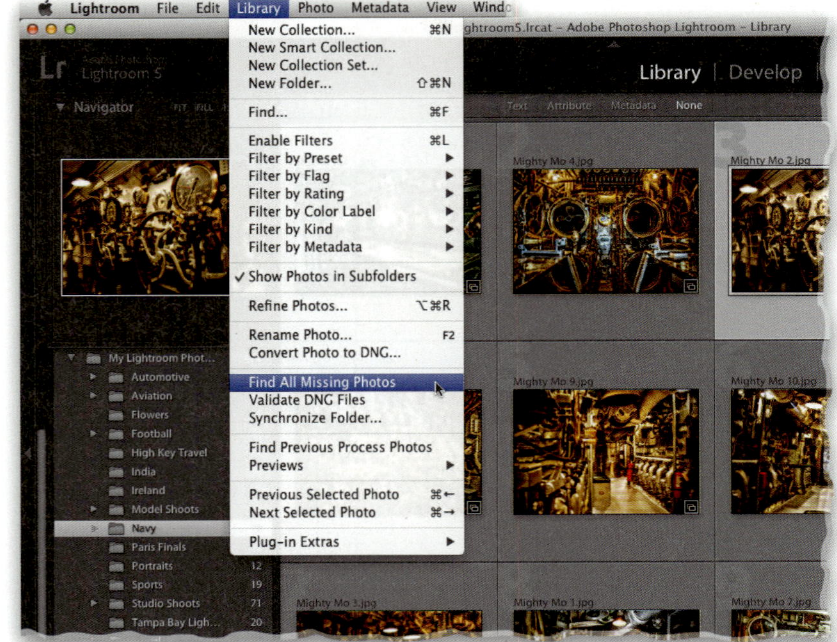

라이트룸 카탈로그에 큰 문제가 생기는 경우는 거의 없지만(필자도 오랫동안 라이트룸을 사용했지만 그런 경우는 단 한 번뿐이다) 만약 문제가 생겨도 라이트룸에는 어느 정도의 수리기능이 있다. 그러나 하드디스크나 컴퓨터 자체에 문제가 발생하는 경우나 단 하나밖에 없는 카탈로그를 가진 하드디스크나 컴퓨터를 분실하는 경우가 생길 가능성이 더 크다. 이번 레슨에서는 이러한 사고에 미리 대처하는 방법에 대해 알아보자.

사고에 대처하기

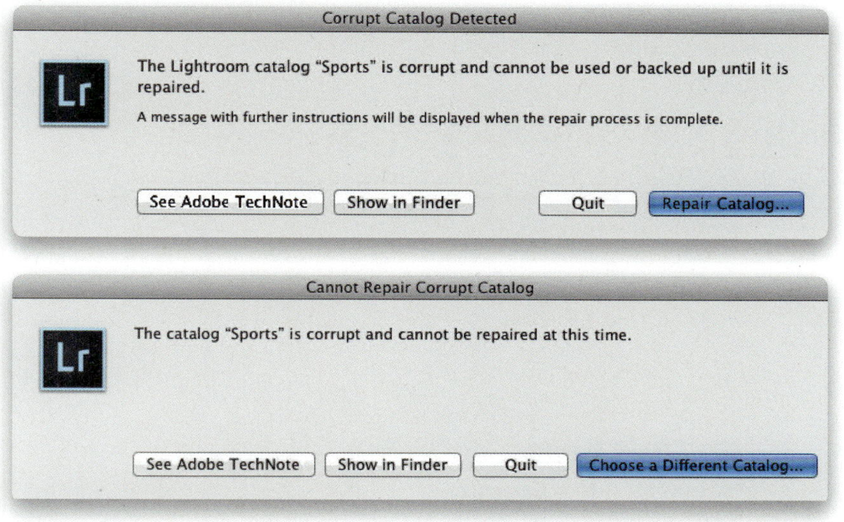

STEP 01

라이트룸을 열었는데 예제 사진과 같이 카탈로그가 손상되었다고 알리는 경고창이 나타난다면 일단 [Repair Catalog] 버튼을 클릭해서 라이트룸이 손상된 카탈로그를 자동으로 복구하는 방법을 시도한다. 이 방법만으로 문제를 해결할 가능성이 높지만 실패할 경우 카탈로그를 복구할 수 없다는 두 번째 경고창이 나타난다. 그러한 경우 백업 카탈로그를 불러와야 한다.

STEP 02

카탈로그를 백업했다면 문제가 생겨도 백업 카탈로그를 불러와 복구하면 된다. 하지만 만약 3주 전에 마지막으로 카탈로그를 백업했다면 그 이후의 데이터는 손실된다. 그러므로 카탈로그를 자주 백업하기를 추천한다. 의뢰받은 촬영 사진은 매일 백업하자. 다행히 백업 카탈로그의 복구는 쉽다. 가장 먼저 백업 하드디스크에서 라이트룸 카탈로그 백업 파일을 찾는다. 폴더는 날짜별로 저장되어 있으므로 가장 최근 날짜의 폴더를 선택한다, 폴더를 열면 예제 사진과 같은 백업 카탈로그가 있다.

Note

백업 카탈로그는 별도의 외장 하드에 저장하는 것이 좋다.

STEP 03

다음은 컴퓨터에서 문제가 있는 라이트룸 5 카탈로그를 찾아 삭제한다. 그리고 백업 카탈로그 파일을 컴퓨터의 폴더로 드래그해서 불러온다.

Note

필자의 경우 [Pictures] 폴더에 있는 [Lightroom] 폴더 안에 저장되어 있다.

Tip

카탈로그 찾기

라이트룸 카탈로그를 저장한 위치가 기억나지 않는 경우 [Edit](MAC:[Lightroom])−[Catalog Settings] 메뉴를 선택한 다음 [General] 탭을 클릭하면 'Location' 영역에서 카탈로그의 경로를 볼 수 있다.

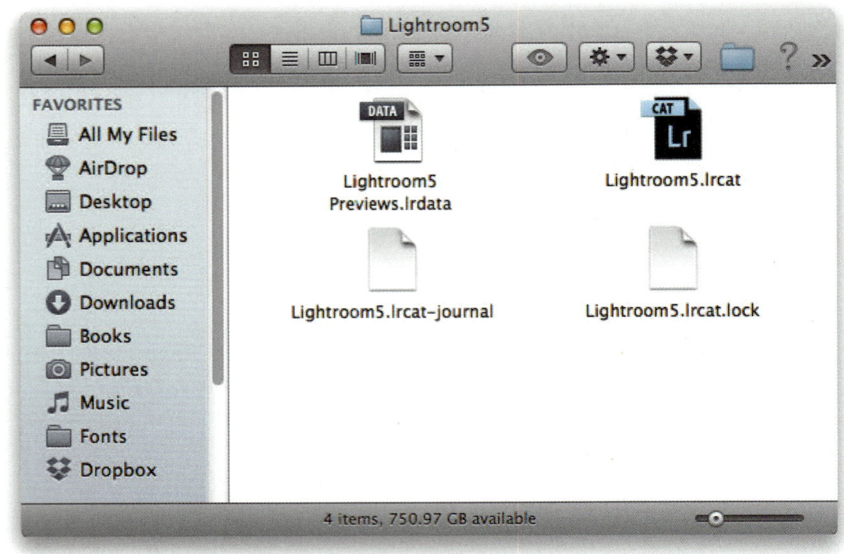

STEP 04

마지막 단계는 [File]−[Open Catalog] 메뉴를 선택해서 카탈로그를 열기만 하면 된다. 컴퓨터로 가져온 백업 복제 파일을 찾아 클릭하고 [OK]를 클릭한다. 백업 데이터는 사진을 저장한 위치도 기억하므로 걱정할 필요가 없지만 만약 사진을 찾지 못한다면 앞에서 배운 방법으로 파일을 재연결한다.

Tip

컴퓨터가 멈춘 경우

카탈로그의 오류가 아닌 컴퓨터가 멈춘 경우나 하드디스크 오류, 또는 랩톱을 분실한 경우의 대처 방법은 유사하다. 오류가 생긴 카탈로그를 찾아 삭제하는 과정만 빠질 뿐이다. 카탈로그 백업 복사 파일을 드래그해서 새 [Lightroom] 폴더로 옮긴 다음 **Step 04**의 과정을 실행한다.

컬렉션 삭제하기

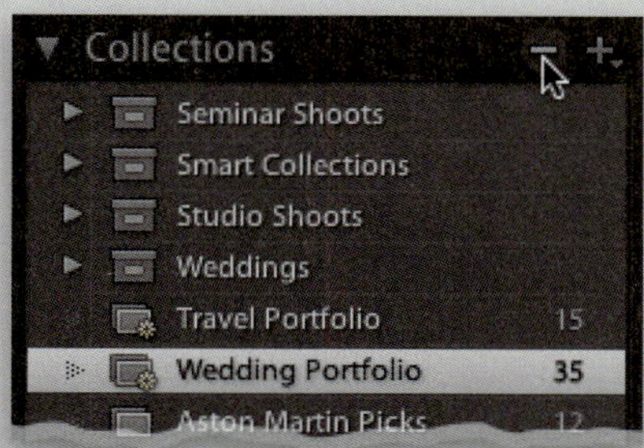

컬렉션을 삭제하려면 [Collections] 패널에서 해당 컬렉션을 클릭한 다음 패널 헤더의 오른쪽에 있는 [-] 버튼을 클릭한다. 이때 컬렉션을 삭제해도 실제 사진 파일은 삭제되지 않는다.

컬렉션에 사진 추가하기

[Collections] 패널에서 사진을 드래그하면 원하는 컬렉션에 언제든지 사진을 추가할 수 있다.

컬렉션 이름 바꾸기

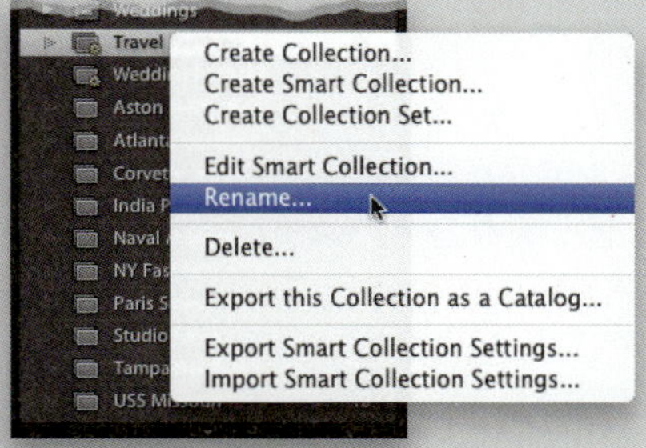

컬렉션의 이름을 바꾸려면 컬렉션을 마우스 오른쪽 버튼으로 클릭한 다음 팝업 메뉴에서 'Rename'을 선택한 후 설정한다.

스마트 컬렉션 설정 공유하기

스마트 컬렉션을 마우스 오른쪽 버튼으로 클릭한 다음 팝업 메뉴에서 'Export Smart Collection Settings'를 선택하여 설정을 저장하면 스마트 컬렉션 설정을 타인에게 보내 공유할 수 있다. 설정을 받는 사람은 동일한 팝업 메뉴에서 'Import Smart Collection'을 선택하면 된다.

키워드 공유하기

원래 사용하는 컴퓨터가 아닌 다른 컴퓨터나 타인에게 키워드를 보내려면 [Metadata]-[Export Keywords] 메뉴를 선택해서 모든 키워드로 텍스트 파일을 만든다. 보낸 키워드를 다른 사용자의 라이트룸에서 불러오려면 [Metadata]-[Import Keywords] 메뉴를 선택한 다음 키워드를 찾는다. 또한 텍스트 파일에서 직접 키워드를 복사해서 [Keywording] 패널에 붙이기 한다.

선택한 사진에 키워드 더 빨리 적용하기

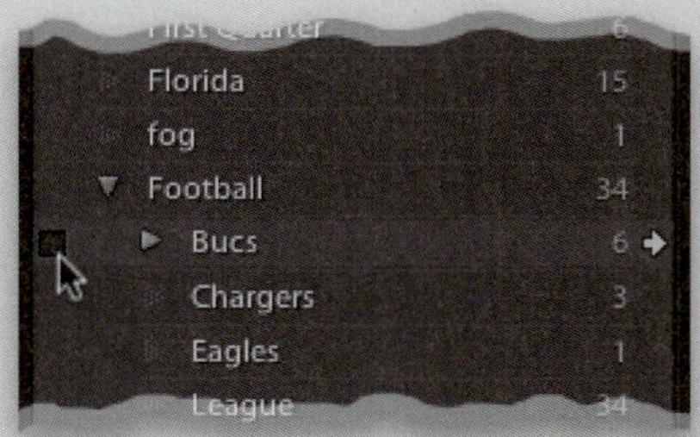

[Keyword List] 패널에서 키워드 위에 커서를 놓으면 옆에 체크박스가 나타나며 체크하면 선택한 사진에 키워드를 적용한다.

하위 키워드 빨리 만들기

[Keyword List] 패널에서 키워드를 마우스 오른쪽 버튼으로 클릭하고 팝업 메뉴에서 'Put New Keywords Inside This Keyword'를 선택하면 다른 항목을 선택하기 전까지 계속 새로 만든 키워드를 선택한 키워드에 속한 하위 키워드로 설정한다.

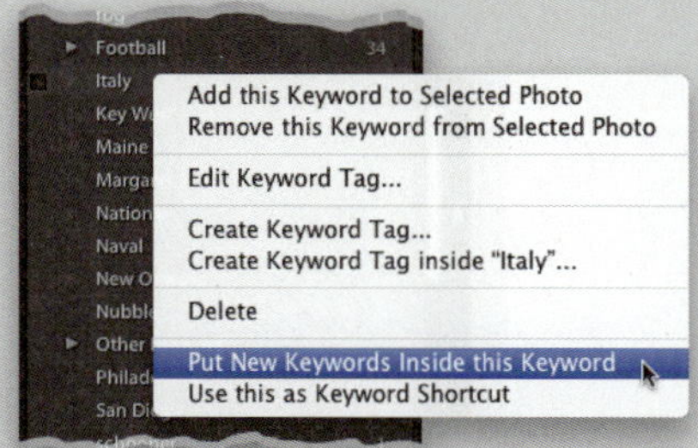

작업표시줄 자동 숨기기

필자는 작업할 때 패널이 자동으로 나타나는 것이 방해되기 때문에 자동 숨기기 기능을 해제한다. 대신 필요할 때마다 수동으로 패널을 불러온다. 그러나 상단의 작업표시줄은 자동 숨기기 기능을 활성화해보자. 작업표시줄은 거의 사용하지 않는 패널이지만 모듈을 전환할 때 단축키 대신 작업표시줄을 사용하는 사용자들도 꽤 있다. 자동 숨기기 기능을 활성화하면 중앙에 있는 회색 삼각형 아이콘을 클릭하기 전까지 작업표시줄을 숨긴다. 작업표시줄에서 모듈을 선택한 후 커서를 작업표시줄에서 치우면 다시 숨긴다.

사용하지 않는 키워드 제거하기

[Keyword List] 패널에서 회색 글자로 나타나는 키워드는 어느 사진에도 태그하지 않았다는 의미이므로 삭제해서 키워드 목록을 정리하자. [Metadata]-[Purge Unused Keywords] 메뉴를 선택해서 삭제한다.

패널 크기 조절하기

커서를 중앙의 Preview 영역에 근접한 패널의 경계선에 놓으면 쌍방향 화살표로 전환해서 패널의 크기를 조절할 수 있다. 화살표를 클릭한 다음 원하는 크기로 드래그한다. 하단의 [Filmstrip] 영역도 같은 방법으로 크기를 조절한다.

도구바의 추가 선택 항목

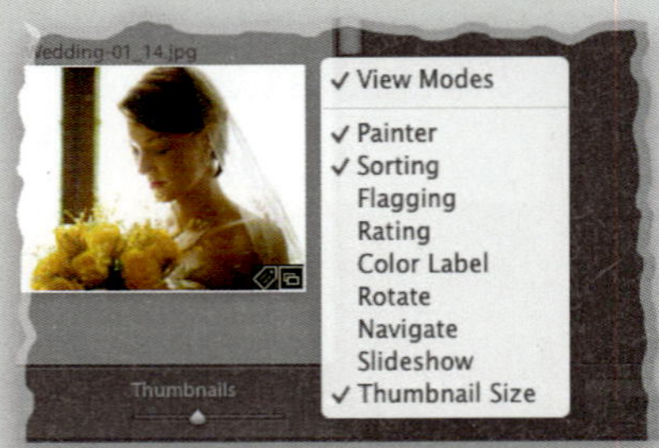

중앙 Preview 영역 하단의 도구바에서 기본 도구들과 선택 항목들 대신 필요한 도구를 선택할 수 있다. 도구바의 오른쪽 끝에 있는 작은 삼각형 아이콘을 클릭한 다음 팝업 메뉴에서 원하는 항목들을 선택한다.

줌인/줌아웃

라이트룸의 Loupe 보기 모드에서 포토샵과 동일한 단축키로 사진을 줌인/줌아웃할 수 있다. 줌인은 Ctrl − + (MAC:[Command]− +), 줌아웃은 Ctrl − − (MAC:[Command]− −)키를 누른다.

특정 사진이 있는 컬렉션 찾기

[Catalog] 패널에서 'All Photographs'를 선택하여 카탈로그 전체를 보다가 어떤 사진이 어느 컬렉션에 있는지 알고 싶다면 사진을 마우스 오른쪽 버튼으로 클릭한 다음 팝업 메뉴에서 'Go To Collection'을 선택한다. 만약 사진이 컬렉션에 속해 있지 않다면 하위 메뉴에서 알려준다.

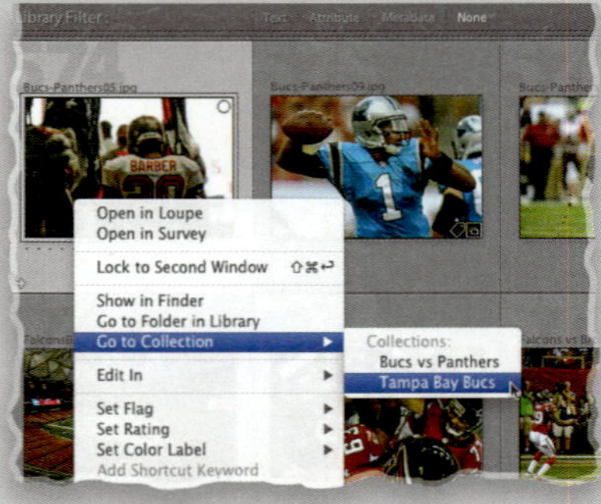

더 빠른 등급 적용 비법

Pick 등급 선별 과정을 더 빨리 진행하려면 P 키를 눌러 등급을 적용하고 화살표 키를 눌러 다음 사진으로 넘어가는 방법 대신 Shift − P 키를 누른다. 사진에 Pick 등급을 적용한 다음 자동으로 다음 사진으로 넘어간다.

필터 기능의 활성화/해제

Ctrl − L (MAC:[Command]− L)키를 눌러 Library Filter 바에 있는 플래그, 등급, 메타데이터 등의 필터 기능을 활성화/해제한다.

Filmstrip 영역에서 Pick 등급 사진 보기

이전의 라이트룸 버전에는 Library Filter 바가 상단에 있지 않고 [Filmstrip] 영역 오른쪽에 있는 작은 깃발 아이콘을 클릭해서 Pick과 Reject 등급 사진을 불러왔다. 이전의 방법을 선호하는 사용자를 위해 어도비사는 필터를 [Filmstrip] 영역에 그대로 남겨두었다. 그러나 깃발 아이콘을 직접 클릭하는 대신 마우스 오른쪽 버튼으로 클릭한 다음 팝업 메뉴에서 선택하는 방법이 훨씬 편리하다.

하드디스크에 남은 공간 보기

라이트룸 사진을 저장하기 위해 여러 개의 외장 하드를 사용한다면 라이트룸을 종료하지 않고도 남은 공간을 확인할 수 있다. [Folders] 패널의 [Volume Browser]에 모든 드라이브의 사용 공간과 남은 공간을 표시한 항목이 있다. 커서를 드라이브 이름 위에 놓으면 저장된 사진의 개수를 표시한 알림 메시지가 나타난다.

다수의 사진에 메타데이터 추가하기

사진에 직접 IPTC 메타데이터를 입력한 후 다른 사진에도 동일한 메타데이터를 적용하고 싶다면 복사해서 붙이기만 하면 된다. 메타데이터가 있는 사진을 클릭한 다음 Ctrl −클릭 (MAC:[Command]−클릭)키를 눌러 메타데이터를 적용할 사진들을 선택한다. 패널 영역 오른쪽 하단에 있는 [Sync Metadata] 버튼을 클릭한 다음 [Synchronize Metadata] 대화창에서 [Synchronize] 버튼을 클릭하면 메타데이터를 업데이트한다.

Painter 도구로 전환하기

Ctrl − Alt − K (MAC:[Command]−[Option]− K)키를 누르면 Painter 도구로 전환한다. 도구 사용을 마치면 도구바에서 회색 원형 아이콘을 클릭하거나 같은 단축키를 누른다.

컬렉션을 Favorite로 설정하기

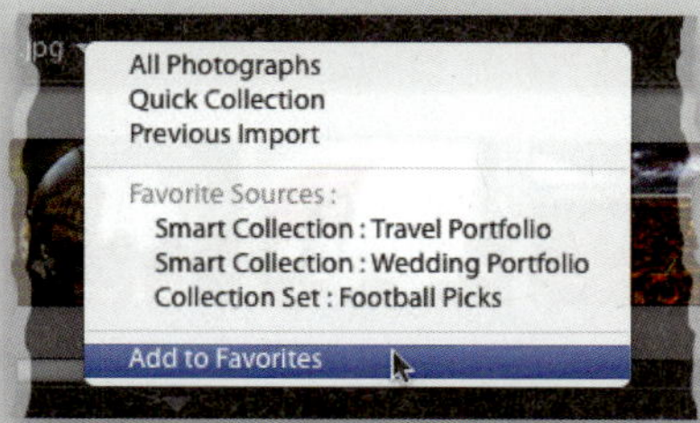

포트폴리오 컬렉션이나 의뢰인용 컬렉션 등 특정 컬렉션을 자주 사용한다면 Favorite로 설정하여 한 번의 클릭으로 쉽게 찾을 수 있다. [Collections] 패널에서 Favorite로 설정할 컬렉션을 선택한다. 그리고 [Filmstrip] 영역 왼쪽 상단의 팝업 메뉴에서 'Add to Favorites'를 선택하면 컬렉션을 이 팝업 메뉴에 추가한다. Favorite 목록에서 제거하려면 컬렉션을 클릭한 다음 같은 팝업 메뉴에서 'Remove From Favorites'를 선택한다.

Survey 보기 모드에서 사진 제거하기

잘 알려지지 않은 단축키이지만 Survey 보기 모드에서 ⧄ 키를 누르면 선택한 사진을 제거한다.

필터 설정 유지하기

이전 버전의 라이트룸에서는 Library Bar에서 필터를 선택했을 때(예를 들어 별점 5개 필터를 선택했을 때) 현재 선택한 폴더나 컬렉션에만 적용했다. 다른 컬렉션이나 폴더를 선택하면 필터 기능이 비활성화된다. 이제 Grid 보기 모드에서 Library Filter 오른쪽 끝에 있는 자물쇠 아이콘을 클릭하면 다른 컬렉션이나 폴더를 선택해도 필터 설정을 유지한다. Library Filter가 보이지 않는다면 ⧄ 키를 누른다.

프리셋 백업하기

직접 설정한 프리셋(Import 프리셋부터 Develop, Print 모듈 프리셋까지의 모든 프리셋)도 하드디스크가 멈추는 등 만약의 경우를 위해 백업해두는 것이 좋다. 프리셋을 저장한 폴더를 찾으려면 [Edit](MAC:[Lightroom])–[Preferences] 메뉴를 선택한 다음 [Preset] 탭을 클릭하고 [Show Lightroom Presets Folder] 버튼을 클릭한다. 그리고 폴더 전체를 복사한 다음 별도의 저장소에 저장한다. 이제 문제가 생겨도 이 백업 프리셋 폴더를 새 프리셋 폴더로 불러오기만 하면 된다.

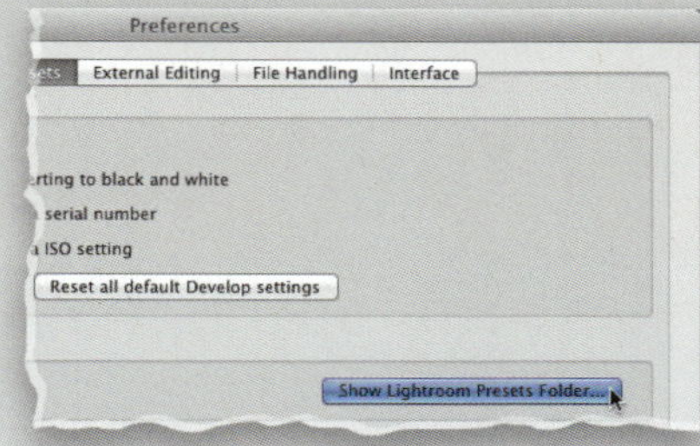

자동 진행 기능

[Photo]–[Auto Advance] 메뉴를 선택하면 사진에 Pick 플래그나 별점을 태그한 다음 자동으로 다음 사진으로 넘어간다.

컬렉션 세트 만들기

컬렉션 세트 안에 새 컬렉션을 만드는 가장 빠른 방법은 [Collections] 패널에서 컬렉션 세트를 마우스 오른쪽 버튼으로 클릭한 다음 'Create Collection'을 선택하는 것이다. 그러면 'Collection Set' 항목을 체크할 때 자동으로 그 컬렉션을 선택한다. 이제 컬렉션의 이름을 입력하고 [Create] 버튼을 클릭하기만 하면 된다.

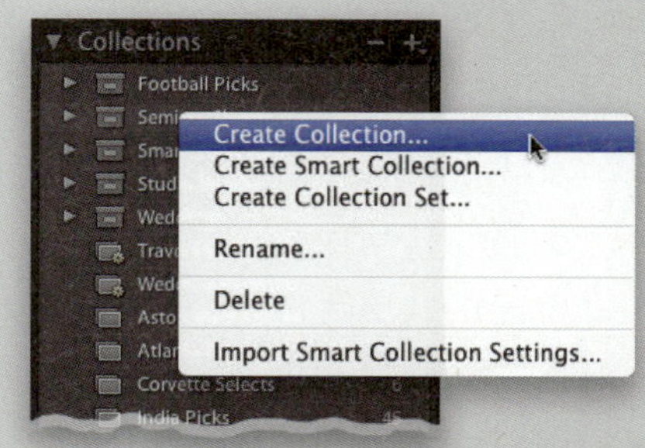

Keyword Suggestions 기능 사용하기

키워드를 태그한 사진을 클릭하면 라이트룸이 즉시 동일한 키워드를 가진 다른 사진들을 찾아서 그 사진들에 태그한 키워드들을 [Keywording] 패널 중앙에 추천 키워드 목록으로 제시한다. 클릭하면 선택한 사진에 자동으로 키워드를 추가한다.

검색 프리셋 만들기

Library Filter 오른쪽 끝에는 필터 프리셋 팝업 메뉴가 있다. 특정 검색 설정을 자주 사용한다면 'Save Current Settings as New Preset'을 선택해서 검색 프리셋으로 만들어 저장하는 것이 좋다.

Flo's V8 Cafe
JUGNUTS GAS OIL COOLANT GREASE
JUMBO BIG JUGNUTS
DIP STICK

CUSTOMIZING
작업 방식에 맞는 라이트룸 설정하기

이번 챕터는 라이트룸 5를 나만의 작업 방식에 맞게 설정하는 내용이므로 MTV의 인기 프로그램이었던 "Pimp My Ride"가 제목에 잘 어울릴 것이다. 요즘 신세대들은 개인취향에 맞게 개조하는 것을 'pimping'이라고 한다. 주변에 있던 신세대에게 물었더니 정말 그 의미로 사용한다고 답했다. 그런데 몇 년 동안 해군에 근무했던 형에게 물어보니 의미가 전혀 다르다. 어머니가 들으시면 동생에게 이상한 말 가르치지 말라고 꾸중하실만한 의미이다. 그래서 "pimped"라는 단어를 사용해도 괜찮을지 확신이 없어서 구글링을 해보았는데 이 단어와 관련된 내용의 결과가 무려 2,500,000페이지나 된다(절대 과장이 아니다). 그 중 몇 개의 링크를 무작위로 골라서 클릭해보니 튜닝한 자동차 사진들이 있는

페이지가 나타난다. 그 정도면 사용해도 무난하겠다고 생각하다가 'pimped'는 과거형이라는 점을 발견하고 '-ed'를 뺀 검색어를 입력해보았더니 전혀 다른 검색 결과가 나온다. 그 중 하나가 'Pimp Name Generator'였는데 물론 필자가 포주라면 어떤 이름을 사용할까라는 호기심을 그냥 지나칠 수 없었다. 그 결과는 "Silver Tongue Scott Slither"였다. 개인적으로 "Snoop Scotty Scott"와 같은 이름을 원했는데 말이다.

Loupe 보기 모드 설정하기

Loupe 보기 모드는 사진을 확대하는 기능 이외에도 사진에 대한 정보가 미리 보기 영역 왼쪽 상단에 나타나게 설정할 수 있다. Loupe 보기 모드에서 많은 시간을 보내게 될 것이므로 자신의 작업 방식에 맞게 설정해보자.

STEP 01

[Library] 모듈의 Grid 보기 모드에서 사진의 썸네일을 클릭하고 E 키를 눌러 Loupe 보기 모드로 전환한다. 예제 사진에서는 사진을 크게 볼 수 있게 오른쪽 패널 영역을 제외하고 다른 영역을 모두 숨겼다.

STEP 02

Ctrl - J (MAC:[Command] - J)키를 눌러 [Library View Options] 대화창을 불러온 다음 [Loupe View] 탭을 클릭한다. 대화창 상단에서 'Show Info Overlay' 항목을 체크한다. 오른쪽의 팝업 메뉴에는 두 종류의 정보 표시 항목이 있다: 'Info 1'은 사진의 파일명을 왼쪽 상단에 큰 글자 크기로 표시하고, 둘째 줄에는 작은 글자 크기로 촬영 날짜와 시간, 이미지 크기를 표시한다. 'Info 2' 역시 파일명을 표시하지만 둘째 줄에 노출, ISO, 렌즈 설정을 표시한다.

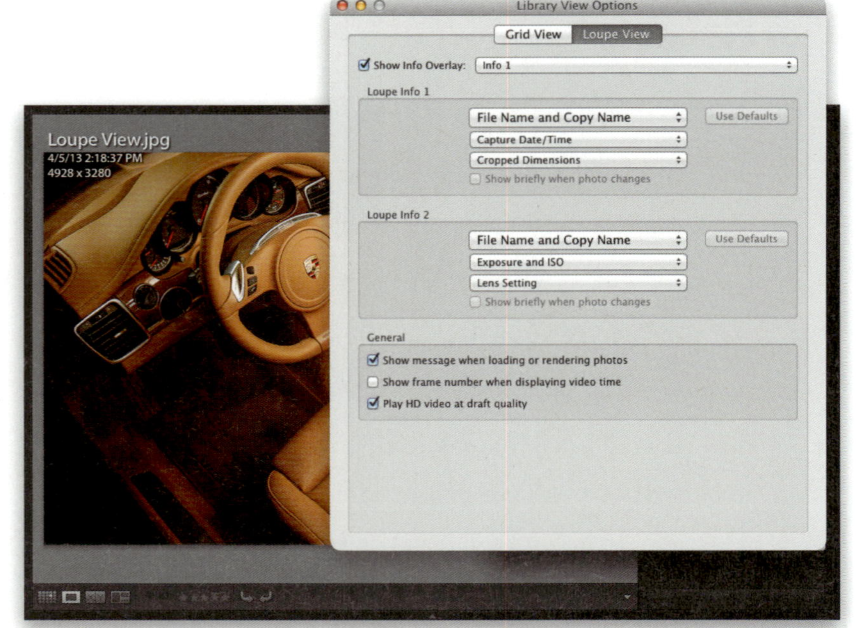

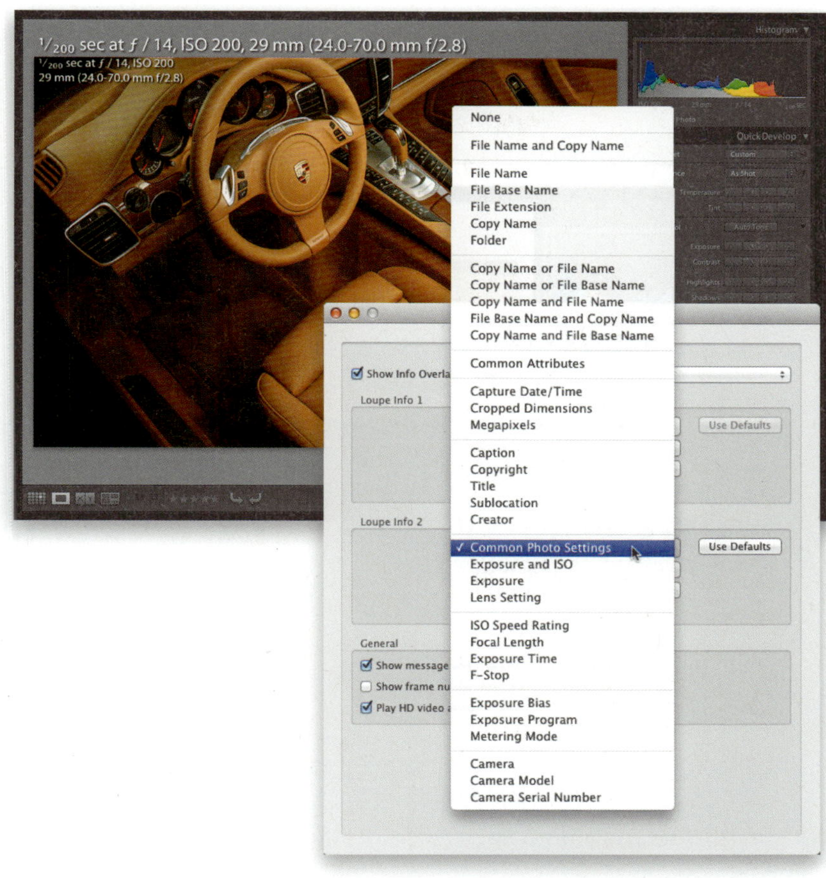

STEP 03

대화창의 팝업 메뉴에서 사진 위에 표시하는 정보를 직접 선택할 수 있다. 예를 들어, 파일명 대신 'Loupe Info 2' 영역의 팝업 메뉴에서 'Common Photo Settings'를 선택하면 큰 글자의 파일명 대신 오른쪽 패널 영역의 히스토그램 하단에 표시한다. 두 종류의 정보는 각각 팝업 메뉴에서 필요한 정보만 선택할 수 있다. 이때 각 영역의 상단에 있는 항목은 큰 글자로 표시한다는 점을 기억하자.

STEP 04

정보 표시 설정을 기본 Loupe 정보 설정으로 전환하려면 오른쪽의 [Use Defaults] 버튼을 클릭한다. 개인적으로 필자에게는 대부분의 경우 정보 표시가 눈에 거슬리는 요소이지만 간혹 유용할 때도 있다. 그러므로 자신에게 유용한 기능이라고 생각한다면 다음과 같이 설정한다.

ⓐ 'Turn Off the Show Info Overlay' 체크 박스를 해제하고 [Loupe Info] 팝업 메뉴 하단에 있는 'Show Briefly When Photo Changes'를 체크해서 사진을 처음으로 Loupe 보기 모드에서 불러왔을 때만 정보가 잠시 나타나게 설정한다. 정보는 4초 정도 나타난 다음 자동으로 숨긴다.

ⓑ 혹은 필자가 사용하는 설정을 시도해보자: ⓐ의 선택 항목 대신 Ⓘ 단축키를 누를 때마다 'Info 1', 'Info 2', 'Show Info Overlay Off' 설정이 번갈아 나타난다.

대화창 하단에는 'Loading', 'Assigned Keyword' 등과 같은 알림 메시지와 영상 선택 항목들의 체크 박스가 있다.

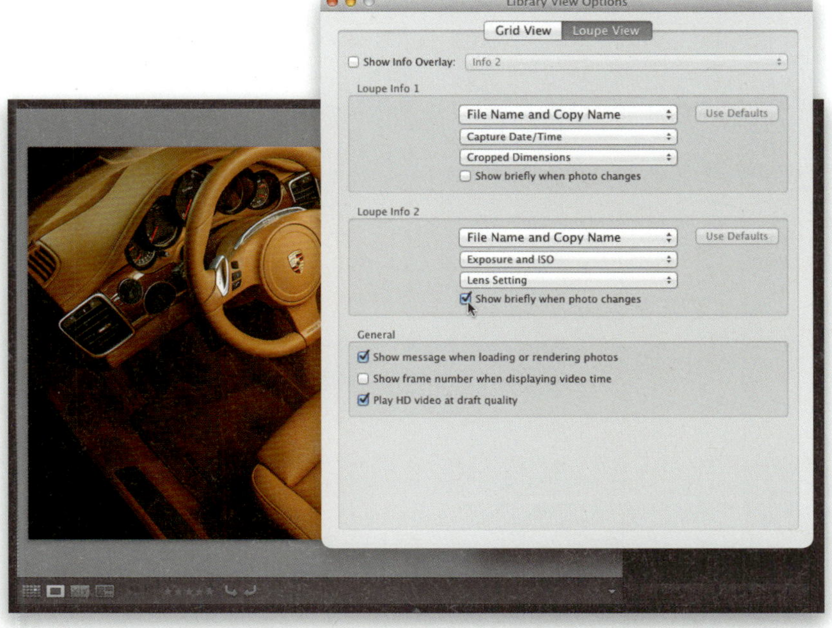

Grid 보기 모드 설정하기

사진의 썸네일을 둘러싼 작은 셀은 사진을 사용자의 선호도에 따라 정보의 보고가 되기도 하고 시각적 방해 요소가 되기도 한다. 다행히 사용자는 자신의 작업 방식이나 기호에 따라 셀에 표시되는 정보를 편집할 수 있다. 물론 챕터 1에서 배운 것처럼 J 키를 눌러 셀 정보를 보이기/숨기기 할 수 있다. 그러나 그 정보들을 자신의 작업 방식에 맞게 편집하면 더 유용하게 사용할 수 있다.

STEP 01

[Library] 모듈에서 G키를 눌러 Grid 보기 모드로 전환한 다음 Ctrl-J(MAC:[Command]-J) 키를 눌러 [Library View Options] 대화창을 불러온다. 상단의 [Grid View] 탭을 클릭한 다음 팝업 메뉴에서 'Compact Cells'나 'Expanded Cells' 중 한 가지 정보 보기 종류를 선택한다. 두 가지 중 'Expanded Cells'에서 더 많은 정보를 볼 수 있다.

STEP 02

가장 먼저 상단의 'Options' 영역에서 Pick 플래그와 ←/→ 사진 진행 화살표를 셀에 추가할 수 있다. 'Show Clickable Items on Mouse Over Only' 항목에 체크하면 마우스를 셀에 놓을 때만 아이콘들이 나타나고 해제하면 항상 보인다. 'Tint Grid Cells with Label Colors' 항목은 사진에 색상 라벨을 태그한 경우에만 적용한다. 사진에 라벨 등급을 태그했다면 셀이 사진에 태그한 라벨 색상으로 나타나며 팝업 메뉴에서 색상의 밝기를 조절할 수 있다. 'Show Image Info Tooltips'에 체크하면 셀에 있는 도구에 커서를 놓았을 때(Pick 플래그나 배지) 도구에 대한 설명이 나타난다. 커서를 이미지 썸네일로 가져가면 EXIF 데이터를 볼 수 있다.

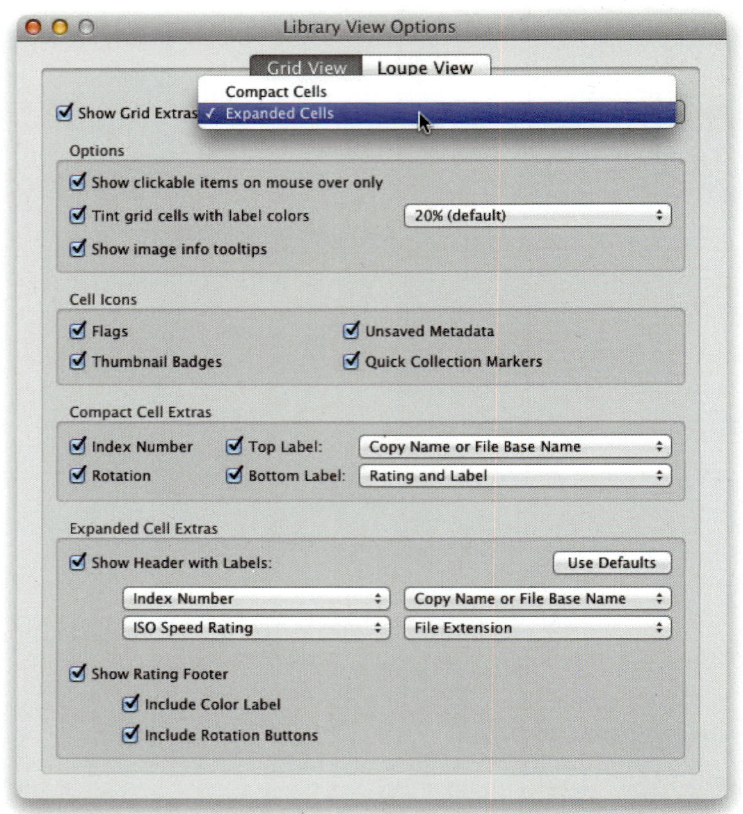

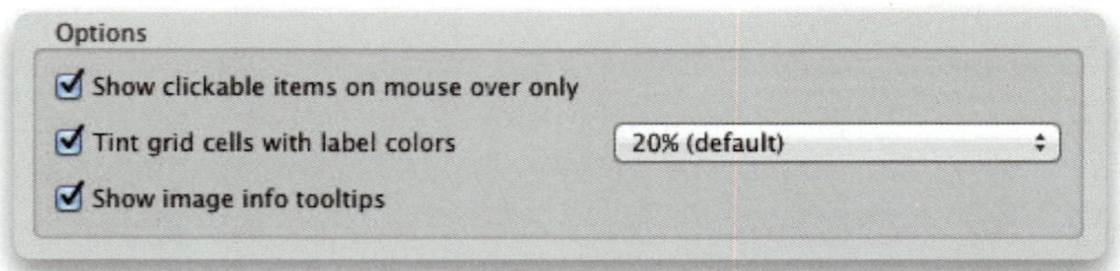

썸네일 배지들이(왼쪽에서 오른쪽으로)
키워드를 추가했고, GPS 정보를 가지고 있으며,
컬렉션에 추가했고, 크로핑과 보정을
적용했다고 알려준다.

오른쪽 상단의 검은색 원은 버튼이다.
클릭하면 사진을 Quick Collection에
추가한다.

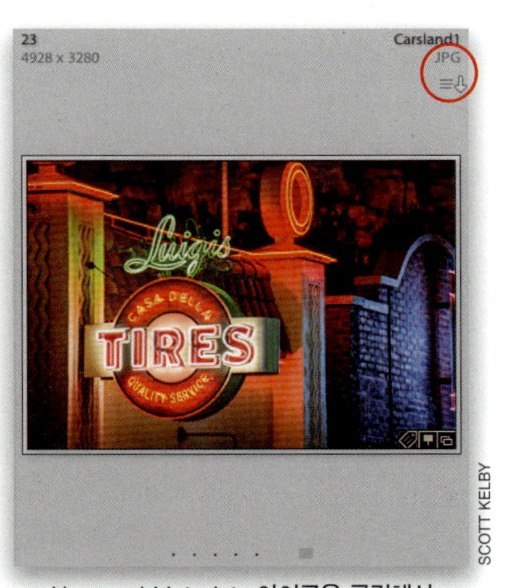

플래그 아이콘을 클릭해서
Pick 등급으로 표시한다.

Unsaved Metadata 아이콘을 클릭해서
변경한 설정을 저장한다.

STEP 03

'Cell Icons' 영역은 사진의 썸네일 이미지 위에 나타나는 두 개의 아이콘과 셀에 나타나는 두 개의 아이콘에 대한 설정 항목들이 있다. 썸네일 오른쪽 하단에 있는 Thumbnail 배지는 ⓐ 사진의 GPS 정보 여부 ⓑ 키워드 태그 ⓒ 크로핑 적용 ⓓ 컬렉션 추가 ⓔ 색상 보정, 샤프닝 등의 라이트룸 편집 설정을 알려준다. 이 작은 배지들은 사실 클릭할 수 있는 단축키이다. 그러므로 키워드를 추가하고 싶은 경우 태그 아이콘 형태의 Keyword 배지를 클릭하면 [Keyword] 패널로 전환하고 키워드 영역이 하이라이트 표시가 되어 나타나서 새 키워드를 입력한다. 'Quick Colection Markers'는 사진의 오른쪽 상단에 검은색 원형 배지를 추가하는데 클릭하면 사진을 Quick Collection에 추가한다.

STEP 04

다른 두 개의 선택 항목은 썸네일이 아닌 셀에 아이콘을 추가한다. 'Flags'를 체크하면 셀 왼쪽 상단에 플래그 아이콘을 추가하는데 클릭해서 Pick 등급을 태그한다. 'Unsaved Metadata'는 셀 오른쪽 상단에 있는 아이콘으로 마지막으로 사진을 저장한 후 라이트룸에서 사진의 메타데이터를 업데이트했으며 아직 파일에 저장하지 않았다는 표시이다. 이는 이미 키워드, 등급 등의 설정을 적용한 JPEG 파일 형식의 사진을 불러온 후 라이트룸에서 키워드를 추가하거나 등급 설정을 변경했을 때 간혹 나타난다. 이 아이콘을 클릭하면 새 설정을 저장할지 묻는 대화창이 나타난다.

STEP 05

대화창 하단에 있는 'Expanded Cell Extras' 영역에서는 Expanded Cells 보기 모드에서 셀 상단에 표시하는 정보를 선택한다. 기본 설정은 네 가지 정보를 표시한다. [Index Number]는 셀 왼쪽 상단에 사진의 일련번호를 표시한다. 예를 들어 63개의 사진을 불러왔다면 첫 번째 사진의 번호는 '1'이며 순서대로 셀에 번호를 표시한다. 그리고 그 아래의 [Cropped Dimension]은 사진 크기를 표시한다. 사진을 크로핑한 경우에는 설정 적용 후의 크기를 표시한다. 오른쪽 상단의 [Copy Name or File Base Name]은 파일명을 표시하며, 그 아래의 [File Extension]은 JPEG, RAW, TIFF 등의 파일 형식을 표시한다. 정보 라벨을 바꾸려면 팝업 메뉴를 클릭한 다음 원하는 정보 항목을 선택한다. 반드시 네 가지 정보를 선택할 필요는 없으므로 정보 표시를 원하지 않는 위치의 팝업 메뉴에서 'None'을 선택한다.

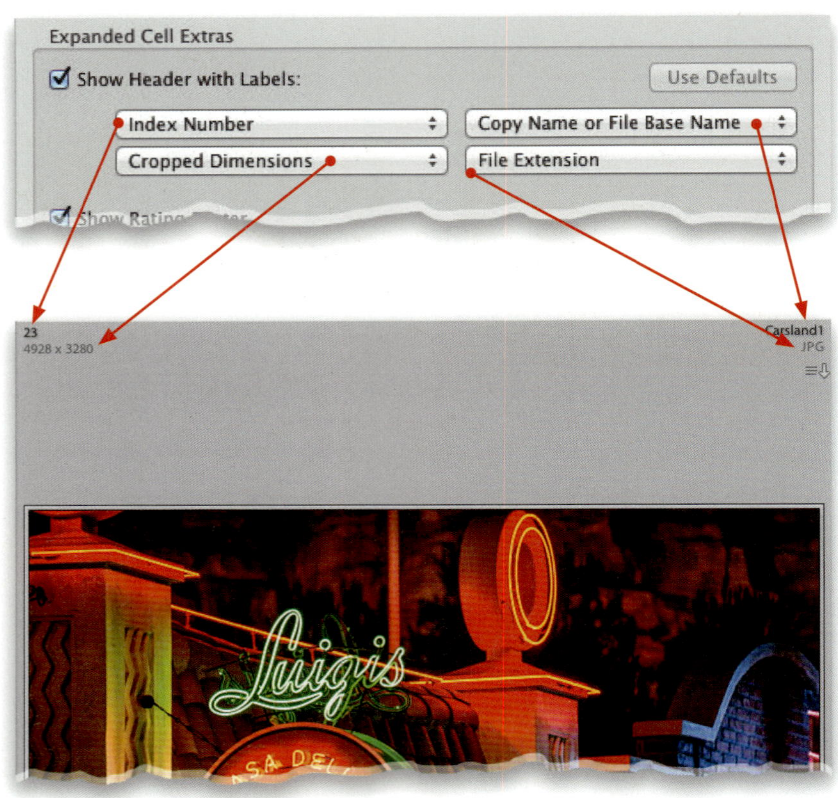

STEP 06

[Library View Options] 대화창의 팝업 메뉴에서 정보 항목을 선택하는 대신 셀에서 직접 선택할 수 있다. 셀의 정보 라벨을 클릭하면 대화창과 동일한 팝업 메뉴가 나타난다. 목록에서 원하는 정보를 선택하면 오른쪽 예제 사진과 같이 정보를 표시한다. 여기서는 'ISO Speed Rating'을 선택했으며 셀 왼쪽 상단에서 ISO 1600에 촬영했다는 정보를 알 수 있다.

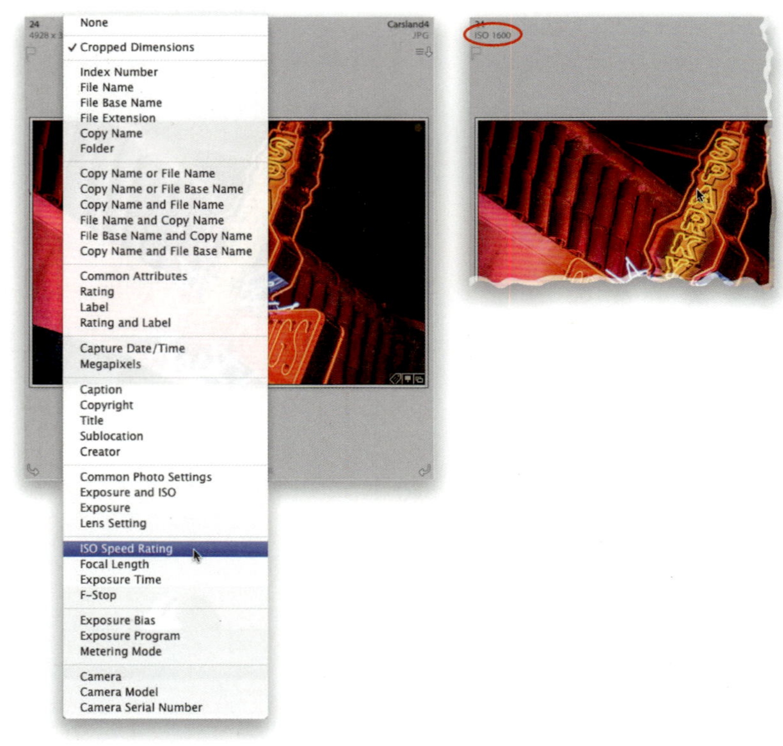

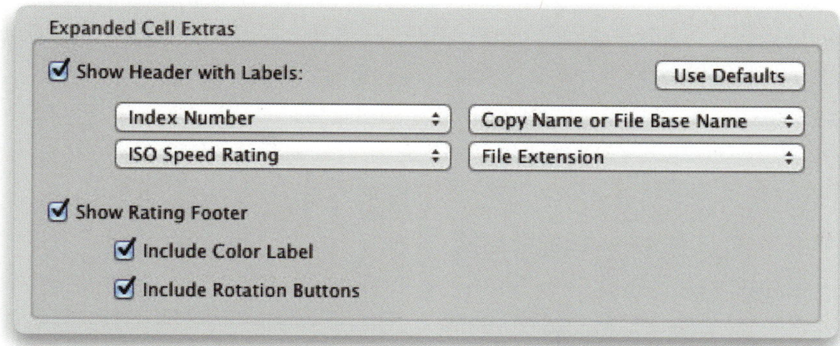

STEP 07

'Expanded Cell Extras' 영역 하단의 'Show Rating Footer' 항목은 기본적으로 활성화되어 있으며 셀 하단에 별점 등급 설정을 표시한다. 그리고 하단에 있는 두 개의 항목을 체크하면 색상 라벨 등급과 클릭이 가능한 회전 버튼을 추가한다.

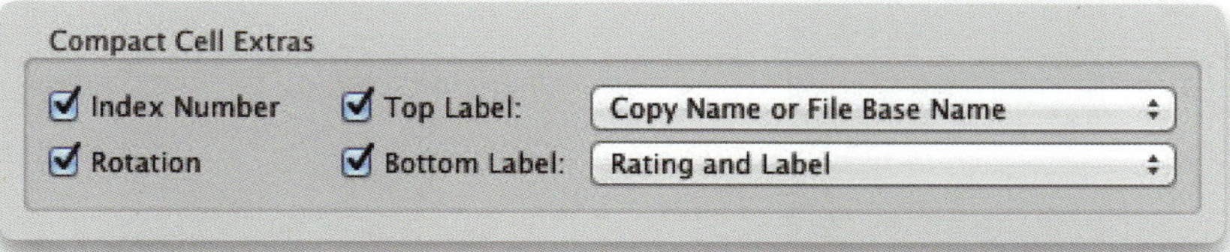

STEP 08

중앙에 있는 'Compact Cell Extra' 영역을 지나친 이유는 'Expanded Cell Extra'의 기능과 거의 차이가 없기 때문이다. 그리고 'Compact Cell Extra' 영역에는 썸네일 왼쪽 상단의 파일명과 썸네일의 왼쪽 하단의 등급 정보 선택 항목 밖에 없다. 표시하는 정보를 바꾸려면 라벨 팝업 메뉴를 클릭해서 선택한다. 왼쪽에 있는 2개의 체크박스는 사진의 일련 번호 보이기/숨기기(셀의 왼쪽 상단에 큰 회색 글자로 나타난다)와 셀 하단에 회전 화살표 아이콘(커서를 가져가면 나타난다) 설정 항목이다. 마지막으로 정보 항목들은 대화창 상단에 있는 'Show Grid Extras' 체크박스를 해제하면 영구적으로 비활성화된다.

더 빠르고 쉬운 작업을 위한 패널 설정

라이트룸에는 수많은 패널들이 있어서 작업할 때 필요한 패널을 찾아 스크롤하는데 많은 시간을 소비한다. 하지만 모든 패널을 사용하지는 않기 때문에 필자의 라이트룸 세미나에서는 사용하지 않는 패널은 숨기고, Solo 모드로 전환하여 패널을 클릭하면 선택한 패널만 나타나도록 설정하라고 권장한다. 이번 레슨에서는 잘 알려지지 않은 기능이지만 사용하기 쉽고 빠른 패널 설정 방법에 대해 알아보자.

STEP 01

패널 헤더를 마우스 오른쪽 버튼으로 클릭하면 패널 목록이 있는 팝업 메뉴를 불러온다. 왼쪽에 체크 표시가 있는 패널은 보이는 패널이며 체크를 해제하면 패널을 숨긴다. 여기서는 [Develop] 모듈의 오른쪽 패널 영역에서 [Camera Calibration] 패널을 숨겼다. 다음은 위에서 언급한대로 팝업 메뉴에서 'Solo Mode'를 체크해서 활성화한다.

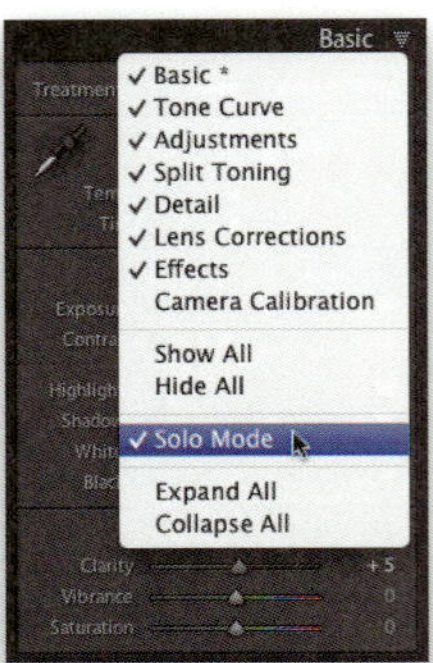

STEP 02

두 개의 패널 예제 사진을 살펴보자. 왼쪽 예제 사진은 기본적인 패널 인터페이스이다. [Split Toning] 패널을 사용하려면 여러 개의 패널을 스크롤해야 하며 필요한 패널 이외의 다른 패널들은 시각적 방해요소이다. 그러나 Solo 모드로 패널을 설정해서 다른 패널들을 숨기면 [Split Toning] 패널에만 집중할 수 있다. 다른 패널로 전환하기 위해 다른 패널의 이름을 클릭하면 [Split Toning] 패널은 자동으로 숨긴다.

Solo 모드를 비활성화한 [Develop] 모듈의 오른쪽 패널 영역

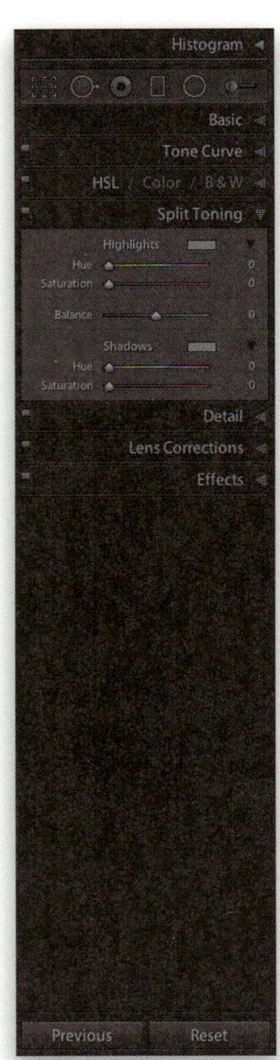

Solo 모드를 활성화한 [Develop] 모듈의 오른쪽 패널 영역

라이트룸에서는 두 개의 모니터를 사용해서 모니터 하나에는 사진을 전체화면으로 올리고 다른 모니터에서는 편집 작업을 할 수 있다. 그러나 어도비사는 단순한 Dual Display 기능 외에도 두 개의 모니터를 사용할 때 사용할 수 있는 멋진 기능들을 추가했다.

두 개의 모니터 사용하기

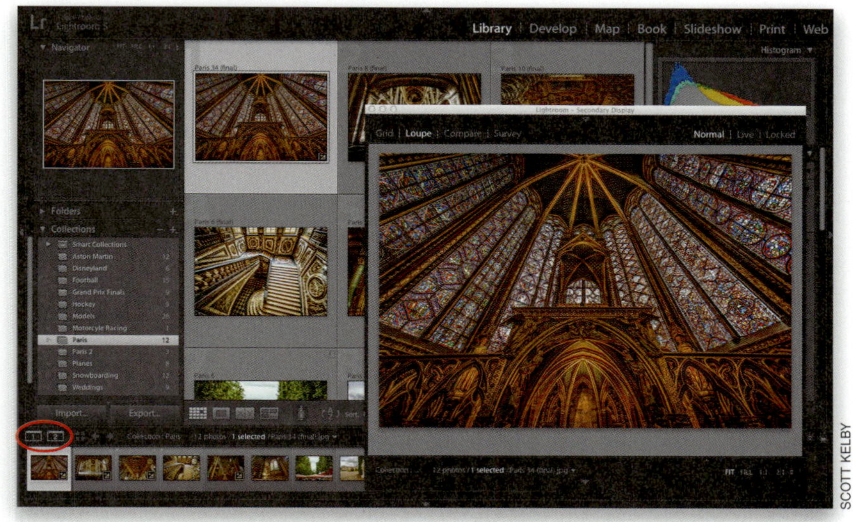

STEP 01

[Filmstrip] 영역 왼쪽 상단에 모니터 형태의 Dual Display 조정 버튼이 있다. 각 버튼에는 주 모니터를 표시한 '1'과 보조 모니터를 표시한 '2'가 있다. 두 번째 모니터를 연결하지 않고 [Second Window] 버튼을 클릭하면 예제 사진과 같이 별도의 창이 나타난다.

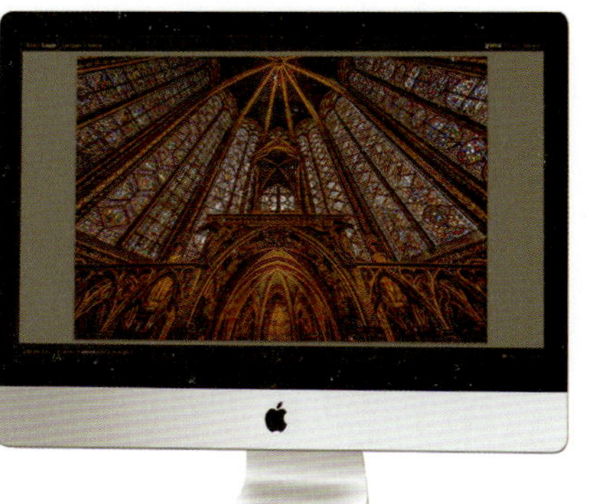

STEP 02

두 번째 모니터를 연결하고 [Second Window] 버튼을 클릭하면 Loupe 보기 모드의 사진을 보조 모니터로 불러온다. Dual Display 기능의 기본 설정은 한 쪽에서 라이트룸의 인터페이스와 편집 기능들을 조절하고 다른 모니터에서는 사진을 전체 화면으로 보는 것이다.

STEP 03

보조 모니터는 [Secondary Window] 팝업 메뉴를 사용해서 조정한다. 예를 들어, 보조 모니터 화면을 Survey View 보기 모드로 전환한 다음 그 중 사진 하나를 선택하고 주 모니터의 Loupe 보기 모드에서 확대해서 볼 수 있다(하단의 예제 사진 참조). Survey 보기 모드, Compare 보기 모드, Grid 보기 모드, Loupe 보기 모드 단축키에 Shift 키를 더하면 보조 모니터의 보기 모드 단축키가 된다. 그러므로 Shift - N 키를 누르면 보조 모니터의 화면을 Survey 보기 모드로 전환한다.

Note

[Secondary Window] 팝업 메뉴는 [Second Window] 버튼을 누르고 있으면 나타난다.

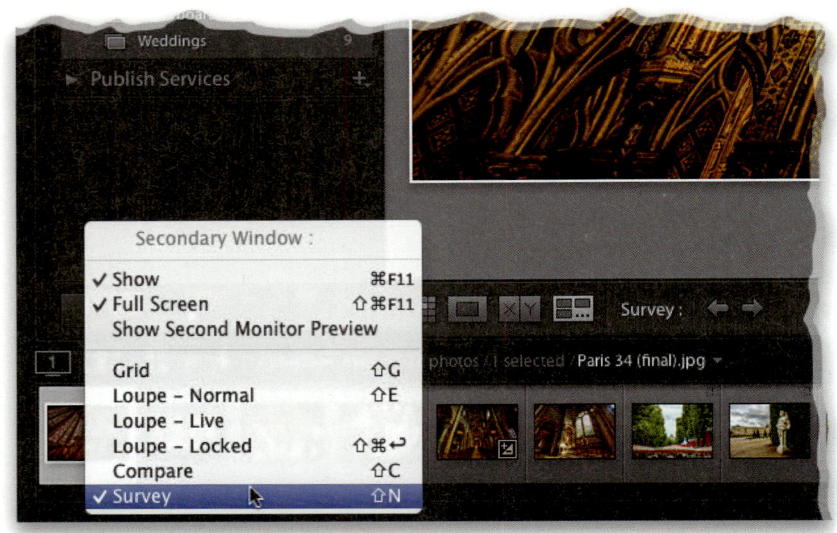

Tip

화면 바꾸기

주 화면과 패널을 두 번째 모니터로, 그리고 Loupe 보기 모드 화면을 주 모니터로 바꿔보자. 주 화면의 Full Screen 모드에서 Shift - F 키를 누르면 주 화면 상단에 타이틀 바가 나타난다. 타이틀 바를 주 화면 밖으로 드래그해서 두 번째 화면으로 가져가면 두 개의 화면이 자동으로 바뀐다.

Second View 기능에는 Loupe 보기 모드로 사진을 크게 보는 것 이외에 또 다른 기능들이 있다. 예를 들어, [Second Window] 버튼을 클릭한 다음 [Secondary Window] 팝업 메뉴에서 'Loupe – Live'를 선택하고 커서를 주 화면의 Grid 보기 화면이나 [Filmstrip]에서 썸네일로 가져가면 두 번째 화면에 바로 나타난다. 예제 사진을 보면 선택한 썸네일은 세 번째 사진이지만 두 번째 화면의 사진은 커서를 놓은 네 번째 사진이다.

[Secondary Window] 팝업 메뉴의 또 다른 Loupe 보기 모드 선택 항목인 'Loupe – Locked' 는 두 번째 모니터의 사진을 고정한다. 주 모니터에서 다른 사진 작업을 한 다음 두 번째 모니터로 돌아와 작업을 계속하려면 'Loupe – Locked' 기능을 해제한다.

STEP 06

두 번째 모니터의 이미지 상단과 하단에는 내비게이션 바가 있다. 바를 숨기려면 화면 상단과 하단에 있는 작은 회색 화살표 아이콘을 클릭한다.

상단과 하단의 내비게이션 바가 보이는
보조화면 기본 보기 모드

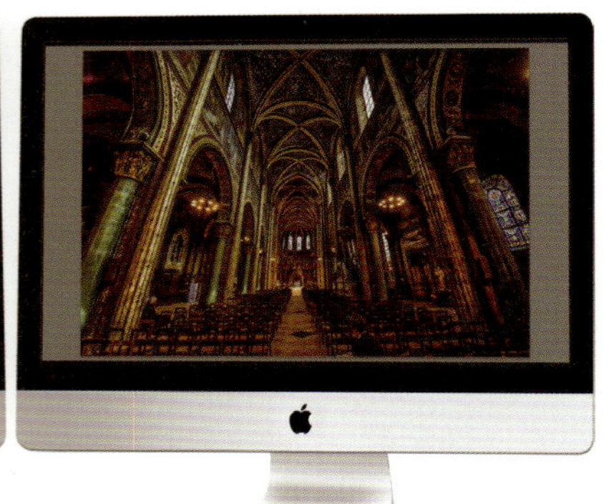

보조 화면의 내비게이션 바를 숨기면 사진을
더 크게 볼 수 있다.

Tip

Show Second Monitor Preview 기능

[Secondary Window] 팝업 메뉴에 있는 'Show Second Monitor Preview' 기능은 주 화면에서 두 번째 모니터의 모습을 보여주는 미리 보기 창이다. 이 기능은 프로젝터를 사용해서 두 번째 화면을 스크린으로 프레젠테이션하거나 의뢰인에게 보조 모니터로 작품을 보여줄 때 모니터를 직접 볼 수 없을 경우에 편리하다.

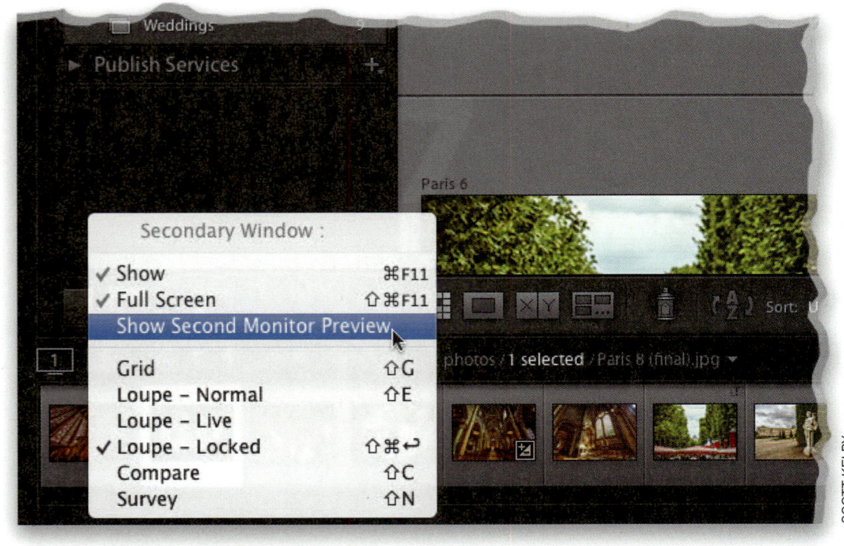

Grid와 Loupe 보기 모드의 정보 표시 설정과 마찬가지로 [Filmstrip] 영역 역시 설정이 가능하다. [Filmstrip]은 창은 기본적으로 낮은 높이로 설정되어 있으므로 복잡해 보이지 않도록 자신의 작업 방식에 맞게 설정해서 정리하는 것이 좋다. 여기서는 각 정보 표시를 활성화하거나 해제하는 방법을 알아보겠지만 필자는 모든 [Filmstrip] 정보 표시를 해제해서 복잡한 인터페이스를 정리하기를 권장한다.

Filmstrip 설정하기

STEP 01

[Filmstrip] 영역에 있는 아무 사진이나 썸네일을 마우스 오른쪽 버튼으로 클릭해서 팝업 메뉴를 불러온다. 메뉴 하단의 'View Options'를 선택하면 네 가지 선택 항목이 나타난다. 'Show Ratings and Picks'는 셀에 작은 플래그와 별점 등급을 표시한다. 'Show Badges'를 선택하면 Grid 보기 모드와 마찬가지로 작은 썸네일 배지를 추가한다. 'Show Stack Counts'는 묶음에 포함한 사진의 개수를 표시한 Stock 아이콘을 추가한다. 'Show Image Info Tooltips'는 커서를 [Filmstrip]의 이미지에 놓으면 작은 팝업창이 뜨면서 [View Options] 대화창에서 선택한 'Info Overlay 1' 정보를 표시한다.

STEP 02

상단의 예제 사진은 정보 표시를 모두 해제한 후의 모습이다. 하단의 예제 사진은 모든 정보 표시를 활성화한 모습으로 Pick 플래그, 별점 등급, 썸네일 배지가 있고 커서를 썸네일로 가져가면 작은 정보 팝업창이 열린다. 깔끔한 인터페이스와 복잡한 인터페이스 중 선택은 여러분에게 맡기겠다.

필자가 라이트룸을 처음 보았을 때 눈에 띄었던 기능들 중 하나는 인터페이스 왼쪽 상단에 있는 Adobe Photoshop Lightroom 로고를 사용자의 스튜디오 이름이나 로고로 대체할 수 있는 기능이었다. 의뢰인을 상대할 때 프로그램을 마치 어도비사가 필자만을 위해 프로그램을 디자인한 것처럼 보여서 더 특별하게 보이는 효과가 있기 때문에 마음에 든다. Identity Plate를 만들어 라이트룸을 나만의 프로그램처럼 보이게 만드는 효과 외에도 다른 기능들이 있지만 여기서는 라이트룸의 로고를 대체하는 방법에 대해서만 알아보자.

라이트룸에 나만의 로고 추가하기

STEP 01

가장 먼저 라이트룸 인터페이스에 있는 라이트룸 로고를 살펴보자. 라이트룸 로고는 텍스트 기능을 사용해서 대체하거나 그래픽 형식으로 된 로고를 사용할 수도 있다.

Note

모듈 영역 오른쪽 상단 작업표시줄에 있는 텍스트도 로고와 어울리게 바꿀 수 있다.

STEP 02

[Edit](MAC:[Lightroom]) 메뉴에서 'Identity Plate Setup'을 선택하여 [Identity Plate Editor] 대화창을 불러온다. 기본적으로 프로그램을 등록할 때 사용한 이름이 검은색 텍스트 영역에 하이라이트 되어서 나타난다. **Step 01**에 있는 예제 사진의 라이트룸 로고를 다른 로고로 대체하려면 대화창 상단에 있는 'Enable Identity Plate'에 체크한다. 그리고 입력란에 회사명, 스튜디오 이름 등 원하는 문구를 입력한 다음 하단의 팝업 메뉴에서 글꼴과 크기를 선택한다.

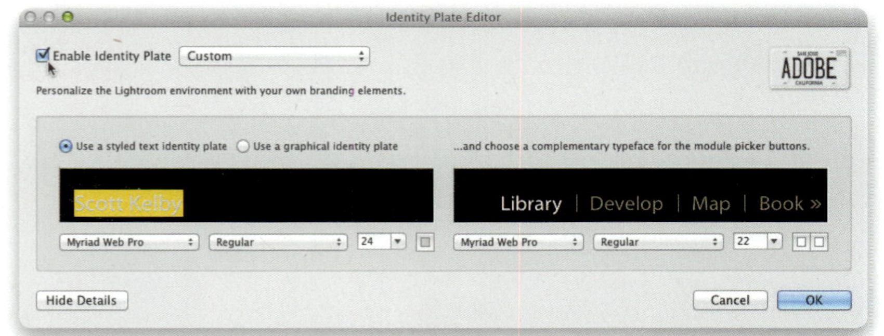

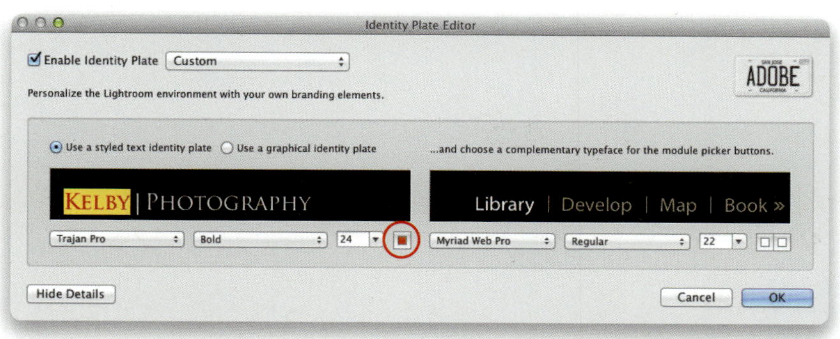

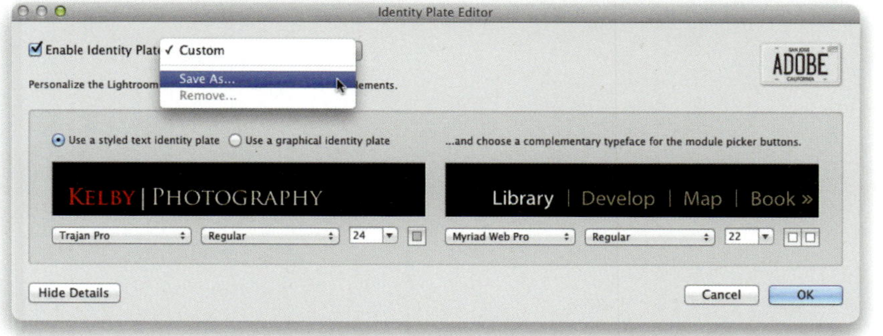

로고 문구의 일부에서 글꼴, 크기, 색상 등을 바꾸려면 단어를 선택하여 변경한다. 색상을 변경하려면 [Font Size] 팝업 메뉴 오른쪽에 있는 작은 색상표 버튼을 클릭하고 [Colors] 패널에서 색상을 선택한다.

Note

예제 사진의 패널은 MAC용이며 PC용 패널은 약간 다르다.

Identity Plate를 완성한 후 저장한다. Identity Plate는 라이트룸 로고를 대체하는 용도 이외에도 세 개의 모듈에 있는 팝업 메뉴에서 선택한 다음 슬라이드 쇼, 웹 갤러리, 최종 출력 사진에 적용할 수 있다. 새로 만든 Identity Plate를 저장하려면 [Enable Identity Plate] 팝업 메뉴에서 'Save As'를 선택한 다음 Identity Plate의 이름을 설정하고 [OK] 버튼을 클릭한다. 이제 [Identity Plate] 팝업 메뉴에서 Identity Plate를 선택하여 사용할 수 있다.

STEP 05

[OK] 버튼을 클릭하면 새 Identity Plate가 Adobe Photoshop Lightroom 5 로고를 대체한다.

STEP 06

회사 로고와 같은 그래픽 로고를 Identity Plate로 만들려면 앞에서 배운대로 [Identity Plate Editor] 대화창을 불러온 다음 [Use a Styled Text Identity Plate] 버튼 대신 [Use a Graphic Identity Plate] 버튼을 클릭한다. 그리고 하단에 있는 [Locate File] 버튼을 클릭하고 그래픽 로고 파일을 찾아서 선택한다. 로고의 배경은 라이트룸의 배경과 어울리도록 검은색 배경으로 만들거나, 포토샵에서 투명한 배경으로 만든 다음 PNG 파일 형식으로 저장하여 불러온다. [Choose] 버튼을 클릭하면 그래픽 파일을 Identity Plate로 만든다.

Note

그래픽 로고의 상단과 하단이 잘리지 않도록 로고의 높이가 57픽셀을 넘지 않게 설정한다.

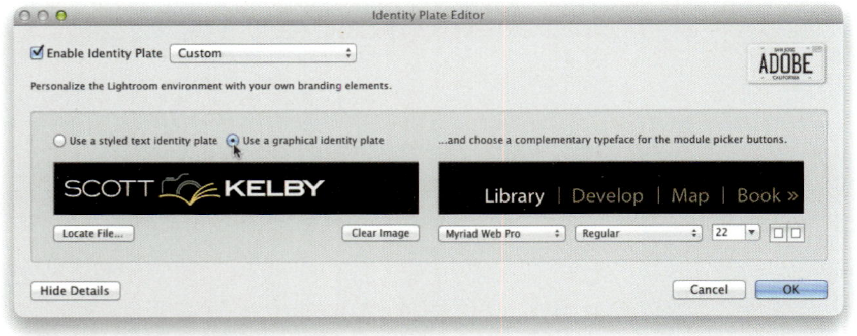

STEP 07

[OK] 버튼을 클릭하면 Adobe Photoshop Light-room 5 로고(혹은 이전에 설정한 로고)를 새 그래픽 로고로 대체한다. 새 그래픽 로고가 마음에 들면 대화창 상단에 있는 [Enable Identity Plate] 팝업 메뉴에서 'Save As'를 선택하여 저장한다.

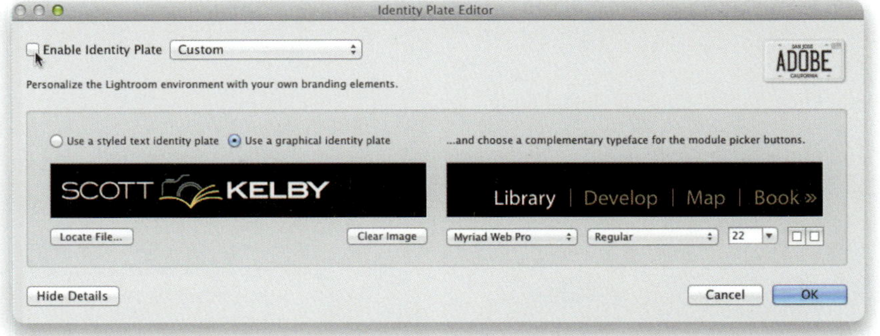

STEP 08

로고를 바꾼 이후 원래의 라이트룸 로고로 다시 교체하려면 [Identity Plate Editor] 대화창에서 'Enable Identity Plate' 체크 박스를 해제한다. 이번 레슨에서 만든 새 Identity Plate는 나중에 모듈에 대해 배울 때 다시 사용하므로 기억해두자.

줌인 단축키

현재 선택한 사진에서 [Space Bar]를 누르면 Loupe 보기 모드에서 사진을 줌인하여 볼 수 있다. 사진을 줌인한 후 다시 [Space Bar]를 누르면 [Navigation] 패널 헤더에서 마지막으로 선택한 확대 배율로 돌아간다. 기본적인 사진 배율 설정은 1:1이지만 다른 배율을 선택했다면 선택한 배율과 현재의 배율 사이를 번갈아 전환한다. 줌인한 후에는 사진을 클릭하고 드래그해서 원하는 영역을 볼 수 있다.

렌더링 메시지 숨기기

[Import] 창의 [Render Preview] 팝업 메뉴에서 'Minimal' 혹은 'Embedded & sidecar' 렌더링을 선택한 경우 사진을 확대해서 볼 때 고해상도 미리 보기 이미지를 렌더링하는 동안 'Loading' 메시지가 화면에 나타난다. 이 메시지를 숨기려면 [Ctrl]–[J](MAC:[Command]–[J])키를 눌러 [View Options] 대화창을 불러온 다음 [Loupe View] 탭을 클릭하고 'Show Message When Loading or Rendering Photos'의 체크박스를 해제한다.

모든 패널 한 번에 열기

한 쪽의 패널을 모두 열려면 패널 헤더를 마우스 오른쪽 버튼을 클릭한 다음 팝업 메뉴에서 'Expand All'을 선택한다.

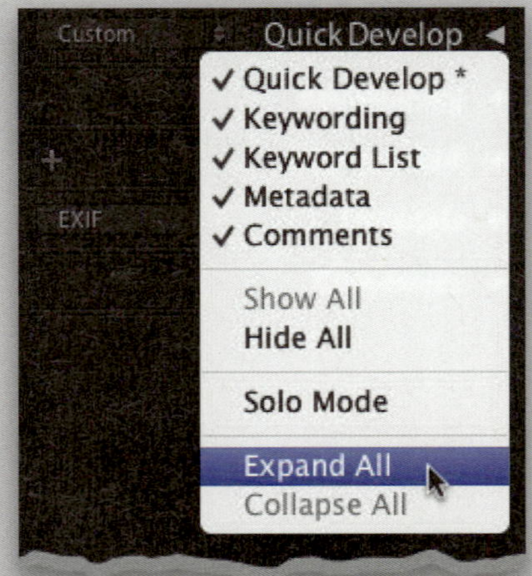

사진 100% 크기로 보기

사진을 100% 크기로 보려면 [Z]키를 누른다.

줌인 영역 변경하기

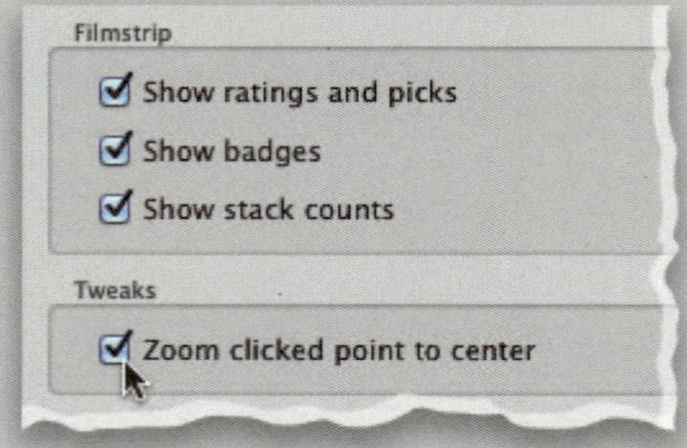

사진을 줌인해서 확대할 때 클릭한 영역이 화면 중앙에 나타나게 하려면 [Ctrl]–[,](MAC: [Command]–[,])키를 눌러 라이트룸의 [Preference] 대화창을 불러온 다음 [Interface] 탭을 클릭하고 'Zoom Clicked Point Center' 항목에 체크한다.

라벨에 이름 붙이기

라이트룸이 기본적으로 사용하는 Red, Blue, Green 등 색상 라벨의 이름을 바꿀 수 있다. 예를 들어, Green 라벨은 'Approved'로, Yellow 라벨은 'Awaiting Client Approval' 등으로 목적에 맞게 바꾸면 편리하다. [Metadata]– [Color Label Set]–[Edit] 메뉴를 선택해서

[Edit Color Label Set] 대화창을 불러온 후 새 이름을 입력한다. 입력란 오른쪽에 있는 번호는 단축키 번호이며, Purple 등급은 단축키가 없다. 입력을 마치면 [Preset] 팝업 메뉴에서 'Save Current Settings as New Preset'을 선택한 다음 프리셋의 이름을 입력한다. 이제 라벨 등급을 적용하면 화면에 새 라벨 이름이 나타난다. 또한 [Set Color Label] 하위 메뉴([Photo] 메뉴에 있다)도 새 이름으로 업그레이드된다.

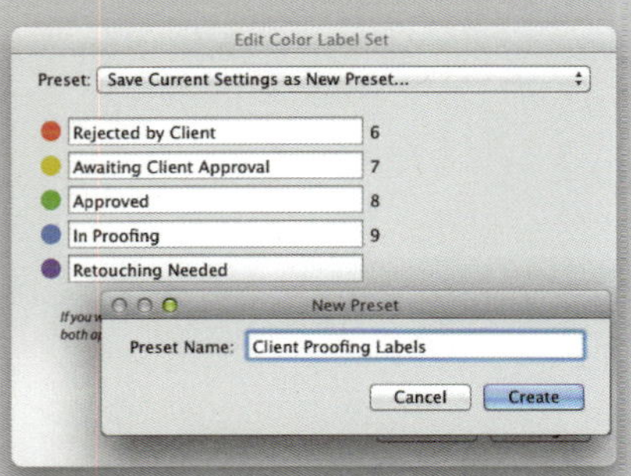

패널이 동시에 닫히도록 연동하기

옆 패널을 'Manual'모드(패널 숨기기/보이기 설정을 작은 회색 삼각형 버튼을 사용하는 모드)로 설정한 경우 한쪽의 패널만 닫아도 반대편 패널까지 함께 닫히도록 연동할 수 있다. 즉 오른쪽 패널을 닫으면 왼쪽 패널도 함께 닫고, 상단 패널을 닫으면 하단의 패널도 함께 닫는다. 작은 회색 삼각형 버튼을 마우스 오른쪽 버튼으로 클릭한 다음 팝업 메뉴에서 'Sync With Opposite Panel'을 선택한다.

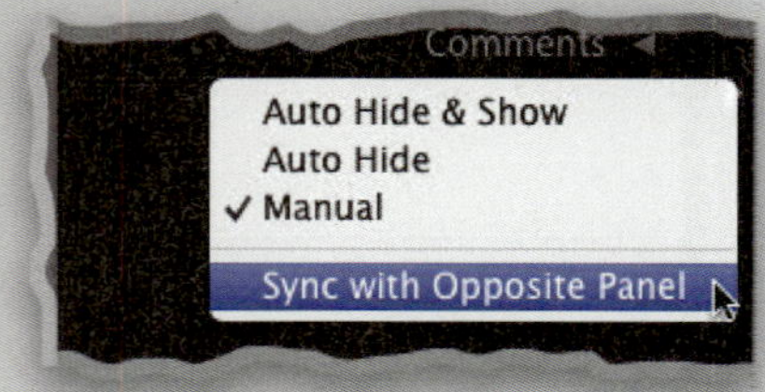

마지막 패널 하단에 작은 아이콘 추가하기

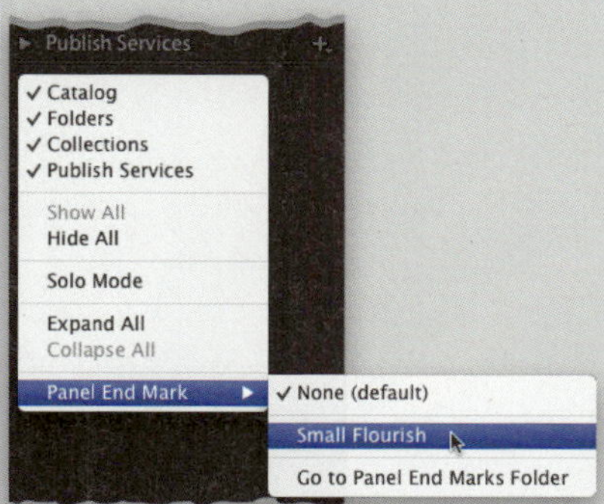

라이트룸의 이전 버전에는 옆 패널의 가장 마지막 패널 하단에 End Mark라고 부르는 작은 아이콘이 있어서 마지막 패널이라는 것을 알려주었다. 라이트룸 5에는 End Mark가 없지만 직접 추가할 수 있다. 기본적인 End Mark를 추가하려면 마지막 패널 하단을 마우스 오른쪽 버튼으로 클릭한 다음 팝업 메뉴에서 'Panel End Mark'-'Small Flourish'를 선택한다. 직접 만든 End Mark를 적용하려면 배경은 반드시 투명하게 설정하고 PNG 파일 형식으로 저장한 다음 'Panel End Mark'-'Go to Panel End Mark Folder'를 선택한다.

사용하지 않는 모듈 숨기기

전혀 사용하지 않는 모듈이 있다면 모듈을 숨길 수 있다(사용하지 않는데 매일 볼 필요는 없다). 사용하지 않는 모듈의 이름을 마우스 오른쪽 버튼으로 클릭해서 팝업 메뉴를 불러온다. 기본적으로 모든 모듈의 이름이 체크되어 있으며, 메뉴에서 숨기려는 모듈을 체크 해제하면 된다.

Common Attributes 메뉴

이미지에 플래그 혹은 별점 등급 설정을 적용했는지 보기 위해 썸네일 셀 상단을 마우스 오른쪽 버튼으로 클릭한 다음 팝업 메뉴에서 'Common Attribute'를 선택하면 셀 상단에 설정을 표시한다.

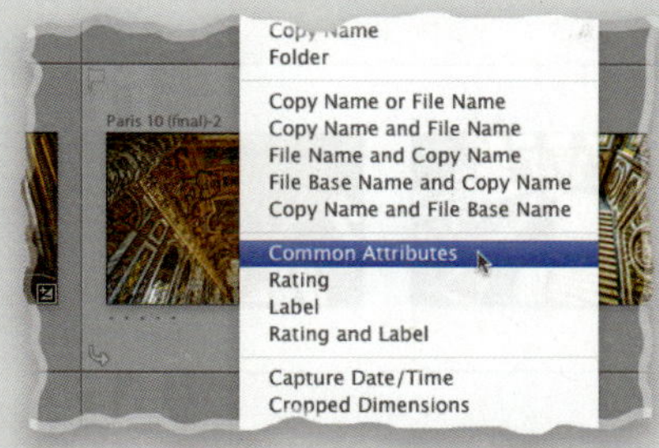

라이트룸의 배경색 변경하기

사진 뒤에 보이는 라이트룸의 기본 배경 색상인 회색 영역을 마우스 오른쪽 버튼으로 클릭하면 팝업 메뉴에서 다른 색상과 질감을 선택해서 배경색을 변경할 수 있다.

오래된 백업 파일 삭제하기

필자는 보통 하루에 한 번 하루의 작업을 마치고 라이트룸을 종료할 때 카탈로그를 백업한다. 문제는 기간이 어느 정도 지나면 많은 백업 복제 파일이 쌓이고 여러 달이 지나 필요 없는 복제 파일들이 하드디스크 공간을 차지하게 된다. 필자의 경우 한두 개의 백업 파일 외에 세 달 전의 백업 파일이 필요한 경우는 없다. 그러므로 가끔 [Lightroom] 폴더에서 오래된 백업 파일을 삭제해서 저장 공간을 확보하는 것이 좋다.

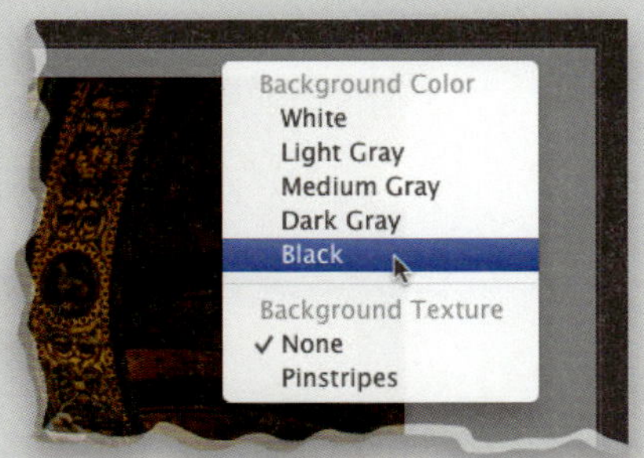

Identity Plate 텍스트 만들기 비법

[Identity Plate Editor] 대화창에서 Identity Plate를 만드는 것은 생각보다 까다롭다. 특히 여러 줄의 텍스트를 만드는 경우는 더 어렵다. 이때 더 나은 타이포그래피 조절 기능을 가진 프로그램으로 텍스트를 만들어서 복사한 다음 라이트룸의 [Identity Plate Editor] 대화창에서 붙이기하면 훨씬 쉽다.

컬렉션 배지

썸네일 오른쪽 하단에 있는 직사각형 두 개가 겹친 형태의 컬렉션 썸네일 배지는 이미지가 컬렉션에 속해 있다는 의미이다. 배지를 클릭하면 이미지가 속한 컬렉션 목록이 나타나고 컬렉션을 클릭하면 바로 전환할 수 있다.

Photo by Scott Kelby   Exposure: 1/80 sec | Focal Length: 24mm | Aperture Value: f/3.5

EDITING ESSENTIALS
사진의 기본 보정

필자는 사진의 기본 보정(How to Develop Your Photos)이라는 부제가 마음에 든다. 부제가 Develop 모듈의 이름을 그대로 인용한 것처럼 보이지만 사실은 모듈의 이름 자체가 암실에서 사진을 현상한다는 의미의 'develop'을 인용한 것이다. 물론 이번 챕터가 사진 현상에 대한 내용은 아니지만 큰 맥락으로 보면 위험한 화학 약품의 사용을 제외하고는 사진을 현상하는 것과 유사하다. 과거에는(겨우 10여 년 전의 일이다) 사진을 현상하는 화학 약품이 얼마나 위험한지 알지 못했다. 그래서 T–MAX P3200 필름을 현상하다가 갈증을 느끼면 하이포액(파이버베이스 출력지에서 정착제를 제거하는 화학 약품인데 포도주스 맛이 나기 때문에 샌드위치와 칩 한 봉지를 사러 나오기 전에 이미 한두 봉지씩 마시곤 했다)을 마셨다. 그 당시엔 괜찮다고 생각했는데 암실에서 함께 작업을 하던 친구 프랭크가 거대한 갑상성종을 얻은 후에는 하이포액을 더 이상 마시지 않고 정지액만 마셨다(우리는 작은 연어색의 정지액 병을 무척 좋아해서 냉장고에 보관하고 소풍 갈 때도 가져갔다). 어쨌든 그것은 모두 과거지사이다. 우리는 나이를 먹으면서 더 현명해졌으며 이제는 석면 재질의 사진 조끼를 입고 다니면서 줄담배를 피운다.

라이트룸 업데이트하기

Note: 라이트룸 4를 업그레이드하는 경우에는 이번 레슨을 건너뛰어도 된다. 어도비 사는 라이트룸 3에서 노이즈와 샤프닝에 관련된 사진 처리 방식("프로세스 버전"이라고 부르며, 라이트룸 3 이전 버전은 2003년의 기술을 기반으로 하고 있었다)을 업그레이드했다. 라이트룸 4는 프로세스 버전을 더 업그레이드해서 2012년 기술을 기반으로 보정 후 이미지의 화질을 대폭 개선했다. 그러므로 라이트룸 2 혹은 3에서 편집한 이미지를 라이트룸 5로 불러온다면 알아두어야 할 점들이 있다.

STEP 01

사진을 카메라의 메모리 카드에서 바로 불러온다면 라이트룸의 이전 버전에서 편집하지 않았기 때문에 최신 프로세스 버전의 혜택을 받을 수 있다. 그러나 라이트룸 2나 3 버전(혹은 Adobe Camera Raw 6이나 이전 버전)에서 편집한 사진이 있다면 이전의 처리 기술을 사용할지 최신 버전으로 업데이트할지를 선택해야 한다. [Develop] 모듈의 [Histogram] 패널에 작은 번개 모양의 아이콘이 있으면 이전 버전을 사용하고 있다는 의미이다.

STEP 02

또한 [Basic] 패널에서도 어느 버전을 사용하는지 찾아볼 수 있다. 만약 이전 버전의 라이트룸에만 있는 [Recovery]나 [Fill Light] 슬라이더가 보이면 그 이미지는 이전 프로세스 버전에서 편집했다는 의미이다. 최신 버전으로 업데이트하려면 번개 아이콘을 클릭해서 [Update Process Version] 대화창을 불러온다. 대화창에는 최신 프로세스 버전 업데이트가 미칠 영향에 대한 설명이 있고 현재 선택한 사진만 업데이트할지 [Filmstrip]에 있는 사진을 모두 업데이트할지를 선택할 수 있다. 사진을 업데이트하기 전과 후를 보려면 'Review Changes Via Before/After' 항목에 체크한다.

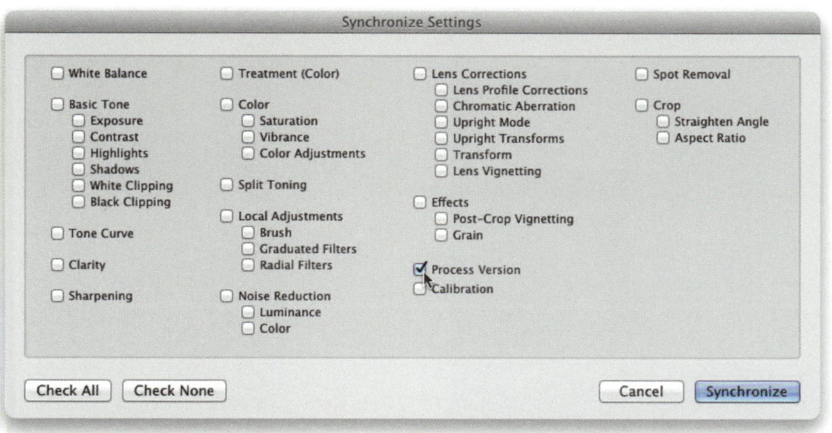

STEP 03

대화창에서 [Cancel] 버튼을 클릭하면 이전 프로세스 버전을 그대로 사용한다. [Update] 버튼을 클릭했다면 [Basic] 패널을 살펴보자. 패널에는 라이트룸 4 버전에서 업데이트한 [Highlights], [Shadows], [Whites] 슬라이더가 있고 [Recovery]와 [Fill Light] 슬라이더가 사라졌다. 최신 버전으로 업그레이드한 후의 이미지가 마음에 들지 않는다면 슬라이더를 조절해서 보정하거나 Ctrl-Z (MAC:[Command]-Z)키를 눌러 업데이트 적용을 취소한다.

STEP 04

예제 사진은 업데이트 전과 후의 사진을 비교한 것으로 필자는 결과에 만족한다. 선명도와 대비 그리고 하이라이트 감소 효과(물론 사진이 인쇄된 책에서 어떻게 보일지는 알 수 없지만) 모두 이전 프로세스 버전보다 탁월하다. 여기서 밝혀두고 싶은 것은 지금까지 이전 버전의 사진이 더 마음에 든 경우가 없다는 점이다. 만약 지금 업데이트하지 않는다면 언제든지 [Process]-[Settings]-[2012(Current)] 메뉴를 선택해서 업데이트할 수 있다. 또한 재미로 2003 혹은 2010 버전을 선택해서 사진을 비교해보면 그동안 얼마나 발전했는지 알 수 있다.

> **Tip**
>
> **동기화 혹은 복제 설정의 프로세스 버전 활성화하기**
>
> 동기화하거나 설정을 복사할 때 [Synchronize Setting]나 [Copy Settings] 대화창의 'Process Version' 항목을 체크해서 활성화하는 것을 잊지 말자. 이 항목을 활성화하지 않고 다른 프로세스 버전으로 동기화하거나 설정을 복사하면 다른 결과를 얻게 된다.

화이트 밸런스 설정하기

필자는 사진을 편집할 때 항상 화이트 밸런스를 먼저 설정한다. 화이트 밸런스를 바로 잡으면 색상 문제도 함께 보정되는 경우가 많기 때문이다. 화이트 밸런스는 [Basic] 패널에서 조절한다. 필자는 [Basic] 패널은 [Develop] 모듈에서 가장 중요하고 많이 사용하는 기능들을 가지고 있기 때문에 "기본"이라는 이름보다는 "필수"가 더 적합하다고 생각한다.

STEP 01

[Library] 모듈에서 편집하려는 사진을 클릭한 다음 ⒟키를 눌러 [Develop] 모듈로 전환한다. 단축키 ⒟키를 눌러 [Develop] 모듈로 전환했기 때문에 [Slideshow] 모듈은 ⓢ키. [Print] 모듈은 ⓟ키, [Web] 모듈은 ⓦ키라고 예측하겠지만 아쉽게도 [Develop] 모듈만 첫 글자를 단축키로 사용한다. 어쨌든 [Develop] 모듈 오른쪽에 모든 편집 기능 패널이 있으며 사진에는 디지털 카메라에서 설정한 화이트 밸런스(As shot)를 적용한다.

STEP 02

화이트 밸런스 조절 기능은 [Basic] 패널 상단에 있으며, [White Balance] 팝업 메뉴에서 화이트 밸런스 프리셋을 선택할 수 있다. 여기서는 카메라의 설정을 따르는 'As shot'을 선택했다.

Note

JPEG 형식과 TIFF 형식과 RAW 형식 이미지 사이의 가장 큰 차이점은 RAW 형식으로 촬영한 사진만 화이트 밸런스 프리셋을 모두 사용할 수 있다는 것이다. JPEG 형식 이미지는 'Auto' 프리셋만 선택할 수 있다.

STEP 03

Step 01의 예제 사진은 마젠타 색상이 강하기 때문에 화이트 밸런스 보정이 필요하다. 조금 더 따뜻한 색감으로 보정하기 위해 [White Balance] 팝업 메뉴에서 다른 프리셋을 선택하여 적용해보자. 여기서는 'Daylight' 프리셋을 적용하여 인물의 피부는 훨씬 나아보이지만 노란색이 강하다. 아래에 있는 'Cloudy'나 'Shade' 프리셋은 사진을 더 따뜻한 색(노란색)으로 바꾸기 때문에 선택할 수 없다.

Note -

같은 예제 사진으로 연습하고 싶다면 http://kelbytraining.com/books/LR5에서 사진을 다운로드할 수 있다.

- -

STEP 04

'Tungsten'이나 'Fluorescent' 프리셋을 적용하면 푸른색이 너무 강해지기 때문에 사용할 수 없다. 다음은 'Auto' 화이트 밸런스를 적용해보자. 완벽하지는 않지만 프리셋 중에서는 가장 나은 결과를 보여준다. 가장 하단에 있는 'Custom'은 팝업 메뉴 하단에 있는 두 개의 슬라이더를 사용해서 직접 화이트 밸런스를 설정하기 때문에 사실 프리셋이라고 하기 어렵다. 필자가 추천하는 방법은 가장 먼저 팝업 메뉴에 있는 프리셋을 적용한 다음(생각보다 프리셋만으로 화이트 밸런스를 보정할 수 있는 경우가 많다) 원하는 결과가 나오지 않는다면 가장 근접한 프리셋을 적용하는 것이다. 여기서는 'Auto' 프리셋이 푸른색이 강하지만 원하는 결과에 가장 근접했다.

STEP 05

프리셋을 적용한 다음에는 [Temp]와 [Tint] 슬라이더를 조절해서 화이트 밸런스를 보정한다. 먼저 예제 사진에서 [Temp]와 [Tint] 슬라이더를 살펴보자. 어도비사는 슬라이더 바에 색상을 추가하여 드래그하는 방향의 효과를 알기 쉽게 만들었다. [Temp] 슬라이더의 왼쪽은 파란색이며 오른쪽으로 갈수록 노란색이 된다. 그러므로 슬라이더를 왼쪽으로 드래그할수록 사진은 푸른색이 강해진다. 그렇다면 사진에 마젠타 색상을 추가하려면 어느 방향으로 드래그해야 할까? 눈에 거의 띄지 않는 작은 점이지만 사진 보정 초보자에게는 큰 도움이 된다.

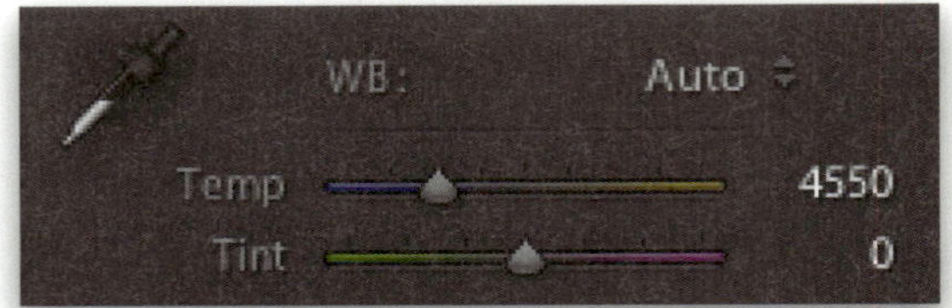

'Auto' 프리셋을 선택한 후의 화이트 밸런스 설정이다.

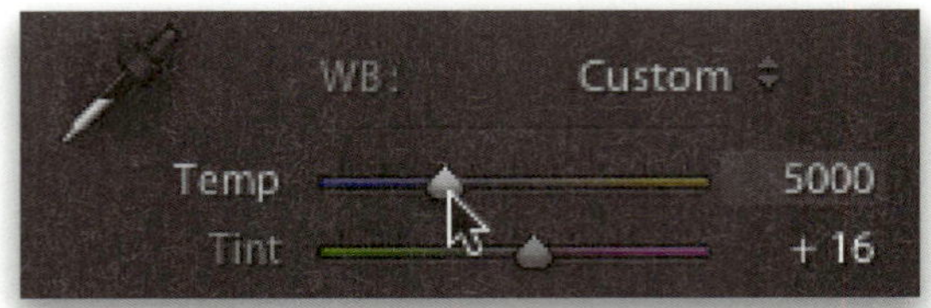

인물의 피부색에서 파란색을 제거하기 위해 [Temp] 슬라이더를 노란색 방향인 오른쪽으로 드래그하고 [Tint] 슬라이더를 마젠타 색상 방향으로 드래그했다.

STEP 06

'Auto' 프리셋을 적용한 후의 사진은 푸른색이 약간 강하기 때문에(화이트 밸런스를 설명할 때에는 차가운 색이라고 한다) [Temp] 슬라이더를 클릭하고 푸른색이 사라질 때까지 오른쪽으로 드래그한다. 이때 오른쪽으로 과도하게 드래그하면 노란색이 강해지므로 변화를 보면서 약간씩 드래그한다. 여기서는 색온도 '4550'에서 시작해서 '5000'까지 드래그했다. **Step 05**에서 설명했듯이 화이트 밸런스 조절 방법은 매우 간단하다. 화이트 밸런스 프리셋을 선택해서 적용한 다음 [Temp] 슬라이더를 사용해서 세부 보정을 한다. 이미지에 마젠타 색상이 과하다고 생각하면 [Tint] 슬라이더를 녹색 방향인 왼쪽으로 드래그한다. 여기서는 '0'에서 '+16'까지 드래그했다. 슬라이더를 드래그할 때는 천천히 조금씩 움직여야 한다.

Auto 색온도 프리셋인 4550에서는 피부색이 약간 파랗다.

슬라이더를 노란색 방향으로 드래그해서 색온도를 5000으로 설정했으며, [Tint] 슬라이더를 +16으로 설정해서 마젠타 색상을 더하자 피부가 따뜻한 색으로 바뀌었다.

STEP 07

지금까지 프리셋만 사용하는 방법과 프리셋과 슬라이더를 병행해서 사용하는 화이트 밸런스 보정 방법을 알아보았다. 다음은 필자가 선호하며 가장 정확한 결과를 얻을 수 있는 White Balance Selector 도구를 사용하는 방법에 대해 알아보자. 가장 먼저 [White Balance] 팝업 메뉴에서 'As Shot' 프리셋을 선택해서 보정하기 전의 상태로 돌아간다. 그 다음 도구를 클릭한 다음 사진에서 밝은 회색이 되어야하는 영역을 클릭한다. 비디오카메라는 흰색에 적정 화이트 밸런스를 맞추지만 디지털 카메라는 밝은 회색에 화이트 밸런스를 맞춘다. 예제 사진에서는 인물의 쟈켓 컬러 오른쪽의 배경을 클릭해서 화이트 밸런스를 보정했다.

Note

White Balance Selector 도구는 White Balance 영역 왼쪽 상단에 있는 커다란 스포이드 모양의 아이콘을 선택하거나 ⓦ 키를 누른다.

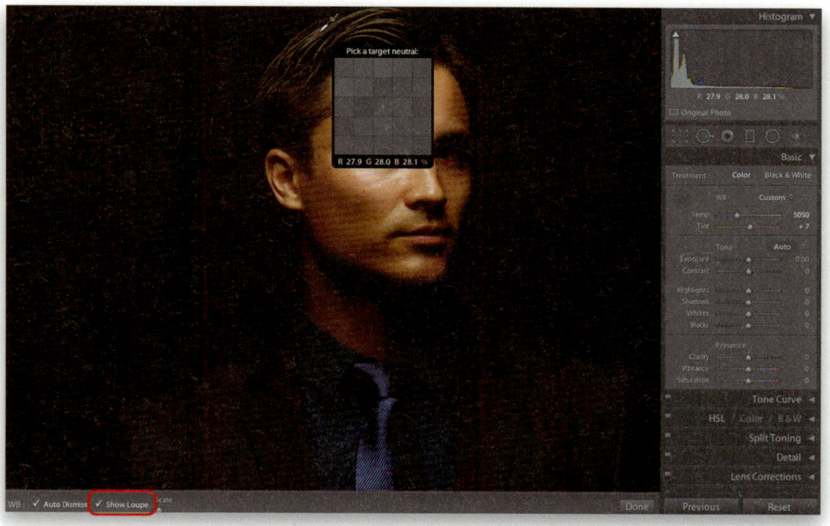

STEP 08

White Balance Selector 도구를 사용할 때 화면에 나타나는 픽셀 그리드는 커서를 놓은 영역을 확대해서 중간 회색을 찾도록 돕는 기능인데 필자에게는 방해만 될 뿐이다. 픽셀 그리드가 필요하지 않다면 하단의 도구바에서 'Show Loupe'를 체크 해제하여 비활성화한다.

Note

'Show Loupe'는 예제 사진에서 빨간색 타원형으로 표시한 부분을 뜻한다.

STEP 09

필자는 픽셀 그리드를 사용하지 않지만 왼쪽 패널 영역의 [Navigator] 패널은 White Balance Selector 도구를 사용할 때 큰 도움을 주는 기능이다. [Navigator] 패널이 유용한 이유는 White Balance Selector 도구를 놓은 영역을 클릭한 결과를 실시간으로 미리 보기 할 수 있기 때문이다. [Navigator] 패널을 활용하면 시간과 클릭 횟수를 줄이고 적정 화이트 밸런스 설정을 찾을 수 있다. White Balance Selector 도구를 인물의 머리 가장자리에 놓고 [Navigator] 패널을 보면서 영역을 클릭하여 화이트 밸런스의 변화를 확인한다. 작은 예제 사진들은 도구를 다른 영역에 놓았을 때 [Navigator] 패널에 나타난 미리 보기 이미지이다.

STEP 10

마지막으로 화이트 밸런스를 설정할 때 알아두어야 할 점들을 알아보자.

❶ 도구바에 있는 'Auto Dismiss'를 체크하면 White Balance Selector 도구를 한 번 클릭한 후 자동으로 [Basic] 패널로 돌아간다. 필자는 매번 도구를 선택하지 않도록 이 기능을 체크 해제 해놓는다.

❷ 'Auto Dismiss'를 해제한 상태에서 도구 사용을 마치면 [Basic] 패널에서 짙은 회색 원형 버튼을 클릭하거나 도구바에 있는 [Done] 버튼을 클릭한다.

❸ [Library] 모듈에서 White Balance Selector 도구를 사용하려면 W 키를 눌러 [Develop] 모듈로 전환하고 도구를 선택한다.

❹ 'As Shot' 화이트 밸런스 설정을 복원하려면 팝업 메뉴에서 'As Shot' 프리셋을 선택한다.

원본의 화이트 밸런스를 그대로 보여주는 'As shot' 설정은 붉은색이 강하고 전체적으로 약간 푸른색을 띠고 있다.

White Balance Selector 도구를 사용해 한 번의 클릭으로 피부색을 보정했다.

카메라로 촬영하는 사진을 바로 라이트룸으로 보내는 테더링 촬영 기능은 필자가 좋아하는 라이트룸 기능들 중 하나이다. 게다가 라이트룸으로 보내는 첫 사진의 화이트 밸런스를 자동으로 보정하는 기능은 더욱 마음에 든다.

테더링 촬영 중 실시간으로 화이트 밸런스 설정하기

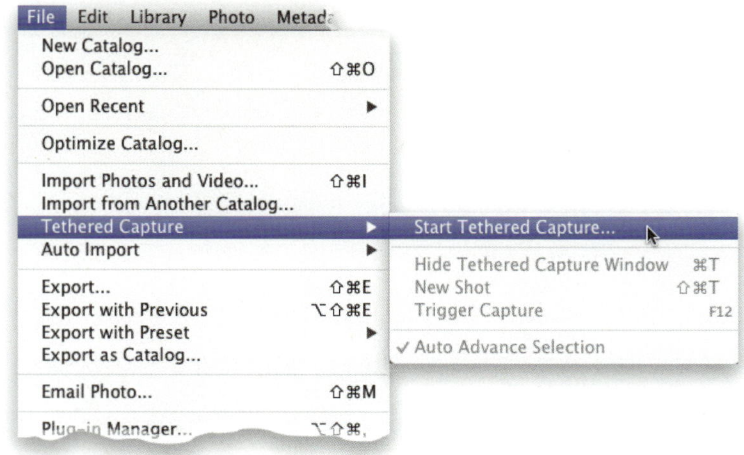

STEP 01

가장 먼저 USB 케이블로 카메라와 컴퓨터(혹은 랩톱)를 연결한 다음 [File]-[Tethered Capture]-[Start Tethered Capture] 메뉴를 선택한다. [Tethered Capture Settings] 대화창에서 라이트룸으로 불러오는 사진의 처리 방식을 설정한다.

Note

챕터 1의 42페이지 '테더링 촬영하기'에서 자세한 설정 방법을 참고한다.

STEP 02

조명을 설치하고 피사체를 카메라 앞에 세운 후 18% 그레이 카드를 들거나 피사체 앞에 놓고 테스트 샷을 촬영한다. 이때 사진에 그레이 카드가 잘 보이도록 촬영한다.

STEP 03

라이트룸에 그레이 카드가 있는 사진이 나타나면 [Develop] 모듈의 [Basic] 패널 상단에 있는 White Balance Selector 도구를 선택하고 사진의 그레이 카드를 클릭해서 적정 화이트 밸런스를 설정한다. 이제 화이트 밸런스 설정을 촬영하는 나머지 사진에 자동으로 적용한다.

STEP 04

Tethered Capture 창 오른쪽에 있는 [Develop Settings] 팝업 메뉴에서 'Same as Previous'를 선택한다. 이제 그레이 카드를 빼고 촬영을 시작하면 새로 촬영한 사진들을 라이트룸으로 보낼 때마다 앞에서 설정한 화이트 밸런스를 자동 적용한다. 촬영한 사진들에 적정 화이트 밸런스를 적용하기 때문에 보정 작업할 때 별도로 화이트 밸런스를 조정할 필요가 없다.

Note

Tethered Capture 창이 보이지 않는다면 Ctrl－T(MAC:[Command]－T)키를 눌러 불러온다.

[Basic] 패널의 슬라이더들을 잠깐 둘러보자(이것은 필자의 개인적인 의견일 뿐이다). 어도비사가 이 패널을 기본이라는 의미의 'Basic'이라고 이름을 붙였지만 필자는 라이트룸 기능들 중 가장 잘못 붙인 호칭이라고 생각한다. [Basic] 패널은 사진 편집의 대부분의 시간을 보내는 영역이므로 '필수' 패널이라고 불러야한다. 여기엔 알아두면 편리한 슬라이더의 특성이 있다. 슬라이더를 오른쪽으로 드래그하면 밝아지거나 효과가 증가하고, 왼쪽으로 드래그하면 어두워지거나 효과가 감소한다.

Basic 패널 둘러보기

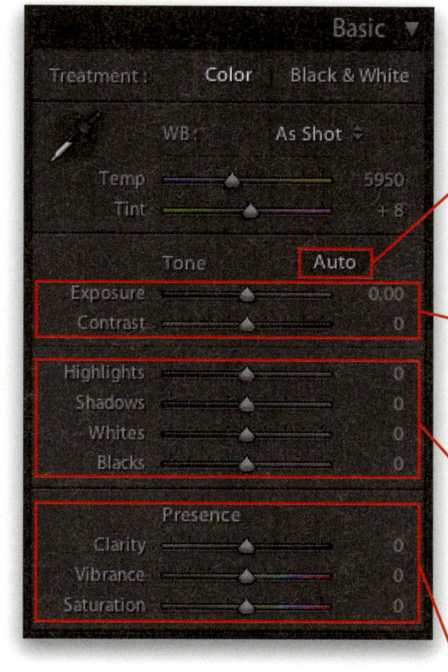

자동 토닝

[Auto] 버튼을 클릭하면 라이트룸이 이미지의 노출과 대비를 자동으로 보정한다. 가끔은 결과가 좋지만 대부분의 경우 그다지 만족스럽지 않다. 어디서 시작해야 할지 잘 모르겠다면 자동 토닝 기능을 적용해보자. 출발점으로 삼기에 적합할 수 있다. 결과가 마음에 들지 않는다면 패널 영역 오른쪽에 있는 [Reset] 버튼을 클릭해서 취소한다.

전체 노출

[Exposure]와 [Contrast] 슬라이더는 이미지를 보정할 때 가장 큰 역할을 하는 기능이다. [Exposure] 슬라이더는 사진의 전체 밝기를 조절하기 때문에 항상 사용한다. 밝기를 조절한 다음에는 [Contrast] 슬라이더로 대비를 조절한다. 필자는 대비를 낮추는 경우가 거의 없다.

문제 해결사

이 네 개의 슬라이더는 이미지에 문제가 있을 때 사용한다. [Highlights] 슬라이더는 사진에서 가장 밝은 영역이 과도하게 밝을 때나 하늘이 너무 밝은 경우에 사용한다. [Shadows] 슬라이더는 사진에서 가장 어두운 영역을 밝게 만들어 그림자 속에 묻힌 디테일을 보이게 하며, 역광 앞에 있는 피사체의 사진을 보정할 때 사용한다. [Whites]와 [Blacks] 슬라이더는 포토샵의 Levels 기능에 익숙한 사용자를 위한 기능이다. 그 외의 사용자는 사용할 가능성이 낮다.

마무리 효과

이 세 개의 슬라이더는 색조 대비를 조절하고 색상을 더 선명하게 조절하기 위해 사용한다.

노출 설정하기

화이트 밸런스를 설정한 다음에는 전체 노출을 보정한다. 기본 노출은 [Exposure]와 [Contrast] 슬라이더로 조절한다. 모든 사진을 단 두 개의 슬라이더로 보정할 수 있으면 좋겠지만 대부분의 경우 추가로 다른 슬라이더들을 사용한다. 우선 두 개의 슬라이더로 노출을 보정하는 방법부터 알아보자.

STEP 01

예제 사진은 [Develop] 모듈에서 사진을 불러온 모습이다. 사진을 편집할 때는 확대해서 보는 것이 좋다. 그러므로 F7 키를 누르거나 패널 왼쪽 가장 자리에 있는 화살표 아이콘(빨간색 원으로 표시한 아이콘)을 클릭해서 불필요한 왼쪽 패널을 접는다.

STEP 02

왼쪽 패널 영역을 접은 후의 화면을 보면 편집할 때 왜 사용하지 않는 패널을 숨기는 것이 좋은지 알 수 있다. F5 키를 눌러 상단의 작업표시줄을 숨기면 사진을 더 크게 볼 수 있지만 여기서는 그대로 두었다.

STEP 03

전체 노출은 [Basic] 패널의 Tone 영역에서 조절한다. 예제 사진은 노출과다이며 대비도 약하다. 사진의 노출을 낮추기 위해 [Exposure] 슬라이더를 왼쪽으로 −0.80까지 드래그했다. 왼쪽으로 드래그할수록 하늘의 디테일이 나타나는 것을 볼 수 있다. **Step 02**의 예제 사진과 비교하면 차이가 분명히 보인다. 하늘의 구름을 더 선명하게 표현하려면 노출을 낮춰야한다는 점을 기억하자. 물론 이미지가 너무 어두워지겠지만 이번 챕터에서 균형을 맞추는 방법에 대해 배울 것이다.

STEP 04

예제 사진 원본이 이미 노출 과다이지만 [Exposure] 슬라이더를 오른쪽으로 드래그해보자. 슬라이더를 오른쪽으로 드래그하면 이미지 전체가 밝아진다. 여기에서 단 한 개의 슬라이더가 이미지에 미치는 영향을 볼 수 있다. 그리고 앞의 레슨에서도 언급했듯이 Tone 영역의 슬라이더를 오른쪽으로 드래그하면 이미지를 밝게 만들거나 효과를 강조하고 왼쪽으로 드래그하면 어둡게 만들거나 효과를 감소시킨다는 점을 기억하자. [Exposure] 슬라이더는 필자가 사진 편집 과정에서 가장 먼저 조절하는 기능이다.

Note

[Exposure] 슬라이더는 이미지의 중간톤과 낮은 하이라이트 영역을 조절한다.

STEP **05**

예제 사진의 노출 설정을 −0.80으로 되돌린다. 사진이 훨씬 나아보이긴 하지만 약간 밋밋해 보이므로 대비 효과를 추가해보자. 앞의 레슨에 썼듯이 필자가 대비 설정을 낮추는 경우는 거의 없으며 대부분의 경우 대비 설정을 높인다. 예제 사진의 경우도 [Contrast] 슬라이더를 오른쪽으로 +62까지 드래그했다. 그리고 필자는 슬라이더를 조절할 때 설정값을 보지 않고 화면을 보면서 슬라이더를 드래그하다가 원하는 결과가 나오면 멈춘다.

STEP **06**

[Contrast] 슬라이더는 이미지의 밝은 영역을 더 밝게, 어두운 영역을 더 어둡게 조절해서 대비를 강하게 만든다. 예제 사진의 경우 대비를 조절한 후 이미지의 전체 노출이 약간 어두워졌다. 대비를 강하게 설정하면 어두운 영역을 더 어둡게 만들기 때문에 대비 보정을 한 후 [Exposure] 슬라이더로 다시 돌아가 노출을 다시 보정해서 균형을 맞춰야 하는 경우도 있다. 여기서는 [Exposure] 슬라이더를 −0.80에서 −0.65로 다시 조절했다.

Note

라이트룸 5 전에 라이트룸 2 혹은 3 버전을 사용했다면 [Contrast] 슬라이더 기능이 제 역할을 한다는 점에 놀랐을 것이다. 라이트룸 2나 3 버전의 [Contrast] 슬라이더는 사실 어느 기능과도 연결이 되어있지 않은 것 같았다.

오른쪽 패널 영역 상단의 히스토그램은 이미지의 노출 설정을 그래프로 옮긴 것이다. 히스토그램은 보기보다 파악하기가 쉽다. 그래프 왼쪽이 가장 어두운 섀도우 영역이며 중간톤은 중앙 그리고 오른쪽이 하이라이트 영역이다. 그래프의 일부가 평평하다면 이미지에 해당 영역이 없다는 의미이다. 예를 들어 그래프의 오른쪽이 평평하다면 이미지에 하이라이트가 없다.

각 슬라이더가 조절하는 히스토그램 영역

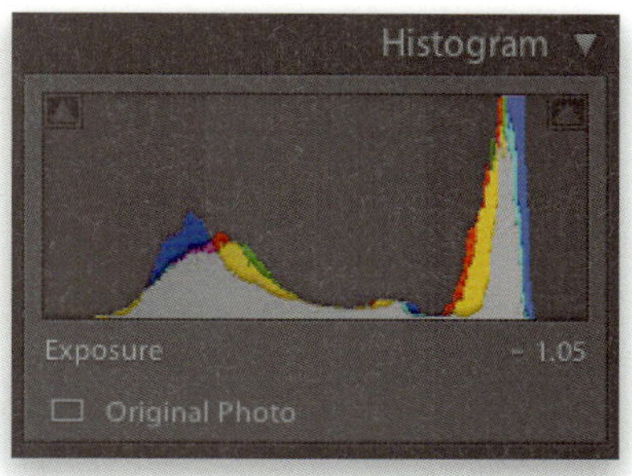

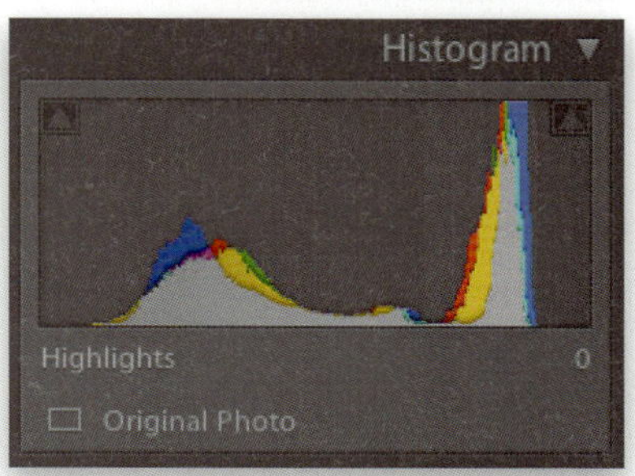

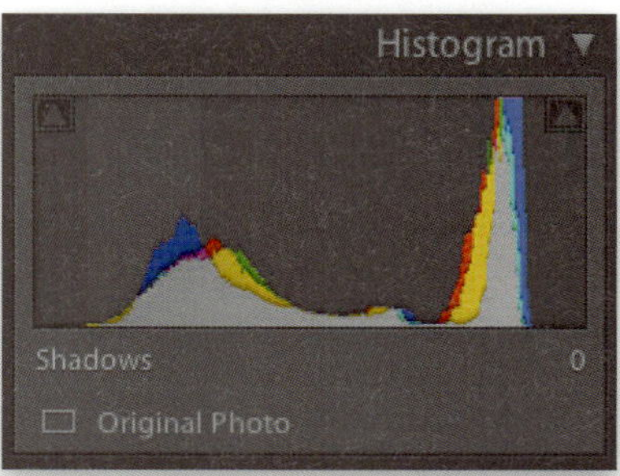

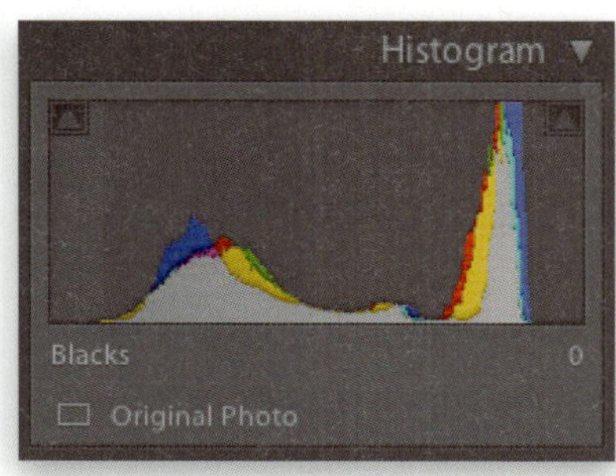

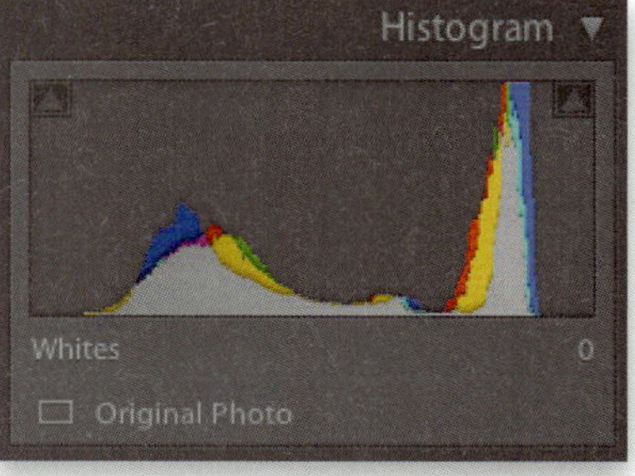

[Exposure] 슬라이더: 중간톤

커서를 [Exposure] 슬라이더로 가져가면 슬라이더의 그래프에서 영향을 받는 영역이 회색으로 나타난다. 여기서는 이미지의 대부분이 중간톤을 가지고 있기 때문에 회색 영역이 히스그램의 중앙에 치중되어 있지만 일부는 낮은 하이라이트 영역에도 영향을 미친다.

[Highlights] 슬라이더: 하이라이트

[Highlights] 슬라이더는 중간톤 위의 밝은 영역을 조절한다. 예제 히스토그램을 보면 하이라이트 오른쪽 영역이 평평하다. 이미지에 가장 밝은 영역이 없다는 의미이며 이 사진에는 모든 범위의 톤이 없다. 이때 [Highlights] 슬라이더를 오른쪽으로 드래그하면 간격을 채우는데 도움이 되지만 해당 영역을 조절하는 슬라이더는 따로 있다.

[Shadows] 슬라이더: 섀도우

[Shadows] 슬라이더가 조절하는 섀도우 영역은 다른 영역에 비해 큰 부분을 차지하진 않지만 디테일을 잃을 수 있기 때문에 매우 중요하다. 왼쪽 끝의 평평한 영역은 해당 이미지에 가장 어두운 영역이 없다는 의미이다.

[Blacks] & [Whites] 슬라이더

이 두 개의 슬라이더는 이미지에서 가장 밝은 영역과 가장 어두운 영역을 조절한다. 이미지가 너무 밝다면 [Blacks] 슬라이더를 왼쪽으로 드래그해서 검은색을 더해준다. 밝은 영역이 더 필요하면 [Whites] 슬라이더를 오른쪽으로 드래그한다. 이때 히스토그램을 보면 오른쪽의 평평한 영역을 채우며 확장하는 것을 알 수 있다.

Auto Tone 기능

Auto Tone은 자동 보정 기능이며 기본적으로 히스토그램을 기반으로 이미지를 분석하여 균형이 맞도록 보정한다. 간혹 자동 보정 기능만으로도 만족스러운 결과를 얻기도 하지만 좋은 결과를 얻지 못하면 Ctrl-Z(MAC:[Command]-Z) 키를 눌러 적용을 취소하면 된다.

STEP 01

예제 사진은 여러 가지 문제가 있지만 특히 하늘이 과다 노출이다(그런데 지면은 노출 부족이다). 이러한 사진을 보정할 때 어디서 시작해야 할지 모르겠다면 [Basic] 패널의 'Tone'이라는 문구 오른쪽에 있는 [Auto] 버튼을 클릭하여 자동 보정을 적용해보자.

STEP 02

단 한 번의 클릭으로 이미지가 많이 개선되었다. 하늘의 노출을 조절하자 더 많은 디테일을 볼 수 있다. 하지만 지면은 노출이 더 부족해졌다. 이것이 자동 보정의 단점이다. 어떤 경우에는 좋은 결과를 얻을 수 있지만 대부분의 경우 하나의 문제를 보정하면 그로 인해 더 큰 문제를 만들어낸다. 예제 사진의 경우 하늘의 노출은 보정했지만 지면의 노출은 이미 어두웠던 원본의 상태보다 더 부족해졌다. 물론 라이트룸에서 다른 도구로 지면의 노출을 보정할 수 있으므로 Auto Tone 기능은 출발점의 역할을 할 수 있다. 그러므로 직접 보정하기 전에 [Auto] 버튼을 클릭해서 적용해보자.

다음의 두 슬라이더는 필자가 '항상 문제 해결사' 기능으로 생각하고 있다. 이미지의 문제점은 가끔 필자가 촬영할 때 생긴 현상에서 야기된다(하이라이트가 클리핑되도록 촬영한 사진이거나, 역광에서 촬영해서 인물이 실루엣으로 나타나는 등). 혹은 다른 슬라이드 설정에 의해 문제가 생기기도 한다.

노출 보정하기

STEP 01

Auto Tone 레슨에서 사용한 예제 사진을 그대로 사용해보자. 예제 사진은 원본 상태로 되돌려놓았다. 예제 사진을 촬영할 때 하늘에 클리핑 현상이 나타나도록 촬영했다. 일부 하이라이트 영역에 아무 디테일도 나타나지 않는다. 보통 이런 사진을 '날랐다' 혹은 '클리핑되었다'고 말한다. 사진의 클리핑 현상은 히스토그램 오른쪽 상단에 작은 흰색 삼각형의 클리핑 경고 아이콘이 알려준다.

STEP 02

하이라이트 클리핑 경고 아이콘이 검은색이라면 안전하지만 흰색이라면 심각한 클리핑 현상이 있다는 의미이다. 아이콘이 빨간색, 노란색 혹은 다른 색상이라면 해당 채널에 클리핑 현상이 있다는 의미이며 흰색만큼 심각한 문제는 아니다. 물론 [Exposure] 슬라이더를 왼쪽으로 드래그해서 문제를 해결할 수 있지만 대부분의 경우 이미지 전체가 너무 어두워진다.

하이라이트 클리핑 영역을 직접 눈으로 확인하면
보정하는데 도움이 될 것이다. 클리핑 영역을 확인
해야 하는 이유는 중요한 디테일이 있는 영역이 아
니라면 큰 문제가 되지 않는 경우가 많기 때문이
다. 예를 들어, 태양이 이미지에 있다면 클리핑 현
상이 나타난다. 하지만 태양의 표면은 질감이 없기
때문에 클리핑 현상을 보정할 필요가 없다. 사진에
서 클리핑 현상을 보려면 하이라이트 클리핑 경고
아이콘을 클릭하거나 J 키를 누른다. 그러면 예제
사진과 같이 클리핑 영역이 빨간색으로 나타난다.

클리핑 현상 외에도 하늘 전체도 과다 노출되었
으므로 [Exposure] 슬라이더를 왼쪽으로 드래그
해서 노출을 조절하면 전체 노출과 함께 하이라
이트 클리핑도 어느 정도 보정이 된다. 여기서는
[Exposure] 슬라이드를 −1.05로 설정해서 하늘을
어둡게 보정했지만 하이라이트 클리핑을 전부 제
거하지는 못했다.

STEP 05

필자는 [Highlights] 슬라이더로 하이라이트 클리핑을 제거하는데 실제로 가장 밝은 하이라이트 영역에만 영향을 미치기 때문에 매우 효과적이다. 슬라이더를 약간 왼쪽으로 드래그하면 빨간색의 클리핑 영역을 완전히 제거할 수 있다. 여기서는 −28까지 드래그했다. 히스토그램을 보면 클리핑 경고 아이콘이 검은색으로 바뀌었다. 하이라이트 클리핑에 관해서는 [Highlights] 슬라이더가 비밀병기라는 점을 기억하자.

STEP 06

앞의 레슨과 마찬가지로 전경의 나무들이 너무 어두워서 디테일이 보이지 않는다. 이때는 [Shadows] 슬라이더를 오른쪽으로 드래그해서 보정한다. 여기서는 슬라이더를 +69까지 드래그했다. **Step 05**의 사진과 비교하면 그 효과를 확인할 수 있다. 전체 노출은 감소했어도 나무가 있는 섀도우 영역의 디테일은 더 잘 보인다. [Shadows] 슬라이더는 역광으로 촬영한 사진을 보정하는 경우에도 사용한다(254페이지 '역광 사진 보정하기' 참고).

Note

[Exposure] 슬라이더는 −1.35로 설정했다.

White Point와 Black Point 설정하기

[Whites]와 [Blacks] 슬라이더는 포토샵의 Level 기능을 사용하여 이미지의 White Point와 Black Point를 설정하는 작업 방식을 가진 사진가들이 많이 사용하는 기능이며 포토샵에서 적용하는 편이 낫다. 두 개의 슬라이더는 개인적으로 필자가 거의 사용하지 않는 기능이다. 필자는 [Whites] 슬라이더를 사용하지 않으며, [Blacks] 슬라이더는 사진이 과도하게 흐릿하게 보이는 경우에 유용하다.

STEP 01

[Whites]와 [Blacks] 슬라이더는 사진의 가장 밝은 영역과 가장 어두운 영역, 즉 히스토그램의 양 끝을 조절한다. 일부 사용자들은 [Exposure] 슬라이더를 사용하기도 전에 이 두 개의 슬라이더를 가장 먼저 사용해서 하이라이트나 섀도우 영역의 클리핑 현상 없이 사진의 계조 범위를 확장한다. Alt (MAC:[Option])키를 누른 채 [Whites] 슬라이더를 오른쪽으로 드래그해서 가장 밝은 영역을 확장하면 화면이 검은색으로 바뀌는데, 이 때 흰색 영역(클리핑된 영역)이 보일 때까지 드래그한다. 그리고 흰색이 사라질 때까지 다시 왼쪽으로 드래그한다. 바로 이 지점이 최대한 확장할 수 있는 화이트 영역이다.

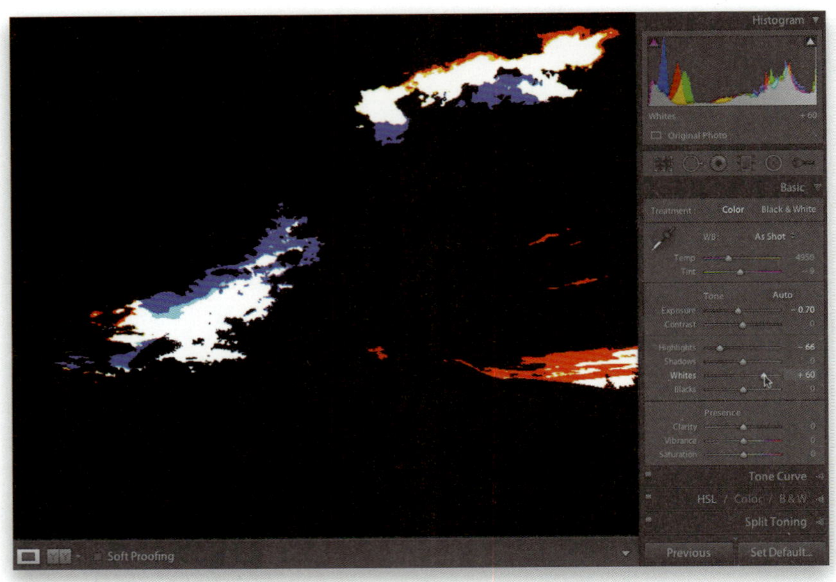

STEP 02

다시 Alt (MAC:[Option])키를 누른 채 [Blacks] 슬라이더를 왼쪽으로 드래그해서 가장 어두운 영역을 확장하면 화면이 예제 사진과 같이 흰색으로 바뀐다. 검은색 영역(섀도우 영역의 클리핑)이 보일 때까지 드래그한 다음 검은색이 사라질 때까지 다시 오른쪽으로 드래그한다. 이 지점이 최대한 확장할 수 있는 블랙 영역이다.

Note

필자는 사용하지 않는 기능이지만 라이트룸을 사용하기 시작한 후 포토샵의 화이트와 블랙 영역 설정 기능이 그립다면 라이트룸에서도 화이트와 블랙 포인트 설정이 가능하다는 점을 알아두자.

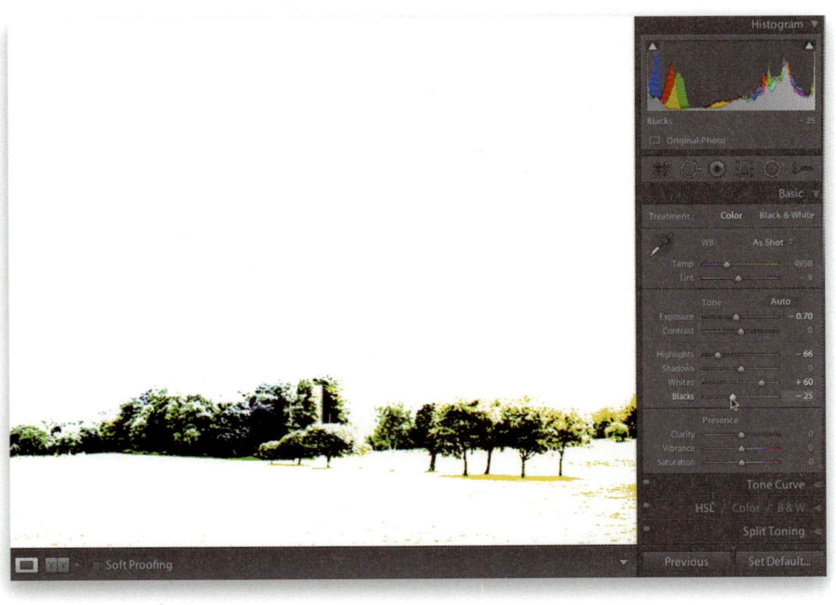

중간톤에 대비 효과를 더해 사진을 쨍하게 만드는 Clarity 기능은 디테일과 질감을 끌어내는데 탁월하며, 라이트룸 4부터 이전 버전에 비해 훨씬 더 탁월한 결과를 얻을 수 있다. [Clarity] 슬라이더를 이전에도 많이 사용했었다면 이전 버전에서는 과도하게 사용하면 가장자리 영역에 헤일로 현상이 나타난다는 단점을 기억할 것이다. 하지만 이제는 헤일로 현상 없이 디테일을 강조할 수 있게 되었다. 게다가 Clarity 효과는 라이트룸에서 더 탁월한 결과를 얻을 수 있다.

Clarity 기능으로 쨍한 사진 만들기

STEP 01

[Clarity] 슬라이더를 조절하지 않은 예제 사진의 원본은 많은 질감과 디테일을 가지고 있어 Clarity 효과를 적용하기에 적합하다. 필자는 주로 거의 모든 사진에 +25~+50 정도의 [Clarity] 슬라이더 설정을 적용한다. 도시 사진, 풍경 사진을 포함한 디테일이 풍부한 사진에 모두 사용하지만, 엄마와 아기의 사진이나 여성의 클로즈업 포트레이트에는 사용하지 않는다.

STEP 02

쨍한 사진을 만들기 위해 [Clarity] 슬라이더를 오른쪽으로 드래그한다. 여기서는 +80까지 드래그했다. 라이트룸 3 버전에서 필자가 적용하던 설정보다 높지만 위에서도 언급했듯이 최신 버전에서는 과거에 비해 훨씬 높게 설정할 수 있다. 옆의 예제 사진에서 그 효과를 확연하게 볼 수 있다. 하늘의 구름에서 좀 더 선명한 디테일이 나타나고, 건물의 디테일도 훨씬 더 선명해졌다.

Note

개선된 [Clarity] 슬라이더는 한 가지 부작용이 있다. 디테일을 부각시키는 대신 효과를 적용하는 영역을 약간 밝게 만든다.

선명한 색상의 사진 만들기

풍부하고 선명한 색상의 사진은 매력이 있다. 그래서 풍경 사진가들이 Velvia 필름의 트레이드마크인 강렬한 색상에 매료되었을 것이다. 라이트룸에 [Saturation] 슬라이더가 있지만 사진의 채도를 높이면 사진 속 모든 색상의 채도를 높인다는 단점이 있다. 밋밋한 색상의 채도는 높아지지만 이미 채도가 높은 색상의 채도도 함께 높아지기 때문에 오히려 문제가 될 수 있다. 이때 라이트룸의 [Vibrance] 조절 기능은 여러분의 Velvia 필름이 될 수 있다.

STEP 01

[Basic] 패널 하단의 Presence 영역에 있는 두 개의 슬라이더가 색상 채도를 조절한다. [Saturation] 슬라이더는 모든 색상의 채도를 동일한 강도로 조절하기 때문에 필자는 되도록 사용하지 않는다. [Saturation] 슬라이더를 오른쪽으로 드래그하면 색상은 선명해지지만 부자연스럽다. 책에 싣는 사진은 인쇄를 위해 CMYK 형식으로 변환하기 때문에 그 효과를 그대로 보여주지 못한다. 그러므로 예제 사진의 색상이 부자연스러워 보여도 웹이나 출력에서는 두 배로 더 이상해보일 것이다. [Saturation] 슬라이더를 오른쪽으로 직접 드래그해서 그 효과를 확인한 다음 다시 0으로 설정한다.

STEP 02

이번에는 [Vibrance] 슬라이더를 사용해보자. [Vibrance] 슬라이더는 밋밋한 색상에 가장 큰 영향을 미치고, 채도가 높은 색상에는 상대적으로 영향을 덜 미친다. 또한 사진에 인물이 있다면 피부색은 최대한 피하기 때문에 훨씬 자연스러운 결과를 얻을 수 있다. 예제 사진에서 [Vibrance] 슬라이더를 사용하기 전과 후의 차이를 비교해보자. 지지대의 하단과 하늘, 눈 덮인 나무들의 색상이 원본에 비해 흐릿하지 않고 훨씬 선명하다.

[Basic] 패널에서 편집을 한 다음에는 [Tone Curve] 패널에서 사진의 전체 대비를 조절한다. [Basic] 패널에서 기본 편집을 한 다음 [Tone Curve] 패널에서 마무리 하는 것이 바람직한 순서이다. [Contrast] 슬라이더 대신 Tone Curve 기능을 사용하는 이유는 ❶ 하이라이트 영역을 그대로 유지하면서 대비를 조절할 수 있으며 ❷ 보정 영역을 확인하면서 조절할 수 있고 ❸ 상호적인 대비 조절이 가능하기 때문이다.

Tone Curve 기능으로 대비 효과 높이기

STEP 01

[Basic] 패널 하단으로 스크롤하면 [Basic] 패널의 [Contrast] 슬라이더 대신 대비를 조절할 수 있는 [Tone Curve] 패널이 있다. Tone Curve 기능은 대비를 자동 적용하지 않으며 [Point Curve] 팝업 메뉴를 보면 어떤 대비 설정도 적용하지 않았다는 의미의 'Linear'라고 표시되어 있다.

STEP 02

대비를 적용하는 가장 빠르고 쉬운 방법은 [Point Curve] 팝업 메뉴에서 프리셋을 선택하여 적용하는 것이다. 예를 들어, 'Strong Contrast'를 선택한 다음 변화를 살펴보자. 섀도우 영역이 더 강하고, 하이라이트 영역 역시 더 밝다. 패널 상단의 그래프를 보면 대비 효과를 적용했다는 것을 알 수 있다.

STEP 03

'Strong Contrast' 프리셋의 대비 설정만으로 충분하지 않다면(예제 사진의 경우 더 강한 대비 효과가 필요하다) 커브를 직접 조절한다. 그러나 다음 법칙을 기억해두자: S자형 커브의 굴곡이 가파를수록 대비가 강하다. 그러므로 커브를 가파르게 만들려면 커브 상단의 조절점(하이라이트 영역)을 위로 드래그하고, 하단의 조절점(섀도우 영역)을 아래로 드래그한다. 상단의 조절점을 더 위로 드래그하기 위해 커서를 꼭대기 조절점 위로 가져가면 쌍방향 화살표가 나타난다. 화살표를 클릭하고 위로 드래그하면 하이라이트 영역의 대비가 더 강해진다. 그리고 'Linear' 커브 상태에서 직접 커브를 조절하는 경우에는 조절점을 직접 추가해야 한다. 커브의 상단 ¾ 지점을 클릭해서 하이라이트 조절점을 추가한 다음 위로 드래그한다. ¼ 지점을 클릭해서 섀도우 조절점을 추가한 다음 아래로 드래그해서 S자형의 커브를 만든다.

Note

그래프 하단에 슬라이더가 있다면 커브에 조절점이 나타나지 않는다. [Point Curve] 팝업 메뉴 오른쪽에 있는 [Point Curve] 버튼을 클릭해서 슬라이더를 숨기고 조절점을 불러온다.

STEP 04

예제 사진은 커브를 더 가파르게 만들기 위해 섀도우 조절점을 꽤 아래로 드래그해서 하이라이트와 섀도우 영역의 대비를 더 강하게 만든 결과이다(두 개의 섀도우 조절점을 모두 아래로 드래그했다). 또한 각각 RGB(Red, Green, Blue) 채널의 대비를 조절할 수 있는데 [Channel] 팝업 메뉴에서 채널을 선택한 다음 커브를 드래그해서 조절한다.

Tip

더욱 강한 대비 효과 적용하기

[Basic] 패널에서 이미 어느 정도의 대비 효과를 적용한 다음 [Tone Curve] 패널에서 대비 효과를 추가로 적용하면 더욱 강한 대비 효과를 만들 수 있다.

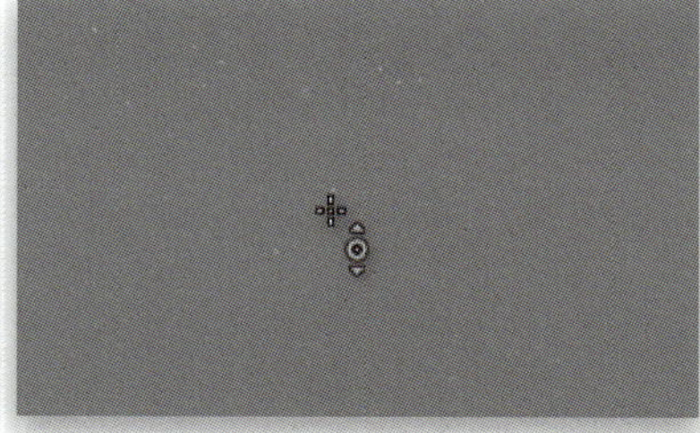

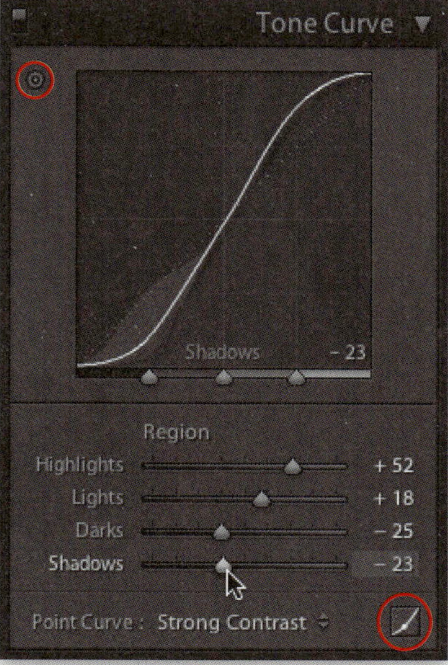

STEP 05

[Tone Curve] 패널에서 다른 방법으로 대비를 조절할 수 있다. 그러나 그 전에 [Point Curve] 팝업 메뉴 오른쪽의 작은 [Point Curve] 버튼을 클릭해서 커브 슬라이더를 불러온다. 각 슬라이더는 커브의 네 개 영역을 조절한다. 커브 조절 방법을 좋아하지 않는다면 슬라이더를 대신 사용할 수 있다. 슬라이더 외에도 Target Adjustment(줄여서 TAT) 도구도 사용할 수 있다. TAT 도구는 [Tone Curve] 패널 왼쪽 상단의 작은 표적 형태의 아이콘을 클릭해서 불러온 다음 사진에서 직접 영역을 선택하고 드래그(상하 방향)해서 커브를 조절한다. 십자선이 도구의 위치를 표시하고 화살표가 상하에 달린 표적이 도구를 드래그하는 방향을 알려준다.

STEP 06

이제 TAT 도구를 직접 사용해보자. [Point Curve] 팝업 메뉴에서 'Strong Contrast'를 선택하여 기본 대비를 적용한 다음 TAT 도구를 선택해서 사진에서 영역을 선택한다. 여기서는 왼쪽의 건물을 어둡게 만들기 위해 선택했다. 커브를 보면 두 가지를 알 수 있다: ❶ 도구의 위치에 조절점이 있으며, ❷ 조절하려는 영역의 이름이 그래프 하단에 있다. 여기서는 'Dark' 영역이다. 도구를 클릭하고 아래로 드래그해보자(위로 드래그하면 선택 영역이 밝아진다). TAT 도구로 영역을 선택하고 위로 드래그해서 밝게 보정하거나 아래로 드래그해서 어둡게 보정한다. 보정을 마치면 TAT 도구를 다시 클릭한다. TAT 도구 단축키는 Ctrl－Alt－Shift－T(MAC: [Command]－[Option]－Shift－T)이다.

STEP 07

커브를 조절하는 마지막 방법은 [Highlights], [Lights], [Darks], [Shadows], 4개의 슬라이더를 클릭하고 드래그하는 것이다. 패널 하단에 있는 슬라이더를 조절하면 커브의 형태가 변한다. 여기서는 [Highlights] 슬라이더를 오른쪽으로 드래그해서 하이라이트 영역을 밝게 조절했다. 그리고 [Darks] 슬라이더를 왼쪽으로 드래그해서 중간톤을 약간 낮췄다. 또한 [Shadows] 슬라이더를 왼쪽으로 드래그해서 사진이 흐릿해지지 않도록 했다. 마지막으로 [Lights] 슬라이더를 오른쪽으로 드래그해서 상위 중간톤과 하위 하이라이트를 선명하게 조절했다. 또한 슬라이더를 살펴보면 어느 방향으로 드래그해야 하는지 알기 쉽게 [Basic] 패널의 슬라이더와 마찬가지로 그라데이션으로 표시했다. 흰색 방향으로 드래그하면 밝아지고, 검은색 방향으로 드래그하면 어두워진다. 어떤 방법을 사용하던지 커브를 조절할 때 그래프에 나타나는 회색 영역은 커브의 조절 가능 영역이다.

STEP 08

지금까지 배운 내용을 정리해보자. 사진의 대비를 보정하려면 ❶ [Point Curve] 팝업 메뉴의 프리셋을 사용하던가 ❷ TAT 도구로 사진에서 상하로 드래그해서 커브를 조절하던가 ❸ 두 가지 방법 중 하나를 선택한 다음 ↑/↓키로 조절점을 움직인다. 혹은 ❹ 영역 슬라이더를 드래그해서 커브를 직접 조절한다.

Note

슬라이더를 사용하지 않는다면 [Point curve] 팝업 메뉴 오른쪽에 있는 [Point Curve] 버튼을 클릭해서 숨길 수 있다. 그리고 필요한 경우가 생기면 버튼을 다시 클릭한다.

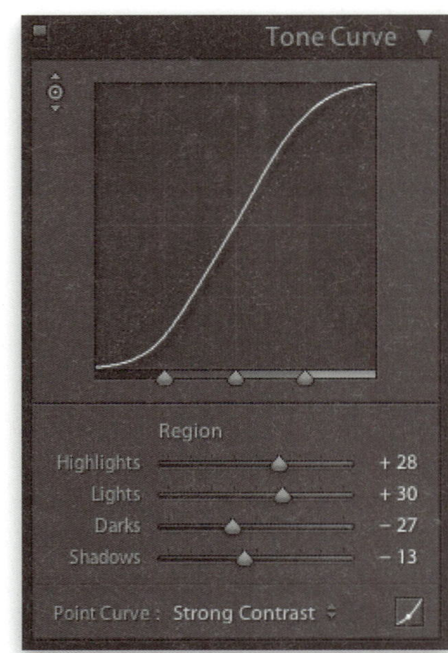

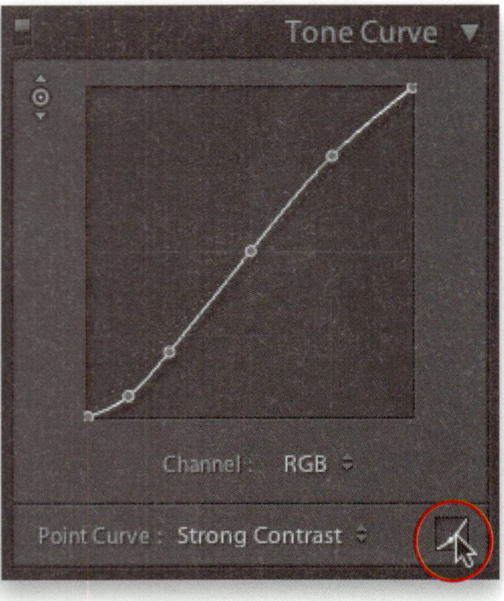

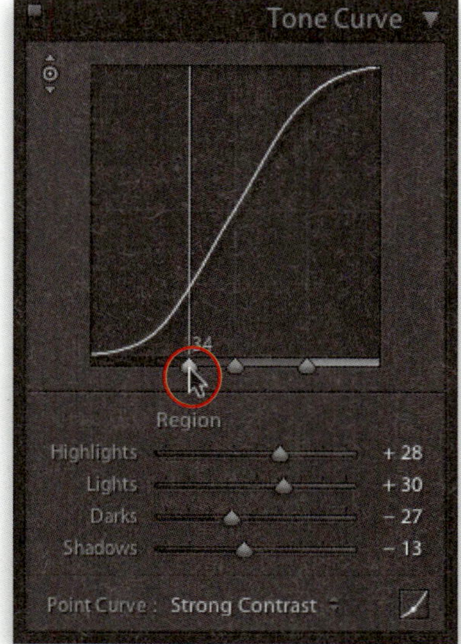

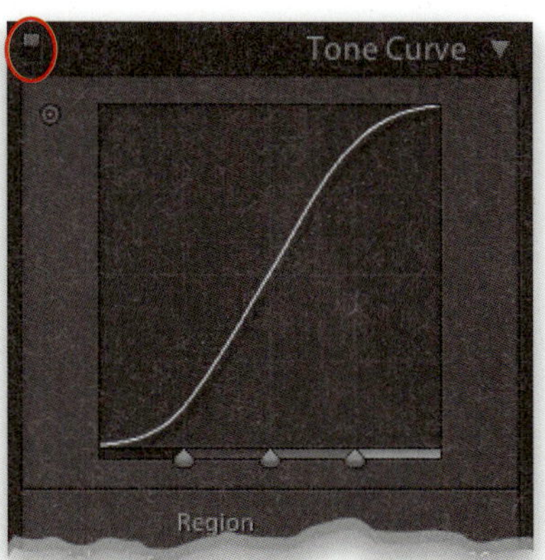

STEP 09

[Tone Curve] 패널에 대해 알아두면 좋은 세 가지 사항이 있다. 가장 먼저 [Range] 슬라이더라고 부르는 그래프 하단의 슬라이더 노브는 톤 커브로 조절하는 블랙, 화이트 그리고 중간톤 영역의 범위를 설정한다. 예를 들어, 왼쪽의 [Range] 슬라이더는 섀도우 영역을 나타내며 노브 왼쪽의 영역이 [Shadows] 슬라이더 설정의 영향을 받는다. [Shadows] 슬라이더의 조절 영역을 확장하려면 왼쪽 [Range] 슬라이더를 클릭하고 오른쪽으로 드래그한다. 중앙 [Range] 슬라이더는 중간톤을 조절한다. 중간톤 [Range] 슬라이더를 클릭하고 오른쪽으로 드래그하면 중간톤과 하이라이트 사이의 영역을 축소해서 [Lights] 슬라이더의 조절 영역이 좁아지고 [Darks] 슬라이더의 조절 영역이 확장한다. [Range] 슬라이더를 기본 설정 위치로 되돌리려면 더블클릭한다.

STEP 10

두 번째 사항은 커브 설정을 취소하고 다시 시작하고 싶은 경우이다. 'Region'이라는 단어를 더블클릭하면 네 개의 슬라이더 설정을 취소한다. 세 번째는 [Tone Curve] 패널에서 설정을 적용하기 전과 후의 사진을 비교하는 방법이다. 패널 헤더 왼쪽에 있는 작은 스위치를 반복해서 클릭하면 보정 후 전과 후의 사진을 번갈아 비교할 수 있다. 예제 사진에서 보정 전과 후를 비교해보자. 원본에 커브 외에 어떤 보정도 적용하지 않았지만 훨씬 나아 보인다. Tone Curve 기능은 보기보다 강력한 보정 도구이다.

편리한 RGB
Curves 기능

라이트룸의 Curves 기능은 이전 버전에도 있었지만 포토샵처럼 Red, Green, Blue 채널의 개별 보정이 가능한 것은 라이트룸 4 버전부터이다. RGB 채널의 개별 보정 기능은 화이트 밸런스 문제나 크로스 프로세스 효과를 만들 때 유용하다.

STEP 01

RGB 채널은 [Tone Curve] 패널의 [Channel] 팝업 메뉴에서 선택한다. 여기서는 모델의 피부와 머리카락의 색상 캐스트를 제거하기 위해 'Blue' 채널을 선택했다. Blue 채널을 선택하면 어느 채널을 보정하는지 알기 쉽게 커브도 파란색으로 표시된다.

STEP 02

파란색 캐스트를 제거하기 위해 커브의 어느 영역을 조절해야 하는지 잘 모르겠다면 라이트룸의 도움을 받는다. 패널 왼쪽 상단의 TAT 도구를 선택한 다음 사진에서 보정할 영역으로 가져가면(예제 사진의 경우 머리카락) 커브에 조절점을 만든다. 이처럼 보정할 영역을 클릭해서 선택해서 커브에 조절점을 추가한 다음 조절점을 잡고 오른쪽 하단을 향해 45도 각도가 되도록 드래그해서 피부와 머리카락의 파란색 캐스트를 제거한다. 물론 TAT 도구로 머리카락을 선택한 다음 커서를 아래로 드래그해도 된다.

STEP 03

이번에는 RGB 커브를 사용해서 크로스 프로세스 효과(과거의 암실 기법)를 만들어보자. 크로스 프로세스 효과는 만들기 무척 쉽다. 수십 개의 조합이 있지만 필자가 사용하는 방법을 소개하겠다. [Channel] 팝업 메뉴에서 'Red'를 선택한 다음 커브에 일정한 간격으로 세 개의 조절점을 만들고 가파른 S자형이 되도록 조절한다. 중앙 조절점은 그대로 두고 상단의 조절점을 위로, 하단의 조절점을 아래로 드래그해서 예제 사진과 같은 형태를 만든다. 커브를 적용한 후의 사진과 비교할 수 있도록 RGB 커브를 적용하지 않은 원본을 하단에 넣었다.

STEP 04

다음은 'Green' 채널로 전환한 다음 **Step 03**과 같은 방법으로 S자형 커브를 만드는데 Red 채널보다는 약간 덜 가파르게 조절한다. 마지막으로 'Blue' 채널로 전환한다. 조절점을 추가하지 않고 왼쪽 끝점을 예제 사진과 같이 왼쪽 경계선을 따라 위로 드래그한다. 물론 사용하는 사진에 따라 다르게 설정해야 하는 경우도 있다. 주로 Blue 채널의 커브를 드래그하는 정도가 달라질 것이다. 그리고 마음에 드는 설정을 발견한다면 [Develop] 모듈 프리셋으로 저장하는 것도 잊지 말자. [Preset] 패널 헤더 옆에 있는 [+] 버튼을 클릭한 다음 [New Develop Preset] 대화창에서 [Check None]을 클릭하고 'Tone Curve' 체크 박스를 활성화한다.

HSL 기능으로 개별 색상 조절하기

사진에서 한 가지 색상만 조절하려면 [HSL] 패널을 사용한다. HSL은 Hue, Saturation, Luminance의 약자이다. [HSL] 패널은 빨간색을 더 빨갛게 만들거나, 하늘을 더 파랗게 혹은 한 가지 색상을 아예 다른 색으로 바꾸고 싶을 때 유용하다. 추가로 TAT 도구를 사용하면 색상 조절이 매우 쉽다.

STEP 01

사진의 특정 색상 영역을 조절하려면 오른쪽 패널 영역에 있는 [HSL] 패널을 사용한다. 패널 헤더에 있는 [HSL/Color/B&W]는 단순한 패널 이름이 아니라 세 개의 버튼이다. 한 개를 클릭하면 선택한 패널에 속한 조절 기능들이 나타난다. [HSL]을 클릭하면 패널에 [Hue], [Saturation], [Luminance], [All] 네 개의 버튼이 나타난다. [Hue] 패널은 특정 색성을 다른 색상으로 바꾼다. 슬라이더를 드래그해서 색상이 어떻게 변하는지 살펴보자. 여기서는 [Red] 슬라이더를 왼쪽 끝까지 드래그하고, [Orange] 슬라이더를 −71까지 드래그해서 발간색 스쿠터를 마젠타 색으로 바꾸었다.

STEP 02

[Red] 슬라이더를 오른쪽 끝까지 드래그하고 [Orange] 슬라이더는 그대로 두면 스쿠터는 오렌지색이 된다. 다음은 오렌지색을 더 선명한 오렌지색으로 만들어보자. 하지만 [Orange] 슬라이더를 거의 끝까지 드래그 했기 때문에 더 이상 조절할 수 없다. 이때 패널 상단의 [Saturation] 패널로 전환한다.

[Saturation] 패널의 여덟 개의 슬라이더는 채도를 조절한다. [Orange] 슬라이더를 오른쪽 끝까지 드래그하고 [Red] 슬라이더는 거의 끝까지 드래그한다. 예제 사진을 보면 스쿠터의 오렌지색이 훨씬 더 선명해졌다. 조절할 색상을 정확하게 알고 있다면 해당 색상의 슬라이더를 조절하면 되지만 조절하려는 영역이 어떤 색상의 배합인지 정확히 모른다면 TAT 도구를 사용한다. 예제 사진에서 배경에 있는 녹색의 채도를 높여보자. TAT 도구로 배경의 녹색을 클릭한 다음 위로 드래그한다. 이때 슬라이드를 보면 [Green] 슬라이더와 함께 [Aqua] 슬라이더도 움직인 것을 알 수 있다. 배경의 녹색에 녹청색도 포함되어 있는지 알기는 거의 불가능하기 때문에 TAT 도구가 필요하다. 필자는 TAT 도구 없이 [HSL] 패널을 사용하지 않는다.

Note -

TAT 도구는 [Tone Curve] 패널의 TAT 도구와 동일하다.

- -

색상의 밝기를 조절하려면 패널 상단의 [Luminance]를 클릭한다. 배경의 녹색을 어둡게 만들기 위해 TAT 도구를 클릭하고 아래로 드래그하자 배경의 색상이 더 깊고 풍부해졌다. 다음은 TAT 도구로 오렌지색 스쿠터 하나를 클릭하고 위로 드래그해서 밝게 조절한다. 이때 [Orange] 슬라이더와 [Red] 슬라이더가 함께 움직이는 것을 볼 수 있다. 마지막으로 다음의 두 가지를 시도해보자: [All] 버튼을 클릭하면 세 개의 패널을 하나의 스크롤 목록으로 만들고 [Color] 패널은 포토샵의 [Hue/Saturation] 기능의 레이아웃과 유사한 세트로 만든다. 기능은 똑같다. 예제 사진은 보정 전과 후의 사진이다.

비네트 효과
만들기

사진 가장자리를 따라 어둡게 만들어 사진의 중앙으로 시선을 집중시키는 비네트 효과는 사용자에 따라 호불호가 갈린다(필자는 매우 좋아하는 효과이다). 이번 레슨에서는 사진에 간단한 비네트 효과를 추가하는 방법과 사진을 크로핑한 후에도 비네트 효과를 유지하는 방법에 대해 알아보고 다른 비네트 효과 선택항목에 대해서도 알아보자.

STEP 01

사진 가장자리에 비네트 효과를 추가하려면 오른쪽 패널 영역에 있는 [Lens Correction] 패널을 사용한다. 일부 렌즈는 사진의 네 귀퉁이를 어둡게 만드는 특성이 있기 때문이다. 이러한 문제는 [Len Correction] 패널에서 보정한다. 사진의 귀퉁이에 나타나는 비네트 현상은 반갑지 않지만 사진의 가장자리를 감싸는 비네트 효과는 사진을 더 멋있게 만들어주는 요소가 된다. 예제 사진은 비네트 효과를 적용하지 않은 사진 원본이다. "나쁜" 비네트 현상을 보정하는 방법은 챕터 7에서 알아볼 것이다.

STEP 02

비네트 효과를 만들기 위해 패널 상단에서 [Manual]을 클릭하고 [Lens Vignetting Amount] 슬라이더를 왼쪽 끝까지 드래그한다. 이 슬라이더는 비네트 효과의 밝기를 조절한다. 왼쪽으로 드래그할수록 어두워진다. [Midpoint] 슬라이더는 비네트 효과의 범위를 조절하므로 왼쪽으로 드래그하면 부드러운 스포트라이트 효과를 만들어 시선을 피사체로 유도한다.

STEP 03

비네트 효과를 적용하는 것은 매우 간단하지만 적용 후에 사진을 크로핑하는 경우 비네트 효과까지 잘라내기 때문에 문제가 생긴다. 이때 Post-Crop Vignetting 기능을 사용해서 사진을 크로핑한 후에도 비네트 효과는 그대로 유지하도록 설정한다. 예제 사진과 같이 사진을 크로핑하면 비네트 효과도 잘려나간다. [Effect] 패널로 스크롤하면 상단에 [Post-Crop Vignetting] 패널이 있다. 하지만 먼저 앞에서 적용한 비네트 효과에 새로 적용하는 비네트 효과가 겹치지 않도록 [Lens Vignetting Amount] 슬라이더를 0으로 되돌린다.

STEP 04

슬라이더를 조절하기 전에 [Style] 팝업 메뉴를 먼저 살펴보자. 메뉴에서 'Highlight Priority', 'Color Priority', 'Paint Overlay'의 세 가지 항목 중 하나를 선택할 수 있는데 'Highlight Priority'를 사용하면 최상의 결과를 얻을 수 있기 때문에 필자는 이 기능만 사용한다. 결과는 일반 비네트 효과와 유사하지만 색상의 채도가 달라질 수 있다. 필자는 가장자리의 채도가 약간 높아도 상관없다고 생각한다. 'Highlight Priority' 기능은 사진 둘레에 밝은 영역이 있을 때 하이라이트 영역을 최대한 보존한다. 예제 사진의 비네트 효과는 필자가 일반적으로 적용하는 정도보다 훨씬 어둡지만 크로핑한 후의 효과를 확실하게 비교하기 위해 일부러 설정한 것이다. 'Color Priority' 기능은 효과를 적용하는 영역의 색상을 최대한 유지한다. 그러므로 사진의 가장자리는 'Highlight Priority'에 비해 덜 어둡지만 채도는 변하지 않는다. 마지막으로 'Paint Overlay'는 라이트룸 2 버전에 있던 사진의 둘레를 어두운 회색으로 칠하는 Post-Crop Vignetting 효과와 동일하다.

STEP 05

다음 두 슬라이더는 비네트 효과를 더 자연스럽게 만들기 위해 추가되었다. 예를 들어, [Roundness] 설정은 비네트 형태의 둥글기 정도를 조절한다. [Roundness] 설정을 0으로 두고 [Feather] 슬라이더를 왼쪽 끝까지 드래그하면 타원형이 된다. 물론 이 형태를 사용하지는 않겠지만 슬라이더의 기능을 이해하기는 쉽다. [Roundness] 설정은 타원형의 둥글기 정도를 조절한다. 슬라이더를 양방향으로 몇 번 드래그해보면 금방 사용법에 익숙해진다. 이제 설정을 다시 0으로 되돌린 후 다음 슬라이더에 대해 알아보자.

STEP 06

[Feather] 슬라이더는 타원형 경계의 부드러운 정도를 조절한다. 슬라이더를 오른쪽으로 드래그할수록 경계선이 부드럽고 자연스럽다. 여기서는 슬라이더를 57까지 드래그했다. **Step 05**의 타원형과 비교하면 그 차이를 확실히 볼 수 있다. 하단의 [Highlights] 슬라이더는 비네트 효과를 적용하는 영역의 하이라이트를 유지하도록 돕는다. 슬라이더를 오른쪽으로 드래그할수록 하이라이트를 더 보호한다. [Highlights] 슬라이더는 [Style] 팝업 메뉴에서 'Highlight Priority'나 'Color Priority'를 선택한 경우에만 사용할 수 있다.

최근에 유행하는 고대비 포토샵 효과는 잡지에서부터 웹사이트, 유명인사 사진, 앨범 커버까지 여러 곳에서 사용된다. 최근엔 포토샵을 사용하지 않고서도 라이트룸에서 고대비 효과를 만들 수 있게 되었다. 고대비 효과에 대해 배우기 전에 호불호가 분명한 효과라는 점을 미리 경고한다.

고대비 사진 만들기

STEP 01

고대비 효과를 만들기 전에 한 가지 유의해야 할 사항은 이 효과가 모든 사진에 적합한 것은 아니라는 점이다. 고대비 효과가 어울리는 사진은 디테일과 질감이 풍부한 이미지로, 도시풍경이나 풍경 사진, 상품사진 혹은 인물사진 중에서는 남성이 피사체인 사진 등 거칠고 질감을 강조하는 사진이다. 그러므로 고대비 효과는 부드럽고 우아한 사진에는 어울리지 않는다. 파리의 오페라 하우스에서 촬영한 예제 사진은 디테일이 많고 질감이 풍부해서 고대비 효과에 적합하다.

STEP 02

고대비 효과는 [Develop] 모듈의 [Basic] 패널에서 설정하며, 일반적인 설정값보다 훨씬 과도한 설정을 적용한다. 고대비 효과는 'Contrast: +100, Highlights: −100, Shadows: +100, Clarity: +100'로 설정한다. 사진에서 벌써 효과를 볼 수 있지만 아직 끝이 아니다.

STEP 03

사진에 따라 차이는 있지만 고대비 설정을 적용한 다음 사진이 약간 어둡다면 [Exposure] 슬라이더를 오른쪽으로 드래그한다. 사진이 약간 흐릿해 보이면 [Blacks] 슬라이더를 왼쪽으로 드래그해서 색상 채도를 높여 균형을 맞춘다. [Vibrance] 슬라이더를 왼쪽으로 약간 드래그해서 채도를 약간 낮춘다. 여기서는 −45로 설정했다. 채도를 낮추는 이유는 여러 개의 사진을 조합하지 않고도 HDR 사진의 느낌을 주기 위해서이다.

STEP 04

마지막으로 약간의 비네트 효과를 추가해서 시선을 피사체에 집중시킨다. [Lens Correctional] 패널의 [Manual] 탭을 클릭한 다음 [Lens Vignetting]의 [Amount] 슬라이더를 왼쪽으로 드래그해서 사진의 가장자리를 어둡게 만든다. [Midpoint] 슬라이더 역시 왼쪽으로 드래그해서 비네트 효과 영역을 설정한다. 그 결과로 사진이 어두워졌기 때문에 [Basic] 패널로 돌아가 [Exposure] 슬라이더를 +0.25까지 드래그했다. 옆 페이지에 고대비 효과를 적용한 다른 사진들의 전/후를 실었다. 고대비 효과가 사진의 종류에 따라 미치는 영향의 차이를 비교해보자. 그리고 고대비 설정을 매번 직접 설정할 필요가 없도록 프리셋으로 저장하는 것도 잊지 말자.

Note

설정을 프리셋으로 저장하는 것은 212페이지 '한 번의 클릭으로 적용하는 프리셋'을 참고하자.

Before

After

Before

After

Before

After

이미지를 컬러에서 흑백으로 자동 변환하는 두 가지 기능은 [Basic]과 [HSL/Color/B&W] 패널에 있다. 어느 패널을 선택해도 결과는 동일하다. 하지만 자동 흑백 변환 기능은 필자의 기준에는 너무 밋밋하다. 직접 변환하면 훨씬 탁월한 결과를 얻을 수 있으며 전혀 어렵지 않다. 그러므로 이번 챕터에서 이미 배운 내용을 토대로 컬러 이미지를 직접 흑백으로 변환해보자.

흑백사진 만들기

STEP 01

[Library] 모듈에서 흑백으로 변환할 사진을 찾은 다음 [Photo]-[Create Virtual Copy] 메뉴를 선택해서 가상 복제 파일을 만든다. 가상 복제 파일을 만드는 이유는 단지 라이트룸의 자동 흑백 변환 기능과 직접 변환한 사진을 비교하기 위해서이다. Ctrl-D(MAC:[Command]-D)키를 눌러 가상 복제 파일을 선택 해제한 다음 [Filmstrip]에서 원본을 클릭한다.

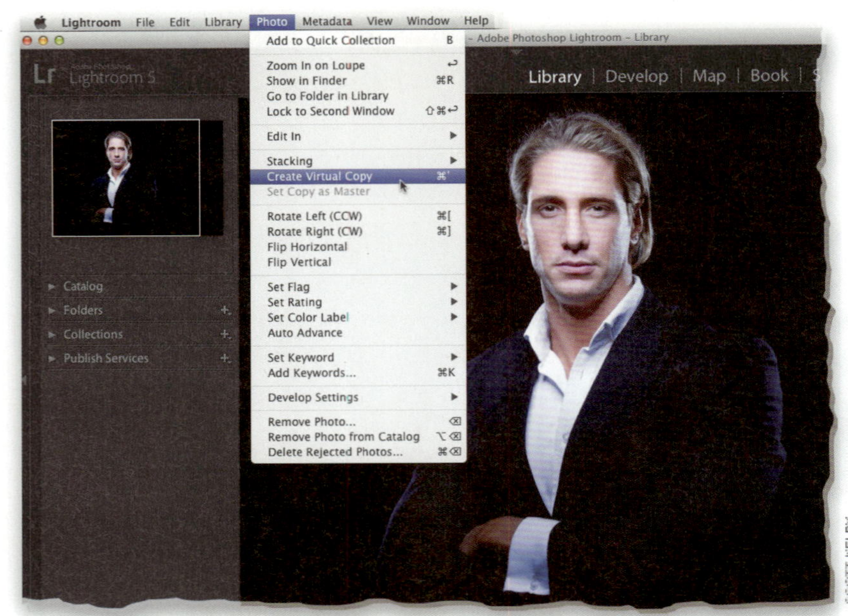

STEP 02

D키를 눌러 [Develop] 모듈로 전환하고 오른쪽 패널 영역의 [HSL/Color/B&W] 패널 헤더에서 [B&W]를 클릭하면 자동 흑백 변환을 적용한다. 그러나 자동 기능으로 변환한 흑백사진은 예제 사진처럼 밋밋하다. 여기서는 자동 변환한 흑백사진을 보정 전 사진으로 생각하면 된다. 자동 변환한 흑백사진에 컬러 슬라이더를 사용해서 추가 보정을 적용할 것이다. 하지만 사진이 컬러가 아니기 때문에 조절이 까다롭다. 시험 삼아 슬라이더들을 조절해보면 큰 변화를 느낄 수 없을 것이다. 패널 헤더에서 왼쪽에 있는 버튼을 클릭하면 기본 변환 설정을 사용하지 않고 라이트룸의 자동 변환 기능을 적용하여 흑백사진이 어떻게 보일지 확인할 수 있다.

필자가 사용하는 흑백사진 변환 방법을 알아보자. ⊡키를 눌러 가상 복제 파일로 전환한다. [Basic] 패널의 [Treatment] 영역에서 [Black & White]를 클릭하면 밋밋한 흑백사진으로 변환한다. 대부분의 사진가들은 톤이 풍부하고 고대비의 흑백사진을 선호한다. 그러므로 사진에서 하이라이트를 강하게 만들기 위해 [White] 슬라이더를 히스토그램의 하이라이트 경고 아이콘이 흰색이 될 때까지 오른쪽으로 드래그한다. 다음은 [Highlights] 슬라이더를 흰색의 경고 아이콘이 다시 회색으로 바뀔 때까지 왼쪽으로 드래그해서 클리핑 현상 없이 하이라이트를 최대치로 설정한다.

다음은 사진이 밋밋해 보이지 않게 [Blacks] 슬라이더를 왼쪽으로 약간 드래그하고 [Contrast]를 높인다. 많은 사진가들이 바위 밑의 그림자 같이 중요하진 않은 영역이라도 사진에서 디테일이 보이지 않는 완전한 검은색 영역이 있으면 안 된다고 믿는다. 필자는 그에 속하지 않는다. 필자는 좀 더 쨍한 흑백사진을 선호하며, 수십 년의 경험으로 터득한 사실은 일반인들은 디테일을 모두 볼 수 있는 밋밋한 흑백사진보다 고대비의 흑백사진에 더 좋은 반응을 보인다는 점이다. 만약 기회가 된다면 두 가지 버전의 흑백사진을 만들어 친구에게 보여주고 어느 사진을 선택하는지 살펴보자. 대비를 높이면 인물의 수트가 너무 어두워지므로 [Shadows] 슬라이더를 높여서 디테일이 나타나게 조절한다. 사진이 전체적으로 약간 밝아보여서 [Exposure]를 조금 낮추었다.

STEP 05

고대비의 흑백사진을 만드는 것이 목표이므로 [Clarity] 슬라이더를 오른쪽으로 드래그해서 중간 톤의 대비를 높여서 쨍하고 선명하게 만든다.

Note

여기서는 [Clarity] 슬라이더를 +49로 설정했다.

Tip

흑백사진에 적합한 사진 찾기

컬렉션에서 Ctrl-A(MAC:[Command]-A)키를 눌러 모든 사진을 선택한 다음 V키를 눌러 흑백으로 임시 변환하면 흑백으로 변환할 사진을 찾기 쉽다. Ctrl-D(MAC:[Command]-D)키를 눌러 선택 해제한 다음 흑백으로 변환할 사진을 찾으면 P키를 눌러 Pick 등급으로 설정한다. 선택을 마치면 다시 모든 사진을 선택하고 V를 눌러 컬러로 되돌린다. 이제 흑백사진에 적합한 사진들은 모두 Picks 플래그로 태그되어 있다.

STEP 06

마지막 단계는 샤프닝 효과를 추가하는 것이다. 예제 사진은 인물사진이기 때문에 가장 쉬운 방법은 왼쪽 패널 영역의 [Preset] 패널에서 'Sharpen-Faces' 프리셋을 적용하는 것이다. 적용 후에도 샤프닝 효과가 더 필요하다면 그 아래에 있는 'Sharpen-Scenic' 프리셋(원래는 풍경사진을 위한 프리셋이다)을 적용해본다. 흑백사진 설정도 컬러사진과 거의 차이가 없다. 사실 앞부분에서 언급하지 않은 점이 있는데 라이트룸에는 흑백 변환 프리셋이 있다. 미리 알리지 않은 이유는 사용자가 테크닉을 배우고 직접 만들어보기를 바랐기 때문이다. 오른쪽 하단의 [Reset] 버튼을 클릭해서 컬러사진 원본으로 되돌린 다음 [Presets] 패널의 [B&W Presets]에 있는 'B&W Look 5' 프리셋을 적용해보자. 필자를 너무 미워하지 않길 바란다.

STEP 07

마지막으로 알아두어야 할 점이 있다. 사진에서 일부 영역만 선택해서 조절하는 방법이다. 예를 들어, 수트를 더 밝게 만들고 싶다고 가정하자. [B&W] 패널에서 왼쪽 상단에 있는 TAT 도구를 클릭한 다음 사진에서 수트를 클릭한다. 그리고 위로 드래그하면 밝아진다. 사진이 흑백이긴 하지만 도구는 선택 영역을 이루는 컬러 슬라이더들을 자동으로 조절해서 밝게 만든다.

자동 변환한 흑백사진

직접 변환한 흑백사진

듀오톤과 분할톤 사진 만들기

이번 레슨에서 배울 테크닉은 듀오톤 사진을 만드는 방법이지만 분할톤 효과를 만드는 방법도 포함했다. 두 가지 효과가 거의 동일한 조절 기능을 사용하기 때문이다. 듀오톤의 경우 흑백사진으로 시작해서 깊은 컬러톤을 추가하여 이미지의 시각적 깊이를 더해주는 효과이다. 하지만 분할톤은 하이라이트와 섀도우 영역에 각각 다른 색상을 적용한다. 여기서는 듀오톤에 대해 먼저 알아보자. 분할톤보다 더 많이 사용할 뿐만 아니라 훨씬 보기 좋기 때문이다(필자는 분할톤을 별로 좋아하지 않지만 만약의 경우를 위해 알아두면 좋을 것이다).

STEP 01

실제의 듀오톤과 분할톤 효과는 오른쪽 패널 영역에 있는 [Split Toning] 패널에서 설정하지만 그 전에 사진을 흑백으로 변환해야 한다. [Develop] 모듈의 [Presets] 패널에서 [B&W Presets]의 'B&W Look 5' 프리셋을 적용하여 흑백사진으로 변환한다. 그리고 [Basic] 패널에서 [Clarity] 설정을 높이고 [Exposure] 설정을 약간 낮춘다.

STEP 02

듀오톤 효과를 만드는 비법은 매우 간단하다: 하이라이트 영역을 제외한 섀도우 영역에만 색조를 추가하는 것이다. 오른쪽 패널 영역의 [Split Toning] 패널에서 'Shadows'의 [Saturation] 슬라이더를 25까지 드래그하면 사진에 색조가 약하게 나타난다. 슬라이더를 드래그하기 시작하자마자 색조가 나타나는데 기본 색상은 세피아색이다. [Hue] 슬라이더를 41까지 드래그하면 더 전통적인 듀오톤 효과가 된다. 또한 [Saturation] 슬라이더도 35까지 드래그하면 듀오톤 효과 설정은 끝이다. 물론 다른 색조를 선택해서 적용할 수도 있다.

Tip

설정 취소하기

처음으로 돌아가 설정을 다시 시작하려면 Alt (MAC:[Option])키를 누른 채 [Split Toning] 패널의 'Shadows'가 'Reset Shadows'로 바뀌면 클릭한다.

분할톤 효과를 만들기 위해 컬러사진을 흑백사진으로 변환한 다음 듀오톤과 마찬가지로 색조를 추가할 것이다. 그러나 사진 전체에 하나의 색조를 적용하는 것이 아니라 하이라이트와 섀도우 영역에 각각 다른 색조를 적용한다. 여기서는 'Highlights' 영역의 [Hue]를 45로 설정하고 'Shadows' 영역의 [Hue]를 214로 설정했다. 그리고 'Shadows' 영역의 [Saturation] 슬라이더를 27, 'Highlights' 영역의 [Saturation] 슬라이더를 50으로 조절했다.

> **Tip**
>
> **색조 미리 보기**
> 선택하는 색조를 쉽게 보려면 Alt (MAC:[Option]) 키를 누른 채 [Hue] 슬라이더를 드래그해서 임시로 미리 보기 할 수 있다.

분할톤에 적용하는 색상은 색상표에서도 선택할 수 있다. 'Highlights' 옆에 있는 색상 스와치를 클릭해서 색상표를 불러온다. 상단에는 분할톤에서 하이라이트 영역에 일반적으로 사용하는 색상이 있다. 예를 들어, 왼쪽에서 세 번째에 있는 베이지색의 스와치를 클릭하면 사진에 적용하고 Preview 영역에서 미리 보기 할 수 있다. 색상표를 닫으려면 왼쪽 상단에 있는 [X]를 클릭한다. [Balance] 슬라이더는 그 이름대로 하이라이트와 섀도우 영역 사이의 색상 조합의 균형을 조절한다. 예를 들어, 하이라이트 영역의 베이지색을 더 강하게 만들려면 [Balance] 슬라이더를 오른쪽으로 드래그한다. 마음에 드는 듀오톤이나 분할톤 설정 조합을 만들었다면 [Preset] 패널 헤더 오른쪽의 [+] 버튼을 클릭해서 프리셋으로 저장한다.

화이트 밸런스 재설정하기

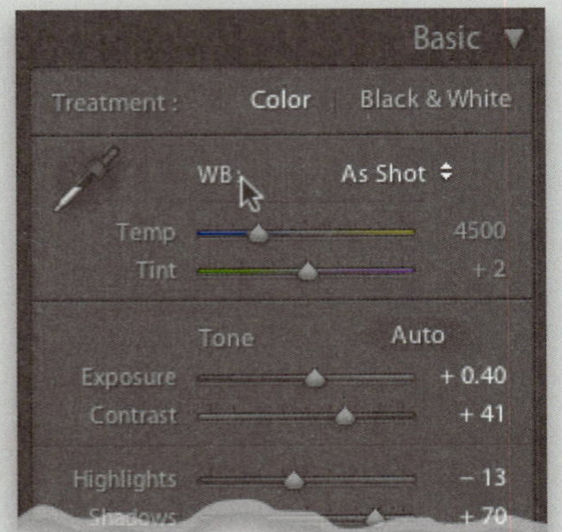

[Basic] 패널에서 화이트 밸런스를 조절하는 [Temp]와 [Tint] 슬라이더를 기본 설정인 'As Shot'으로 재설정하려면 상단의 'WB'라는 글자를 더블클릭한다.

[Detail] 패널의 줌 배율 선택하기

[Detail] 패널의 작은 미리 보기 모드 창을 마우스 오른쪽 버튼으로 클릭하면 1:1과 2:1 중에 줌 배율을 선택할 수 있다.

클리핑 경고 아이콘 숨기기

히스토그램 양쪽 상단에 있는 클리핑 경고 아이콘을 사용하지 않는 동안 해제하고 싶다면 히스토그램의 아무 영역에서 마우스 오른쪽 버튼을 클릭한 다음 팝업 메뉴에서 'Show Clipping Indicators'를 해제한다. 다시 보이게 하려면 팝업 메뉴에서 활성화한다.

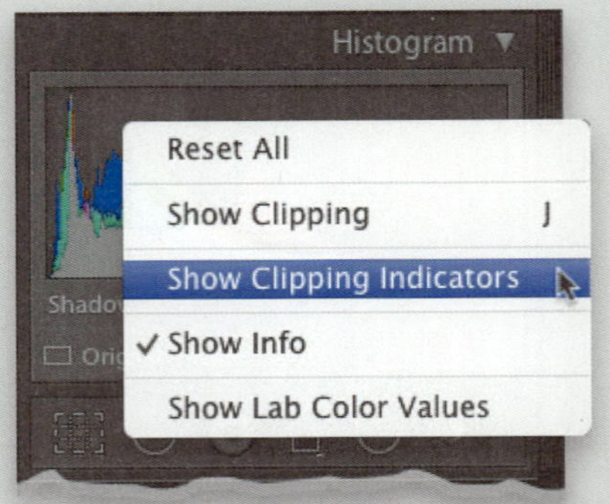

가상 복제 흑백사진 파일과 원본 분리하기

가상 복제 흑백사진 파일만 보려면 Library Filter 바(보이지 않는다면 ＼키를 누른다)에서 [Attribute]를 클릭한다. [Attribute] 드롭다운 메뉴에서 오른쪽 끝에 있는 귀퉁이가 접힌 페이지 아이콘을 클릭하면 가상 복제 파일만 볼 수 있다. 원본 흑백사진 파일만 보려면 아이콘 왼쪽에 있는 [Filmstrip] 아이콘을 클릭한다. 모든 파일을 보려면 [None] 버튼을 클릭한다.

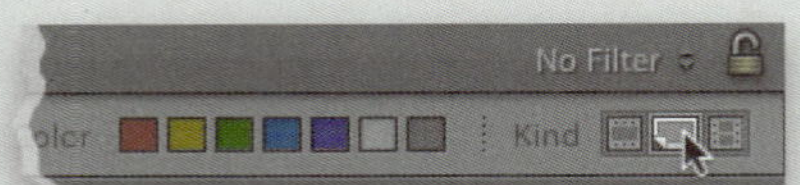

보정 전과 후의 흑백사진 보기

흑백사진 편집을 끝낸 후 편집 전의 이미지를 보기 위해서 단축키 ＼를 누르면 원본이 컬러사진이기 때문에 변환한 흑백사진 원본이 아닌 컬러사진을 불러온다. 흑백 변환 직후 Ctrl −N(MAC: [Command]−N)키를 눌러 스냅샷으로 저장하면 언제든지 [Snapshot] 패널에서 편집 전의 흑백사진을 볼 수 있다. 혹은 흑백 변환 직후 Ctrl −'(MAC:[Command]−')키를 눌러 가상 복제 파일을 만든 후 복사 파일을 편집하면 ＼키를 눌러 변환한 원본과 편집한 복사 파일을 비교할 수 있다.

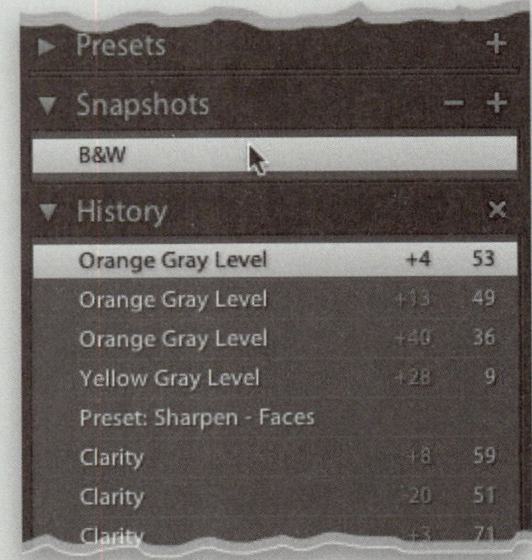

TAT 도구 팁

[HSL/Color/B&W] 패널의 TAT 도구를 사용해서 흑백사진을 편집한다면 사진에서 도구를 클릭하고 드래그해서 선택 영역을 구성하는 색상의 슬라이더들을 조절한다는 점은 이미 알고 있을 것이다. 하지만 선택 영역에서 도구를 직접 상하로 드래그하는 것보다 ↑/↓ 키를 사용하면 더 편리하다. 이때 Shift 키를 누른 채 ↑/↓ 키를 누르면 더 큰 폭으로 움직인다.

듀오톤 칠하기

흑백사진으로 듀오톤 이미지를 만드는 또 한 가지 방법은 Adjustment Brush 도구를 선택한 다음 [Effect] 팝업 메뉴에서 'Color'를 선택하는 것이다. 색상표를 불러온 다음 색상을 선택하고 창을 닫는다. 'Auto Mask' 체크박스를 해제한 다음 사진을 브러쉬로 드래그한다. 사진에 듀오톤 색상을 적용해도 모든 디테일은 유지한다.

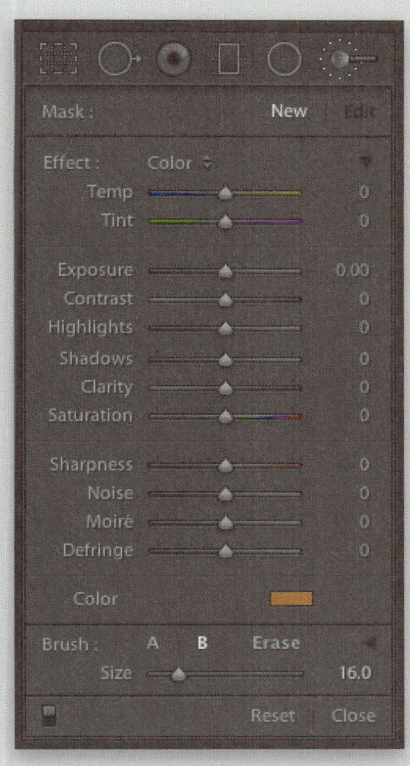

사진을 보며 어느 색상 슬라이더를 조절할지
알기 쉬워진다.

흑백 변환 전에 원본사진 보정하기

[B&W] 패널을 사용해서 흑백사진으로 변환
하기 전에 컬러 원본사진을 보정하면 흑백으
로 변환했을 때 더 나은 결과를 얻을 수 있다.

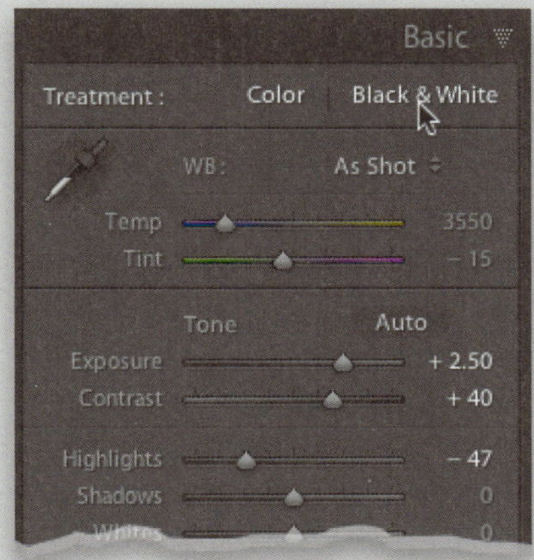

빠른 커브 재설정

[Develop] 모듈의 [Tone Curve] 패널에서 커
브를 설정한 후 다시 'Linear' 설정으로 재빨리
되돌리려면 커브 그리드에서 마우스 오른쪽 버
튼을 클릭한 후 'Flatten Curve'를 선택한다.

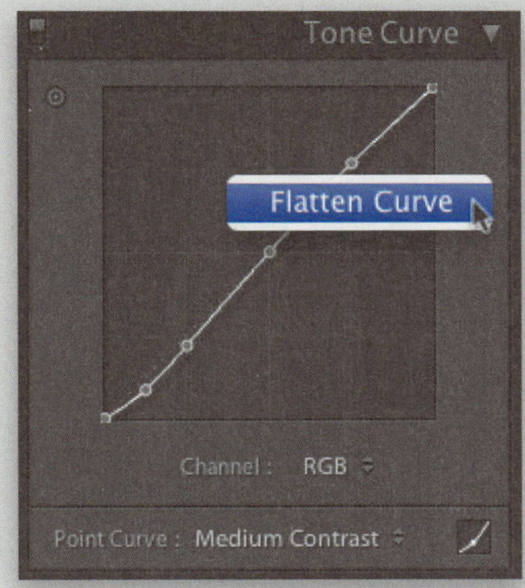

흑백사진 변환 팁

[HSL/Color/B&W] 패널에서 [B&W]를 클릭해
서 흑백사진으로 변환하면 사진이 밋밋하여 컬
러 슬라이더를 사용해서 보정을 한다. 그러나
이미지가 흑백이기 때문에 어느 슬라이더를 조
절해야 할지 알기 어렵다. 이때 흑백으로 변환
한 다음 Shift - Y 키를 눌러 원본과 흑백의
분할 화면 보기로 전환한다. 만약 두 개의 이
미지를 나란히 나열된 보기 모드로 나타내려
면 Shift - Y 키를 한 번 더 누른다. 이제 화
면 왼쪽에는 컬러사진 원본, 오른쪽에는 흑백

RAW 이미지의 기본 커브 설정

라이트룸 이전 버전에서는 RAW 이미지를
열었을 때 기본 커브 설정을 자동 적용했다
([Tone Curve] 패널의 [Point Curve] 팝업
메뉴를 보면 'Midium Contrast'로 설정되어
있다). JPEG 이미지의 경우 카메라에서 이
미 대비 효과를 적용했기 때문에 기본 설정
이 'Linear'인 경우 JPEG과 동일한 프리셋을
RAW 이미지에 적용해도 각 파일 형식에 적용
하는 대비의 정도가 달랐다. 라이트룸 4 버전부
터는 RAW와 JPEG 이미지 모두 기본 커브 설
정이 'Linear'이다. 물론 RAW 이미지에는 여전
히 기본 커브 설정을 적용하지만 최소한 Tone
Curve 프리셋을 RAW 형식과 JPEG 형식에
동일하게 적용한다.

Photo by Scott Kelby   Exposure: 1/800 sec | Focal Length: 70mm | Aperture Value: f/2.8

CHAPTER 05

DJ DEVELOP(PART 2)
사진 보정하기

이전 책에는 [Develop] 모듈 챕터의 분량이 가장 많았다. 그러나 어도비사가 지속적으로 [Develop] 모듈에 새로운 기능들을 추가하면서 점점 늘어나는 챕터의 분량 때문에 두 개의 챕터로 나누기로 결정했다. 앞의 챕터에는 가장 기본적인 [Develop] 모듈의 기능들을 정리하고 나머지 기능들을 이번 챕터에 실었다. 하지만 이 챕터에 있는 테크닉들이 중요하지 않은 것이 절대 아니다. 물론 가장 중요한 기능들은 아니지만 누구에게나 성장할 기회가 필요하다. 필자와 같은 남자들은 단순한 형용사 앞에 "DJ"를 붙인다. 과학적으로 증명되지는 않았지만 형용사 앞에 "DJ"만 붙이면 100달러짜리 지폐로 만든 목걸이를 걸고 있는 것보다 훨씬 빨리 여자들의 주의를 끌기 때문이다. 정말이다. 직접 시도해 보기 바란다. 아무 형용사(예를 들어 "shy")에다 "DJ"를 붙

여서 "DJ Shy"가 되면 어느 장소에서든지 들어가기만 해도 여자들이 기절할 정도로 좋아한다. 촉각이나 맛에 관련된 형용사는 더 말할 필요도 없다. "hot", "icy", "fresh", "delicious" 등의 단어를 사용하면 다시는 외롭지 않게 될 것이다. 그러므로 라이트룸 사용자가 "DJ Develop"라는 이름과 "Banoodles"라는 노래(아이튠에서 99¢에 구매할 수 있다. 필자가 90초 미리듣기로 들어보았는데 자살충동을 느꼈다)로 아름다운 여성 사진가를 유혹한다고 상상해보자. 어쨌든 필자가 조사해봤더니 남자들이 "DJ"를 사용하는 것처럼 여자들이 어떤 장소에서든지 남자들의 주의를 끌 수 있는 접두사가 있는데 바로 "HDTV"이다. 형용사를 사용하는 대신 이 접두사를 스파이스 걸스 멤버 이름 앞에 붙이면 단숨에 결혼에 골인할 수 있다. 증명된 사실이다.

RAW 이미지를 JPEG 이미지처럼 만들기

라이트룸 세미나에서 필자가 가장 많이 듣는 불만은 "RAW 이미지를 라이트룸으로 불러오면 처음에는 좋아보였는데 바로 형편없는 이미지로 바뀐다"는 점이다. JPEG 이미지의 경우 카메라에서 대비, 샤프닝 등을 적용하지만 RAW 이미지는 그러한 설정을 전혀 적용하지 않기 때문이다. 그러므로 RAW 이미지를 라이트룸으로 불러오면 선명하고 대비가 강한 미리 보기 이미지를 먼저 본 다음 실제의 RAW 이미지를 보게 된다. 이번 레슨에서는 RAW 이미지를 불러온 후 JPEG 이미지 미리 보기처럼 보이게 만드는 방법을 배워보자.

STEP 01

RAW 이미지를 JPEG 이미지 미리 보기처럼 설정하기 위해 [Develop] 모듈의 [Camera Calibration] 패널 상단에서 [Profile] 팝업 메뉴를 열면 카메라 제조사와 기종의 프로필 목록이 있다. 카메라 프로필은 이미지 파일에 기록된 EXIF 데이터를 라이트룸이 읽고 목록으로 만든다. 모든 카메라 제조사나 기종과 호환되지는 않지만 대부분의 Nikon과 Canon DSLR 최신 기종들과 일부 Pentax, Sony, Olympus, Leica, Kodak 기종들과 호환된다. 이 프로필들은 카메라에서 JPEG 이미지에 적용하는 프리셋들과 흡사하다. 기본 프로필 설정은 'Adobe Standard'이다.

STEP 02

각 프로필을 사진에 적용해보고 대비가 강하고 풍부한 색상의 JPEG 이미지와 가장 근접한 프로필을 선택한다. 필자는 주로 'Camera Standard' 프로필을 가장 먼저 적용해본다. 하지만 대부분의 경우 기본 설정인 'Adobe Standard'와 별다른 차이가 없다고 느낀다.

Note

Canon이나 Pentax 등의 기종을 사용한다면 제조사가 설정한 카메라의 사진 스타일 이름을 따르기 때문에 프로필 목록이 다를 수도 있다.

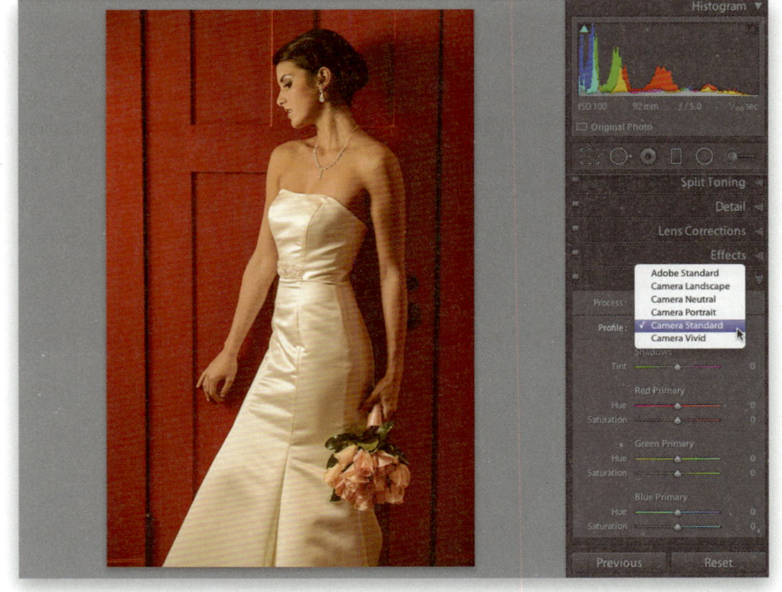

STEP 03

풍경사진에서 후지 Velvia 필름과 같은 색상을 원하거나 피사체를 선명한 색상으로 만들려면 카메라의 'Vivid' 색상 프리셋과 유사한 'Camera Vivid' 프로필을 선택한다. 필자도 풍경사진에 즐겨 사용하는 프로필이다. 그러나 'Camera Landscape' 프로필도 적용해서 비교한 다음 선택하는 것이 좋다. 사진에 따라 동일한 프로필을 적용해도 다르게 보이기 때문이다. 다른 프로필도 적용해보고 그 사진에 가장 적합한 프로필을 선택해야 한다.

Note

RAW 이미지로 촬영한 사진에만 카메라 프로필을 선택할 수 있다는 점을 기억하자. JPEG 형식 이미지는 'Embedded' 프로필 한 가지만 있다.

Tip

나만의 프로필 만들기

어도비사의 DNG Profile Editor를 사용해서 프로필을 직접 만들 수 있다. 'www.adobe.com/product/photoshop/extend.displayTab2.html'의 [Resources] 영역에서 무료로 다운로드하면 된다.

STEP 04

예제 사진은 'Camera Vivid' 프로필을 적용하기 전과 후의 사진이다. 필자는 카메라의 뒷면에서 봤던 JPEG 이미지와 같은 RAW 이미지를 원하는 경우 이 프로필들을 사용한다.

Tip

프로필 자동 적용하기

특정 프로필을 RAW 이미지에 항상 적용하려면 [Develop] 모듈에서 프로필을 선택한 다음 Develop 프리셋의 이름을 설정해서 저장한다. 이때 [Develop] 모듈에서 다른 설정은 아무것도 하지 않는다. 사진을 불러올 때 [Import] 창의 [Develop Settings] 팝업 메뉴에서 프리셋을 선택하여 적용한다. 프리셋을 만드는 방법에 대한 자세한 내용은 212페이지, '한 번의 클릭으로 적용하는 프리셋'을 찾아보자.

편집 전과 후의
사진 비교하기

챕터 4의 화이트 밸런스 보정에 대한 레슨에서 보정 전과 후의 예제 사진을 실었는데 보정 전과 후의 사진 보기 설정에 대해서는 설명하지 않았다. 라이트룸에서는 다양한 방법으로 보정 전후의 사진을 비교할 수 있다.

STEP 01

[Develop] 모듈에서 작업할 때 보정 전의 이미지를 보기 위해 ＼키를 눌러 예제 사진과 같이 오른쪽 상단에 'Before'라고 표시한 보정 전 이미지를 불러온다. 필자가 가장 많이 사용하는 보정 전 사진 보기 모드는 보정한 사진 위에 겹쳐서 나타나는 오버레이 형식이다. 보정 후 사진으로 전환하려면 ＼키를 다시 누른다.

STEP 02

보정 전과 후의 이미지를 나란히 배치해서 보려면 Y키를 누른다. 분할 화면 보기를 선호한다면 미리 보기 하단의 도구바에서 왼쪽 끝에 있는 [Before and After View] 버튼을 클릭한다. 도구바가 보이지 않는다면 T키를 누른다. 버튼을 다시 클릭하면 좌우 이미지 대신 두 개의 이미지를 상하 분할 화면으로 배치한다. 원래의 Loupe 보기 모드로 전환하려면 D키를 누른다.

이번 레슨에서는 사진 한 장을 편집한 후 다른 사진에도 동일한 설정을 적용하는 방법에 대해서 알아보자. 예를 들어, 동일한 촬영에서 260장의 사진을 촬영했다면 사진 한 장만 보정한 후 똑같은 설정을 나머지 사진들에 일괄 적용할 수 있다. 편집 설정을 적용할 사진을 선택한 다음의 나머지 과정은 거의 자동으로 진행될 것이다.

다른 사진에 동일한 설정 적용하기

SCOTT KELBY

STEP 01

가장 먼저 카탈로그를 위해 촬영한 예제 사진의 노출과 화이트 밸런스부터 보정해보자. [Library] 모듈에서 사진을 클릭한 다음 D 키를 눌러 [Develop] 모듈로 전환한다. [Basic] 패널의 [Exposure] 슬라이더와 [Shadows] 슬라이더를 오른쪽으로 드래그한다. 다음은 White Balance Selector 도구(W)로 밝은 회색이 되어야 하는 영역을 클릭한다. 여기서는 Shift - Y 키를 두 번 눌러 보정 전과 후를 비교할 수 있도록 두 개의 사진을 나란히 배치했다. 첫 단계인 노출과 화이트 밸런스 보정은 여기까지이다. 다음은 D 키를 눌러 일반 보기모드로 돌아온다.

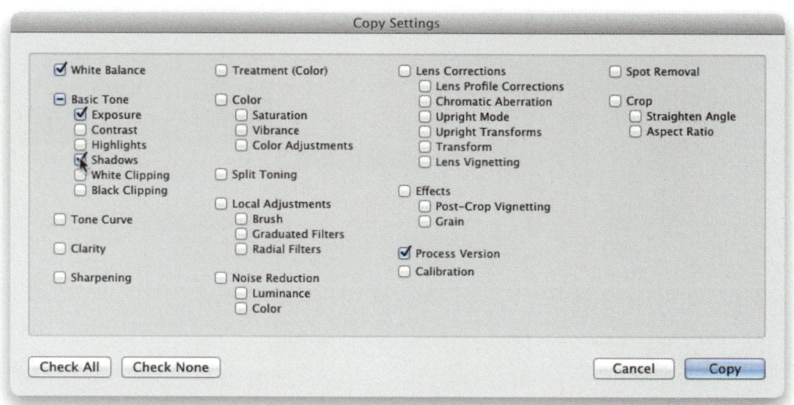

STEP 02

왼쪽 패널 영역 하단의 [Copy] 버튼을 클릭한다. [Copy Settings] 대화창이 나타나면 보정한 사진에서 복사할 설정들을 선택한다. 기본 설정으로 꽤 많은 항목의 체크박스가 활성화되어 있는데 여기서는 두 항목만 필요하므로 대화창 하단의 [Check None] 버튼을 클릭해서 모두 해제한다. 그리고 'White Balance'와 'Exposure'만 체크하고 [Copy] 버튼을 클릭한다.

Note

이전의 프로세스 버전을 사용하는 이미지에 설정을 적용한다면 'Process Version'도 체크한다.

STEP 03

[G]키를 눌러 Grid 보기 모드로 전환한 다음 설정을 적용할 사진들을 선택한다. 사진 전체에 적용하려면 [Ctrl]-[A](MAC:[Command]-[A])키를 눌러 모든 사진을 선택한다. 이미 보정한 원본을 함께 선택해도 상관없다.

Tip

다른 설정 선택하기

여기서는 두 개의 설정만 복사해서 적용하지만 선택할 수 있는 항목에는 제한이 없다. 하나의 영역에서 여러 가지 기능을 설정한 후 [Copy Settings] 대화창에서 영역 전체를 선택해도 상관없다. [Basic] 패널의 편집 설정을 복사할 때 하위 항목을 일일이 선택하는 대신 [Basic Tone]을 체크해서 모든 하위 항목을 체크하면 시간을 절약할 수 있다.

STEP 04

[Photo]-[Develop Settings]-[Paste Settings] 메뉴를 선택하거나 [Ctrl]-[Shift]-[V](MAC:[Command]-[Shift]-[V])키를 눌러 복사한 설정을 선택한 사진에 적용한다. 예제 사진을 보면 선택한 사진들에 노출과 화이트 밸런스 설정을 적용해서 일괄 보정했다.

Tip

한 두 개의 사진만 보정하기

[Develop] 모듈에서 한 두 개의 이미지만 보정하는 경우 하나의 이미지를 먼저 보정한 다음 [Filmstrip] 영역에서 설정을 적용할 다른 사진을 선택하고 오른쪽 패널 영역 하단에 있는 [Previous] 버튼을 클릭한다.

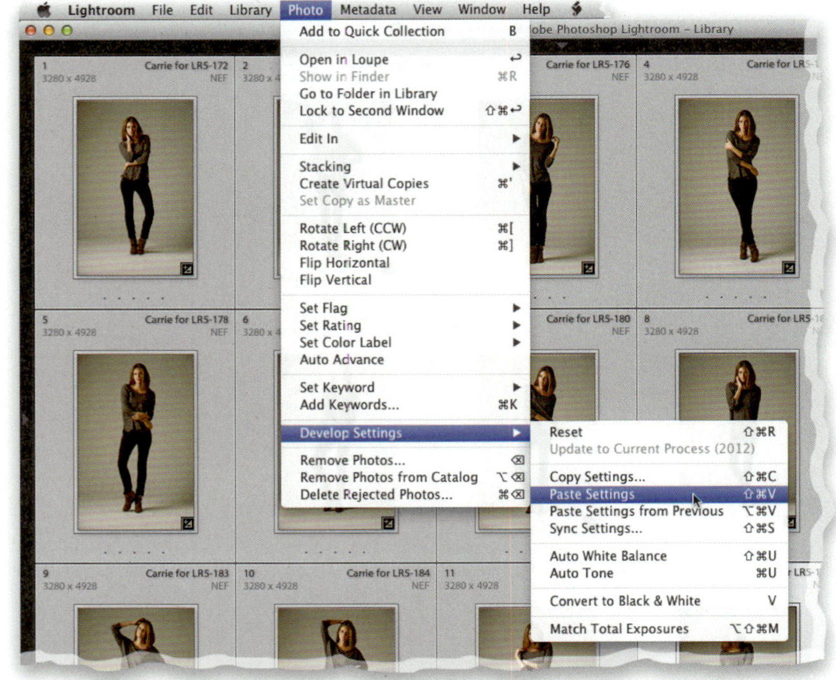

챕터 4에서 비네트 효과를 추가한 신부의 사진을 기억하는가? 만약 그 사진을 흑백으로 변환한 버전과 컬러 색조를 적용한 버전 그리고 고대비를 적용한 버전 혹은 다른 크로핑 설정을 적용한 모습을 보고 싶다고 가정하자. 다양한 아이디어를 실험하기 위해 매번 고해상도 복제 파일을 만드는 것을 주저하게 되는 이유는 하드디스크 공간과 RAM을 너무 많이 소모하기 때문이다. 하지만 공간을 차지하지 않는 가상 복제 파일을 만들면 마음대로 아이디어를 실험해볼 수 있다.

실험을 위한 가상 복제 파일 만들기

STEP 01

가상 복제 파일은 원본 사진을 마우스 오른쪽 버튼으로 클릭하고 팝업 메뉴에서 'Create Virtual Copy'를 선택하거나 Ctrl-「'」(MAC:[Command]-「'」) 키를 눌러 만든다. 가상 복제 파일은 원본과 똑같아 보이며 편집도 할 수 있다. 그러나 실제의 파일은 아니기 때문에 파일 크기를 추가하지 않는다. 그러므로 얼마든지 만들어서 하드디스크 공간에 대한 걱정 없이 마음껏 실험할 수 있다.

STEP 02

가상 복제 이미지를 원본과 구분하는 방법은 쉽다. 가상 복제 이미지는 그리드와 [Filmstrip] 모두 썸네일 왼쪽 귀퉁이에 접힌 페이지 형태의 아이콘이 있다. 이제 [Develop] 모듈에서 원하는 설정을 한다. 여기서는 [Clarity]와 [Vibrance] 설정을 높이고, [Effects] 패널에서 조금 더 강한 비네트 효과를 추가했다. 그리드 보기로 돌아오면 원본과 편집한 가상 복제 이미지가 나란히 보인다.

Note

비네트 효과에 대해서는 챕터 4의 188페이지, '비네트 효과 만들기'를 참고한다.

STEP 03

하드디스크 공간을 사용하지 않고 원본을 훼손할 위험이 없는 가상 복제 파일은 개수의 제한이 없으므로 다양한 실험이 가능하다. 이번에는 첫 번째 가상 복제 이미지를 클릭한 다음 [Ctrl]─[ˌ] (MAC:[Command]─[ˌ])키를 눌러 또 하나의 가상 복제 이미지를 만들고 [Develop] 모듈에서 편집한다. 여기서는 [White Balance]를 조절해서 노란색을 추가하고('White Balance:5000, Tint:+33'), [Vibrance]는 +77로 설정해서 석양의 분위기를 만들었다. 노출 설정도 약간 낮추었다. 가상 복제 이미지를 추가로 더 만들어 다양한 [White Balance]와 [Vibrance] 설정을 적용해보았다.

Note

가상 복제 이미지에서 오른쪽 패널 영역 하단의 [Reset] 버튼을 클릭하면 편집 설정을 취소한다. 또한 가상 보기 파일을 만들기 위해 매번 Grid 보기로 전환하지 않아도 된다. 단축키 [Ctrl]─[ˌ] (MAC:[Command]─[ˌ])키는 [Develop] 모듈에서도 사용이 가능하다.

STEP 04

실험한 사진들을 모아보려면 Grid 보기 모드로 전환해서 원본들과 가상 복제 이미지들을 선택한 다음 [N] 키를 눌러 Survey 보기 모드로 전환한다. 마음에 드는 사진은 그대로 두고 나머지 가상 복제 이미지들은 삭제한다.

Note

가상 복제 파일을 선택한 다음 [Backspace](MAC:[Delete])키를 누른 후 대화창에서 [Remove] 버튼을 클릭하여 삭제한다. 가상 복제 파일을 포토샵으로 보내거나 JPEG이나 TIFF 형식으로 내보내기 하려면 지금까지 적용한 설정을 사용해서 실제 복제 파일을 만든다.

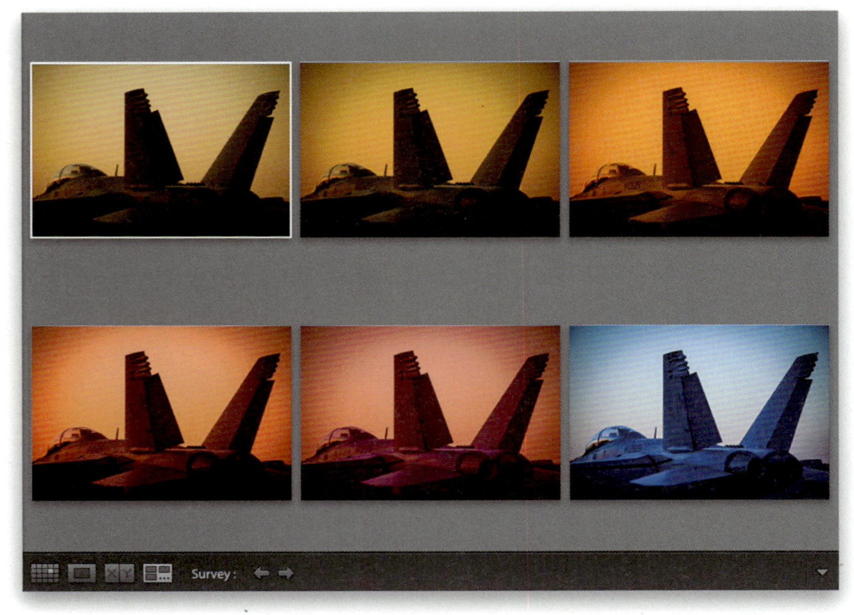

앞의 레슨에서는 사진 하나를 보정한 다음 설정을 복사해서 다른 사진들에 적용하는 방법을 배웠다. 그러나 라이트룸의 Auto Sync 기능을 사용하면 유사한 사진들을 선택한 다음 사진 하나를 보정하여 선택한 다른 사진들에도 동시에 자동으로 일괄 적용할 수 있다.

Auto Sync 기능으로 일괄 보정하기

STEP 01

[Library] 모듈에서 보정할 사진을 클릭한 다음 [Filmstrip] 영역에서 Ctrl-클릭(MAC:[Command]-클릭)키를 눌러 일괄 보정할 사진들을 선택한다. 여기서는 12개의 이미지를 선택해서 섀도우 영역을 밝게 보정하고, 대비와 선명도도 추가할 것이다. Preview 영역에는 처음 선택한 사진이 나타난다. [Develop] 모듈로 전환한 다음 오른쪽 패널 영역 왼쪽 하단을 보면 [Previous] 버튼이 있던 자리에 [Sync] 버튼이 있다.

STEP 02

[Sync] 버튼 왼쪽의 스위치를 클릭해서 Auto Sync 기능을 활성화하면 [Auto Sync] 버튼으로 바뀌고 사진의 보정을 시작한다. 여기서는 [Contrast] 슬라이더를 +27로 설정해서 섀도우 영역을 어둡게 만들고 하이라이트 영역을 밝게 만들기 위해 각각 'Shadows:+44, Clarity:+49'로 설정했다. 사진을 보정하면서 [Filmstrip] 영역에 있는 다른 사진들을 보면 복사해서 붙이기나 대화창 등의 기능을 사용하지 않고도 실시간으로 보정을 일괄 적용한다. Auto Sync 기능은 작은 스위치를 다시 클릭해서 해제한다. 또한 Ctrl(MAC:[Command])키를 누르고 있으면 [Sync] 버튼이 [Auto Sync] 버튼으로 바뀌어 Auto Sync 기능을 임시로 사용할 수 있다.

Note

[Auto Sync] 버튼은 여러 개의 이미지들을 일괄 선택하지 않으면 활성화되지 않는다.

한 번의 클릭으로 적용하는 프리셋

라이트룸에는 한 번의 클릭으로 적용할 수 있는 [Develop] 모듈 프리셋이 있다. 왼쪽의 [Preset] 패널에 8개의 프리셋 컬렉션이 있는데 7개는 어도비사가 만든 프리셋이며, 나머지 한 개는 [User Presets] 컬렉션으로 직접 만든 프리셋을 저장한다. 몇 분만 투자해서 프리셋 컬렉션 사용법을 배우면 작업 시간을 절약할 수 있다.

STEP 01

먼저 라이트룸 프리셋의 사용법에 대해 알아본 다음 직접 프리셋을 만들어보자. 라이트룸 프리셋은 왼쪽의 [Preset] 패널에 있다. 7개의 프리셋 컬렉션과 하나의 사용자 프리셋 컬렉션이 있는데 각 컬렉션의 프리셋들의 이름을 보면 기능을 쉽게 알 수 있다. 예를 들어, 질감을 조절하는 프리셋은 'Grain'이라는 이름이며 질감의 정도에 따라 Heavy, Light, Medium으로 나뉜다.

STEP 02

[Navigator] 패널에서 프리셋의 이름에 커서를 놓으면 실제로 적용하기 전에 상단의 미리 보기 영역에서 확인할 수 있다. 여기서는 'Cross Process 3' 위에 커서를 놓자 [Navigator] 패널 상단의 미리 보기 영역에 프리셋을 적용한 결과가 나타났다.

프리셋을 실제로 적용하려면 이름을 클릭하면 된다. 여기서는 'Bleach Bypass'를 선택하고 채도를 낮춘 효과를 적용했다. 내장 프리셋의 장점은 설정을 적용한 후 [Basic] 패널의 슬라이더들을 사용해서 추가로 보정할 수 있다는 점이다.

Tip

프리셋 이름 바꾸기

직접 만든 프리셋의 이름을 바꾸려면 프리셋을 마우스 오른쪽 버튼으로 클릭한 다음 팝업 메뉴에서 'Rename'을 선택한다.

예제 사진의 경우 프리셋을 적용한 다음 슬라이더를 'Clarity:+27, Contrast:+31'로 설정하자 채도가 너무 낮아져서 [Vibrance]를 −5로 조절했다. 프리셋을 적용한 다음 다른 프리셋을 추가로 적용할 수 있다. 단 겹치는 설정이 없어야 한다. 그러므로 노출, 화이트 밸런스, 하이라이트를 조절한 프리셋을 적용한 다음 비네트 효과가 필요하면 비네트 효과 프리셋을 선택해서 적용해도 된다. 하지만 두 번째 프리셋 설정에 노출이나 화이트 밸런스 혹은 하이라이트 설정이 포함되어 있다면 먼저 적용한 설정을 취소하고 두 번째 선택한 프리셋의 설정을 적용한다. 예를 들어, 'Bleach Bypass' 프리셋을 적용한 후 추가 보정을 하고 [Effect Presets] 컬렉션에서 'Vignette 1' 프리셋으로 비네트 효과를 추가했다. 'Bleach Bypass'에는 비네트 효과 설정이 없으므로 프리셋을 추가할 수 있다.

STEP 05

물론 내장 프리셋을 출발점으로 시작해서 나만의 프리셋을 만들 수 있지만 처음부터 직접 만드는 방법을 알아보자. 오른쪽 패널 하단의 [Reset] 버튼을 클릭해서 원래의 이미지로 되돌린다. 여기서는 고대비의 채도가 높은 이미지를 만들어보자. 먼저 'Contrast:+31, Shadows:+100, Clarity:+100'로 설정한다.

STEP 06

다음은 [Tone Curve] 패널의 [Point Curve] 팝업 메뉴에서 'Strong Contrast'를 선택한다. 그리고 [Effect] 패널에서 [Post-Crop Vignetting]의 [Amount] 슬라이더를 −16까지 드래그해서 비네트 효과를 만든다. 이제 설정을 프리셋으로 만들어보자. [Preset] 패널 헤더에 있는 [+] 버튼을 클릭한다. [New Develop Preset] 대화창에서 프리셋의 이름을 입력하고(여기서는 'Saturated Contrast Look'으로 설정했다) 하단의 'Check None' 버튼을 클릭해서 모든 체크박스를 해제한다. 그리고 편집에 사용한 설정만 체크한 후 [Create] 버튼을 클릭해서 프리셋으로 저장한다. 새로 만든 프리셋은 [Preset] 패널의 [User Presets] 컬렉션에 저장된다.

Note

사용자 프리셋을 삭제하려면 프리셋을 클릭한 다음 [Presets] 패널 헤더의 [+] 버튼 왼쪽에 나타나는 [−] 버튼을 클릭한다.

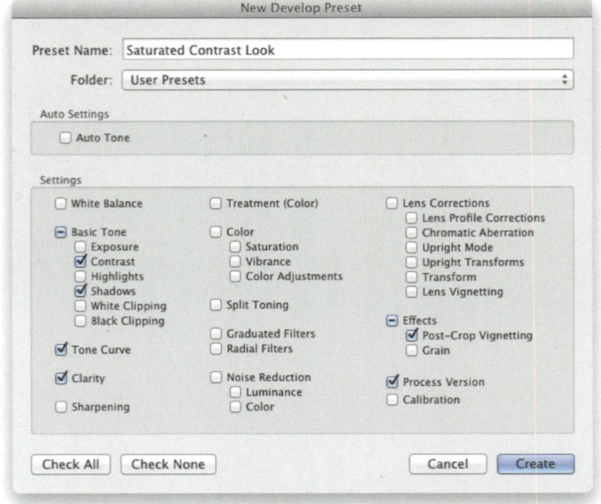

STEP 07

[Filmstrip]에서 다른 사진을 선택한 다음 커서를 새로 만든 프리셋 이름에 놓으면 [Navigator] 패널 상단에 프리셋을 적용한 결과의 미리 보기가 나타난다. 이와 같은 실시간 미리 보기 기능은 프리셋을 실제로 적용하지 않고 결과를 미리 볼 수 있기 때문에 작업 시간을 절약할 수 있다.

STEP 08

라이트룸 보정 프리셋은 [Import] 창에서도 바로 사용할 수 있다. 예를 들어, 불러오려는 사진들에 'Saturated Contrast Look' 프리셋을 적용하기 위해 [Import] 창에서 [Apply During Import] 패널의 [Develop Settings] 팝업 메뉴를 열고 프리셋을 선택하면 사진을 불러올 때 자동 적용한다. [Library] 모듈의 [Quick Develop] 패널 상단에 있는 [Saved Preset] 팝업 메뉴에서도 프리셋을 선택해서 적용할 수 있다.

Note

[Develop] 모듈 프리셋에 관한 자세한 내용은 챕터 14를 참고하자.

Tip

프리셋 불러오기

[Develop] 모듈 프리셋은 다양한 웹사이트나 블로그 등에서도 다운로드할 수 있다. 예를 들어, 필자의 친구인 Matt Kloskowski의 'LightroomKillerTips. com'에서도 프리셋을 찾을 수 있다. 프리셋을 다운로드한 다음에는 [Presets] 패널의 [User Presets]를 마우스 오른쪽 버튼으로 클릭하고 팝업 메뉴에서 'Import'를 선택한다. 그리고 다운로드한 프리셋을 찾아 선택하고 [Import] 버튼을 클릭해서 불러온다.

Library 모듈의 Quick Develop 패널 사용하기

[Library] 모듈에도 [Develop] 모듈의 [Basic] 패널이 있는데 [Quick Develop] 패널이라고 부른다. [Quick Develop] 패널은 [Library] 모듈에서 [Develop] 모듈로 전환하지 않고 간단한 편집 설정을 하기 위해 추가되었는데 문제는 사용법이 까다롭다는 점이다. [Quick Develop] 패널이 슬라이더 대신 버튼을 사용하기 때문이다. 물론 간단한 보정 설정은 가능하다.

STEP 01

[Quick Develop] 패널은 [Library] 모듈의 오른쪽 패널 영역 [Histogram] 패널 하단에 있다. White Balance Selector 도구는 없지만 나머지 조절 기능들은 [Develop] 모듈의 [Basic] 패널과 거의 같다. 일부 조절 기능이 보이지 않는다면 [Auto Tone] 버튼 오른쪽에 있는 삼각형 아이콘을 클릭한다. 또한 Alt (MAC:[Option])키를 누르고 있으면 [Clarity]와 [Vibrance]가 [Sharpening]과 [Saturation]으로 바뀐다. [Quick Develop] 패널의 조절 기능은 세밀한 조절이 가능한 슬라이더 대신 버튼을 사용한다. 화살표 한 개가 있는 버튼을 클릭하면 조절폭이 좁고 화살표 두 개가 있는 버튼은 조절폭이 크다.

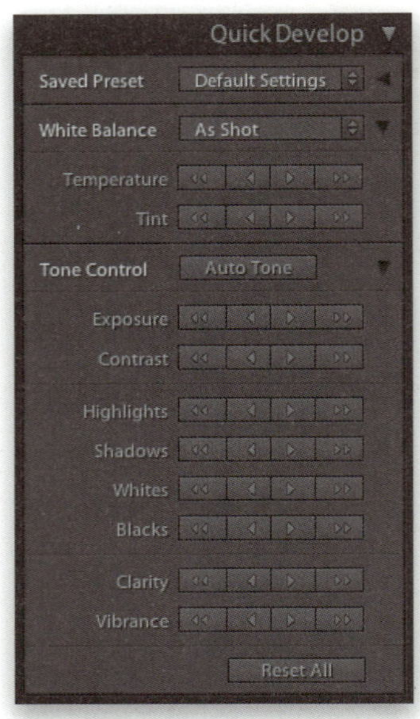

STEP 02

필자는 [Quick Develop] 패널을 두 가지 경우에 사용한다. 첫 번째 경우는 작은 썸네일만 봐도 보정해야 할 부분이 눈에 띄는 경우(여기서는 몇 개의 사진들이 노출 부족이다) [Develop] 모듈로 전환하지 않고 쉽게 보정할 수 있는지 적용해본다. Grid 보기 모드에서 노출 부족인 사진을 클릭한 다음 [Quick Develop] 패널에서 화살표 두 개의 [Exposure] 버튼을 두 번 클릭하여 '+2스톱'으로 설정한다. 화살표 한 개 버튼은 클릭 한 번에 '⅓스톱'을 조절한다. 이제 사진 선별 작업 중 [Develop] 모듈로 전환해서 보정하지 않아도 된다.

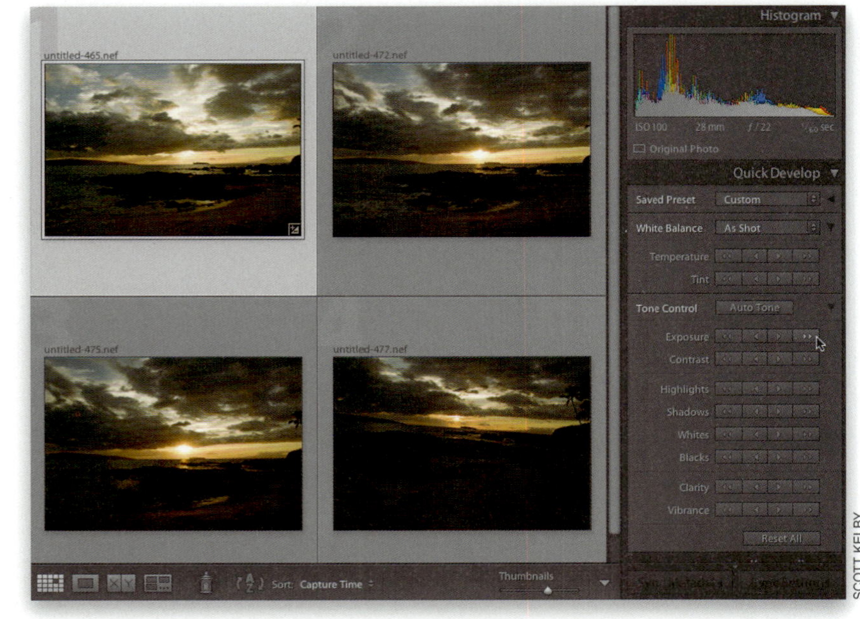

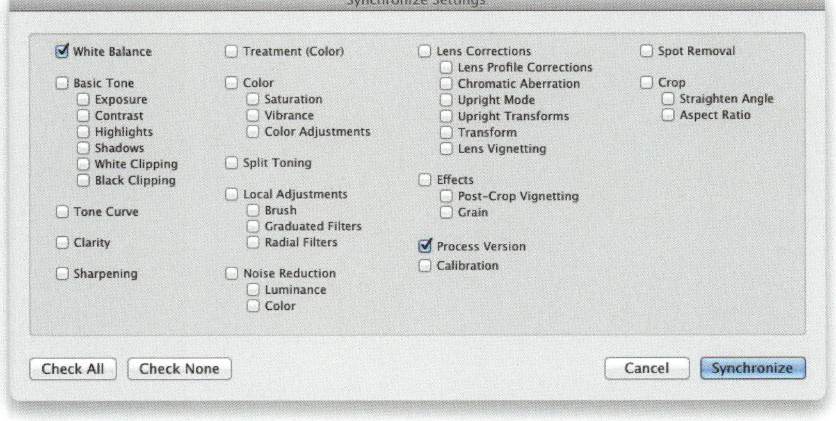

두 번째 경우는 Compare 혹은 Survey 보기 모드에서 사진을 나란히 배치하여 비교할 때 [Quick Develop] 패널의 편집 설정을 적용한다. 이때 보정할 첫 번째 사진을 선택하고 오른쪽 패널 영역의 [Auto Sync] 버튼을 해제한다. 예를 들어, 예제 사진에는 파란색 캐스트가 있다. Survey 보기 모드에서 오른쪽 상단 이미지를 클릭한 다음 화살표 두 개의 [Temperature] 버튼을 두 번 클릭해서 따뜻한 색상으로 보정한다. 이제 보정해야 하는 영역을 알기 때문에 Grid 보기 보드로 전환해서 유사한 사진들을 선택한 다음 [Quick Develop] 패널에서 두 번의 클릭으로 일괄 적용할 수 있다. 또한 [Quick Develop] 패널 설정을 일괄 적용할 때는 모든 이미지에 동일한 보정값을 적용한다. 예를 들어, 노출 설정을 '+⅔스톱'으로 적용하면 이미지의 현재 노출에 관계없이 노출을 '+⅔스톱' 높인다. 그러나 [Develop] 모듈에서 [Auto Sync] 기능으로 일괄 보정하는 경우는 하나의 이미지를 +0.50으로 설정하면 나머지 사진들의 노출도 +0.50으로 설정한다.

STEP
04

다수의 사진을 선택해서 [Quick Develop] 패널의 모든 편집 설정 중 특정 편집 설정만 적용하려면 오른쪽 패널 영역 하단의 [Sync Settings] 버튼을 클릭한다. 그리고 대화창에서 적용할 설정을 체크하고 [Synchronize] 버튼을 클릭한다.

Tip

[Quick Develop] 설정 취소하기
[Quick Develop] 패널에서 조절 기능의 이름을 더블클릭하면 설정을 취소한다.

출력과 웹 이미지를 위한 Soft Proofing 기능

Soft Proofing은 라이트룸 사용자들이 오랫동안 원하던 기능이었다. Soft Proofing은 기본적으로 라이트룸에서 편집한 이미지를 출력하거나 웹 이미지로 사용하기 전에 모니터에서 미리 확인하는 기능이다. 라이트룸에서 내보내기 전에 색상 등을 보정해서 모니터와 일치시켜 최상의 결과를 얻을 수 있다.

STEP 01

출력할 사진을 모두 소프트 프루프할 필요는 없지만 선명한 색상의 사진일 경우에는 출력을 하거나 웹에 포스팅하기 전에 미리 확인하는 것이 좋다. 많은 사용자들이 Soft Proofing 기능이 [Print](혹은 [Web]) 모듈이 아닌 [Develop] 모듈에 있다는 점을 의아하게 생각한다. 그러나 다시 생각해보면 이미지에서 문제점을 발견하면 [Develop] 모듈로 전환해야 하기 때문에 [Print] 모듈보다 [Develop] 모듈에 있는 것이 훨씬 편리하다. Soft Proofing 기능은 Preview 영역 하단의 도구바에서 'Soft Proofing'을 체크해서 활성화한다.

STEP 02

Soft Proofing 모드로 전환하면 회색 배경이 종이와 같은 흰색 배경으로 바뀐다. 흰색이 눈에 거슬린다면 배경을 마우스 오른쪽 버튼으로 클릭하고 팝업 메뉴에서 다른 배경색을 선택해도 된다. 기본 배경색으로 바꾸려면 '50% Gray'를 선택한다. Soft Proofing 모드로 전환하면 [Histogram] 패널 헤더에 "Soft Proofing"이 나타나고 히스토그램 하단에 Soft Proof 설정 항목들도 나타난다. 또한 Preview 영역의 오른쪽 상단에도 "Proof Preview"라고 나타난다.

STEP 03

Soft Proofing 모드로 전환한 다음은 이미지에 프린터에서 출력할 수 없는 색상이 있는지 찾는다. 히스토그램을 보면 상단에 아이콘들이 있는데 오른쪽의 접힌 페이지 형태의 아이콘이 인쇄 불가능 경고 아이콘이다. 아이콘을 클릭하면 인쇄 불가능 색상 영역이 빨간색으로 나타난다. 해결 방법은 히스토그램 하단의 [Profile] 팝업 메뉴에서 사용하는 프린터 프로필을 선택하거나 'Adobe RGB'을 선택하는 것이다. 히스토그램 왼쪽 상단에 있는 모니터 형태의 아이콘은 웹을 위한 경고 아이콘이다.

Note

Adobe RGB는 어도비사가 추천하는 인쇄를 위한 색공간 설정으로 프린터 프로필을 설치하지 않은 경우에 사용한다. 프린터 프로필에 대한 자세한 내용은 챕터 13을 참고하자.

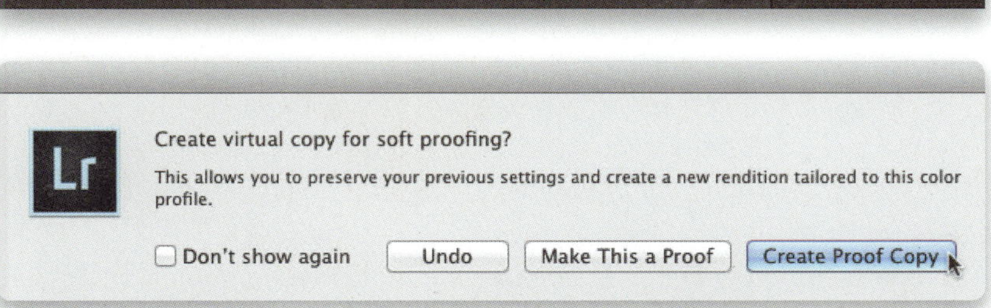

STEP 04

예제 사진과 같은 문제점에는 세 가지 해결 방법이 있다. [Basic] 패널의 [Vibrance] 슬라이더를 사용해서 이미지 전체의 채도를 낮추는 방법은 이미지 전체 색상이 밋밋해진다. 필자는 대신 Adjustment Brush 도구로 인쇄 불가능인 색상 영역의 채도를 낮춘다. 그러므로 [Soft Proofing] 패널 하단에 있는 Adjustment Brush 도구를 클릭한 다음 [Effect]를 더블클릭해서 모든 슬라이더를 0으로 설정한다. 그리고 [Saturation] 슬라이더를 왼쪽으로 드래그한다. 여기서는 −25로 설정했다. 그러면 Soft Proof 이미지의 가상 복사 파일을 먼저 만들지 묻는 대화창이 나타나는데 원본을 보존하기 위해 [Create Proof Copy] 버튼을 클릭한다. 그런 다음 브러쉬 도구로 빨간색의 인쇄 불가능 영역이 사라질 때까지 드래그한다.

STEP 05

모든 인쇄 불가능 영역을 드래그한 다음 필요 이상으로 채도를 손실하지 않도록 [Saturation] 슬라이더를 다시 오른쪽으로 드래그해서 복구한다. 예제 사진의 경우 −25였던 [Saturation] 설정을 −9까지 올릴 수 있었다. 그보다 더 높이면 사진에 빨간색 경고 표시가 다시 나타나겠지만 전처럼 넓은 영역은 아니다. 만약 [Saturation] 슬라이더를 −7 혹은 −8까지 드래그하면 경고 표시가 더 나타나므로 −9가 설정 가능한 최대값이 된다.

Tip

Intent Preview 기능

Soft Proofing 기능을 사용할 때 다른 Rendering Intents 기능을 사용해서 이미지를 볼 수 있다. 인쇄 불가능 경고를 활성화한 채로 'Perceptual'이나 'Relative'를 클릭해서 미리 보기 이미지를 비교해 보자. 자세한 내용은 챕터 13을 참고한다.

STEP 06

인쇄 불가능한 색상을 보정하는 또 다른 방법은 [HSL] 패널 슬라이더를 사용하는 것이다. 먼저 앞에서 사용했던 [Saturation] 슬라이더를 드래그해서 0으로 되돌리고 Adjustment Brush 도구 아이콘을 클릭해서 선택 해제한다. 이제 [HSL] 패널에서 [Saturation] 슬라이더를 클릭한다. 이 방법은 TAT 도구를 사용하면 훨씬 쉽다. TAT 도구를 선택한 다음 빨간색의 경고 영역을 클릭하고 아래로 드래그한다. TAT 도구는 드래그하는 영역을 구성하는 색상의 [Saturation] 슬라이더들을 자동으로 조절한다. 예제 사진에서는 [Blue] 슬라이더를 조절했다. 도구로 드래그한 다음에는 **Step 05**와 마찬가지로 빨간색 경고 표시가 다시 보이기 시작할 때까지 슬라이더를 오른쪽으로 드래그해서 채도의 손실을 최소화한다.

STEP 07

[HSL] 패널을 사용한 채도 조절 방법과 앞의 Adjustment Brush 도구를 사용한 방법은 두 가지 모두 색상의 채도를 조절하여 인쇄 불가능한 색공간을 보정한다는 점에서 동일하다. 그러나 [HSL] 패널을 사용하면 채도를 조절하는 대신 인쇄 가능한 색공간을 벗어나지 않은 색상으로 변경할 수 있다. [HSL] 패널 상단의 [Hue] 탭을 클릭한 다음 TAT 도구를 선택하고 빨간색 경고 표시가 사라질 때까지 해당 영역을 드래그한다. 이때 도구는 색상을 변경하기 때문에 예제 사진의 경우 [Purple] 슬라이더를 드래그하지 않았지만 문이 보라색을 띤다. 색상이 약간 변경되는 것이 문제가 되지 않는다면 이미지의 채도를 유지하면서 문제를 해결할 수 있다.

STEP 08

다음은 웹에 이미지를 올리는 경우를 살펴보자. 가장 먼저 [Profile] 팝업 메뉴에서 웹 브라우저의 기본 색공간 설정인 'sRGB'로 색상 프로필을 변경한다. 그리고 히스토그램 왼쪽 상단의 색공간 경고 아이콘을 클릭하면 대부분의 일반 모니터에 나타나지 않는 선명하거나 채도가 높은 색상이 이미지에 파란색으로 나타난다. 예제 사진의 경우 'sRGB'로 변경해도 경고 영역이 나타나지 않는다. 만약 경고 영역이 이미지에 나타나면 인쇄 불가능한 색공간을 보정할 때와 마찬가지로 Adjustment Brush 도구나 [HSL] 패널의 TAT 도구를 사용해서 보정한다. 원본과 소프트 프루프를 마친 이미지를 비교하려면 Y 키를 누른다.

[Previous] 버튼은 유사한 이미지가 여러 장 있을 때 한 개의 이미지를 편집한 후 소수의 이미지만 선택해서 동일한 설정을 적용하려는 경우 사용하는 기능이다. [Previous] 버튼은 매우 유용한 기능으로 Lightroom Killer Tips 웹사이트를 운영하는 매트 클로코우스키는 [Develop] 모듈의 [Previous] 버튼을 "…라이트룸에서 가장 중요한 버튼"이라고 불렀다. 필자도 매트와 같은 생각이다.

Previous 버튼

STEP 01

예제 사진은 필자의 저서를 담당하는 테드 웨이트를 촬영한 이미지이다. 사진은 푸른색이 강하고 크로핑도 필요하며 하이라이트를 낮춰서 하늘을 약간 더 어둡게 만들어야 한다.

STEP 02

[Develop] 모듈에서 Crop Overlay 도구(R 키)를 선택한 다음 이미지를 크로핑한다. 이미지를 따뜻한 색상으로 만들기 위해 [Temp] 슬라이더를 오른쪽으로 드래그해서 7937로 설정하고, [Shadows] 슬라이더를 +40까지 드래그해서 섀도우 영역도 보정했다. 그리고 [Highlights] 슬라이더를 −94로 설정해서 구름의 하이라이트를 낮추었다. 마지막으로 [Clarity] 슬라이더를 +33으로 설정해서 이미지를 더 선명하게 보정했다.

STEP 03

설정을 마친 후 이미지 하단에 있는 도구바 오른쪽의 [Done] 버튼을 클릭해서 크로핑과 다른 설정을 적용한다.

STEP 04

다음은 [Filmstrip]에서 동일한 설정을 적용할 사진을 클릭하고 [Previous] 버튼을 클릭해서 적용한다. 그리고 [Filmstrip]을 스크롤하면서 설정을 적용할 사진들을 찾아 같은 방법으로 설정을 하나씩 적용한다.

Note

보정할 사진을 선택한 후 화면에서 보고 설정을 적용하지 않기로 결정한다면 설정을 이미 적용한 사진을 찾아서 선택한 후 설정을 적용할 다른 사진을 선택해야 [Previous] 버튼을 클릭할 때 동일한 설정을 적용할 수 있다.

가상 복제 파일 없이 다른 사진 버전 만들기

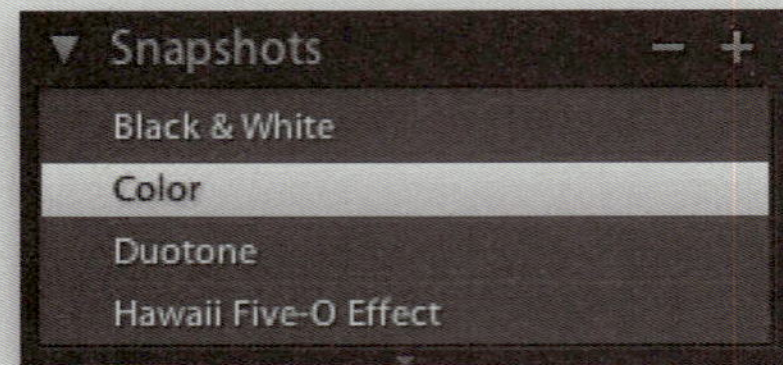

스냅샷 기능은 한 번의 클릭으로 다른 사진 버전을 만들 수 있는 방법이기도 하다. [Develop] 모듈에서 작업 중 마음에 드는 사진 버전이 있으면 Ctrl - N (MAC:[Command] - N)키를 눌러 현재의 사진을 [Snapshots] 패널에 저장한다. 간단한 방법으로 흑백 버전, 듀오톤 버전 등에 특정한 효과를 추가한 버전을 스냅샷으로 저장하면 [History] 패널을 스크롤해서 사진을 찾는 대신 한 번의 클릭으로 원하는 버전의 사진을 볼 수 있다.

JPEG과 TIFF 이미지를 위한 화이트 밸런스 프리셋 만들기

챕터 4에서 JPEG과 TIFF 파일 형식은 화이트 밸런스 프리셋이 단 한 개밖에 없다고 설명했다. 그러나 다른 프리셋을 선택할 수 있는 차선책이 있다. RAW 이미지를 불러와서 'Daylight' 화이트 밸런스 프리셋을 선택하여 적용한 다음 'White Balance Daylight'이라고 이름을 붙여 프리셋으로 저장한다. 그리고 다른 화이트 밸런스 프리셋도 같은 방법으로 프리셋을 만들어 저장한다. 그러면 JPEG이나 TIFF 이미지에 한 번의 클릭으로 화이트 밸런스 프리셋을 사용할 수 있다.

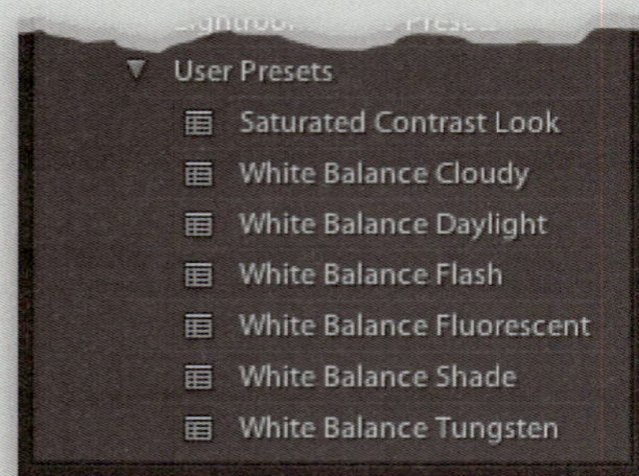

프리셋 업데이트하기

[Develop] 모듈에서 [User Preset] 컬렉션의 프리셋을 사용해서 이미지를 편집한 후 결과가 마음에 든다면 적용한 프리셋을 마우스 오른쪽 버튼으로 클릭하고 팝업 메뉴에서 'Update with Current Settings'를 선택해서 프리셋을 업데이트할 수 있다.

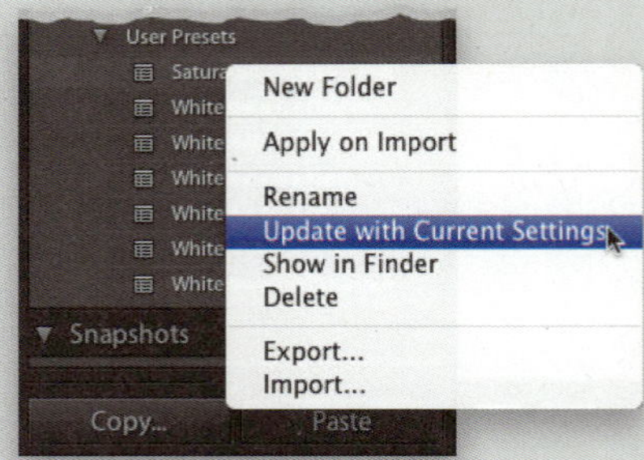

필름 사진 입자 효과 만들기

필름 사진의 입자 효과는 [Effect] 패널에서 만들 수 있다. 입자를 잘 보기 위해서 이미지를 100% 크기인 [1:1] 보기로 확대한다. [Grain] 영역의 [Amount] 슬라이더를 높은 값으로 드래그할수록 입자 효과가 거칠어진다. 필자는 대부분 40 이상 설정하지 않으며 15에서 30 사이로 설정한다. [Size] 슬라이더는 입자의 크기를 조절하는데 작은 크기가 더 실제 필름 입자처럼 보인다. 그리고 [Roughness] 슬라이더는 입자의 밀도를 조절하는데 오른쪽으로 드래그할수록 효과가 강해진다. 마지막으로 [Grain] 효과는 이미지를 출력하면 효과가 약간 사라지기 때문에 최종 목표가 출력이라면 화면에서 볼 때 약간 과하게 보일 정도로 효과를 적용해야 한다.

Match Exposure 기능으로 노출 부족 사진 보정하기

동일한 피사체를 촬영한 사진 시리즈 중 일부 사진들의 노출이 부족할 때 다음 방법으로 간단하게 보정할 수 있다. 적정 노출인 사진을 찾아 선택한 다음 노출이 부족한 사진들을 선택한다. [Settings]-[Match Exposure]

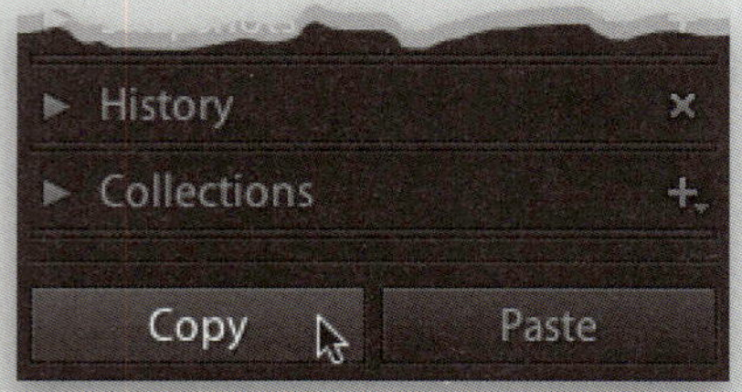

메뉴를 선택하면 처음 선택한 적정 노출 사진의 전체 노출을 평가해서 노출이 부족한 사진들을 보정한다.

마지막으로 복사한 설정 복사하기

[Develop] 모듈에서 [Copy] 버튼을 클릭해서 [Copy Settings] 대화창을 불러오면 어느 편집 설정을 복사할지 묻는다. 그러나 마지막으로 복사한 설정이나 모든 항목을 복사할 때 Alt (MAC:[Option])키를 누른 채 [Copy] 버튼을 클릭하면 [to Copy]로 바뀌고 마지막으로 복사한 복사 설정을 그대로 실행한다.

더 쉬운 카메라 프로필 선택

DSLR을 'RAW+JPEG Fine'으로 설정하면 RAW 형식과 JPEG 형식 두 장의 사진을 촬영한다. 그리고 RAW 형식과 JPEG 형식 이미지를 함께 라이트룸으로 불러오기 때문에 [Camera Calibration] 패널에서 JPEG 이미지의 프로필에 맞춰 RAW 이미지의 프로필을 선택하기 쉽다.

Before 이미지 선택하기

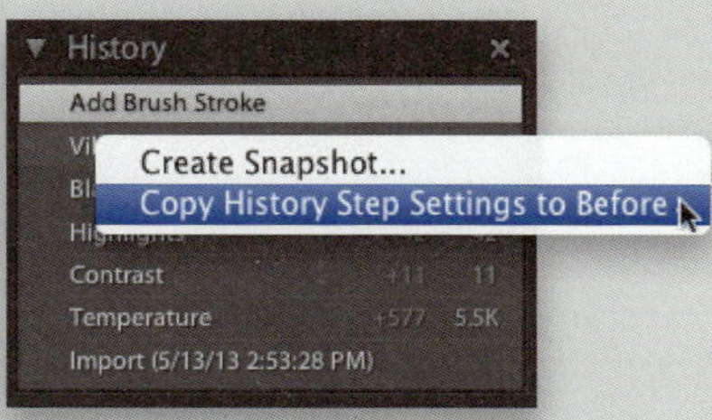

[Develop] 모듈에서 \ 키를 누르면 기본적으로 전혀 보정하지 않은 원본(Before 이미지)과 보정한 원본을 번갈아서 비교할 수 있다. 그러나 원본이 아닌 이미지와 비교하고 싶다면 어떻게 해야 할까? 예를 들어 [Basic] 패널에서 인물사진을 보정하고 Adjustment Brush 도구로 인물을 리터칭했다고 가정하자. 그런 후에 도구 설정 적용 전과 후의 이미지를 비교하려면 왼쪽의 [History] 패널에서 Adjustment Brush 도구를 선택하기 전 단계로 스크롤한 후 마우스 오른쪽 버튼을 클릭한 다음 'Copy History Step Settings to Before'를 선택해서 원본 (Before 이미지)으로 설정한다.

현재 설정을 카메라 기본 설정으로 만들기

라이트룸에서 사진을 열면 사진의 파일 형식과 촬영에 사용한 카메라 기종과 모델을 기반으로 기본 보정을 적용한다. 그러나 섀도우 영역이 너무 어둡거나 하이라이트 영역이 너무 밝은 등의 다양한 이유로 기본 보정 설정을 나만의 설정으로 변경하려면 라이트룸에서 적용할 수 있다. 먼저 Alt (MAC:[Option])키를 누른 채 오른쪽 패널 영역 하단의 [Set Default] 버튼을

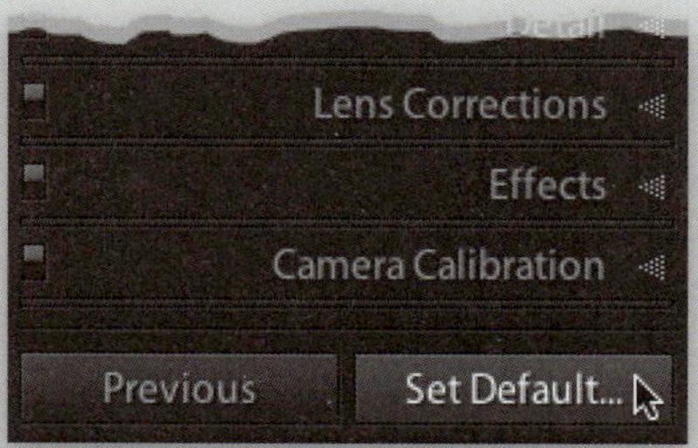

클릭한다. 대화창에 현재 이미지의 파일 형식과 카메라 기종, 모델이 표기되어 있고 [Update to Current Settings]를 클릭하면 이후에는 해당 카메라로 촬영한 사진을 불러올 때 새 기본 설정을 적용한다. 어도비사의 기본 설정으로 다시 전환하려면 동일한 대화창에서 [Restore Adobe Default Settings] 버튼을 클릭한다.

Soft Proofing의 RGB 색상 영역 감지 기능

[Develop] 모듈의 이미지에서 커서를 움직이면 오른쪽 패널 상단의 히스토그램 아래에 커서 위치에 해당하는 영역의 RGB 값을 '0%'(검은색)와 '100%'(흰색) 사이의 숫자로 표시한다. 그러나 Soft Proofing 기능을 활성화하면 출력을 위한 척도 단위로 바뀌어 선택한 색상 프로필에 따라 '0'(검은색)에서 '255'(흰색) 사이의 값으로 표시한다. 포토샵도 동일한 단위를 사용하기 때문에 포토샵에서 라이트룸으로 바꾼 사진 출력에 관심이 많은 사진가들에게 무척 반가운 소식이다.

Soft Proofing의 히스토그램 실시간 업데이트

히스토그램은 기본적으로 라이트룸의 기본 색공간 설정인 ProPhoto RGB를 사용한다. 그러나 Soft Proof를 위해 선택한 색상 프로필이 히스토그램에 어떤 영향을 미치는지 보기 위해 Soft Proofing 기능을 활성화하면 히스토그램은 현재 선택한 프린터 프로필(혹은 다른 출력 장치)을 사용한다. 이 실시간 업데이트 기능은 다른 색공간이나 프린터 프로필을 선택한 경우에만 활성화된다.

소프트 프루프 복제 대화창 건너뛰기

Soft Proofing 기능을 활성화하고 이미지 설정을 바꾸면 가상 복제 파일을 만들겠냐고 묻는 대화창이 열린다. 사실 복제 파일을 만들지 않으면 설정을 바꿀 수 없으므로 선택권이 없다. 어쨌든 프루프 복제 파일을 만들어야 하므로 대화창을 건너뛰려면 히스토그램 하단에 있는 [Create Proof Copy] 버튼을 클릭한다.

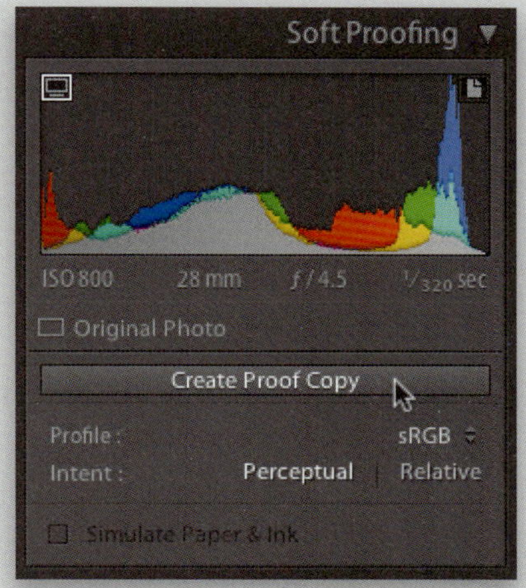

Photo by Scott Kelby   Exposure: 0.5 sec | Focal Length: 14mm | Aperture Value: f/22

CHAPTER 06

LOCAL ADJUSTMENT
사진 부분 보정하기

필자가 아마도 "Local Adjustment(국지적 보정)"라는 이름이 Adjustment Brush(다른 부분 보정 기능들) 도구에 어울리지 않는다고 솔직하게 인정한 첫 인물이 되겠지만 어쨌든 Local Adjustment는 이미지의 일부만 편집하는 기능들을 의미한다. 어도비사는 왜 "Local Adjustment"라고 부르는지에 대해 다음과 같이 설명한다: 라이트룸의 모든 설정은 이미지 전체에 영향을 주는 보정이다. 그러므로 이미지 일부만 보정하면 "국지적 보정"이 된다. 물론 전 세계의 사용자들이 똑같은 생각을 한다면 고개를 끄덕이겠지만 사실은 아무도 동의하지 않는다. 하다못해 이 용어를 만든 기술자들조차도 말이다. 소프트웨어 기술자가 아닌 일반인들은 사진 전체에 영향을 미치는 보정 설정을 전체 보정이라고 하고, 일부에만 영향을 미치는 보정 설정은 부분 보정이

라고 생각한다. 물론 어도비사가 그런 평범한 이름을 선택할 리가 없다. 그러면 누구나 그 기능이 무엇인지 너무 쉽게 알아차릴 수 있지 않은가. 어도비사에서는 이러한 이름을 지을 때 어도비 애매한 이름 공식 위원회(ACONC; Adobe Council of Obscure Naming Conventions 라고 부른다)를 거쳐야 하는데 이름을 만드는 위원들은 모두 펄럭거리는 긴 가운을 입고, 횃불을 들고 고개를 숙이고 엄숙한 주문을 부른다. ACONC가 간단한 구절을 "포주 이름 생성기"(챕터 3 도입문 참고)에 넣으면 과도하게 기술적인 이름이 나오고 신성한 특사 제프 쉐베 형제가 세계에 전파한다. 물론 그전에 성대한 축하연을 열고 마케팅부 인턴과 회계부 임시 고용 직원을 한 명씩 제물로 바친다. 그리고 바로 그곳에서 필자가 지금의 부인을 만났다.

닷징, 버닝과 사진 부분 보정하기

지금까지 배운 [Develop] 모듈의 기능들은 모두 이미지 전체에 영향을 미치는 기능들이었다. 예를 들어, [Temp] 슬라이더를 드래그하면 이미지 전체의 화이트 밸런스를 조절한다. 그러나 이미지의 일부만 보정하려면 선택 영역에만 설정을 적용하는 Adjustment Brush 도구를 사용해서 닷징과 버닝(사진의 다른 영역들을 밝거나 어둡게 만드는 효과) 등을 설정할 수 있는데 어도비사는 단순한 부분 밝기 조절 기능 외에도 다른 기능들을 추가했다.

STEP 01

[Develop] 모듈의 [Basic] 패널 상단에 있는 도구 상자에서 Adjustment Brush 아이콘을 클릭하거나 K 키를 누르면 하단에 도구 조절 기능 패널이 열린다. 패널을 살펴보면 [Basic] 패널의 조절 기능들과 동일한 기능을 사용해서 부분 보정할 수 있다. 단 한 가지 다른 점은 [Vibrance] 슬라이더가 없다.

STEP 02

적용하고 싶은 효과의 슬라이더를 드래그한 다음 브러시로 설정을 적용할 영역을 칠한다. [Effect] 팝업 메뉴에서도 효과를 선택할 수 있는데 팝업 메뉴의 장점은 효과를 선택하면 해당 효과의 설정값을 올리고 나머지 슬라이더들은 모두 0으로 자동 설정해서 실수로 다른 효과가 적용되는 것을 방지한다. 어도비사는 메뉴 하단에 피부 부드럽게 만들기, 치아 미백 등의 특정한 효과 프리셋을 추가했다.

Tip

슬라이더 리셋 단축키

모든 슬라이더를 0으로 리셋하는 가장 빠른 방법은 패널 왼쪽 상단의 "Effect"라는 글씨를 더블클릭하는 것이다.

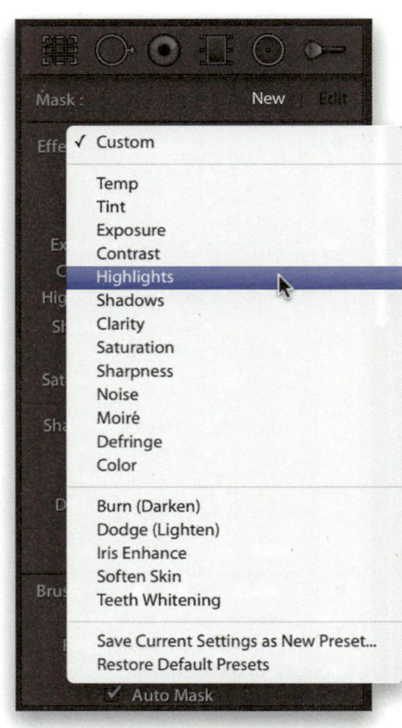

Adjustment Brush 도구의 사용법을 살펴보자: ❶ 조절값을 먼저 선택한다. 선택한 효과의 설정을 정확히 모르기 때문에 추측해서 설정한다. ❷ 조절을 적용할 영역을 브러시로 드래그한다. ❸ 다시 슬라이더를 조절해서 설정한다. 예제 사진에서 하늘을 약간 어둡게 만들어보자. ❶ [Exposure] 슬라이더를 왼쪽으로 약간 드래그한다. ❷ 하늘이 있는 영역을 드래그해서 하늘을 어둡게 만든다. 이 시점에서 밝기의 정도는 관계없다. ❸ 다시 [Exposure] 슬라이더를 재조절해서 원하는 밝기로 설정한다.

보정 후 사진을 보면 검은색 점이 있는데 이것을 "Edit Pin"이라고 부르며 선택 영역에 효과를 적용했다는 표시로 사용한다. Adjustment Brush로 새로운 편집 설정을 할 때마다 드래그하기 시작한 지점에 핀을 남긴다. 수면을 선택해서 [Saturation] 슬라이더로 더 선명한 색상을 적용하면 두 번째 핀을 수면에 추가한다. 보정 후 다시 설정을 재조절하고 싶은 영역의 핀을 클릭하고 슬라이더를 드래그하면 된다.

Note

사진에 검은색 점이 보이지 않는다면 Preview 영역 왼쪽 하단의 [Show Edit Pins]에서 'Auto', 'Always' 혹은 'Selected'를 선택한다.

STEP 05

다음은 사진 중앙의 바위 전경에 있는 수면을 [Clarity]로 드래그해보자. 현재 하늘이 있는 영역의 보정핀을 선택했기 때문에 지금 수면을 드래그하면 하늘에 [Clarity] 효과를 적용한다. 그러므로 다른 영역을 보정하려면 패널 오른쪽 상단의 [New] 버튼을 클릭하고 영역을 선택해야 한다. [New] 버튼을 클릭하고 [Effect] 팝업 메뉴에서 'Clarity'를 선택하면 다른 슬라이더들을 0으로 설정하고 [Calrity] 슬라이더만 50으로 설정한다. 전경의 수면을 드래그한다.

Tip

보정핀 삭제하기

보정핀을 클릭하고 Backspace (MAC:[Delete])키를 누르면 핀을 삭제한다.

STEP 06

호수의 바닥이 조금 더 보이도록 [Clarity]를 적용한다. 이때 선택 영역에 다른 효과도 추가로 적용할 수 있다. 그러므로 [Exposure] 슬라이더를 오른쪽으로 드래그해서 밝게 조절하고 [Shadows] 슬라이더도 오른쪽으로 드래그해서 모래바닥이 잘 보이도록 조절한다. 물론 같은 방법으로 다른 효과도 추가로 적용할 수 있지만 그 전에 다른 영역을 먼저 편집해보자.

Tip

보정핀

현재 선택한 보정핀은 내부가 검은색으로 조절 설정을 적용한다. 다른 보정핀은 내부가 회색이다.

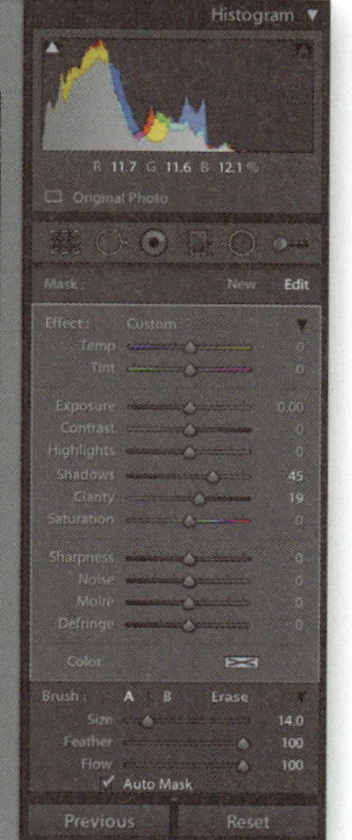

STEP 07

[New] 버튼을 클릭한 다음 새로운 보정 영역을 선택한다. 이번에는 팝업 메뉴에서 'Shadows'를 선택한 다음 양쪽의 바위들을 드래그한다. 그리고 'Shadows:45, Clarity:19' 설정해서 섀도우 영역을 밝고 선명하게 보정했다.

Tip

브러시 크기 조절

브러시 크기는 [/] 키를 눌러 조절한다. [키를 누르면 브러시의 크기가 작아지고] 키를 누르면 커진다.

STEP 08

라이트룸에는 Auto Mask 기능이 있기 때문에 바위가 있는 영역의 [Clarity]와 [Shadows] 설정이 수면에도 영향을 미칠까 걱정할 필요가 없다. Auto Mask 기능은 피사체의 경계선을 감지해서 실수로 다른 영역을 드래그하지 않게 방지한다. Auto Mask 기능은 기본적으로 비활성화 되어있으며 필자는 항상 체크해서 활성화한다. 브러시 중앙에는 + 표시가 있는데 드래그하는 영역을 결정한다. + 표시가 닿지 않는 영역은 선택되지 않기 때문에 + 표시만 수면이 있는 영역으로 넘어가지 않으면 된다.

STEP 09

원하는 영역을 제대로 선택했는지 확인하려면 Preview 영역 하단의 도구바에서 'Show Selected Mask Overlay'를 체크한다. 그러면 예제 사진과 같이 선택 영역이 빨간색 마스크로 나타난다. ⓞ 키를 반복해서 누르면 마스크와 사진을 번갈아 전환한다. 이 기능은 브러시로 드래그할 때 놓친 영역을 확인하기 편리하다. 원하지 않는 영역을 드래그했다면 Alt(MAC:[Option])키를 누른 채 브러시로 드래그해서 선택 해제한다. 또한 커서를 보정핀 위에 놓으면 해당 영역의 마스크를 임시로 볼 수 있다.

Note

Preview 영역 하단의 도구바가 보이지 않는다면 ⓣ 키를 누른다.

Tip

Auto Mask 기능 해제하기
넓은 영역을 드래그해서 선택할 때 Auto Mask 기능을 해제하면 경계선을 감지할 필요가 없기 때문에 브러시가 더 빨리 움직인다.

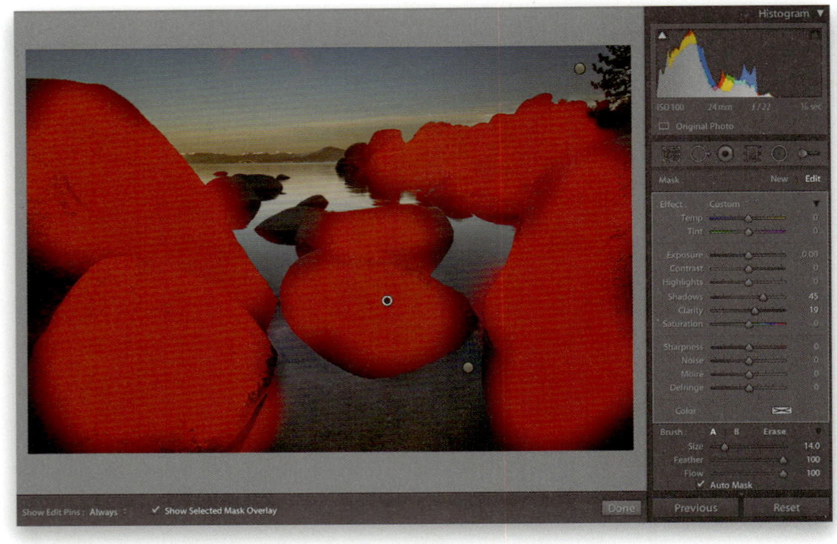

STEP 10

패널 하단에는 브러시 설정 항목들이 있다. [Size] 슬라이더는 브러시 크기를 조절하지만 단축키를 사용하는 것이 더 빠르다. [Feather] 슬라이더는 브러시 경계의 강도를 조절하는데 설정값이 클수록 부드럽다. 필자는 대부분의 경우 90%로 설정한다. [Flow] 슬라이더는 브러시의 농도를 조절하며 필자는 일반적으로 100으로 설정한다. 두 종류의 브러시를 설정할 수 있는데 'A'는 크고 경계선이 부드러운 브러시로 설정하고 'B'는 작고 경계선이 선명한 브러시로 설정해두면 편리하다.

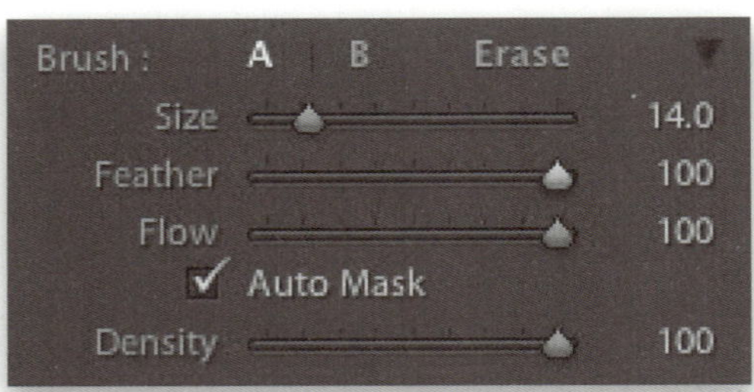

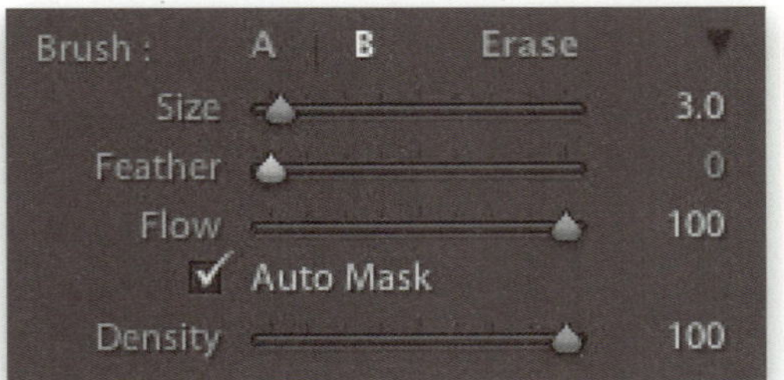

STEP 11

이번에는 Adjustment Brush 도구로 닷징과 버닝하는 방법을 알아보자. 예제 사진을 보면 촬영할 때 플래시광의 일부가 왼쪽 좌석과 벽에 닿았다. 이 문제는 Adjustment Brush를 사용해서 어둡게 만든다. 가장 먼저 Adjustment Brush 패널 왼쪽 상단의 "Effect"를 더블클릭해서 모든 슬라이드를 0으로 설정한다.

Tip

상호적 보정 기능

Adjustment Brush 도구도 TAT 도구와 같이 상호적 보정 기능을 사용할 수 있다. 커서를 보정핀 위에 놓아서 쌍방향 화살표로 바뀌면 양방향으로 드래그해서 슬라이더를 조절한다. 이 기능의 장점은 여러 개의 슬라이더를 한 번에 조절할 수 있다는 점이다.

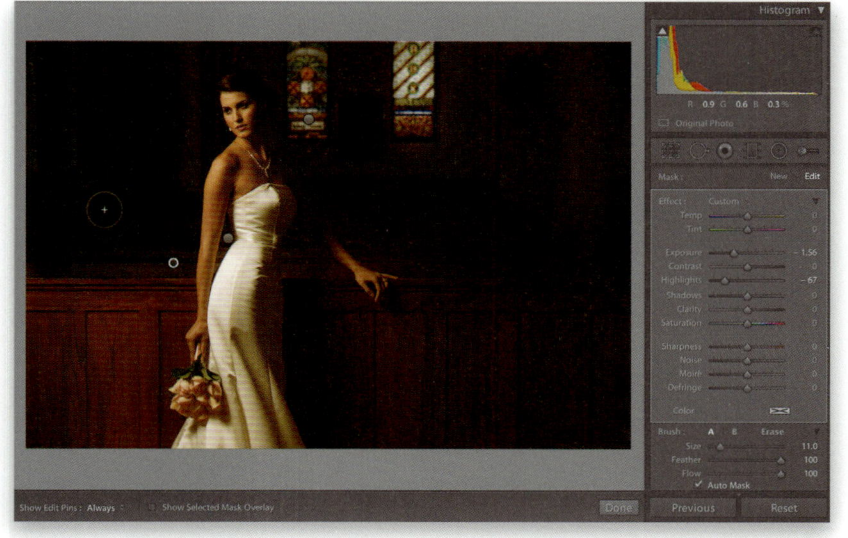

STEP 12

[Exposure]와 [Highlights]를 낮추고 좌석의 왼쪽과 벽을 브러시로 드래그한다(버닝). [Temp] 슬라이더를 약간 노란색으로 드래그하고 [Tint] 슬라이더는 마젠타 방향으로 드래그해서 회색이 나는 선택 영역을 보정했다. 이제 조명이 피사체에만 집중되어 있다. 인물이 있는 장소를 알 수 있는 단서를 제공하기 위해 좌석의 전면에 약간의 조명을 남겨두었다. 다음은 [New] 버튼을 클릭하고 브러시 크기를 줄여서 팔 아래 부분의 좌석을 드래그한다. 다시 [New] 버튼을 클릭하고 모든 슬라이더를 0으로 되돌린 후 이번에는 [Exposure] 슬라이더를 오른쪽으로 약간 드래그하고 배경의 스테인드 글라스 창을 밝게 보정한다(닷징).

보정 후 사진을 보면 좌석에 닿는 플래시광을 버닝하고 배경의 스테인드 글라스 창을 닷징해서 밝게 보정했다.

하늘을 버닝해서 어둡게 보정하고 바위 전경의 수면을 닷징해서 밝게 보정한 후 디테일을 추가했다.

Adjustment Brush에 대해 더 알아야할 5가지 사항

Adjustment Brush 도구에 익숙해지기 위해 알아야 할 점들이 몇 가지 더 있는데 이 챕터의 나머지 레슨들과 함께 숙지하면 포토샵에서 작업하는 횟수를 줄일 수 있다.

#1: Preview 영역 하단의 도구바에 있는 [Show Edit Pins] 보정핀 보기 모드를 선택할 수 있다. 'Auto'는 커서를 이미지 밖으로 옮기면 핀을 숨긴다. 'Always'는 핀이 항상 보인다. 'Selected'는 현재 선택한 핀만 보인다.

#2: Adjustment Brush 도구의 편집 설정이 없는 이미지를 보려면 패널 왼쪽 하단의 스위치를 클릭한다.

#3: ⓞ 키를 누르면 빨간색 마스크를 화면에 고정해서 놓친 선택 영역을 쉽게 확인하고 수정할 수 있다.

#4: [Effect] 팝업 메뉴 오른쪽의 화살표를 클릭하면 [Effect] 슬라이더를 숨기고 [Amount] 슬라이더로 대체한다. [Amount] 슬라이더는 선택한 보정핀의 해당 영역에 적용한 모든 Adjustment Brush 설정을 일괄 조절한다.

#5: Auto Mask 체크박스 하단의 [Density] 슬라이더는 포토샵의 Airbrush 기능과 유사하지만 사실 효과가 미약해서 마스크에 적용할 때 기본 설정인 100 이하로 낮추지 않는다.

화이트 밸런스, 섀도우, 노이즈 부분 보정하기

Adjustment Brush는 일부 영역만 선택해서 효과를 적용할 수 있기 때문에 이미지 일부에만 나타나는 문제점의 보정에 반드시 필요한 기능이다. 이미지 일부는 일광이고 일부는 그늘이 있는 경우의 화이트 밸런스 보정이나 섀도우 영역에 나타나는 노이즈 보정 등에 매우 효과적이다.

STEP 01

가장 먼저 화이트 밸런스를 부분 보정해보자. 예제 사진을 보면 리무진 안에 있는 신부의 얼굴은 창을 통해 들어오는 자연광이 비추고 있지만 베일은 그늘에 있기 때문에 푸른색이다. [Basic] 패널의 [Temp] 슬라이더를 오른쪽으로 약간 드래그해서 이미지 전체의 화이트 밸런스를 조절해도 베일은 여전히 푸른색을 띤다. 이때 부분 보정으로 베일의 화이트 밸런스만 보정한다.

STEP 02

오른쪽 패널 영역 상단의 도구박스에서 Adjustment Brush 도구(K키)를 클릭한 다음 [Effect]를 더블클릭해서 모든 슬라이더를 0으로 설정한다. [Temp] 슬라이더를 오른쪽으로 드래그하고 베일을 드래그하면 따뜻한 색감의 화이트 밸런스 설정이 베일의 푸른색을 보정한다. 영역 선택을 마친 다음 [Temp] 슬라이더를 추가로 조절해서 베일을 흰색으로 보정한다. 예제 사진은 +37로 설정했다. 그리고 [Exposure] 설정을 높여서 조금 더 밝게 보정했다.

STEP 03

[Shadows] 슬라이더를 사용하면 섀도우 영역을 더 밝게 보정할 수 있다. 다른 예제 사진을 보면 신랑이 리무진 안쪽에 앉아있어 잘 보이지 않는다. 신랑의 얼굴이 보이도록 밝게 보정해보자. 그 전에 앞의 예제 사진과 같이 푸른색인 신부의 베일을 같은 방법으로 보정한다. 그리고 [New] 버튼을 클릭한 다음 [Effect]를 더블클릭해서 모든 슬라이드 설정을 0으로 설정한다.

STEP 04

[Shadows] 슬라이더를 오른쪽으로 약간 드래그한 다음 신랑을 드래그한다. 손도 드래그해야 한다. 물론 신부만큼 밝게 보정할 필요는 없다. 예제 사진과 같이 섀도우 영역을 밝게 보정할 때 문제점은 노이즈이다. 어둡기 때문에 잘 보이지 않지만 밝게 조절하면 노이즈가 분명하게 보인다. 이때 [Noise] 슬라이더를 오른쪽으로 드래그해서 노이즈를 감소시킨다. 물론 가장 좋은 방법은 섀도우 영역을 노이즈가 보일 정도로 밝게 조절하지 않는 것이다.

Adjustment Brush 도구로 특수 효과 만들기

지금까지 Adjustment Brush 도구의 기능에 대해 알아보았다. Adjustment Brush 도구는 단순한 보정 기능 외에 창의적인 효과를 만들 수도 있다. 이번에는 웨딩 사진 앨범에 많이 쓰이는 흑백사진의 일부 영역만 컬러로 나타나는 효과를 만들어보자.

STEP 01

[Develop] 모듈 오른쪽 패널 상단의 도구상자에서 Adjustment Brush 도구를 클릭한 다음 [Effect] 팝업 메뉴에서 'Saturation'을 선택한다. [Saturation] 슬라이더를 −100으로 설정한 다음 흑백으로 만들 영역을 드래그한다. 예제 사진에서는 부케만 남기고 모든 영역을 드래그했다. 이와 같은 작업을 할 때는 브러시 영역 하단에 있는 'Auto Mask'의 체크를 해제한다. Auto Mask 기능은 색상의 변화를 감지하기 때문에 브러시 속도를 늦추고 선택 영역에 빈 곳이 생길 수 있기 때문이다.

STEP 02

부케가 있는 부분만 남기고 이미지 전체를 드래그하는데 부케와 근접한 영역을 드래그할 때 두 가지 설정을 변경한다. 먼저 [Size] 슬라이더나 ⎡/⎤ 키를 사용해서 브러시 크기를 줄인 다음 'Auto Mask'를 체크한다. 그러면 부케를 피해서 드래그할 수 있다. 다음은 다른 효과를 만들어보자.

STEP 03

오른쪽 패널 영역 하단의 [Reset] 버튼을 클릭해서 사진을 원본 상태로 복구하고 Adjustment Brush 도구로 소프트라이트 효과를 만들어보자. [Effect] 팝업 메뉴에서 'Exposure'를 선택한 다음 [Exposure] 슬라이더를 왼쪽으로 드래그해서 −2.08로 설정한다. 'Auto Mask'의 체크 박스를 해제한 다음 이미지 전체를 드래그해서 예제 사진과 같이 어둡게 만든다.

STEP 04

Alt (MAC:[Option])키를 누른 채 Eraser 도구로 전환한 다음 아주 큰 브러시 크기로 설정한다. [Feather]와 [Flow] 슬라이더는 모두 100으로 설정한다. 그리고 소프트라이트 효과를 적용할 영역을 드래그한다. 여기서는 신부의 머리와 어깨 그리고 부케가 있는 영역을 드래그해서 스포트라이트 효과를 만들었다.

인물사진 보정하기

세밀한 보정 작업은 포토샵을 사용하지만 간단한 보정은 라이트룸에서도 충분히 가능하다. Adjustment Brush와 개선된 Spot Removal 도구 두 개만으로도 라이트룸에서 할 수 있는 보정 작업이 무척 많다.

STEP 01

예제 사진에서는 다음과 같은 항목을 보정한다: ❶ 확연히 보이는 주름과 잡티들을 제거하고 ❷ 피부를 부드럽게 보정하며 ❸ 흰자위를 밝게 보정하고 ❹ 눈의 대비를 높여 선명하게 만든다. ❺ 닷징과 버닝으로 얼굴의 음영도 보정한다. 정확한 보정을 위해서 보정할 때는 사진을 확대해서 보는 것이 좋다.

Note

예제 사진의 모델은 피부가 하얗기 때문에 여기서는 효과를 잘 볼 수 있도록 [Blacks] 설정을 약간 낮추었다.

STEP 02

먼저 [Navigator] 패널 오른쪽 상단에서 사진을 1:1 비율 보기 모드로 확대한다. 도구상자에서 Spot Removal 도구(Q 키)를 클릭한다. 이 도구는 한 번의 클릭으로 효과를 적용하지만 과도한 사용은 자제하는 것이 좋다. [Size] 슬라이더를 드래그해서 도구의 브러시 크기를 제거하려는 잡티의 크기보다 약간 크게 설정한 다음 잡티를 클릭한다. 그러면 두 번째 원이 근처의 샘플 영역에 나타난다. 물론 100% 효과적이지는 않기 때문에 잘못된 샘플 영역을 선택한 경우 두 번째 원을 클릭하고 드래그해서 다른 샘플 영역을 선택한다. 같은 방법으로 다른 잡티들을 제거한다.

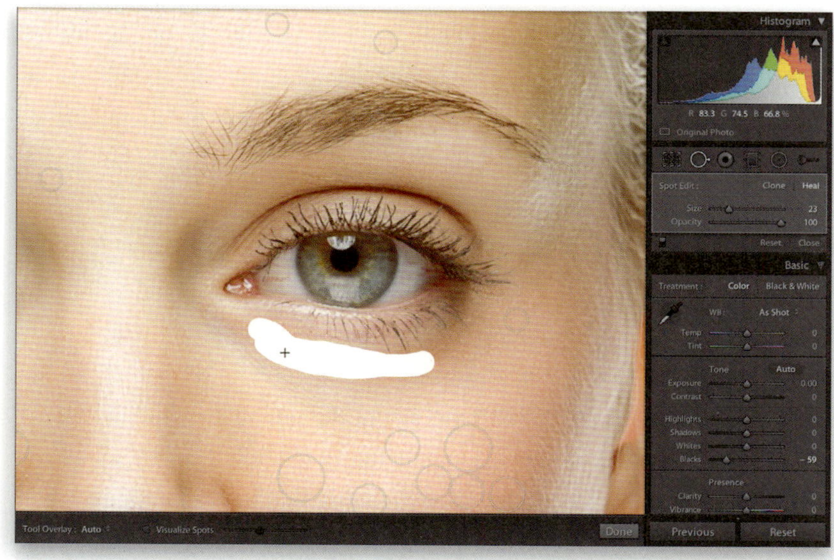

STEP 03

다음은 라이트룸 5 이전 버전에서는 할 수 없었던 주름 제거를 해보자. 사진을 더 줌인해서 2:1 보기 모드로 확대한다. Spot Removal 도구로 눈 밑의 주름이 있는 영역을 드래그한다. 이때 'Heal' 기능으로 설정하는 것을 잊지 말자. 드래그하는 영역은 잘 볼 수 있도록 흰색으로 나타난다.

STEP 04

라이트룸은 선택 영역을 분석해서 대체할 영역을 선택한다. 대부분의 경우 근처에 있는 영역을 선택하는데 예제 사진에서는 코 아래의 영역을 선택했다. 결과가 나쁘지는 않지만 얼굴에는 다양한 피부결이 있기 때문에 필자는 최대한 눈에 근접한 영역을 원했다. 다행히 라이트룸이 선택한 샘플 영역이 마음에 들지 않는 경우 샘플 영역을 클릭해서 다른 영역으로 드래그할 수 있다. 여기서는 선택 영역 바로 아래쪽으로 드래그했다. 그리고 같은 방법으로 다른 쪽 눈 아래의 주름도 제거한다. 또한 눈썹도 정리한다. 다음은 사진을 3:1 배율로 더 확대하고 브러시 크기를 더 작게 설정해서 흰자위에 있는 핏줄도 제거한다.

> **Note**
>
> 인물이 주름이 없으면 부자연스러워 보이는 연령대라면 주름을 완전히 제거하는 대신 [Opacity] 슬라이더 설정을 낮추어 주름이 덜 보이게 보정한다.

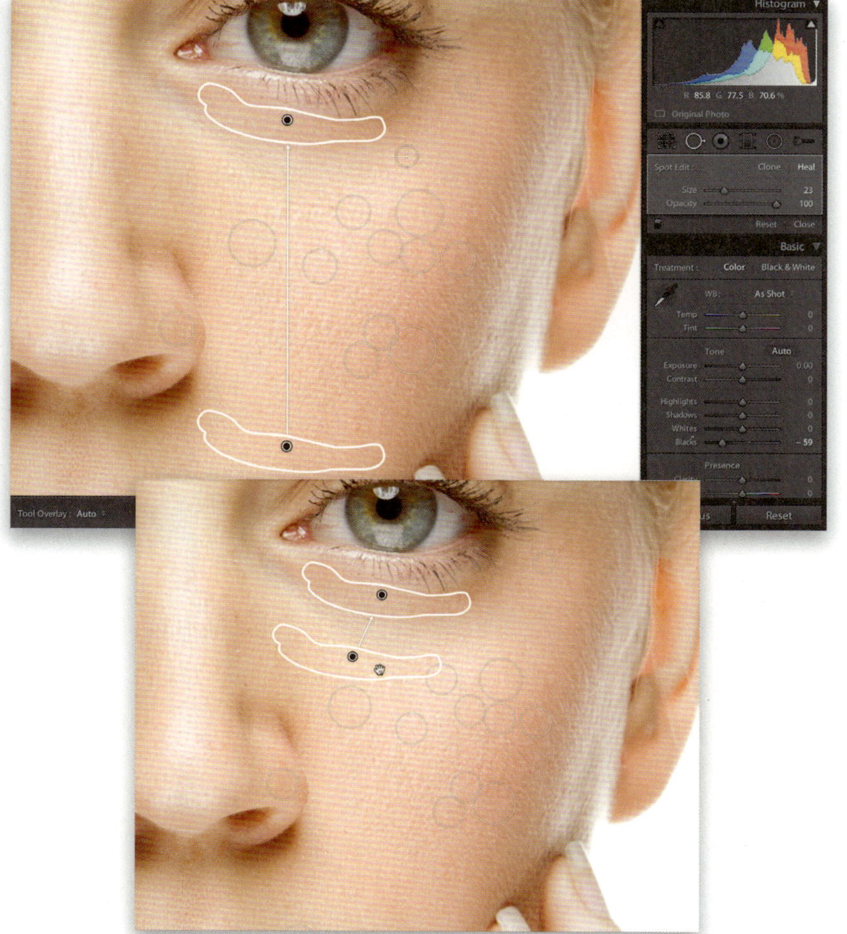

STEP 05

잡티와 주름을 제거한 다음에는 피부를 부드럽게 보정한다. Adjustment Brush 도구(K키)로 전환한 다음 [Effect] 팝업 메뉴에서 'Soften Skin'을 선택한다. 그리고 얼굴을 드래그하는데 눈썹, 속눈썹, 입술, 콧구멍, 머리카락, 얼굴의 경계선 등과 같이 선명해야 하는 영역을 드래그하지 않도록 주의한다. 이때 [Clarity]는 −100로 설정한다. 여기서는 원본과 비교하기 위해 오른쪽 얼굴만 드래그했다.

STEP 06

다음은 눈을 보정해보자. 먼저 흰자위를 더 밝게 보정한다. 패널 상단의 [New] 버튼을 클릭해서 새 영역을 선택하고 [Effect]를 더블클릭해서 모든 슬라이더를 0으로 설정한다. 그리고 [Exposure] 슬라이더를 오른쪽으로 약간 드래그하고 흰자위를 드래그한다. 여기서는 +0.340으로 설정했다. 실수로 흰자위 밖의 영역을 드래그했다면 Alt (MAC: [Option])키를 눌러 Erase 도구로 전환한 다음 실수로 드래그한 영역을 선택해제 한다. 보정 영역을 선택할 때 홍채 부분도 약간 드래그해서 밝게 보정한다. 영역 선택을 마친 다음 [Exposure] 슬라이더를 다시 드래그해서 밝기를 조절한다. 다시 [New] 버튼을 클릭하고 [Effect]을 더블클릭해서 슬라이더를 리셋한 다음 [Contrast] 슬라이더를 +72까지 드래그하고 홍채와 동공을 드래그해서 대비를 강하게 보정한다. [Sharpness]도 약간 높게 조절한다. 여기서는 +13으로 설정했다.

Tip

보정핀이 너무 많은 경우

보정핀이 많아서 방해가 되는 경우 [Show Edit Pins] 팝업 메뉴에서 'Selected'를 선택하여 현재 선택한 핀만 나타나게 설정한다.

STEP 07

[New] 버튼을 다시 클릭한 다음 닷징과 버닝으로 얼굴을 보정해보자. 모든 슬라이더를 리셋한 다음 [Exposure] 슬라이더를 약간 왼쪽으로 드래그하고 얼굴에서 광대뼈, 코 옆, 입술 아래, 헤어라인 등의 섀도우 영역을 드래그한다. 여기서는 [Exposure] 슬라이더를 −0.25로 설정했다. 마지막으로 [New] 버튼을 다시 클릭하고 [Exposure] 슬라이더를 +0.25 정도로 설정한 다음 콧잔등, 뺨의 가장 돌출된 부분 등 얼굴의 돌출된 영역에 하이라이트를 추가한다. 기본적으로 얼굴에서 하이라이트 영역을 더 밝게 만들고 섀도우 영역을 더 어둡게 보정하는 것이다. 하단의 보정 전과 후의 이미지를 비교해보자.

보정 후 이미지의 피부는 더 매끄럽고 눈이 밝고 대비가 더 강하다. 눈썹도 더 다듬어지고 닷징과 버닝으로 얼굴을 더 입체적으로 만들었다.

점진적 필터 기능으로 하늘 보정하기

Graduated Filter 도구는 ND 그라데이션 필터 효과를 만든다. 주로 풍경 사진가들이 사용하는 이 필터는 전경과 하늘의 노출이 다른 경우 두 영역을 모두 적정 노출로 맞추기 위한 장비이다. 그러나 어도비사는 일반적인 ND 그라데이션 필터 효과 외에도 다양한 기능을 제시한다.

STEP 01

패널 영역 상단의 도구상자에서 Adjustment Brush 왼쪽에 있는 Graduated Filter 도구(M 키)를 클릭한다. 아이콘을 클릭하면 Adjustment Brush 도구와 유사한 효과 선택 항목들이 나타난다. Graduated Filter 도구로 전통적인 ND 그라데이션 필터 효과를 만들어보자. 가장 먼저 [Effect] 팝업 메뉴에서 'Exposure'를 선택한 다음 [Exposure] 슬라이더를 −1.22까지 드래그한다. Adjustment Brush와 마찬가지로 이 시점에는 추측으로 슬라이더 값을 설정하고 영역을 선택한 후 세밀한 조절을 설정한다.

STEP 02

Shift 키를 누른 채 이미지의 상단 중앙을 클릭한 다음 중앙의 수평선까지 드래그한다. 도구를 드래그하면 하늘에 그라데이션 효과가 나타나서 사진의 균형을 맞춘다. 효과가 적정 노출인 전경을 어둡게 만든다면 수평선에 닿기 전에 멈춘다. 이때 Shift 키를 누르고 드래그하는 이유는 그라데이션이 기울지 않도록 유지하기 위해서이다.

STEP 03

그라데이션 효과 중앙에는 보정핀이 나타나는데 효과의 위치를 재조절할 수 있다. 여기서는 핀을 아래로 드래그해서 위치를 조절했다. 또한 선택 영역에 다른 효과도 추가할 수 있다. 예를 들어, [Saturation] 슬라이더를 50까지 드래그해서 효과를 약간 더 쨍하게 만들고 [Exposure] 슬라이더를 −1.44로 설정했다. 그리고 하늘이 회색을 띤다면 패널 하단의 [Color] 스와치를 클릭하여 파란색을 선택해서 적용할 수도 있다.

Note

[New] 버튼을 클릭해서 한 개 이상의 그라데이션 효과를 사진에 적용할 수 있다. 그리고 보정핀을 클릭하고 Backspace(MAC:[Delete])키를 누르면 효과를 삭제한다.

Radial Filter로
비네트와
스포트라이트
효과 만들기

지난 수 년 동안 비네트 효과가 큰 인기를 얻었다. 비네트 효과는 [Effect] 패널을 사용해도 탁월한 결과를 얻을 수 있지만 피사체의 위치가 이미지 중앙에 있는 경우만 해당된다. 이번 레슨에서는 이미지 안에서 자유롭게 영역을 선택하여 비네트 효과를 적용하는 방법에 대해 알아보자. 또한 단순히 선택 영역을 어둡게 만드는 효과 외에도 여러 개의 비네트 효과를 적용해서 재조절하는 방법에 대해서도 알아보자.

STEP 01

인간의 시각은 이미지에서 가장 밝은 영역에 집중되는데 야외에서 자연광으로 촬영한 예제 사진의 경우 이미지 전체의 노출이 균등하다. 그러므로 Radial Filter를 사용해서 시선이 신부에게 집중되도록 만들어보자. 가장 먼저 오른쪽 패널 영역 상단의 도구상자에서 Radial Filter 도구를 클릭한다 (Shift - M 키). Radial Filter는 타원형이나 원의 형태로 영역을 선택하는 도구로 영역을 선택한 다음 내부나 외부에 효과를 적용하고 조절할 수 있다.

STEP 02

이미지에서 도구를 클릭하고 드래그해서 타원형(혹은 원)의 영역을 선택한다. 여기서는 신부가 있는 영역을 드래그했다. 선택 영역의 위치는 타원형의 내부를 클릭해서 원하는 위치로 드래그해서 조절한다.

Note

Shift 키를 누른 채 커서를 드래그하면 원형으로 영역을 선택할 수 있다. 또한 Ctrl (MAC: [Command])키를 누른 채 이미지를 더블클릭하면 최대 크기의 타원형을 만든다. 광범위한 영역에 효과를 적용할 때 사용한다.

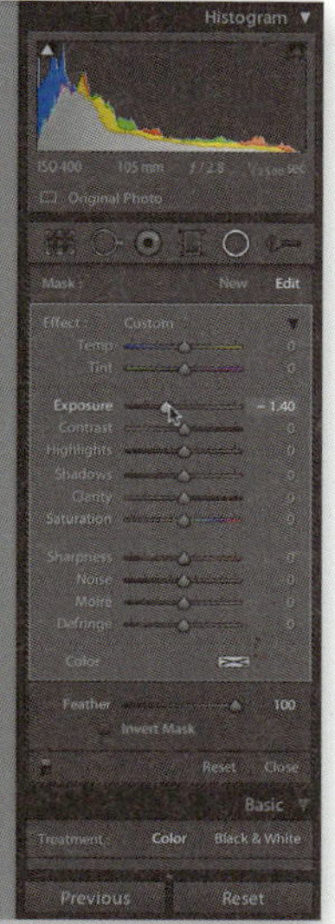

예제 사진의 경우 신부에게만 시선이 집중되도록 만들기 위해서 신부의 주변 영역을 어둡게 만들어야 한다. [Exposure] 슬라이더를 왼쪽으로 드래그하면(여기서는 −1.40으로 설정) 선택 영역 외부가 어두워진다. 선택 영역 내부는 그대로 유지하면서 스포트라이트 효과를 만든다. 밝은 영역과 어두운 영역의 변환도 자연스러운데 그 이유는 [Feather] 슬라이더의 기본 설정이 100이기 때문이다. 더 선명한 경계선을 원한다면 [Feather] 슬라이더를 왼쪽으로 드래그한다.

> **Tip**
>
> **선택 영역 삭제하기**
>
> Backspace(MAC:[Delete])키를 누르면 선택 영역을 삭제한다.

선택 영역의 위치를 조절한 다음 커서를 영역의 오른쪽 경계선에 근접한 외부에서 드래그해서 기울기를 조절한다. 회전이 가능한 영역은 매우 좁기 때문에 경계선에 최대한 근접해서 커서가 쌍방향 화살표로 바뀐 다음 드래그한다. 회전 가능 영역 밖에서 드래그하면 다른 선택 영역을 만든다. 실수로 추가 선택 영역을 만들면 Ctrl−Z(MAC: [Command]−Z)키를 눌러 삭제한다. 선택 영역의 크기 조절은 조절점 4개 중 하나를 클릭해서 드래그한다. Radial Filter 도구의 장점은 노출 외에도 다른 기능 설정이 가능하다는 점이다. 예제 사진에서는 'Highlights:−76, Saturation:−22'로 추가 설정을 적용했다.

STEP 05

또 다른 선택 영역을 만들어 시선을 분산시키는 오른쪽의 밝은 부분을 어둡게 만든다. Radial Filter 도구를 옮겨 예제 사진과 같이 영역을 클릭하고 드래그해서 선택한다. 기본적으로 선택 영역 외부에 효과를 적용하지만 패널 하단의 'Invert Mask'에 체크하고 슬라이더를 드래그하면 선택 영역 내부에 효과를 적용한다.

Tip

내부와 외부 선택 영역 전환 단축키

키를 누르면 'Invert Mask' 체크박스를 선택/해제한다.

STEP 06

[Exposure] 슬라이더를 왼쪽으로 약간 드래그해서 주변 배경과 어우러지도록 선택 영역을 어둡게 조절한다. 여기서는 −1.43로 설정했다. 선택 영역의 위치는 나무를 클릭하고 드래그해서 조절한다. 선택 영역을 회전하려면 경계선과 근접한 외부를 클릭하고 드래그한다. 예제 사진의 신부를 보면 목걸이가 있는 부분에 회색의 보정핀이 첫 번째 선택 영역을 표시한다. 회색 보정핀을 클릭해서 활성화한다.

STEP 07

선택 영역 안에 또 다른 선택 영역을 만들 수도 있다. Ctrl－Alt (MAC:[Command]－[Option])키를 누른 채 두 번째 선택 영역의 중앙을 드래그하면 두 번째 선택 영역을 복제한 세 번째 타원형이 나타난다. 새로 만든 타원형을 신부의 얼굴로 드래그한 후 얼굴에 맞게 크기를 조절하고 회전한다. 이번에는 [Exposure] 슬라이더를 오른쪽으로 드래그해서 신부의 얼굴을 밝게 보정한다(여기서는 0.19로 설정했다), 그 다음엔 Ctrl－Alt (MAC:[Command]－[Option])키를 한 번 더 누르고 세 번째 선택 영역을 복제해서 직사광에 의해 과도하게 밝은 손이 있는 부분으로 드래그한 후 보정한다. 여기서는 'Highlights:－76, Contrast:－82, Exposure:－0.56'으로 설정했다. 하단에 있는 보정 전과 후의 사진을 비교해보자.

보정핀 숨기기

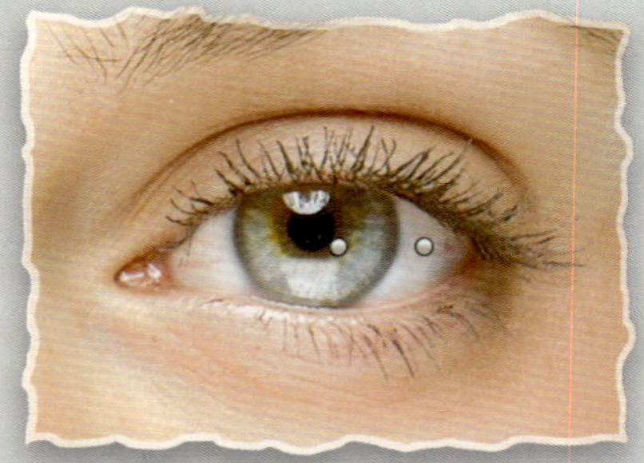

Adjustment Brush, Radial Filter, Graduated Filter 도구의 보정핀은 언제든지 H 키를 눌러 보이기/숨기기할 수 있다.

새 편집 설정 추가 단축키

이미지를 부분 보정할 때 패널로 돌아가서 [New] 버튼을 클릭하는 대신 Enter (MAC: [Return])키를 누르면 새 보정핀을 추가한다.

브러시 패널 축소하기

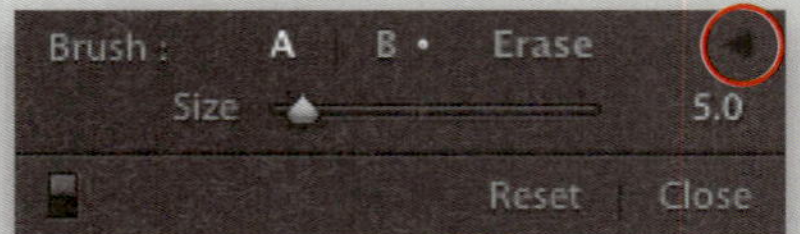

브러시 A/B 설정을 마친 다음에는 [Erase] 버튼 오른쪽의 화살표를 클릭하면 브러시 설정 항목들을 숨긴다.

스크롤 휠의 숨은 기능

스크롤 휠이 있는 마우스를 사용한다면 스크롤 휠로 브러시의 크기를 조절할 수 있다.

Flow 기능 조절하기

키보드의 1 부터 0 키로 브러시의 Flow 기능을 조절할 수 있다. 예를 들어, 3 키는 30%, 4 키는 40%이다.

[Erase] 버튼

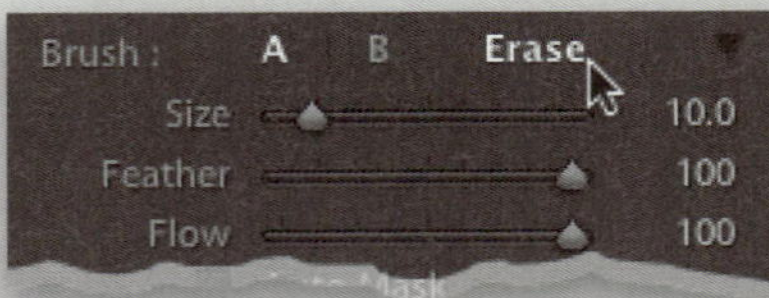

브러시 도구 영역의 [Erase] 버튼은 이미지를 지우는 기능이 아니라 브러시를 변환해서 선택 영역 마스크를 지운다.

[Tint] 색상 선택하기

사진에 있는 색상을 사용하고 싶은 경우 [Effect] 팝업 메뉴에서 'Color'를 선택한 다음 Color 스와치를 클릭한 후 스포이트 커서를 클릭한 채 사진으로 옮긴다. 사진에서 커서가 있는 위치의 색상이 컬러 박스에 표시된다. 마음에 드는 색상을 찾으면 마우스 버튼을 놓는다. 마우스 오른쪽 버튼을 클릭하고 'Set this Swatch to Current Color'를 선택하면 선택 색상을 색상 스와치로 저장할 수 있다.

보정 마스크 보이기/숨기기

기본적으로 커서를 보정핀 위에 놓을 때만 마스크가 나타난다. 그러나 브러시를 드래그하는 동안 마스크가 계속 보이길 원한다면(놓친 영역을 드래그할 때 편리하다) O 키를 눌러 마스크를 보이거나 숨기도록 설정할 수 있다.

마스크 색상 바꾸기

커서를 핀에 놓아서 마스크가 보일 때 Shift — O 키를 눌러 마스크 색상을 변경할 수 있다. 색상은 빨간색, 녹색, 흰색, 회색 중 선택한다.

Graduated Filter 효과 진행 방향 바꾸기

Graduated Filter 효과는 기본적으로 클릭한 지점에서 시작하므로 이미지의 상단이나 하단의 경계선이 시작 지점이다. 그러나 Alt (MAC: Option)키를 누른 채 드래그하면 중앙에서 바깥 방향으로 진행한다.

그라데이션 뒤집기

Graduated Filter 효과를 적용한 후 , 키를 누르면 그라데이션 효과를 뒤집는다.

효과의 강도 조절하기

Graduated Filter 효과를 적용한 후 마지막으로 조절한 효과의 설정값을 ← / → 키로 조절할 수 있다. Adjustment Brush 효과는 ↑ / ↓ 키를 사용한다.

[A]와 [B] 브러시 사이 전환하기

[A]와 [B] 버튼은 사실 브러시 프리셋이다(강한 브러시와 소프트 브러시). 단축키 / 를 사용하면 두 개의 브러시 프리셋 사이를 편리하게 전환할 수 있다.

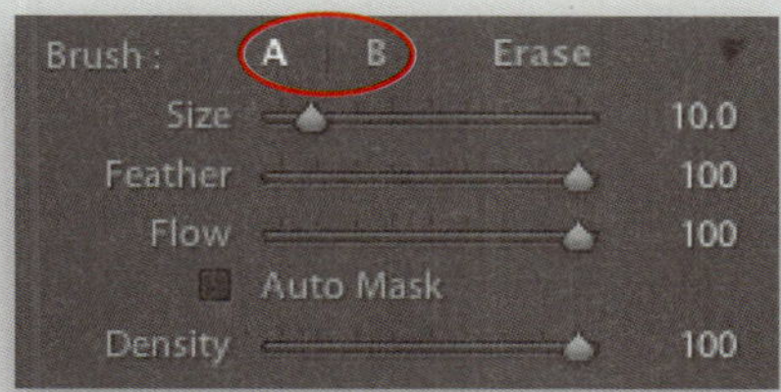

브러시 강도 조절하기

브러시의 강도([Feather])는 패널에서 조절하는 대신 Shift – [키를 누르면 브러시를 부드럽게, Shift –] 키를 누르면 강하게 조절한다.

Auto Mask 팁

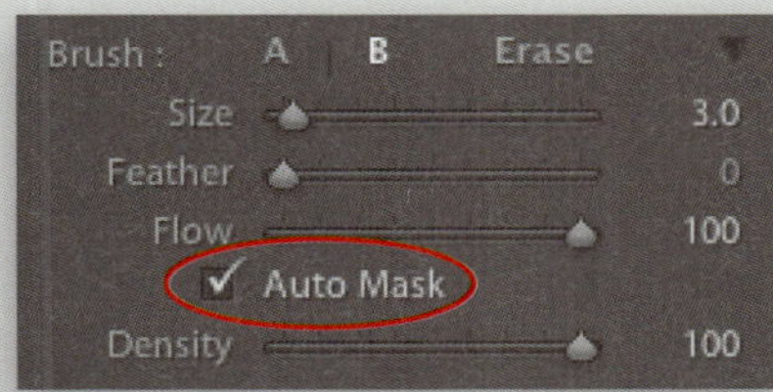

Auto Mask를 체크해서 피사체의 경계선을 따라 마스크를 적용(예를 들어, 산이 있는 풍경사진의 하늘을 드래그해서 선택하는 경우)한 다음 살펴보면 경계선을 따라 밝은 색의 띠가 보인다. 이 띠를 제거하려면 브러시를 작은 크기로 바꾼 다음 드래그한다. Auto Mask 기능이 선택 영역이 브러시가 산이 있는 영역으로 침범하는 것을 방지하기 때문에 걱정할 필요 없다.

Auto Mask 단축키

A 키를 사용해서 Auto Mask 기능을 활성화/해제한다.

직선으로 드래그하기

포토샵과 마찬가지로 Adjustment Brush를 클릭한 다음 Shift 키를 누른 채 다른 지점을 드래그하면 두 지점을 직선으로 연결한다.

[Reset] 버튼은 '재시작'을 뜻한다

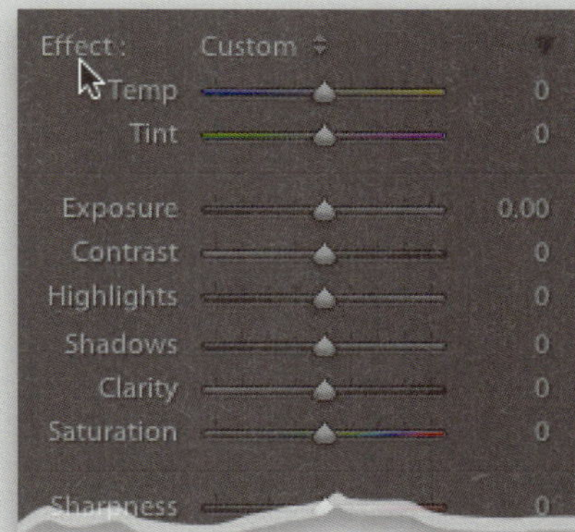

[Reset] 버튼은 슬라이더를 초기화하는 것이 아니라 모든 설정을 삭제한다. 현재 선택한 보정핀의 슬라이더만 초기화하려면 패널의 슬라이더 왼쪽 상단에 있는 [Effect]라는 단어를 더블클릭한다.

라이트룸의 Gaussian Blur 기능

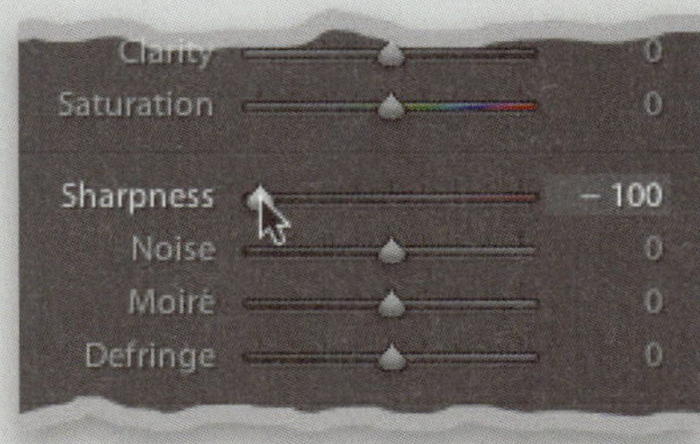

Gaussian Blur와 같은 미약한 블러 효과가 필요하다면 Adjustment Brush를 선택한 다음 [Effect] 팝업 메뉴에서 'Sharpness'를 선택한다. 그리고 [Sharpness] 슬라이더를 왼쪽 끝까지 드래그해서 -100으로 설정하면 블러 효과를 드래그해서 적용할 수 있다. 손쉽게 조리개를 열고 촬영한 사진과 같은 효과를 만들 수 있는 비법이다.

두 배의 설정값 적용

보정 설정값을 두 배로 적용하려면 활성화된 보정핀에서 Ctrl – Alt – 클릭(MAC:[Command] – [Option] – 클릭)키를 눌러 원본으로부터 약간 드래그하여 복사본을 만든 다음 다시 원본과 일치하는 위치로 드래그한다. 이 복사본이 설정값을 두 번 적용한 효과를 만든다. 하단의 보정핀을 선택하려면 상단의 선택 영역을 옆으로 약간 드래그한 다음 보정을 적용하고 상단 선택 영역을 다시 드래그해서 위치를 맞춘다.

보정 설정 삭제하기

적용한 보정 설정을 삭제하려면 해당 영역의 보정핀을 클릭한 다음 핀의 중앙이 검은색으로 바뀌면 Backspace (MAC:[Delete])키를 누른다.

CHAPTER 07

PROBLEM PHOTOS
일반적인 문제 해결

이 책의 모든 챕터 제목들 중 이번 챕터의 제목이 가장 내용을 추측하기 쉬울 것이다. 제목을 "Problem Photos"라고 붙이고 사진에 일부러 문제점을 추가한다면 이 책은 절대 팔리지 않을 것이다. 책이 팔릴 수도 있지만 이번 챕터가 판매량에 도움이 되지 못할 것은 틀림없다. 판매량을 높일 수 있는 방법은 "포주(pimp)"라는 단어를 한 번도 아니고 세 개의 챕터 도입부에 세 번이나 사용하는 것이다. 그 이유는 구글사가 몇 년 전에 모든 웹페이지 목록을 웹페이지 대신 책에다 정리하고 정보를 샤이엔산(Cheyenne Mountain) 깊숙이 위치한 검색 데이터베이스에 추가했는데 검색어가 책에 포함되어 있으면 구글 검색 결과로 나타나고 그 책으로 유도하기 때문이다. 물론 책을 구입해야 하지만 책을 쓰는 저자로서 최악의 결과는 아니라고 말하고 싶다. 어쨌든 "포

주"라는 단어로 검색을 하면 이 책이 구글 검색 결과 중 하나로 나온다. 물론 포주를 찾던 사람들이 이 책이 사실은 라이트룸 5에 대한 내용이라는 것을 발견하고 구입을 꺼리겠지만 필자는 그들이 왜 라이트룸에 대한 책에 "포주"라는 단어가 들어가 있는지 호기심을 가지게 되길 바란다. 그래서 그들이 호기심을 이기지 못하고 이 책에 숨겨진 비밀을 찾기 위해 이 책을 구매한다. 그리고 어떤 비밀도 없다는 것을 알고 실망하겠지만 6.7%는 라이트룸을 배우기 시작한다는 연구 결과가 나왔다. 나머지 구매자들은 구글을 사용해서 포주를 찾으려고 했던 시도 자체가 무리였기 때문에 억울할 이유가 없다. 그들은 구글 대신 Craiglist를 사용해야 했다.

역광 사진 보정하기

디지털 사진에서 가장 흔한 문제 중 하나는 역광으로 촬영해서 피사체가 실루엣으로 나타나는 것이다. 카메라는 인간의 시각처럼 역광 상태에서 사물을 인지하지 못하기 때문에 눈으로 봤을 때는 괜찮았지만 촬영한 사진은 피사체가 실루엣으로 나타나는 경우가 많다. [Basic] 패널의 [Fill Light] 슬라이더 역할을 하는 [Shadows] 슬라이더로 역광 사진을 보정해보자.

STEP 01

예제 사진에서 하늘의 노출 상태는 적정하지만 건물이 너무 어둡다. 인간의 시각은 이러한 역광의 환경에서도 즉시 노출의 균형을 맞추기 때문에 눈으로 볼 때는 괜찮았지만 카메라는 노출을 하늘에 맞춰 건물의 노출이 부족한 것으로 나타난다. 역광 사진을 보정하기 전에 [Exposure] 슬라이더를 드래그해보자. 여기서는 +0.45로 설정하고 [Highlights] 슬라이더를 −49로 설정해서 하늘의 가장 밝은 하이라이트 영역을 낮추었다.

STEP 02

전경을 밝게 보정하기 위해 [Shadows] 슬라이더를 오른쪽으로 드래그한다. 여기서는 +79 정도로 설정했다. 이전의 라이트룸 3 버전에서 [Shadows] 슬라이더 역할을 했던 [Fill Light] 슬라이더는 색상을 이상하게 만들어서 [Shadows] 슬라이더처럼 큰 폭의 조절이 불가능했다. [Shadows] 슬라이더를 과도하게 드래그하면 예제 사진처럼 이미지가 색이 바랜 것처럼 보이지만 다음 단계에서 쉽게 보정할 수 있으므로 염려하지 않아도 된다.

Tip

노이즈를 주의하자

노이즈는 일반적으로 섀도우 영역에 있기 때문에 섀도우 영역을 밝게 보정하면 노이즈가 증폭된다. 그러므로 섀도우 영역을 보정할 때는 노이즈에 주의하자. 만약 노이즈가 너무 두드러지면 [Detail] 패널에서 [Luminance]와 [Color] 슬라이더로 보정한다. 자세한 방법은 다음 레슨에서 다룰 것이다.

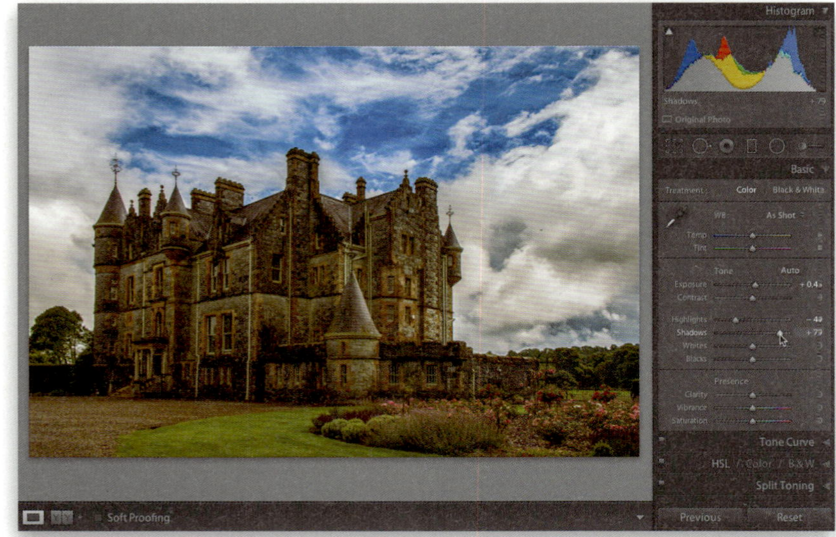

STEP 03

이번에는 [Blacks] 슬라이더를 왼쪽으로 드래그해서 색이 바랜 느낌의 이미지를 보정한다. 여기서는 −34로 설정했다. 라이트룸의 새로운 프로세스 버전 덕분에 이러한 현상은 라이트룸 3 버전처럼 자주 나타나지 않으며 대부분의 경우 쉽게 보정할 수 있다.

STEP 04

Y 키를 눌러 보정 전과 후의 이미지를 비교해보자. [Shadows]와 [Blacks] 슬라이더만으로도 충분히 역광 사진을 보정할 수 있다.

노이즈 보정하기

높은 ISO 설정이나 낮은 채광 조건에서 촬영하면 이미지 전체에 보이는 휘도 노이즈나 색상 노이즈가 나타날 가능성이 높다. 라이트룸 이전 버전에서는 노이즈 보정 기능이 취약했다. 라이트룸 3 버전부터 완전히 개선된 Noise Reduction 기능은 더 강력해졌을 뿐 아니라 노이즈 보정 후 선명도와 디테일을 보존하는 기능도 탁월하다.

STEP 01

예제 사진과 같이 높은 ISO로 촬영한 사진의 노이즈를 보정하기 위해 [Develop] 모듈 [Detail] 패널의 [Noise Reduction] 영역에서 이미지를 1:1 보기 모드로 줌인한다. 관객을 비추는 빛이 강해서 가장 먼저 [Highlights] 슬라이더로 하이라이트를 조절했다.

Note

이 사진은 25,600 ISO로 촬영했다.

STEP 02

필자는 대부분의 경우 눈에 거슬리는 색상 노이즈를 먼저 제거한다. RAW 형식으로 촬영한 사진은 라이트룸에서 자동으로 어느 정도의 노이즈 감소 설정을 적용하지만 여기서는 보정 과정을 분명히 보기 위해 [Color] 슬라이더를 0으로 설정한 다음 오른쪽으로 천천히 드래그한다. 색상 노이즈가 사라지면 슬라이더를 멈춘다. 슬라이더를 그 이상 드래그해도 결과는 마찬가지이기 때문에 더 이상 드래그할 필요가 없다. [Detail] 슬라이더는 경계선에 영향을 미치는데 오른쪽으로 과도하게 드래그하면 색상 디테일을 효과적으로 보존하지만 색상 반점이 나타날 가능성이 높다. [Detail] 슬라이더 설정이 낮으면 색상 반점을 피할 수 있지만 색상이 번진다. [Detail] 슬라이더의 적정 설정값을 찾기 위해 이미지에서 색채가 풍부한 영역을 보고 슬라이더를 양쪽 끝까지 드래그해본다. 필자는 주로 50으로 설정하는데 이미지에 따라 70이나 80이 적정인 경우도 있으므로 실험해보고 선택한다. 여기서는 [Color] 슬라이더만으로도 눈에 띄는 결과를 얻었다.

STEP 03

색상 노이즈를 제거한 다음에도 휘도 노이즈는 여전히 남는다. [Luminance] 슬라이더를 오른쪽으로 드래그해서 노이즈를 감소시킨다. [Luminance] 슬라이더만으로도 좋은 결과를 얻을 수 있지만 하단에 두 개의 슬라이더가 더 있다. 여기서 주목할 점은 이미지를 깔끔하거나 디테일을 선명하게 만들 수 있지만 두 가지를 모두 얻기는 어렵다는 것이다. [Detail] 슬라이더는 흐릿한 이미지를 보정하는데 도움이 된다. 그러므로 이미지가 흐릿해 보인다면 슬라이더를 오른쪽으로 드래그하는데 노이즈가 증가할 수 있다. 대신 더 깔끔한 이미지를 원한다면 슬라이더를 왼쪽으로 드래그한다. 그러나 매끄럽고 깔끔한 이미지를 얻기 위해서는 디테일을 희생해야 한다.

제거 전   제거 후

STEP 04

[Luminance] 슬라이더 하단의 [Contrast] 슬라이더는 노이즈가 심한 이미지에 필요한 기능이지만 이 기능 역시 대가를 치러야한다. [Contrast] 슬라이더를 오른쪽으로 드래그하면 사진의 대비를 보존하지만 이미지 일부 영역에 얼룩이 나타날 수 있다. 슬라이더를 왼쪽으로 드래그해서 부드럽게 만들 수 있지만 대신 대비를 포기해야 한다. 라이트룸 9 버전이 나올 때 즈음에는 두 가지를 모두 가질 수 있을지도 모르니 기대해보자. 노이즈 보정의 요점은 균형을 찾는 것이다. 그리고 실험을 통해서만 적정한 설정값을 찾을 수 있다. 예제 사진의 경우 [Luminance]를 45로 설정해서 대부분의 휘도 노이즈를 제거했다. 디테일을 보존하기 위해서 [Detail] 슬라이더를 67로 설정하고 [Contrast] 슬라이더는 그대로 두었다.

라이트룸 편집 설정 취소하기

라이트룸은 사진의 편집 설정을 모두 기억하고 적용한 순서대로 [Develop] 모듈의 [History] 패널에 목록을 기록한다. 그러므로 편집 중 한 번의 클릭으로 이전의 설정 단계로 돌아갈 수 있다. 아쉽게도 한 단계 설정만 삭제할 수는 없지만 실수한 단계로 돌아가서 수정하고 그 시점부터 편집을 재시작할 수 있다.

STEP 01

[History] 패널을 살펴보기 전에 Ctrl–Z(MAC: [Command]–Z)키를 누르면 편집 설정을 취소한다는 점을 알아두자. 단축키를 누를 때마다 한 단계씩 취소한다. 첫 번째 편집 설정 단계로 돌아갈 때까지 계속 취소할 수 있기 때문에 [History] 패널이 필요하지 않을 수도 있다. 특정 사진의 편집 설정 목록은 사진을 클릭한 다음 왼쪽의 [History] 패널에서 볼 수 있다. 가장 최근의 편집 설정이 맨 위에 있으며, 각 사진마다 별도의 히스토리 목록이 있다.

STEP 02

목록에서 설정 이름 위로 커서를 가져가면 상단의 패널 미리 보기 모드 영역에 해당 편집 단계의 사진이 나타난다. 여기서는 사진을 흑백으로 전환한 설정 단계로 커서를 가져가자 미리 보기 모드 영역에 흑백 버전 사진이 나타난다. 그 이후에 마음이 바뀌어 컬러사진으로 다시 복구했다.

STEP 03

특정 설정 단계로 돌아가려면 원하는 단계를 클릭한다. [History] 패널을 사용하는 대신 설정 취소 단축키를 누르면 화면에 큰 글씨로 알림 메시지가 나타난다. 이 알림 메시지로 취소하는 설정을 알 수 있기 때문에 [History] 패널을 항상 열어둘 필요가 없어서 편리하다.

> **Tip**
>
> **무제한 취소 목록**
>
> 포토샵의 [History] 패널에서 취소할 수 있는 단계는 20개로 제한된다. 그리고 파일을 닫으면 그 목록도 함께 사라진다. 하지만 라이트룸에서는 라이트룸에서 적용한 모든 변경 설정을 기록하고 다른 이미지를 선택하거나 파일을 닫아도 설정이 그대로 남아있다. 그러므로 언제든지 사진으로 돌아와 이전 설정을 취소할 수 있다.

STEP 04

편집 중 적용한 설정 단계가 마음에 들어서 언제든지 그 단계로 돌아갈 수 있도록 설정하려면 [Snapshot] 패널에서 헤더 오른쪽의 [+] 버튼을 클릭한다. 스냅샷은 [Snapshot] 패널에 저장되고 입력란에 이름을 입력할 수 있다. 여기서는 제목만 봐도 알기 쉽게 'Duotone with Vignette'를 입력했다. 그리고 스냅샷을 저장하기 위해 [History] 패널에서 이전의 단계를 클릭하는 대신 아무 단계나 마우스 오른쪽 버튼으로 클릭하고 팝업 메뉴에서 'Create Snapshot'을 선택하면 훨씬 편리하다.

사진 크로핑하기

필자는 이전 버전의 포토샵 Crop 도구에 익숙했기 때문에 라이트룸의 크로핑 기능을 처음 사용할 때 이상하다고 느꼈다. 그러나 사용에 익숙해진 다음에는 최고의 크로핑 기능이라고 생각한다. 처음 사용할 때 필자와 마찬가지로 당황스럽겠지만 곧 좋아하게 될 것이다. 사용한 후에도 마음에 들지 않는다면 스텝 6에서 포토샵의 Crop 도구처럼 사진을 자르는 방법을 찾을 수도 있다.

STEP 01

예제 사진은 광각이기 때문에 피사체에 시선을 집중시키기 위해 크로핑해야 한다. [Develop] 모듈의 [Basic] 패널 상단에 있는 도구상자에서 Crop Overlay 도구를 클릭하여 [Crop & Straighten] 패널 선택 항목을 활성화한다. 도구를 선택하면 사진 위에 네 개의 모퉁이에 조절점이 있는 3분할 그리드 오버레이가 나타난다. 사진의 화면비를 유지하기 위해 패널 오른쪽 상단의 잠금 아이콘을 클릭한다.

STEP 02

사진을 크로핑하려면 한 모퉁이의 조절점을 잡고 안쪽으로 드래그해서 크기를 조절한다. 여기서는 하단의 왼쪽 모퉁이 조절점을 대각선 방향으로 드래그해서 선수의 그림자 바로 아래 부분에서 멈췄다.

STEP 03

다음은 오른쪽 상단 모퉁이 조절점을 대각선 방향으로 드래그해서 시선을 뺏는 오른쪽 선수들을 잘라낸다. 크로핑 경계선 내부를 클릭하고 드래그해서 사진의 위치를 조절한다.

Tip

그리드 숨기기

Ctrl – Shift – H (MAC:[Command] – Shift – H) 키를 눌러 삼분할 그리드를 숨겨놓는다. 혹은 Preview 영역 하단의 도구바에 있는 [Tool Overlay] 팝업 메뉴에서 'Auto'를 선택하면 크로핑 경계선의 위치를 조절할 때만 나타난다. 또한 O 키를 반복해서 누르면 다른 종류의 그리드를 선택할 수 있다.

STEP 04

크로핑한 구도가 마음에 들면 R 키를 눌러 구도를 고정하고 경계선을 제거한다. 그러면 예제 사진과 같은 결과가 나타난다. 다음은 다른 두 가지 크로핑 선택 항목에 대해 알아보자.

STEP 05

특정 크기의 화면비를 원하는 경우 [Crop & Strai-
ghten] 선택 항목의 [Aspect] 팝업 메뉴에서 선택
한다. [Reset] 버튼을 클릭해서 원본으로 복구한
다음 Crop Overlay 도구를 다시 선택한다. 그리고
[Aspect] 팝업 메뉴를 열면 다양한 프리셋 크기 설
정이 있다. '4X5/8X10'을 선택하면 이미지에 4X5
인치나 8X10인치 비율의 크로핑 오버레이가 나타
난다. 조절점을 드래그해서 크기를 조절할 수 있는
데 화면비는 변하지 않는다.

STEP 06

다음은 포토샵의 크로핑 도구와 유사한 크로핑 방
법이다. Crop Overlay 도구를 클릭한 다음 Crop
Frame 도구를 클릭하고 [Crop & Straighten] 선
택 옵션 왼쪽 상단의 근접한 곳에 놓는다. 이제 크
로핑 경계선을 클릭하고 드래그해서 크로핑 할 수
있다. 이때 원래 있던 크로핑 경계선은 사라지지
않고 그대로 있지만 신경 쓰지 말고 크로핑하면 된
다. 크로핑을 설정하는 방법은 동일하므로 본인에
게 편리한 방법을 선택해서 크로핑한다.

Tip

크로핑 설정 취소하기

[Crop & Straighten] 패널 오른쪽 하단의 [Reset]
버튼을 클릭하면 크로핑 설정을 취소할 수 있다.

[Develop] 모듈에서 Crop Overlay 노구로 사진을 크로핑할 때 잘려나가는 영역은 자동으로 어둡게 나타나서 크로핑을 적용한 결과를 미리 볼 수 있다. 그러나 조금 더 확실하게 결과를 미리 보기하고 싶다면 Lights Out 모드로 전환한다.

Lights Out
크로핑 기능

STEP 01

Lights Out 모드를 실행하기 전에 일반적인 크로핑 화면 구성을 살펴보자. 여러 개의 패널 때문에 산만하고 사진에서 잘려나가는 영역은 어두워지기 하지만 여전히 표시되어있다. 이제 Lights Out 크로핑 기능을 사용해보자. 가장 먼저 Crop Overlay 도구를 선택한 다음 [Shift]-[Tab] 키를 눌러 모든 패널을 숨긴다.

STEP 02

[L] 키를 두 번 눌러 Lights Out 모드로 전환하면 사진과 크로핑 경계선만 검은색 배경 중앙에 남기고 시각을 방해하는 모든 요소를 숨긴다. 다음은 한 모퉁이의 조절점을 잡고 안쪽으로 드래그하거나 경계선 바깥 영역을 클릭하고 드래그해서 회전해보면 크로핑을 적용한 후의 이미지를 분명하게 볼 수 있다. Lights Out 크로핑 기능은 가장 효과적인 크로핑 방법으로 한 번 경험해보면 다시는 다른 방법으로 돌아가지 않을 것이다.

비뚤어진 사진 바로잡기

라이트룸에는 비뚤어진 사진을 바로잡는 방법이 세 가지 있다. 하나는 꽤 정확하지만 나머지는 사진에 따라 차선책으로 사용할 수밖에 없다.

STEP 01

예제 사진은 수평선이 기울어져 있는데 풍경 사진에서는 특히 용납하기 어려운 흠이다. 사진을 바로잡기 위해 [Develop] 모듈에서 오른쪽 패널 영역 히스토그램 하단의 도구상자에 있는 Crop Overlay 도구(R키)를 선택하면 사진 둘레에 Crop Overlay 그리드를 불러온다. 이 그리드는 사진을 크로핑할 때는 도움이 되지만 사진을 바로잡을 때는 방해가 되는 요소이므로 Ctrl-Shift-H(MAC:[Command]-Shift-H)키를 눌러 그리드를 숨긴다.

STEP 02

위에서 언급했듯이 비뚤어진 사진을 바로잡는 데는 세 가지 방법이 있다. 가장 먼저 필자가 주로 사용하는 Straighten 도구에 대해 알아보자. 필자는 이 도구가 비뚤어진 사진을 바로잡는데 가장 효과적이라고 생각한다. [Crop & Straighten] 패널에서 Straighten 도구를 클릭한다. 그리고 사진에서 수평이 되어야 할 영역을 왼쪽에서 오른쪽으로 드래그한다. 여기서는 수평선을 따라 드래그했다. 이 방법이 가장 빠르고 편리하지만 이미지에 수평선, 벽, 창틀과 같이 수평이 되어야하는 피사체가 있는 경우에만 사용이 가능하다.

STEP 03

도구를 드래그하면 크로핑 경계선이 회전해서 각도를 맞춘다. 그리고 패널의 [Angle] 슬라이더에서 정확한 각도 설정을 표시한다. Ⓡ키를 눌러 설정을 잠근다. 처음 설정이 마음에 들지 않는다면 패널 하단의 [Reset] 버튼을 클릭해서 원본 상태로 복구하고 다시 도구를 드래그한다.

STEP 04

나머지 두 가지 방법을 시도하기 위해 [Reset] 버튼을 클릭해서 설정을 취소한 다음 Crop Overlay 도구를 다시 선택한다(이전 단계에서 크로핑 설정을 잠근 경우). 두 가지 방법 중 하나는 패널의 [Angle] 슬라이더를 사용하는 방법이다. 오른쪽으로 드래그하면 이미지를 시계 방향으로 회전하고 왼쪽으로 드래그하면 반대 방향을 회전한다. 슬라이더를 드래그하기 시작하면 기울기를 맞추도록 돕는 회전 그리드가 이미지에 나타난다. 한 가지 단점은 슬라이더는 설정 폭이 넓기 때문에 세밀한 각도 조절이 어렵다. 정확한 각도 설정을 하려면 오른쪽의 입력란에 각도를 입력해야 한다. 마지막 방법은 직접 그리드를 회전해서 각도를 조절하는 것이다. 커서를 회전 그리드 경계선에 근접한 외부 영역에 놓아서 쌍방향 화살표로 전환한 다음 클릭하고 상하 방향으로 드래그해서 각도를 맞춘다.

얼룩과 먼지 쉽게 찾기

큰 사이즈의 사진을 출력했는데 센서 먼지, 얼룩 등을 발견하는 것만큼 실망스러운 경우는 없다. 풍경 사진이나 여행 사진을 촬영한다면 푸른색이나 회색 하늘에서 얼룩이나 먼지를 발견하기가 쉽지 않다. 배경지를 사용한 스튜디오 촬영 사진도 마찬가지이다(더 심할 수도 있다). 그러나 이제는 라이트룸 5의 새로운 기능으로 얼룩과 먼지를 쉽고 빠르게 찾을 수 있다.

STEP 01

예제 사진은 네바다주의 타호 호수에서 촬영한 것으로 하늘에 몇 개의 먼지가 보인다. 그러나 문제는 밋밋한 하늘에서 쉽게 볼 수 없는 먼지나 얼룩이다. 물론 결국엔 발견하겠지만 고가의 출력지에 출력한 다음이나 의뢰인에게 건네준 다음에 발견한다면 곤란하다.

STEP 02

얼룩이나 먼지를 찾기 위해 오른쪽 패널 영역 상단의 도구상자에서 Spot Removal 도구(ⓠ키)를 선택한다. 중앙 미리 보기 모드 영역 하단의 도구바에서 'Visualize Spots'을 체크해서 이미지를 전환하면 먼지가 더 보인다.

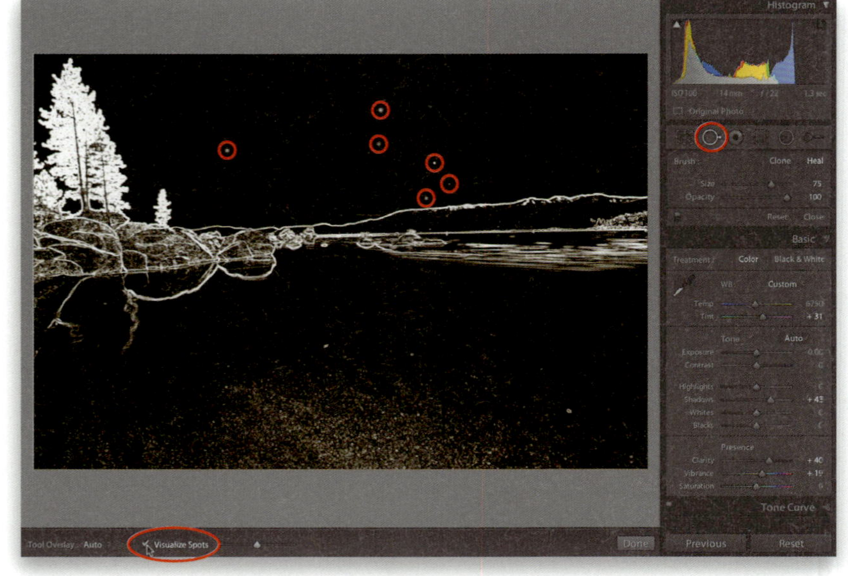

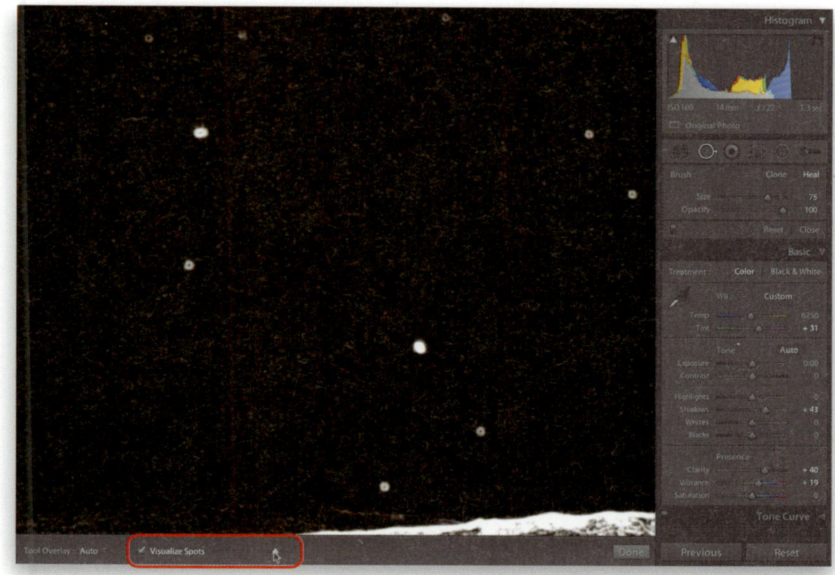

먼지를 더 잘 볼 수 있게 이미지를 줌인했다. [Visualize Spot] 슬라이더를 오른쪽으로 드래그하여 한계 레벨을 높여서 먼지를 더 부각시키면 숨어있던 먼지, 얼룩 등이 더 보인다. 슬라이더를 과도하게 드래그하면 눈송이나 노이즈처럼 보이므로 주의하자.

Tip

브러시 크기 선택하기

Spot Removal 도구를 사용할 때는 Ctrl – Alt (MAC:[Command]–[Option])키를 누른 채 클릭하고 드래그해서 보정할 영역을 선택할 수 있다. 지워야 할 영역의 왼쪽 상단을 클릭한 다음 45도 각도로 드래그해서 선택한다.

Spot Removal 도구로 각 먼지를 클릭해서 제거한다. 이때 [Size] 슬라이더나 Ⅰ/Ⅰ키로 도구를 제거하려는 먼지보다 약간 크게 조절한다. 작업을 마치면 'Visualize Spots' 체크박스를 해제하고 Spot Removal 도구가 샘플 영역을 제대로 선택했는지 확인한다. 그렇지 않은 샘플 영역은 선택 영역을 클릭한 다음 샘플 영역을 드래그해서 위치를 재조절한다.

STEP 05

사진의 먼지는 보통 카메라 센서 때문에 나타나는 경우가 많은데 모든 사진에서 같은 위치에 먼지가 보이면 명확하게 센서의 먼지 때문에 생긴 것이다. 그러한 경우 사진 한 장의 먼지를 모두 제거한 후 사진을 선택한 상태로 [Filmstrip]에서 유사한 사진들을 모두 선택하고 오른쪽 패널 영역 하단의 [Sync] 버튼을 클릭한다. [Synchronize Settings] 대화창에서 [Check None] 버튼을 클릭해서 모든 선택 항목을 해제한 다음 'Process Version'과 'Spot Removal'만 체크하고 [Synchronize] 버튼을 클릭하여 일괄 보정한다.

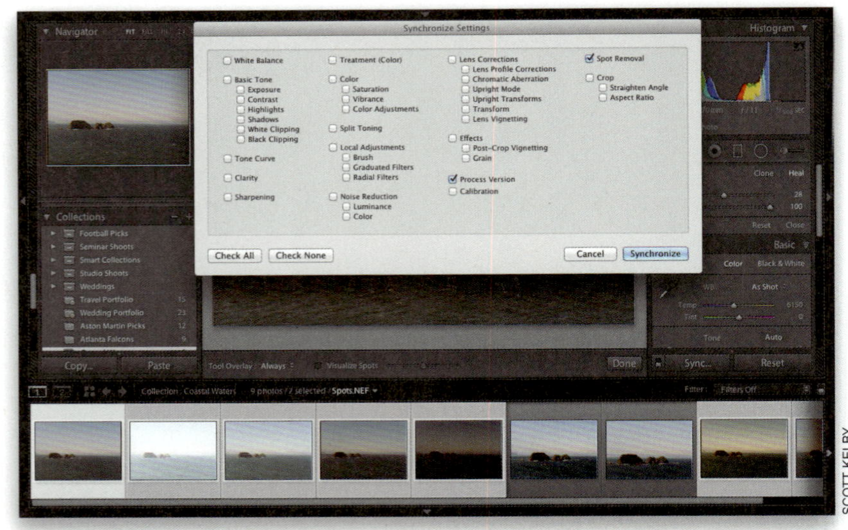

STEP 06

일괄 보정하는 사진들에도 첫 번째 사진과 동일한 영역에 Spot Removal 설정을 적용한다. 다른 사진에서 적용한 결과를 확인하려면 Spot Removal 도구를 다시 선택한다. 또한 사진의 상태에 따라 설정이 과도하게 적용된 경우가 있으므로 일괄 적용 후에는 사진을 확인해보자. 문제를 발견하면 해당 영역을 클릭하고 Backspace (MAC:[Delete])키를 눌러 삭제한 후 Spot Removal 도구를 사용해서 직접 보정한다.

Tip

Clone 기능 사용하기

사진의 얼룩이나 먼지를 제거할 때 Clone이나 Heal 두 가지 기능 중 하나를 사용한다. Clone 기능을 사용하는 경우는 피사체의 경계선이나 사진의 사지의 가장자리에 근접한 영역을 보정할 때이다. Heal 기능을 사용하면 이미지가 번지기 때문이다.

사진 보정 중 포토샵으로 전환하는 이유 중 하나는 Healing Brush를 사용하기 위해서이다. 물론 먼지나 잡티를 제거할 때는 라이트룸의 Spot Removal 도구를 사용해도 되지만 이 도구는 선택 영역을 원형으로만 지정할 수 있기 때문에 주름이나 선 등을 제거할 때에는 불편하다. 그러나 드디어 라이트룸에도 브러시로 드래그해서 영역을 선택하고 보정이 가능한 Healing Brush 기능이 추가되었다.

Healing Brush 기능

SCOTT KELBY

STEP 01

예제 사진에서 전경에 있는 노란색 테이프를 제거해야 하는데 이전 버전의 라이트룸이었다면 분명 까다로웠을 것이다. 먼저 오른쪽 패널 영역 상단의 도구상자에서 Spot Removal 도구(ㅇ 키)를 클릭한다. Spot Removal 도구는 단순히 잡티나 먼지를 제거하는 기능보다 포토샵의 Healing Brush 도구와 유사하므로 도구의 이름을 바꿔야한다는 것이 필자의 개인적인 생각이다.

> **Tip**
>
> **Healing Brush로 직선 드래그하기**
>
> 사진에서 전선과 같은 직선 형태의 피사체를 제거하기 위해 한쪽 끝을 클릭한 다음 Shift 키를 누른 채 다른 쪽 끝을 클릭하면 두 점 사이를 직선으로 연결하여 피사체를 제거한다.

STEP 02

Spot Removal 도구로 노란색 테이프를 드래그하면 예제 사진과 같이 흰색의 선택 영역이 나타난다.

STEP 03

영역 선택을 마치면 윤곽선이 있는 두 개의 영역이 나타난다: ❶ 약간 두꺼운 윤곽선을 가진 선택 영역과 ❷ 선택 영역에 있는 노란색 테이프를 제거하기 위해 선택한 그보다 얇은 윤곽선을 가진 샘플 영역이다. 일반적으로 샘플 영역은 선택 영역에 근접한 영역을 선택하는데 간혹 예제 사진과 같이 선택 영역과 동떨어진 영역을 선택해서 선택 영역과 질감이나 색상이 일치하지 않는다. 그러한 경우에는 직접 샘플 영역을 선택한다.

STEP 04

커서로 샘플 영역 내부를 클릭한 후 다른 영역으로 드래그한다. 여기서는 선택 영역 근처의 모래사장이 있는 영역을 선택했다. 샘플 영역으로 드래그한 다음 마우스 버튼을 놓으면 새로운 샘플 영역을 적용한 결과의 미리 보기가 나타난다. 결과가 선택 영역과 맞지 않는다면 다시 드래그해서 새 샘플 영역을 선택한다. 예제 사진에서는 새 샘플 영역이 훨씬 보기 좋지만 아직 완벽하지는 않다.

STEP 05

Ⓗ키를 누르면 선택 영역과 맞는 샘플 영역을 쉽게 찾을 수 있다. Ⓗ키를 누르면 시각에 방해가 되는 선택 영역과 샘플 영역의 윤곽선을 숨겨서 평가하기 수월하다. 필자는 커서를 샘플 영역에 놓은 다음 Ⓗ키를 눌러 윤곽선을 숨겨서 드래그하는 동시에 결과를 확인한다. 윤곽선을 숨기면 완벽한 샘플 영역을 찾는데 큰 도움이 된다.

STEP 06

보정 전과 후의 사진을 비교해보자. 아무도 전경에 노란색 테이프가 있었는지 알아채지 못할 것이다. 이와 같은 보정 기능이 필요하면 이전에는 포토샵으로 전환해야 했지만 이제는 Healing Brush를 사용하여 라이트룸에서도 쉽게 보정할 수 있다.

적목 현상 제거하기

사진에 적목 현상(플래시가 렌즈와 근접한 전자동 카메라에서 흔히 나타나는 현상이다)이 나타나면 포토샵으로 전환할 필요 없이 라이트룸에서도 보정하자.

STEP 01

[Develop] 모듈에서 [Histogram] 하단의 도구상자에 있는 Red Eye Correction 도구를 클릭하고 사진에서 적목 현상이 나타나는 부분의 중앙을 클릭한 후 가장자리까지 드래그한다. 마우스 버튼을 놓으면 적목 현상을 보정한다. 그래도 적목 현상이 완전히 제거되지 않았으면 마우스 버튼을 놓자마자 패널에 나타나는 Red Eye Correction 선택 항목 중 [Pupil Size] 슬라이더를 오른쪽으로 드래그해서 조절한다.

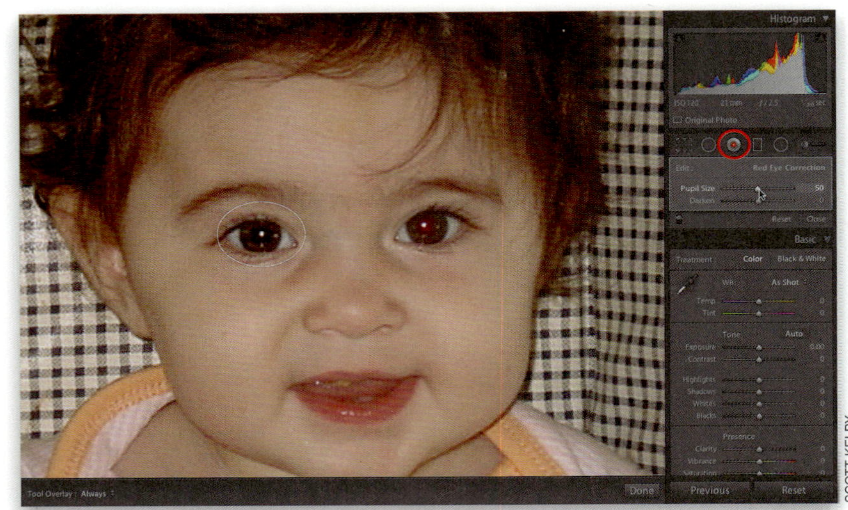

STEP 02

다음은 다른 쪽 눈의 적목 현상도 같은 방법으로 보정한다. 보정 후 눈이 너무 회색으로 나타나면 [Darken] 슬라이더를 오른쪽으로 드래그해서 어둡게 조절한다. [Pupil] 슬라이더와 [Darken] 슬라이더는 드래그하면서 효과를 바로 볼 수 있기 때문에 슬라이더를 드래그한 다음 결과를 확인하고 도구를 다시 적용할 필요가 없어서 편리하다. 만약 실수를 했다면 Red Eye Correction 영역 하단의 [Reset] 버튼을 클릭하여 설정을 취소하고 재시작한다.

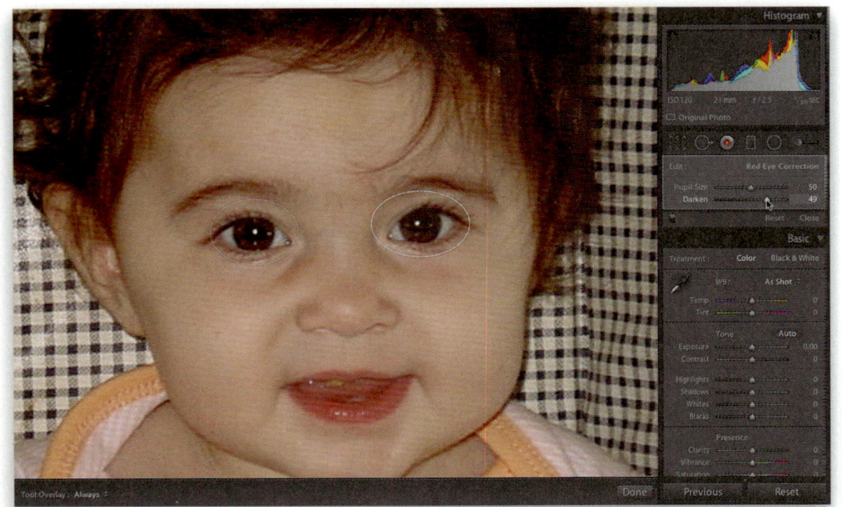

고층 건물을 촬영했는데 뒤로 누운 것처럼 보이거나 건물 꼭대기가 하단보다 더 넓어 보이는 사진이 나온 경험이 있을 것이다. 이러한 렌즈 왜곡 현상은 흔히 나타나지만 이전 버전의 라이트룸에서는 보정할 수 없어서 포토샵으로 전환하여 직접 보정해야 했다. 그러나 라이트룸 5에서는 렌즈 왜곡 현상을 자동으로 보정할 수 있다. 물론 직접 보정하는 기능도 있다.

렌즈 왜곡 현상 보정하기

STEP 01

렌즈 왜곡 현상이 나타난 사진을 불러온다. 렌즈 왜곡 현상 보정 기능은 비네트 현상과 색수차도 자동으로 보정하지만 이 기능에 대해서는 뒤에서 더 자세히 다룰 것이다. 예제 사진은 15mm 어안 렌즈로 촬영한 것으로 렌즈 왜곡 현상을 보정하려면 플러그인을 구입해서 보정할 수 있지만 이제는 라이트룸에 내장된 기능으로 보정할 수 있으므로 필요가 없다.

STEP 02

[Lens Correction] 패널에는 [Basic](뒤에서 다룰 것이다), [Profile](자동 보정), [Color](색수차와 광선주름 보정), [Manual](직접 보정) 네 가지 선택 항목이 있다. 자동 보정 기능을 먼저 시도해보자. [Profile]을 클릭한 다음 'Enable Profile Correction' 항목을 체크하면 예제 사진과 같이 자동 보정을 적용한다. 사진에 기록된 EXIF 데이터를 분석해서 촬영에 사용한 렌즈와 기종의 프로필을 적용하는 것이다. 어도비사에서 라이트룸에 다양한 카메라와 렌즈 기종의 프로필을 추가했기 때문이다. [Lens Profile] 영역을 보면 사용한 렌즈의 기종과 적용한 렌즈 프로필을 확인할 수 있다.

STEP 03

자동 보정을 적용한 후 패널 하단의 [Amount] 슬라이더로 추가 보정을 적용할 수 있다. 예를 들어, 자동 기능이 왜곡을 과도하게 보정했다고 생각한다면 [Distortion] 슬라이더를 왼쪽으로 약간 드래그해서 수정한다. 여기서는 전경의 직선 보정 정도를 수정해서 약간의 곡선을 복구했다. 자동 보정을 적용한 후 두 가지 슬라이더로 추가 보정을 하면 왜곡 현상을 쉽게 보정할 수 있다.

STEP 04

이번에는 다른 사진을 보정해보자. 예제 사진에서는 건물들이 양옆으로 휘었는데 'Enable Profile Correction'을 체크해서 자동 보정을 적용해도 아무 변화가 없다. 렌즈의 기종을 표시하는 [Profile] 탭을 봐도 'None'이라고 나타난다. 이미지에 EXIF 데이터가 없기 때문이다. 그 원인은 다양하다. 이미지를 복사해서 빈 문서에 붙이기 했거나, 라이트룸에서 내보내기 할 때 'Minimize Embedded Metadata'의 체크를 해제해서 EXIF 데이터를 제거했거나 혹은 단순히 라이트룸에 촬영한 렌즈의 프로필이 없는 경우일 수도 있다. 무슨 이유이든 사용한 렌즈의 프로필을 직접 설정하면 자동 보정을 적용할 수 있다.

STEP 05

[Profile] 영역의 [Make] 팝업 메뉴를 클릭하고 사용한 렌즈를 선택한다. 여기서는 'Nikon'을 선택했다. 그리고 [Model] 팝업 메뉴에서 기종을 선택한다. 예제 사진은 28mm f/3.5–5.6 렌즈로 촬영했지만 메뉴에 해당 렌즈가 없기 때문에 가장 근접한 광각 렌즈인 '24–70mm f/2.8'을 선택했다. 그다지 근접한 렌즈는 아니지만 최선의 선택이었다.

> **Tip**
>
> **렌즈 프로필이 없는 경우**
>
> 라이트룸에 사용한 렌즈의 프로필이 없는 경우 가장 근접한 기종을 선택하면 왜곡을 보정하는 경우도 있으니 포기하지 말자.

STEP 06

예제 사진과 같이 렌즈 프로필을 찾지 못하는 경우를 제외하고 앞의 어안 렌즈로 촬영한 예제 사진처럼 프로필이 있는 경우는 탁월한 결과를 얻을 수 있다. 하지만 이번 예제 사진의 경우 가장 근접한 프로필을 적용하고 가장자리의 비네트 현상을 약간 제거한 것 외에는 효과가 거의 없다. 프로필을 적용한 후 어느 정도 보정이 되었지만 완전히 보정하지 못했다면 두 개의 슬라이더로 추가로 보정한다. 여기서는 [Amount] 영역의 [Distortion] 슬라이더를 오른쪽으로 드래그했지만 효과가 거의 없다. 대부분의 경우 이보다는 훨씬 좋은 결과를 얻는다. 이러한 경우 [Manual] 탭을 클릭해서 상단의 [Transform] 패널의 슬라이더를 사용한다.

STEP 07

예제 사진의 경우 [Distortion] 슬라이더를 +18까
지 드래그해서 휘고 불룩한 건물을 보정했다. 또한
사진의 기울기도 보정하기 위해 [Rotate] 슬라이더
를 −0.5로 설정해서 기울기를 수평으로 보정했다.
하지만 아직 한 가지 렌즈 왜곡 현상이 남아있다.

Tip

보정 그리드 사용하기

예제 사진과 같이 기울기를 조절하는 경우 그리드를
사용하면 도움이 된다. [View]−[Loupe Overlay]−
[Grid] 메뉴를 선택한다. 그리드가 나타나면 Ctrl
(MAC:[Command])키를 누른 채 클릭하고 오른쪽
이나 왼쪽으로 드래그해서 Preview 영역 상단의
[Size]와 [Opacity]를 조절한다.

STEP 08

왜곡 보정 기능에 대해 더 알아보기 전에 라이트룸
의 자동 크로핑 기능으로 가장자리의 여백을 잘라
보자. 'Constrain Crop'을 체크하면 자동으로 사진
의 여백을 크로핑한다. 예제 사진의 경우 왜곡 보정
이 과도한 것 같아서 [Distortion] 슬라이더를 +15
로 재설정한 다음 [Rotate] 슬라이더를 −0.8로 설
정하여 기울기를 조절했다. 조절값은 큰 폭이 아니
지만 그것만으로도 큰 변화를 만들 수 있다. 다음
에는 해결할 렌즈 왜곡 현상을 살펴보자. 예제 사
진을 보면 왼쪽의 건물이 오른쪽의 건물보다 작게
보이는 수평 원근 왜곡 현상이 나타난다. 그러나 이
문제 역시 쉽게 보정할 수 있다.

수평 왜곡 현상을 보정하기 위해 [Horizontal] 슬라이더를 왼쪽으로 드래그해서 건물의 비율을 맞춘다. 여기서는 −11로 설정했다. 길가의 자동차를 보면 마치 언덕 위에 세워놓은 것처럼 보인다.

마지막으로 [Rotate] 슬라이더를 +0.1까지 드래그해서 사진의 수평을 맞춘다. 사진을 다시 보니 처음에 설정한 [Distortion] 설정값인 +18이 더 적합해 보여서 재조절했다. 이와 같이 보정을 할 때에는 설정을 적용하고 평가한 다음 재조절하는 과정을 반복해야 한다. 보정 전과 후의 이미지를 비교해보자. 건물과 전경의 노란색 선을 보면 왜곡 현상이 사라진 것을 알 수 있다.

Tip

Upright Les Correction 기능

어도비사는 라이트룸 5에 [Basic] 탭에 [Upright] 기능을 추가했다. 모든 왜곡 현상에 효과적이지는 않지만 간혹 좋은 결과를 얻을 수 있다. 이 기능에 대해서는 다음 레슨에서 알아보자.

Upright 기능으로
원근감과
렌즈 왜곡 현상
자동 보정하기

어도비사는 라이트룸에 내장 프로필 기능 등을 추가해서 렌즈에 의해 나타나는 문제들을 보정하는데 지속적으로 노력해왔다. 새로운 Upright 기능으로 라이트룸의 자동 보정 기능은 한 단계 더 업그레이드되었다.

STEP 01

예제 사진을 보면 근접한 거리에서 광각 렌즈로 올려다보고 촬영했기 때문에 문제가 확연히 드러난다. 이미지는 비뚤어지고, 파이프 오르간은 뒤로 기울었으며 하단은 넓고 위로 갈수록 좁아진다. 이번 레슨에서는 다양한 Upright 자동 보정 기능으로 사진을 보정해보자.

STEP 02

[Lens Corrections] 패널의 [Basic] 탭을 클릭한 다음 'Enable Profile Corrections'를 체크한다. 이 항목을 먼저 활성화하면 Upright 기능으로 더 나은 결과를 얻을 수 있다. 자동 프로필을 적용하면 효과는 미약하지만 렌즈에 의해 휜 파이프 오르간을 보정하고 이미지 가장자리의 비네트 현상을 대부분 제거한다. 물론 이미지와 왜곡의 정도에 따라 결과가 다르지만 자동 보정 기능이 할 수 있는 것은 일반적으로 이정도이다. 예제 사진의 경우도 두 가지 문제는 보정했지만 전체적인 이미지에 미친 영향은 미약하다.

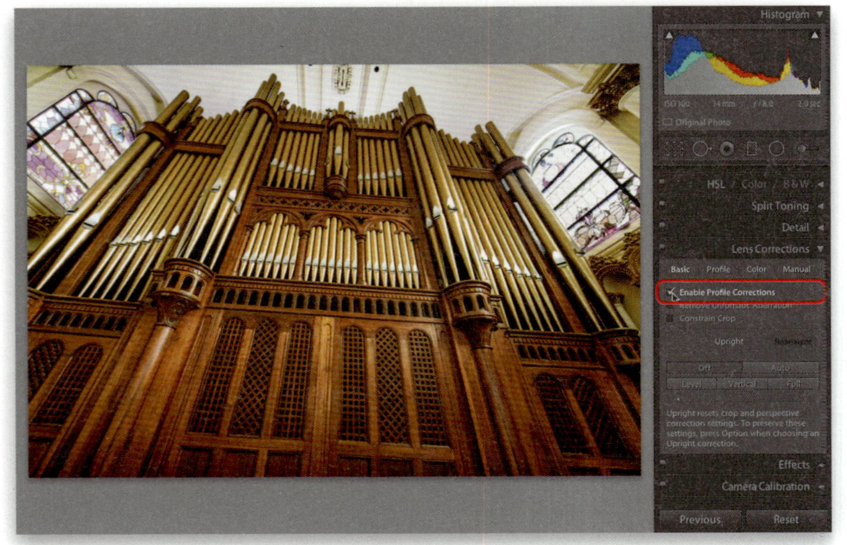

STEP 03

다음은 Upright 자동 보정 기능을 적용해보자. Upright 기능은 [Basic] 탭의 [Lens Corrections] 패널 중앙에 있다. [Upright] 영역의 [Level] 버튼을 클릭해서 기울어진 이미지를 보정해보자. 버튼을 클릭하면 예제 사진과 같이 보정을 적용한다.

Tip

수평 보정에 적합한 Upright 기능

수평이 기울어진 풍경 사진도 Upright 기능으로 간단하게 보정할 수 있다.

STEP 04

개별적인 문제에 각 기능 버튼을 클릭해서 보정할 수 있지만 [Upright]에서 가장 유용한 기능은 [Auto] 버튼이다. [Auto] 버튼을 클릭하면 이미지에서 렌즈에 의해 생긴 잘못된 요소들을 찾아 자동 보정하는데 각 요소들의 균형을 맞춘다. [Vertical] 버튼을 클릭해보면 무슨 의미인지 알 수 있다. 단일 기능 버튼은 그 기능에 해당하는 한 가지 문제만 있는 이미지에 적합하지만, 복합적인 문제점을 가진 이미지인 경우 [Auto] 기능이 적합하다. 예제 사진은 [Auto] 버튼을 적용한 결과이다. 이미지의 기울기를 보정하고, 뒤로 기운 파이프 오르간도 함께 보정했다. 이와 같이 보정을 할 때 원근감을 보정한 후 생기는 여백을 잘라내야 하는 경우가 많다. 이 문제 역시 [Upright] 기능으로 해결할 수 있다.

STEP 05

[Upright] 영역 상단의 'Constrain Crop'에 체크하면 자동으로 크로핑을 실행해서 보정으로 생긴 여백을 잘라낸다. 보정을 적용한 후에 크로핑을 해야 하기 때문에 이 기능을 활성화하면 편리하다.

STEP 06

[Upright] 기능의 보정 능력은 탁월하지만 완벽하지는 않다. 예를 들어, 예제 사진의 경우 보정을 적용한 후에도 이미지가 아직도 약간 기울어져 있다. 예제 사진과 같은 수직 관점을 보정하는 경우 이미지를 늘리기 때문에 피사체가 실제보다 높게 나타난다. **Step 03**의 예제 사진과 **Step 04**의 사진을 비교하면 그 차이가 보인다. 이 두 가지 문제는 [Manual] 탭에서 해결한다. 패널 상단의 [Manual] 탭을 클릭한 다음 [Rotate] 슬라이더를 왼쪽으로 약간 드래그해서 기울기를 조절한다. 여기서는 −0.8로 설정했다.

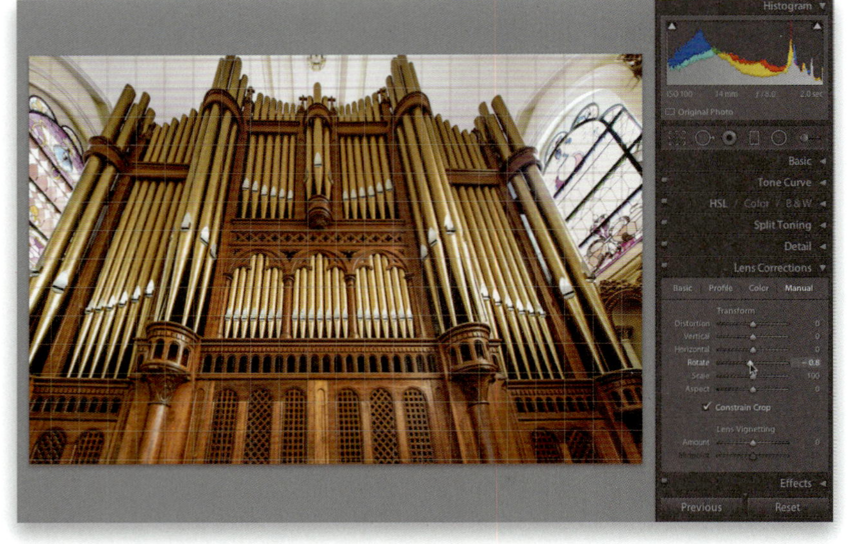

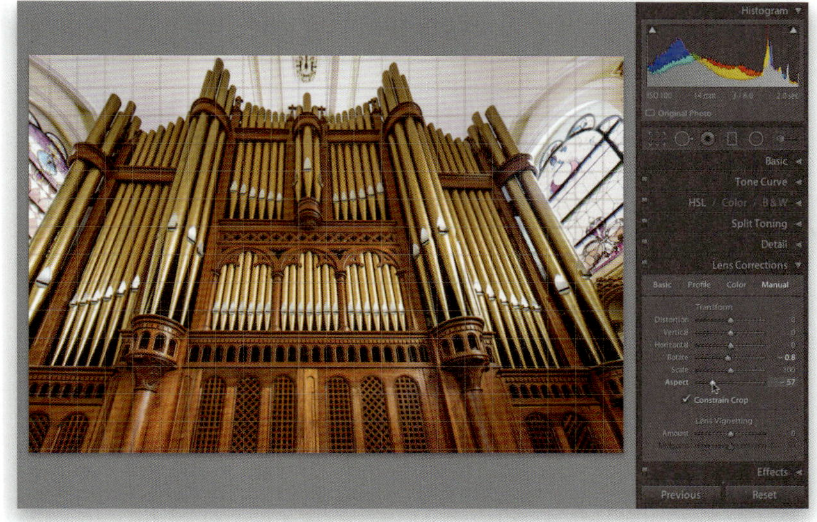

STEP 07

다음엔 높이가 늘어난 파이프 오르간을 보정해보자. 라이트룸 5에는 이미지의 넓이나 높이를 조정할 수 있는 [Aspect] 슬라이더가 추가되었다. 여기서는 넓게 보정해야 하기 때문에 [Aspect] 슬라이더를 왼쪽으로 −57까지 드래그하니 자동 보정을 적용하기 전의 높이와 비슷해져서 오르간 꼭대기 부분이 더 이상 잘리지 않는다. 하단의 전 전과 후의 사진을 비교해보자.

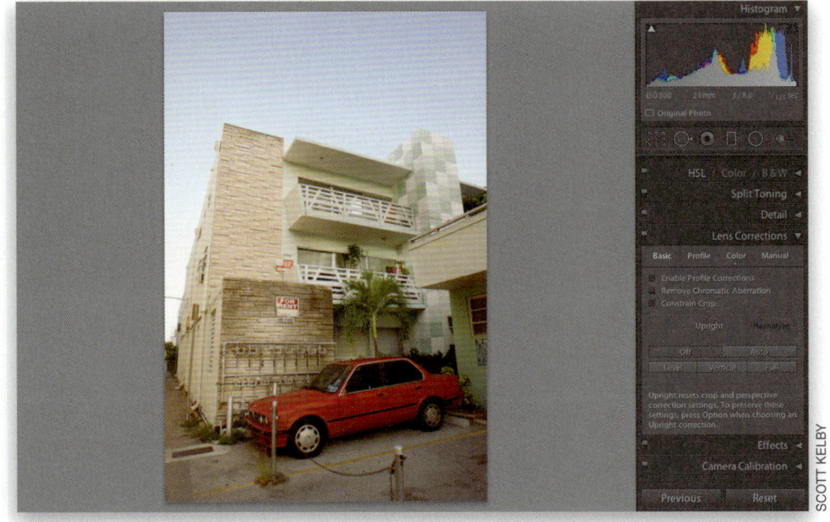

STEP 08

파이프 오르간 사진 때문에 [Upright]의 [Vertical] 버튼은 절대 건드리지 말아야 할 기능이라고 생각하지 않기를 바란다. 그 점을 증명하기 위해 다른 사진을 보정해보자. 예제 사진 속의 뒤로 넘어질 것 같은 모습의 건물이 바로 [Vertical] 버튼이 필요한 경우이다.

STEP 09

[Lens Corrections] 패널 상단의 [Basic] 탭을 클릭한다. [Vertical] 버튼을 클릭하기 전에 'Enable Profile Corrections'에 먼저 체크하고 [Vertical] 버튼을 클릭하면 건물 왼쪽의 벽을 바로 세우고 대부분의 왜곡 현상들을 즉시 보정할 수 있다. 그 결과 사진 양옆에 여백이 생겼다. 여백을 없애려면 'Constrain Crop'을 체크해서 잘라내던가 포토샵으로 전환해서 Content-Aware Fill 기능으로 여백을 채운다. 예제 사진은 자동 보정을 적용한 후에도 약간의 추가 보정이 필요하다.

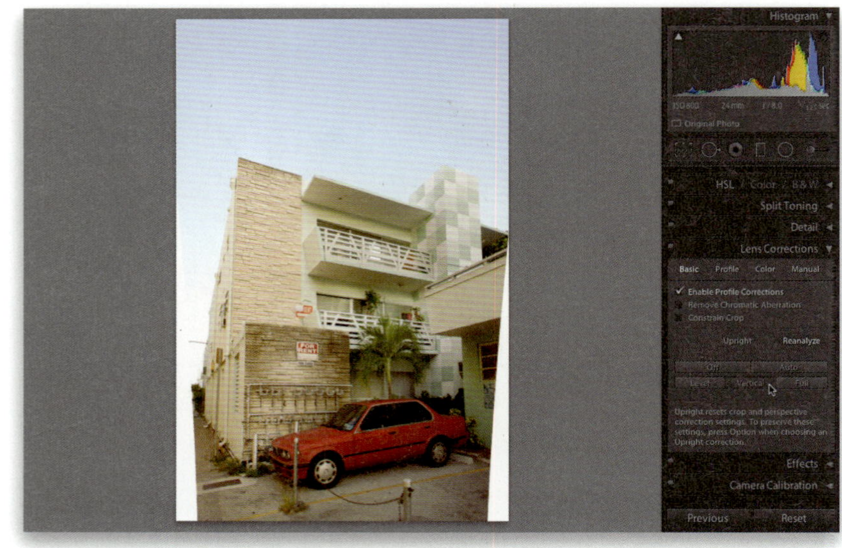

STEP 10

[Manual] 탭을 클릭하고 추가 보정을 해보자. 먼저 [Rotate]를 −2.1로 설정했지만 건물이 아직도 약간 휘어보여서 [Distortion] 슬라이더를 +12로 설정하여 보정했다. 마지막으로 [Aspect] 슬라이더를 +31까지 드래그해서 보정으로 인해 길어진 이미지를 추가 보정했다. 이제 이미지는 정상으로 보이지만 양옆에 생긴 여백을 제거하기 위해 사진을 자르거나 포토샵에서 Content Aware Fill 기능으로 채워야한다.

Note

[Upright]의 [Vertical] 자동 보정을 적용한 후 항상 추가적으로 보정할 필요는 없다. 예제 사진의 경우 왜곡이 심하기 때문에 추가 보정이 필요한 것이다. 대부분의 경우 한 번의 클릭으로 왜곡을 보정할 수 있다.

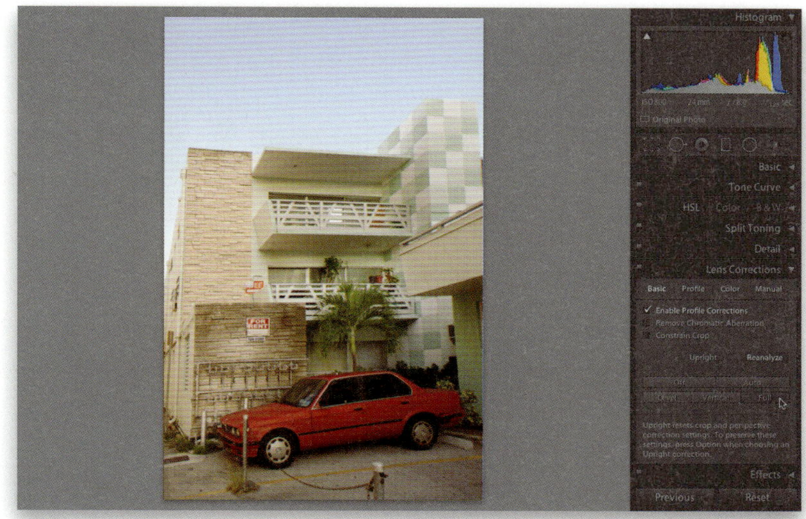

STEP 11

다음은 [Full] 버튼을 사용해보자. [Reset] 버튼을 클릭해서 원본 상태로 되돌린 다음 [Basic] 탭의 [Full] 버튼을 클릭한다. 그 결과 예제 사진과 같이 건물을 바로 세우긴 하지만 완벽하지는 않다. 이번 경우 역시 [Manual] 탭에서 추가 보정이 필요하다.

STEP 12

[Manual] 탭을 클릭한 다음 [Distortion] 슬라이더를 +14까지 드래그하여 렌즈 왜곡 현상을 보정하고, [Aspect] 슬라이더를 +34까지 드래그해서 늘어진 이미지를 보정한다. 그리고 [Vertical] 슬라이더를 −18로 설정한 다음 'Constrain Crop'에 체크한다. 페이지 하단에 있는 보정 전과 후의 이미지를 비교해보자.

원본 이미지

[Vertical] 자동 보정을 적용한 후

[Full] 자동 보정을 적용한 후

비네트 현상
보정하기

비네트는 렌즈에 의해 사진의 모퉁이가 다른 영역보다 어둡게 나타나는 현상이다. 광각 렌즈로 촬영한 사진들에서 주로 나타나지만 렌즈의 다른 문제들에 의해 나타나기도 한다. 사진 가장자리가 어둡게 나타나는 현상은 보정이 필요한 문제점이지만 필자를 포함한 많은 사진가들은 오히려 비네트 현상을 강조해서 챕터 4에서처럼 조명 효과로 사용하기도 한다. 이번 레슨에서는 비네트 현상을 보정하는 방법에 대해 알아보자.

STEP 01

예제 사진의 모퉁이에 다른 영역보다 어두운 비네트 현상이 나타난다.

STEP 02

[Develop] 모듈의 [Lens Corrections] 패널에서 [Profile] 탭을 클릭한 다음 'Enable Profile Corrections'에 체크하면 라이트룸이 이미지에 기록된 EXIF 데이터를 분석해서 비네트 현상을 자동 보정한다. 예제 사진은 렌즈에 대한 정보가 없으므로 직접 렌즈 기종을 선택한다. [Make] 팝업 메뉴에서 촬영에 사용한 렌즈 혹은 가장 근접한 기종을 선택한다. 여기서는 '14-24mm' 렌즈를 선택했다. 예제 사진과 같이 자동 보정을 적용한 후에도 추가 보정이 필요한 경우 [Amount] 영역의 [Vignetting] 슬라이더를 사용한다.

STEP 03

자동 보정으로 문제점을 완전히 제거하지 못하면 [Manual] 탭에서 직접 보정한다. 하단의 [Lens Vignetting] 영역에 비네트 현상을 보정하는 두 개의 슬라이더가 있다. [Amount] 슬라이더는 사진 가장자리의 밝기 정도를 조절한다. [Midpoint] 슬라이더는 사진의 중앙에 미치는 효과의 범위를 설정한다. 예제 사진의 비네트 현상은 모퉁이에만 나타나므로 [Amount] 슬라이더를 클릭하고 오른쪽으로 드래그한다. 슬라이더를 드래그하면서 사진의 다른 영역과 밝기가 일치하도록 조절한다. 비네트 현상이 사진 중앙을 향해 뻗어있다면 [Midpoint] 슬라이더를 왼쪽으로 드래그해서 [Amount] 설정이 영향을 미치는 영역을 확장한다.

샤프닝 보정하기

라이트룸에는 두 종류의 샤프닝 기능이 있다. 첫째는 캡쳐 샤프닝으로 JPEG 형식으로 촬영할 때 카메라에서 적용하는 일반적인 샤프닝이며, RAW 형식으로 촬영할 때에는 샤프닝을 적용하지 않기 때문에 라이트룸에서 적용해야 한다. RAW 형식의 이미지를 라이트룸으로 불러올 때는 기본 샤프닝을 적용하지만 조금 더 강력한 샤프닝 효과나 다른 종류의 샤프닝을 적용하는 방법을 알아보자.

STEP 01

이전 버전의 라이트룸에서는 1:1 배율로 이미지를 확대해야 샤프닝의 효과를 확인할 수 있었지만 이제는 다른 배율에서도 효과를 볼 수 있을 뿐 아니라 기술도 발전해서 화질의 손상 없이 샤프닝을 적용할 수도 있다. 이미지의 샤프닝 조절은 [Develop] 모듈의 [Detail] 패널에서 설정한다. 이 패널의 미리 보기 모드 창에서는 이미지를 줌인해서 특정 영역을 확대할 수 있다. 미리 보기 모드 창이 안보이면 패널 상단의 [Sharpening] 오른쪽에 있는 삼각형 아이콘을 클릭한다.

STEP 02

미리 보기 모드 창에서 이미지를 줌인하려면 사진에서 줌인하고 싶은 영역을 클릭하고 창 내부를 클릭한 뒤 드래그해서 다른 영역을 볼 수 있다. 필자는 기본 배율 설정인 1:1을 사용하지만 더 큰 배율로 사진을 확대하려면 미리보기 창에서 마우스 오른쪽을 클릭하고 팝업 메뉴에서 2:1을 선택한다. 또한 패널 왼쪽 상단 모퉁이의 작은 아이콘을 클릭하면 커서가 중앙의 Preview 영역으로 옮겨가고 미리 보기 모드 창에서 확대한 영역이 나타난다. 아이콘을 다시 클릭하면 원래의 상태로 복구한다.

STEP 03

[Amount] 슬라이더는 사진에 적용하는 샤프닝의 정도를 조절한다. 예제 사진은 90으로 설정했는데, 중앙의 Preview 영역에서는 큰 차이가 없어 보이지만 [Detail] 패널의 미리 보기 모드 창에서는 훨씬 선명해 보인다. 그래서 사진의 미리 보기 모드를 확대해서 보는 것이 중요하다. [Radius] 슬라이더는 샤프닝 설정이 영향을 미치는 경계선의 픽셀 수를 조절한다. 필자는 대부분의 경우 1로 설정하지만 강력한 샤프닝 효과가 필요한 경우에는 2까지 높인다.

Tip

샤프닝 설정 숨기기

샤프닝 설정을 임시로 숨기려면 [Detail] 패널 헤더 왼쪽 끝에 있는 작은 스위치를 클릭한다.

STEP 04

전통적인 포토샵 샤프닝 기능의 단점은 샤프닝 효과를 과도하게 적용하면 경계선에 나타나는 헤일로 현상이다. 그러나 라이트룸의 [Detail] 슬라이더는 자동으로 헤일로 현상을 방지하는 역할도 한다. 기본 설정인 25는 대부분의 사진에서 헤일로 현상을 방지하는데 효과적이다. 그러나 풍경 사진, 건축 사진 그리고 선명한 경계선이 많은 사진처럼 (예제 사진도 마찬가지이다) 강한 샤프닝을 적용하고 [Detail] 슬라이더를 높게 설정하는 경우(여기서는 75로 설정)에는 그다지 효과가 없다. [Detail] 슬라이더를 100까지 높이면 포토샵의 Unsharp Mask 필터를 적용한 것처럼 보이며 헤일로 현상을 피할 방법이 없으므로 그 정도의 샤프닝을 적용할 수 없다.

마지막 샤프닝 슬라이더 [Masking]은 샤프닝을 적
용할 영역을 선택할 수 있는 놀라운 기능을 가지고
있다. 예를 들어, 일반적인 샤프닝은 질감을 강조
하기 때문에 아이나 여성의 피부처럼 부드러워야
하는 영역까지 거친 질감이 나타난다. [Masking]
슬라이더를 사용하면 눈, 머리카락, 눈썹, 입술, 옷
과 같이 선명해야 할 영역에만 샤프닝을 적용하고
피부는 그대로 둔다.

Alt (MAC:[Option])키를 누른 채 [Masking] 슬
라이더를 클릭하면 이미지가 흰색으로 나타나는
데, 모든 영역에 샤프닝 설정을 균등하게 적용한
다는 의미이다.

STEP 07

[Masking] 슬라이더를 오른쪽으로 드래그하면 이미지의 일부가 검은색으로 변하기 시작하는데, 검은색으로 나타나는 영역에는 샤프닝 설정을 적용하지 않는다. 슬라이더를 드래그하기 시작하면 일부 영역만 검은색으로 나타나며 오른쪽으로 드래그할수록 영역을 확장한다. 예제 사진은 75까지 드래그한 결과로 피부가 있는 영역은 모두 마스킹으로 가리고 눈, 입술, 머리카락, 콧구멍과 경계선에 샤프닝을 적용한다.

STEP 08

Alt (MAC:[Option])키를 놓으면 샤프닝을 적용한 결과를 볼 수 있다. 필자는 피사체가 부드러운 질감을 유지해야 하는 이미지에만 [Masking] 슬라이더를 사용한다. 다음 페이지에서는 앞의 엔진 사진으로 돌아가 샤프닝 보정을 계속해보자.

> **Tip**
>
> **스마트 미리 보기 모드에 적용한 샤프닝**
>
> 저해상도의 스마트 미리 보기 모드 이미지에 적용한 샤프닝이나 노이즈 감소 설정은 하드디스크를 재연결해서 고해상도 파일에 연결하면 부족해 보인다. 그러므로 샤프닝이나 노이즈 감소 설정은 원본 파일을 편집하는 경우에만 적용한다.

STEP 09

이제 샤프닝 슬라이더의 기능을 파악했으므로 앞에서 편집하던 엔진 사진으로 돌아가서 원하는 설정을 찾는다. 그러나 직접 설정하기 불편하다면 왼쪽의 [Preset] 패널에 있는 샤프닝 프리셋을 활용해보자. [Preset] 패널에는 'Sharpen – Scenic'과 'Sharpen – Faces' 두 가지 샤프닝 프리셋이 있다. 'Sharpen – Scenic' 프리셋의 설정은 'Amount:40, Radius:0.8, Detail:35, Masking:0'이다. 'Sharpen – Faces' 프리셋은 훨씬 약한 설정으로 'Amount:35, Radius:1.4, Detail:15, Masking:60'이다.

STEP 10

보정 전과 후의 이미지를 비교해보자. 예제 사진은 'Sharpen – Scenic' 프리셋을 적용한 후 [Amount]를 125로 설정했다(필자가 일반적으로 하는 설정보다 훨씬 높지만 결과를 잘 볼 수 있도록 일부러 높게 설정했다). [Radius]는 1.0으로 설정하고, [Detail]은 75로 설정했다. 그리고 샤프닝 설정을 이미지 전체에 적용하기 위해 [Masking] 설정은 0으로 그대로 두었다. 보정 후에는 설정을 'Sharpening – High' 프리셋으로 저장했다.

Note

보정 후 설정 방법은 챕터 5에서 이미 알아보았다.

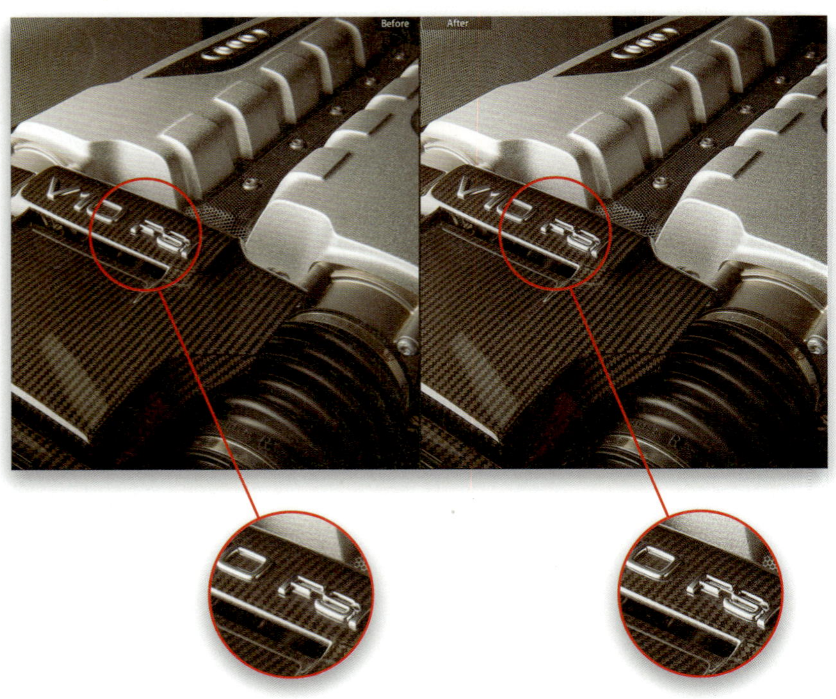

사진을 촬영하다보면 언젠가는 대비가 강한 피사체의 경계선에 빨간색, 녹색 혹은 보라색의 헤일로나 번짐이 나타나는 색수차 현상을 보게 된다. 특히 저가의 디지털 카메라(혹은 저가의 광각 렌즈)를 사용하는 경우 빈번히 나타나지만 고가의 카메라와 렌즈를 사용해도 완전히 피할 수는 없다. 다행히 라이트룸에서 색수차 현상을 쉽게 보정할 수 있다.

색수차 보정하기

STEP 01

예제 사진은 런던의 빅토리아 타워의 꼭대기 부분을 확대한 모습이다. 이미지를 자세히 보면 왼쪽 경계선에는 보라색, 오른쪽 경계선에는 녹색의 색수차 현상이 나타난다. 사진에서 색수차 현상을 발견하면 [Lens Corrections] 패널의 [Basic] 탭을 클릭하고 보정하는 경계선이 잘 보이도록 사진을 확대한다.

Note

여기서는 2:1 배율로 확대했다.

STEP 02

패널 상단의 'Remove Chromatic Aberrations'를 체크해서 자동 보정을 적용한다. 자동 보정만으로 색수차를 제거하지 못하면 패널 상단의 [Color] 탭을 클릭한 다음 [Defringe] 영역의 [Amount] 슬라이더를 오른쪽으로 약간 드래그해서 보라색 색수차를 제거한다. 그리고 [Purple Hue] 슬라이더를 조절해서 남아있는 보라색 색수차를 제거한다. 같은 방법으로 [Amount]와 [Green Hue] 슬라이더로 녹색 색수차를 제거한다.

카메라
캘리브레이션 설정

카메라 기종에 따라 사진이 특정한 색채를 띠는 경우가 있다. 그래서 모든 사진이 약간 빨간색을 띠거나 섀도우 영역에 약간의 녹색 등이 나타나기도 한다. 그러나 카메라가 정확한 색상을 재현한다고 해도 라이트룸이 RAW 이미지의 색상 분석 방식을 설정하는 것이 좋다. 정확한 카메라 캘리브레이션 설정 과정은 복잡하기 때문에 이 책에서 다루기에는 부적합하지만 [Camera Calibration] 패널의 사용법에 대해 간단히 알아보자.

STEP 01

카메라 캘리브레이션을 시작하기 전에 이 설정이 모든 사용자에게 필요한 것은 아니라는 점을 알아두자. 사실 대부분의 사용자들은 걱정할 정도로 색상에 문제가 있다고 느끼지 못한다. 그러나 만약의 경우를 위해 [Camera Calibration] 패널의 기본적인 기능을 알아두자. 가장 먼저 사진을 불러온 다음 [Develop] 모듈의 오른쪽 패널 영역 하단에 있는 [Camera Calibration] 패널을 선택한다.

STEP 02

가장 상단에 있는 [Tint] 슬라이더는 카메라에서 생기는 섀도우 영역의 특정 색상 캐스트를 제거하는데 사용한다. 일반적으로 녹색이나 마젠타 캐스트가 나타난다. 슬라이드 바는 색상으로 표시되어 있기 때문에 어느 방향으로 드래그해야 하는지 알기 쉽다. 여기서는 마젠타 색상 방향으로 드래그해서 녹색의 캐스트를 제거했다. 사진에 따라 결과는 매우 미약하다.

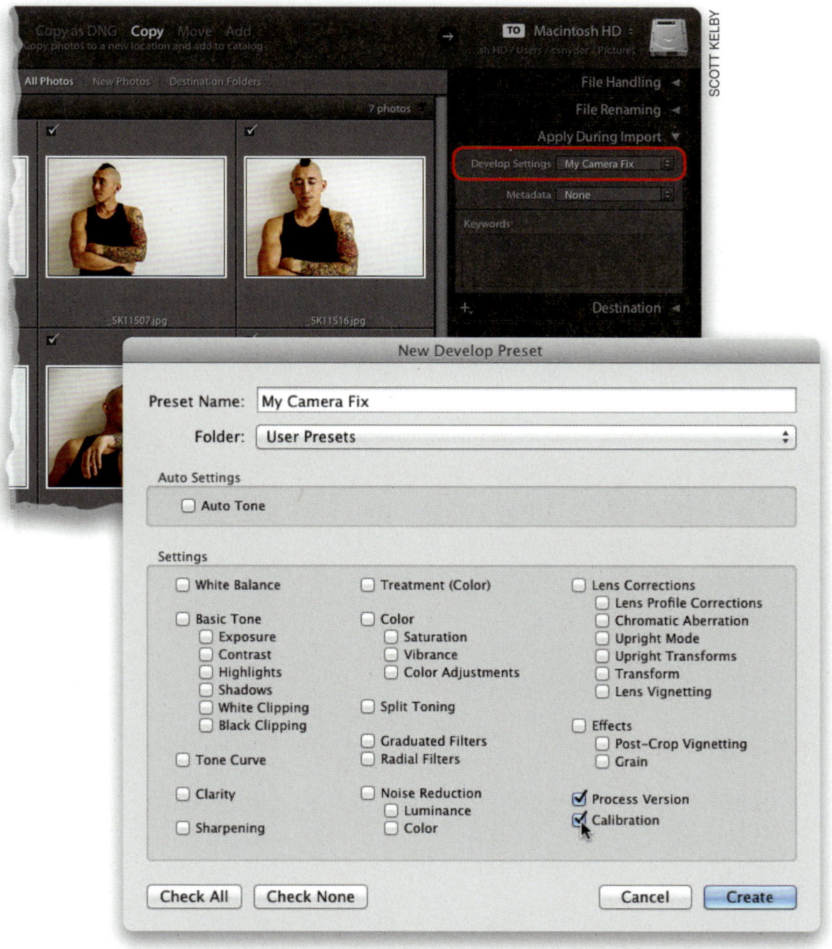

STEP 03

색상 문제가 섀도우 영역에 있지 않다면 [Red Primary], [Green Primary], [Blue Primary] 슬라이더를 사용한다. 예를 들어, 카메라가 사진에 빨간색 캐스트를 추가한다고 가정하자. 이때 [Red Primary] 영역의 [Hue] 슬라이더를 빨간색의 반대 방향으로 드래그한다. 사진에서 빨간색 채도를 낮추려면 [Saturation] 슬라이더를 왼쪽으로 드래그해서 색상을 중립으로 맞춘다.

STEP 04

캘리브레이션 설정이 만족스럽다면 Ctrl – Shift – N (MAC:[Command] – Shift – N)키를 눌러 [New Develop Preset] 대화창을 불러온다. 프리셋의 이름을 입력하고 [Check None] 버튼을 클릭한 다음 'Calibration'과 'Process Version'에 체크하고 [Create] 버튼을 클릭해서 프리셋으로 저장한다. 이제 새 캘리브레이션 프리셋을 [Develop] 모듈과 [Quick Develop] 패널에서 적용할 수 있을 뿐 아니라 [Import] 창에서 해당 카메라의 사진을 불러올 때 [Develop Settings] 팝업 메뉴에서 선택해서 적용할 수 있다.

Note

완전한 카메라 캘리브레이션을 시도해보고 싶다면 'www.LightroomKillerTips.com'에 접속해서 'Camera Calibration'을 검색하면 매트가 이 책을 위해 특별히 제작한 영상에서 자세한 방법을 배울 수 있다.

먼지 제거에 [Detail] 패널의 미리 보기 모드 창 사용하기

[Detail] 패널의 미리 보기 모드 창은 샤프닝과 노이즈 보정 효과를 잘 볼 수 있도록 이미지를 100%(1:1) 크기로 확대한다. 메인 창의 이미지는 전체 크기로 유지하고 [Detail] 패널의 미리 보기 모드 창에서는 보정 영역을 확대해서 볼 수 있기 때문에 먼지를 제거할 때에도 유용하다.

가상 복제 파일의 편집 설정 취소하기

라이트룸에서 적용한 편집 설정은 포토샵으로 전환하거나 JPEG이나 TIFF 파일 형식으로 내보내기 전에 실제 파일에 적용하지 않기 때문에 언제든지 오른쪽 패널의 [Reset] 버튼을 클릭해서 재설정 할 수 있다. 그리고 가상 복제 파일 역시 라이트룸으로 처음 불러왔을 때 원본 상태로 재설정할 수 있다.

또 다른 노이즈 제거 비법

[Detail] 패널의 [Noise Reduction] 기능도 탁월하지만 그것만으로 충분하지 않다면 이전 버전의 라이트룸에서 하던 대로 포토샵으로 전환해서 Noiseware라는 플러그인을 사용한다. Noisrware는 탁월한 노이즈 보정 프로그램으로 'www.imagenimic.com'에서 시험판을 다운로드하여 포토샵에 설치한다. Noiseware에 내장된 프리셋들을 사용해서 노이즈 보정을 한 다음 파일을 저장하고 라이트룸으로 다시 전환한다.

Adjustment Brush가 보이지 않는 경우

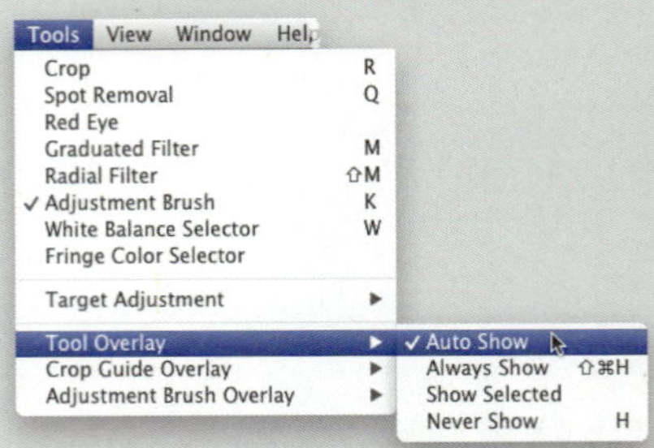

브러시를 드래그하기 시작했는데 브러시나 보정핀이 보이지 않는다면 [Tools]-[Tool Overlay]-[Auto Show] 메뉴를 선택한다. 커서를 사진 밖의 영역으로 옮기면 보정핀을 숨기고 사진 안에서 커서를 드래그하기 시작하면 나타난다.

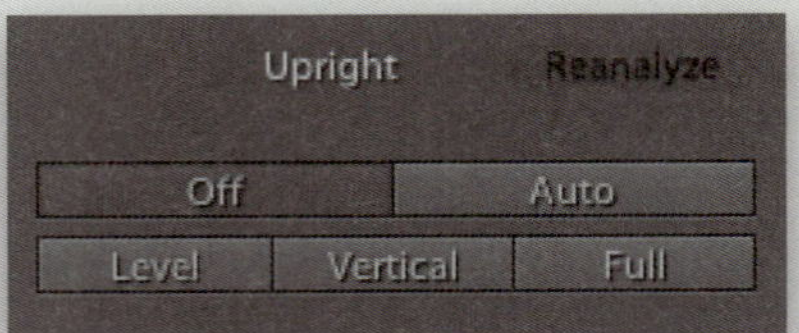

Upright 기능 사용 비법

레슨에서는 각 Upright 자동 보정 기능을 설명했지만 사실 네 개의 버튼을 모두 클릭해 보고 가장 효과적인 기능을 선택하는 방법이 더 편리하다.

Upright 적용 후 사진 직접 크로핑하기

Constrain Crop 기능은 Upright 자동 보정 기능을 적용한 다음 필요 없는 여백을 자동으로 자르기 때문에 편리하지만 한 가지 알아두어야 할 점이 있다. Constrain Crop으로 자른 이미지가 마음에 들지 않는 경우(혹은 이미지 상단을 더 남기고 싶은 경우) 'Constrain Crop'를 체크 해제하는 것만으로 취소할 수 없다. 체크 해제한 후 도구상자에서 Crop Overlay 도구를 선택해야 크로핑을 적용하기 전의 이미지로 복구해서 직접 크로핑할 수 있다.

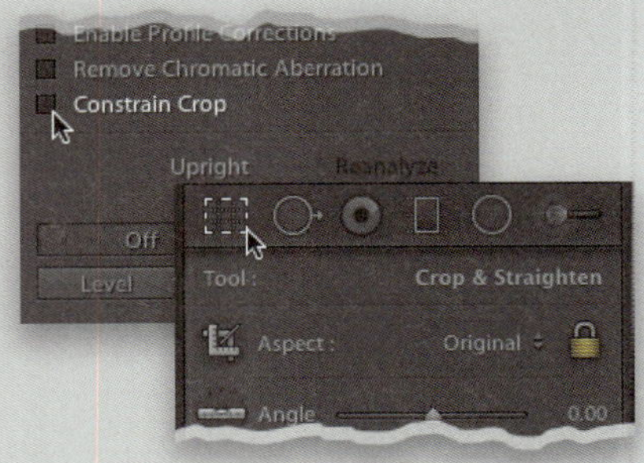

Auto Upright과 Auto Crop

Upright 기능의 [Auto] 버튼을 클릭하면 보정을 적용한 후 크로핑도 자동으로 실행한다. 하지만 간혹 이미지에 따라 자동 크로핑을 실행하지 않는 경우도 있다. 또한 자동 크로핑을 적용하면 Crop Overlay 도구를 클릭해도 적용 전의 이미지를 보여주지 않기 때문에 크로핑 설정을 전혀 수정할 수 없다. 그러므로 자동 크로핑을 적용하고 남은 이미지를 추가로 크로핑하거나 [Upright] 영역으로 돌아가 해제하거나 [Full]이나 [Vertical]과 같은 다른 자동 보정 버튼을 선택해야 한다.

크로핑 설정 유지하기

이 정보는 사실 패널에 설명되어 있지만 많은 사용자들이 간과하고 지나친다. 이미 크로핑한 이미지에 Upright 기능을 적용하는 경우 크로핑 설정을 해제한다. 크로핑 설정을 유지한 채 Upright 기능을 사용하고 싶다면 Alt (MAC:[Option])키를 누른 채 버튼을 클릭한다.

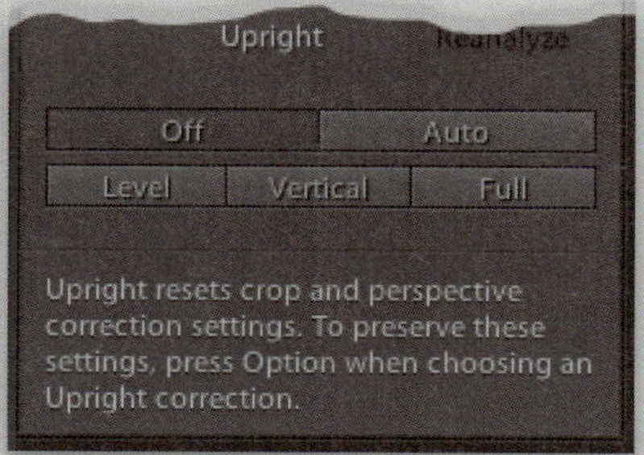

출력을 위한 새로운 크로핑 오버레이 비율

이전 버전의 라이트룸에는 Grid, Rule of Thirds, Gilden Spiral 등의 크로핑 오버레이가 있었다. 라이트룸 5 버전에는 출력 크기에 맞춘 5X7, 2X3 등의 새로운 크로핑 오버레이가 추가되었다. Aspect Ratios 오버레이는 Crop Overlay 도구를 선택한 다음 O 키를 반복해서 눌러 원하는 비율을 선택한다.

Aspect Ratio 선택하기

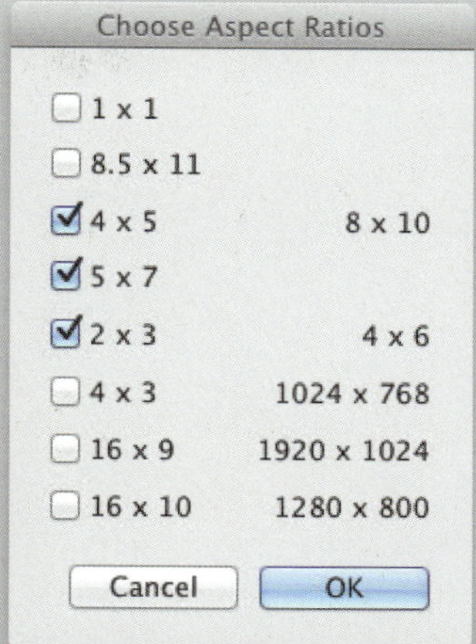

Crop Overlay 도구의 새로운 Aspect Ratio 오버레이는 [Develop] 모듈의 [Tools]-[Crop Guide Overlay]-[Choose Aspect Ratios] 메뉴를 선택한 후 대화창에서 프리셋을 선택할 수 있다.

사용하지 않는 Crop Overlay 숨기기

Crop Overlay 도구를 활성화한 후 O 키를 반복해서 눌러 원하는 비율의 오버레이를 찾는데, 사용하지 않는 오버레이는 숨겨 시간을 절약할 수 있다. [Tools]-[Crop Guide Overlay]-[Choose Overlay to Cycle] 메뉴를 선택한 다음 대화창에서 오버레이를 선택한다.

여러 개의 Spot Removal 설정 한 번에 삭제하기

Spot Removal 도구로 다수의 영역을 보정했다면 Alt (MAC:[Option])키를 누른 채 보정핀을 하나씩 클릭해서 설정을 삭제한다. 여러 개의 보정 설정을 한 번에 삭제하기 위해 Alt (MAC:[Option])키를 누르고 커서로 드래그해서 영역을 선택하면 선택 영역에 있는 모든 보정핀을 삭제한다. 모든 보정 설정을 삭제하려면 [Spot Removal] 도구 패널 하단의 [Reset] 버튼을 클릭한다.

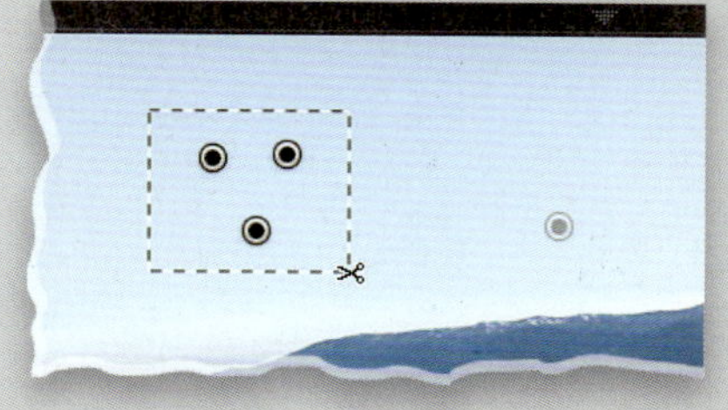

줌 위치 고정하기

라이트룸이 줌 배율이나 위치를 기억하도록 설정하려면 [View]-[Lock Zoom Position] 메뉴를 선택한다. 이제 다른 이미지에서 줌을 클릭하면 자동으로 앞의 이미지와 동일한 줌 배율과 위치를 줌인한다. 여러 개의 이미지에서 동일한 위치를 비교할 때 유용하다.

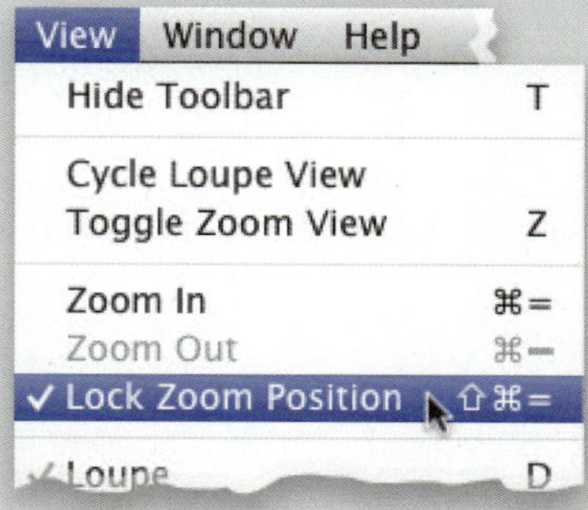

Photo by Scott Kelby   Exposure: 0.5 sec | Focal Length: 14mm | Aperture Value: ƒ/22

EXPORTING IMAGES
이미지 저장하기와 보내기 기능들

사진을 JPEG 파일로 저장하는 방법에 대한 챕터보다 더 흥미로운 챕터는 없을 것이다. 물론 농담이지만 어쨌든 이번 챕터가 그다지 흥미로워 보이지 않는 것은 사실이다. 그러나 이번 챕터는 JPEG 이미지 저장에 대한 내용만 있는 것은 아니다. 사실 이미지를 저장하는 과정은 생각보다 중요한 요소들이 있기 때문에 약간의 시간만 투자해서 읽으면 앞으로의 작업 시간을 절약하고 효율성도 높일 수 있다. 지금 "잠깐 스콧, 이건 도움이 되는 내용이잖아. 챕터 도입문에는 이런 글 넣지 않는다고 하지 않았어?"라고 생각하고 있을 것이다. 필자도 어떻게 이런 내용이 끼어들었는지 모르겠지만 솔직히 말하자면(진심이다) 지금 늦은 밤에 이 글을 쓰고 있는데 간혹 집중하지 않을 때 유용한 정보가 챕터 도입문에 들어가기도 한다. 최대한 자유롭게 도입문을 쓰려고 노력하지만 가끔 흐려진 판단력에 의해 이런 경우가 생긴다. 그래서 유용한 내용을 걸러내기 위해 편집 과정에서 챕터 전체를 복사한 다음 포주 이름 생성기에 입력해서 나온 결과를 그대로 복사하여 붙이기하고 인쇄로 넘어간다.

JPEG 형식으로 사진 저장하기

라이트룸에는 포토샵처럼 저장 명령어가 없기 때문에 사진을 JPEG 파일로 저장하는 방법에 대한 질문을 많이 받는다. 라이트룸에서는 JPEG 파일로 저장하지 않고 JPEG 형식(혹은 TIFF, DNG, PSD 형식)으로 보내는 간단한 과정을 사용한다. 또한 사진을 보내는 동시에 실행하는 자동 기능들도 추가되었다.

STEP 01

JPEG(혹은 TIFF, PSD, DNG) 형식으로 보낼 사진을 선택한다. 사진은 [Library] 모듈의 Grid 보기 모드나 [Filmstrip]에서 Ctrl-클릭(MAC:[Command]-클릭)키를 눌러 선택한다.

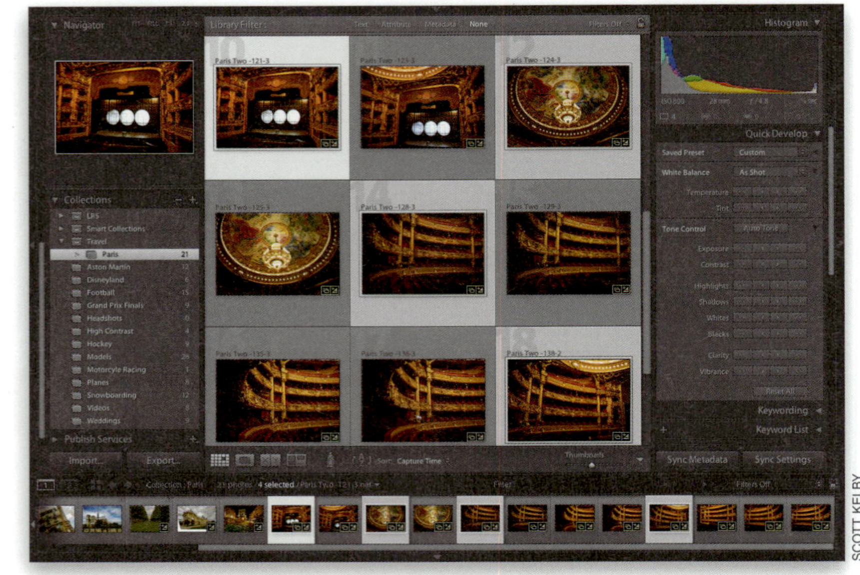

STEP 02

[Library] 모듈에서는 왼쪽 패널 영역 하단의 [Export] 버튼을 클릭한다. 다른 모듈이나 [Filmstrip]에서 선택한 사진들은 Ctrl-Shift-E (MAC:[Command]-Shift-E)키를 눌러 보낸다. 어느 방법을 사용하든지 [Export] 대화창을 불러온다.

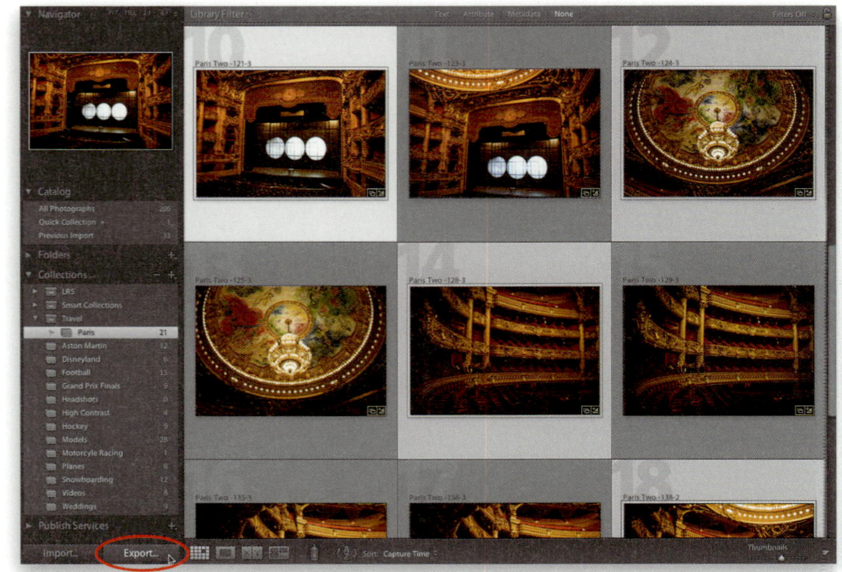

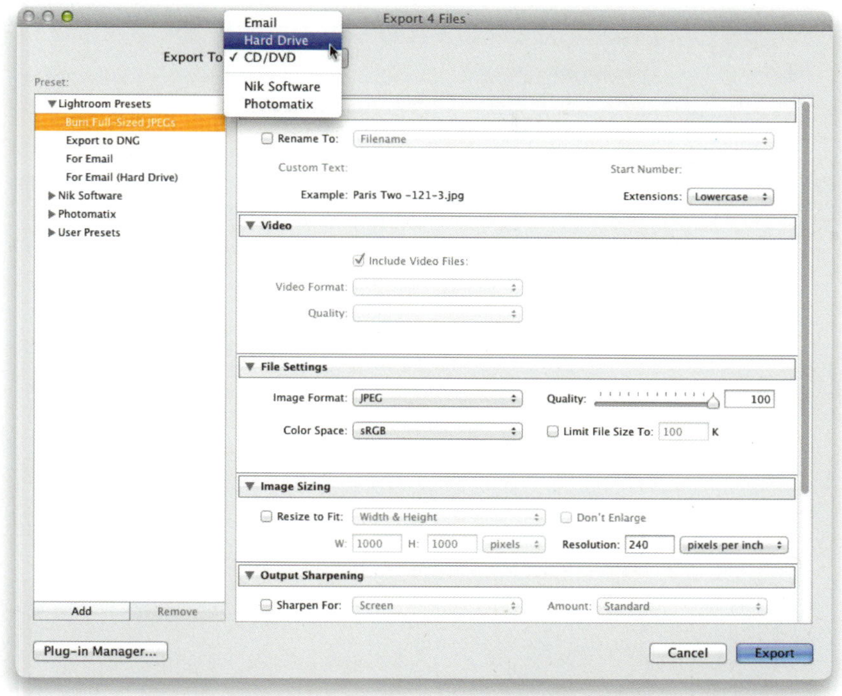

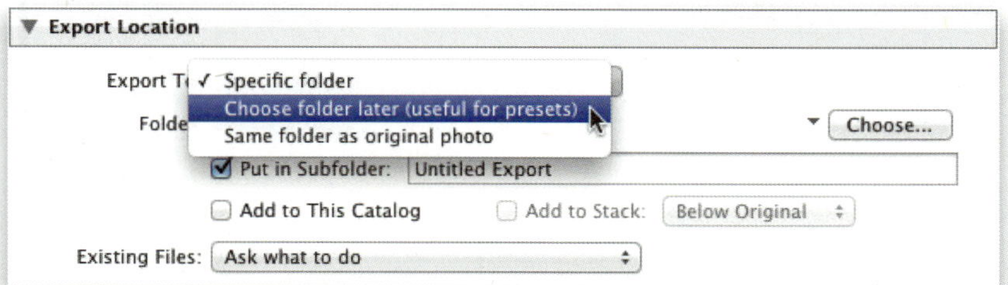

[Export to] 팝업 메뉴에서 보내는 이미지의 저장 위치를 선택한다.

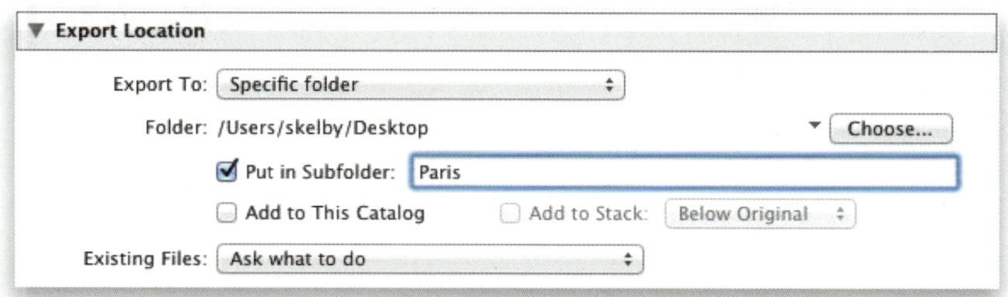

별도의 하위 폴더에 저장하려면 [Put in Subfolder]에 체크한다.

STEP 03

[Export] 대화창 왼쪽에 Export 프리셋이 있는데 기본적으로 사진을 보낼 때마다 일일이 설정할 필요가 없도록 어도비사가 추가한 것이다. 그러나 프리셋 기능은 직접 설정한 프리셋을 추가한 후에 그 위력을 발휘한다. 내장된 어도비사의 프리셋은 나만의 프리셋을 만드는 출발점이 되기 때문에 'Burn Full-Sized JPEGs'를 클릭하면 일반적인 JPEG 이미지 설정을 입력한다. 이제 직접 처리 방식, 저장 위치 등을 설정해서 매번 설정할 필요가 없도록 프리셋으로 저장해보자. 만약 이미지를 디스크에 굽는다면 컴퓨터 폴더에 저장해야하므로 [Export To] 팝업 메뉴에서 'Hard Drive'를 선택한다.

STEP 04

대화창 상단부터 설정을 시작해보자. 가장 먼저 [Export Location] 영역에서 파일 저장 위치를 설정한다. [Export To] 팝업 메뉴를 클릭하면 파일을 저장할만한 위치의 목록이 나타나는데 'Choose Folder Later'는 프리셋을 만들 때 선택한다. 원하는 폴더가 메뉴에 없다면 'Specific Folder'를 선택하고 [Choose] 버튼을 클릭해서 저장할 폴더를 찾는다. 또한 [Put in Subfolder]에 체크하면 하위 폴더를 만들어 저장한다. 여기서는 사진을 Desktop의 [Paris] 폴더에 저장하도록 설정했다. RAW 파일을 JPEG 형식으로 보낼 때 JPEG 파일을 라이트룸에도 추가하려면 'Add to This Catalog'에 체크한다.

STEP 05

[File Naming] 영역은 사진 불러오기에 대한 챕터에서 배운 파일명 설정 기능과 같다. 보내기하려는 파일명을 재설정하지 않고 현재의 파일명을 유지하려면 [Rename To]의 체크박스를 해제한다. 파일명을 재설정하려면 체크하고 프리셋 중 하나를 선택하거나 파일명 템플릿(챕터 1 참고)을 만들었다면 프리셋 목록에서 선택할 수 있다. 예제에서는 'Custom Name – Sequence'를 선택하고 [Custom Text]에 'Paris'를 입력해서 사진의 파일명은 'Paris-1, Paris-2' 형식이 되도록 설정했다. 또한 [Extension] 팝업 메뉴에서 파일 확장자를 대문자(.JPG)나 소문자(.jpg)로 표기하도록 선택한다.

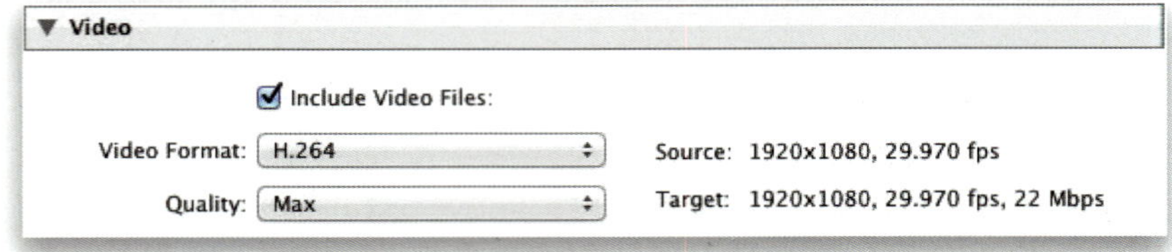

STEP 06

컬렉션 전체를 보내는데 DSLR로 촬영한 영상이 포함되어 있다고 가정하자. 영상도 함께 보내기하려면 [Video] 영역에서 'Include Video Files'에 체크한다. 체크박스 하단의 [Video Format]에서 영상 형식을 선택하는데 'H.264'는 주로 모바일 기기를 위해 압축된 형식이며, 'DPX'는 일반적으로 시각 효과 영상을 위한 형식이다. 다음은 [Quality]에서 영상 화질을 선택한다. 'Max'는 최대한 원본 화질을 유지하고 'High' 역시 고화질이지만 약간 느리다. 웹이나 고성능 타블렛을 위한 영상에는 'Medium'이 적합하다. 모바일 기기에는 'Low'를 선택한다. [Quality] 팝업 메뉴 오른쪽의 'Target Size'를 보면 선택하는 형식에 따라 차이를 알 수 있다. 물론 영상이 없다면 [Video] 영역이 비활성화된다.

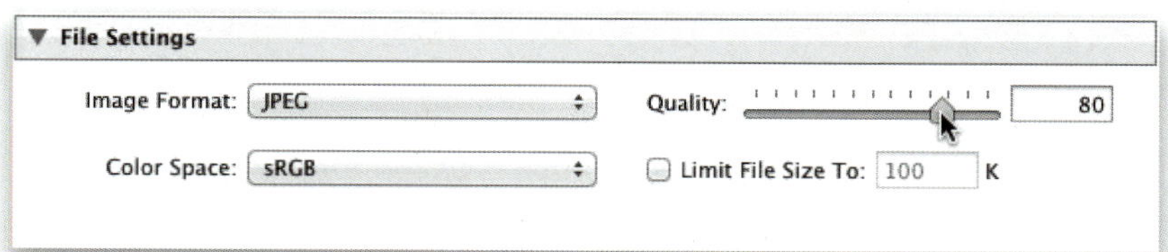

STEP 07

[File Settings] 영역의 [Image Format] 팝업 메뉴에서 저장 파일 형식을 선택한다. 여기서는 'Burn Full-Sized JPEGs' 프리셋을 선택했기 때문에 'JPEG'가 이미 선택되어 있지만 대신 'TIFF', 'PSD', 'DNG'이나 또는 원본이 RAW 형식이라면 'Original'을 선택해서 보낼 수 있다. 오른쪽의 [Quality] 슬라이더에서 화질을 설정하는데 설정이 높을수록 파일의 크기가 커진다. 필자는 주로 80으로 설정하는데 화질과 파일 크기 사이의 균형이 적절하다. 필자는 사진을 포토샵을 사용하지 않는 의뢰인에게 보내는 경우 [Color Space]를 'sRGB'로 설정한다. 'PSD', 'TIFF' 혹은 'DNG' 형식을 선택한 경우 색공간, 비트, 압축 설정 등을 선택한다.

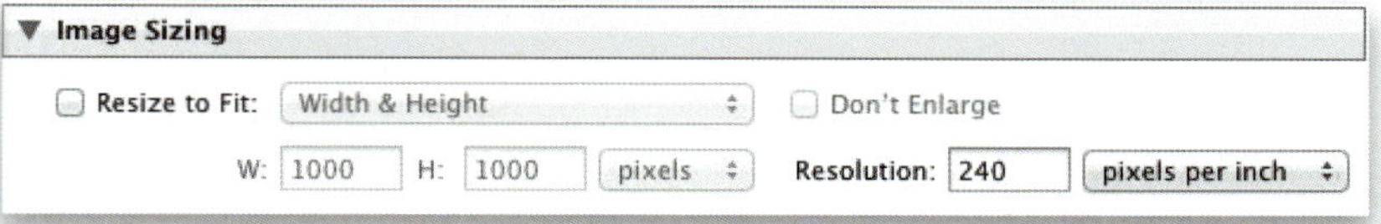

원본보다 작은 크기로 저장하는 경우가 아니라면 Image Sizing 영역은 건너뛰어도 된다.

STEP 08

기본적으로 보내는 사진은 원본 크기를 유지한다. 파일 크기를 변경하려면 [Image Sizing] 영역에서 'Resize to Fit'을 체크한 다음 'W', 'H', 'Resolution'에 원하는 값을 입력한다.

Note

혹은 팝업 메뉴에서 'Dimensions', 'Long Edge', 'Short Edge', 'Megapixels' 등 픽셀 단위로 크기를 설정할 수 있다.

STEP 09

또한 타 응용 프로그램으로 사진을 출력하거나 웹에 올리는 경우 [Output Sharpening] 영역의 [Sharpen For]에 체크하고 용도에 따라 적합한 샤프닝을 적용한다. 잉크젯 출력은 [Amount]에서 'High'를 선택하는데 화면에서는 과도해 보이지만 출력에는 적합한 설정이다. 웹을 위해서는 'Stan‐dard'를 선택한다.

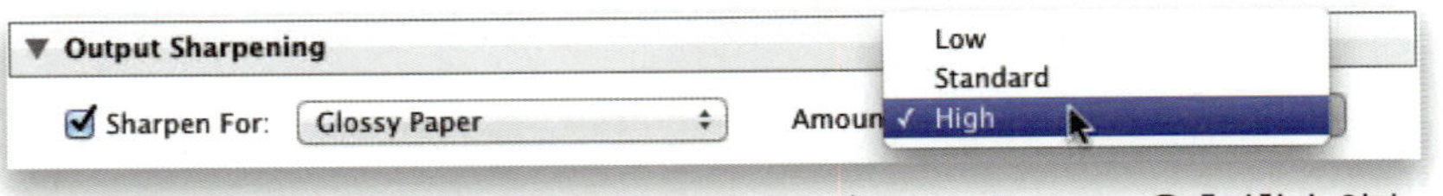

출력 혹은 화면에 이미지를 올리는 경우(웹이나 슬라이드 쇼) Output Sharpening을 추가할 수 있다.

STEP 10

[Metadata] 영역의 다음 네 가지 중에서 이미지에 포함할 메타데이터를 선택한다: 모든 메타데이터, 카메라와 Camera Raw 데이터를 제외한 모든 데이터(노출, 카메라 기종 등 의뢰인은 알 필요 없는 정보들), 저작권과 연락처 정보만 포함하는 옵션, 저작권만 포함하는 옵션 'All Metadata'나 'All Except Camera & Camera Raw Info'를 선택하면 'Remove Location Info'를 체크해서 GPS 데이터를 제거할 수 있다.

보내는 이미지에 워터마크를 추가하기 위해서는 [Watermark] 영역에서 [Watermark]를 체크하고 팝업 메뉴에서 간단한 워터마크나 저장한 워터마크를 선택한다.

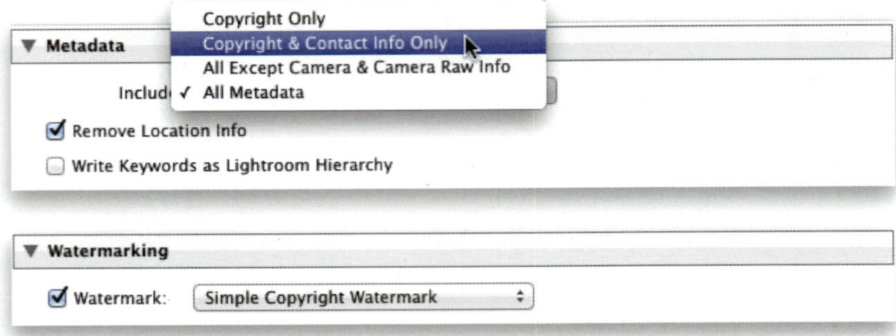

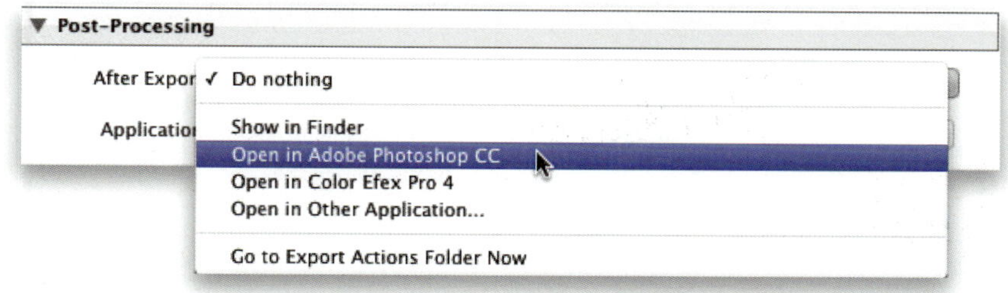

STEP 11

마지막으로 [Post-Processing] 영역에서 사진을 보내기한 후의 처리 방식을 설정한다. [After Export] 팝업 메뉴에서 'Do Nothing'을 선택하면 앞에서 설정한 폴더에 저장한다. 'Open in Adobe Photoshop'을 선택하면 자동으로 포토샵에서 사진을 연다. 또한 라이트룸 플러그인이나 다른 응용 프로그램에서 열리게 선택할 수도 있다. 'Go to Export Actions Folder Now'를 선택하면 라이트룸이 보내기 액션을 저장한 폴더를 불러온다. 그러므로 포토샵으로부터 특정 액션을 실행하기 위해 이 폴더에 저장하면 [After Export] 팝업 메뉴에 추가된다.

Note

액션을 설정하는 방법은 챕터 9의 336페이지, '라이트룸 워크플로우에 포토샵 액션 추가하기'를 참고한다.

STEP 12

보내기 설정을 마친 다음 프리셋으로 저장하면 다음에 JPEG 파일을 보낼 때 일일이 모든 항목을 설정하지 않아도 된다. 프리셋을 더 효과적으로 만들기 위해서는 몇 가지 설정이 필요하다. 예를 들어, 예제대로 설정하고 바로 프리셋으로 저장하면 앞으로 보내는 사진들도 모두 [Paris] 폴더에 저장될 것이다. 대신 [Export Location] 영역의 [Export To] 팝업 메뉴에서 'Choose Folder Later'를 선택한다.

STEP 13

만약 보내는 JPEG 파일들을 항상 특정 폴더에 저장하려면 [Choose] 버튼을 클릭하고 원하는 폴더를 선택한다. 항상 동일한 폴더로 사진을 보내는데 폴더에 같은 파일명이 있는 경우를 위해 [Existing Files] 팝업 메뉴에서 자동으로 새 파일로 대체할지 다른 파일명으로 저장할지를 선택한다. 여기서는 'Choose a New Name for the Exported File'을 선택해서 실수로 파일을 삭제하지 않도록 설정했다. 'Skip'을 선택하면 같은 파일명이 있는 경우 해당 JPEG 이미지는 건너뛰고 보내지 않는다.

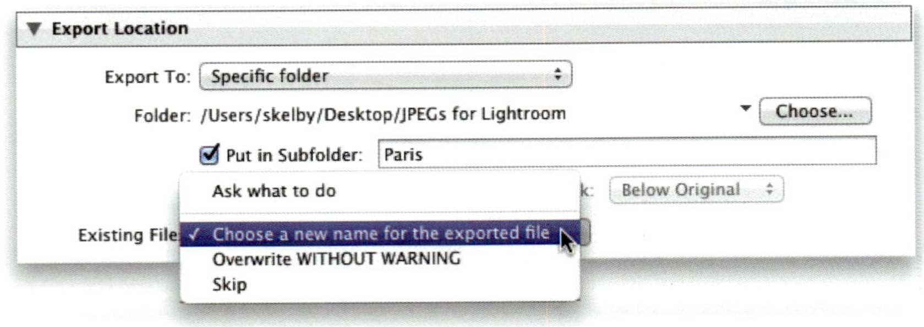

Tip

프리셋을 사용할 때 파일명 재설정하기

사진을 보내기 전에 새로운 파일명을 설정하지 않으면 하키 경기 사진의 파일명이 'Paris–1.jpg', 'Paris–2.jpg' 등이 될 것이다.

STEP 14

이제 보내기 설정을 프리셋으로 저장해보자. 대화창 왼쪽 하단의 [Add] 버튼을 클릭한 다음 프리셋의 이름을 입력한다. 여기서는 보내는 파일의 형식과 저장 위치를 금방 알 수 있게 'Hi–Res JPEGs/Save to Hard Drive'를 입력했다.

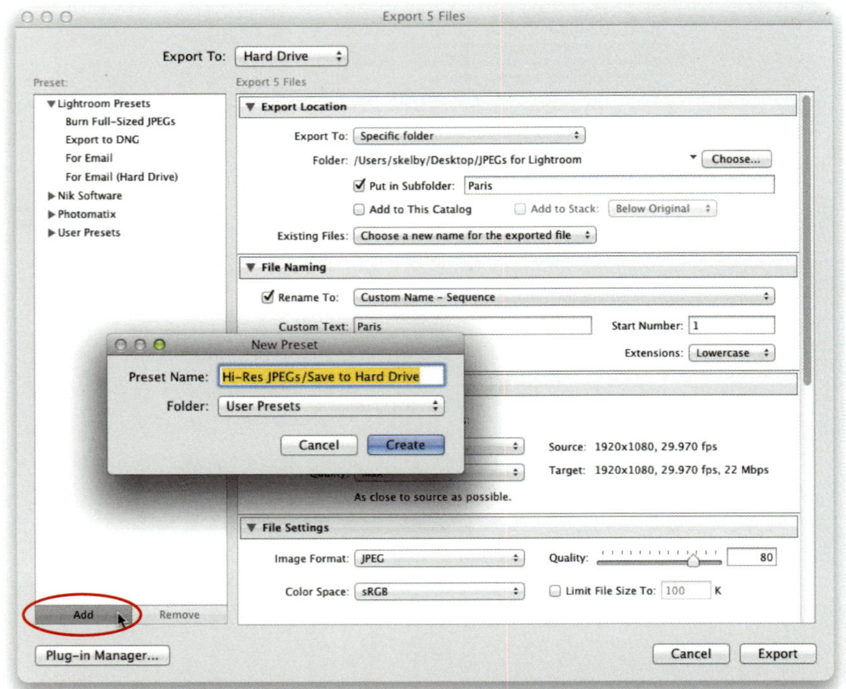

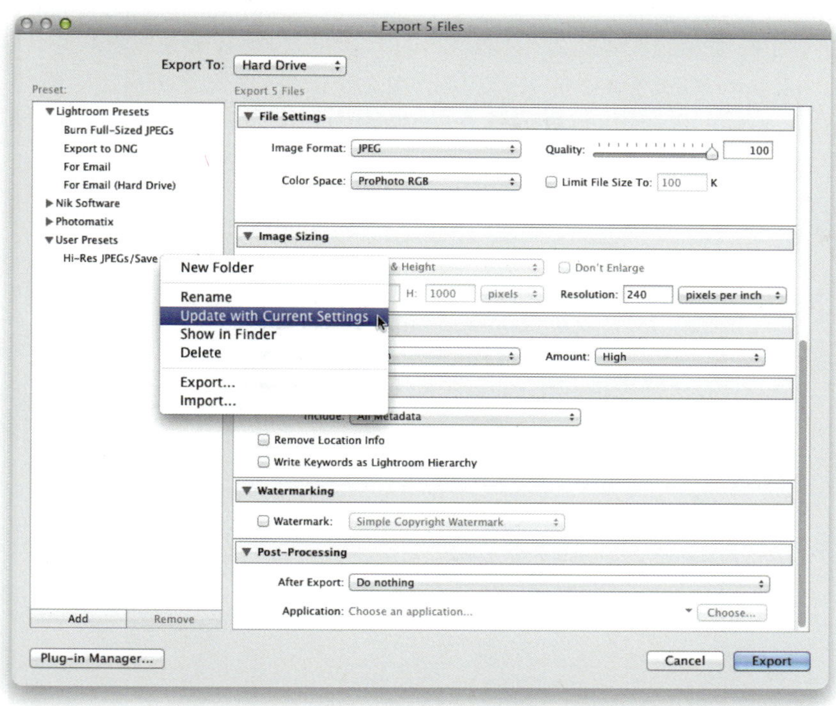

STEP 15

[Create] 버튼을 클릭하면 새 프리셋을 [Preset] 영역의 [User Preset]에 추가한다. 이제 클릭 한 번으로 JPEG 파일을 보낼 수 있다. 예제에서 [Color Space]를 'ProPhoto RGB'를 선택하고 'Watermark' 체크박스를 해제한 것처럼 프리셋 설정을 변경하려면 프리셋을 마우스 오른쪽 버튼으로 클릭한 다음 팝업 메뉴에서 'Update with Current Settings'를 선택해서 설정을 업데이트한다.

이번에는 온라인을 위한 JPEG 파일 보내기 프리셋을 설정해보자. 웹에 올릴 이미지는 크기를 줄여야하므로 [Image Sizing] 영역에서 [Resolution]을 '72ppi'로 설정하고, [Output Sharpening] 영역의 [Sharpen For]는 'Screen'을 선택한 다음 [Amount]는 'Standard'를 선택한다. 또한 저작권 보호를 위해 'Watermark'에 체크한다. 그리고 [Add] 버튼을 클릭해서 두 번째 프리셋을 저장한다. 알아보기 쉽게 'Export JPEG for Web'과 같은 이름을 입력하면 좋을 것이다.

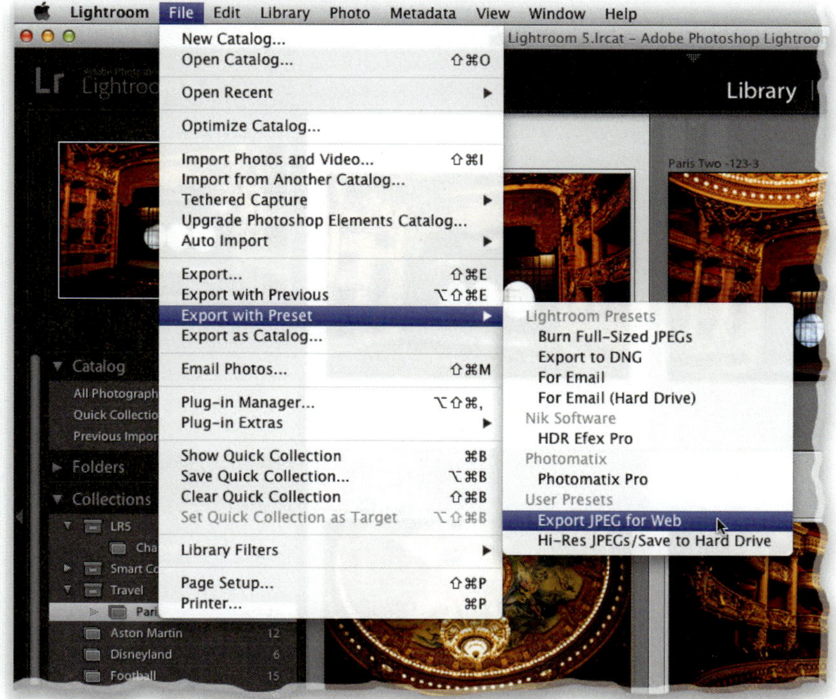

STEP 16

나만의 프리셋을 만든 후에는 대화창을 거치지 않고 보낼 사진을 선택한 다음 [File]-[Export with Preset] 메뉴를 선택해서 프리셋을 적용할 수 있다. 이 방법으로 프리셋을 선택하면 추가 설정 단계 없이 사진을 보낸다.

이미지에 워터마크 추가하기

웹에 이미지를 올릴 때 타인이 사진을 허가 없이 사용하는 것을 방지할 방법은 거의 없다(유감스럽게도 항상 일어나는 일이다). 사진의 불법 사용을 막기 위한 방법 중 하나는 타인이 작품을 훔쳤다고 모두가 알아볼 수 있도록 워터마크를 추가하는 것이다. 많은 사진가들이 이미지를 보호하는 목적 외에도 스튜디오의 브랜딩과 마케팅을 위해 워터마크를 사용한다.

STEP 01

워터마크를 만들기 위해 Ctrl–Shift–E(MAC: [Command]–Shift–E)키를 눌러 [Export] 대화창을 불러온 후 [Watermarking] 영역에서 [Water-mark]를 체크하고 팝업 메뉴에서 'Edit Water-marks'를 선택한다.

Note

워터마크에 대한 내용을 이번 챕터에 넣은 이유는 이미지를 보낼 때 추가할 수 있기 때문이다. 그러나 워터마크는 [Print] 모듈과 [Web] 모듈에서도 추가할 수 있다.

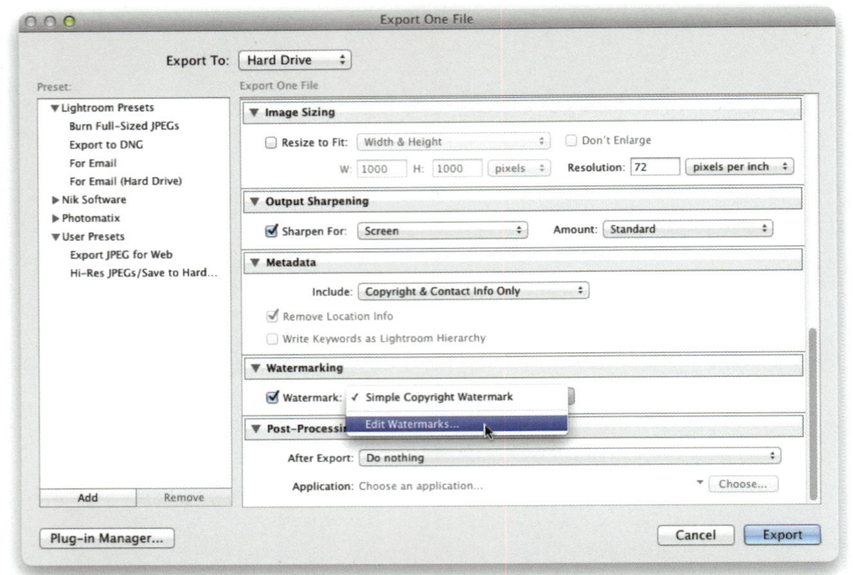

STEP 02

[Watermark Editor] 대화창에서 간단한 워터마크를 만들거나 스튜디오 로고나 포토샵에서 만든 그래픽 이미지를 불러와서 사용할 수 있다. 대화창 상단의 [Watermark Style]에서 'Text'나 'Graphic' 중 하나를 선택한다. 기본적으로 대화창 왼쪽 하단의 입력란에 컴퓨터의 사용자 프로필에 있는 이름을 표시한다. 워터마크의 기본 위치는 이미지 왼쪽 하단이지만 원하는 위치로 옮길 수 있다. 가장 먼저 워터마크 텍스트를 설정해보자.

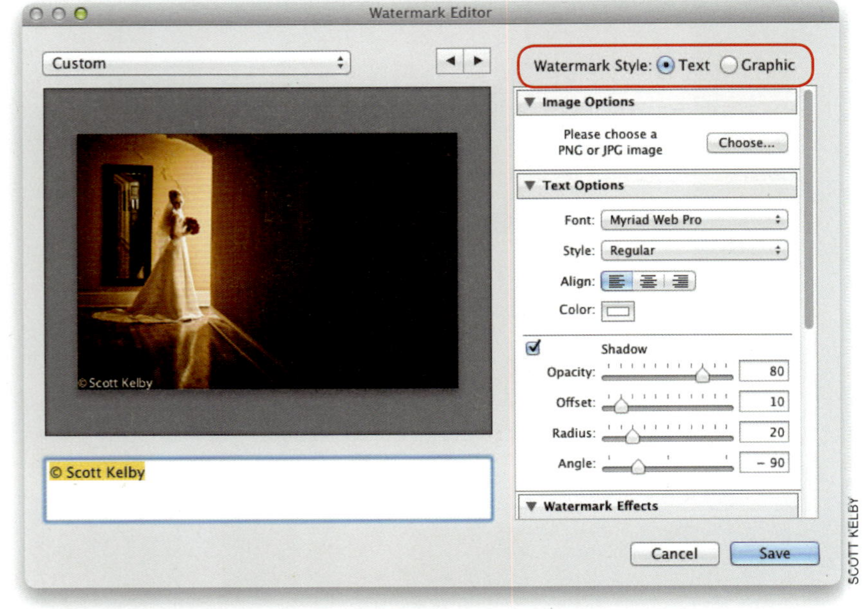

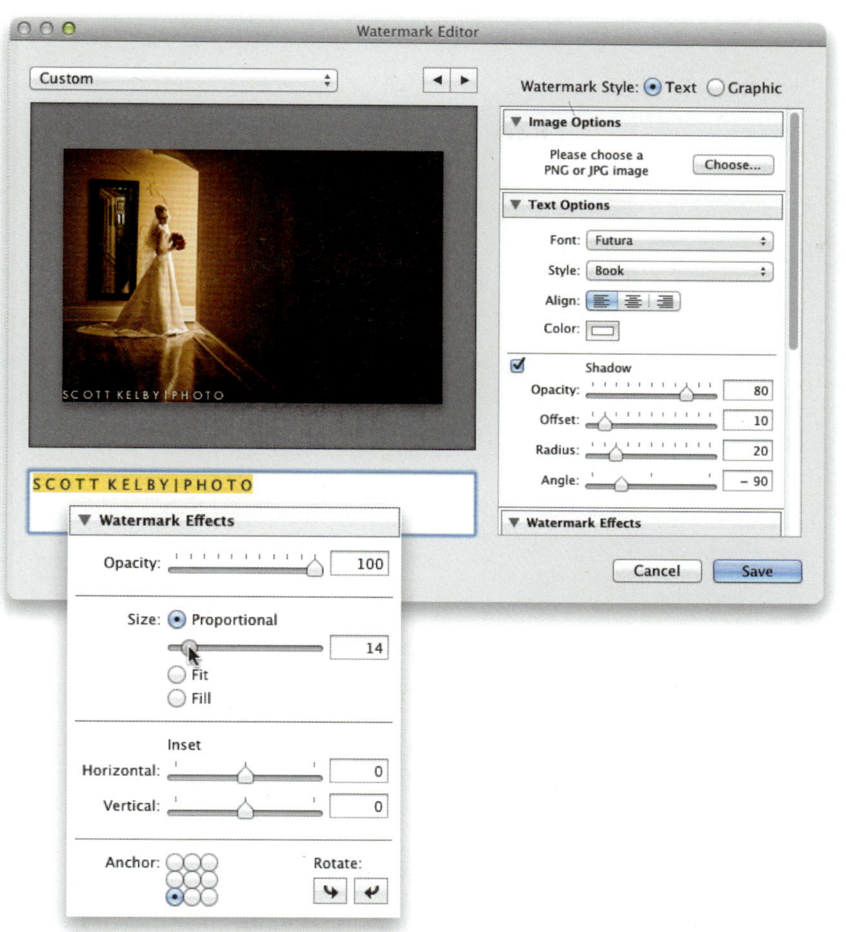

STEP 03

하단의 입력란에 스튜디오 이름을 입력한 다음 오른쪽의 [Text Option]에서 [Font]와 [Style]을 선택한다. 여기서는 'Futura'와 'Book'을 각각 선택했다. 또한 글자 사이의 간격을 두기 위해 각 글자 사이에 Space Bar 를 눌렀다. [Align]에서 정렬 방식을 선택하고 [Color]에서 글꼴의 색상을 선택한다. 글꼴의 크기는 [Watermark Effect] 영역의 [Size] 슬라이더로 조절하거나 [Fit] 버튼을 클릭해서 워터마크를 가로로 사진에 꽉 차게 설정하거나 [Fill] 버튼을 클릭해서 사진 전체에 채울 수 있다. 또한 미리 보기 모드 창에서 워터마크를 클릭하고 드래그해서 크기를 조절할 수도 있다.

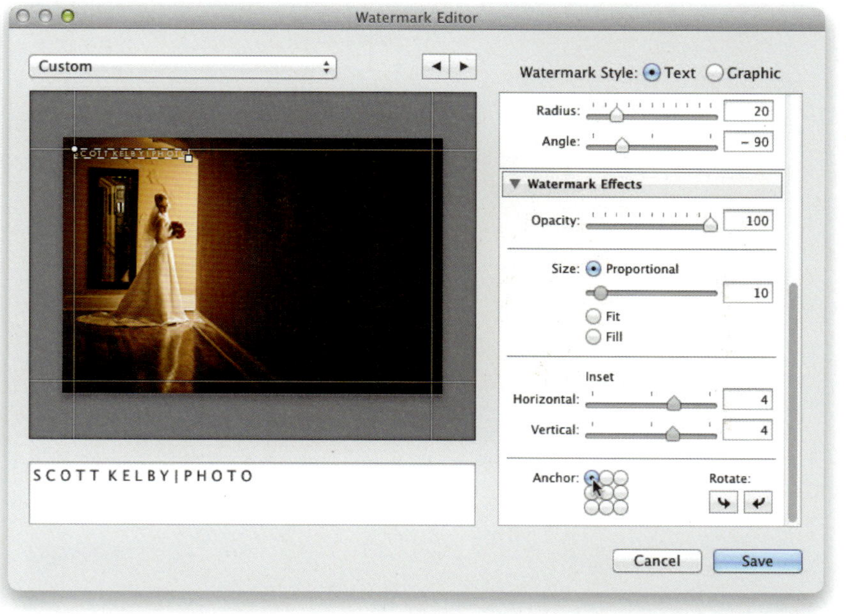

STEP 04

워터마크의 위치는 [Watermark Effect] 영역 하단의 [Anchor] 그리드에서 선택한다. 왼쪽 상단 핀을 클릭하면 워터마크를 왼쪽 상단에 놓는다. 오른쪽에 있는 두 개의 회전 버튼으로 워터마크를 수직으로 회전한다. 또한 [Inset]의 [Horizontal]과 [Vertical] 슬라이더로 워터마크를 원하는 위치로 옮길 수 있다. 슬라이더를 드래그하면 미리 보기 모드 창에 가이드 포인트가 나타난다. 마지막으로 상단의 [Opacity] 슬라이더로 워터마크의 투명도를 조절한다.

워터마크를 밝은 배경 앞에 놓는 경우 [Shadow]의 슬라이더들로 드롭 섀도우를 추가한다. [Opacity] 슬라이더로 섀도우의 밝기를 조절하고, [Offset] 슬라이더로 워터마크와 섀도우의 거리를 조절한다. [Radius] 슬라이더는 부드러운 정도를 조절할 수 있다. [Angle]은 섀도우의 위치를 조절하는데 기본 설정은 −90으로 오른쪽 하단이다. 145는 섀도우가 왼쪽 상단에 나타난다. [Shadow] 체크박스를 몇 번 껐다 켰다 하며 비교한 후에 적합한 섀도우 설정을 찾는다.

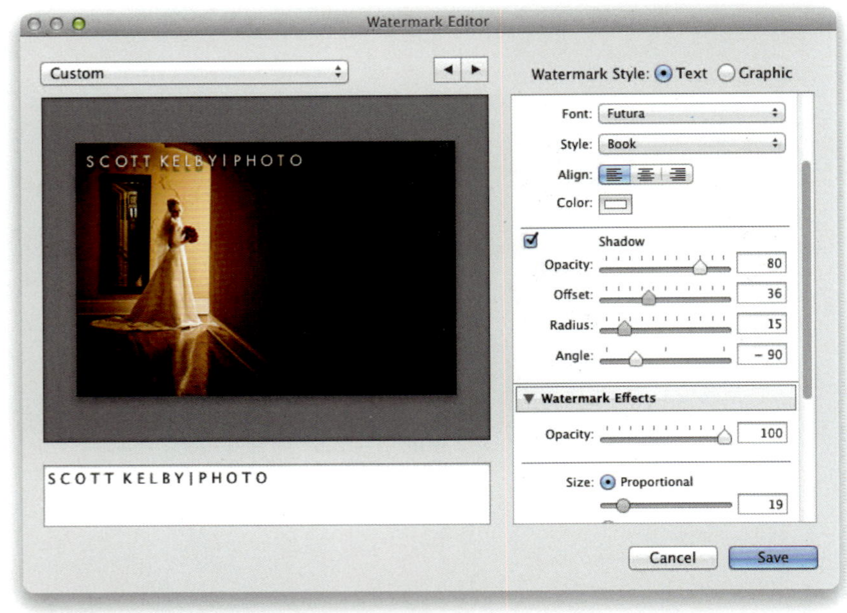

다음은 스튜디오 로고와 같은 그래픽 워터마크를 추가해보자. [Watermark Editor]는 JPEG과 PNG 그래픽 이미지를 사용하므로 두 가지 중 하나의 형식으로 로고를 만든다. 상단의 [Image Options]에서 [Choose] 버튼을 클릭한 후 그래픽 워터마크를 찾아 선택한다. 흰색 배경이 그대로 있지만 다음 단계에서 수정할 것이다. 그래픽 워터마크 역시 텍스트와 같은 방법으로 설정한다. [Watermark Effect] 영역에서 [Opacity] 슬라이더를 왼쪽으로 드래그해서 투명하게 설정하고 [Size] 슬라이더를 왼쪽으로 드래그해서 크기를 조절한다. [Inset]의 슬라이더로 위치를 설정한다. 그래픽 워터마크를 사용하기 때문에 [Text Options]와 [Shadow] 영역은 비활성화된다.

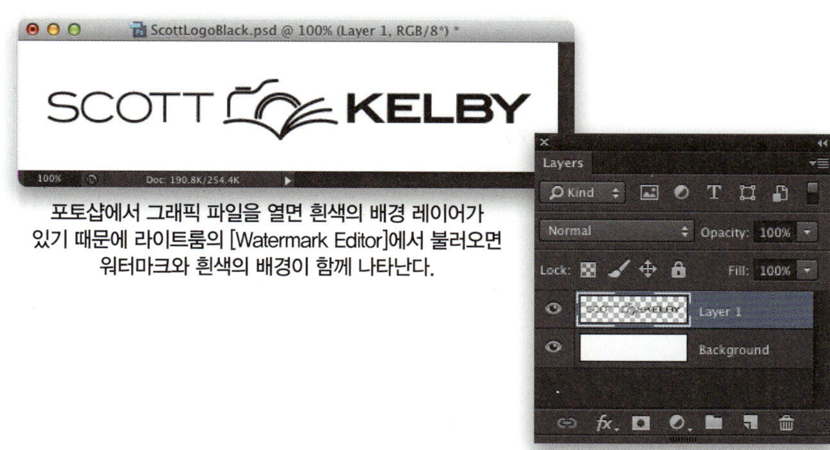

포토샵에서 그래픽 파일을 열면 흰색의 배경 레이어가
있기 때문에 라이트룸의 [Watermark Editor]에서 불러오면
워터마크와 흰색의 배경이 함께 나타난다.

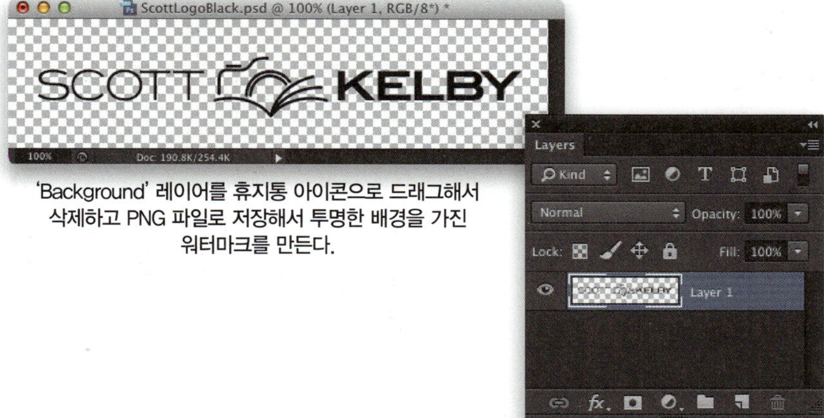

'Background' 레이어를 휴지통 아이콘으로 드래그해서
삭제하고 PNG 파일로 저장해서 투명한 배경을 가진
워터마크를 만든다.

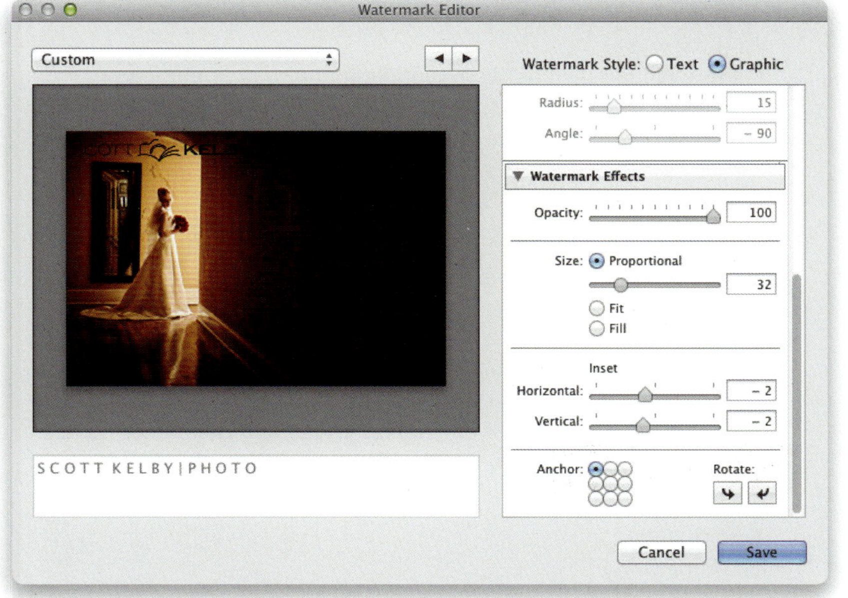

흰색의 배경을 투명하게 만들려면 로고 파일을 포
토샵으로 불러온 다음 'Background' 레이어를
[Layers] 패널 하단의 휴지통 아이콘으로 드래그
해서 삭제한 후 투명한 배경의 그래픽 워터마크만
남긴다. 파일을 PNG 형식으로 저장한다.

[Watermark Editor] 대화창의 [Image Options]
영역에서 새 PNG 워터마크 파일을 불러오면 흰
색 배경이 없는 워터마크가 이미지에 나타난다. 이
제 [Watermark Effect] 영역에서 크기, 위치, 투명
도 등을 설정한다. 설정을 마치면 다시 사용할 수
있고 [Print]와 [Web] 모듈에서도 적용할 수 있도
록 워터마크 프리셋으로 저장한다. 하단의 [Save]
버튼을 클릭하거나 대화창 왼쪽 상단의 팝업 메
뉴에서 'Save Current Settings as New Preset'
을 선택한다. 이제 클릭 한 번으로 워터마크를 적
용할 수 있다.

라이트룸에서 이메일로 사진 보내기

라이트룸 3와 이전 버전에서는 사진을 이메일로 보내려면 복잡한 과정을 거쳐야했다. 이제는 이메일로 사진을 쉽게 보낼 수 있다.

STEP 01

Grid 보기 모드에서 Ctrl-클릭(MAC:[Command]-클릭)키를 눌러 이메일로 보낼 사진을 선택한다. [File]-[Email Photo] 메뉴를 선택하거나 단축키 Ctrl-Shift-M(MAC:[Command]-Shift-M) 키를 눌러 이메일 대화창을 불러온다.

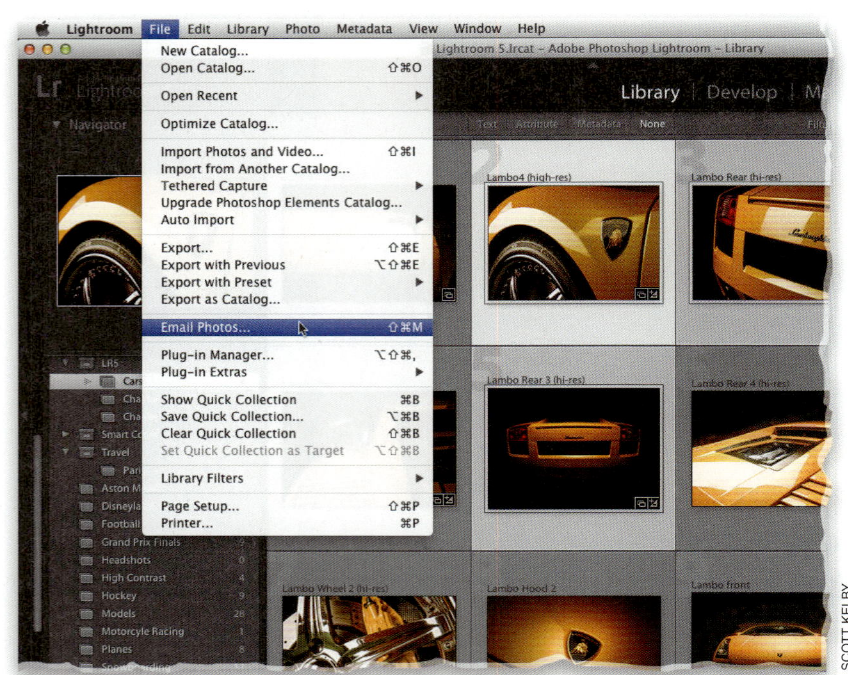

STEP 02

[To]에 이메일 주소를 입력하고 [Subject]에 이메일 제목을 입력하면 기본 이메일 계정을 자동 선택하지만 [From] 팝업 메뉴에서 다른 메일 계정을 선택할 수도 있다. [Attached Files] 영역에는 선택한 사진의 썸네일이 있다.

Tip

이메일 응용 프로그램이 메뉴에 없는 경우

[From] 팝업 메뉴에서 'Go to Email Account Manager'를 선택한 다음 [Add] 버튼을 클릭해서 [New Account] 대화창을 불러온다. [Service Provider] 팝업 메뉴에서 원하는 이메일 응용 프로그램을 선택한다. 만약 팝업 메뉴에 원하는 프로그램이 없다면 'Other'를 선택한 다음 서버 설정을 직접 입력해야 한다. [Credential Settings] 영역에서 이메일 주소와 패스워드를 추가하고 인증을 마치면 [From] 팝업 메뉴에 추가된다.

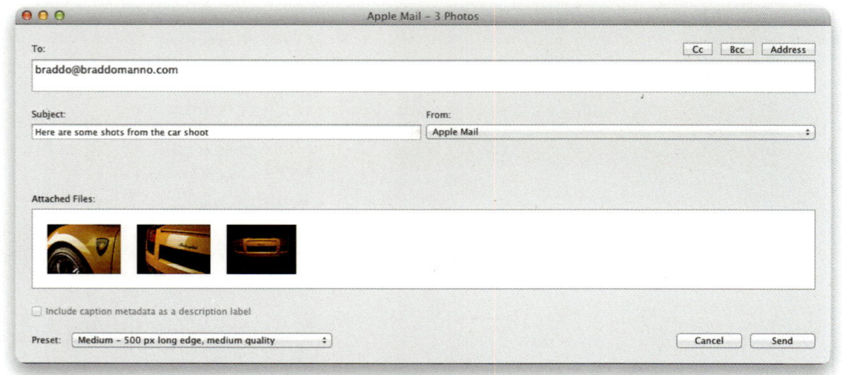

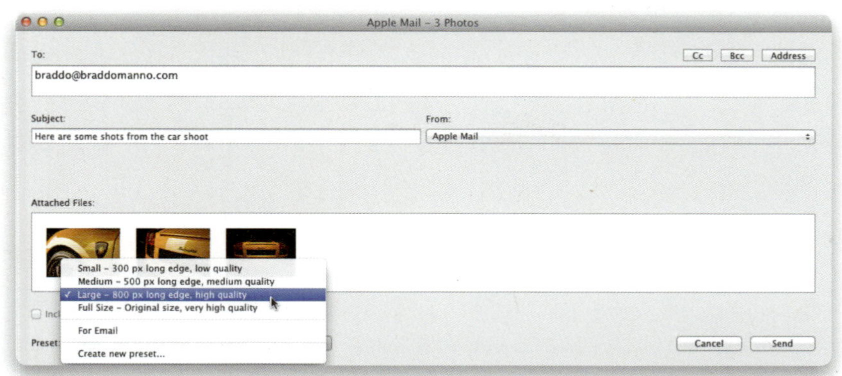

대화창 왼쪽 하단에는 이메일로 보내는 사진의 크기를 설정하는 팝업 메뉴가 있다. 사진을 원본 해상도 그대로 보내면 크기가 너무 커서 수신자의 이메일이 되돌아올 수 있기 때문에 크기를 재설정하는 것이 좋다. 팝업 메뉴에 있는 4개의 프리셋 중 적합한 크기와 화질을 선택한다. 이메일을 위해 만든 프리셋도 이 팝업 메뉴에 있으며 새 프리셋을 만들려면 메뉴 하단의 'Create New Preset'을 선택한다. [Export] 대화창이 나타나면 원하는 설정을 입력한 후 PC에서는 오른쪽 하단의 [Export] 버튼을 클릭하고, MAC에서는 왼쪽 하단의 [+] 버튼을 클릭하여 추가한다. 이메일의 [Preset] 팝업 메뉴에 해당 사진이 나타난다.

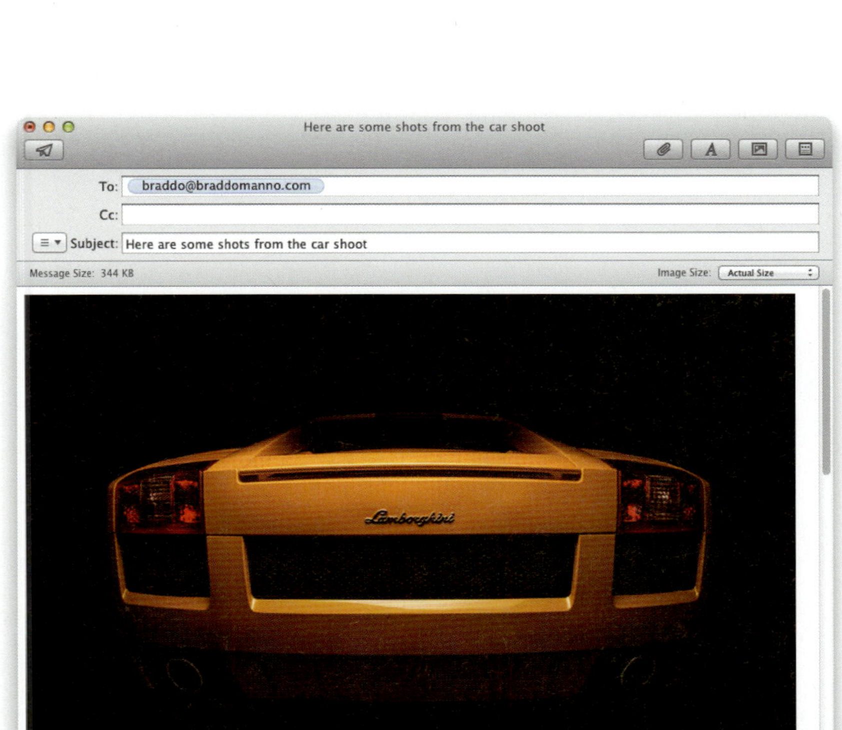

[Send] 버튼을 클릭하면 이메일 프로그램을 시작한 후 이메일 대화창에서 설정한 모든 정보를 입력하고 이미지를 추가한다. [Send] 버튼을 클릭해서 메일을 보낸다.

> **Tip**
>
> **두 개의 이메일 프리셋 사용하기**
>
> 어도비사는 라이트룸 5의 [Export] 대화창에 두 개의 이메일 프리셋을 추가했다. 하나는 이번 레슨에서 배운 프리셋으로 'For Email'이라고 부른다. 다른 프리셋은 나중에 이메일을 보낼 수 있도록(수동으로) 이미지를 하드디스크에 저장한다. 나중에 이메일로 보낼 사진을 저장하려면 [File]-[Export with Preset]-[For Email(Hard Drive)] 메뉴를 선택한다. 저장할 폴더를 선택하면 작은 크기(640X640 픽셀, 화질 설정 50)의 JPEG 파일을 저장한다.

RAW 사진 원본 보내기

이번 챕터에서 지금까지 배운 것은 라이트룸에서 사진을 보정하고 JPEG이나 TIFF 형식의 파일로 보내는 방법이었다. 이번 레슨에서는 원본인 RAW 파일을 보내는 방법을 알아보자. 라이트룸에서 설정한 키워드와 메타데이터의 포함 여부도 설정할 수 있다.

STEP 01

라이트룸에서 보낼 RAW 형식 사진을 클릭한다. RAW 파일을 보내는 경우 라이트룸에서 적용한 설정들(키워드, 메타데이터와 [Develop] 모듈에서 적용한 모든 설정)은 XMP 보조 파일에 별도로 저장하기 때문에 사진 파일과 보조 파일을 함께 보내야 한다. Ctrl - Shift - E (MAC: [Command]- Shift - E)키를 눌러 [Export] 대화창을 불러온 다음 왼쪽의 [Lightroom Presets]에서 'Burn Full-Sized JPEGs'를 선택하여 기본 설정을 입력한다. [Export To] 팝업 메뉴에서 'Hard Drive'를 선택하고 [Export Location] 영역에서 RAW 파일의 저장 위치를 설정한다. [File Settings] 영역의 [Image Format] 팝업 메뉴에서 'Original'을 선택하면 대부분의 영역을 비활성화한다.

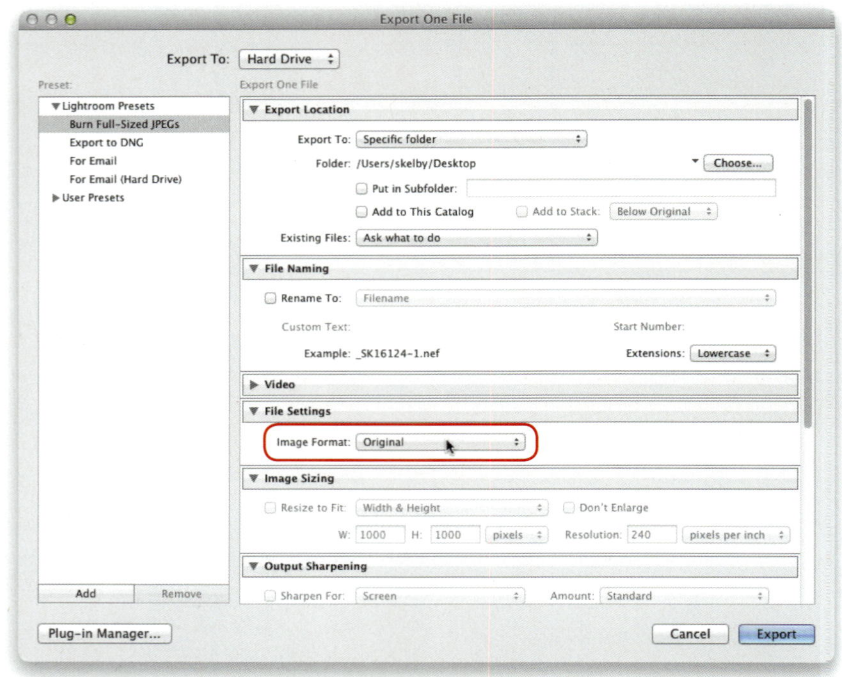

Tip

RAW 파일을 DNG 파일로 저장하기

[Image Format] 팝업 메뉴에서 'DNG'를 선택한 다음 나타나는 File Settings에서 'Embed Fast Load Data'는 [Develop] 모듈에 미리 보기 모드가 나타나는 속도를 결정한다. 'Use Lossy Compression'을 체크하면 JPEG 파일을 압축할 때처럼 원본의 75% 크기로 만든다. 의뢰인이 선택하지 않은 사진이지만 삭제할 수 없는 사진들을 저장할 때 유용한 설정이다.

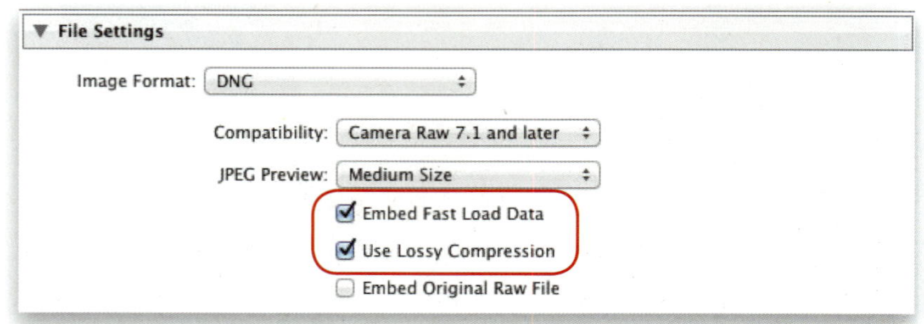

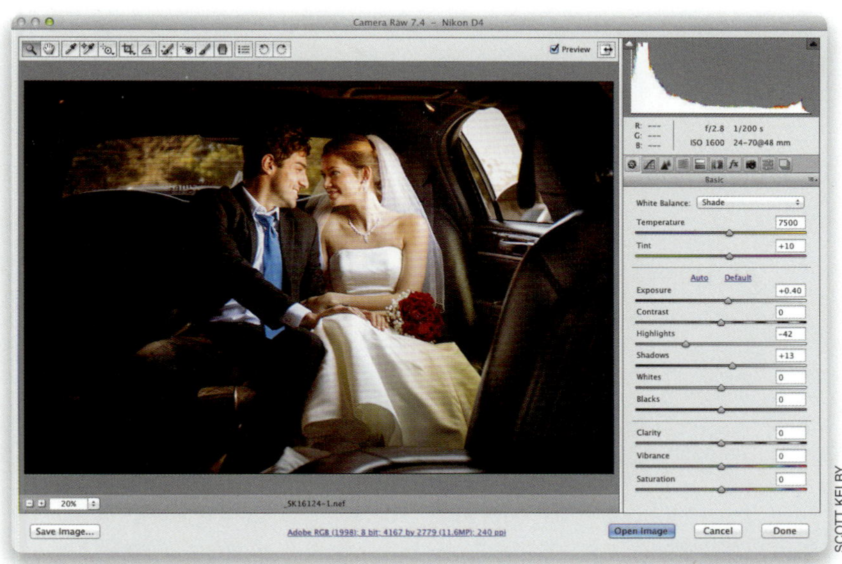

XMP 파일을 첨부한 RAW 파일을 열면 크로핑, 화이트 밸런스, 노출, 하이라이트와 섀도우 보정 설정을 적용한 후의 사진이 나타난다.

XMP 파일을 첨부하지 않고 보낸 사진을 열면 보정 설정을 적용하지 않은 원본 사진이 나타난다.

STEP 02

[Export] 버튼을 클릭하면 별도의 처리 과정이 필요 없기 때문에 사진이 몇 초 만에 저장한 위치에 나타난다. 이때 원본 파일과 XMP 보조 파일이 함께 있다. 두 개의 파일이 함께 있는 이상 XMP 파일과 호환되는 타 프로그램(예를 들어 어도비사의 Bridge와 Camera Raw 등의 프로그램)이 메타데이터를 사용해서 라이트룸에서 적용한 모든 설정을 그대로 유지한다. 파일을 외부인에게 보낼 때에도 두 개의 파일을 함께 보내는 것을 잊지 말자.

STEP 03

받는 사람이 포토샵을 사용하는 경우 RAW 원본 파일을 클릭하면 사진이 Camera Raw에서 열리며 XMP 파일까지 첨부했다면 라이트룸에서 편집 설정을 적용한 사진이 나타난다. 예제 사진은 XMP 파일을 첨부하지 않은 RAW 파일의 모습으로 편집을 하지 않은 원본 사진이다.

Flickr나 Facebook 같은 사이트에 사진을 정기적으로 업로드하거나 다른 하드디스크에 저장하거나 혹은 아이폰에 사진을 저장하는 경우 드래그 앤 드롭 자동 처리 과정을 사용할 수 있다. 그 외에도 가장 최신 버전의 사진을 업로드하도록 관리하는 기능도 있는데 이 기능을 Publish Service라고 한다. 잠깐 시간을 투자해서 기능 설정을 해두면 사진을 업로드하거나 혹은 컴퓨터 하드디스크나 외장 하드디스크에 저장할 때 시간을 절약할 수 있다.

두 번의 클릭으로 사진 업로드하기

STEP 01

[Publish Service] 패널은 [Library] 모듈 왼쪽 패널 영역에 있다. 기본적으로 [Hard Drive], [Behance], [Facebook], [Flickr], 4개의 템플릿을 관리할 수 있다. 템플릿을 설정하기 위해 오른쪽의 [Set up] 버튼을 클릭한다. 과정이 가장 복잡한 [Flickr]부터 설정해보자. 가장 간단한 [Hard Drive] 템플릿 설정은 마지막에 알아볼 것이다. [Behance]와 [Facebook] 템플릿은 [Flickr]와 유사하다. [Set Up] 버튼을 클릭해서 계정을 승인하면 된다. [Flickr] 오른쪽의 [Set Up] 버튼을 클릭한다.

STEP 02

[Lightroom Publishing Manager] 대화창은 두 가지 설정 기능을 제외하면 [Export] 대화창의 구성과 유사하다. 하나는 상단의 [Publish Service]와 [Flickr Account], [Flickr Title] 영역이며, 또 다른 점은 하단 Flickr의 [Privacy and Safety] 선택 기능이다. 가장 먼저 [Authorize] 버튼을 클릭하면 왼쪽 하단의 예제와 같이 Flickr 웹사이트로 연결해서 로그인하고 라이트룸과의 연동을 승인할 수 있도록 대화창을 불러온다. 하단의 [Authorize] 버튼을 클릭하면 Flickr.com의 설정을 마치고 라이트룸으로 돌아와 나머지 설정을 완료해야 한다고 알려주는 대화창이 나타난다.

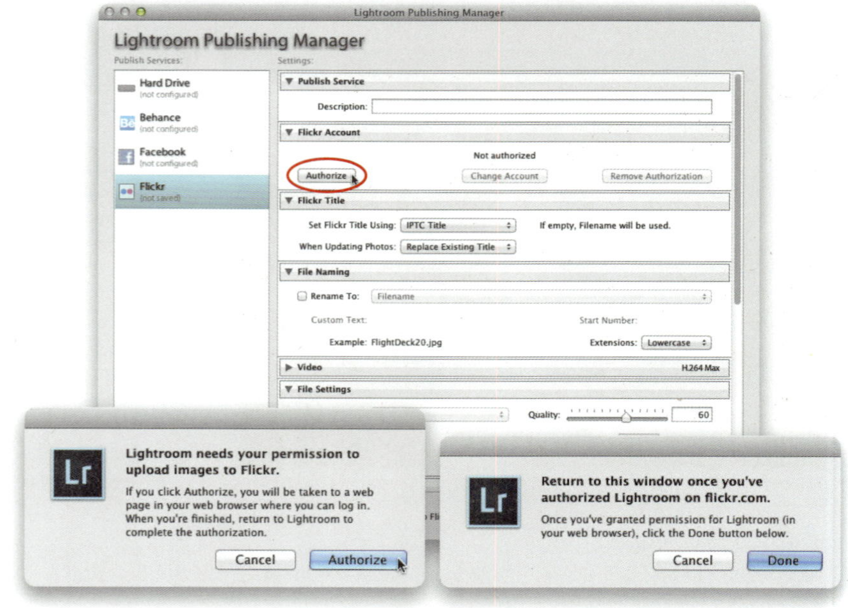

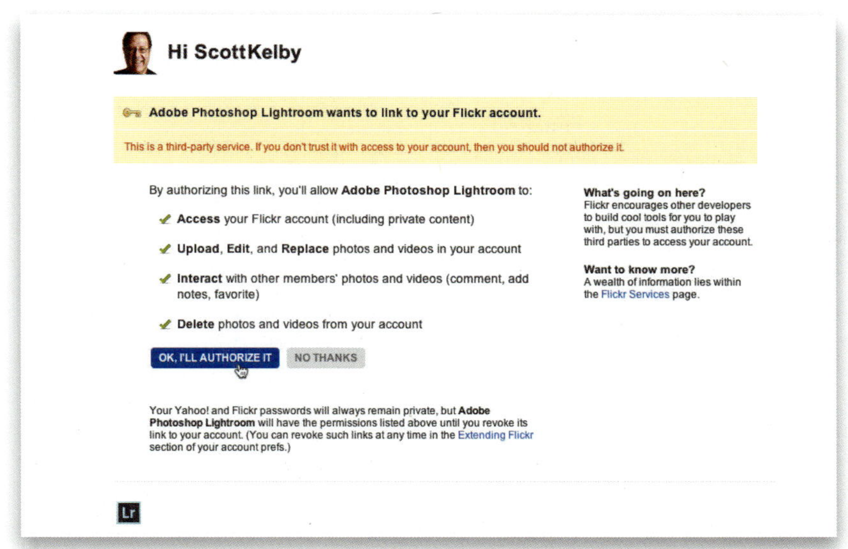

Yahoo 계정으로 로그인한 다음 Flickr.com으로 접속한다. 그리고 예제와 같이 라이트룸과 연동하도록 설정하는 페이지를 찾아 승인 버튼을 클릭한다. 이제 라이트룸으로 돌아가 나머지 설정을 완료한다.

Note

Flickr 계정이 없다면 Yahoo 계정으로 가입할 수도 있다.

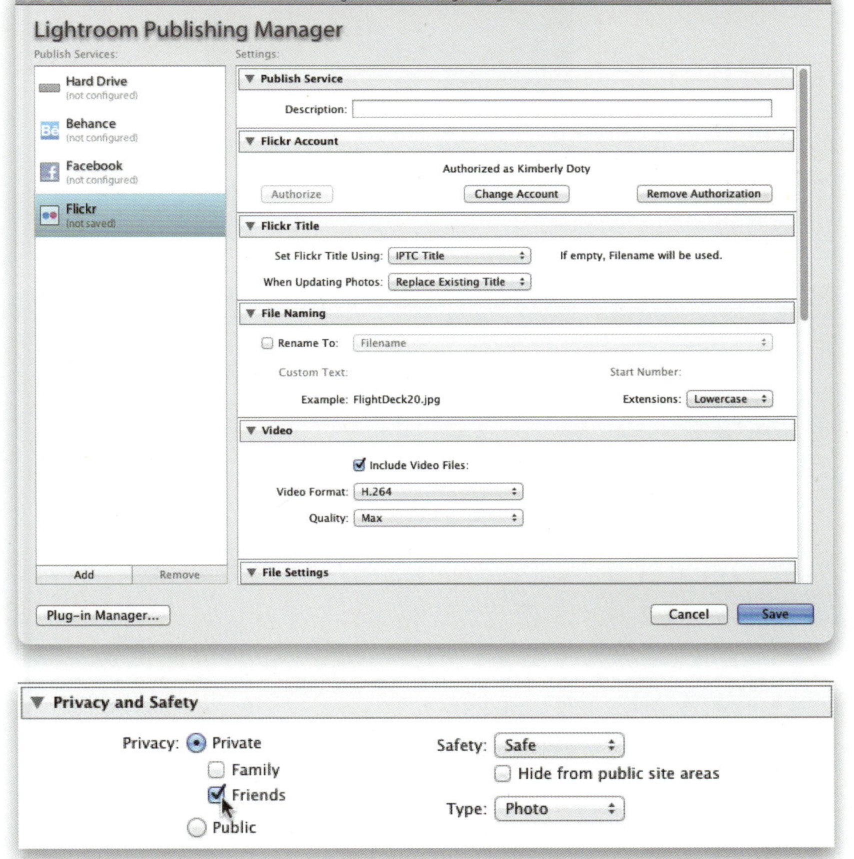

STEP 04

Step 02에서 보았던 알림 대화창에서 [Done] 버튼을 클릭하면 나머지 설정은 앞의 레슨에서 배운 보내기 설정과 유사하다. 그리고 대화창 하단의 [Privacy and Safety] 영역에서 업로드하는 사진의 보안 설정을 한다. 마지막으로 [Save] 버튼을 클릭해서 계정 설정을 마친다.

Tip

어도비에서 플러그인 다운로드하기

[Publish Services] 패널 하단의 [Find More Services Online] 버튼을 클릭하면 Adobe Exchange 사이트에 접속해서 Publish Service와 Export 플러그인을 추가할 수 있다. 추가 플러그인을 다운로드해서 설치하면 기본 템플릿 하단에 추가한 플러그인이 나타난다. Export 플러그인을 설치하려면 [Lightroom Plug-In Manager]에서 목록 왼쪽 하단의 [Add] 버튼을 클릭하고 다운로드한 플러그인을 찾아 [Add Plug-In] 버튼을 클릭한다. 추가한 플러그인은 [Export] 대화창의 [Export To] 팝업 메뉴에서 사용할 수 있다.

STEP 05

Flickr에 업로드할 사진들을 선택한 다음 드래그해서 [Publish Services] 패널의 [Flickr]로 드롭하면 [Photostream] 컬렉션이 나타난다. [Photostream]을 클릭하면 예제 사진과 같이 업로드할 사진들이 미리 보기 모드 영역에 나타난다. [Publish] 버튼을 클릭하기 전에는 실제로 Flickr에 사진을 업로드하지 않는다. 이 기능은 서로 다른 컬렉션에서 사진을 추가해서 한 번의 클릭으로 업로드할 수 있다는 장점이 있다.

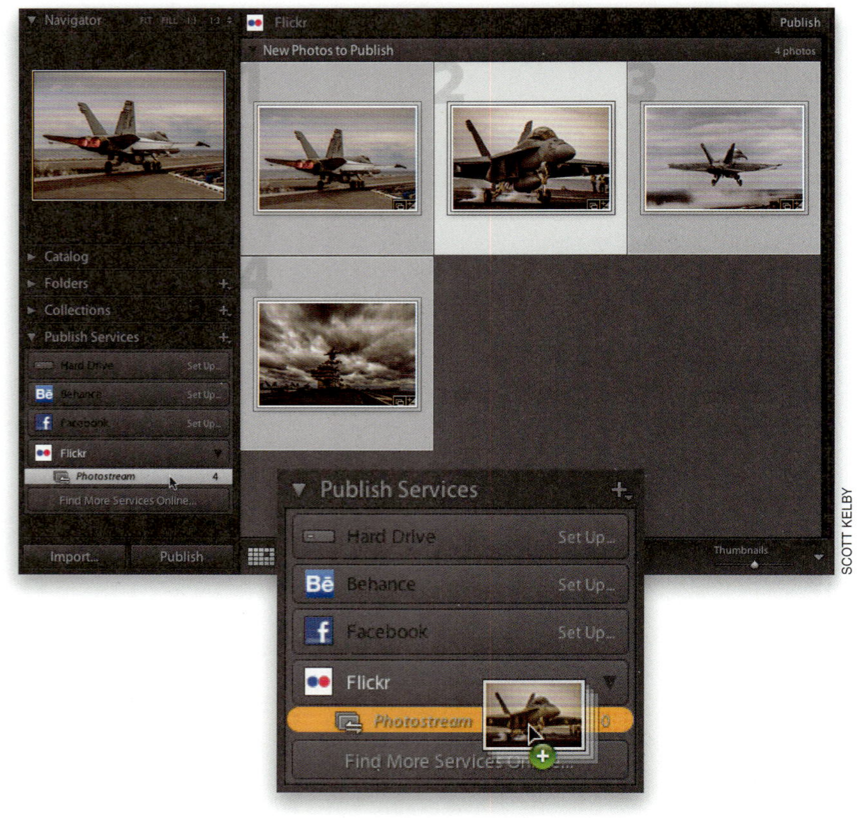

STEP 06

패널 왼쪽 하단의 [Publish] 버튼을 클릭하면 미리 보기 모드 창이 두 개의 영역으로 분할되고 각 사진의 업로드를 완료하면 하단의 [Published Photos] 영역으로 옮겨간다. 업로드를 완료하면 상단의 [New Photos to Publish] 영역이 사라진다. 사진을 업로드하는 동안 왼쪽 모퉁이에 작은 상태 표시줄이 나타나 진행 상황을 알려준다.

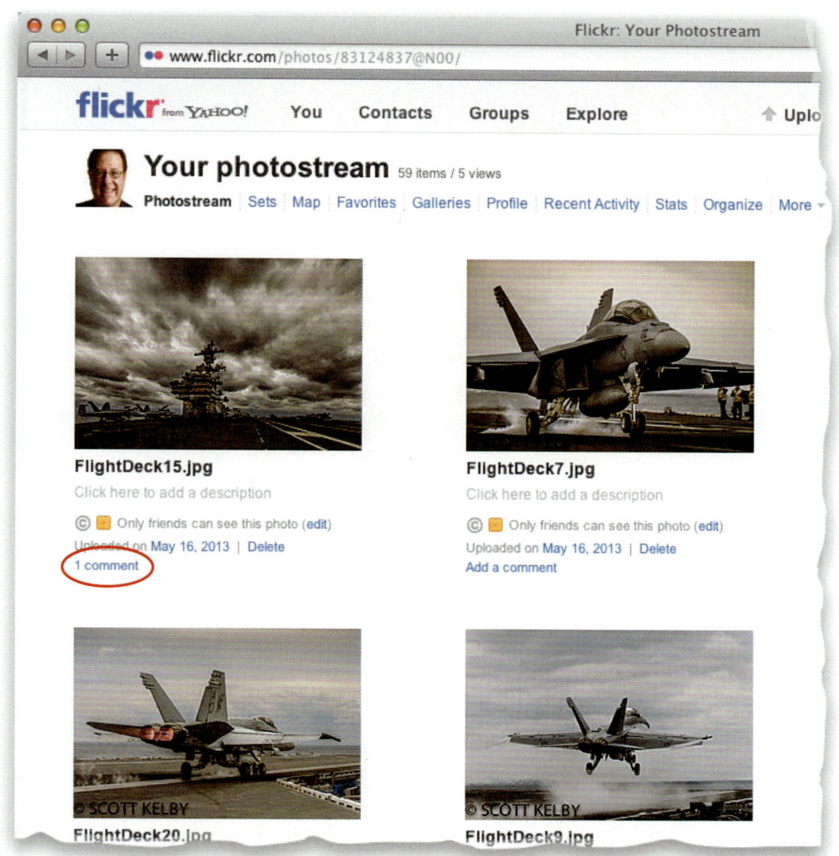

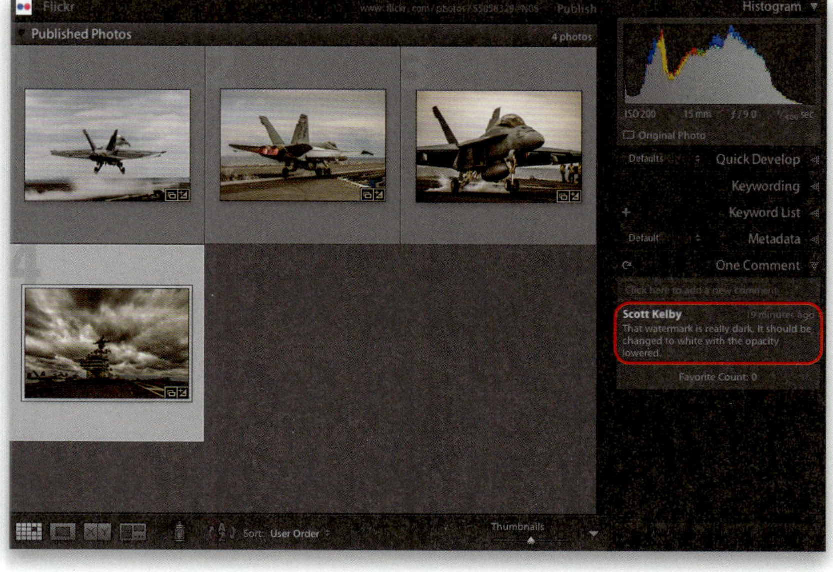

STEP 07

웹 브라우저로 전환한 다음 포토 스트림 페이지로 가서 업로드한 사진들에 남긴 의견들을 라이트룸과 연동하도록 설정하면 라이트룸의 오른쪽의 [Comments] 패널에서 글을 볼 수 있다.

Note

필자는 Flickr 웹사이트에서 첫 번째 사진 하단의 'add a comment'를 클릭하고 "워터마크가 너무 어둡다. 흰색으로 바꾸고 투명도를 낮춰야한다"고 썼다.

STEP 08

라이트룸에서 **Step 07**에서 쓴 의견을 보기 위해 [Publish Services] 패널에서 [Flickr]-[Photostream]을 클릭하면 업로드한 사진들이 나타난다. [Photostream]을 마우스 오른쪽 버튼으로 클릭한 다음 팝업 메뉴에서 'Publish Now'를 선택하면 Flickr 계정에서 새로 추가된 의견들을 확인하고 라이트룸으로 다운로드해서 [Comment] 패널에 추가한다. 또한 사진을 '좋아요'로 태그한 사람들의 수도 표시한다.

STEP 09

라이트룸에서 업로드한 사진을 재보정하고 Pu-
blish Service 기능을 사용해서 업데이트해보자.
먼저 [Flickr]의 [Photostream] 컬렉션을 클릭
한 다음 편집할 사진을 클릭한다. D 키를 눌러
[Develop] 모듈로 전환해서 보정한다. 여기서는
[White Balance]의 [Temp] 슬라이더를 왼쪽으로
약간 드래그하여 사진을 조금 더 차가운 색으로 보
정했다. [Whites] 슬라이더를 오른쪽으로 드래그
한다. 재보정을 마친 다음에는 사진을 [Flickr]의
[Photostream]에 업로드한다.

Note

프로용 계정이 아닌 일반 Flickr 계정을 가지고 있
으면 재보정한 버전의 사진을 재업로드할 때 이전
의 의견들과 등급을 삭제한다.

STEP 10

[Photostream] 컬렉션을 클릭하면 사진을 업로드
할 때처럼 분할된 화면이 나타나고 상단 영역에 재
보정한 사진이 있다. [Publish] 버튼을 클릭하면
사진을 업데이트한다. 물론 실행을 완료하면 상단
의 [Republish Photos to Re-Publish] 영역이 사
라진다. 다음은 [Publish Services] 패널의 [Hard
Drive] 템플릿을 설정해보자.

STEP 11

[Publish Services] 패널의 [Hard Drive] 컬렉션 오른쪽에 있는 [Set Up] 버튼을 클릭한다. 여기서는 복잡한 [Export] 대화창을 거치지 않고 고해상도 JPEG 파일을 드래그 앤 드롭하여 하드디스크에 저장할 수 있게 설정해보자. 템플릿의 이름을 'Save as JPEG'로 설정하고 나머지는 고해상도 JPEG 파일을 하드디스크로 보내기와 동일하게 설정한다. [Save]를 클릭하면 [Set Up] 버튼 대신 새로 설정한 템플릿 이름으로 대체해서 [Hard Drive : Save as JPEG]로 나타난다. 또한 템플릿을 마우스 오른쪽 버튼으로 클릭하고 'Create Another Publish Service via "Hard Drive"'를 선택해서 템플릿을 추가할 수 있기 때문에 예제와 같이 다양한 저장 설정 템플릿을 만들어놓으면 편리하다.

Note

고해상도 JPEG 파일을 하드디스크로 보내기 하는 방법은 310페이지 '라이트룸에서 이메일로 사진 보내기'를 참고하자.

STEP 12

[Publish Services] 기능을 사용해서 사진을 하드디스크에 저장해보자. [Library] 모듈에서 JPEG 형식으로 저장할 RAW 형식 사진을 선택한다. JPEG 파일을 선택해도 상관없다. 사진을 드래그 앤 드롭해서 [Hard Drive : Save as JPEG] 템플릿으로 이동한다. 이후의 과정은 사진을 Flickr에 업로드하는 것과 동일하다. 사진이 [New Photos to Publish] 영역에 나타나고 [Publish] 버튼을 클릭하면 선택한 저장 위치에 사진을 JPEG 형식으로 저장한다.

카탈로그 보내기 단축키

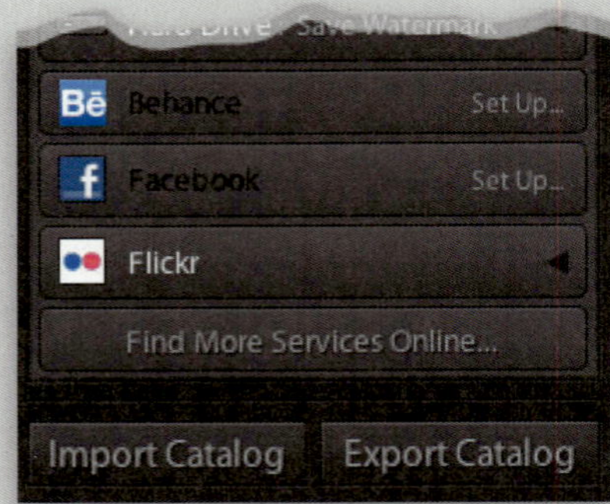

개별 사진 대신 카탈로그 전체를 보내기 위해 Alt (MAC:[Option])키를 누른 후 [Export] 버튼이 [Export Catalog] 버튼으로 바뀌면 클릭한다.

마지막으로 사용한 보내기 설정 사용하기

사진을 보낼 때 마지막으로 사용한 설정을 그대로 사용하려면 [File] 메뉴에서 'Export with Previous'를 선택하거나 단축키 Ctrl – Alt – Shift – E (MAC:[Command]–[Option]– Shift – E)키를 누른다. [Export] 대화창을 거치지 않고도 마지막으로 사용한 설정을 그대로 적용해서 사진을 바로 보낼 수 있다.

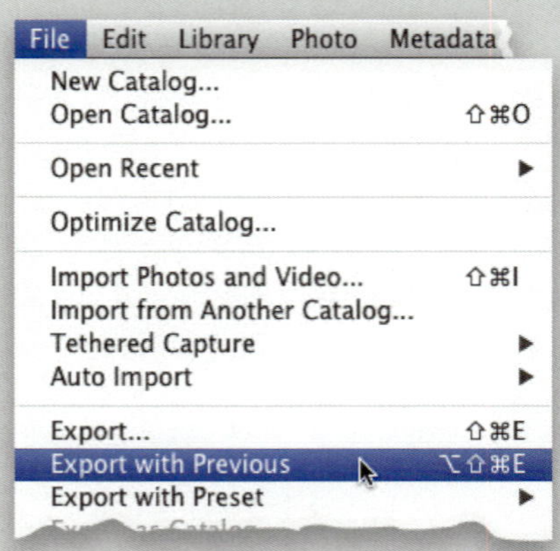

[Export] 대화창 없이 Export 프리셋 사용하기

사진을 마우스 오른쪽 버튼으로 클릭한 다음 팝업 메뉴에서 'Export'를 선택하면 하위 메뉴에서 보내기 프리셋을 선택할 수 있어서 [Export] 대화창을 거치지 않고 사진을 보내기 할 수 있다.

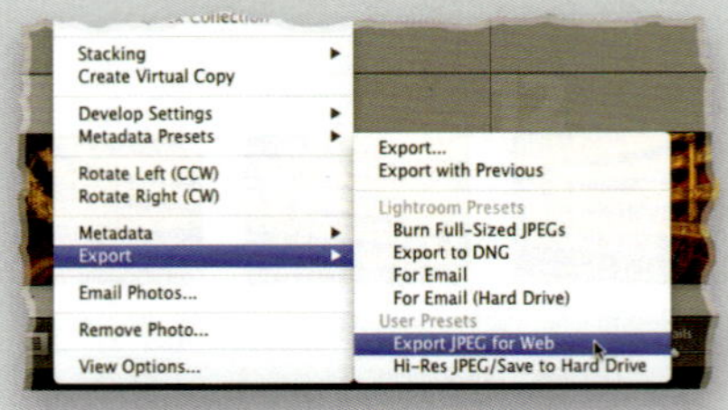

라이트룸의 이메일용 내장 주소록

라이트룸에서 이메일을 자주 보낸다면 이메일용 주소록을 만들어두는 것이 좋다. 주소록은 이메일 대화창에서 만들 수 있다. 오른쪽 상단의 [Address] 버튼을 클릭해서 [Lightroom Address Book]을 불러온다. 여기에 이름과 이메일 주소를 입력하고 그룹별로 구분한다. [Address Book]에서 이름 왼쪽의 체크박스를 클릭하면 주소를 사용할 수 있다.

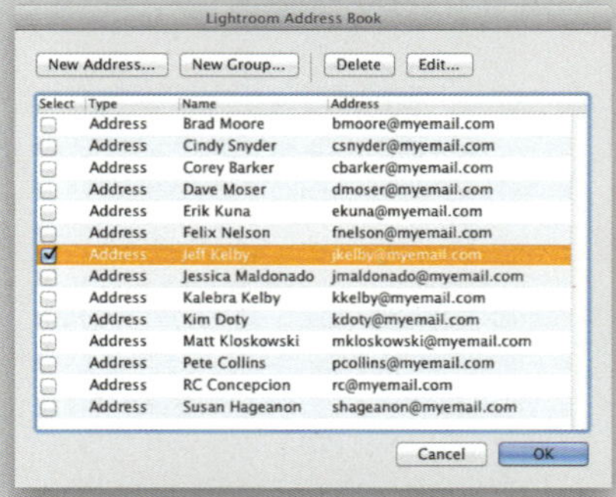

Export 프리셋 공유하기

매우 유용한 Export 프리셋을 만든 후 친구나 동료와 공유하려면 Ctrl – Shift – E (MAC: [Command]– Shift – E)키를 눌러 [Export] 대화창을 불러온다. 왼쪽의 프리셋 영역에서 파일로 저장할 프리셋을 마우스 오른쪽 버튼으로

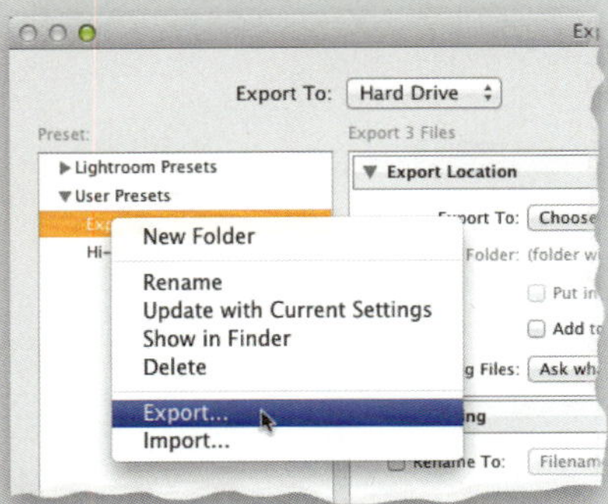

클릭하고 팝업 메뉴에서 'Export'를 선택한다. 받은 사람 역시 동일한 팝업 메뉴에서 'Export'를 선택하면 된다.

파노라마 사진 테스트 비법

포토샵에서 여러 장의 사진을 붙여서 만드는 파노라마 사진을 작업해봤다면 작업 시간이 오래 걸린다는 것을 이미 알 것이다. 그리고 파노라마 사진을 완성했는데 결과가 만족스럽지 않다면 그 긴 시간은 수포로 돌아간다. 그래서 필자는 100% 확신이 서지 않는 파노라마용 사진을 촬영한 경우 라이트룸에서 바로 포토샵의 Merge to Panorama 기능을 사용하지 않고 [Export] 대화창에서 'For Email(Hard Drive)' 프리셋을 사용해서 사진을 파일 크기가 작은 저해상도 JPEG 파일로 보낸다. 포토샵에서 파일을 열고 Photomerge 기능을 사용하여 사진을 붙이면 작은 크기의 저해상도 파일이기 때문에 단 1, 2분 만에 완성할 수 있다. 테스트 결과가 마음에 들면 라이트룸의 [Library], [Develop] 혹은 [Map] 모듈의 [Photo] 메뉴에서 'Merge to Panorama in Photoshop'을 선택하여 원본으로 파노라마 사진을 만든다.

스마트 미리 보기 모드 이메일로 보내거나 온라인에 업로드하기

이미지의 스마트 미리 보기 모드는 교정용으로 이메일을 보내거나 페이스북, 트위터 등의 SNS 매체에 업로드하기에 충분한 화질과 해상도를 가지고 있다. 그러므로 고해상도의 원본 파일을 사용할 필요 없이 JPEG 형식으로 사용할 수 있다.

사진 공유 사이트에 사진 바로 보내기

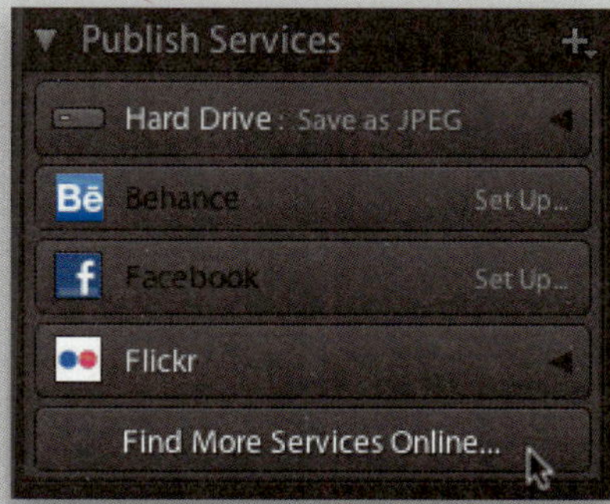

이번 챕터에서는 라이트룸에서 Flickr.com에 바로 사진을 업로드하는 방법에 대해 알아보았다. 덧붙여서 어도비사의 Exchange 사이트에서는 대부분의 사진 공유 사이트(Smugmug, Picasa Web Albums 등 다수 포함)의 Export 플러그인을 다운로드할 수 있다. 타 사이트의 플러그인을 다운로드하려면 [Publish Services] 패널 하단의 [Find More Services] 버튼을 클릭한다.

샤프닝 두 번 적용하기

항상 받는 질문인데 라이트룸은 RAW 파일에 기본 샤프닝을 적용한다. 또, 사진을 보낼 때 다시 샤프닝을 적용하는가? 물론이다!

Export 플러그인 설치하기

어도비사는 라이트룸 1과 3 버전에서도 Export 플러그인을 소개하긴 했지만 그 이후에 설치 과정이 훨씬 쉬워졌다. [File]–[Plug-In Manager] 메뉴를 선택하고 대화창에서 [Add] 버튼을 클릭하면 된다.

보내는 사진의 색공간 설정

JPEG 형식의 사진을 이메일로 보낸 후 상대방의 컴퓨터에서 사진을 열어보면 자신의 컴퓨터에서 보던 사진과 다르게 보인다는 문의 이메일을 많이 받는다. 그 이유는 색공간 설정 때문이다. 그래서 필자가 이메일로 전송하거나 웹에 업로드하는 사진은 [Export] 대화창의 [File Settings] 영역의 [Color Space]에서 'sRGB'를 선택하라고 추천하는 것이다.

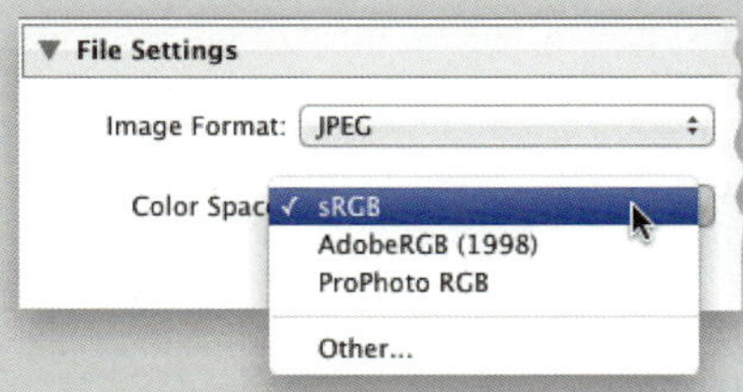

XMP 파일이 없는 DNG 파일

원본 파일을 보내기 전에 [Library]–[Convert Photo to DNG] 메뉴를 선택해서 RAW 이미지를 DNG 파일로 변환하는 경우 보정 설정을 DNG 파일에 직접 기록하기 때문에 XMP 보조 파일이 필요 없다. DNG 파일에 대한 자세한 설명은 챕터 1에서 찾을 수 있다.

Flickr Photoset 만들기

업로드한 사진들을 Flickr Photoset이나 Smart Photoset으로 만들려면 [Publish Services] 패널 헤더에 있는 [+] 버튼을 클릭하고 팝업 메뉴에서 'Create Photoset'이나 'Create Smart Photoset'을 선택하여 [Flickr] 컬렉션 하단에 추가한 다음 포토셋을 드래그 앤 드롭해서 업로드한다.

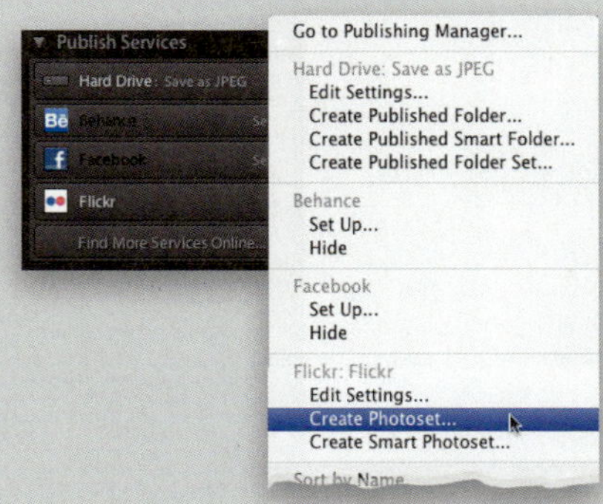

LE CONSULAT
RESTAURANT   LE CONSULAT
LE CONSULAT
RESTAURANT   LE CONSULAT
CAFÉ
DE LA BONNE FRANQUETTE
BONNE FRANQUETTE
OMELETTES
SALADES
CRÊPES

JUMPING TO PHOTOSHOP
포토샵으로 전환하기

이 책은 순서대로 읽지 않고 필요에 따라 읽을 수 있게 만들었지만 만약 이번 챕터를 이 책에서 가장 처음 펼쳤다면 챕터 1로 돌아가서 각 챕터의 도입문 읽기를 추천한다. 그리고 챕터 도입문을 읽으면서 휴식을 취할지 건너뛸지를 결정하기 바란다. 이번 챕터는 라이트룸에서 포토샵을 사용하는 시기와 방법에 대한 내용이다. 라이트룸에서 포토샵을 사용하는 이유는 많다. 예를 들면, 라이트룸에는 레이어나 필터 혹은 블렌딩 모드 기능 그리고 전문가 수준의 조절 기능이 없다. Quick Selection 도구나 HDR 기능 그리고 상급의 인물 사진 보정 기능이나 파노라마 사진 기능도 없다. 일일이 나열하자면 끝이 없다. 그래서 라이트룸의

기능이 뛰어나기는 하지만 아직도 포토샵이 필요한 것이다. 모든 이미지에 포토샵이 필요한 것은 아니지만 원하는 효과를 라이트룸에서 실행할 수 없을 때는 포토샵으로 전환해야 한다고 느낄 것이다. 위조 화폐를 예로 들어보자. 라이트룸은 위조 화폐를 만들 수 있는 기능이 부족하기 때문에 700$ 짜리 포토샵을 구매하려면 위조 화폐를 만들어야 한다. 딜레마는 여기서 온다. 포토샵을 구매하려면 위조 화폐가 필요하지만 완벽한 위조 화폐를 만들려면 포토샵이 필요하다. 바로 이 난제 덕분에 많은 사람들이 범죄의 늪에 빠지는 것을 방지한다.

포토샵으로 파일 보내기 설정

라이트룸에서 포토샵으로 사진을 옮겨서 편집할 때 기본적으로 ProPhoto RGB 색상, 16비트, 240ppi로 설정한 TIFF 형식의 복제 파일을 만든다. 그러나 다른 설정을 원할 경우 직접 설정하는 방법을 알아보자.

STEP 01

Ctrl-▼(MAC:[Command]-▼)키를 눌러 라이트룸의 [Preference] 대화창을 불러온 다음 [External Editing] 탭을 클릭한다. 컴퓨터에 포토샵을 설치했다면 자동으로 기본 외부 편집 프로그램으로 선택된다. 상단의 [File Format]에서 포토샵으로 보낼 파일의 형식을 선택한다. 필자는 'TIFF' 형식보다 크기가 훨씬 작은 'PSD' 형식을 선택했다. 그리고 [Color Space] 팝업 메뉴에서 파일의 색공간을 설정한다. 'ProPhoto RGB'이 기본 형식으로 되어있지만, 어느 색공간을 선택하든 포토샵의 색공간 설정도 동일하게 설정한다. [Bit Depth]는 기본 설정이 '16 bits'로 되어있는데, 필자는 대부분의 경우 '8 bits'를 선택한다. 그러나 [Resolution]은 기본 설정인 '240ppi'를 유지한다. 두 번째 사진 편집 프로그램을 추가하려면 [Additional External Editor] 영역에서 선택한다.

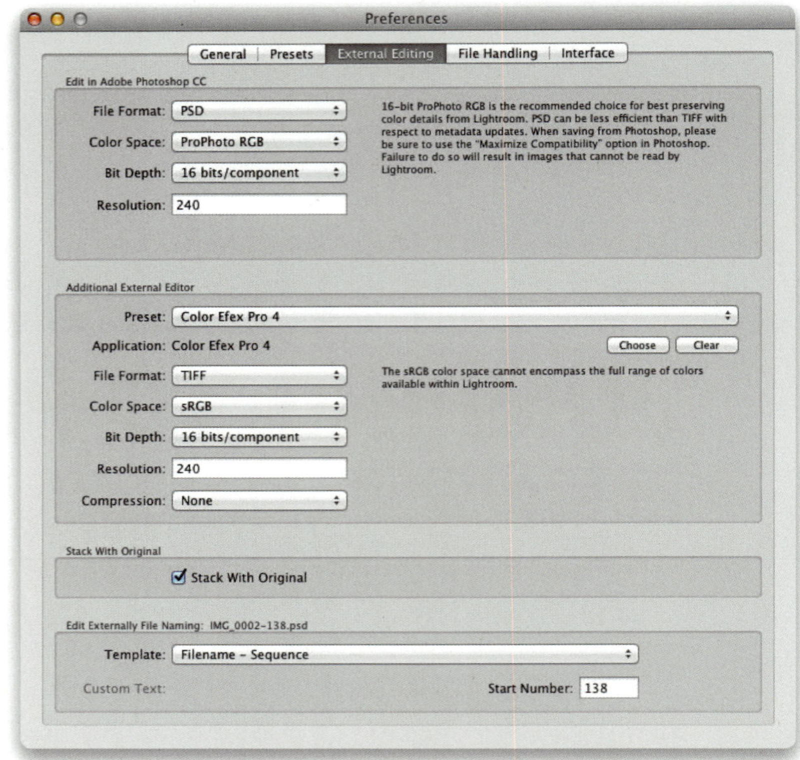

STEP 02

라이트룸에서 사진을 쉽게 찾을 수 있도록 편집한 복제 파일을 원본과 함께 저장하는 [Stack With Original]을 항상 체크한 상태로 유지한다. 포토샵으로 보내는 파일의 이름을 선택하려면 [Edit Externally File Naming] 영역의 [Import] 창과 유사한 파일명 항목 중에서 선택한다.

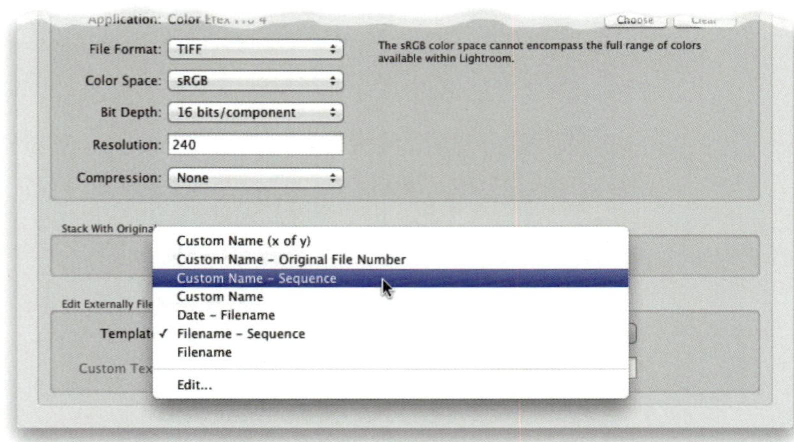

라이트룸은 사진 관리와 이미지 처리, 슬라이드 쇼 만들기, 출력 기능이 탁월하지만 포토샵은 아니다. 라이트룸은 레이어 기능이나 필터 기능 등 포토샵과 같은 특수 효과나 사진 보정 기능이 없다. 그러므로 작업 중 포토샵으로 전환해서 편집을 실행한 다음 다시 라이트룸으로 돌아와서 출력이나 프레젠테이션을 마무리해야 하는 경우가 생긴다. 다행히 두 프로그램은 서로를 호환하도록 만들어졌다.

포토샵으로 전환하기와 돌아오기

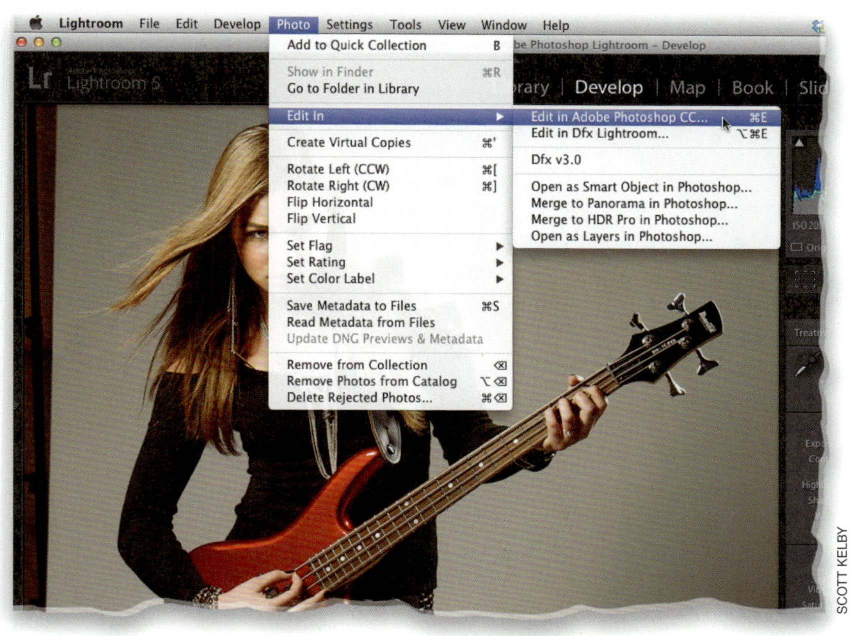

20초 레슨

작업하던 사진을 포토샵으로 전환하기 위해 [Photo]-[Edit in]-[Edit in Adobe Photoshop] 메뉴를 선택하거나 Ctrl-E(MAC:[Command]-E)키를 누르면 복제 파일을 포토샵으로 보낸다. 포토샵에서 필요한 편집 설정을 적용한 다음 파일을 저장하고 창을 종료하면 라이트룸으로 다시 전환한다. 이제 본격적으로 프로젝트를 시작해보자.

STEP 01

포토샵에서 예제 사진의 배경을 다른 배경으로 대체하기 전에 먼저 라이트룸에서 가능한 보정을 적용한다. [Develop] 모듈에서 [Contrast]를 +20으로 설정한다. 모델이 검은 의상을 입고 있으므로 [Shadows] 슬라이더를 +42까지 드래그해서 디테일을 부각시키고 [Clarity] 슬라이더를 +23로 설정하여 질감을 강조한다. [Exposure]도 +0.20으로 높였다.

STEP 02

Ctrl–E(MAC:[Command]–E)키를 눌러 포토샵에서 이미지를 연다. 원본이 RAW 형식이라면 복제 파일을 포토샵으로 보내지만 JPEG이나 TIFF 모드로 촬영한 사진이라면 [Edit Photo with Adobe Photoshop] 대화창을 불러온다. '대화창에서 라이트룸의 보정 설정을 적용한 복제 파일'을 보내거나, '보정 설정을 적용하지 않은 원본 이미지의 복제 파일'을 보내거나 '보정 설정을 적용하지 않은 원본 파일'을 보내도록 선택한다.

Note

여기서는 JPEG 파일을 가지고 작업하기 때문에 첫 번째 항목에 체크하고 [Edit] 버튼을 클릭했다.

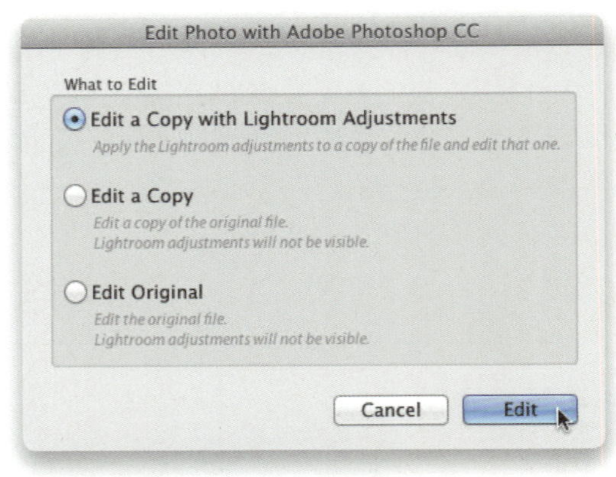

STEP 03

가장 먼저 모델을 배경과 분리해서 별도의 레이어로 만든다. Quick Selection 도구(W 키)를 선택한 다음 모델을 드래그하면 경계선을 감지해서 영역을 선택한다. 지금은 영역 선택이 정확할 필요가 없다. 또한 머리카락의 경계선을 세밀하게 선택하려고 노력하지 않아도 된다.

STEP
04

실수로 회색 배경을 선택했다면 Alt (MAC:[Option]) 키를 누른 채 해당 영역을 드래그해서 선택을 해제한다. 팔과 베이스 기타 사이의 작은 영역은 Quick Selection 도구로 선택 해제하기 어렵기 때문에 Magic Wand 도구(Shift - W 키)를 선택한 다음 Alt (MAC:[Option])키를 누른 채 클릭하여 선택을 해제한다. 이때 상단의 옵션바에서 Magic Wand 도구의 [Tolerance]를 20으로 설정해서 너무 큰 영역을 선택 해제하지 않게 설정한다.

STEP
05

이제 마법을 발휘해야 할 시간이다. 모델의 의상과 베이스 기타를 선택하는 것은 어렵지 않았다. 그러나 선풍기 바람에 날리는 머리카락을 선택하는 것은 까다롭다. 이러한 경우에 Refine Edge 기능을 사용한다. 선택 영역을 그대로 두고 옵션바에서 [Refine Edge] 버튼을 클릭해서 [Refine Edge] 대화창을 불러온다. 상단에서 보기 모드를 선택하는데 영역을 선택할 때 놓친 영역은 반투명한 빨간색으로 나타나는 'Overlay' 모드가 적합하다. 보기 모드를 선택한 후 이미지를 보면 왼쪽의 머리카락이 선택 영역에서 제외되고 나머지 영역은 괜찮아 보인다.

STEP 06

다음은 [Edge Detection] 영역의 'Smart Radius'
를 체크한 다음 [Radius] 슬라이더를 오른쪽을 약
간 드래그해서 경계선을 부드럽게 설정한다. 여기
서는 '3.6'으로 설정했다. 다음은 왼쪽의 Refine
Radius 도구를 클릭하고 선택 영역에서 제외된 머
리카락을 드래그하여 포토샵이 그 영역의 선택 영
역에 포함되어야할 부분을 감지하도록 설정한다.

Note -

Refine Radius 브러시의 크기는 ⬛키와 ⬛키
로 조절한다.

- -

STEP 07

예제 사진에서 Refine Edge 브러시의 위력을 볼
수 있다. 다음은 왼쪽 팔 아래에 있는 머리카락을
드래그해서 회색 영역을 선택 해제한다. 이미지를
살펴보고 놓친 영역을 발견하면 같은 방법으로 영
역을 선택한다.

STEP 08

영역 선택을 마친 다음에는 대화창 하단 [Output] 영역의 [Output To] 팝업 메뉴에서 'New Layer with Layer Mask'를 선택하고 [OK] 버튼을 클릭하면 예제 사진과 같이 투명한 배경이 나타난다. 'New Layer with Layer Mask'를 선택하면 나중에 마스크를 조절할 수 있는데 모델의 어깨 부분을 수정해야 한다. Brush 도구(B 키)를 선택한 다음 옵션바에서 블렌딩 모드를 'Overlay'로 선택하고 [Brush Picker]에서 작고 부드러운 브러시를 선택한다. 그리고 [Layers] 패널의 레이어 마스크를 클릭해서 활성화시킨 다음 어깨를 드래그해서 수정한다.

STEP 09

이제 필자가 좋아하는 빠르고 쉬우면서도 효과적인 합성 비법을 알려주겠다. 1단계: Ctrl-J(MAC: [Command]-J)키를 눌러 복제 레이어를 만든다. 2단계는 없다. 복제 레이어를 만드는 것만으로도 머리카락을 풍성하게 만들고 영역 선택이 더 세밀해 보인다. 말도 안되는 것처럼 들리겠지만 사실이다. 그 다음엔 Ctrl-E(MAC:[Command]-E)키를 눌러 두 개의 레이어를 하나의 레이어로 병합한다. 두 개의 레이어에 모두 레이어 마스크를 적용했기 때문에 병합할지 그대로 둘지 묻는 대화창이 나타난다. 예제 사진의 경우 마스크 설정을 마쳤으므로 [Apply] 버튼을 클릭한다.

STEP 10

다음은 공연장 배경 이미지를 불러온다. 예제 사진은 공연 사진가인 필자의 어시스턴트 브래드 무어가 촬영한 사진이다. 이제 예제 사진과 앞에서 작업한 모델의 사진. 두 개의 이미지가 필요하다. [Ctrl]—[A](MAC:[Command]—[A])키를 눌러 전체 이미지를 선택한 다음 [Ctrl]—[C](MAC:[Command]—[C])키를 눌러 복사한다.

STEP 11

모델의 이미지로 돌아와 [Ctrl]—[V](MAC:[Command]—[V])키를 눌러 붙이기한 다음 [Layers] 패널에서 배경 이미지 레이어를 클릭하고 모델 이미지 레이어 하단으로 드래그하면 사진에 배경으로 나타난다. 다음은 모델 이미지 레이어에서 [Ctrl]—[T](MAC:[Command]—[T])키를 눌러 Free Transform 기능을 불러와 [Shift]키를 누른 채 오른쪽 상단 모퉁이의 조절점을 클릭하고 바깥 방향으로 드래그해서 이미지를 약간 크게 조절한다. [Enter](MAC:[Return])키를 눌러 변형을 고정한다. Move 도구([V]키)를 선택한 다음 배경의 인물이 보이지 않도록 모델의 위치를 조절한다. 지금 "그다지 현실적으로 보이지 않는데..."라고 생각하고 있다면 그 이유는 아직 작업이 끝나지 않았기 때문이다. 아직 색상 조절 등 여러 단계가 남아있다. 하지만 그 전에 모델의 경계선에 남아 있는 흰색 테두리를 제거해야 한다. 상위 레이어를 활성화한 상태로 [Layer]—[Matting]—[Defringe] 메뉴를 선택한다. 대화창의 설정을 그대로 둔 채 [OK] 버튼을 클릭해서 흰색 경계선을 제거한다. 또한 더 이상 필요 없는 'Background' 레이어를 [Laters] 패널 하단의 Trash 아이콘으로 드래그해서 삭제한다.

보정 전의 머리카락 : 한 개의 레이어

보정 후의 머리카락 : 두 개의 레이어

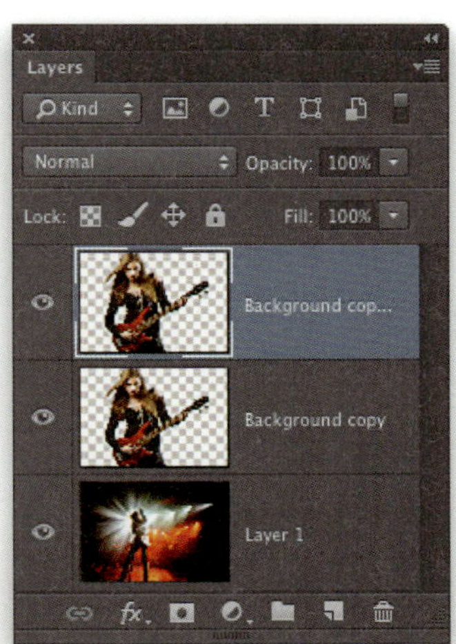

STEP 12

다시 한 번 '복제 레이어로 풍성한 머리카락 만들기' 비법을 사용해보자. 모델 이미지 레이어가 활성화되어 있는지 확인한 다음 Ctrl - J (MAC: [Command] - J) 키를 눌러 복제 레이어를 만든다. 작은 예제 사진에서는 차이를 느끼기 조금 힘들지만 화면에서 전체 크기로 확인하면 알 것이다. Ctrl - E (MAC:[Command] - E) 키를 눌러 두 개의 레이어를 병합한다.

STEP 13

이번에는 색상을 조절해보자. 두 레이어의 색상을 맞추는 방법은 두 가지 정도가 있지만 예제 사진의 경우 색상이 다른 무대 조명들 때문에 약간 까다롭다. Ctrl (MAC:[Command]) 키를 누른 채 [Layers] 패널에서 모델 이미지 레이어 썸네일을 클릭하면 피사체를 선택 영역으로 설정한다. 하단의 Create New Layer 아이콘을 클릭해서 새 레이어를 만든다. Eyedropper 도구(I 키)를 선택한 다음 모델 뒤쪽 배경에 있는 밝은 녹색 조명을 클릭해서 전경 색상을 설정한다.

STEP 14

ⓧ 키를 눌러 전경과 배경 색상을 서로 바꾼다. 그리고 Eyedropper 도구로 주황색/빨간색의 조명을 클릭해서 전경 색상을 설정한다. 현재 배경의 색상은 녹색을 띠고, 전경은 오렌지색을 띠고 있다.

STEP 15

Gradient 도구(ⓖ키)를 선택하고 옵션바의 [Gradient Picker]에서 전경과 배경의 그라데이션을 선택한 다음 기타 하단부터 상단까지 드래그하여 무대 조명 색상과 유사하게 만든다. 일반적인 사진 합성 과정에는 그라데이션 효과가 필요하지 않다. 배경에서 가장 비중을 많이 차지하는 색상을 선택해서 선택 영역을 채우면 된다.

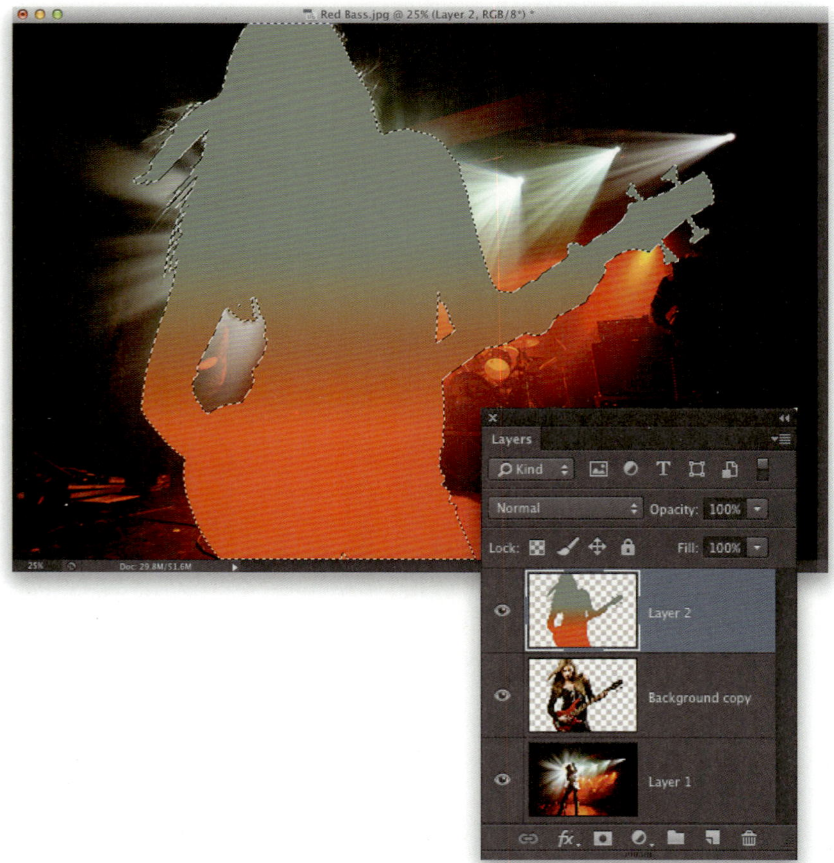

STEP 16

Ctrl-D(MAC:[Command]-D)키를 눌러 선택 영역을 해제한 다음, 앞에서 사용한 색상을 모델에게 적용해보자. [Layers] 패널 상단의 팝업 메뉴에서 블렌딩 모드를 'Normal'에서 'Color'로 바꾸면 하위 레이어의 모델이 그라데이션 색상으로 나타난다. 그러나 여기서는 색상이 조금밖에 필요하지 않다.

STEP 17

모델이 실제로 배경의 무대 조명 앞에 있는 모습을 촬영한 사진처럼 보이도록 패널 상단의 [Opacity] 슬라이더를 조절한다. 여기서는 '40%'로 설정했다. 파일을 라이트룸으로 다시 보낼 때 레이어를 그대로 유지하려면 다음 설정을 건너뛴다. 레이어가 필요하지 않다면 [Layers] 패널의 플라이아웃 메뉴에서 'Flatten Image'를 선택하여 레이어를 병합한다.

STEP 18

이제 마무리 보정을 위해 사진을 라이트룸으로 보내자. 라이트룸으로 다시 전환하려면 [Ctrl]−[S] (MAC:[Command]−[S])키를 눌러 파일을 저장하고, [Ctrl]−[W](MAC:[Command]−[W])키를 눌러 문서를 닫는다. 파일명을 재설정하거나 다른 위치에 저장하지 않는다. 라이트룸으로 돌아가면 원본 사진 옆에 포토샵에서 편집한 사진이 있다.

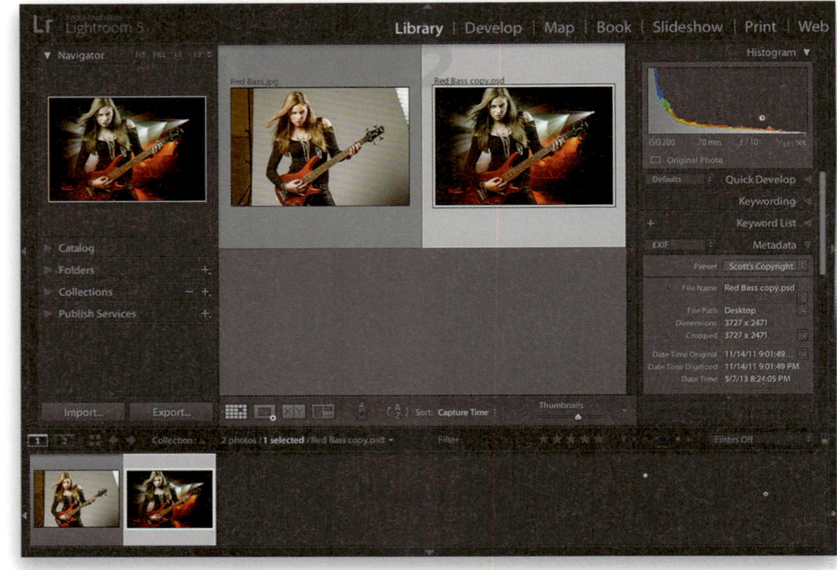

STEP 19

필자는 사진을 합성한 경우 합성한 표시가 보이지 않도록 이미지 전체에 몇 가지 설정을 적용한다. 합성 사진을 선택한 다음 [Develop] 모듈([D]키)로 전환한다. 가장 먼저 [Clarity] 슬라이더를 오른쪽으로 +33만큼 드래그해서 더 선명하게 보정하고, [Vibrance] 슬라이더를 +27만큼 드래그해서 색상을 더 강조했다. 마지막으로 이미지 전체가 약간 밝기 때문에 [Exposure] 슬라이더를 −0.60으로 설정했다. 다음 페이지에서 합성 전과 후의 이미지를 비교해보자.

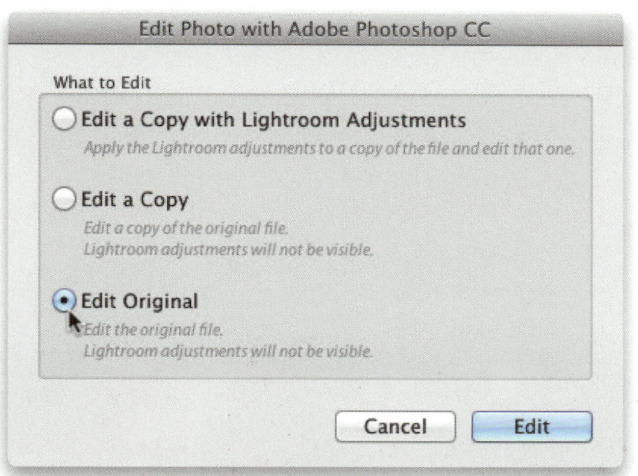

Tip

레이어 저장하기

이번 레슨의 예제 사진과 같이 여러 개의 레이어가 있는 경우 레이어를 병합하지 않고 저장하고 문서를 닫았다면 파일 자체는 레이어를 유지하고 있지만 라이트룸에서는 레이어 설정 기능이 없기 때문에 병합한 이미지처럼 보인다. 그러나 이미지를 포토샵에서 레이어를 그대로 유지한 채 다시 열 수 있는 방법이 있다. 라이트룸에서 레이어가 있는 이미지를 클릭한 다음 Ctrl − E (MAC:[Command]− E)키를 눌러 포토샵으로 불러오면 **Step 02**에서 봤던 대화창이 나타난다. 이 때 대화창에서 'Edit Original'에 체크한다.

라이트룸 워크플로우에 포토샵 액션 추가하기

라이트룸에서 보정을 마친 후 포토샵에서 실행하려는 마무리 보정 설정이 있다면 포토샵으로 사진을 보내기하여 설정을 적용한 다음 파일을 닫는다. 이때 포토샵에서 Automate 기능을 사용하여 과정을 액션으로 기록하면 간편하게 설정을 적용할 수 있다. 액션을 만들어 라이트룸과 연동하는 방법을 알아보자.

STEP 01

가장 먼저 [Ctrl]-[E](MAC:[Command]-[E])키를 눌러 포토샵으로 사진을 불러온다. 여기서는 풍경 사진이나 인물사진에 사용할 수 있는 간단하고 부드러운 조명 효과를 포토샵 액션으로 만들어보자. 이 테크닉을 적용한 사진을 블로그에 업로드하면 항상 "어떻게 이미지가 부드러워 보이면서도 선명한가?"라는 질문을 받는다. 이 테크닉은 항상 동일한 단계와 순서로 설정하기 때문에 액션으로 만들어 다른 사진에도 적용하기에 적합하다.

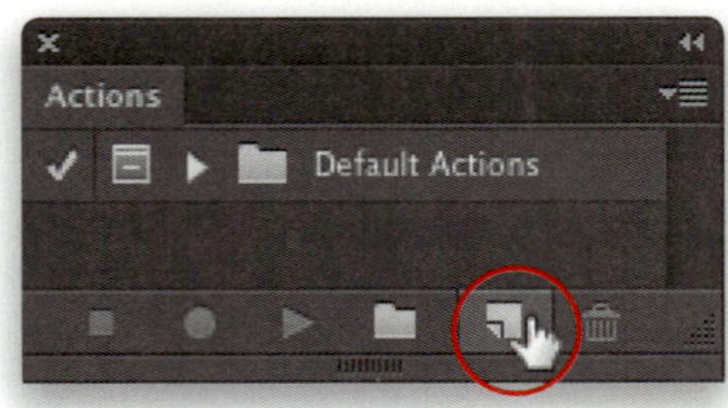

STEP 02

액션을 만들기 위해 [Windows]-[Actions] 메뉴를 선택한다. [Action] 패널에서 하단의 Create New Action 아이콘을 클릭한다. [New Action] 대화창에서 액션의 이름을 설정하고 [Record] 버튼을 클릭한다. 여기서는 이름을 'Soften Finishing Effect'로 입력했다.

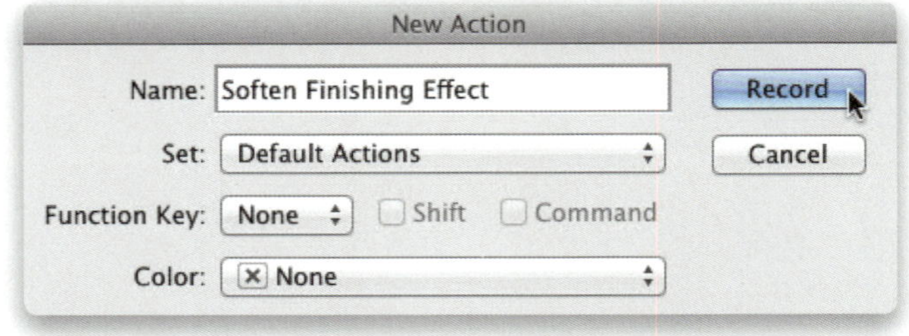

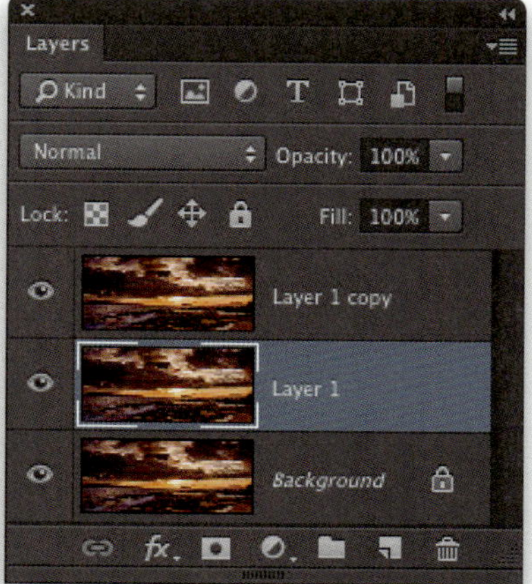

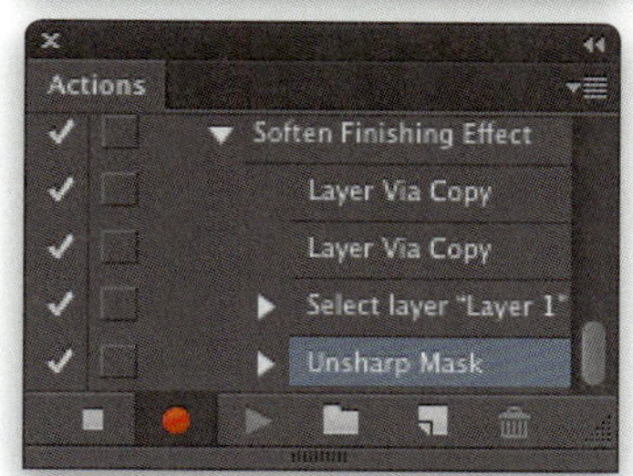

Ctrl–J(MAC:[Command]–J)키를 두 번 눌러 두 개의 'Background' 복제 레이어를 만든다. [Layers] 패널에서 중앙 레이어를 클릭한다. [Filter]–[Sharpen]–[Unsharp Mask] 메뉴를 선택한다. 이미지는 저해상도이므로 'Amount:85%, Radius:1, Threshhold:4'로 설정한 다음 [OK] 버튼을 클릭해서 샤프닝을 적용한다.

Note

고해상도 이미지라면 Unsharp Mask 설정은 'Amount:120, Radius:1, Threshhold:3'이 적합하다.

샤프닝을 적용한 다음 블러 효과를 만든다. [Layers] 패널에서 상위 레이어를 클릭하고 [Filter]–[Blur]–[Gaussian blur] 메뉴를 선택한다. [Radius]를 25로 설정해서 이미지에 블러 효과를 적용한다.

STEP 05

[Layers] 패널에서 블러 효과를 적용한 레이어의 [Opacity]를 20%로 낮추면 예제 사진과 같은 결과가 나타난다. [Layers] 패널의 플라이아웃 메뉴에서 'Flatten Image'를 선택하여 레이어를 병합한다. Ctrl-S(MAC:[Command]-S)키를 눌러 파일을 저장한 다음 Ctrl-W(MAC:[Command]-W)키를 눌러 파일을 닫는다.

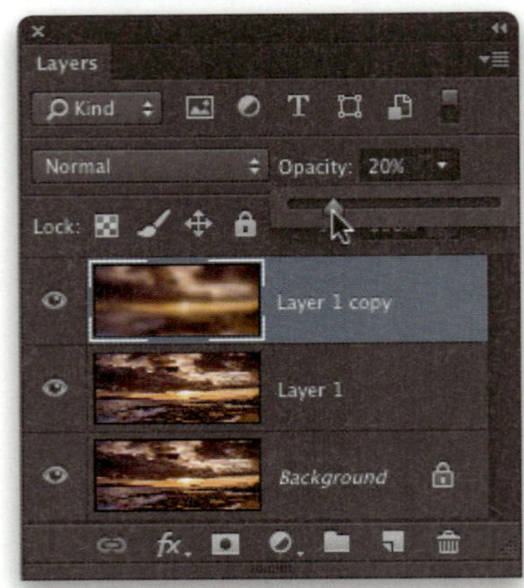

STEP 06

Step 02의 액션 설정을 기억하는지 모르겠지만 지금까지의 모든 과정을 기록했다. 그러므로 [Action] 패널로 돌아가 왼쪽 하단의 Stop 아이콘을 클릭한다. 이제 액션을 실행하면 효과를 적용하고 파일을 저장한 다음 파일을 닫는다. 액션을 만든 후에는 한 번 테스트해보는 것이 좋다. 다른 사진을 선택하고 [Action] 패널의 'Soften Finishing Effect' 액션을 선택한 후 Play Selection 아이콘을 클릭하여 확인한다.

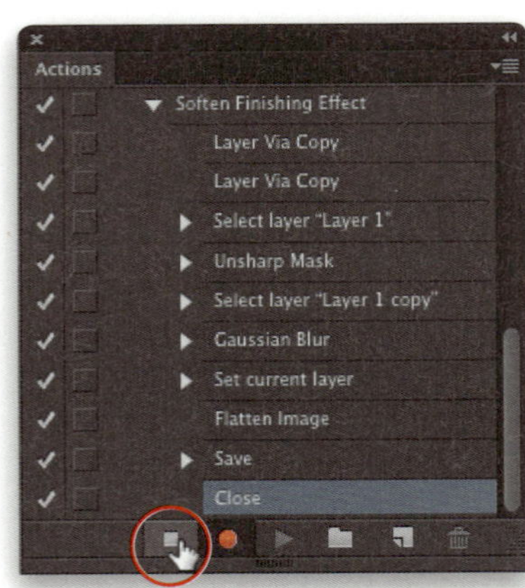

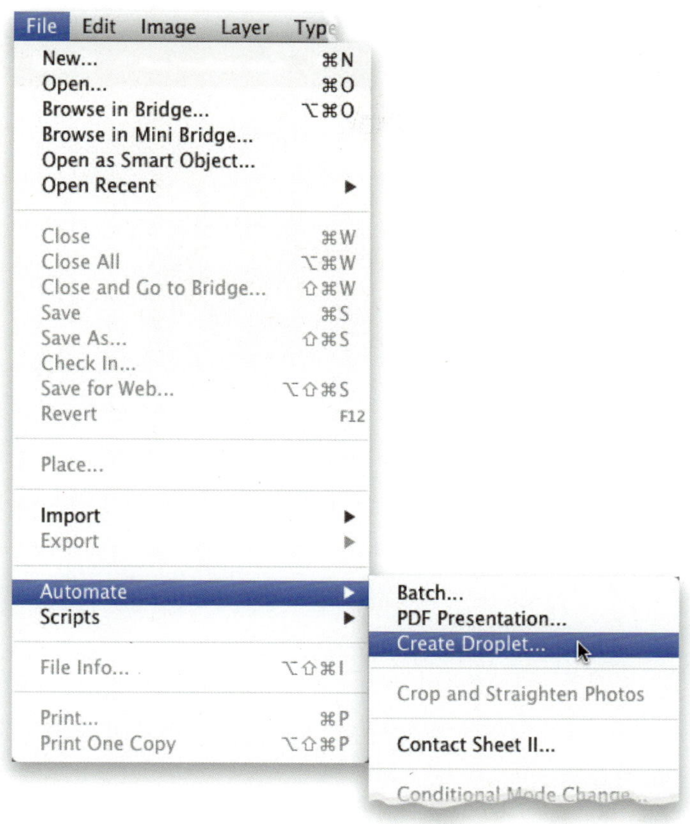

다음은 액션을 드로플렛으로 만든다. 포토샵을 종료한 후 컴퓨터에서 사진을 드로플렛으로 드래그 앤 드롭하면 자동으로 포토샵을 시작하고 사진을 열어 'Soften Finishing Effect' 액션을 적용한 후 저장하고 파일을 닫는 과정을 자동 실행할 것이다. 드로플렛을 만들기 위해 포토샵의 [File]–[Automate]–[Create Droplet] 메뉴를 선택한다.

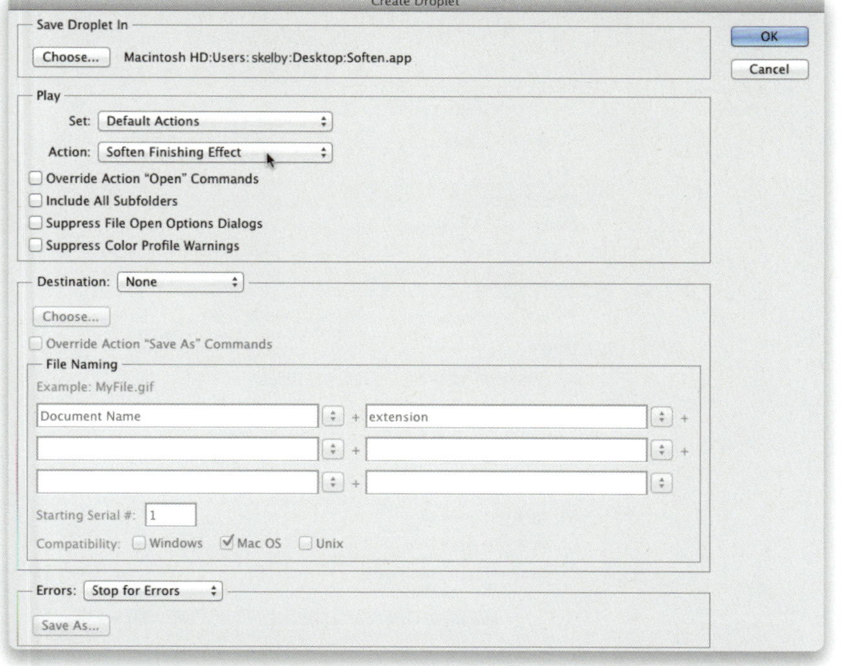

[Create Droplet] 대화창 상단의 [Choose] 버튼을 클릭하고 드로플렛의 저장 위치는 Desktop을 선택한 후 드로플렛의 이름을 'soften'으로 설정한다. [Play] 영역의 [Action] 팝업 메뉴에서 'Soften Finishing Effect'를 선택한다. 대화창의 나머지 영역은 그대로 둔다.

STEP 09

이제 Desktop을 보면 예제 사진과 같이 드로플렛의 이름을 가리키고 있는 큰 화살 형태의 아이콘이 보인다.

STEP 10

포토샵에서 드로플렛을 만들고 난 다음 라이트룸 워크플로우에 추가해보자. 라이트룸에서 [File]−[Export] 메뉴를 선택하고 대화창의 [Post−Processing] 영역의 [After Export] 팝업 메뉴에서 'Go to Export Action Folder Now'를 선택한다.

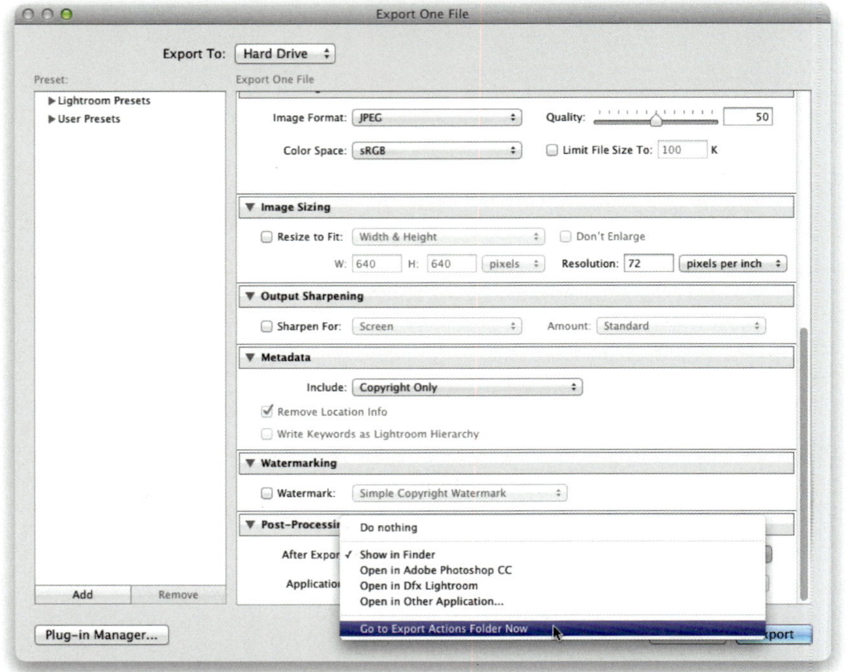

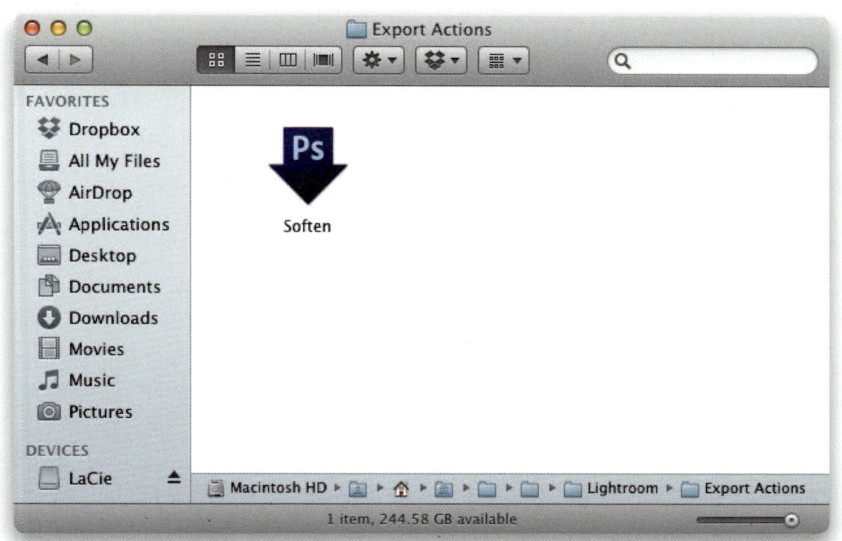

STEP 11

라이트룸이 Export Action을 저장하는 폴더를 불러오면 'Soften' 드로플렛을 클릭하고 폴더로 드래그 앤 드롭한다. 폴더를 닫은 후 [Cancel] 버튼을 클릭해서 [Export] 대화창을 닫는다.

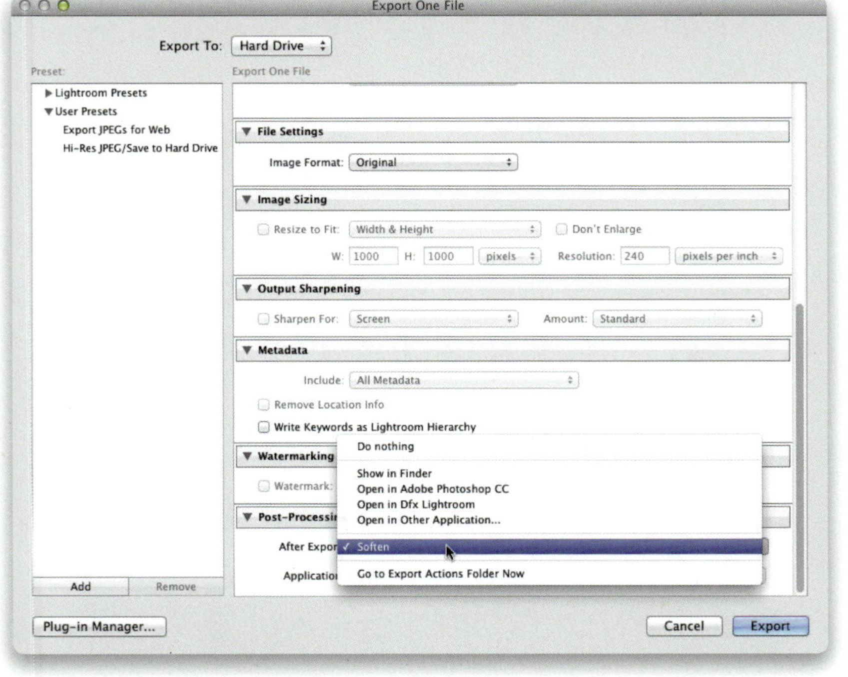

STEP 12

이제 포토샵 액션을 라이트룸에서 적용해보자. Gird 보기 모드에서 액션을 적용할 사진을 선택한 다음 Ctrl–Shift–E(MAC:[Command]–Shift–E)키를 눌러 [Export] 대화창을 불러온다. [Preset] 영역에서 [User Preset]을 열고 챕터 8의 시작 부분에서 만들었던 'Export JPEGs for Web'을 선택한다(아직 프리셋을 만들지 않았다면 지금 돌아가서 만들기 바란다). [Export Location] 영역에서 [Choose] 버튼을 클릭하고 JPEG 파일의 저장 폴더를 설정한다. [File Naming] 영역에서는 사진의 파일명을 재설정할 수 있다. [Post-Processing] 영역의 [After Export] 팝업 메뉴에서 'Soften' 드로플렛을 선택한다. [Export] 버튼을 클릭하면 파일을 JPEG 형식으로 저장하고 포토샵을 자동으로 시작한 다음 'Soften Finishing Effect' 액션을 적용하여 파일을 저장한다.

포토샵에서 파노라마 사진 만들기

필자가 좋아하는 라이트룸 기능들 중 하나는 여러 장의 사진들을 자동으로 붙여서 파노라마 사진으로 만드는 포토샵의 Photomerge 기능을 쉽게 사용할 수 있는 것이다.

STEP 01

라이트룸의 Grid 보기 모드에서 파노라마 사진으로 만들 사진들을 선택한다. 여기서는 스페인 바르셀로나에 있는 올림픽 스타디움 사진 16장을 선택했다. 이 사진들을 촬영할 때 포토샵에서 파노라마 사진으로 연결할 때 겹치는 부분이 20% 정도 필요하기 때문에 각 사진이 다음 컷과 20% 정도 겹치게 앵글을 설정했다. 사진을 선택한 다음 [Photo]-[Edit In]-[Merge to Panorama in Photoshop] 메뉴를 선택한다.

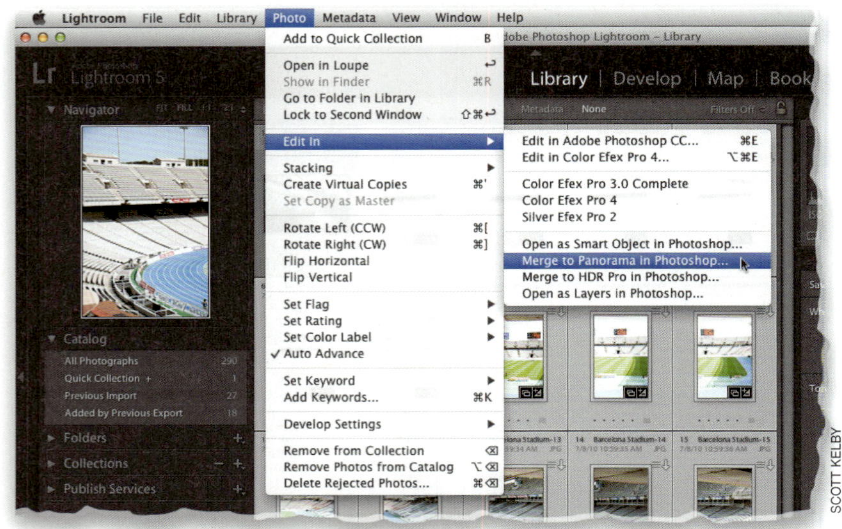

STEP 02

포토샵의 [Photomerge] 대화창 중앙에 라이트룸에서 선택한 16개 사진의 파일명이 나타난다. 왼쪽의 [Layout] 영역에서 포토샵이 자동으로 사진들을 정렬하고 연결하도록 'Auto'에 체크한 다음 오른쪽 상단의 [OK] 버튼을 클릭한다.

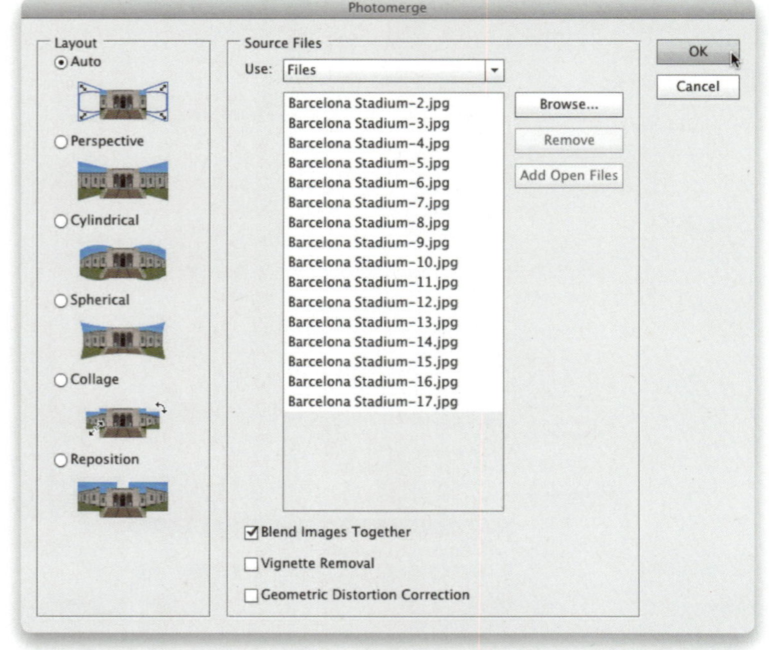

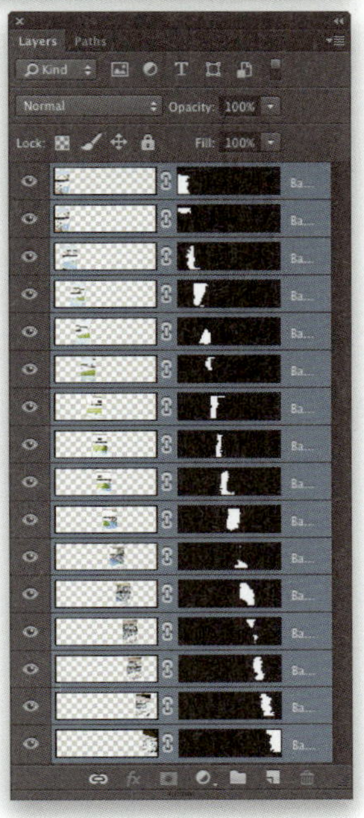

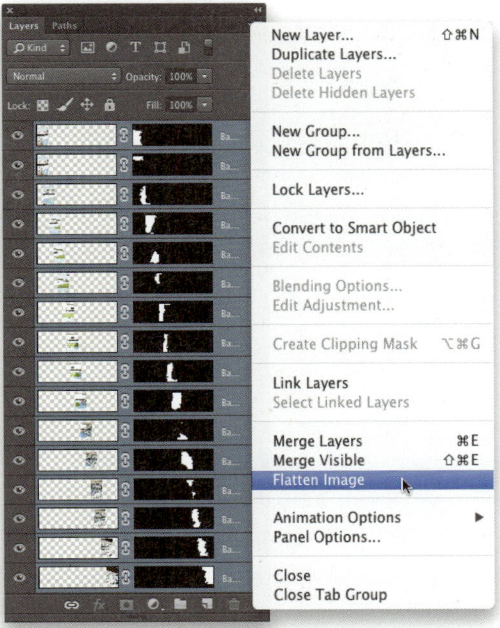

STEP 03

포토샵이 사진을 정렬하고 연결하면 16개의 사진을 하나의 파노라마 이미지로 연결한 사진이 나타난다. [Layes] 패널을 보면 각 사진이 개별 레이어를 이루고 있으므로 마스크 보정이 가능하다.

STEP 04

[Layers] 패널 오른쪽 상단의 플라이아웃 메뉴에서 'Flatten Image'를 선택하여 이미지를 병합한다. 다음은 여러 개의 이미지를 연결하면서 생긴 간격을 크로핑한다.

Crop 도구(Ⓒⓒ키)를 선택하고 이미지의 조절점을 클릭한 후 드래그해서 사진의 여백을 잘라낸다. 이때 작은 영역의 여백은 포토샵으로 채울 수 있으므로 그대로 두어도 된다. 크로핑 설정을 완료하면 Enter (MAC:[Return])키를 눌러 적용한다.

다음은 'Content-Aware Fill' 기능을 사용해서 상단과 하단 그리고 양옆의 여백을 채운다. Magic Wand 도구(Shift-W 키)를 선택한 다음 여백이 있는 부분을 클릭한다. 여백이 여러 군데에 있는 경우 Shift 키를 누른 채 다른 영역을 클릭해서 선택한다. 원하지 않는 영역이 포함되면 Shift-W 키를 눌러 Quick Selection 도구를 선택한 다음 Alt (MAC:[Option])키를 누른 채 클릭해서 선택 해제한다. 예제 사진과 같이 영역 선택을 마친 다음 [Select]-[Modify]-[Expand] 메뉴를 선택하고 대화창에서 4픽셀로 설정한 후 [OK] 버튼을 클릭해서 선택 영역을 약간 확장한다.

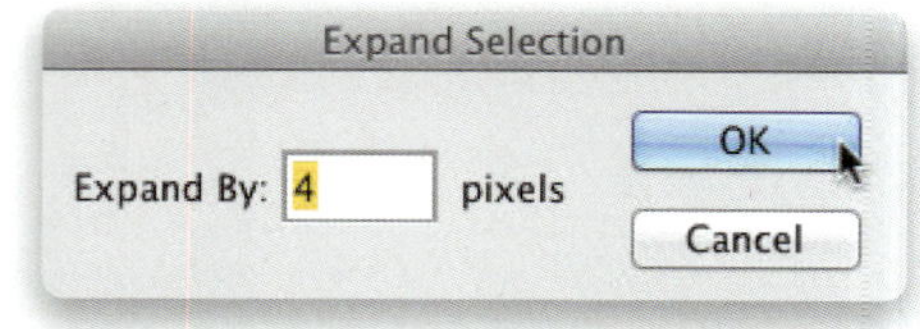

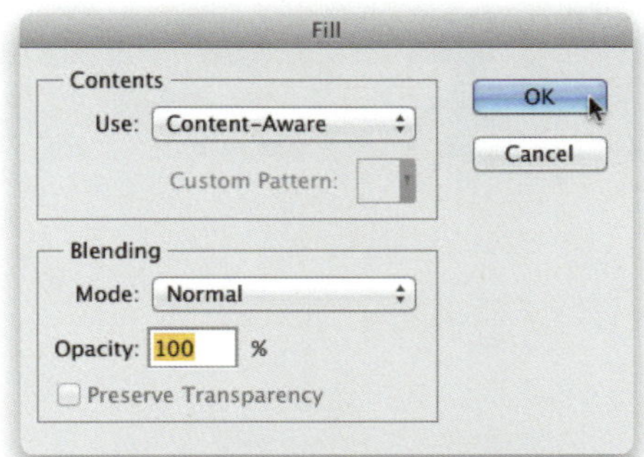

STEP 07

선택 영역을 4픽셀 확장한 다음 [Edit]−[Fill] 메뉴를 선택한다. [Fill] 대화창의 [Use] 팝업 메뉴에서 'Content−Aware'를 선택하고 [OK] 버튼을 클릭한다. 그 결과 예제 사진과 같이 자동으로 여백을 채우는데 왼쪽 상단의 조명 두 개를 복제하고 하나는 잘렸지만 쉽게 보정할 수 있다.

STEP 08

도구상자에서 Clone Stamp 도구(S 키)를 선택한 다음 Alt −클릭(MAC:[Option]−클릭)키를 눌러 근처에서 샘플 영역을 선택하고 조명 부분을 드래그해서 보정한다. 그리고 가장 왼쪽에 있는 기둥을 클릭해서 예제 사진과 같이 길이를 연장한다. 다음은 마무리 편집을 위해 이미지를 라이트룸으로 불러온다.

Note

파노라마용 사진을 RAW 형식으로 촬영한 경우 동적 범위가 훨씬 광범위하므로 포토샵으로 전환해서 연결하기 전에 라이트룸에서 사진들을 선택한 다음 [Develop] 모듈에서 노출, 대비, 선명도 등과 같은 기본 보정을 적용해놓는 것이 좋다.

파노라마 사진을 라이트룸으로 보내기 위해 `Ctrl`–`S`(MAC:[Command]–`S`)키를 눌러 파일을 저장하고 `Ctrl`–`W`(MAC:[Command]–`W`)키를 눌러 이미지 창을 닫는다. 이제 라이트룸의 Grid 보기 모드에 파노라마 사진에 사용한 사진들과 함께 완성한 파노라마 사진이 나타난다. 파노라마 사진을 선택한 다음 [Develop] 모듈에서 과다노출인 사진의 [Exposure]를 낮춘다. 또한 [Highlights] 슬라이더를 드래그해서 하늘을 약간 어둡게 조절하고, [Contrast] 설정을 높인다. Adjustment Brush 도구(`K`키)를 선택하고 [Exposure] 슬라이더를 −0.50 정도로 설정한 다음 경기장을 어둡게 보정한다. 경기장 중앙을 더 어둡게 보정하기 위해 [New] 버튼을 클릭하고 [Exposure]를 −0.26으로 설정한 다음 드래그한다. 마지막으로 [New] 버튼을 한 번 더 클릭한 다음 [Exposure] 슬라이더를 0.48 정도로 설정하고 그늘 속에 있는 관중석을 드래그해서 균형을 맞춘다.

Note

라이트룸에서 보정을 마친 다음 다시 포토샵에서 Clone Stamp 도구로 하늘을 약간 재보정해야 할 수도 있다.

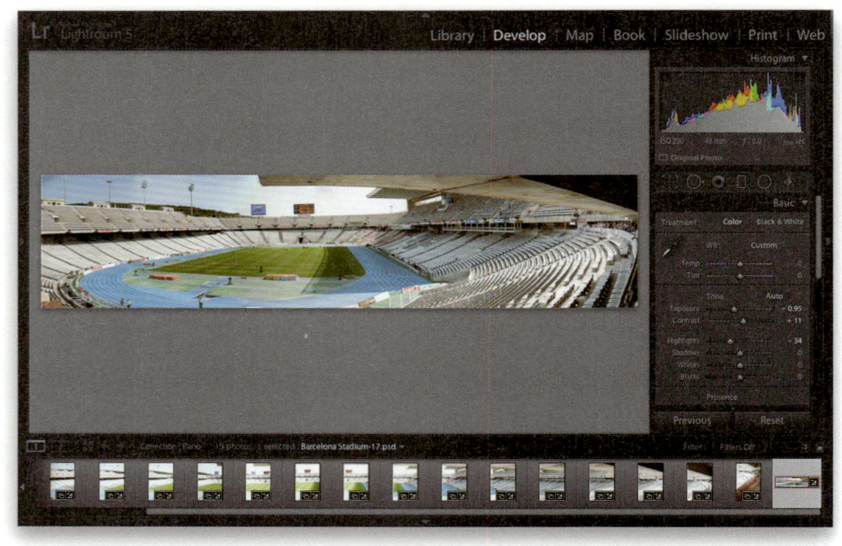

최근에 HDR(High Dynamic Range) 이미지(풍부한 색조 범위를 얻기 위해 같은 장면을 다양한 노출로 촬영한 사진)가 큰 인기를 얻고 있다. HDR 이미지를 만들기 위해 촬영한 사진들은 라이트룸에서 바로 포토샵으로 보내서 Merge to HDR Pro 기능을 사용할 수 있다. HDR 이미지를 만들기 위해서는 브라케팅 촬영을 해야 한다. 이번 레슨에서는 2스톱 간격(적정 노출, −2스톱, +2스톱)으로 촬영한 세 개의 사진을 사진들을 사용해서 HDR 이미지를 만들어보자.

포토샵에서 HDR 이미지 만들기

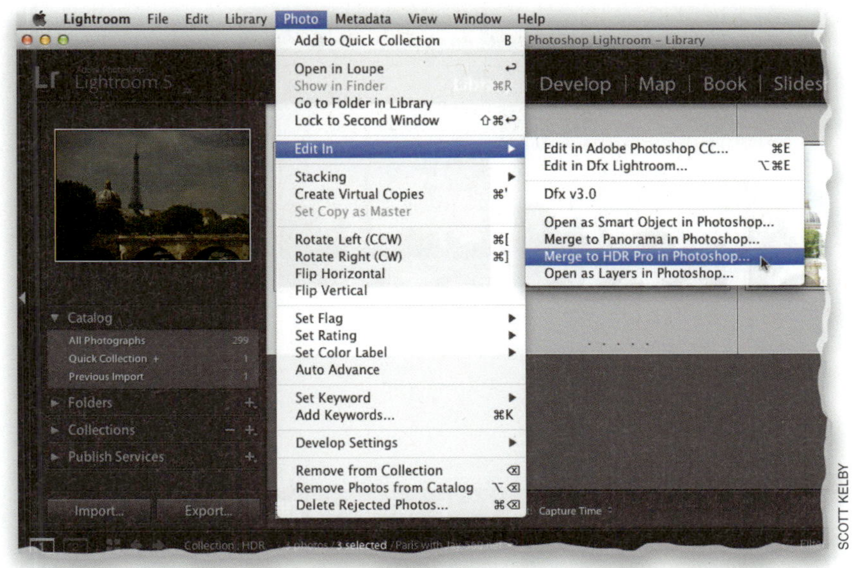

STEP 01

라이트룸에서 브라케팅 촬영한 사진들을 선택한다. 필자는 [Library] 모듈에서 세 개의 사진을 선택했다. [Photo]−[Edit In]−[Merge to HDR Pro in Photoshop] 메뉴를 선택한다.

STEP 02

위의 메뉴를 선택하면 자동으로 포토샵을 시작하고 [Merge to HDR Pro] 대화창을 불러온 다음 선택한 사진들을 모아서 하나의 사진으로 편집한다. 기본 설정만 적용했기 때문에 아직은 평범한 사진처럼 보인다.

STEP 03

대화창 오른쪽 상단 모퉁이의 [Preset] 팝업 메뉴가 있지만 대부분의 프리셋은 만족스러운 결과를 얻기 어렵다. 어도비사가 계속되는 HDR 프리셋에 대한 필자의 불만에 지쳤는지 CS5를 출시하기 전에 필자의 프리셋을 추가해도 되는지 물었고 기쁘게 승낙했다. 그 결과 필자의 프리셋 'Scott 5'가 HDR Pro에 추가되었다. 그리고 어도비사는 CS6 버전에 HDR 이미지 설정에 꼭 필요한 Edge Smoothing이라는 새 기능을 추가했는데 'Scott 5' 프리셋에는 새 기능 설정이 포함되어 있지 않기 때문에 별도로 설정해줘야 한다. [Preset] 팝업 메뉴에서 'Scott 5' 프리셋을 선택하여 적용한 다음 [Strength] 슬라이더를 오른쪽으로 약간 드래그해서 HDR 효과를 더 강하게 만든다. 여기서는 0.65로 설정했다. 그리고 HDR 효과가 과도하게 거칠어 보이는 것을 방지하는 'Edge Smoothing'에 체크한다.

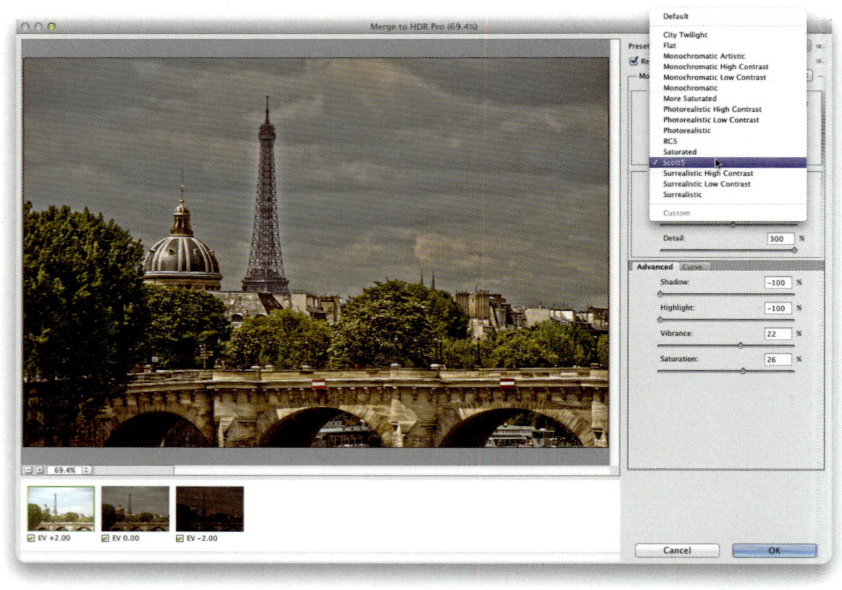

STEP 04

Step 03의 설정을 프리셋으로 저장하기 위해 대화창 오른쪽 상단의 플라이아웃 메뉴에서 'Save Preset'을 선택한 다음 이름을 설정한다. 필자는 이 프리셋을 'Scott 6'로 설정했다. 이 프리셋 역시 HDR 이미지를 만드는 출발점으로 사용할 수 있는데 일반적인 HDR 이미지 만들기 과정에서 발생하는 문제가 나타난다. 다리와 나무, 건물, 에펠탑은 괜찮아 보이는데 하늘의 구름이 부자연스러워 보이고 에펠탑 둘레에 글로우 현상이 보인다. 먼저 [Advanced] 탭의 [Shadows] 슬라이더를 오른쪽으로 드래그해서 섀도우 영역의 디테일을 더 추가한다. 여기서는 39로 설정해서 왼쪽에 있는 나무의 섀도우 영역을 밝게 보정했다. [Highlights] 슬라이더는 가장 밝은 흰색을 조절하므로 –82로 설정했다. 그리고 대화창 하단의 [OK] 버튼을 클릭한다.

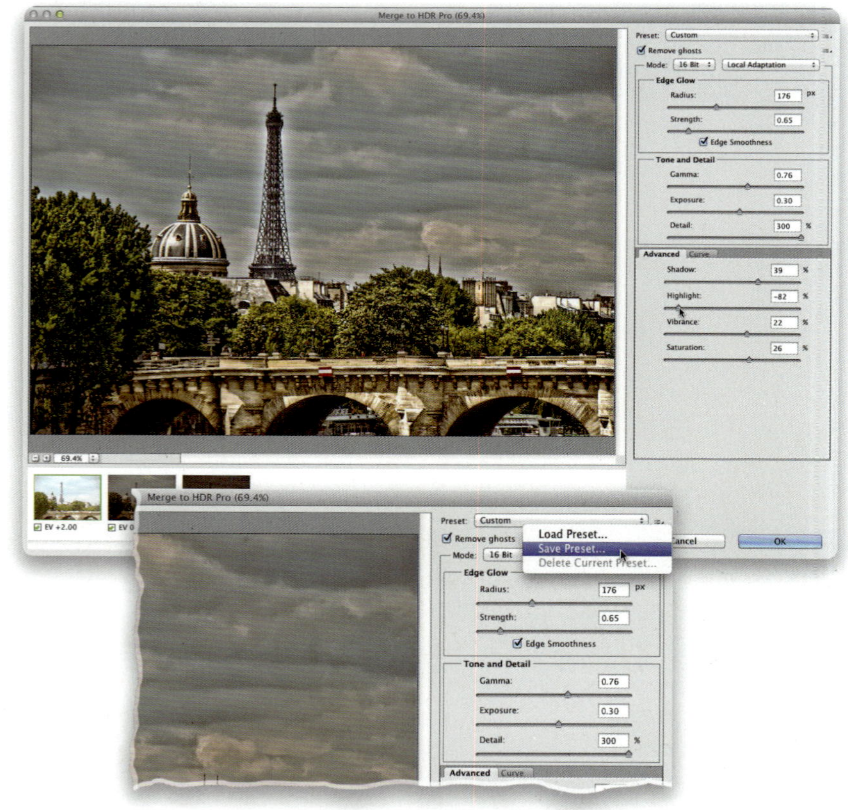

STEP 05

잠시 라이트룸으로 돌아가보자. 이번 레슨 시작 부분에서 HDR 이미지를 만들기 위해 2스톱 노출 부족, 적정 노출, 2스톱 노출 과다로 브라케팅 촬영한 사진을 준비했다. 그 중 적정 노출 사진을 클릭해서 선택하고 [Develop] 모듈에서 하늘과 에펠탑 주변의 흰색 글로우 현상의 보정에 이용한다. 예제 사진의 경우 [Contrast] 슬라이더를 +85로 설정해서 대비를 높이고 [Highlights]를 −69로 설정해서 낮추었다. 이 설정으로 구름을 더 선명하게 만들 수 있다. Ctrl − E (MAC:[Command]−E)키를 눌러 사진을 포토샵으로 불러온다.

STEP 06

포토샵에서 Ctrl − A (MAC:[Command]−A)키를 눌러 사진 전체를 선택한 다음 Ctrl − C (MAC:[Command]−C)키를 눌러 복사한다. HDR 이미지로 전환한 다음 Ctrl − V (MAC:[Command]−V)키를 눌러 적정 노출 사진을 HDR 이미지에 붙이면 하단의 예제 사진과 같이 별도의 레이어로 나타난다.

대부분의 경우 두 개의 이미지가 완벽히 겹쳐지지만 몇 예제 사진은 픽셀이 어긋나있다. 필자가 브라케팅 촬영할 때 삼각대를 사용하지 않았기 때문에 생긴 결과지만 포토샵에서 이미지를 처리하면서 쉽게 보정할 수 있는 문제다. [Layers] 패널에서 Ctrl-클릭(MAC:[Command]-클릭)키를 눌러 'Background' 레이어까지 선택한 다음 [Edit]-[Auto-Align Layers] 메뉴를 선택한다. [Auto-Align Layers] 대화창의 [Projection] 영역에서 'Auto'를 선택하고 [OK] 버튼을 클릭하면 수 초 안에 두 개의 이미지를 맞춘다. 일반적으로 Auto-Align 기능을 적용한 다음에는 사진의 네 면을 모두 약간 잘라내야 한다.

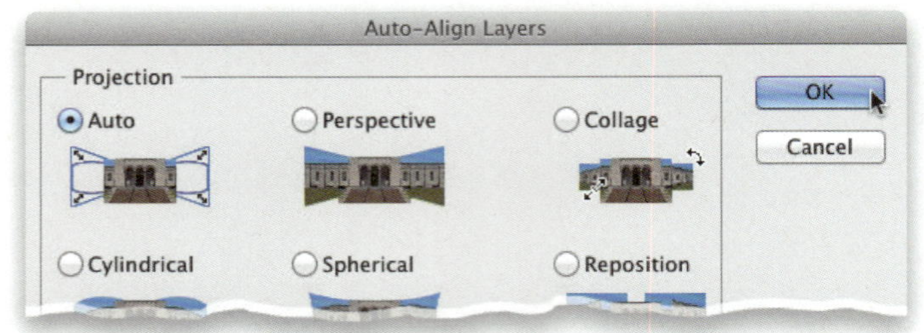

[Layers] 패널에서 적정 노출 이미지 레이어를 클릭하고 패널 하단의 Add Layer Mask 아이콘을 클릭해서 마스크를 통해 비치는 HDR 이미지 영역을 조절한다. 먼저 전경은 검은색으로 설정하고 Brush 도구(B키)를 선택한 다음 옵션바에서 경계가 부드러운 중간 크기의 브러시를 선택한 뒤 다리, 나무, 건물 등을 드래그한다. 실수로 다른 영역을 드래그하면 X키를 눌러 전경을 흰색으로 전환하고 드래그한다.

STEP 09

에펠탑을 드래그하기 위해 ⒤ 키를 눌러 브러시 크기를 줄인 다음 옆선을 벗어나지 않도록 조심스럽게 드래그한다. 에펠탑 상단으로 갈수록 브러시 크기를 줄여서 드래그해야 한다. 작은 영역을 드래그하기 어렵다면 이미지를 줌인한다. 이때 **Step 08**에서 놓친 영역이 있다면 왼쪽의 돔도 드래그한다.

STEP 10

옆의 예제 사진을 보면 다리, 나무, 건물, 에펠탑에는 HDR 효과가 나타나면서도 하늘은 자연스럽다. 필자의 HDR 이미지는 사진을 볼 때 HDR 이미지인지 아닌지 의아한 생각이 들도록 일반 이미지 요소와 HDR 효과를 함께 혼합해서 만든다. 이 시점에서 더 필요한 포토샵 기능이 없으므로 라이트룸으로 돌아가기 전에 [Layers] 패널의 플라이아웃 메뉴에서 'Flatten Image'를 선택해서 레이어를 병합하고, ⒞⒯⒭⒧-ⓢ(MAC:[Command]-ⓢ)키를 눌러 저장한 다음 ⒞⒯⒭⒧-ⓦ(MAC:[Command]-ⓦ)키를 눌러 이미지 창을 닫는다.

STEP 11

라이트룸으로 전환하면 브라케팅 촬영한 사진들과 함께 HDR 이미지 파일을 찾을 수 있다. 이제 마무리 보정을 해보자. D 키를 눌러 [Develop] 모듈로 전환한다. 섀도우 영역을 약간 밝게 보정하고 대비도 높이고 하이라이트 영역과 노출은 낮추기 위해 'Contrast:+16, Highlights:−38, Shadows:+54'로 설정했다. 그리고 약간 흐릿한 이미지를 보정하기 위해 [Blacks] 슬라이더를 +30으로 설정했다. 마지막으로 [Exposure] 슬라이더를 −0.40으로 설정해서 노출을 낮추었다.

STEP 12

원본과 HDR 효과가 너무 강한 프리셋 적용 후의 이미지 그리고 두 가지 이미지의 장점만 혼합해서 만든 HDR 이미지를 비교해보자.

적정 노출로 촬영한 원본 사진

HDR 이미지

두 이미지의 장점들만 혼합해서 만든 이미지

포토샵에서 편집한 파일명 선택하기

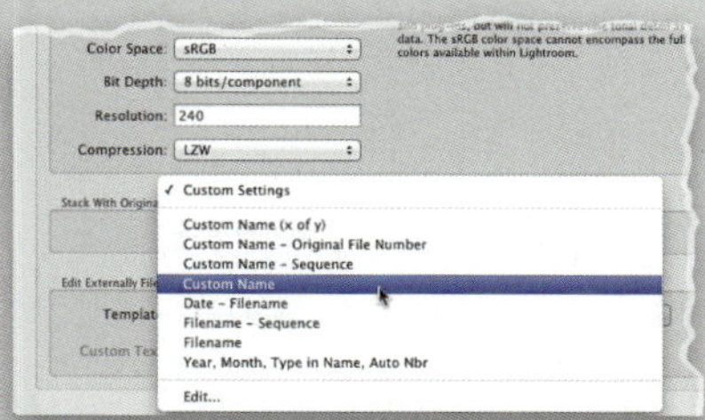

과거 라이트룸 1에서는 포토샵에서 편집한 사진은 파일명 뒤에 자동으로 'Edit in CS3'를 추가했다. 이제는 파일명을 직접 선택할 수 있다. Ctrl - . (MAC:[Command]- .)키를 눌러 라이트룸의 [Preference]를 선택한 다음 [External Editing] 탭을 클릭하고 대화창 하단의 [Edit Externally File Naming] 영역에서 파일명 템플릿 프리셋을 선택한다.

파일 연동 설정 취소하기

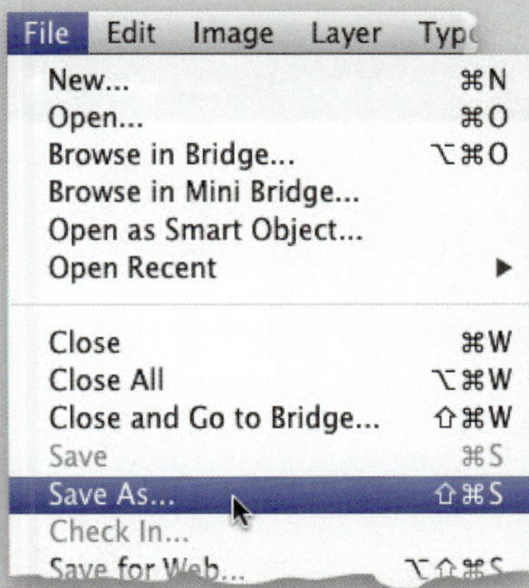

라이트룸에서 포토샵으로 보내기해서 편집한 사진은 편집을 완료하고 저장하면 자동으로 라이트룸으로 보내진다. 자동 연동 설정을 취소하려면 포토샵에서 편집을 마친 후 [File]-[Save As] 메뉴를 선택하고 새 파일명을 설정하면 자동으로 라이트룸으로 보내기하지 않는다.

오래된 PSD 파일 삭제하기

라이트룸 1에서는 포토샵을 전환할 때마다 포토샵에서 전혀 편집을 하지 않아도 원본과 함께 자동으로 PSD 형식 복제 파일을 만들어 저장했다. 필자와 같이 라이트룸 1부터 계속 버전을 업그레이드해왔다면 분명히 수 백 장의 쓸모없는 PSD 파일들이 하드디스크 공간만 차지하고 있을 것이다. 파일들을 아직도 삭제하지 않았다면 [Library] 모듈의 [Catalog] 패널에서 [All Photographs]를 클릭한 다음 상단의 [Library Filter]에서 [Metadata]를 선택한다. 왼쪽 첫 번째 영역 헤더를 클릭하고 팝업 메뉴에서 'File Type'을 선택한 다음 'Photoshop Document'를 선택한다. 그리고 [Date] 영역에서 가장 오래된 날짜를 선택해서 사용하지 않거나 필요 없는 파일들을 삭제한다.

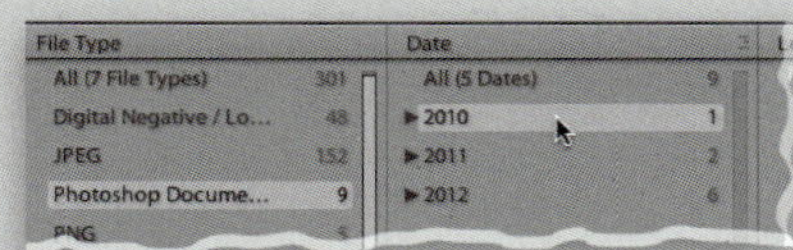

Export Action 실행하고 라이트룸으로 돌아오기

포토샵에서 액션을 만든 다음 라이트룸의 Export Action으로 저장했다면 라이트룸에서 사진을 포토샵으로 보내 액션을 실행하고 사진을 저장하는 것이 마지막 과정이다. 그러나 액션 실행 후 사진을 자동으로 라이트룸으로 불러오려면 라이트룸의 [File] 메뉴에 있는 Auto Import 기능을 사용해서 자동으로 불러올 파일의 폴더를 설정한다. 그리고 포토샵에서 액션을 만들 때 해당 폴더에 사진을 저장하도록 설정한다. 그러면 액션을 실행한 다음 지정 폴더로 파일을 저장하고 라이트룸으로 다시 불러온다.

라이트룸과 포토샵 색상 맞추기

라이트룸과 포토샵 사이를 전환하면서 작업하는 경우 두 프로그램의 색공간을 맞추는 것이 일정한 색상을 얻을 수 있다. 라이트룸의 기본 색공간은 ProPhoto RGB이므로 포토샵에서 [Edit]-[Color Settings]-[Working Space]-[RGB]-[ProPhoto RGB] 메뉴를 선택한다. 그리고 포토샵으로 사진을 보낼 때 이미지의 색공간도 동일하게 설정한다. 라이트룸의 색공간 설정은 [Preference] 대화창에서 [External Editing] 탭을 클릭하고 [Edit in Photoshop]-[Color Space]-[AdobeRGB(1998)] 메뉴를 선택한다.

더 나은 HDR 이미지 만들기

이번 챕터에서 라이트룸에서 포토샵으로 전환해서 HDR 이미지 만드는 방법을 보여주었지만 포토샵 CS5나 그보다 높은 버전을 사용하지 않는다면 포토샵의 HDR 기능은 그다지 탁월하지 않다. 그래서 CS5나 높은 버전을 사용하지 않는 프로 사진가들은 HDR 이미지를 만들 때 Photomatrix Pro 프로그램을 사용한다('www.hdsoft.com'에서 무료 시험판을 다운로드할 수 있다). 한 번 사용해보면 다시는 포토샵의 HDR 기능을 다시 사용하지 않을 것이다.

Photo by Scott Kelby   Exposure: 1/60 sec | Focal Length: 70mm | Aperture Value: ƒ/5

CHAPTER 10

BOOK OF LOVE
포토북 만들기

포토북 제작 기능은 1800년대 후반에 Grover Cleveland and the Sunshine Band가 라이트룸을 최초로 소개한 이후 사진가들의 꿈이었다. 그 전에 이번 챕터의 제목 "Book of Love"는 실제로 Book of Love라는 밴드 이름에서 빌려온 것이다. 밴드 이름이 The Book of Love나 James Buchana and the Book of Love라면 더 나을 것이라는 점을 배제하고서라도 밴드 이름과 동일한 그들의 곡 제목(1986년에 나온 통통 튀는 신스팝으로 당시에는 폭이 좁은 넥타이와 소매를 접어 올린 스포츠 코트가 유행이었다)은 the Monotones의 곡 "Who Wrote the Book of Love"를 연상시킨다. 그런데 여기서 가장 마음에 걸리는 점은 필자가 두 미국 전 대통령의 이름을 언급했는데 아마 대부분의 미국인 고등학생들조차도 알아챘지 못했을 것이다. 그러니 번역판을 읽는 노르웨이인이나 태국인 같은 외국인들은 더할 것이다. 사실 영문판과 번역판을 모두 읽어본 전 세계의 독자들에게 상당한 분량의 챕터 도입부들이 번역판에서는 의미가 그대로 전달되지 않는다는 이메일을 많이 받는데 필자는 그건 영문판도 마찬가지라고 답장을 보낸다.

첫 번째 포토북을 만들기 전에

포토북을 만들기 전에 알아두어야 할 점들을 살펴보자. 또한, 어도비사의 제휴 사이트인 Blurb(www.blurb.com)에서 주문할 수 있는 포토북의 종류, 크기 그리고 표지의 소개도 추가했다.

STEP 01

상단의 탭을 클릭하거나 [Ctrl]-[Alt]-[4](MAC: [Command]-[Option]-[4])키를 눌러 [Book] 모듈로 전환하면 [Book] 메뉴가 나타난다. 포토북 만들기를 시작하기 전에 메뉴에서 'Book Preferences'를 선택해 기본 설정을 해보자. [Print], [Slideshow], [Web] 모듈과 마찬가지로 [Book Preferences] 대화창에서도 상단의 Layout Options 영역에서 'Zoom to Fill'이나 'Zoom to Fit' 중 프레임 기본 설정을 선택한다. 필자는 'Zoom to Fill'을 선택했지만 각자 기호에 맞는 프레임을 선택하면 된다.

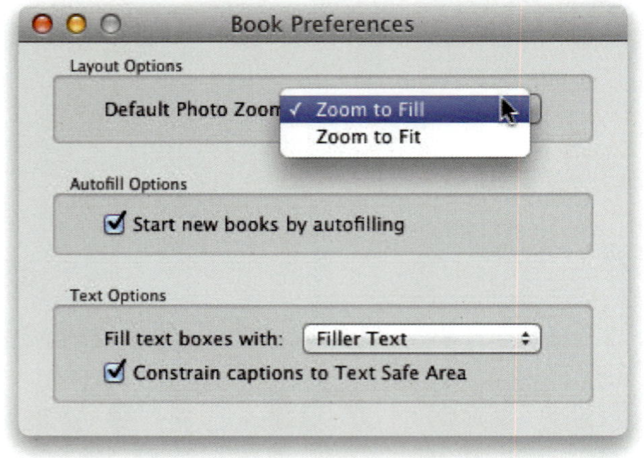

STEP 02

포토북을 만들기 위해 선택한 사진들을 라이트룸이 자동으로 페이지들을 채우도록 설정하면 일일이 사진을 드래그해서 페이지에 드롭할 필요가 없다. 그러므로 Autofill Options 영역의 'Start new books by autofilling'을 체크하면 [Book] 모듈로 전환하자마자 [Filmstrip] 영역의 사진들을 각 페이지의 프레임에 자동으로 채운다. 물론 자동 설정을 적용한 후 페이지 구성을 재설정 하거나 사진을 교체할 수 있다.

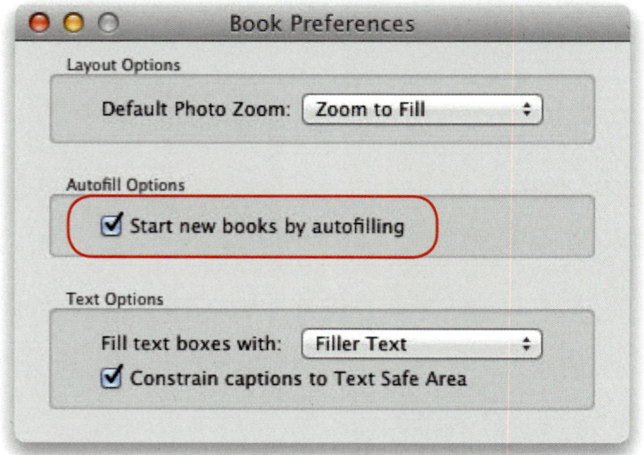

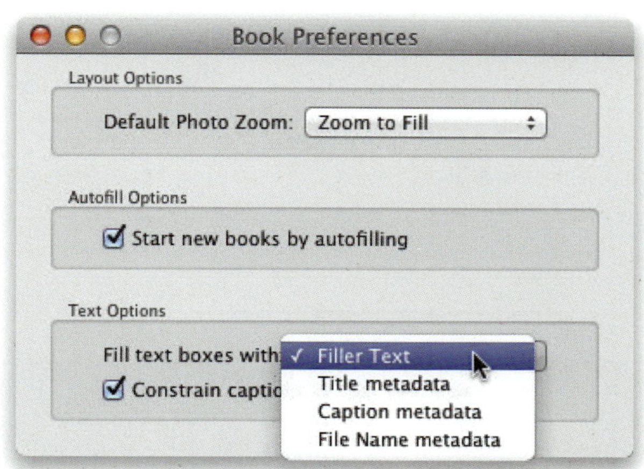

STEP 03

마지막으로 Text Options 영역에서 텍스트를 추가할 수 있는 영역을 직접 볼 수 있는 기본 설정 항목이 있다. 일부 레이아웃에는 텍스트 영역이 있는데 썸네일에서는 잘 보이지만 실제 페이지에 적용하면 이미 텍스트가 있는 경우를 제외하고는 텍스트 상자가 어디에 있는지 알기 어렵다. 그러므로 [Fill text boxes with] 팝업 메뉴에서 'Filler Text'를 선택하면 삭제하거나 직접 텍스트를 입력하기 전까지 가이드 텍스트가 나타난다. 그 외에도 [Library] 모듈의 [Metadata] 패널에서 사진에 캡션이나 제목을 설정했다면 그대로 불러와 텍스트로 적용해서 시간을 절약할 수 있다. 또한 'Constrain Captions to Text Safe Area'를 체크하면 캡션이 잘려나가는 영역이나 페이지 사이의 여백으로 침범하는 것을 방지한다.

STEP 04

페이지를 넘겨 포토북을 시작하기 전에 라이트룸에서 바로 주문할 수 있는 제휴 사이트 Blurb(www.blurb.com)의 다양한 포토북을 소개하겠다. Blurb는 온라인 포토북 제작 업체로 많은 사진가들이 이용한다.

Blurb에는 다섯 가지 크기의 포토북이 있다: Small Square 7×7인치, Standard Portrait(tall) 8×10인치, Standard Landscape(wide) 10×8인치, Large Landscape 13×11인치, Large Square 12×12인치. 그리고 세 종류의 표지가 있다: Softcover, Hardcover Image Wrap(예제 사진에서 오른쪽과 왼쪽), Hardcover Dust Jacket(플랩 안쪽의 이미지나 텍스트도 선택할 수 있다). 이제 페이지를 넘겨 포토북을 만들어보자.

포토북 구성하기

포토북 기능은 라이트룸 4에서 처음으로 추가되었다. 포토북 기능 사용법을 익히는 최고의 비법은 직접 만들어보는 것이다. 라이트룸의 포토북 기능은 한 권만 만들어 보면 숙달될 정도로 간편하고 만드는 시간 또한 오래 걸리지 않는다. 가장 어려운 과정은 포토북에 넣을 사진을 선택하는 것이다. 약 180페이지의 레이아웃 템플릿이 내장되어 있기 때문에 나머지 과정은 놀라울 정도로 쉽다.

STEP 01

[Library] 모듈에서 포토북에 넣을 사진들만 모아서 컬렉션을 만든다. 사진의 순서를 이미 결정했다면 사진을 컬렉션에 순서대로 드래그 앤 드롭한다. 사진의 순서는 나중에 설정할 수 있지만 대략 정해놓은 순서가 있다면 다음 단계로 넘어가기 전에 설정하는 것이 훨씬 편리하다. [Book] 모듈의 [Book Settings] 패널에서 포토북의 크기와 종이의 종류 커버 등을 설정하면 장수에 따라 추정 가격을 알 수 있다.

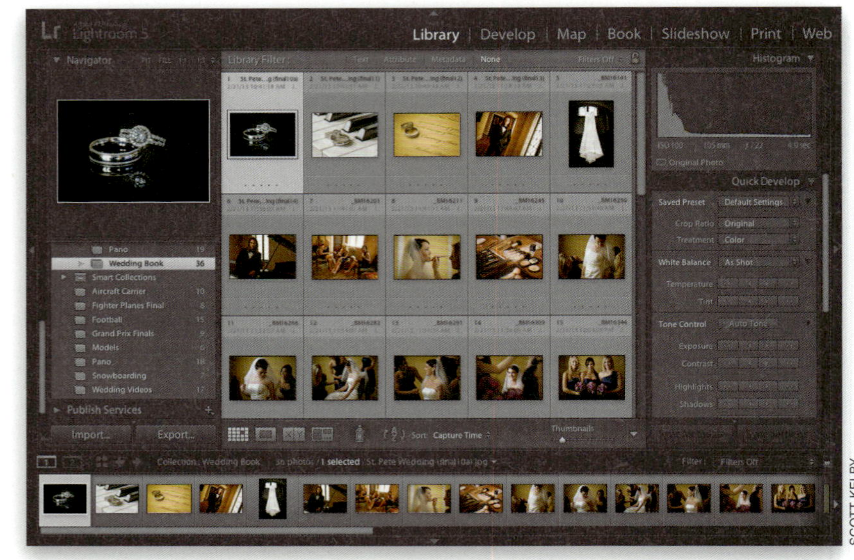

STEP 02

[Book Preferences] 대화창에서 Autofill 기능을 해제했다면 예제 사진과 같이 모든 페이지가 비어서 나타난다. [Auto Layout] 패널에서 [Auto Layout] 버튼을 클릭하면 라이트룸이 자동으로 컬렉션에 정렬한 순서대로 사진들을 페이지로 불러온다. 그러나 [Auto Layout] 버튼을 클릭하기 전에 자동 레이아웃 기능을 설정한다. 사진의 왼쪽 페이지는 비우고 오른쪽 페이지에 캡션이 들어갈 공간을 남기고 사진을 넣거나, 왼쪽 페이지를 비우고 오른쪽 페이지에 캡션 없이 사진만 넣거나, 한 페이지에 사진을 한 장씩 넣도록 설정할 수 있다. 필자는 일반적으로 한 페이지에 사진 한 장씩 넣는 프리셋으로 시작한다.

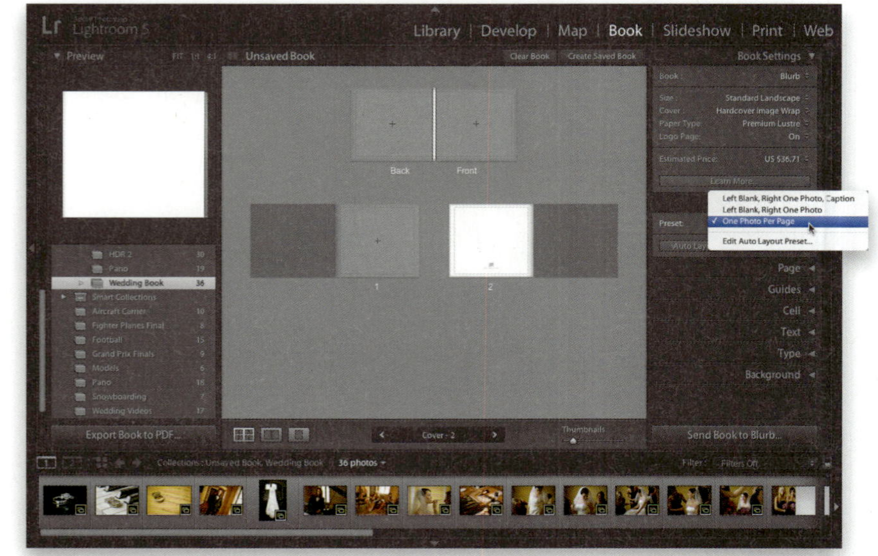

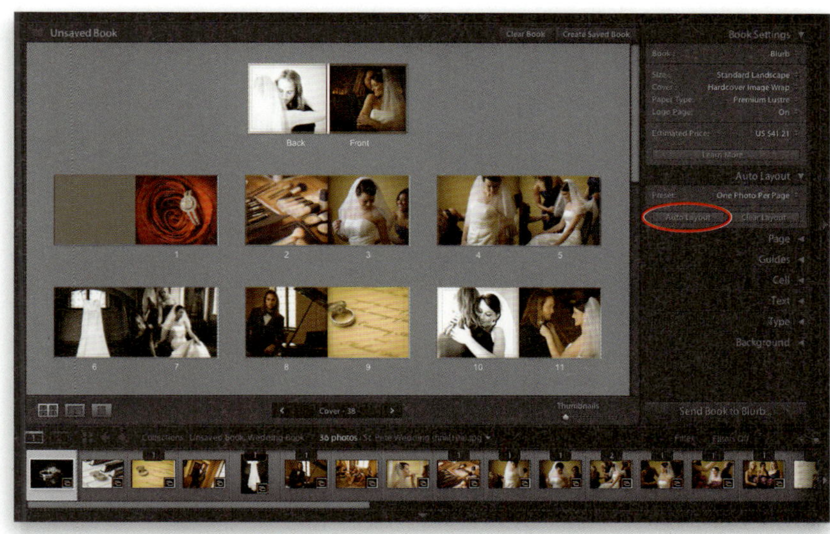

포토북의 진행 상황을 더 잘 볼 수 있게 F6 키와 F7 키를 눌러 상단 패널과 왼쪽 패널을 숨겨 Preview 영역을 확장한다. [Auto Layout] 버튼을 클릭하면 자동으로 각 페이지에 사진을 넣는다. 나머지 페이지들을 보려면 스크롤한다. 사진의 순서를 이미 결정해서 추가했다면 각 이미지의 크기를 설정하고 원하는 순서대로 페이지에 드래그 앤 드롭하면 된다.

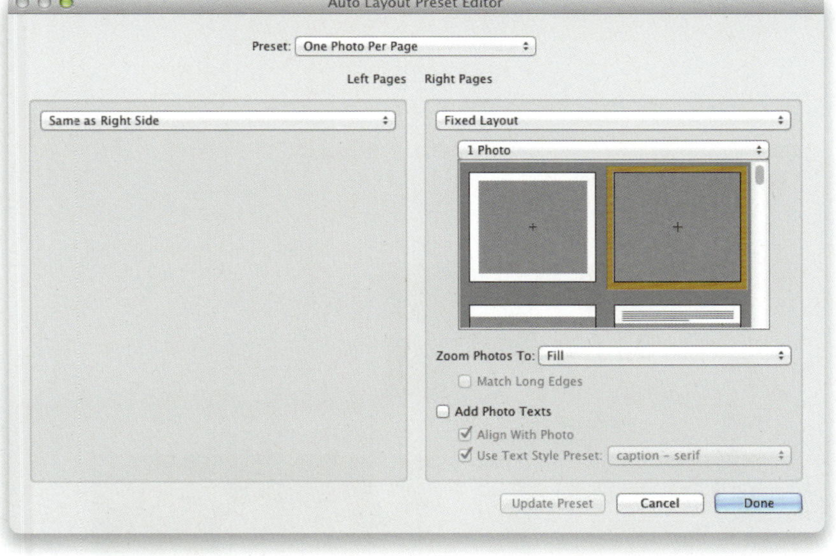

사진을 정리하기 전에 다음에 포토북을 만들 때 사용할 수 있는 유용한 기능에 대해 알아보자. **Step 02**에서 Auto Layout 프리셋을 선택했다면 자동 프리셋을 기반으로 나만의 프리셋을 설정해서 저장하여 동일한 팝업 메뉴에서 사용할 수 있다. 예를 들어, 포토북 전체에 정사각형 이미지만 사용하려면 프리셋으로 설정해서 저장할 수 있다. 사용자 프리셋을 만들려면 [Auto Layout] 패널의 [Preset] 팝업 메뉴에서 'Edit Auto Layout Preset'을 선택한다. [Auto Layout Preset Editor] 대화창은 왼쪽 페이지와 오른쪽 페이지, 두 개의 영역으로 나눠져 있다. 예제 사진의 경우 왼쪽 페이지는 오른쪽 페이지 영역 설정을 똑같이 따르도록 'Same as Right Side'를 선택했다. 이제 프리셋을 직접 설정해보자.

> **Tip**
>
> **페이지 추가하기**
>
> Auto Layout 기능을 적용하지 않았다면 오른쪽 패널 영역에 있는 [Page] 패널의 [Add Page] 버튼을 클릭해서 페이지를 추가할 수 있다.

STEP 05

프리셋을 왼쪽 페이지의 이미지는 정사각형으로, 오른쪽 페이지의 이미지는 페이지 전체를 채우는 풀 페이지로 설정해보자. 왼쪽 페이지 영역 상단의 팝업 메뉴에서 'Fixed Layout'을 선택하고 하단 팝업 메뉴에서 '1 Photo'를 선택한 다음 정사각형 이미지 레이아웃을 찾아 선택한다. 오른쪽 영역 역시 팝업 메뉴 설정은 동일하고 풀 페이지 레이아웃을 선택하고 [Save] 버튼을 클릭한 다음 프리셋 이름을 입력해서 프리셋을 저장한다.

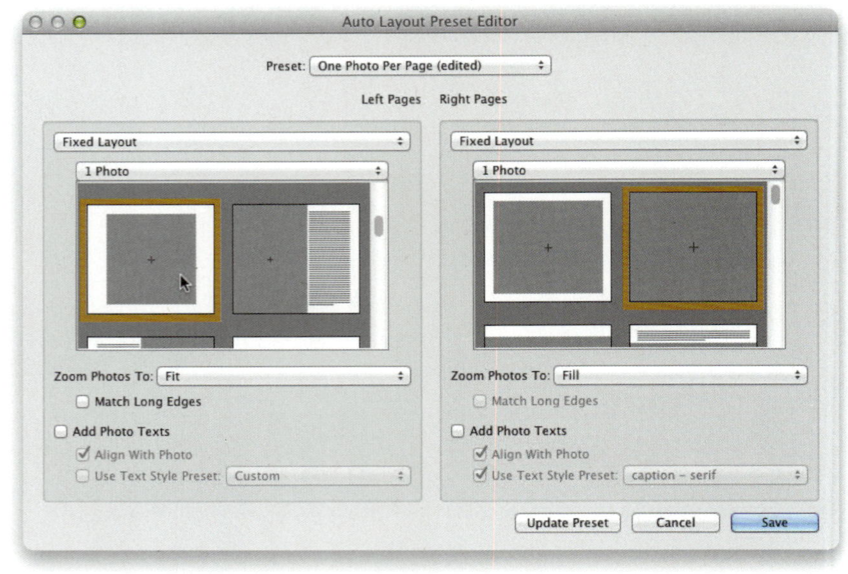

STEP 06

또한 [Auto Layout Preset Editor] 대화창의 [Zoom Photos To] 팝업 메뉴에서 사진의 줌인 설정도 선택할 수 있다. 'Fit'을 선택하면 프레임 안에 맞도록 이미지 크기를 조절하기 때문에 이미지는 정사각형으로 나타나지 않는다. 이미지가 정사각형으로 보이려면 프레임에 꽉 차게 이미지 크기를 조절하는 'Fill'을 선택해야한다. 그러나 프리셋을 적용한 다음에도 언제든지 각 페이지에서 사진을 마우스 오른쪽 버튼으로 클릭한 다음 'Zoom Photo to Fill Cell'을 선택해서 설정을 바꿀 수 있다.

사진의 줌인 설정을
'Fit'으로 설정한 경우

사진의 줌인 설정을 'Fill'으로 설정한 경우

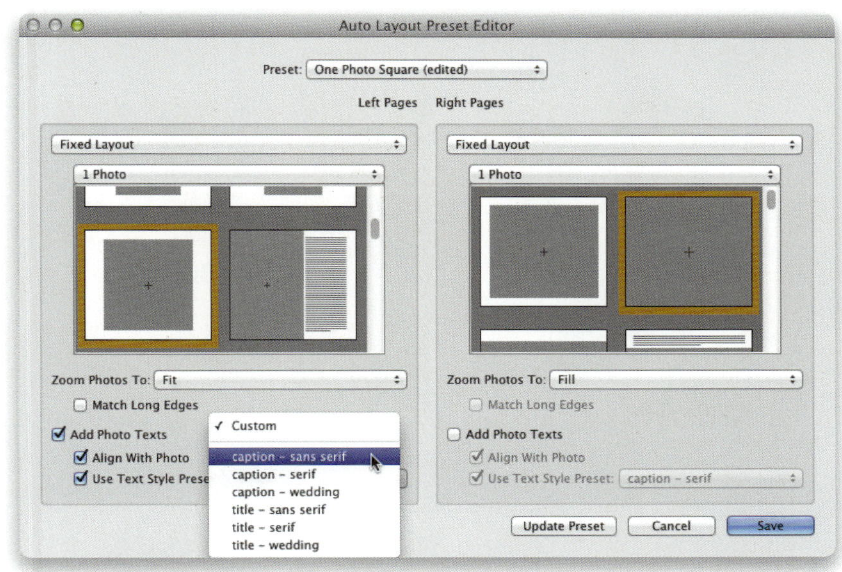

STEP 07

사진과 함께 캡션을 추가할 계획이라면 'Add Photo Texts'를 체크하고 [Use Text Style Preset] 팝업 메뉴에서 텍스트 프리셋을 선택하여 사용할 수 있다.

Tip

'Fill' 줌인 상태에서 이미지 위치 재설정하기

이미지를 클릭하고 프레임 안에 원하는 부분이 나타나도록 오른쪽이나 왼쪽으로 드래그한다.

STEP 08

레이아웃으로 돌아가 **Step 03**의 예제 사진을 보면 디자인적인 측면으로 볼 때 시선이 페이지 바깥 방향을 향하고 있기 때문에 2페이지와 3페이지 이미지를 바꿔야한다. 3페이지 이미지를 클릭하고 2페이지로 드래그해서 마우스 버튼을 놓으면 두 이미지의 위치가 바뀐다. 6페이지와 7페이지도 같은 방법으로 순서를 바꾼다. 이처럼 드래그 앤 드롭으로 쉽게 사진의 순서를 바꿀 수 있다.

지금까지는 모든 페이지를 한꺼번에 볼 수 있는 연속 보기 모드로 레이아웃을 확인했지만 필자는 개인적으로 한 번에 두 페이지만 보는 Spread View 모드를 선호한다. 연속 보기 모드는 작업 과정 후반부에 페이지 순서를 바꾸는 경우에 사용한다. 보기 모드를 전환하려면 하단의 도구바 왼쪽에서 두 번째 버튼을 클릭한다. 오른쪽 버튼은 Single Page View 모드이다. 필자는 대부분의 작업 과정을 Spread View 모드에서 진행하며 다른 페이지를 보려면 도구바 중앙에 있는 진행 화살표 버튼을 클릭하거나 ⬅/➡ 키를 누른다.

현재 선택한 페이지 하단 모퉁이의 작은 검은색 [Change Page Layout] 버튼을 클릭하면 페이지에 들어갈 사진의 개수와 레이아웃을 선택할 수 있다. 버튼을 클릭하면 [Modify Page] 메뉴가 열린다. 먼저 페이지에 넣을 사진의 개수를 선택하면 하단에 페이지 레이아웃 썸네일이 나타나고 현재 선택한 레이아웃은 하이라이트 표시가 되어있다. 텍스트 영역이 포함된 레이아웃을 선택하면 글이나 캡션 헤드라인을 추가할 수 있다.

STEP 11

오른쪽 페이지를 작은 사진 크기의 레이아웃으로 변경해보자. 썸네일 목록을 스크롤하고 수평형의 회색 사진 박스가 있는 레이아웃을 클릭해서 페이지 레이아웃을 변경한다. 필자가 좋아하는 라이트룸의 [Book] 모듈 기능 중 하나는 각 페이지 레이아웃을 직접 설정할 수 있기 때문에 다양한 주제의 레이아웃으로 포토북 구성이 가능하다는 점이다. 예를 들어, 왼쪽 페이지는 여행 주제의 레이아웃을 적용하고 오른쪽 페이지는 포트폴리오 주제의 레이아웃을 적용할 수 있다.

STEP 12

새로운 페이지 레이아웃을 적용한 다음에도 조절해야 할 요소가 많다. 이미지를 클릭하면 상단에 나타나는 [Zoom] 슬라이더는 크로핑 도구와 같은 기능을 한다. 여기서는 사진을 줌인해서 조금 더 극적인 분위기를 만들었다. 이때 사진을 과도하게 줌인하면 해상도가 인쇄에 적합하지 않기 때문에 주의해야 한다. 그러한 경우에는 사진 오른쪽 상단 모퉁이에 "!" 모양의 경고 표시가 나타난다.

Tip

사진 한 장은 크게 만든다

두 페이지 레이아웃을 구성할 때에는 사진 하나는 크게 설정해서 시각을 유도하는 중심점을 만든다. 디자인적인 면으로도 보기 좋을 뿐 아니라 어느 사진을 먼저 봐야하는지 자연스럽게 시선을 유도한다.

STEP 13

페이지의 흰 여백을 더 원한다면 사진을 클릭한 다음 상단이나 하단 옆선을 안쪽으로 드래그하거나 [Cell] 패널에서 [Padding] 영역의 [Amount] 슬라이더를 오른쪽으로 드래그해서 크기를 줄인다. 또한 검은색의 삼각형 아이콘을 클릭하면 나타나는 네 개의 슬라이더로 각 면의 여백을 조절한다. 네 개의 슬라이더는 연동하도록 기본 설정되어 있지만 'Link All'을 클릭해서 연결을 해제하면 각 슬라이더를 따로 조절할 수 있다.

Note

페이지에 여러 장의 사진을 추가했다면 각 사진의 간격을 네 개의 슬라이더를 드래그해서 조절한다.

Tip

사진 제거하기

셀에서 사진을 제거하려면 사진을 클릭하고 Backspace (MAC:[Delete])키를 누른다. 페이지에서 사진을 제거해도 컬렉션에는 그대로 남아있으므로 [Filmstrip]에서 찾아 다른 페이지로 드래그 앤 드롭할 수 있다.

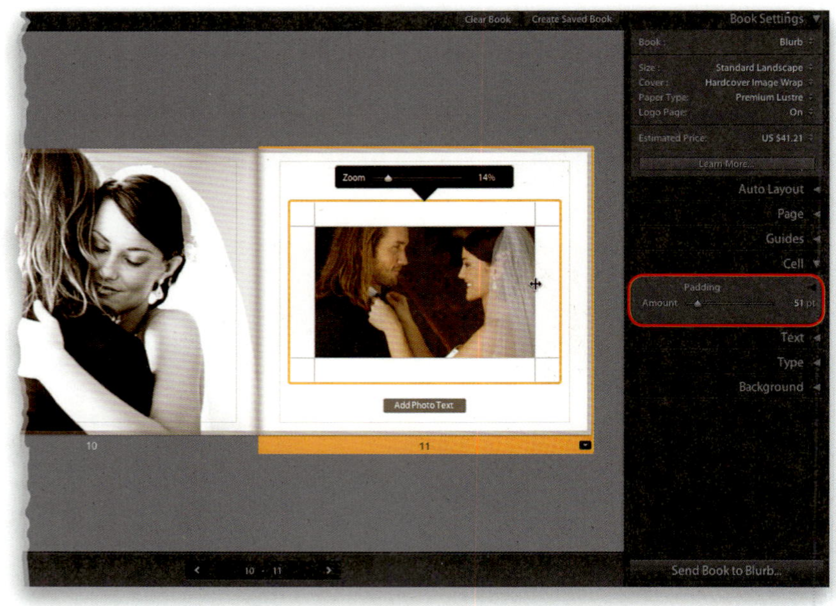

STEP 14

더 진행하기 전에 사진을 경고 아이콘이 사라질 때까지 줌아웃한다. 페이지의 배경 색상을 바꾸고 싶다면 [Background] 패널에서 'Background Color'를 체크한 다음 오른쪽의 색상 스와치를 클릭해서 [Background Color] 색상표를 불러온다. 상단의 프리셋 색상 스와치를 클릭하거나 하단의 그라데이션 바에서 색상을 선택한다. 모든 색상을 보려면 오른쪽의 그라데이션 바에 있는 작은 가로형 그라데이션 바를 클릭하고 중간 정도의 위치로 드래그한다.

STEP 15

페이지 배경은 단색 외에도 라이트룸에 내장된 배경 그래픽 컬렉션에서 선택할 수 있다. 배경 그래픽은 여행사진에 적합한 지도와 페이지 테두리, 웨딩사진에 어울리는 우아한 장식 등 다양하다. 배경 그래픽을 사용하려면 [Background] 패널에서 'Graphic' 체크박스를 클릭한 다음 미리보기 이미지 오른쪽의 흰색 역삼각형 버튼을 클릭해서 [Add Background Graphic] 메뉴를 불러온다. 메뉴 상단에서 그래픽 종류를 선택하고 원하는 그래픽을 스크롤해서 찾아서 클릭한다. [Opacity] 슬라이더로 그래픽의 명도를 조절한다.

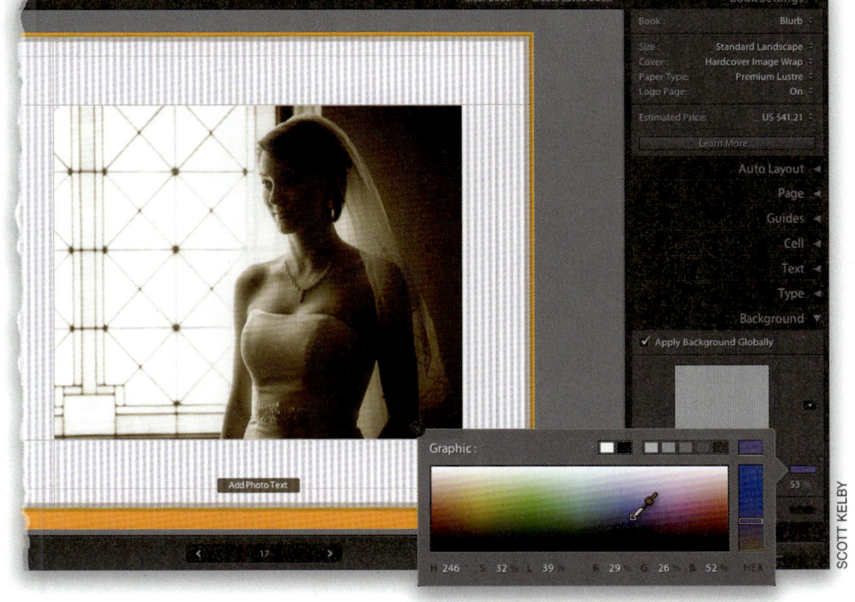

STEP 16

패턴이 있는 배경을 원한다면 직접 선택한 색상의 줄무늬를 추가할 수 있다. [Add Background Graphic] 메뉴에서 [Travel]을 클릭하고 팝업 메뉴에서 줄무늬 배경을 선택한 다음 [Opacity]를 설정한다. 그래픽 체크박스 옆의 색상 스와치를 클릭하고 [Graphic] 색상표에서 줄무늬 색상을 선택한다. 여기서는 보라색을 선택하고 줄무늬가 잘 보이게 [Opacity]를 '53%'로 설정했다.

STEP 17

마지막 배경 항목에 대해 알아보기 전에 [Back-ground] 상단의 'Apply Background Globally' 체크박스를 활성화하면 현재 설정한 배경을 포토북 전체에 적용한다. 포토북 전체에 동일한 배경을 사용하려면 각 페이지 배경을 직접 설정할 필요가 없으므로 시간을 절약할 수 있는 유용한 기능이다. 이제 사진을 배경으로 사용하는 방법에 대해 알아보자. 'Graphic' 체크박스를 해제하고 [Filmstrip]에서 배경으로 사용할 사진을 찾아 드래그해서 [Background] 패널의 미리보기 이미지에 드롭하면 배경으로 나타난다. 필자는 대부분의 경우 배경이 과도하게 튀지 않도록 [Opacity]를 '10–20%' 정도로 설정한다. 배경 이미지를 제거하려면 마우스 오른쪽 버튼으로 클릭한 다음 'Remove Photo'를 선택한다.

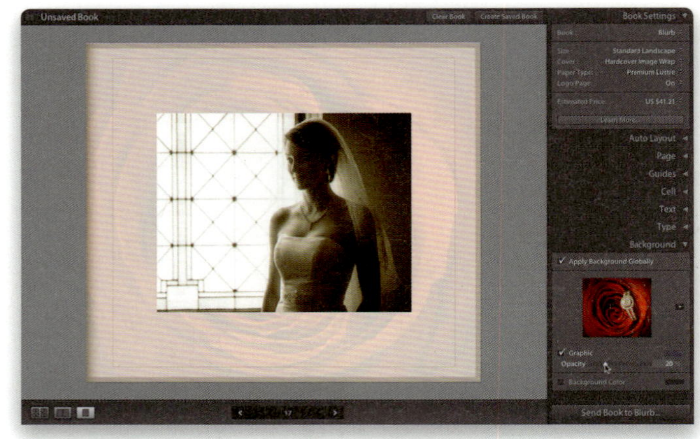

STEP 18

이번에는 필자가 좋아하는 또 다른 포토북 기능인 한 장의 사진으로 두 페이지 스프레드를 만드는 방법을 알아보자. 스프레드는 포토북을 더욱 강렬하게 만들기 때문에 필자는 대부분의 경우 2장에서 3장의 스프레드를 포함한다. 스프레드를 만들려면 두 페이지 스프레드로 만들 페이지를 클릭한 다음 페이지 오른쪽 하단 모퉁이의 [Change Page Layout] 버튼을 클릭한다. [Modify Page] 메뉴에서 'Two–Page Spread'를 선택한 다음 스크롤 메뉴에서 레이아웃 템플릿을 선택한다. 여기서는 두 페이지 전체를 채우는 템플릿을 선택했다.

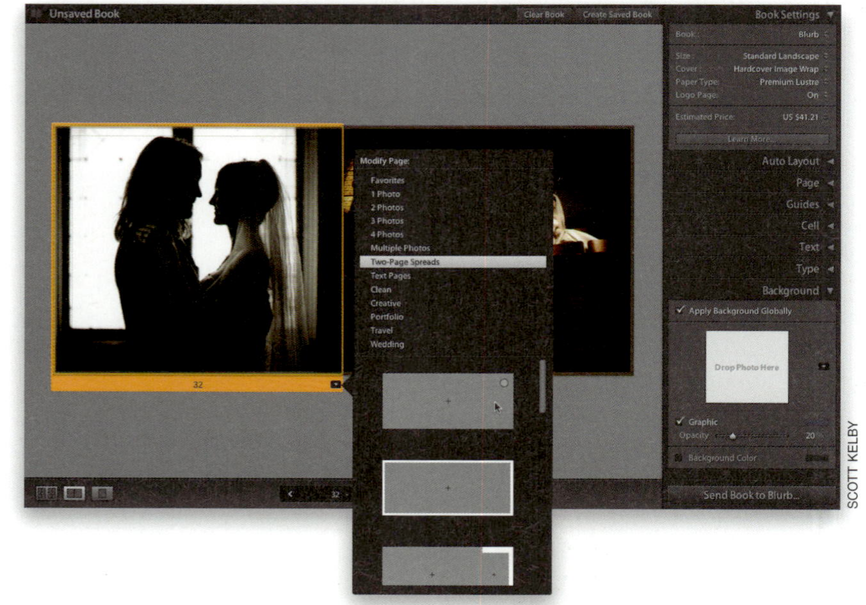

STEP 19

템플릿을 선택하면 선택한 페이지의 사진을 두 페이지에 채운다. 라이트룸이 책이 접히는 부분을 표시해서 사진의 위치를 조절하기 쉽다. 사진의 크기는 [Zoom] 슬라이더를 드래그해서 조절한다. 이때 오른쪽 상단 모퉁이에 해상도 경고 아이콘이 나타나지 않도록 주의한다.

STEP 20

이제 포토북의 페이지 순서를 최종 결정하기 위해 Ctrl－E(MAC:[Command]－E)키를 눌러 연속 보기 모드로 전환한다. 두 페이지 레이아웃을 함께 옮기려면 왼쪽 페이지를 클릭하고 Shift 키를 누른 채 오른쪽 페이지를 클릭해서 선택한다. 그리고 선택한 두 페이지 레이아웃 하단의 쪽수가 있는 영역을 클릭하고 원하는 위치로 드래그 앤 드롭한다. 페이지 하단이 아닌 사진이 있는 영역을 클릭하면 사진을 한 장만 옮기기 때문에 주의해야 한다. 같은 방법으로 포토북의 페이지 순서를 최종 편집한다.

STEP 21

포토북을 주문하기 전에 필자는 사용하지 않지만 다른 사용자에게는 유용할 수 있는 레이아웃 기능에 대해 알아보자. 오른쪽 패널 영역의 [Guide] 패널에 세 종류의 페이지 가이드 기능이 있다. 'Page Bleed' 가이드는 포토북을 제작할 때 잘려나가는 가장자리 영역을 표시한다. 풀 페이지 레이아웃을 사용하는 경우에 사용하는 가이드이지만 4분의 1인치 정도만 잘리기 때문에 차이를 거의 느끼지 못한다. 'Text Safe Area' 가이드는 텍스트를 포토북이 접히는 부분이나 가장자리에 너무 근접하게 배치하지 않도록 돕는다. 'Photo Cells' 가이드는 사진을 클릭하면 어차피 나타나기 때문에 체크하지 않아도 된다. 마지막으로 'Filler Text' 가이드는 텍스트가 포함된 레이아웃을 선택한 경우에만 나타나며 텍스트를 입력할 위치를 알려준다.

STEP 22

포토북 편집을 마친 다음 남은 과정은 Blurb로 보내 주문하거나, PDF 혹은 JPEG 파일로 저장한 후 다른 곳에 출력을 맡기는 것이다. 이 과정은 모두 최상단에 있는 [Book Settings] 패널에서 설정한다. [Book] 영역에서 'Blurb'로 보내기 옵션을 선택하거나 'PDF' 혹은 'JPEG' 형식을 선택한다. 'JPEG' 형식을 선택하면 각 페이지를 개별 파일로 만든다. 'Blurb'를 선택하면 [Paper Type]에서 용지의 종류를 선택하고, [Logo Page]에서 포토북 끝에 Blurb의 로고 페이지 추가 여부를 선택한다. 하단에서 선택 항목대로 포토북을 제작하면 가격이 얼마인지 알려주는 예상 비용을 표시한다. 'PDF'나 'JPEG'을 선택하면 사진의 화질과 색상 프로필, 해상도, 샤프닝 설정 그리고 용지의 종류를 설정한다.

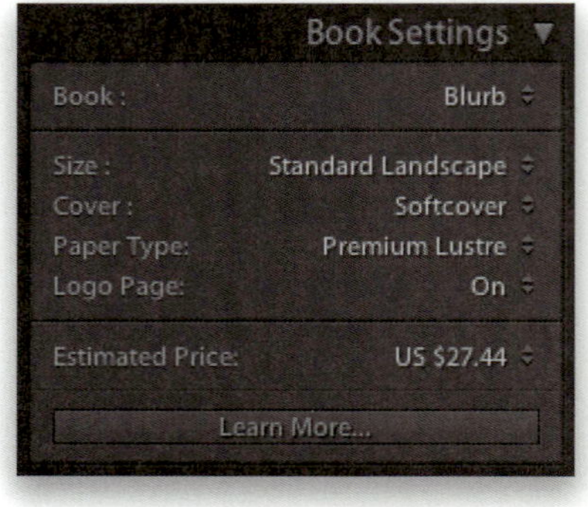

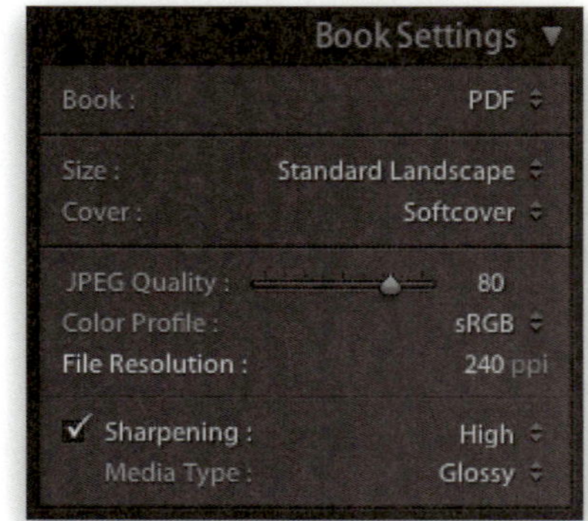

STEP 23

포토북을 라이트룸에서 Blurb로 보내 바로 주문하기로 결정했다면 한 단계가 더 남았다. 오른쪽 패널 영역 하단의 [Send Book to Blurb] 버튼을 클릭한다. [Purchase Book] 대화창에서 Blurb 계정으로 로그인한 다음 포토북의 제목과 부제 그리고 작가 이름을 입력하고 [Upload Book] 버튼을 클릭하면 며칠 후 포토북을 받을 수 있다.

Tip

[Filmstrip] 썸네일 상단의 번호

[Filmstrip]에 있는 이미지 상단에 1이나 2와 같은 번호가 있다면 그 사진을 포토북에 사용했다는 의미이며, 사용 횟수를 나타낸다.

STEP 24

나중에 또 필요할 수 있으므로 Preview 영역 오른쪽 상단의 [Create Saved Book] 버튼을 클릭해서 포토북 레이아웃을 [Collections] 패널에 저장한다. 이번 레슨에서는 포토북 텍스트 기능에 대해 다루지 않았다. 그 이유는 다양한 텍스트 기능을 자세히 알아보기 위해서 별도의 레슨으로 분리했기 때문이다. 다음 레슨에서 포토북에 텍스트를 넣는 방법에 대해 알아보자.

라이트룸을 지속적으로 사용해왔다면 텍스트 기능에 제약이 많다는 약점은 이미 알 것이다. 포토북 기능은 다르다. 어도비사는 [Book] 모듈에 강력한 기능의 텍스트 엔진을 추가해서 텍스트의 형태와 위치를 원하는 대로 조절할 수 있다. 이제 [Slideshow]와 [Print] 모듈에도 동일한 텍스트 기능이 추가되기만을 바랄 뿐이다.

포토북에 텍스트와 캡션 넣기

STEP 01

포토북에 텍스트를 적용하는 방법은 두 가지가 있다. 텍스트 영역이 이미 포함된 레이아웃을 선택해서 텍스트 박스를 클릭하고 입력하는 방법과 예제 사진과 같이 [Text] 패널에서 'Photo Text'를 체크한 다음 추가하는 방법이다. 'Photo Text'를 체크하면 사진 하단에 텍스트 박스가 나타난다. 박스를 클릭하고 텍스트를 입력한다.

STEP 02

'Align with Photo'를 체크하면 입력한 텍스트를 사진과 연동해서 사진의 크기를 줄여도 설정을 텍스트에도 동일하게 적용한다. [Offset] 슬라이더는 사진과의 거리를 조절한다. 오른쪽으로 드래그할수록 사진과 텍스트 사이의 거리가 멀어진다.

Note

라이트룸이 텍스트 박스를 자동 선택하도록 설정하려면 [Edit]–[Select All Text Cells] 메뉴를 선택한다. 이 기능은 페이지에 세 장의 사진과 세 개의 캡션이 있는데 모든 캡션을 숨기고 싶은 경우에 편리하다. 'Select All Text Cells'를 선택한 다음 'Photo Text'의 체크를 해제하면 텍스트를 숨긴다.

[Offset] 슬라이더 하단의 세 개의 버튼을 사용해서 사진 위에도 텍스트를 추가할 수 있다. [Over] 버튼을 클릭하면 텍스트를 사진 위에 놓는다. [Offset] 슬라이더로 위치를 조절한다.

Note

전체 페이지 레이아웃을 선택했다면 사진 상단과 하단에 텍스트를 넣을 여백이 없기 때문에 [Over] 버튼만 사용할 수 있다.

STEP 04

텍스트의 위치는 기본적으로 사진 왼쪽에 정렬하도록 설정되어 있지만 [Type] 패널 하단의 정렬 버튼들로 위치를 선택한다.

Note

[Type] 패널의 모습이 예제사진과 다르다면 "Character"라는 글자 오른쪽의 검은색 화살표 아이콘을 클릭해서 패널을 확장한다.

STEP 05

[Type] 패널에서 텍스트 색상을 흰색으로 변경해 보자. 이미지의 텍스트를 선택하고 패널에서 검은색의 [Character] 색상 스와치를 클릭한 다음 [Character] 색상표에서 흰색 스와치를 클릭한다. 그리고 패널 하단의 [Align Left] 버튼을 클릭한 다음 텍스트의 위치를 보면 왼쪽 경계선과 근접해있다. 경계선과 텍스트 사이의 거리를 조절하는 슬라이더는 없기 때문에 사진을 선택 해제한 다음 텍스트 박스 왼쪽 끝부분에 커서를 놓고 쌍방향 화살표로 전환한다. 텍스트를 클릭하고 오른쪽으로 약간 드래그해서 위치를 조절한다.

Note

커서를 쌍방향 화살표로 전환하기가 약간 까다롭다. 또한 동일한 방법으로 텍스트 상단과 하단에 커서를 놓아서 화살표로 전환한 다음 텍스트를 상하로 옮길 수 있다.

STEP 06

[Book] 모듈에는 사용자가 예상할 수 있는 Size, Opacity, Leading(두 줄 사이의 간격) 등 일반적인 텍스트 기능이 모두 있지만, Tracking(글자 사이의 간격)과 Baseline(정렬선 설정) 등의 예상하지 못했던 기능도 몇 가지 있다. 물론 상단의 메뉴에서 Font와 Style도 선택할 수 있다. 또 한 가지 유용한 기능은 Text Style 프리셋으로 인기가 높은 글꼴과 스타일을 모아서 프리셋들로 만들어 추가했다. 그러므로 웨딩북을 만들 때 'Caption – Wedding' 프리셋을 선택하면 웨딩사진에 어울리는 글자꼴과 스타일로 텍스트를 입력할 수 있다.

STEP 07

직접 설정한 텍스트가 마음에 든다면 [Text Style Preset] 팝업 메뉴에서 'Save Current Settings as New Preset'을 선택하여 프리셋으로 저장한다. 그러면 다음에는 일일이 첫 단계부터 설정하지 않고 텍스트를 적용할 수 있다. 지금까지 설정한 텍스트의 아래에 다른 텍스트를 추가하려면 [Text] 패널의 'Page Text'에 체크한다. 두 줄 사이의 간격은 [Offset] 슬라이더로 조절하고 나머지도 앞의 단계에서 배운 대로 설정한다.

STEP 08

텍스트에도 Targeted Adjustment 도구(TAT 도구)를 사용할 수 있다. 텍스트를 도구로 선택한 다음 클릭하고 드래그해서 크기(오른쪽/왼쪽)나 줄 사이의 간격(상/하)을 조절한다. 필자는 텍스트에 TAT 도구를 사용하지 않는데 슬라이더로 조절하는 방법이 더 쉽고 바르기 때문이다.

Note

다량의 텍스트를 추가할 수 있는 레이아웃을 선택했다면 [Type] 패널 하단의 [Columns] 슬라이더를 사용해서 여러 개의 다단으로 나누어 배치할 수 있다. [Gutter] 슬라이더는 다단 사이의 간격을 조절한다. 오른쪽으로 드래그하면 간격이 넓어진다.

페이지 번호 추가와 설정하기

라이트룸 5에 추가된 또 하나의 [Book] 모듈 기능은 자동 페이지 적용 기능이다. 페이지 번호의 위치와 형식(글꼴과 크기 등) 그리고 시작 번호 설정과 특정 페이지의 번호 숨기기 등 다양한 설정이 가능하다.

STEP 01

가장 먼저 [Page] 패널에서 'Page Numbers'를 체크한다. 기본 페이지 번호의 위치는 왼쪽 페이지는 왼쪽 하단 모퉁이, 오른쪽 페이지는 오른쪽 하단 모퉁이이다.

STEP 02

'Page Numbers' 체크박스 오른쪽의 팝업 메뉴에서 페이지 번호 위치를 선택한다. 'Top'이나 'Bottom'을 선택하면 페이지 상단이나 하단 중앙에 번호를 추가한다. 'Top Corner'나 'Bottom Corner'를 선택하면 번호를 모퉁이에 추가한다.

페이지 번호를 추가한 다음에는 번호를 클릭하고 [Type] 패널에서 글꼴이나 크기 등을 설정한다. 예제 사진의 경우 글꼴은 'Trojan Pro', [Size]는 '12pt'로 설정했다.

그 외에도 페이지 시작 번호를 설정할 수 있다. 예를 들어, 포토북의 첫 페이지는 비우고 오른쪽 페이지가 1페이지가 되는 경우 페이지 번호를 마우스 오른쪽 버튼으로 클릭한 다음 팝업 메뉴에서 'Start Page Number'를 선택한다. 마지막으로 포토북에 빈 페이지가 있는 경우 빈 페이지에는 페이지 번호를 넣고 싶지 않다면 번호를 마우스 오른쪽 버튼으로 클릭한 다음 'Hide Page Number'를 선택해서 번호를 숨긴다.

레이아웃 템플릿에 대해 알아야할 4가지 사항

라이트룸에서 포토북을 만들 때 알아두어야 할 점들이 있다. 어려운 기능들은 아니지만 간혹 찾기 어려운 기능이나 이름만 보고는 어떤 기능인지 알기 어려운 기능이 있다. 이번 레슨에서는 그런 기능들을 사용하기 쉽도록 설명한다.

Match Long Edge 기능

Auto Layout 프리셋을 만들고 [Zoom Photos to]를 'Fit'으로 설정한 경우 'Match Long Edges'의 체크박스를 해제하면 횡구도와 종구도 사진을 한 페이지에 넣었을 때 종구도 사진이 훨씬 커진다. 'Match Long Edges'를 체크하면 두 사진 크기를 균형이 맞게 자동 조절한다. Auto Layout 기능을 사용하지 않았다면 종구도 사진의 모퉁이에 커서를 놓아서 쌍방향 화살표로 전환한 다음 클릭하고 드래그해서 직접 크기를 맞춘다.

> **Note**
>
> Auto Layout 프리셋을 만드는 방법은 358페이지, '포토북 구성하기'를 참고하자.

레이아웃 저장하기

마음에 드는 레이아웃이 있다면 [Modify Page] 팝업 메뉴에서 레이아웃 썸네일 오른쪽 상단의 Quick Collection 마커처럼 생긴 아이콘을 클릭해서 'Favorites'에 저장한다. 'Favorites'에 저장한 레이아웃은 아이콘을 다시 클릭하면 저장을 취소한다. 또한 Auto Layout 프리셋을 만들었다면 [Auto Layout Preset Editor]에서 'Random from Favorites'를 선택하면 'Favorites'에 저장한 레이아웃들 중 무작위로 불러온다. 페이지에 넣을 사진의 개수도 정할 수 있다.

Match Long Edges 기능을 해제하면
두 사진 크기의 균형이 맞지 않는다.

Match Long Edges 기능을 활성화하여
두 사진 크기의 균형을 맞추었다.

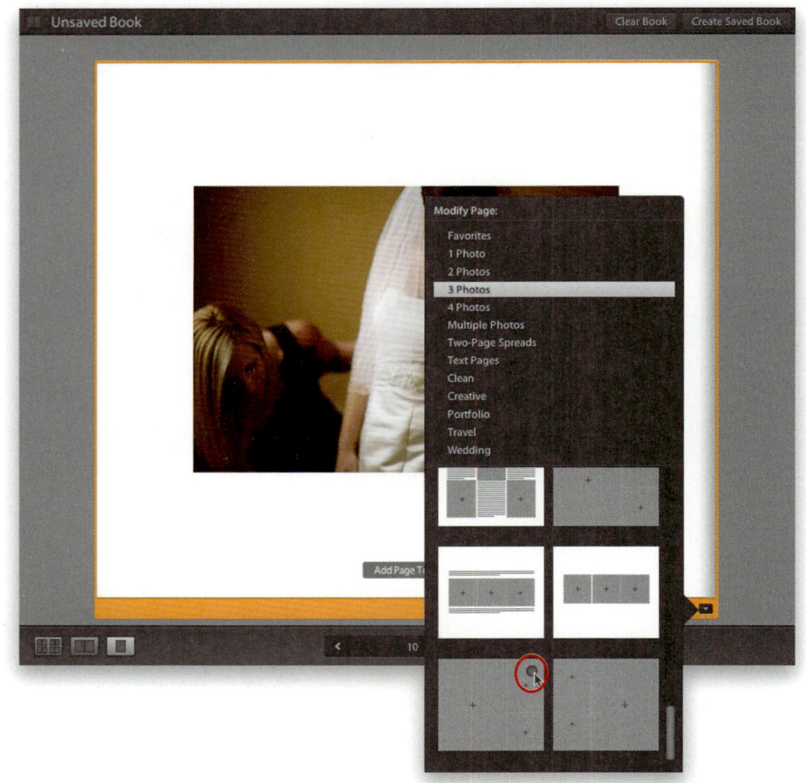

페이지 정리하기

페이지를 정리하기 위해서 연속 보기 모드에서 페이지를 옮기려면 페이지를 선택한 다음 페이지 번호가 있는 하단을 클릭하고 원하는 순서에 드래그 앤 드롭한다. 두 페이지 스프레드를 옮기려면 첫 번째 페이지를 클릭하고 Shift 키를 누른 채 두 번째 페이지를 클릭해서 선택한 다음 번호가 있는 하단을 클릭하고 원하는 순서로 드래그 앤 드롭한다. 또한 여러 개의 페이지도 한 번에 옮길 수 있다. Shift 키를 누른 채 옮길 페이지들을 클릭해서 선택하고 아무 페이지 하단의 노란색 바를 클릭해서 원하는 위치로 드래그한다. 연속 보기 모드에서는 페이지를 클릭하고 드래그해서 페이지 순서를 정리할 수 있다.

Dust Jacket 커버

포토북 커버로 'Hardcover Dust Jacket'을 선택하면 안으로 접히는 부분에 들어갈 사진을 두 장 더 추가할 수 있다.

4가지라고 했지만 1가지만 더...

포토북 끝에 Blurb의 로고 페이지를 추가하도록 승인하면 제작비를 할인해준다. [Book Settings] 패널에서 [Logo Page]를 'On'으로 설정하면 20% 정도 할인을 받을 수 있다. 마지막 페이지는 어차피 빈 페이지로 남아있으므로 고려해볼 만하다.

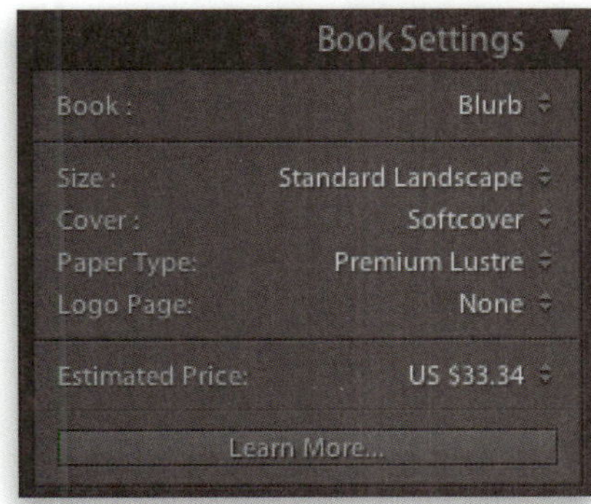

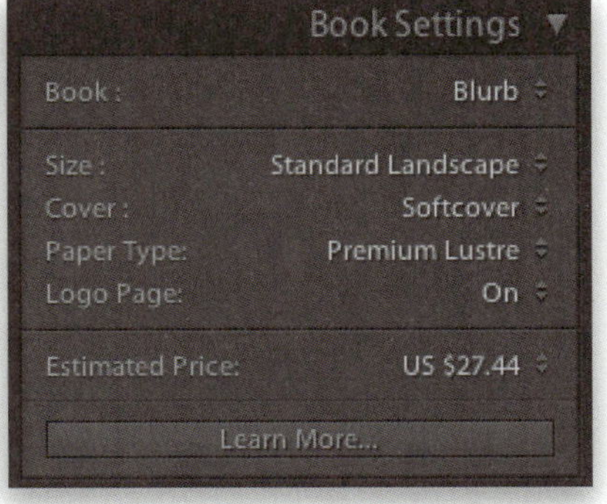

직접 만든 레이아웃 저장하기

라이트룸 4 버전의 [Book] 모듈에서 가장 아쉬운 점은 직접 만든 레이아웃의 저장 기능이 없다는 것이다. 레이아웃을 직접 만들 수 있었지만 저장 기능이 없기 때문에 재사용이 불가능했다. 라이트룸 5 버전부터는 직접 만든 레이아웃을 저장할 수 있다(만세!).

STEP 01

레이아웃에 있는 사진을 클릭하고 페이지 오른쪽 하단의 [Change Page Layout] 버튼을 클릭한 다음 '1 image'를 선택하고 full bleed (edge-to-edge) page 프리셋을 선택한다. 이 레이아웃을 선택하는 이유는 레이아웃을 직접 설정하기에 최적이기 때문이다. 이제 페이지 가장자리를 클릭하고 셀의 둘레가 보이도록 안쪽으로 약간 드래그한다.

STEP 02

[Cell] 패널에서 셀 경계선을 개별적으로 조절할 수 있게 'Link All'을 체크 해제한다. 예제 사진에서는 이미지를 파노라마 사진 형태로 크로핑하기 위해 하단 셀 경계선을 잡고 상단으로 드래그했다.

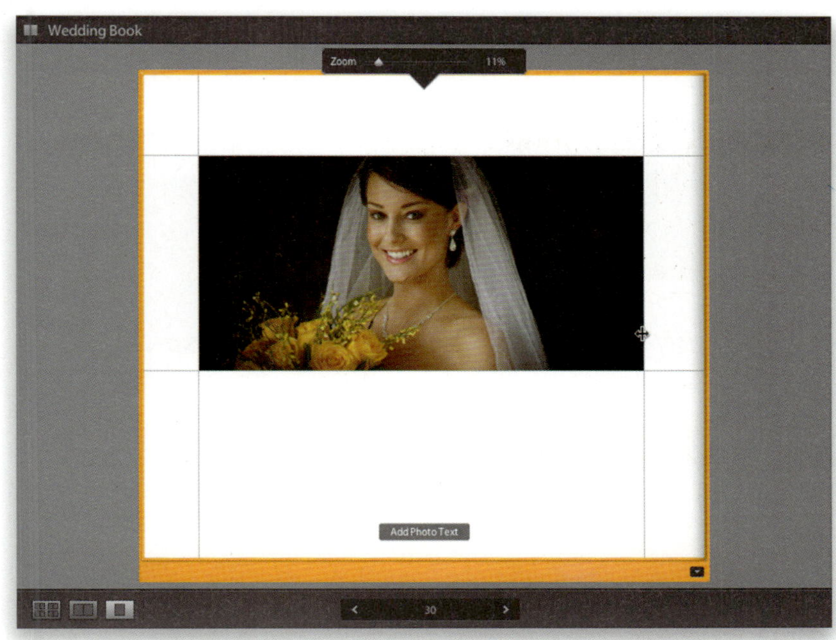

STEP 03

양옆과 상단의 셀 경계선도 예제 사진과 같이 파노라마 사진처럼 보이도록 드래그한다.

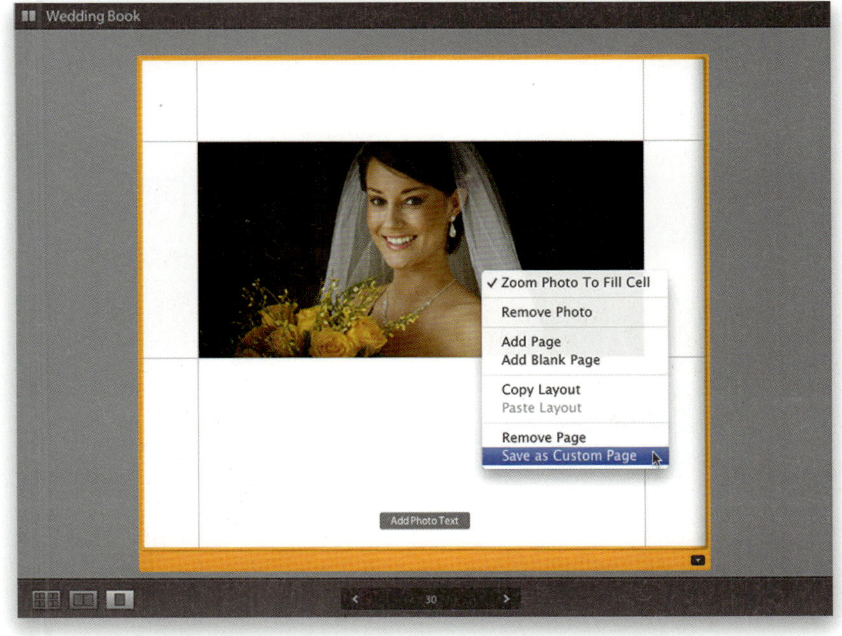

STEP 04

페이지 레이아웃을 완성하면 페이지를 마우스 오른쪽 버튼으로 클릭한 다음 팝업 메뉴에서 'Save as Custom Page'를 선택한다. 다음은 직접 만든 페이지 프리셋을 찾아 사용하는 방법에 대해 알아보자.

STEP 05

페이지 오른쪽 하단의 [Change Page Layout] 버튼을 클릭하고 [Modify Page] 팝업 메뉴 상단의 'Custom Pages'를 클릭하면 저장한 직접 만든 레이아웃 썸네일 목록이 나타난다.

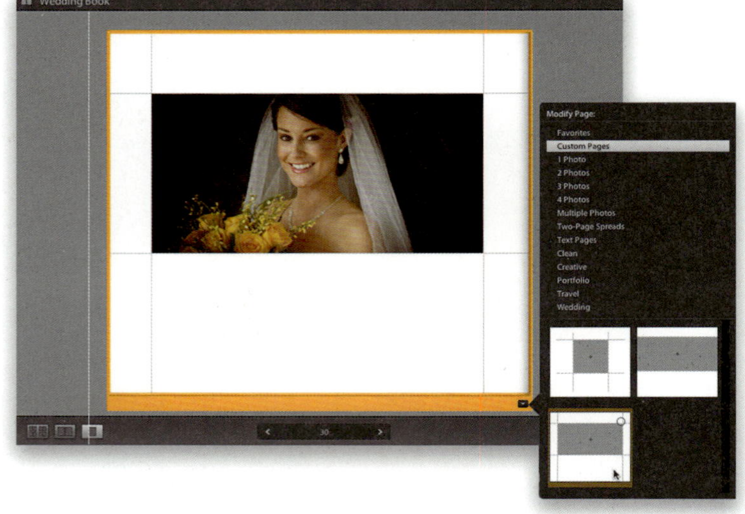

STEP 06

페이지에 직접 만든 레이아웃 프리셋을 적용해보자. 여기서는 4페이지의 신랑 사진 레이아웃을 변경할 것이다. 페이지를 클릭하고 [Modify Page] 팝업 메뉴에서 'Custom Pages'를 선택한 후 레이아웃을 선택해서 적용한다.

Note

원본 페이지 설정에 따라('Fit' 혹은 'Fill') [Zoom] 슬라이더로 줌인 설정을 조절해서 셀을 채워야 한다.

라이트룸의 [Book] 모듈에서는 포토북의 표지 텍스트도 쉽게 만들 수 있다. 텍스트를 여러 개의 줄로 만들거나 서로 다른 글꼴로 여러 개의 텍스트 블록을 만들 수도 있으며 하드커버 표지 레이아웃에서는 책등에도 텍스트를 추가할 수 있다.

표지 텍스트 만들기

STEP 01

표지 앞면 페이지를 클릭하고 이미지 하단 중앙에 나타나는 [Add Photo Text] 버튼을 클릭하면 이미지 하단에 텍스트 블록이 나타난다. 텍스트 블록에 입력하는 텍스트가 그대로 이미지에 적용된다. [Add Photo Text] 버튼이 보이지 않으면 [Text] 패널에서 'Photo Text'에 체크한다. 예제 사진에서는 'Courtney & Andrew'를 입력했지만 텍스트의 기본 색상이 검은색이라서 잘 보이지 않는다.

STEP 02

텍스트 블록의 기본 위치는 이미지 하단이지만 [Text] 패널의 [Photo Text] 영역의 [Offset] 슬라이더로 바꿀 수 있다. [Offset] 슬라이더를 큰 폭으로 드래그할수록 텍스트도 큰 폭으로 움직인다. 여기서는 텍스트를 신랑 옆의 어두운 영역에 넣을 수 있는 위치로 옮겼다.

STEP
03

텍스트 블록의 위치를 설정한 후에는 [Type] 패널
에서 텍스트의 색상부터 크기, 간격 등을 모두 설
정한다. 먼저 텍스트가 잘 보이도록 흰색으로 변경
한다. 텍스트를 클릭하고 드래그해서 선택한 다음
[Type] 패널에서 검은색 [Character] 색상 스와치
를 클릭하고 색상표에서 흰색 스와치를 클릭해서
색상을 변경한다.

STEP
04

예제 사진과 같이 웨딩 포토북을 만든다면 어도비
사가 만든 웨딩 포토북에 어울리는 글꼴 프리셋이
있다. [Type] 패널의 [Type Style Preset] 팝업 메
뉴에서 'Title – Wedding'을 선택한다. 이제 색상과
위치만 설정하면 된다. 여기서는 색상을 흰색으로
설정하고 패널 하단의 [Align Left] 버튼을 클릭해
서 텍스트를 왼쪽에 정렬한다.

Tip

두 번째 텍스트 블록 만들기

[Text] 패널로 돌아가 [Page Text]를 체크해서 두 번
째 텍스트 블록을 만들고 첫 번째 텍스트 블록과
마찬가지로 설정한다.

STEP 05

하나의 텍스트 블록에 텍스트를 한 줄 더 추가하려면 커서를 텍스트의 마지막 글자에 놓고 [Enter] (MAC:[Return])키를 누른다. 새로 추가한 둘째 줄은 첫째 줄과 다른 설정이 가능하기 때문에 둘째 줄만 선택해서 다른 글꼴을 적용하고 크기를 바꾼 뒤 글자 사이의 간격도 설정할 수 있다. 또한 [Leading] 슬라이더로 줄 사이의 간격을 조절한다. 여기서는 글꼴을 'Trajan Pro'로 설정하고 [Size]를 '9.9'로 작게 만들었다. 그리고 'Tracking:219, Leading:42.8'로 설정했다. 마지막으로 텍스트 박스 왼쪽 옆면을 클릭한 다음 약간 오른쪽으로 드래그했다.

STEP 06

책커버가 있는 포토북을 만드는 경우 등에도 텍스트를 추가할 수 있다. 커서를 등으로 가져가면 나타나는 텍스트 박스를 클릭하고 텍스트를 입력한다. 글꼴, 색상, 위치 등을 설정한다.

Tip

책등의 색상 선택하기

[Background] 패널에서 'Background Color'를 체크한 다음 색상 스와치를 클릭하고 색상표에서 색상을 선택한다. 또한 색상표가 나타나면 아무 영역에서 마우스 버튼을 클릭하고 누른 채 Eyedropper 도구로 표지 사진에서 색상을 선택할 수 있다.

나만의 레이아웃 템플릿 만들기 비법

포토북에 앞의 레슨에서 사용한 간단한 Custom Page 레이아웃과 다른 나만의 레이아웃을 적용하려면 필자가 어도비사의 라이트룸 전도사 줄리엔 코스트에게 전수 받은 비법이 있다. [Print] 모듈에서 페이지에 추가할 사진으로 포토북과 같은 크기의 페이지 레이아웃을 만들어서 JPEG 형식으로 저장한 라이트룸으로 불러온다. 엄밀히 말하면 템플릿은 아니지만 포토북에 사용하는데 문제가 없다.

STEP 01

[Print] 모듈로 전환한 다음 왼쪽 하단의 [Page Setup] 버튼을 클릭한다. [Print Setup] (MAC:[Page Setup]) 대화창의 [Properties] 버튼을 클릭한 다음 [Paper Options] 영역에서 [Custom] 버튼을 클릭한다. MAC에서는 [Paper Size] 팝업 메뉴에서 'Manage Custom Size'를 선택하면 예제와 같은 대화창을 불러온다. 그리고 다음에 다시 동일한 과정을 반복하지 않도록 새 프리셋을 설정한다. 하단의 [+] 버튼을 클릭하고 [Width]와 [Length](MAC:[Height])에 만들고 있는 포토북의 크기를 입력한다. 여기서는 7을 입력했다. MAC에서는 가장자리 여백을 0으로 입력하고 [OK] 버튼을 클릭한다. 이제 포토북에 필요한 레이아웃을 만들 때 한 번의 클릭으로 템플릿을 불러올 수 있다. 다른 크기의 포토북에 맞는 프리셋들을 미리 만들어두면 좋다. 여기서는 MAC을 기준으로 설명하였으나 PC는 MAC과 설정 방법이 다르므로 각각의 운영체제에 맞게 설정한다.

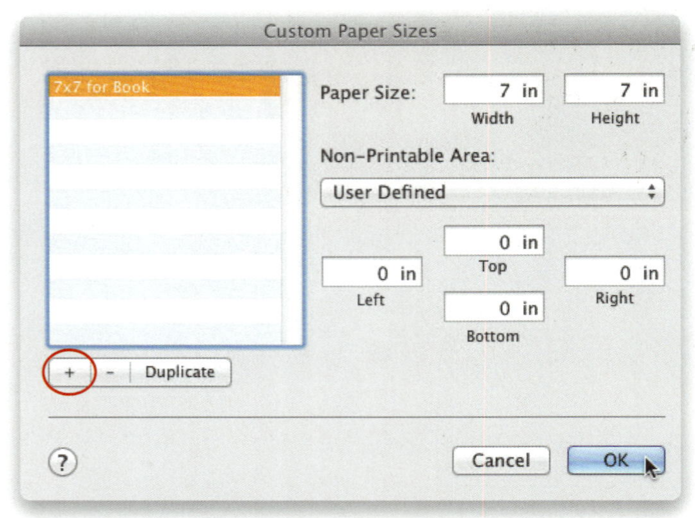

STEP 02

Step 01의 설정을 마치면 [Print] 모듈에서 원하는 레이아웃을 설정한다. 예제 사진의 레이아웃은 왼쪽 패널 영역의 [Template Browser] 패널에서 라이트룸 프리셋인 '4 Wide'를 선택했다. 템플릿을 불러온 다음 4개의 사진을 선택한다. 그리고 오른쪽 패널 영역의 [Page] 패널에서 'Identity Plate'의 체크를 해제한다. [Layout] 패널에서는 포토북 크기에 맞추기 위해 두 가지 설정만 했다. [Margin] 영역에서 [Bottom]과 [Top] 여백은 0.44로 설정하고, [Left]와 [Right] 여백은 0.50으로 설정했다.

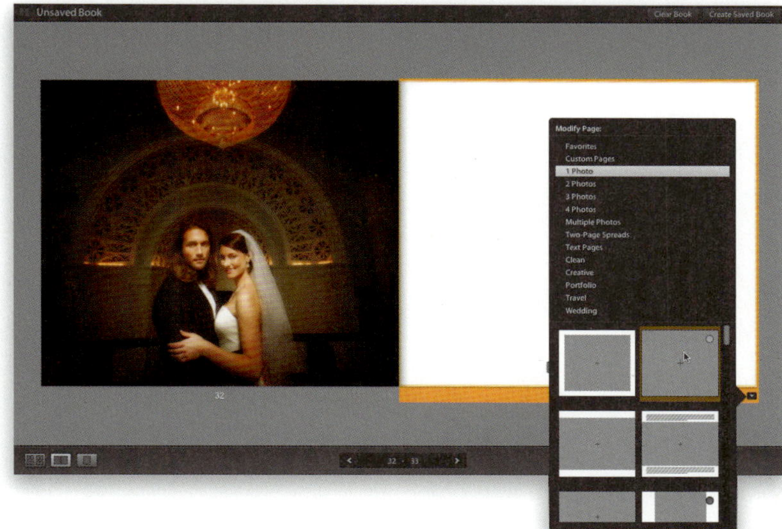

STEP 03

여기서는 내장된 출력 템플릿을 사용했지만 오른쪽 패널 영역의 [Layout Style] 패널에서 프린트 모듈의 Custom Package 기능을 사용하여 빈 문서에 레이아웃을 직접 만들 수도 있다. [Print] 모듈에서 페이지 설정을 마친 후 [Print Job] 패널의 [Print To]에서 'JPEG File'을 선택한다. [Print Sharpening]과 [Media Type]을 설정하고(자세한 방법은 챕터 13에서 찾을 수 있다) 직접 설정한 크기를 사용할 수 있도록 'Custom File Dimensions'을 체크 해제한다. [Print to File] 버튼을 클릭해서 레이아웃을 JPEG 형식으로 저장한다.

Note

Custom Package 기능을 사용하여 빈 문서에 레이아웃을 만드는 자세한 방법은 444페이지 '나만의 출력 레이아웃 만들기'를 참고하자.

STEP 04

[Library] 모듈에서 Ctrl – Shift – I (MAC:[Command] – Shift – I)키를 눌러 [Import] 창을 불러온다. 레이아웃 파일을 찾아 라이트룸으로 불러와서 드래그하여 포토북 컬렉션에 추가한다. [Book] 모듈로 전환한 다음 새 레이아웃을 넣을 페이지를 마우스 오른쪽 버튼으로 클릭하고 'Remove Photo'를 선택해서 빈 페이지로 만든다. [Modify Page] 팝업 메뉴에서 전체 사진 레이아웃을 선택한다. [Filmstrip]에서 [Print] 모듈에서 만든 페이지를 찾아 페이지로 드래그한다. 이렇게 만든 페이지는 템플릿이 아니라는 단점과 원하는 레이아웃을 직접 만들 수 있다는 장점이 있다.

페이지 줌인/줌아웃

포토샵의 줌인/줌아웃 단축키 Ctrl – + (MAC: [Command]– +)/ Ctrl – – (MAC:[Command]– –)로 페이지를 줌인/줌아웃한다.

여러 개의 사진 한 번에 크기 조절하기

페이지에 여러 개의 사진을 추가한 경우 첫 번째 사진을 선택한 후 Shift 키를 누른 채 다른 사진들도 선택한 다음 [Zoom] 슬라이더를 드래그한다.

sRGB 자동 변환

대부분의 포토랩은 출력을 위해 이미지를 sRGB 형식으로 색공간 변경을 추천한다. 그러나 라이트룸에서는 포토북을 Blurb로 보낼 때 사진들을 sRGB로 자동 변환한다.

페이지 안에서 사진 보정하기

포토북을 만들다가 사진에 보정이 필요한 경우 사진을 클릭하고 D 키를 눌러 [Develop] 모듈로 전환한다. 보정을 마치고 Ctrl – Alt – 4 (MAC:[Command]–[Option]– 4)키를 눌러 [Book] 모듈로 돌아가 포토북 작업을 계속한다.

연속 보기 모드의 썸네일 크기 조절하기

연속 보기 모드에서 더 많은 페이지를 보거나 두 페이지 스프레드를 더 크게 보려면 Preview 영역 하단의 도구바 오른쪽에 있는 [Thumbnails] 슬라이더로 썸네일 크기를 조절한다. 아래의 팁과 함께 사용하면 더 효과적이다.

연속 보기 모드 영역 확장하기

포토북 페이지를 정리할 때 Shift – Tab 키를 눌러 모든 패널 영역을 숨기면 더 큰 Preview 영역에서 작업할 수 있다.

작업 시간을 단축하는 4가지 단축키

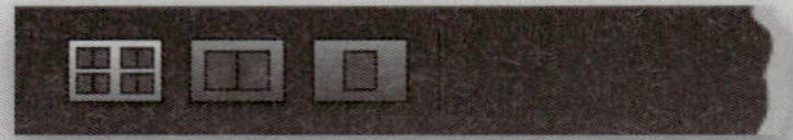

포토북을 만들 때는 많은 단축키가 필요없지만 다음 4개의 단축키는 작업 진행 속도를 훨씬 빠르게 만들 수 있다.

Ctrl – E (MAC:[Command]– E)키
: 연속 보기 모드로 전환

Ctrl – R (MAC:[Command]– R)키
: 두 페이지 보기 보드로 전환

Ctrl – T (MAC:[Command]– T)키
: 한 페이지 보기 모드로 전환

Ctrl – U (MAC:[Command]– U)키
: 확대 페이지 보기 모드로 전환. 사진을 근접해서 줌인하는데 텍스트를 확인할 때 편리하다.

페이지 추가하기

[Pages] 패널에서 [Add Page] 버튼을 클릭하면 마지막 페이지 뒤에 빈 페이지를 추가한다. 그러나 다른 페이지들 사이에 새 페이지를 추가해야하는 경우가 많다. 원하는 페이지 위치에 있는 페이지를 마우스 오른쪽 버튼을 클릭하고 'Add Page'를 선택하면 바로 그 위치에 페이지를 추가한다.

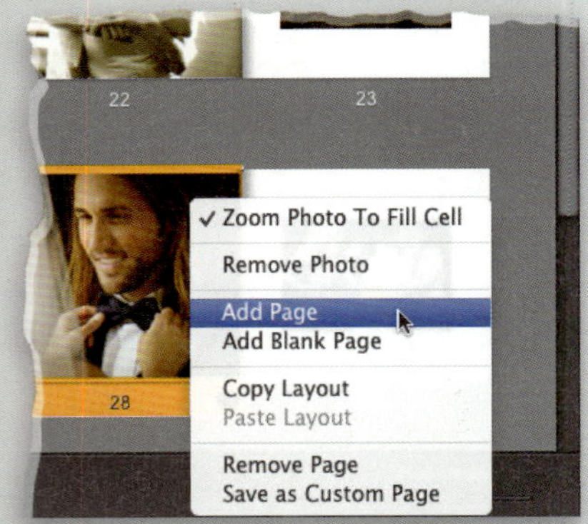

사진을 순서대로 넣기 전에 Auto Layout 적용해보기

포토북에 사진을 순서대로 추가하기 전에 사진을 무작위로 넣는 라이트룸의 Auto Layout 기능을 적용해보면 생각지 못했던 멋진 두 페이지의 조합을 발견할 가능성이 있다. 필자 역시 매번 서너 개의 조합을 발견한다.

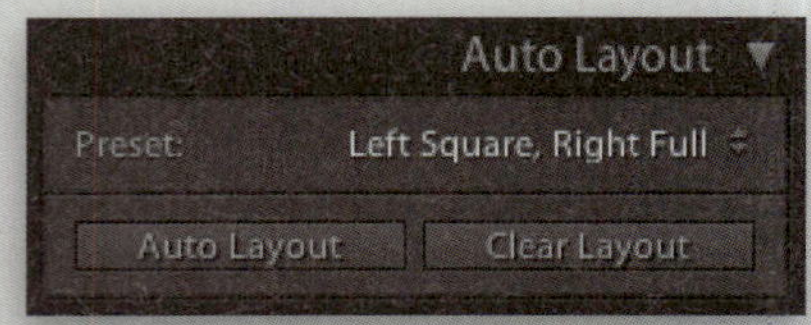

직접 만든 페이지 저장하기

직접 만든 페이지 디자인을 저장하면 셀의 개수와 위치와 텍스트 영역과 위치까지 기억한다. 그러나 [Zoom Photo] 설정과 텍스트 설정(글꼴. 크기 등)은 기억하지 못한다. 라이트룸 6 버전에서는 그 점이 개선되었으면 한다.

한 페이지만 페이지 번호 형식 바꾸기

페이지 번호는 기본적으로 [Page] 패널의 Page Numbers 기능을 사용해서 자동으로 일괄 적용한다. 그러나 만약 어두운 사진을 풀 페이지로 만들어서 페이지 번호를 흰색으로 바꾸고 싶은 경우 페이지 번호를 마우스 오른쪽 버튼으로 클릭한 다음 팝업 메뉴에서 'Apply Page Numbers Style Globally'를 선택 해제하고 번호를 선택한 다음 [Type] 패널에서 색상을 흰색으로 변경한다. 이와 같은 방법으로 다른 페이지의 번호도 설정을 변경할 수 있다.

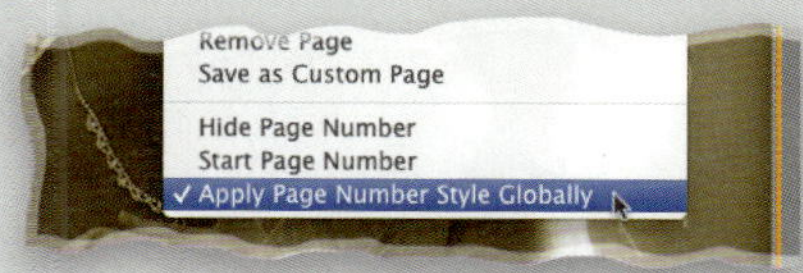

다수의 사진에 캡션 적용하기

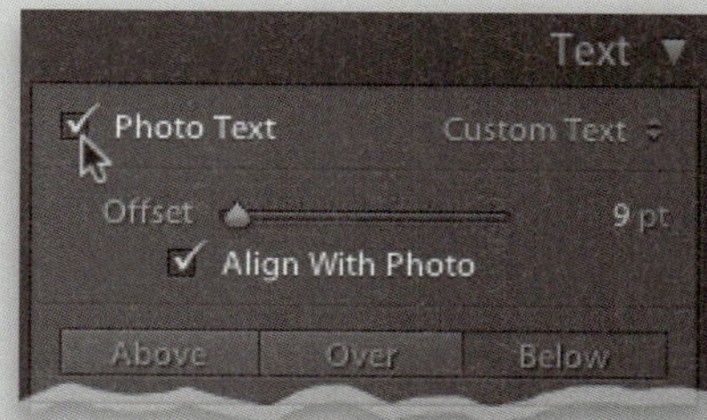

여러 장의 사진을 추가한 페이지에서 각 사진에 캡션을 추가하고 싶다면 첫 번째 사진을 클릭하고 Ctrl (MAC:[Command])키를 누른 채 다른 사진들을 클릭해서 선택한다. 그리고 [Text] 패널에서 'Photo Text'에 체크하면 각 사진 하단에 캡션 입력칸이 나타난다.

자동 캡션 기능

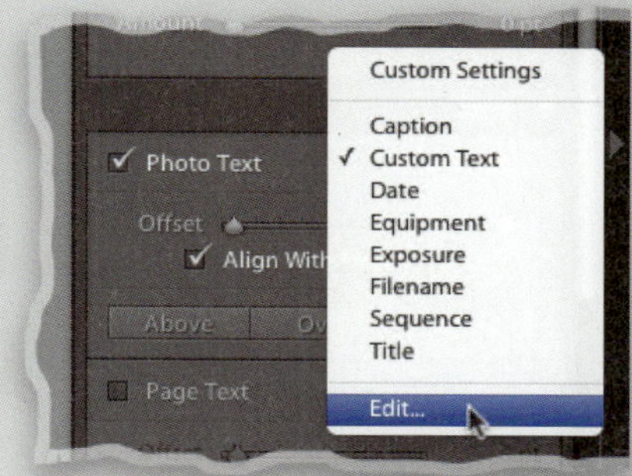

[Text] 패널의 'Photo Text'를 체크하면 체크박스 오른쪽에 자동 캡션 팝업 메뉴가 있다. 라이트룸 5 버전에는 이 팝업 메뉴에 이미지의 메타데이터에서 정보(노출, 기종 등)를 가져와서 캡션으로 설정하는 기능을 추가했다. 혹은 'Edit'을 선택하고 [Text Template Editor] 대화창에서 새로운 캡션을 설정할 수 있다. 캡션의 글꼴, 크기 등은 [Type] 패널에서 설정한다.

캡션 위치 고정하기

페이지에 캡션을 추가한 다음 실수로 움직이지 않도록 캡션의 위치를 고정하기 위해 캡션 영역 경계선의 사각형 아이콘을 클릭하면 내부가 노란색으로 바뀌고 캡션의 위치를 고정한다. 다시 클릭하면 설정을 해제한다.

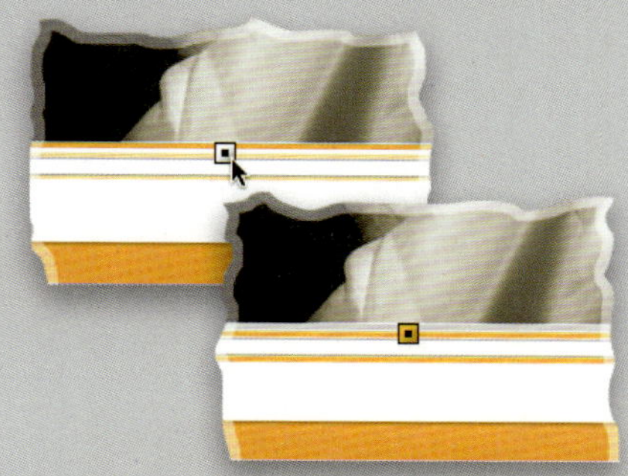

비용 절약하는 용지 선택

포토북 제작비를 절약하려면 Blurb가 라이트룸 5 버전에 새로 추가한 'Standard' 용지를 선택한다. 일반 포토북 용지보다 질이 낮고 저렴하기 때문에 비용이 많이 드는 최종 제작본을 주문하기 전 작은 견본품 제작에 적합하다. 두께도 훨씬 얇고 양면 인쇄를 하는 경우 뒤 페이지에 사진이 비칠 수도 있지만 Standard Landscape 크기의 Hardcover Image Wrap 표지의 포토북의 경우 Premium Luster 용지 대신 Standard 용지를 사용하면 13% 정도의 비용이 절감된다.

한 페이지 보기 모드로 전환하기

페이지를 더블클릭하면 한 페이지 보기 모드로 전환한다.

Glaces ~ Sorbets
Cornet ou Pot
Cone or Cup
Fraise
Chocolat
Coco
Vanille
Café

Crêpes Salées
Crêpes Sucrées
Sandwiches
Tartines Sucrées
Tortillas
Salades Composées
Boissons Fraiches
Boissons Chaudes
Glaces ~ Sorbets
Friandises
Bijoux Fantaisies

VIN
CHAUD
HOT WINE

CHAPTER 11

SLIDESHOW
작품 프레젠테이션 만들기

감동적인 배경 음악을 넣어서 모두가 감탄할만한 스크린용 프레젠테이션을 만드는 것보다 더 어려운 것은 제목이 "Slideshow"인 노래나 TV 쇼 혹은 영화를 찾는 것이다. 어쨌든 "Slideshow"라는 단어가 편집자 킴 도티에게 얼마나 큰 고민거리를 제공했는지 모른다. 사실 "slideshow"는 "slide"와 "show" 두 개의 단어이다. 그런데 어도비사는 라이트룸 모듈의 이름에 두 단어를 붙인 "Slideshow"를 사용하기로 결정했다. 킴은 이 책의 이전 버전에서 모듈을 칭할 때를 제외하고는 모든 "slideshow"라는 단어를 "slide show"로 고쳤다. 그래서 이 책에서는 일관성 있게 "slideshow"로 통일하자고 제의했다. 킴은 필자의 요청을 달가워하지 않았다. 킴은 필자가 아는 사람들 중 누구보다도 잘 웃고 활발한 성격을 가졌기 때문에 그녀의 반응은 필자를 걱정시

켰다. 그래서 농담을 건네면서 얘기하면 킴의 기분이 금방 좋아질 것이라고 생각했지만 "알았어요"라는 한 마디만 남기고 사무실로 들어가 버렸다. 그리고 이 책의 마무리 단계에서 킴이 필자의 사무실로 왔다. 그녀의 표정을 보자마자 뭔가 잘못됐다는 것을 느끼고 킴의 말에 집중했다. 킴은 "slide show"를 한 단어로 합치는 것에 대해 얼마나 불편하게 느끼는지 말했고, 우리는 10분 정도 대화를 주고받았다. 그리고 킴이 갑자기 칼을 꺼내들었다. 그 때까지 그 일이 킴에게 얼마나 중대한 사안인지 몰랐다. 결국 이번 챕터에는 두 가지 단어를 모두 사용하기로 결정했다. 또 다른 좋은 소식은 의사가 2주 안에 실밥을 제거할 수 있을 것이라고 한다.

간단한 기본
슬라이드 쇼
만들기

이번 레슨에서는 라이트룸의 슬라이드 쇼 템플릿을 사용해서 빠르고 간단한 슬라이드 쇼를 만들어보자. 슬라이드 쇼를 만드는 과정이 너무 쉬워서 놀라겠지만 [Slideshow] 모듈의 위력은 직접 템플릿을 만들고 설정할 때 경험하게 될 것이다.

STEP 01

Ctrl—Alt—5 (MAC:[Command]—[Option]—5) 키를 눌러 [Slideshow] 모듈로 전환한다. [Library] 모듈과 같이 왼쪽 패널 영역에 [Collections] 패널이 있으므로 쉽게 사진을 사용할 수 있다. 가장 먼저 슬라이드 쇼에 추가할 사진들이 있는 컬렉션을 클릭한다.

Note

슬라이드 쇼에 사용할 사진들이 컬렉션에 없다면 지금 단계에서 추가해야 훨씬 쉽게 슬라이드 쇼를 만들 수 있다. G 키를 눌러 [Library] 모듈로 전환한 다음 슬라이드 쇼에 추가할 사진들로 컬렉션을 만들고 [Slideshow] 모듈로 다시 전환해서 [Collections] 패널에서 컬렉션을 클릭한다.

STEP 02

기본적으로 슬라이드 쇼는 [Filmstrip] 영역에 있는 사진 순서대로 진행한다. 특정 사진들만 슬라이드 쇼에 넣으려면 [Filmstrip] 영역에서 사진들을 선택한 다음 Preview 영역 하단의 도구바에 있는 [Use] 팝업 메뉴에서 'Selected Photos'를 선택한다. 팝업 메뉴에서는 플래그 설정한 사진들만 선택할 수 있다.

STEP 03

사진의 순서를 바꾸려면 사진을 클릭하고 원하는 순서로 드래그한다. 여기서는 세 번째 사진을 첫 번째 위치로 드래그했다.

Note

사진의 순서는 언제든지 바꿀 수 있다.

STEP 04

[Slideshow] 모듈로 처음 전환하면 사진들을 기본 슬라이드 쇼 템플릿에서 보여준다. 기본 템플릿은 밝은 회색의 그라데이션 배경 왼쪽 상단에 Main Identity Plate가 흰색으로 나타난다. 기본 템플릿은 [Template Browser]의 기본 템플릿과 다르다는 점에 유의한다. [Filmstrip]에서 다른 사진들을 클릭해서 현재 슬라이드 쇼 레이아웃에서 어떻게 보이는지 확인해보자.

STEP 05

다른 형식의 슬라이드 쇼로 바꾸려면 왼쪽 패널 영역에서 [Template Browser] 패널의 라이트룸 템플릿들을 사용한다. 템플릿을 선택하기 전에 템플릿 이름에 커서를 놓으면 상단의 미리 보기 모드 패널에서 미리 확인할 수 있다. 예제 사진은 'Caption and Ratings' 템플릿에 커서를 놓자 밝은 회색 그라데이션 배경과 이미지에 드롭 섀도우가 있는 템플릿을 적용한 후의 모습이 나타났다. 이 템플릿을 적용하면 사진에 등급을 설정하면 사진 왼쪽 상단에 등급을 표시한다. 그리고 [Library] 모듈의 [Metadata] 패널에서 캡션을 추가하면 슬라이드 하단에 표시한다. 이제 'Caption and Rating' 템플릿을 클릭해서 적용해보자.

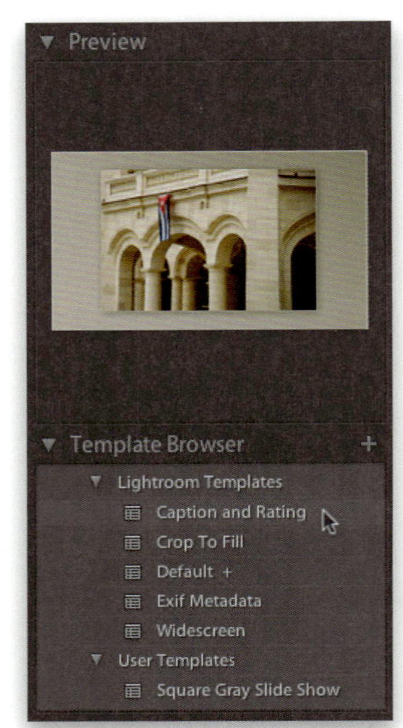

STEP 06

슬라이드 쇼 미리 보기 모드를 보려면 Preview 영역 하단의 도구바에서 DVD 재생기의 [Play] 버튼과 같은 삼각형 형태의 [Preview] 버튼을 클릭한다. 버튼을 클릭하면 Preview 영역에 슬라이드 쇼를 진행하는데 슬라이드 쇼의 크기는 동일하지만 가이드 없이 전환 효과와 배경 음악(배경 음악을 설정한 경우)도 함께 확인할 수 있다. 미리 보기 모드를 멈추려면 도구바 왼쪽의 [Stop] 버튼을 클릭한다. 잠시 멈추려면 [Play] 버튼이 있던 위치의 버튼을 클릭한다.

무작위 재생

슬라이드 쇼는 [Filmstrip] 영역의 사진 순서대로 재생되지만 무작위로 재생하려면 오른쪽 패널 영역에 있는 [Playback] 패널의 'Random Order'에 체크한다.

STEP 07

슬라이드 쇼에서 사진을 제거하려면 [Filmstrip]에서 사진을 클릭하고 Backspace (MAC:[Delete])키를 눌러 컬렉션에서 제거하거나 도구바의 [Use] 팝업 메뉴에서 'Selected Photos'를 선택한다. 여기서는 **Step 06** 예제 사진에 있는 사진을 Backspace (MAC:[Delete])키를 눌러 제거했다. 이때 컬렉션 대신 폴더를 사용했다면 사진을 제거했을 때 실제로 라이트룸과 컴퓨터에서 삭제했을 것이다.

STEP 08

설정을 마치면 슬라이드 쇼를 전체 화면으로 재생해보자. 오른쪽 패널 영역 하단의 [Play] 버튼을 클릭한다. 전체 화면 모드에서 [Slideshow] 모듈로 전환하려면 Esc 키를 누른다. 다음은 직접 슬라이드 쇼를 만들어보자.

> **Tip**
>
> **즉석 슬라이드 쇼 만들기**
>
> [Slideshow] 모듈로 전환하지 않고도 즉석 슬라이드 쇼를 만들 수 있다. 어느 모듈에서든지 [Filmstrip]에서 슬라이드 쇼로 만들 사진들을 선택한 다음 Ctrl − Enter (MAC:[Command]−[Return])키를 누르면 전체 화면 슬라이드 쇼가 시작된다.

나만의 슬라이드 쇼 설정하기

라이트룸 템플릿을 사용해도 충분히 슬라이드 쇼를 만들 수 있지만 곧 배경색을 바꾸고 싶다던가 텍스트를 하단에 넣을 수 있다던가 혹은 슬라이드 쇼를 더 멋지게 만들고 싶은 생각이 들것이다. 그래서 이번 레슨에서는 슬라이드 쇼를 직접 만드는 방법에 대해 알아볼 것이다. 원하는 모습으로 슬라이드 쇼를 만들 수 있을 뿐 아니라 설정을 저장하면 클릭 한 번으로 나만의 슬라이드 쇼를 만들 수 있다.

STEP 01

라이트룸의 슬라이드 쇼 템플릿이 완벽하게 마음에 들지는 않겠지만 나만의 슬라이드 쇼를 만들 때 훌륭한 출발점 역할을 한다. [Slideshow] 모듈의 [Collections] 패널에서 슬라이드 쇼에 넣을 컬렉션을 선택한 다음 [Template Browser]에서 'Exif/Metadata' 템플릿을 선택해보자. 템플릿을 선택하면 검은색 배경과 흰색 테두리 그리고 사진에 대한 정보가 오른쪽 상단과 하단, 사진 하단에 있고 Identity Plate는 왼쪽 상단에 있다.

STEP 02

템플릿을 불러온 다음에는 왼쪽 패널이 필요하지 않으므로 F7 키를 눌러 숨긴다. 가장 먼저 EXIF 정보를 삭제해보자. [Overlays] 패널에서 'Text Overlays'를 체크 해제하면 Identity Plate는 여전히 보이지만 주변에 있던 사진 정보는 더 이상 보이지 않는다.

Tip

텍스트 크기 조절하기

텍스트를 만든 다음 모퉁이의 조절점을 클릭하고 드래그해서 크기를 조절한다.

STEP 03

다음은 사진의 크기를 조절해보자. 여기서는 사진의 크기를 약간 작게 설정하고 스튜디오 로고를 하단에 넣기 위해 사진을 상단으로 옮긴다. 사진은 네 개의 페이지 여백 가이드 안에 있다. 여백은 [Layout] 패널에서 조절한다. 'Show Guides'에 체크하면 가이드가 나타난다. 여백 가이드는 기본적으로 서로 연결되어 있기 때문에 왼쪽 여백을 81 픽셀로 설정하면 나머지 여백도 동일하게 적용한다. 여기서는 상단과 하단의 여백을 각각 설정해야 하므로 'Link All'을 클릭해서 해제한다. 그리고 [Bottom] 여백 슬라이더를 드래그해서 216으로 설정한다. [Top] 슬라이더는 144 픽셀로 설정한다. 슬라이더를 드래그하면 사진 크기가 작아지고 하단의 여백이 더 넓어진다.

Tip

가이드 사용하기

사진의 크기는 [Layout] 패널의 슬라이더 뿐 아니라 가이드를 직접 드래그해서 조절할 수 있다. 가이드 위에 커서를 놓고 조절 화살표로 바뀌면 드래그해서 사진의 크기를 조절한다. 두 개의 가이드선이 만나는 지점을 클릭하면 대각선 방향으로 드래그할 수 있다.

STEP 04

사진의 크기를 설정한 다음 스튜디오 이름이 있는 Identity Plate를 하단으로 옮긴다. Identity Plate를 클릭하고 사진 하단으로 드래그한다.

Tip

Zoom to Fill Frame 기능

사진의 경계선과 여백 가이드 사이에 여백이 생기면 Zoom to Fill Frame 기능을 사용해서 채운다. 오른쪽 패널 영역 상단의 [Options] 패널에서 이 기능을 체크하면 자동으로 사진의 크기를 조절해서 여백 가이드 내부의 여백을 채운다.

STEP 05

Identity Plate의 텍스트를 설정하려면 [Overlays] 패널에서 미리 보기 창 오른쪽 하단 모퉁이에 있는 작은 삼각형 아이콘을 클릭하고 'Edit'을 선택해서 [Identity Plate Editor] 대화창을 불러온다. 사진 하단에 넣을 텍스트를 입력한다. 여기서는 글꼴을 24 크기의 'Myriad Web Pro'로 설정하고 "Scott Kelby | Photography"라고 입력했다. 또한 예제 사진에서 텍스트가 잘 보이게 색상 스와치를 클릭해서 텍스트 색상을 검은색으로 설정했다. [OK] 버튼을 클릭해서 설정을 적용한다. Identity Plate의 크기는 언제든지 [Overlays] 패널의 [Scale] 슬라이더나 직접 드래그해서 조절할 수 있기 때문에 지금 글꼴 크기에 신경 쓰지 않아도 된다.

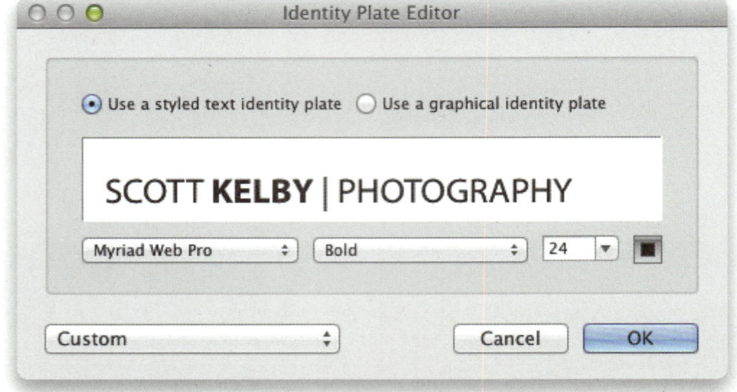

STEP 06

Ctrl - Shift - H (MAC:[Command] - Shift - H)
키를 누르거나 [Layout] 패널의 'Show Guides'의
체크를 해제해서 지금까지 설정한 슬라이드 쇼를
살펴보자. 사진 하단의 텍스트가 흰색이면 사진에
서 시선을 빼앗기 때문에 밝은 회색으로 설정하는
것이 좋다. [Overlays] 패널에서 [Identity Plate] 영
역의 [Opacity] 슬라이더를 낮춰 밝은 회색으로 설
정한다. 여기서는 '60%'로 설정했다. Identity Plate
텍스트를 회전하려면 하단의 도구바에 있는 회전
화살표를 사용한다.

STEP 07

슬라이드 쇼 배경을 원하는 색상으로 변경할 수 있
다. 배경을 어두운 회색으로 설정해보자. [Back-
drop] 패널에서 'Background Color' 체크박스 오
른쪽의 색상 스와치를 클릭하고 색상표에서 배경
색상을 선택한다.

> **Tip**
>
> **Identity Plate에 드롭 섀도우 추가하기**
>
> 슬라이드의 배경이 밝은색이라면 Identity Plate 텍
> 스트에 드롭 섀도우를 추가할 수 있다. [Overlays]
> 패널 하단의 'Shadow'에 체크하고 [Offset](텍스트
> 와의 거리), [Radius](강도)와 [Angle](방향) 슬라이
> 더로 드롭 섀도우를 설정한다. 단 PC 버전 라이트
> 룸에는 이 기능이 없다.

STEP 08

배경을 회색으로 설정하면 검은색일 때 보이지 않던 'EXIF/Metadata' 템플릿 디자인에 포함된 이미지의 드롭 섀도우가 분명하게 나타난다. 이 드롭 섀도우는 [Options] 패널에서 [Radius] 슬라이더를 높여서 부드럽게 설정하고 [Opacity] 슬라이더를 높여서 예제 사진과 같이 만든다.

STEP 09

슬라이드 쇼에 조금 더 예술 작품 같은 느낌을 주기 위해 이미지 프레임을 정사각형으로 만들어보자. 먼저 Ctrl - Shift - H (MAC:[Command] - Shift - H)키를 눌러 가이드를 다시 불러온 다음 정사각형으로 설정한다. 이때 사진은 정사각형으로 자르는 대신 동일한 종횡비로 셀 안에서 크기만 조절한다. 그러므로 [Options] 패널에서 'Zoom to Fill Frame'을 체크해서 이미지가 셀을 채우도록 설정하면 예제 사진과 같은 결과를 얻을 수 있다. 다음은 'Stroke Border'를 체크하고 [Width] 슬라이더를 드래그해서 테두리를 만든다.

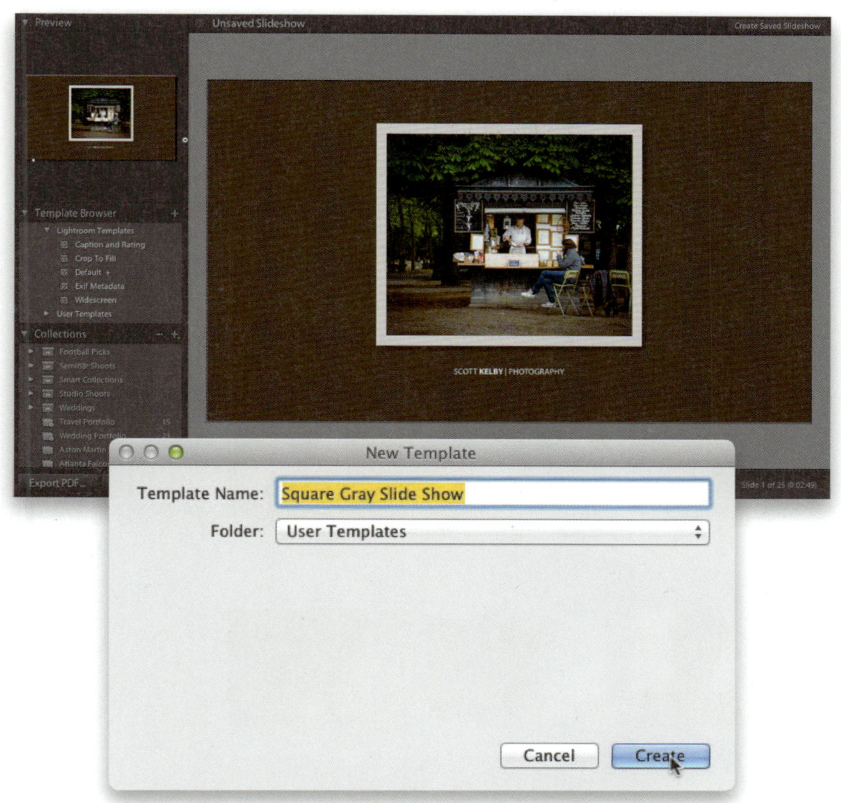

STEP 10

모든 설정을 마친 다음 템플릿을 저장하면 이후에도 [Template Browser]에서 클릭 한 번으로 적용할 수 있다. F7 키를 눌러 왼쪽 패널 영역을 다시 불러온 다음 [Template Browser] 패널 헤더 오른쪽에 있는 [+] 버튼을 클릭한다. [New Template] 대화창에서 템플릿 이름과 저장 위치를 설정한다. 여기서는 [User Template] 폴더에 저장했지만 새 폴더를 만들고 [Folder] 팝업 메뉴에서 선택해서 저장할 수도 있다. [Create] 버튼을 클릭해서 템플릿을 저장한다.

STEP 11

직접 만든 템플릿을 저장한 다음 다른 컬렉션을 선택해서 적용해보자. [Slideshow] 모듈의 [Collections] 패널에서 다른 컬렉션을 선택한다. [Template Browser] 패널의 [User Template]에서 'Square Gray Slide Show'를 클릭하면 예제 사진과 같이 동일한 설정의 슬라이드 쇼가 나타난다.

슬라이드 쇼에 영상 추가하기

어도비사는 라이트룸 5의 [Slideshow] 모듈에 많은 기능을 추가하지 않은 대신 슬라이드 쇼에 영상과 사진을 함께 사용할 수 있는 기능을 추가했다. 이 기능만으로도 슬라이드 쇼의 활용도가 훨씬 높아진다. 웨딩 영상이나 홍보 영상, 비하인드 스토리, 가족 여행 등 다양한 영상으로 슬라이드 쇼를 꾸밀 수 있다. 이제는 간단한 영상을 만들기 위해 비디오 프로그램을 배울 필요가 없다.

STEP 01

[Library] 모듈에서 슬라이드 쇼에 넣을 영상과 사진들을 컬렉션으로 만든다. 여기서는 결혼식에서 촬영한 영상들과 사진들로 컬렉션을 만들었다. Ctrl - Alt - 5 (MAC:[Command]-[Option]-5) 키를 눌러 [Slideshow] 모듈로 전환한다.

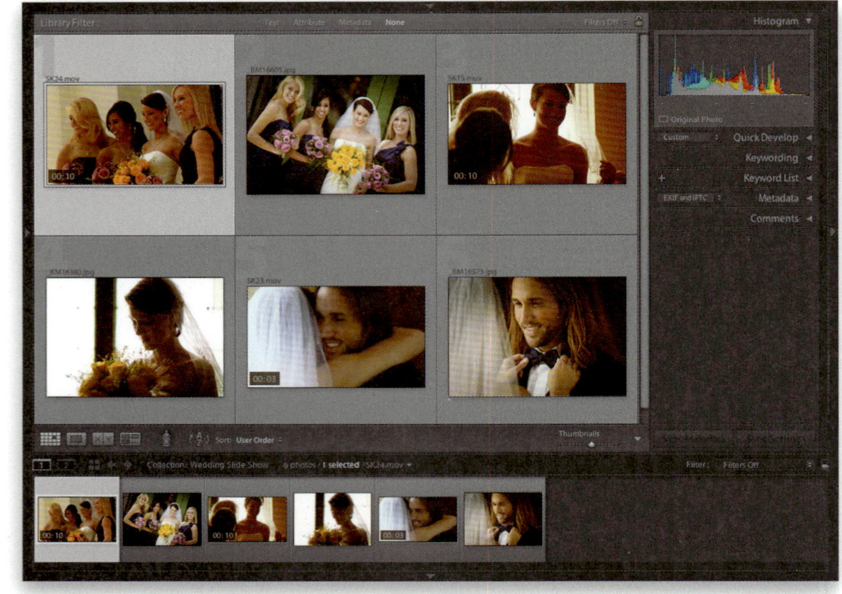

STEP 02

[Filmstrip]에서 사진과 영상의 순서를 정리한다. 필자는 연결된 느낌을 주기 위해 주로 영상을 맨 처음 순서에 넣고 영상과 유사한 사진을 바로 뒤에 넣는다. 왼쪽의 [Template Browser]에서 'Crop to Fill'이나 'Widescreen' 프리셋을 선택한다. 슬라이드 쇼가 짧은 영화처럼 보이도록 몇 가지 설정을 더 추가해보자.

Tip

영상 편집하기

영상 클립을 자르고 오프닝 프레임을 선택하는 방법에 대해 궁금하다면 Chapter 12, 'DSLR: THE MOVIE'를 참고하자.

STEP 03

이번 레슨의 슬라이드 쇼에는 신부와 신랑의 이름을 시작 화면(410페이지 '오프닝과 클로징 타이틀 슬라이드 추가하기' 참고)에 넣고 끝에는 "The End"를 넣을 것이다. 물론 이와 같은 웨딩 영상에는 배경 음악도 필요하다(412페이지 '배경 음악 넣기' 참고). 라이트룸 5 버전에서는 사진과 영상을 함께 사용하기 위한 중요한 슬라이더가 [Play-back] 패널에 있다. [Audio Balance] 슬라이더는 배경 음악과 카메라에 촬영할 때 녹음된 음향 사이의 균형을 조절하는 슬라이더이다. 슬라이더를 오른쪽으로 드래그할수록 배경 음악이 더 큰 비중을 차지한다. 왼쪽 끝으로 드래그하면 음향만 들린다. 슬라이더를 중앙에 놓으면 배경 음악과 음향이 균등하게 들린다.

STEP 04

슬라이드 쇼 미리 보기를 재생하려면 오른쪽 패널 영역 하단의 [Play] 버튼을 클릭한다. 버튼을 클릭하면 슬라이드 쇼 재생을 시작하고 각 사진 사이에 전환 효과가 나타난다. 전환 효과는 [Playback] 패널의 [Fades] 슬라이더로 조절한다.

창의적인 슬라이드 쇼 배경 만들기

단색과 그라데이션 배경 외에도 슬라이드 쇼 배경에 사진을 추가해서 설정할 수도 있다. 배경 사진을 추가한 다음 투명도를 낮춰 백스크린 효과를 만든다. 단 동일한 배경을 모든 슬라이드에 적용한다는 단점(물론 타이틀 슬라이드는 제외이다)이 있기 때문에 다양한 배경 사진으로 슬라이드 쇼를 꾸밀 수는 없다. 이번 레슨에서는 간단한 사진 배경을 설정해보고 창의적인 슬라이드 쇼 레이아웃을 만드는 방법에 대해 알아보자.

STEP 01

사진 배경을 설정하기 전에 몇 가지 준비 과정이 필요하다. [Template Browser] 패널에서 'Caption and Ratings' 템플릿을 클릭한다. 이제 레이아웃을 설정해보자. [Option] 패널에서 'Stroke Border'와 'Cast Shadow'를 체크 해제하고 왼쪽 상단의 가이드 조절점을 클릭한 후 안쪽으로 드래그해서 사진의 크기를 작게 만들고 위치가 오른쪽 하단으로 가도록 설정한다. 크기와 위치를 설정한 다음 'Show Guides'를 체크 해제한다. [Overlays] 패널에서 'Text Overlays'와 'Rating Stars'에 체크를 해제한다.

STEP 02

[Backdrop] 패널에서 'Color Wash'를 체크 해제해서 배경의 그라데이션 효과를 비활성화한다. 다음은 [Backdrop] 패널의 'Background Image'를 체크한 다음 [Filmstrip] 영역에서 배경으로 사용할 사진을 클릭하고 드래그해서 Background Image 창으로 드롭하면 배경에 사진이 나타난다. 현재 배경 사진은 100% 투명도로 설정되어 전경의 사진과 대립하기 때문에 백스크린 효과를 만들어 전경의 사진을 부각시켜야 한다.

STEP
03

백스크린 효과를 만들기 위해 [Opacity] 슬라이더를 50% 정도로 낮추면 사진이 회색을 띠며 흐릿해진다. 흰색의 백스크린 효과를 원한다면 'Background Color'에 체크하고 오른쪽의 색상 스와치를 클릭해서 흰색을 선택한다.

STEP
04

[Preview] 버튼이나 [Play] 버튼을 클릭하면 새로 추가한 배경 사진에서 슬라이드 쇼를 진행한다.

STEP 05

앞에서는 일반 사진을 배경으로 사용하는 방법에 대해 알아보았다. 이번에는 배경 이미지 프리셋을 사용하여 전혀 다른 분위기의 슬라이드 쇼를 만들어 보자. 예제 사진의 배경은 iStockphoto에서 구매한 것이다. 'www.istockphoto.com'에서 'photo frames'라는 검색어를 입력하자 이 배경 이미지가 결과로 나왔다. 그래서 이미지를 구매한 다음 라이트룸으로 불러와 컬렉션으로 드래그해서 추가하고 [Backdrop] 패널에서 배경 이미지로 설정했다.

Note

필자는 로열티가 없는 이미지들을 'www.istock-photo.com'이나 'www.fotolia.com'에서 구입한다. 이외에도 많은 스톡 사진 사이트들이 슬라이드 쇼에 활용할 수 있는 다양한 프레임이나 테두리 이미지를 보유하고 있다.

STEP 06

다운로드한 또 다른 간소한 배경의 예를 살펴보자. 배경 이미지를 라이트룸으로 불러온 다음 슬라이드 쇼 컬렉션에 추가하고 [Backdrop] 패널에 드래그 앤 드롭한다. 이제 슬라이드 쇼를 재생하면 사진이 아이패드 화면에 나타난다. 여기에서 관건은 아이패드 화면에 들어가도록 사진의 크기를 맞추는 것이다. 먼저 [Options] 패널에서 'Zoom to Fill Frame'을 체크하고 [Layout] 패널에서 'Link All'의 체크를 해제해서 가이드가 보이게 설정한다. 그리고 가이드를 아이패드 화면 크기에 맞게 조절한다.

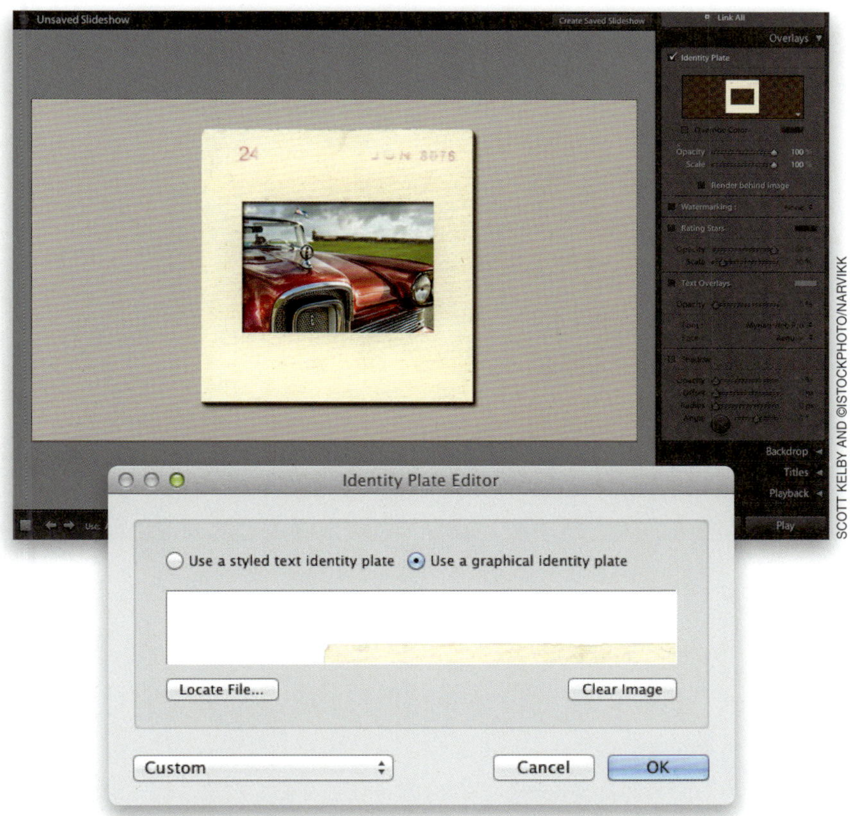

STEP 07

Identity Plate 기능을 사용해서 배경 이미지 안에 사진을 넣는 비법을 알아보자. Identity Plate를 사용하면 배경 이미지가 사진 앞에 나타난다. 예제 사진의 슬라이드 마운트 이미지는 istockphoto.com에서 구매한 다음 포토샵에서 슬라이드를 선택해서 개별 레이어로 만들고 가운데 사진을 선택해서 제거했다. 다음은 구멍이 있는 부분에 드롭 섀도우를 만들고 'Background' 레이어를 삭제한 다음 라이트룸으로 불러올 때 그래픽 Identity Plate의 투명도를 유지하기 위해 PNG 형식으로 저장했다. [Overlays] 패널에서 'Identity Plate'를 체크하고 Idemtity Plate 미리 보기 모드 영역 오른쪽 하단의 삼각형 아이콘을 클릭한 다음 팝업 메뉴에서 'Edit'를 선택한다. [Identity Plate Editor] 대화창에서 [Use a graphical identity plate] 버튼을 클릭하고 [Locate File]을 클릭한 다음 슬라이드 파일을 찾아 [OK] 버튼을 클릭한다. 슬라이드 이미지가 미리 보기 모드 영역에 나타나면 Identity Plate의 크기(모퉁이의 조절점을 드래그한다)와 사진의 크기(가이드를 드래그한다)를 조절한다. [Options] 패널의 'Zoom to Fill Frame'을 체크하는 것도 잊지 말자.

보너스 영상

그래픽 Identity Plate를 만드는 방법을 영상으로 만들었다. 영상은 'http://kelbytraining.com/books/LR5'에서 볼 수 있다.

STEP 08

에제 사진은 또 다른 사진 프레임을 활용한 슬라이드 쇼이다. 이 사진은 [Backdrop] 패널에서 'Background Color'를 흰색으로 설정했다. 이처럼 배경 이미지와 Identity Plate를 활용하면 다양한 레이아웃을 만들 수 있다.

STEP 09

이번엔 새로운 레이아웃을 만들어보자. [Template Browser] 패널에서 'Caption and Rating' 템플릿을 선택한다. [Overlays] 패널에서 'Rating Stars'와 'Text Overlays'의 체크를 해제하고 'Identity Plate'도 체크를 해제한다. [Backdrop] 패널에서 'Color wash'를 체크 해제하고 [Options] 패널에서 'Cast Shadows'와 'Stroke Border'도 체크 해제한다. 다음은 가이드를 드래그해서 예제 사진과 같이 간단하고 깔끔한 레이아웃을 만든다.

STEP 10

예제 사진의 배경 이미지는 'istockphoto.com'에서 다운로드했다. 지도 이미지를 라이트룸으로 불러와 현재 사용하는 컬렉션에 드래그해서 추가했다. 그리고 이미지를 [Backdrop] 패널의 'Background Image'로 드래그해서 배경 이미지로 설정했다.

STEP 11

'istockphoto.com'에서 "photo frame"을 검색해서 앤티크 프레임 이미지를 찾았다. 이 프레임 이미지를 그래픽 Identity Plate로 사용해보자. 프레임을 슬라이드 쇼에 적용하기 전에 **Step 07**에서 사용한 방법으로 중앙과 주변 영역을 투명하게 만들지 않으면 사진과 배경 이미지 대신 흰색만 보게 될 것이다. 또한 사진이 실제로 프레임 안에 있는 것처럼 보이도록 프레임 안에 드롭 섀도우도 추가했다. 포토샵에서 작업을 마친 다음 라이트룸의 [Overlays] 패널에서 'Identity Plate'를 체크하고 미리 보기 모드 영역 오른쪽 하단의 삼각형 아이콘을 클릭한 후 팝업 메뉴에서 'Edit'를 선택한다. [Identity Plate Editor] 대화창에서 [Use a graphical identity plate] 버튼을 클릭하고 프레임 파일을 찾아 [OK] 버튼을 클릭한다. 슬라이드 이미지가 미리 보기 모드 영역에 나타나면 Identity Plate의 크기와 사진의 크기를 조절한다.

STEP 12

사진 앞에 프레임 이미지가 나타나려면 'Render Behind Image'의 체크를 해제해야 한다. 혹은 약간 다른 이미지를 원한다면 'Render Behind Image'를 체크해서 예제 사진과 같이 사진이 프레임 이미지 위에 나타나게 설정한다.

드롭 섀도우와
테두리 사용하기

밝은 색의 배경이나 사진 배경이 있는 슬라이드 쇼를 만드는 경우 이미지 뒤에 드롭 섀도우를 추가하면 배경에 묻히지 않게 분리할 수 있다. 또한 이미지에 스트로크 효과도 추가할 수 있다. 대부분의 라이트룸 내장 프리셋에는 이미 이 두 가지 기능이 활성화되어 있다. 이번 레슨에서는 두 가지 효과를 추가하고 설정하는 방법을 알아보자.

STEP 01

드롭 섀도우를 추가하려면 오른쪽의 [Options] 패널에서 'Cast shadow'에 체크한다. 대부분의 라이트룸 템플릿에는 드롭 섀도우 기능이 활성화되어 있다. 드롭 섀도우를 설정하기 위해서는 밝기를 조절하는 [Opacity]와 강도를 조절하는 [Radius] 슬라이더를 가장 많이 사용한다. [Offset] 슬라이더는 사진과의 거리를 조절하는데 사진이 배경과 멀리 떨어진 것처럼 보이게 설정하려면 오른쪽으로 드래그한다. [Angle] 슬라이더는 섀도우가 뻗는 방향을 설정하는데 기본적으로 오른쪽 하단을 향한다.

STEP 02

드롭 섀도우를 설정해보자. [Opacity]를 '18%'로 설정해서 밝게 만들고, [Offset]은 100px으로 설정해서 사진이 배경으로부터 1–2 인치 정도 떨어진 것처럼 보이게 만든다. 다음은 [Radius]를 '48px'로 낮춰 조금 더 선명하게 설정한다. 마지막으로 [Angle]을 −41로 설정해서 섀도우의 위치를 조절했다. [Options] 패널에서 'Stroke Border'를 체크하면 사진 둘레에 색상이 있는 테두리를 만든다. 'Caption and Rating' 템플릿을 포함한 다른 몇 개의 템플릿에는 이미 이 기능이 활성화되어 있지만 흰색인데다가 1픽셀 두께 밖에 안되기 때문에 거의 보이지 않는다. 테두리의 색상을 바꾸려면 색상 스와치를 클릭하고 색상표에서 원하는 색상을 선택한다. 여기서는 검은색을 선택했다. 테두리의 두께는 [Width] 슬라이더를 드래그해서 조절한다. 여기서는 오른쪽으로 드래그해서 12로 설정했다.

Identity Plate를 사용해서 텍스트를 추가하는 방법 외에도 직접 입력한 텍스트나 사진의 메타데이터 또는 사진을 불러올 때 추가한 저작권 정보 등을 사진에 넣을 수 있다. 또한 슬라이드 쇼 이미지에 워터마크도 추가할 수 있다.

추가 텍스트와 워터마크 넣기

STEP 01

텍스트를 추가하기 위해 도구바에서 [ABC] 버튼을 클릭하면 팝업 메뉴와 입력란이 나타난다. 기본 설정은 'Custom Text'이며 추가할 텍스트를 입력하고 Enter (MAC:[Return])키를 누르면 슬라이드에 크기 조절 경계선이 있는 텍스트가 나타난다. 크기를 조절하려면 조절점을 클릭하고 드래그한다. 텍스트를 클릭하고 원하는 위치로 드래그한다. 도구바에서 'Custom Text'를 클릭하면 팝업 메뉴에서 사진의 메타데이터를 텍스트로 선택하여 추가할 수 있다. 예를 들어, 'Date'를 선택하면 사진을 촬영한 날짜를 표시한다. 다른 항목을 선택해도 파일이 가지 정보만 표시한다. 즉, [Metadata] 패널에서 캡션 정보를 설정하지 않았다면 'Caption'을 선택해도 슬라이드에 텍스트가 나타나지 않는다.

STEP 02

워터마크를 설정했다면 이 역시 슬라이드에 추가할 수 있다. [Overlay] 패널에서 'Watermarking'을 체크하고 팝업 메뉴에서 워터마크 프리셋을 선택한다. 텍스트 대신 워터마크를 선택하면 미리 만든 프리셋을 사용할 수 있으며 투명도 조절이 가능해서 사진을 완전히 가리지 않도록 설정할 수 있다.

Note

워터마크 설정 방법은 306페이지, '이미지에 워터마크 추가하기'를 참고하자.

오프닝과 클로징 타이틀 슬라이드 추가하기

나만의 슬라이드 쇼를 만들 때 흔히 오프닝과 클로징 타이틀 슬라이드를 추가한다. 필자는 대부분의 경우 오프닝 슬라이드만 만든다. 오프닝 슬라이드를 추가하면 보기 좋을 뿐만 아니라 프레젠테이션에서 슬라이드 쇼를 시작하기 전까지 첫 번째 이미지가 보이지 않게 방지하는 역할도 한다.

STEP 01

오프닝/클로징 타이틀 슬라이드는 오른쪽의 [Title] 패널에서 만든다. 'Intro Screen'을 체크해서 기능을 활성화하면 예제 사진과 같은 타이틀 화면이 수 초간 나타났다가 다시 첫 번째 사진이 나타난다(이것 때문에 타이틀 슬라이드 작업이 짜증나지만 우연히 타이틀 화면을 멈추는 방법을 발견했다. [Scale] 슬라이더를 클릭하고 누르고 있는 동안 화면이 사라지지 않는다). 오른쪽의 작은 색상 스와치로 배경 색상을 선택한다. 타이틀 슬라이드의 기본 배경 색상은 검은색이다. 텍스트는 'Add Identity Plate'를 체크하면 예제 사진과 같이 가장 최근에 설정한 Identity Plate를 불러온다.

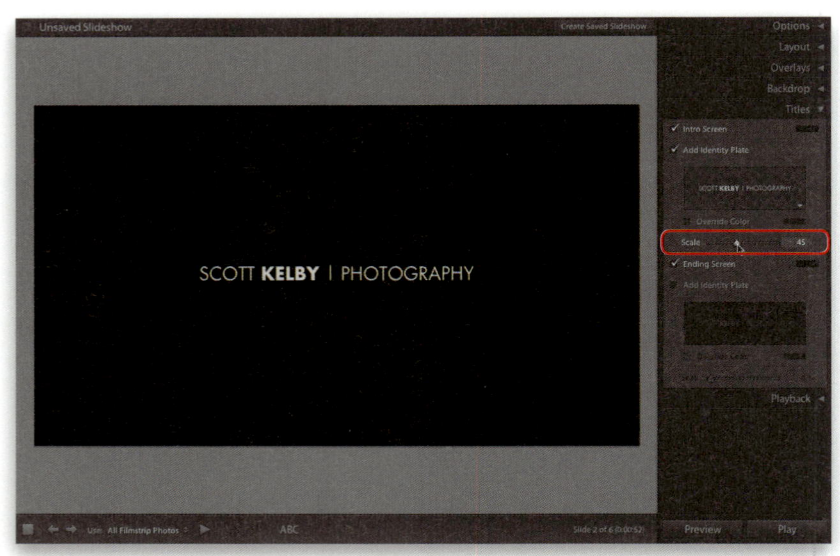

STEP 02

Identity Plate의 텍스트를 직접 설정하려면 Identity Plate 미리 보기 모드 창 오른쪽 하단의 작은 삼각형 아이콘을 클릭한 다음 팝업 메뉴에서 'Edit'를 선택한다. [Identity Plate Editor] 대화창에서 원래 있던 텍스트를 드래그해서 선택한 다음 타이틀 슬라이드에 넣을 텍스트를 입력한다. 여기서는 신부의 이름을 입력하고 [Font] 팝업 메뉴에서 다른 글꼴을 선택했다. [OK] 버튼을 클릭해서 적용한다.

Note

텍스트를 흰색으로 설정하면 대화창에 보이지 않기 때문에 텍스트를 입력하기 전에 드래그하여 하이라이트 표시를 한다. 여기서는 'www.myfont.com'에서 다운로드한 글꼴 'Satisfaction'을 사용했다.

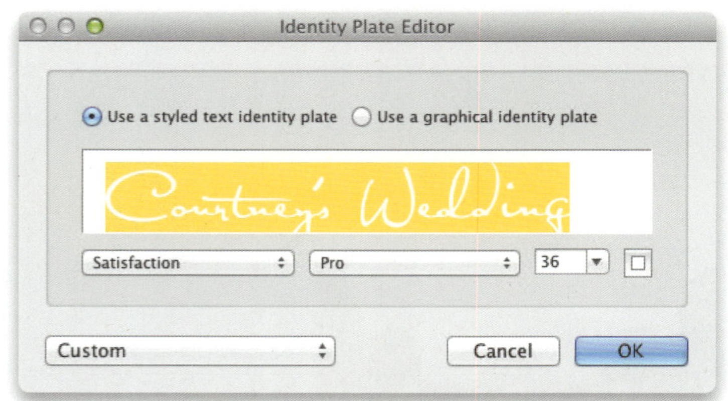

STEP 03

'Override Color'를 체크해서 Identity Plate의 텍스트 색상을 변경한다. 오른쪽의 색상 스와치를 클릭하고 색상표에서 텍스트 색상을 선택한다. 색상표 상단에는 클릭해서 사용할 수 있는 간편한 색상 스와치가 있다. 오른 쪽의 색상바를 스크롤해서 색조를 선택하고 채도는 왼쪽의 그라데이션 색상표에서 선택한다. 또한 [Intro Screen] 영역의 [Scale] 슬라이더로 텍스트의 크기를 조절한다.

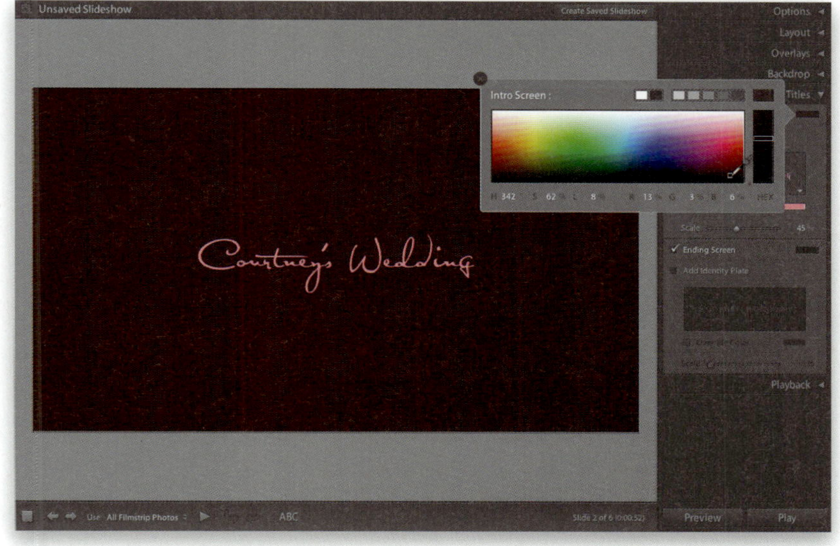

STEP 04

도입 화면의 배경 색상은 'Intro Screen' 체크박스 오른쪽의 색상 스와치를 클릭하고 색상을 선택해서 변경한다. 여기서는 배경을 적갈색으로 변경했다. 텍스트 색상도 배경에 맞춰 변경한다. 타이틀 텍스트 설정을 마친 다음 Preview 영역에서 미리 보기로 슬라이드 쇼의 결과를 확인한다. 클로징 타이틀 슬라이드 역시 동일한 방법으로 설정한다. [Title] 패널에서 'Ending Screen'을 체크하고 배경 색상 선택, Identity Plate의 크기 등을 설정한다.

배경 음악 넣기

배경 음악은 슬라이드 쇼 프레젠테이션의 성패를 좌우한다고 해도 과언이 아닐 정도로 중요하다. 전문가가 제작한 슬라이드 쇼를 보면 감정을 끌어내고 이미지를 최대한 부각시키는 배경 음악을 적절하게 사용하는 것을 알 수 있다. 라이트룸에도 슬라이드 쇼의 배경 음악 추가 기능이 있으며, 다양한 형식으로 외부 저장이 가능하다. 이번 레슨에서는 슬라이드 쇼에 배경 음악을 추가하는 방법에 대해 알아보자.

STEP 01

오른쪽 패널 영역의 [Playback] 패널에서 'Audio'에 체크하고 [Select Music] 버튼을 클릭한다. [Choose a music file to play](MAC:[Open]) 대화창에서 배경 음악으로 사용할 음악 파일을 선택하고 [Open](MAC:[Choose]) 버튼을 클릭한다.

Note

라이트룸에서 사용하는 음악 파일은 MP3나 AAC 형식이며 WAV 파일은 읽지 못한다. 애플사의 아이튠즈를 사용하면 음악 파일을 ACC 형식으로 변환할 수 있다. [Music Library]에서 [Songs]를 클릭하고 변환할 파일을 선택한다. [File]–[Create New Version]–[Create ACC Version] 메뉴를 선택해서 변환하면 [Music] 폴더 안의 [iTunes folder]에 원본 파일과 변환한 파일이 있다.

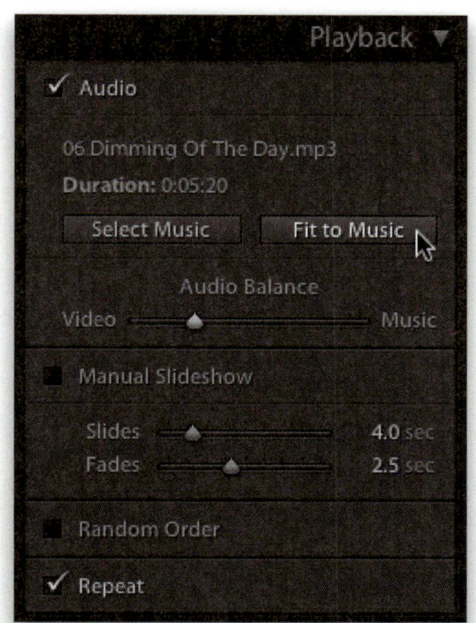

슬라이드 쇼 재생을 시작하거나 Preview 영역에서 미리 보기를 재생하면 배경 음악도 함께 재생한다. [Playback] 패널의 [Fit to Music] 버튼을 클릭하면 라이트룸이 각 슬라이드 사이의 전환 효과의 길이를 조절해서 슬라이드 쇼를 음악의 길이에 맞춘다.

Tip

배경 음악 아이디어

슬라이드 쇼에 어울리는 배경 음악 찾기는 매우 어렵다. 포토샵 세계 박람회 & 엑스포에서 일부 강연자들이 Triple Scoop Music(www.triplescoopmusic.com) 사이트의 로열티가 없는 음원들을 다운로드해서 슬라이드 쇼 프레젠테이션에 사용한다는 얘기를 듣고 필자 역시 이 사이트를 계속 애용하고 있다. 이 사이트의 음원들은 정말 훌륭하다. 기회가 된다면 한 번 접속해서 둘러보면 좋은 아이디어와 음원을 찾을 수 있을 것이다.

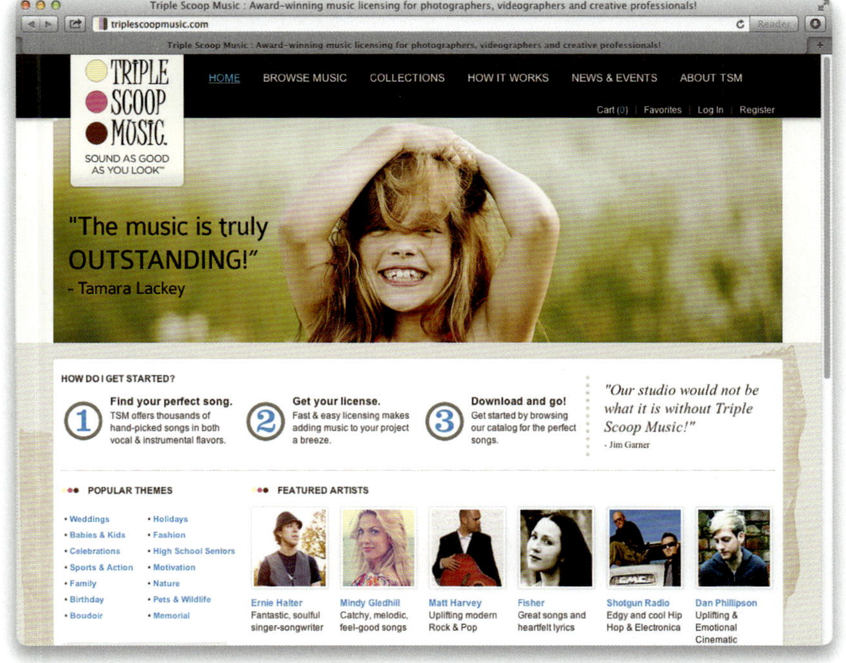

슬라이드와 페이드 길이 선택하기

[Slideshow] 모듈의 [Playback] 패널에서는 배경 음악 선택 외에도 각 슬라이드가 화면에 머물러 있는 시간과 슬라이드 사이의 전환(페이드) 길이를 선택한다. 또한 슬라이드를 순서대로 재생하거나 무작위로 재생하게 설정할 수도 있고, 슬라이드 쇼가 끝나면 반복하도록 설정하거나 이미지 데이터를 렌더링하느라 슬라이드 쇼가 중간에 멈추지 않게 미리 보기 모드를 미리 준비하도록 설정할 수도 있다.

STEP 01

[Playback] 패널에서 'Manual Slideshow' 체크박스 하단의 [Slides] 슬라이더로 슬라이드의 길이를 설정한다. 그리고 [Fades] 슬라이더로 전환 시간을 설정한다. 라이트룸은 여전히 디졸브 전환 효과를 사용하지만 이전 버전처럼 검은색 혹은 직접 선택한 색상으로 전환하지 않고 자연스럽게 다음 사진으로 전환한다. 슬라이드를 직접 진행하려면(예를 들어, 스토리를 얘기하거나 강연에서 사용하는 경우) 'Manual Slideshow'에 체크한다. 그리고 슬라이드 쇼를 시작하면 → 키를 눌러 다음 슬라이드로 진행한다. 이때 디졸브 전환 효과를 사용하는 대신 단순히 다음 슬라이드로 전환한다.

STEP 02

여기서 알아두어야 할 두어 가지 조절 기능이 있다. [Random Order]를 체크하지 않으면 슬라이드 쇼는 Filstrip에 있는 사진 순서대로 진행한다. 또한 슬라이드 쇼는 [Filmstrip]의 마지막 사진을 재생한 후 반복 재생한다. [Repeat]를 체크 해제하면 반복 재생 기능을 해제한다.

누군가에게 슬라이드 쇼를 보여주고 싶을 때 그 사람에 가까이 있다면 라이트룸에서 바로 보여주면 되지만 장거리에 있는 사람에게는 그럴 수 없다. 이런 경우에는 슬라이드 쇼를 Windows Movie Format, QuickTime, Flash, H.264 등 다양한 형식으로 보낼 수 있다. 또한 슬라이드 쇼를 PDF 형식으로 저장할 수 있는데 아쉽게도 다른 형식과 달리 배경 음악은 저장되지 않는다.

슬라이드 쇼 공유하기

STEP 01

슬라이드 쇼를 비디오 형식으로 저장하려면 왼쪽 패널 영역 하단의 [Export Video] 버튼을 클릭한다.

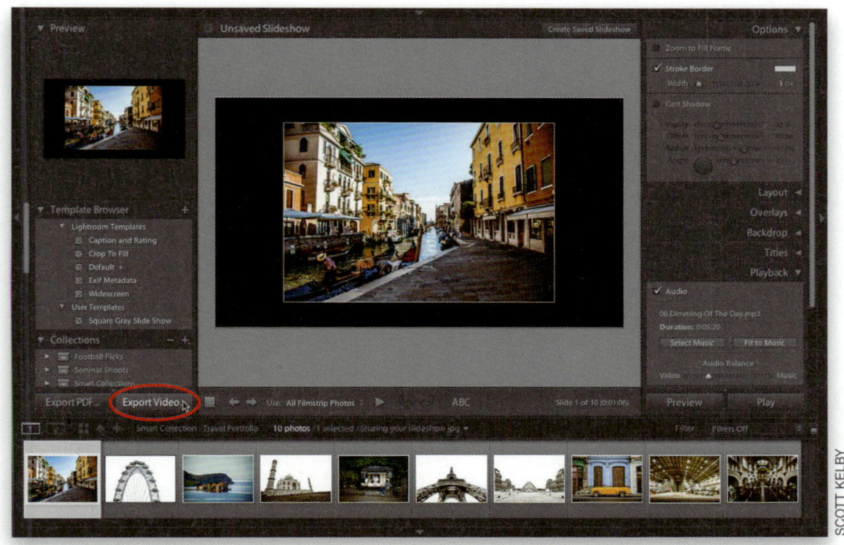

STEP 02

[Export Slideshow to Video] 대화창의 [Video Preset] 팝업 메뉴에는 다양한 비디오 크기 설정 프리셋이 있다. 프리셋 크기를 선택하면 메뉴 하단에 최적 크기를 표시하고 파일을 읽는데 사용할 기기나 소프트웨어를 표시한다. 슬라이드 쇼의 이름을 설정하고 원하는 크기를 선택한 다음 [Save](MAC:[Export]) 버튼을 클릭하면 선택한 크기로 파일을 생성한다.

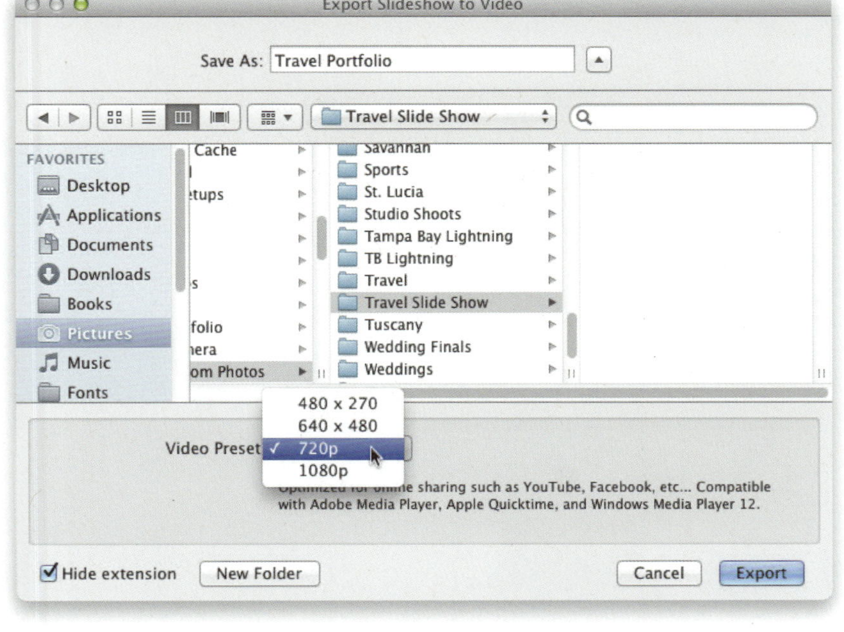

STEP 03

또 다른 방법은 슬라이드 쇼를 PDF 형식으로 저장하는 것이다. PDF 형식은 파일 크기를 압축하기 때문에 이메일에 적합한 형식이다. 단 배경 음악을 저장하지 않는다는 단점 때문에 많은 사용자들이 PDF 형식을 반기지 않지만 배경 음악에 구애받지 않는다면 고려해볼 만한 선택이다. 왼쪽 패널 영역 하단에서 [Export PDF] 버튼을 클릭해서 [Export Slideshow to PDF] 대화창을 불러온다. 슬라이드 쇼의 이름을 설정하고 하단의 [Quality] 슬라이더로 슬라이드 쇼의 화질을 설정한다. 화질이 높을수록 파일 크기가 커진다. 필자는 주로 80 정도로 설정하고 'Automatically Show Full Screen'에 체크해서 받는 사람이 어떤 방해 요소 없이 슬라이드 쇼를 볼 수 있게 설정한다. [Width]와 [Height]는 자동 설정되는데 이메일로 보내기 위해 작은 설정값을 입력하면 라이트룸이 자동으로 사진을 축소한다. 설정을 마치면 [Save](MAC:[Export]) 버튼을 클릭한다.

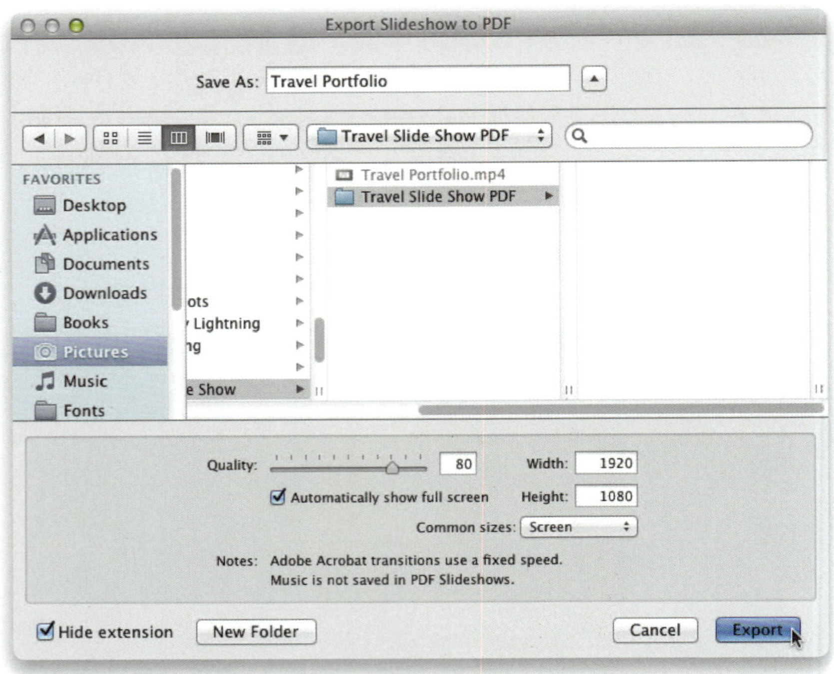

STEP 04

PDF 형식의 슬라이드 쇼를 받은 사람이 파일을 더블클릭하면 Adobe Reader를 시작한 다음 전체 화면의 슬라이드 쇼를 재생한다.

Tip

PDF 파일에 파일명 추가하기

클라이언트에게 의뢰받은 사진을 확인하기 위해 PDF 슬라이드 쇼를 보내는 경우 PDF 형식으로 변환하기 전에 파일명 텍스트 오버레이가 보이게 설정해서 사진의 파일명을 알 수 있도록 한다.

슬라이드 쇼 오프닝 화면

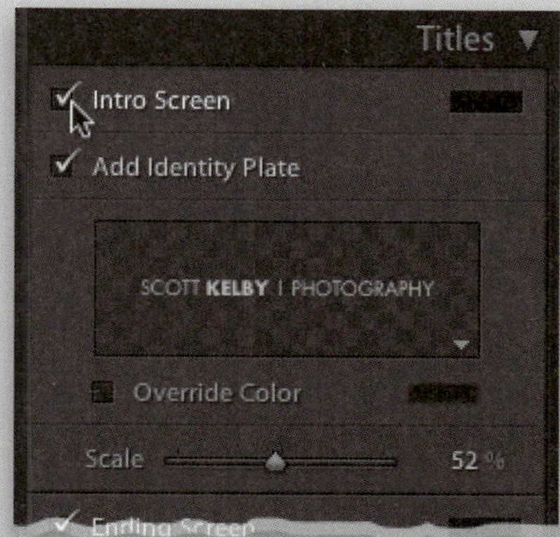

라이트룸 1 버전의 슬라이드 쇼에 대한 가장 많은 불만은 슬라이드 쇼를 시작하기 전에 보는 이들이 이미 첫 번째 이미지를 본다는 점이었다. 예를 들어, 부부에게 웨딩 사진을 보여주는데 화면에 나타난 어떤 배경 음악이나 드라마도 없는 첫 번째 사진은 슬라이드 쇼의 감성적 효과를 감소시킨다. 이번 챕터에서 배운 라이트룸 5의 오프닝과 클로징 타이틀 슬라이드 기능을 사용하면 더 이상 이런 걱정을 하지 않아도 된다. 타이틀 슬라이드를 만들거나 [Titles] 패널에서 타이틀 슬라이드 기능을 활성화하고 검은색 배경만 사용해도 된다. 이제 한 가지 팁을 알려주겠다. 클라이언트에게 슬라이드 쇼 프레젠테이션을 할 때 클라이언트가 모니터 앞에 앉기 전에 슬라이드 쇼 재생을 시작하고 타이틀 슬라이더가 나타나자마자 Space Bar 를 눌러 일시 정지한다. 그러면 클라이언트가 앉으면 타이틀 화면(혹은 검은색 화면)만 보인다. 프레젠테이션을 시작할 때 Space Bar 를 다시 눌러 슬라이드 쇼를 시작한다.

세밀한 슬라이드 디자인

라이트룸에서 충분히 슬라이드 쇼를 만들 수 있지만 반드시 라이트룸에서 만들어야 한다는 규칙은 없다. 라이트룸에서 만들기 어려운 요소가 있다면 포토샵에서 만든 후 JPEG 형식으로 저장한 다음 라이트룸으로 불러와 슬라이드 쇼 레이아웃에 추가한다.

슬라이드 쇼에 넣을 사진 미리 보기

Preview 영역 하단의 도구바 오른쪽 끝에 선택한 컬렉션에 몇 개의 사진이 있는지 표시한 텍스트가 있다. 커서를 텍스트에 놓으면 문지르기 슬라이더로 변환한다. 클릭하고 오른쪽이나 왼쪽으로 드래그하면 다른 사진들을 슬라이드 쇼 레이아웃에서 볼 수 있다.

회전 화살표 아이콘의 기능

도구바에 있는 두 개의 회전 화살표는 항상 비활성화 되어있다. 이 화살표는 사진 회전 기능이 아니라 [ABC] 버튼을 클릭해서 추가한 텍스트를 회전하는데 사용한다.

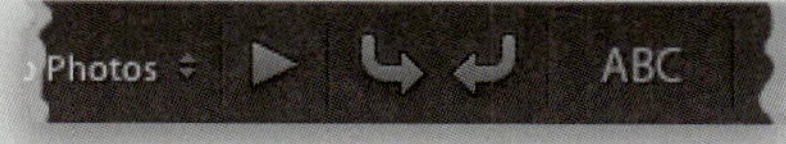

마지막으로 사용한 템플릿을 기억하는 컬렉션

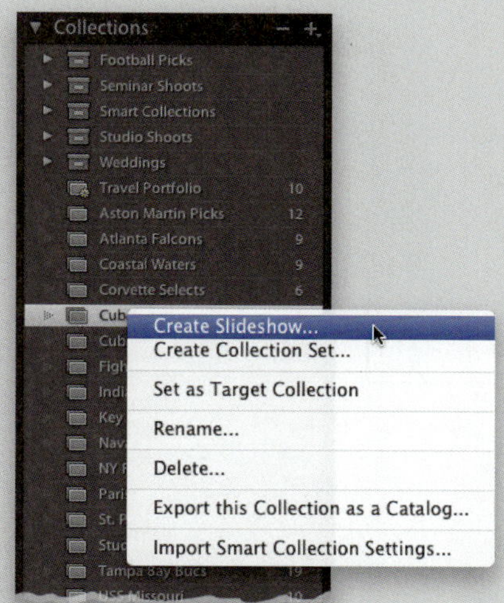

[Collections] 패널은 [Slideshow] 모듈에도 있다. 컬렉션을 클릭하고 몇 개의 사진만 선택한 다음 하단의 도구바에서 [Use] 팝업 메뉴를 [Selected Photos]로 전환하고 슬라이드 쇼에 추가했다면 다음에 다시 설정할 필요가 없도록 슬라이드 쇼를 저장하고 싶을 것이다. 컬렉션을 마우스 오른쪽 버튼으로 클릭하고 팝업 메뉴에서 'Create Slideshow'를 선택하거나 Preview 영역 오른쪽 상단의 [Create Saved Slideshow] 버튼을 클릭하면 슬라이드 쇼에 사용한 사진들로 컬렉션을 만든다. 물론 사진의 순서, 사용한 템플릿 등의 설정을 모두 기억하기 때문에 클릭 한 번으로 동일한 슬라이드 쇼를 다시 사용할 수 있다.

Photo by Scott Kelby   Exposure: 1/640 sec   Focal Length: 112mm   Aperture Value: f/5.3

DSLR: THE MOVIE
DSLR로 촬영한 영상 사용하기

이번 챕터의 제목은 노래 제목이나 영화 혹은 TV 쇼 제목을 빌려오는 필자의 전통을 따랐다. 사실 "DSLR" 부분은 실제 영화 제목이 아니기 때문에 엄밀히 말하면 영화 제목은 아니다. 그러나 얼마나 많은 영화 제목에 "The Movie"라는 문구가 있는지 아는가? "Sex in the City:The Movie" 혹은 "Mama Mia:The Movie" 등 나열하자면 끝이 없다. 그리고 믿겨지지 않겠지만 "The Movie"라는 영화 제목도 실제로 있다. 거짓말이 아니다. 물론 필자는 충분히 그럴만한 능력이 있지만 이번에는 사실이다. 그런데 "The Movie"를 본 사람이 아무도 없기 때문에 필자가 지어낸 것이 아니라는 확신이 100% 들지 않을 것이다. 어쨌든 "The Movie"는 사실 7분 길이의 영상이기 때문에 영화라고 부르기 어렵다. "The Movie"의 출연 배우들 중 하나가 피오나 폭스다. 누군지는 전혀 모르겠지만 영화 "슈렉"에는 피오나 공주가 있다. 피오나 공주의 목소리는 카메론 디아즈가 맡았는데 그녀는 저스틴 팀버레이크와 사귀었다. 저스틴 팀버레이크는 영화 "Social Network"에 출연했는데 배우 겸 댄서인 케니 워몰드를 "Footloose"의 리메이크의 주연 배우로 추천했다. "Footloose" 원작의 주연 배우였던 케빈 베이콘이었다는 점으로 여섯 단계의 분리 이론이 성립한다. 그러므로 "DSLR"이 "The Movie"라는 문구에서 나오지 말란 법도 없다.

라이트룸에서 영상 작업하기

과거의 라이트룸은 DSLR 카메라로 촬영한 영상을 불러올 수 있었지만 그 외의 다른 영상 기능이 없었다. 라이트룸 5에서는 영상에 흑백이나 분할톤 같은 효과를 적용하거나 사진에 적용하는 일반적인 기능들(커브 설정, 대비 조절, 채도 조절, 다수의 영상의 색상 맞추기 등)도 영상에 적용할 수 있다.

STEP 01

영상도 사진과 동일한 방법으로 라이트룸으로 불러온다. 그리고 영상 파일은 [Import] 창의 썸네일 왼쪽 하단에 비디오카메라 아이콘으로 표시하기 때문에 사진과 구분하기 쉽다. 영상을 불러온 다음 컬렉션, 플래그 등급, 메타데이터 등의 설정을 사진과 동일한 방법으로 정리할 수 있다. 영상을 불러온 다음에는 더 이상 비디오카메라 아이콘으로 표시하지 않지만 대신 썸네일 왼쪽 하단에 영상의 길이를 표시한다. 예제 사진에서 선택한 영상의 길이는 12초이다.

STEP 02

커서를 썸네일에 놓고 오른쪽이나 왼쪽으로 드래그하면 영상 미리 보기를 실행한다. 영상의 모든 프레임을 볼 수는 없지만 두세 개의 유사한 영상들 중 원하는 영상을 찾을 때 유용하다. 예를 들어, 신랑과 신부가 웨딩 케이크를 자르는 순서를 촬영한 영상들이 여러 개 있는데 그 중 실제로 케이크를 자르는 장면을 찾아야 한다면 일일이 영상을 재생할 필요 없이 썸네일을 드래그하면 간편하게 찾을 수 있다.

SCOTT KELBY

STEP 03

영상을 재생하려면 더블클릭해서 Loupe 보기 모드로 전환한 다음 영상 하단의 [Play] 버튼을 클릭하거나 Space Bar 를 누른다. 또한 하단의 플레이헤드를 드래그해서 수동으로 영상을 진행하거나 되감기 할 수 있다. 영상은 비디오와 오디오를 모두 재생하지만 라이트룸에는 볼륨 조절 기능이 없으므로 컴퓨터에서 조절한다.

STEP 04

영상의 길이를 편집하기 위해 조절바 오른쪽 끝에 있는 기어 형태의 [Trim Video] 버튼을 클릭하면 예제 사진과 같은 편집 조절 박스가 나타난다. 영상을 편집하는 방법은 두 가지이다. 하나는 영상 양끝의 핸들을 클릭하고 드래그해서 길이를 설정하는 방법이다. 다른 방법은 Trim Start(영상의 시작 지점)와 Trim End 지점(영상의 끝나는 지점)을 설정하는 것이다. Space Bar 를 눌러 영상을 재생한 다음 영상이 시작해야 할 지점에서 Shift - I 키를 눌러 Trim Start 지점을 설정한다. 마지막 프레임으로 만들고 나머지는 잘라내야 하는 지점에서 Shift - O 키를 눌러 Trim End 지점을 설정한다. 두 가지 방법 모두 기능은 동일하므로 사용하기 편리한 방법을 선택한다.

STEP 05

영상 클립 자르기 기능의 장점은 자른 부분을 영구 삭제하지 않기 때문에 원본을 그대로 유지한다는 점이다. 자르기 설정은 복제 파일에만 적용하므로 언제든지 원본 영상을 파일을 불러와 자르기 설정을 최소할 수 있다.

STEP 06

다른 편리한 영상 기능에 대해 알아보자. 친구가 직접 만든 영상을 유튜브에 업로드했는데 썸네일에 말하는 도중의 모습이 보인다면 그다지 보기 좋지 않을 것이다. 그것은 썸네일이 무작위로 영상 앞부분의 프레임을 선택하기 때문이다. 라이트룸에서는 "포스터 프레임"이라고 부르는 썸네일 프레임을 선택할 수 있다. 포스터 프레임 기능을 사용하면 중요한 장면을 선택해서 여러 개의 유사한 영상들을 구분하기 편리하다. 또한 파일을 외부로 보내기해도 포스터 프레임 설정을 유지한다. 조절바에서 [Frame] 버튼을 클릭한 후 'Set Poster Frame'을 선택하면 현재 화면에 나타난 프레임을 포스터 프레임으로 설정한다.

STEP 07

영상에서 한 프레임을 스틸 이미지로 만들려면 **Step 06**와 동일한 방법을 사용한다. 스틸 이미지로 설정할 프레임을 찾은 다음 [Frame] 버튼을 클릭한다. 그러나 이번에는 'Capture Frame'을 선택한다. 그러면 JPEG 형식의 두 번째 파일을 만든 다음 [Filmstrip]에서 선택한 영상 파일 오른쪽에 추가한다. 영상을 컬렉션에 추가하지 않은 경우에는 JPEG 이미지를 Stack으로 설정한다(Stack 기능에 대해서는 챕터 2에서 자세히 설명했다). 썸네일 왼쪽 상단에 "2"가 보이면 스틸 이미지를 성공적으로 설정했다는 의미이다. 여기에서 Stack 기능은 영상을 컬렉션에 추가하지 않은 경우에만 적용한다는 점을 기억하자.

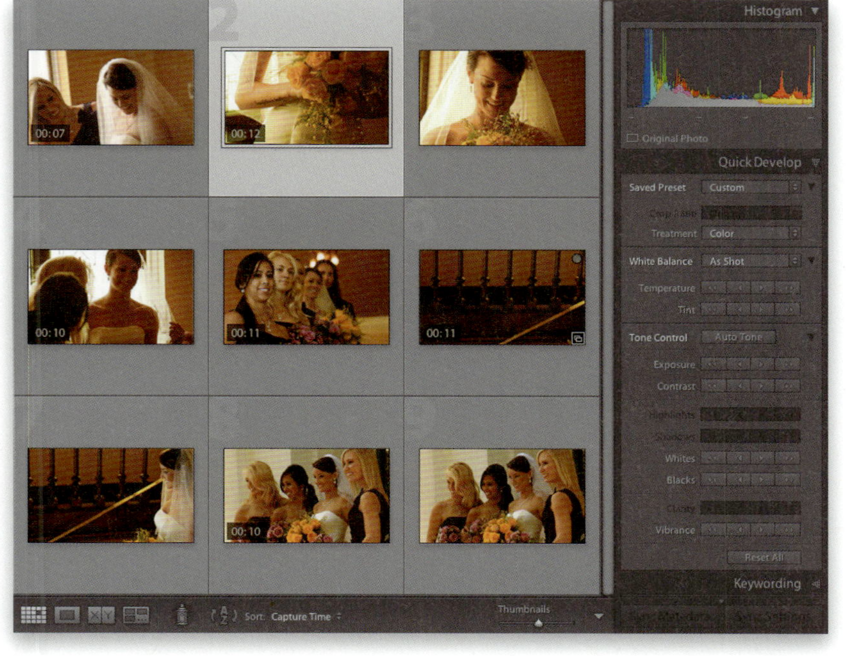

STEP 08

스틸 프레임 기능을 활용해서 특수 효과를 영상에 적용할 수 있다. 먼저 영상 클립을 클릭한 다음 D 키를 눌러 [Develop] 모듈로 전환한다. 중앙의 Preview 영역에 "Video is not supported in Develop"이라는 경고가 [Develop] 모듈에서는 영상 작업을 할 수 없다고 안내하지만 G 키를 눌러 [Library] 모듈의 Grid 보기 모드로 전환하면 오른쪽 패널 영역의 [Quick Develop] 패널에 영상에 적용할 수 있는 기능들이 있다.

영상을 더블클릭해서 선택한 다음 [Contrast] 버튼을 세 번이나 네 번 클릭해서 영상의 대비를 조절하면 썸네일 뿐만 아니라 영상에도 함께 효과를 적용한다. 패널을 보면 영상에 적용 불가능한 몇 가지 기능은 회색으로 비활성화되어 있다. 예를 들어, [Clarity], [Highlights], [Shadows] 조절 기능은 사용할 수 없다. 그러나 잠시 후 그중 몇 가지 기능을 설정할 수 있는 방법을 알아볼 것이다.

화이트 밸런스 설정이나 [Exposure], [Vibrance] 설정 외에도 [Develop] 모듈에서 더 많은 영상 조절 기능을 사용할 수 있으면 좋겠지만 앞에서 [Develop] 모듈에는 영상 조절 기능이 없다고 배웠다. 그러나 [Develop] 모듈의 일부 기능을 영상에 적용할 수 있는 방법이 있다. 영상에서 단일 프레임을 선택한 다음 [Develop] 모듈에서 원하는 기능 설정을 적용하면 나머지 영상에도 일괄 적용된다. [Develop] 모듈에서 영상을 보정해보자. [Quick Develop] 패널 하단의 [Reset All] 버튼을 클릭한 다음 영상에서 프레임 하나를 선택한다. 하단의 [Filmstrip]에서 영상 옆에 JPEG 이미지가 나타나면 D 키를 눌러 [Develop] 모듈로 전환한다.

Note

프레임을 선택할 때는 [Frame] 팝업 메뉴에서 'Capture Frame'을 선택한다.

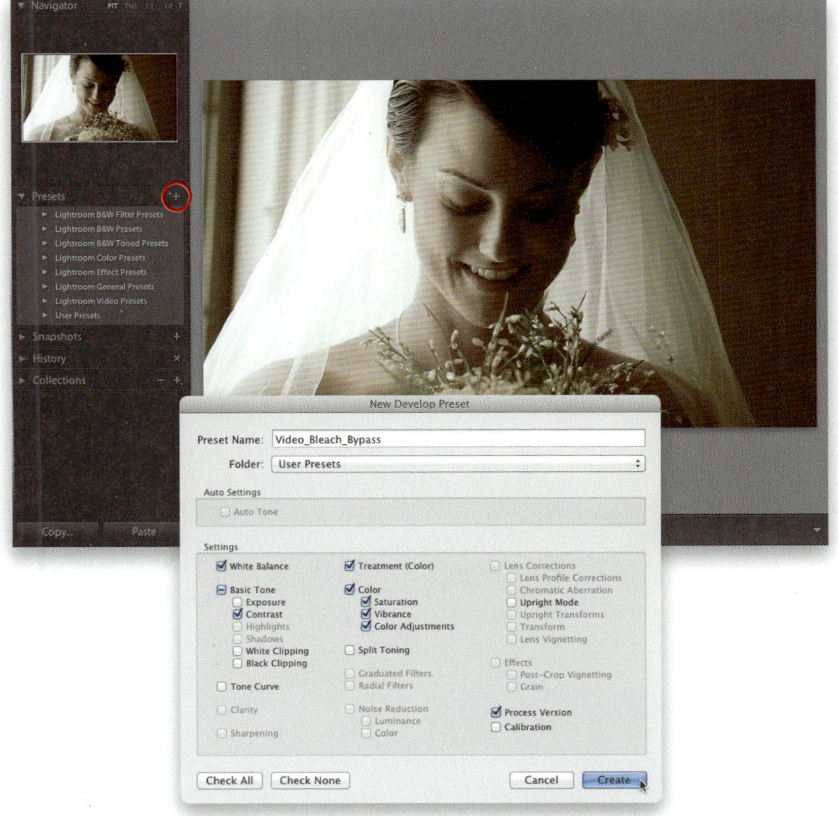

STEP 11

선택한 모든 파일에 설정을 일괄 적용하는 Auto Sync 기능을 사용하면 영상에도 설정을 적용할 수 있다. [Filmstrip]에서 이미지를 클릭하고 Ctrl −클릭(MAC:[Command]−클릭)키를 눌러 영상도 함께 선택한다. 패널 하단의 [Sync] 스위치를 클릭해서 [Auto Sync]로 활성화한다. 이제 [White Balance], [Exposure], [Contrast], [Vibrance] 등을 조절할 수 있으며, [Camera Calibration] 패널에서 영상을 흑백이나 분할톤으로 만들 수 있고, [Tone Curve] 패널 기능 설정도 선택한 영상에 자동 적용할 수 있다. 여기서는 [Temp]와 [Tint]를 −40으로 낮추고, [Contrast]는 −20, [Vibrance]와 [Saturation]은 −30으로 설정했다. 그리고 [Color] 패널에서 [Red] 영역은 'Saturation: −40, Luminance: +10'으로 설정했다.

Note

[Filmstrip]의 썸네일에 보정 설정 적용 결과가 나타나는데 시간이 약간 걸릴 수 있다.

STEP 12

마음에 드는 영상 보정 설정을 프리셋으로 저장하면 [Library] 모듈의 [Quick Develop] 패널에서 한 번의 클릭으로 다른 영상에도 적용할 수 있다. [Preset] 패널 헤더 오른쪽의 [+] 버튼을 클릭한다. [New Develop Preset] 대화창에서 [Check None] 버튼을 클릭한 다음 보정 설정한 기능들을 체크하고 프리셋의 이름을 설정한 후 [Create] 버튼을 클릭한다.

새로 만든 프리셋을 사용해보자. 오른쪽 패널 영역의 [Reset] 버튼을 클릭한 다음 G 키를 눌러 [Library] 모듈의 Grid 보기 모드로 전환한다. [Quick Develop] 패널 상단에서 [Saved Preset] 팝업 메뉴를 선택하고 [User Preset]에서 새로 저장한 프리셋을 선택하여 설정을 적용한다. 예제 사진과 같이 Trim Video 바가 보인다면 설정을 영상 전체에 적용한 것을 알 수 있다.

Tip

영상에 적용할 수 없는 기능

[Develop] 모듈의 [Basic] 패널에 있는 [Clarity], [Highlights], [Shadows] 기능이나 [Lens Corrections], [Effect] 패널, Adjustment Brush 기능은 영상에 사용할 수 없다. 그러나 Auto Sync 기능을 사용해서 영상에 보정 설정을 적용하는 경우 프레임 이미지를 사용하기 때문에 이 기능들이 패널에서 회색으로 나타나지 않는다. 설정하는 기능이 영상에 적용되는지 확인하는 방법은 [Filmstrip]에서 썸네일을 확인하는 것이다. 영상에 적용할 수 없는 기능 설정은 JPEG 이미지 파일에만 적용한다. 또 다른 방법은 설정을 프리셋으로 저장할 때 [New Develop Preset] 대화상자에 위의 기능들이 회색으로 나타난다.

또한 모든 편집 설정은 언제든지 [Quick Develop] 패널의 [Rest All] 버튼을 클릭해서 취소할 수 있다.

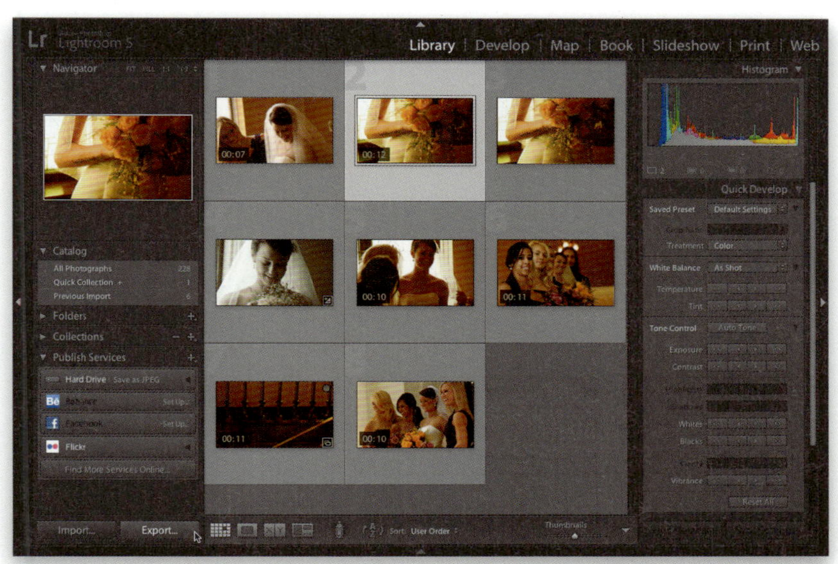

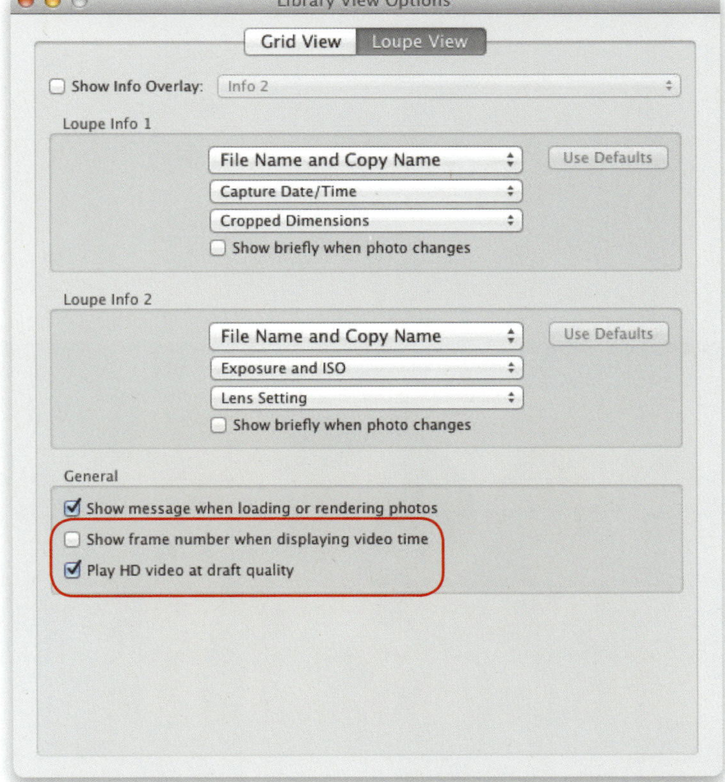

STEP 15

영상 보정 설정을 적용한 다음에는 영상을 공유하거나 다른 영상 편집 프로그램에서 사용하기 위해 저장하려고 할 것이다. 영상을 이메일을 통해 바로 보낼 수는 없지만 Publish Service 기능이나 Export 프리셋을 사용해서 Facebook이나 Flickr에 올릴 수 있다. 그 외에는 보낼 영상을 클릭한 다음 왼쪽 패널 영역 하단의 [Export] 버튼을 클릭한다.

Note

Export 프리셋의 자세한 방법은 챕터 8에서 다루었다.

Tip

영상 기본 설정

영상 기본 설정은 [Library View Options] 대화창의 [Loupe View] 탭 하단에 두 개의 항목 밖에 없다. 'Show Frame Number When Displaying Video Time'은 영상 시간 옆에 프레임 번호를 표시한다. 'Play HD Video at Draft Quality'는 HD화질 영상을 부드럽게 재생하도록 돕는 기능이다. 속도가 빠른 컴퓨터를 사용하지 않는 경우에는 저화질로 영상을 재생하는 것이 낫다.

Note

[Library View Options] 대화창의 단축키는 Ctrl −J(MAC:[Command]−J)키다.

STEP 16

[Export] 대화창의 하단으로 스크롤하면 영상 보내기 기능 영역이 있다. 영상을 선택했기 때문에 'Include Video Files' 항목이 이미 활성화되어 있어서 두 가지 항목만 설정하면 된다. 먼저 [Video Format]에서 영상 형식을 선택한다. 필자는 일반적으로 많이 사용하는 'H.264'와 화질 손실이 없는 작은 파일 크기를 선택한다. 그리고 [Quality] 설정을 선택한다. 웹에 영상을 공유한다면 'Max'보다 낮은 설정을 선택하는 것이 좋다. 그러나 영상을 타 영상 편집 프로그램에서 사용할 계획이라면 'Max'를 선택한다.

Note

나머지 보내기 기능에 대한 자세한 설정 방법은 챕터 8을 참고한다.

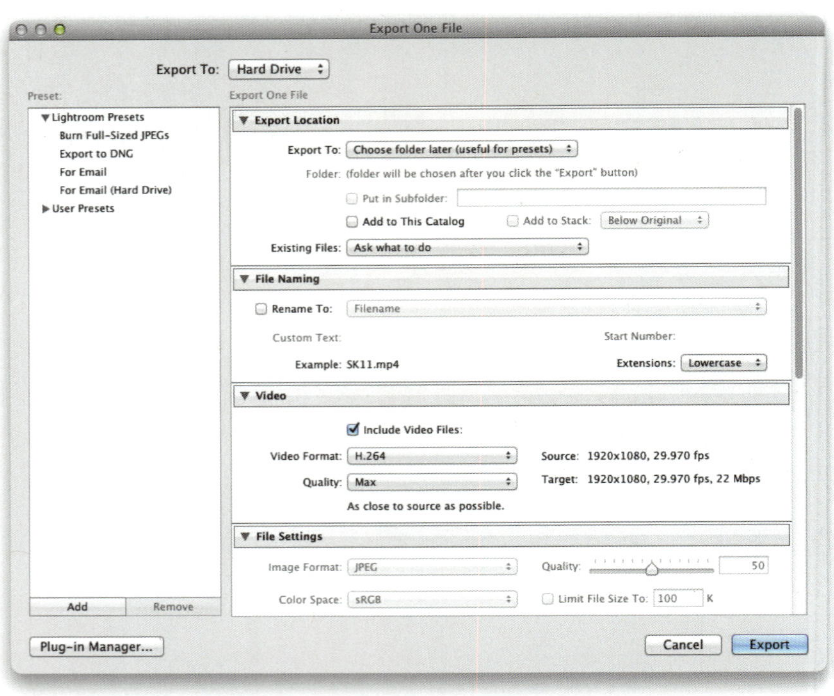

STEP 17

다음 챕터로 넘어가기 전에 라이트룸에서 활용할 수 있는 영상 편집 기능에 대해 알아보자. 필자는 주로 라이트룸에서 피부색을 따뜻한 색으로 보정한다. 영상을 촬영할 때 화이트 카드로 적정 화이트 밸런스를 설정하지만 피부색이 약간 차가운 색으로 나타난다. 그러므로 영상에서 하나의 프레임을 선택한 다음 [Develop] 모듈에서 [Temp] 슬라이더를 오른쪽으로 드래그해서 따뜻한 피부색으로 조절한다. 이때 [Auto Sync] 기능을 활성화하고 [Filmstrip]에서 영상도 프레임과 함께 선택하는 것을 잊지 말자.

Note

영상에는 그레이 카드 대신 화이트 카드를 사용한다.

STEP 18

또 다른 중요한 보정은 다수의 영상을 동일한 색상으로 맞추는 것이다. 특히 영상들을 함께 영상 편집 프로그램에서 편집할 때 색상이 일치해야 한다. 다수의 영상 색상을 맞추는 가장 빠른 방법은 하나의 영상에서 프레임을 선택한 Loupe 보기 모드로 불러와 영상들과 함께 선택하고 패널 하단의 [Auto Sync] 스위치를 클릭해서 활성화한 후 [Library] 모듈의 [Quick Develop] 패널에서 [White Balance]를 설정해서 일괄 적용하는 것이다.

STEP 19

영상을 영화처럼 보이게 만들려면 대비를 강하게 보정한다. [Library] 모듈에서 영상을 클릭하고 [Contrast] 버튼을 한 번이나 두 번 클릭한다. [Vibrance] 버튼을 같은 방법으로 클릭하면 영상의 색상을 조금 더 쨍하게 만들 수 있다. 일반 설정 외에 특수 효과도 간단한 방법으로 적용할 수 있다. 예를 들어, 영상에 한 가지 색상을 제외하고 흑백으로 만들 수 있다. 먼저 한 프레임을 선택하고 [Develop] 모듈로 불러와 [HSL] 패널 상단의 [Saturation]을 클릭한 다음 Targeted Adjustment 도구를 선택한다. 이미지에서 영상에 남길 색상을 클릭한 다음 나머지 색상들이 모두 흑백으로 바뀔 때까지 아래쪽으로 드래그하고 설정을 영상에 적용한다.

Photo by Scott Kelby   Exposure: 1/30 sec | Focal Length: 14mm | Aperture Value: f/11

THE BIG PRINT
사진 출력하기

이제 사진가들은 셔터 버튼을 누른 후의 거의 모든 작업을 컴퓨터 화면을 통해 실행한다. 사진을 찍는 시간은 1/2000초 밖에 되지 않지만 라이트룸에서의 사진 작업 시간은 10분을 할애하기 때문에 대부분의 작업은 사진 촬영 후에 이루어진다. 그러나 실생활에서는 일반적으로 사진에 대해 얘기할 때 컴퓨터에서 실행하는 10분 동안의 작업보다는 1/2000초의 찰나에 더 관심을 가진다. 1/2000초가 가장 중요한 부분이며 나머지 영역에 대해서는 깊게 생각하지 않는다. 그러므로 컴퓨터 화면이나 웹 갤러리에 갇혀있는 사진

은 그들에게 소프트웨어를 기반으로 한 이미지일 뿐 진짜 사진이 아니다. 대부분의 사람들에게 '진짜' 사진은 출력한 이미지이다. 다시 생각해보면 사진가는 현대의 프랑켄슈타인 박사이다. 자신의 창조물에 생명을 불어넣으려면 스위치를 켜야한다(프린터 스위치). 물론 진짜 프랑켄슈타인 박사처럼 하늘을 향해 두 팔을 올리고 미친 듯이 웃으며 "살아있다!"고 소리를 지를 필요는 없지만 필자가 아는 대부분의 프로페셔널 사진가들은 실제로 그런다(그래서 그들은 폭풍이 몰아치는 밤을 기다렸다가 사진을 출력한다).

단일 사진
출력하기

지금까지 배운 라이트룸의 다른 기능들이 마음에 들었다면 [Print] 모듈과는 완전히 사랑에 빠지게 될 것이다. 필자는 라이트룸의 출력 기능보다 더 탁월하고 사용이 쉬운 프로그램을 본 적이 없다. 라이트룸 출력 프리셋은 사용이 쉬울 뿐 아니라 활용도도 높고 나만의 프리셋을 만들 수 있는 훌륭한 기반의 역할을 한다.

STEP 01

[Print] 모듈을 사용하기 전에 왼쪽 하단의 [Page Setup] 버튼을 클릭하고 나중에 레이아웃 크기를 재조절할 필요 없도록 출력 용지 크기를 선택한다. 왼쪽 패널 영역에 있는 [Template Browser]에서 'Fine Art Mat' 템플릿을 클릭하면 예제 사진과 같은 레이아웃에 현재 선택한 컬렉션의 첫 번째 사진(이미 사진을 선택하지 않은 경우)이 나타난다. [Print] 모듈에도 역시 [Collections] 패널이 있으므로 다른 컬렉션을 선택할 수 있다. 사진 왼쪽 상단에 몇 줄의 정보를 표시한다. 출력한 사진에는 나타나지 않지만 시각에 방해가 된다면 ⬜ 키를 누르거나 [View] 메뉴에서 'Show Info Overlay'를 선택해서 해제한다.

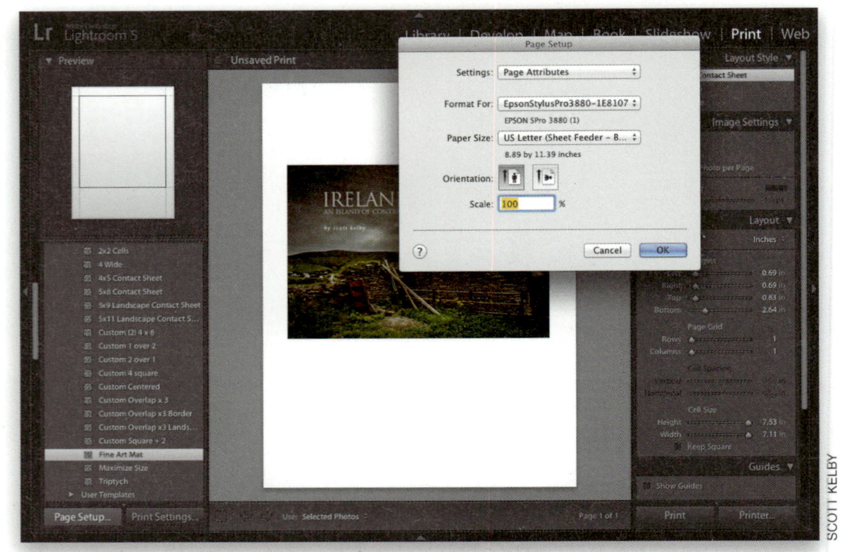

STEP 02

동일한 템플릿으로 여러 개의 사진을 출력하기 위해 [Filmstrip]에서 Ctrl-클릭(MAC:[Command]-클릭)키를 눌러 출력할 사진을 모두 선택하면 페이지가 추가된다. 여기서는 한 장의 사진만 선택했지만 26개의 사진을 선택하면 도구바에 페이지 수를 표시한다. 오른쪽 패널 영역의 [Layout Style] 패널에는 세 개의 레이아웃 스타일이 있는데 'Single Image/Contact Sheet'은 하나의 셀에 사진을 추가해서 크기를 조절한다. 셀을 보기 위해 [Guides] 패널에서 'Show Guides'를 체크하면 페이지에 회색의 페이지 여백과 검은색 경계선의 이미지 셀이 나타난다.

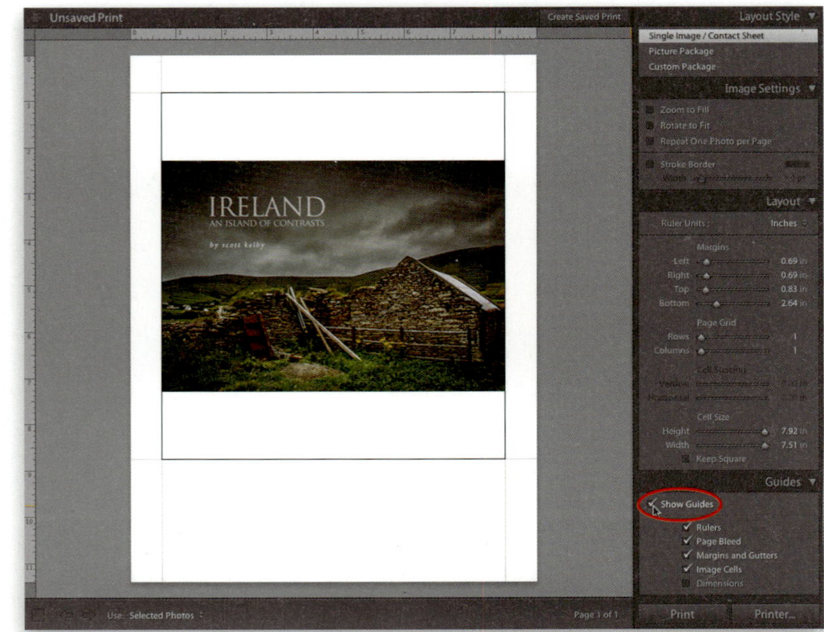

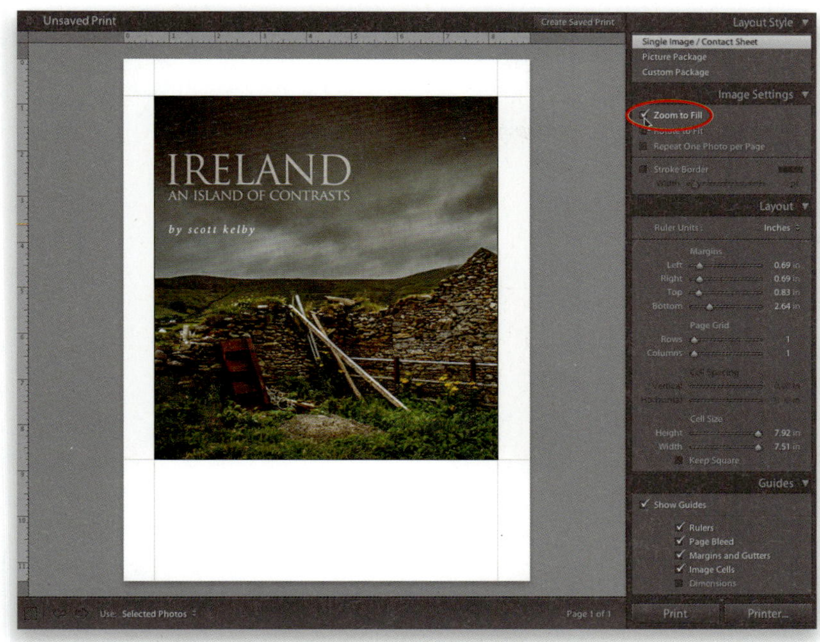

STEP 03

Step 02의 레이아웃을 보면 이미지 전체가 보이도록 기본 설정되어 있기 때문에 사진 상하단에 여백이 있다. 셀에 사진을 채우려면 예제 사진과 같이 [Image Settings] 패널에서 'Zoom to Fill'에 체크한다. 물론 이 설정을 선택하면 사진이 잘린다. Zoom to Fill은 원래 밀착 출력 이미지를 만들기 위한 기능이지만 다양한 레이아웃을 만드는데 활용할 수도 있다.

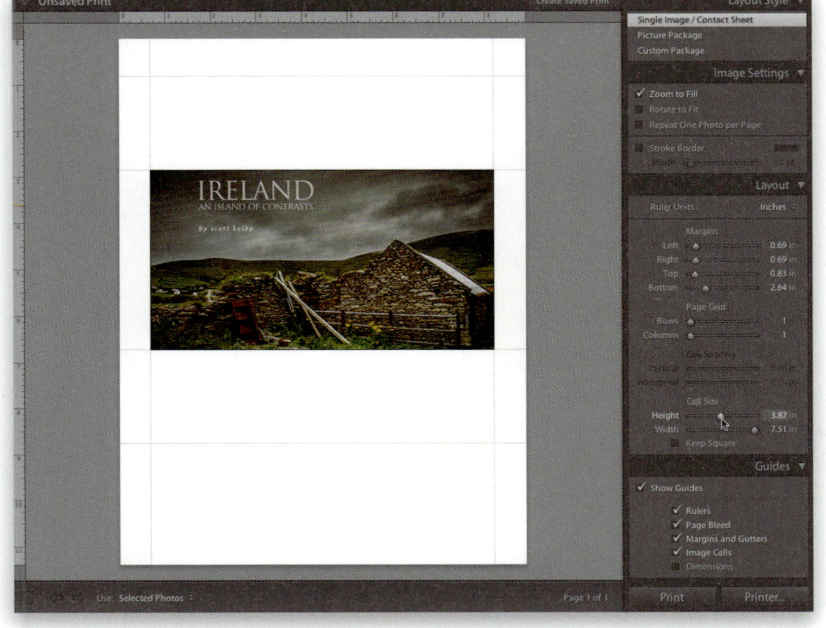

STEP 04

이번에는 셀의 기능에 대해 알아보자. 첫째, 셀 안의 이미지를 'Zoom to Fill'로 설정했기 때문에 셀의 크기를 변경해도 사진의 크기는 그대로이다. 그러므로 셀의 크기를 줄이면 사진의 일부가 잘려나가서 레이아웃을 만들 때 유용하다. [Layout] 패널 하단에 있는 [Cell Size] 영역의 [Height] 슬라이더를 왼쪽으로 드래그하면 줌인하지 않은 원래 너비가 될 때까지 전체 이미지 크기를 축소하고, 셀의 상하단을 축소한다. 그 결과 예제 사진과 같이 이미지가 "레터박스" 화면비가 된다.

Note

여기서는 [Height] 슬라이더를 왼쪽으로 3.87만큼 드래그했다.

STEP 05

[Height] 슬라이더를 원위치로 드래그한 다음 이번에는 [Width] 슬라이더를 왼쪽으로 드래그해서 셀의 너비를 줄여보자. 예제 사진은 가로 방향이기 때문에 셀의 높이를 축소하면 사진의 크기도 함께 축소하지만 이번에는 셀의 너비만 줄어든다. 세로 방향의 셀 때문에 사진의 석조 건축이 보이지 않지만 쉽게 수정할 수 있다.

Tip

[Print] 모듈 단축

[Print] 모듈 단축키는 거의 모든 타 프로그램의 출력 단축키와 동일한 Ctrl – P (MAC:[Command]– P)이다.

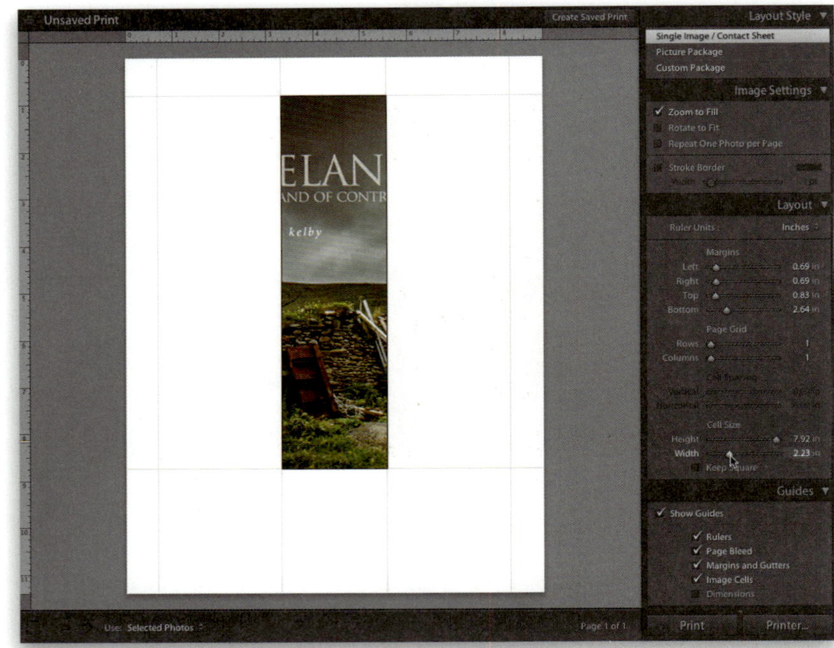

STEP 06

이와 같은 셀 레이아웃의 장점은 셀 안에 있는 이미지의 위치 조절이 가능하다는 것이다. 셀 내부에 커서를 놓아 Hand 도구로 전환하면 이미지를 클릭하고 원하는 위치로 드래그한다. 여기서는 석조 건축이 보이도록 이미지를 왼쪽으로 드래그했다.

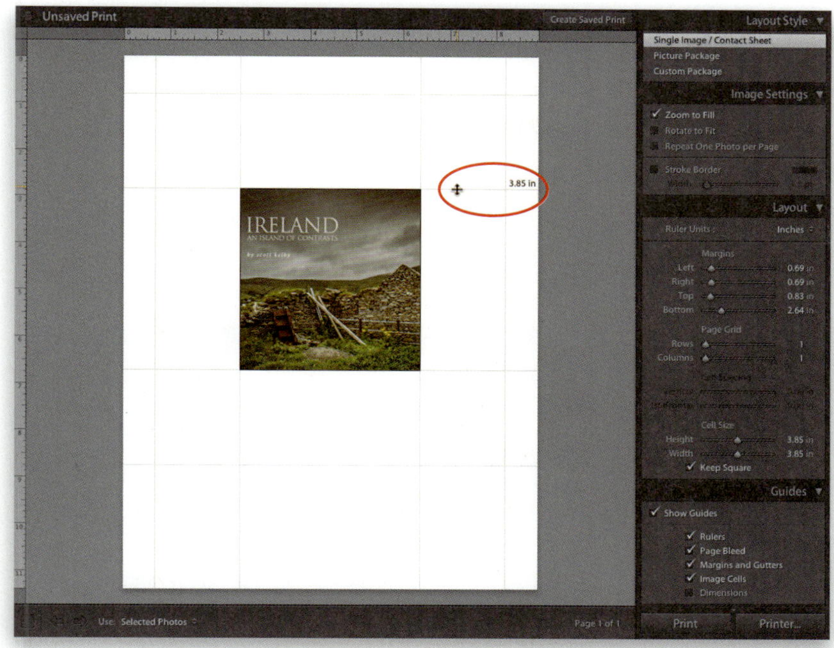

STEP 07

[Cell Size] 영역 하단의 'Keep Square'에 체크하면 셀의 높이와 너비를 동일한 크기로 유지한다. 이번에는 Preview 영역에 있는 레이아웃의 셀 경계선을 클릭하고 드래그해서 셀 크기를 조절해보자. 페이지에서 셀의 경계선을 나타내는 양옆과 상하의 선을 드래그해서 셀을 크기를 조절할 수 있다. 여기서는 상단의 수평선을 상단으로 드래그해서 셀의 크기를 확장했다. 셀은 사진을 보여주는 창과 같은 역할을 한다.

Note

셀의 크기를 확장 할 때는 사진도 함께 확대된다.

Tip

이미지 회전하기

가로 방향 셀에 세로 방향 사진을 추가한 경우 [Image Settings] 패널에서 'Rotate to Fit'을 체크하면 페이지를 최대한 채울 수 있다.

STEP 08

필자가 좋아하는 라이트룸 출력 기능인 페이지 배경색 변경 기능으로 작업을 마무리해보자. [Page] 패널에서 'Page Background Color'에 체크하고 오른쪽의 색상 스와치를 클릭한 다음 [Page Background Color] 색상표에서 배경색을 선택한다. 여기서는 짙은 회색을 선택했지만 배경색은 자유롭게 선택할 수 있다. 또한 이미지에 테두리도 적용할 수 있다. [Image Settings] 패널에서 'Stroke Border'에 체크하고 색상을 선택한 다음 [Width] 슬라이더로 테두리의 두께를 설정한다.

여러 개의 사진으로 출력 레이아웃 만들기

단일 사진을 출력하기 위해 여러 단계를 거쳐야하는 이유는 사실 Single Image/Contact Sheet 기능이 여러 개의 사진을 넣은 레이아웃과 밀착 이미지 출력을 위한 기능이기 때문이다. 이번 레슨에서는 흥미로운 여러 개의 사진으로 출력용 레이아웃을 만드는 방법에 대해 알아보자.

STEP 01

[Template Browser]에서 여러 개의 사진을 사용하는 레이아웃 템플릿을 선택한다. 예를 들어, '2X2 Cells' 템플릿을 클릭하면 선택한 사진들을 2열X2줄 셀 레이아웃에 추가한다. 여기서는 10개의 사진을 선택했기 때문에 총 3페이지를 만들고 도구바 오른쪽에 페이지 수를 표시한다. 예제 사진을 보면 가로와 세로 방향 사진이 섞여있기 때문에 레이아웃이 보기 좋지 않다.

Note

커서를 템플릿 이름 위에 놓으면 상단의 [Preview] 패널에서 레이아웃을 미리 보기 할 수 있다.

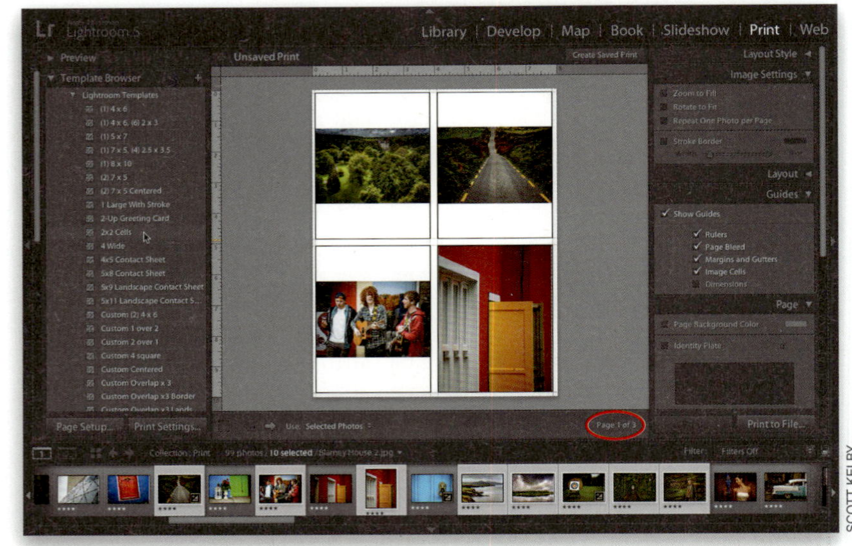

STEP 02

가로와 세로 방향 사진을 분류해서 출력할 수도 있지만 가장 빠른 방법은 [Image Settings] 패널에서 'Zoom to Fill' 기능을 체크해서 모든 이미지가 셀에 꽉 차도록 설정하는 것이다. 각 셀의 이미지를 클릭하고 드래그해서 위치를 조절할 수 있다. 그러나 'Zoom to Fill' 기능을 적용하면 가로 방향의 사진일 경우 상당한 영역이 잘려나간다.

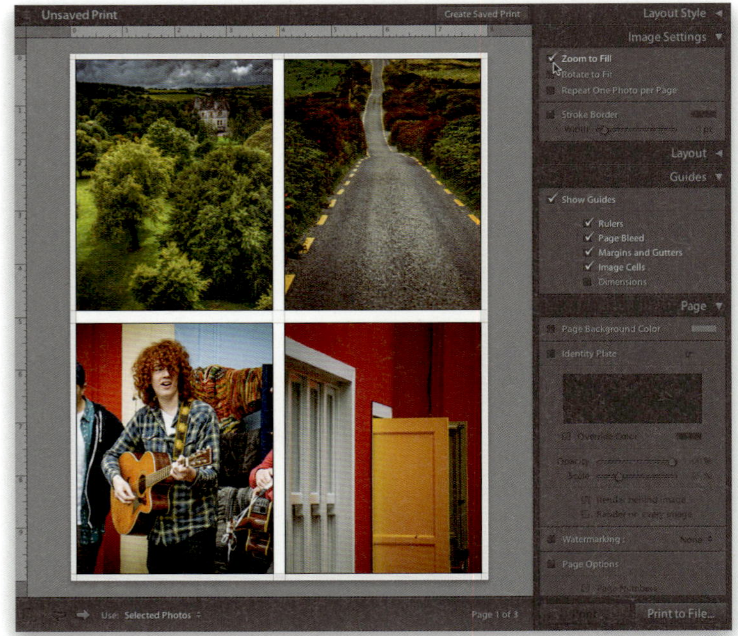

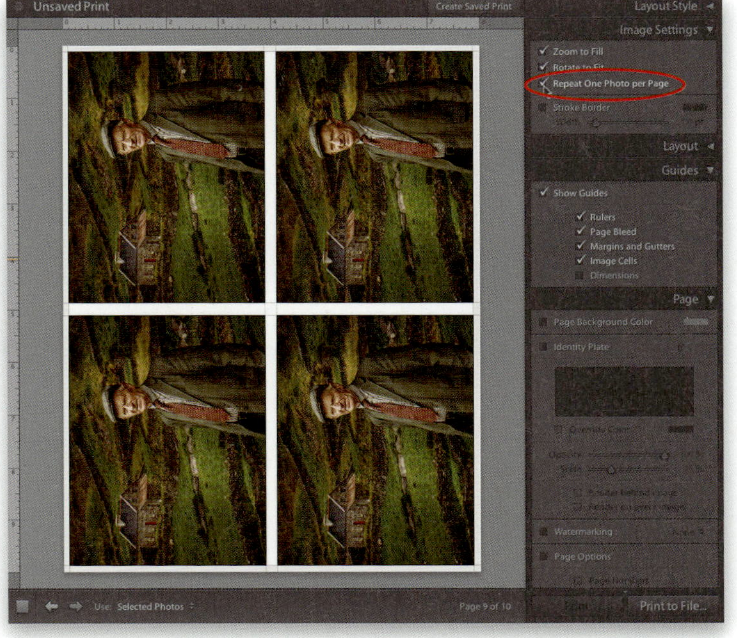

STEP 03

이미지를 자르지 않고 출력하려면 'Rotate to Fit'을 체크하여 가로 방향 사진을 회전시켜 셀에 맞춘다. 이 기능은 모든 페이지에 적용하기 때문에 다른 페이지에 있는 가로 방향 사진도 회전한다. 다른 페이지를 보려면 도구바 왼쪽의 화살표 버튼을 클릭한다.

STEP 04

한 페이지에 여러 개의 동일한 사진을 출력하려면 [Image Settings] 패널에서 'Repeat One Photo per Page'를 체크한다. 또한 동일한 사진을 각기 다른 크기로 출력할 수도 있다.

Note

자세한 방법은 450페이지, '한 페이지에 여러 개의 사진 출력하기'를 참고한다.

STEP 05

예제 사진과 같이 다른 레이아웃을 선택하면 바로 새로운 레이아웃에 맞춰 사진들을 구성한다. 여기 서는 '4X5 Contact Sheet'을 선택했다. 각 사진 하단에 이름을 표시하는 것이 이 레이아웃의 장 점이다. 파일명 표시 기능은 [Page] 패널 하단의 'Photo Info'에 체크를 해제해서 비활성화할 수 있 다. 'Photo Info'에 체크하면 오른쪽의 팝업 메뉴에 서 사진 하단에 표시하는 정보를 선택할 수 있다. 이번에도 가로와 세로 방향 사진들이 섞여있기 때 문에 'Zoom to Fill'에 체크해서 사진이 셀을 채우 도록 설정했다. 하지만 사진이 잘리는 것을 원하지 않는다면 체크하지 않는다.

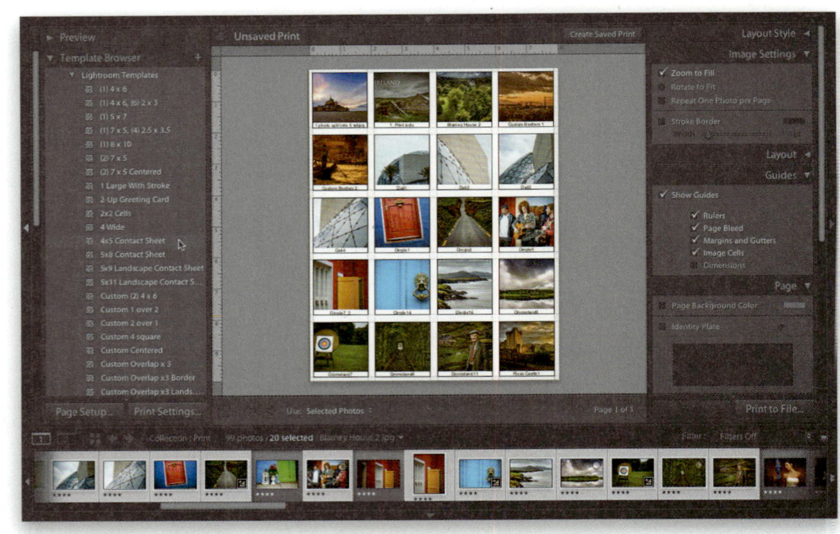

STEP 06

이번에는 직접 레이아웃을 만들어보자. 'Single Image/Contact Sheet' 레이아웃의 한계인 일정 한 셀 크기를 개의치 않는다면 나만의 레이아웃은 생각보다 만들기 쉽다. 셀 하나는 정방형으로, 다 른 두 개의 사진은 직사각형으로 설정할 수 없다. 그러나 이번 레슨에서 여러 장의 사진을 각 다른 크기로 설정하는 방법에 대해 알아볼 것이다. 우선 여러 장의 사진에 밀착 출력 레이아웃을 활용해서 멋진 레이아웃을 만들어보자. 먼저 8장에서 9장 정 도의 사진을 선택한 다음 'Maximize Size' 템플릿 을 선택한다. 이 템플릿은 나만의 템플릿을 만드는 기반으로 사용하기에 적합하다. 사진을 추가해야 하기 때문에 [Image Settings] 패널에서 'Rotate to Fit'을 체크한다.

STEP 07

여러 개의 사진을 넣는 레이아웃은 [Layout] 패널에서 만든다. [Page Grid] 영역에서 레이아웃에 넣을 셀의 열과 줄의 개수를 선택한다. [Rows] 슬라이더를 3으로 드래그해서 예제 사진과 같이 3개의 줄에 3개의 사진을 넣을 수 있게 설정한다.

Note

셀을 둘러싼 검은색의 경계선은 가이드이며 셀의 경계선을 쉽게 알아볼 수 있다. 이 경계선은 [Guides] 패널에서 'Image Cells'에 체크를 해제해서 비활성화할 수 있다. 가이드를 비활성화해도 회색의 경계선이 보이기 때문에 필자는 대부분의 경우 이 기능을 해제한다.

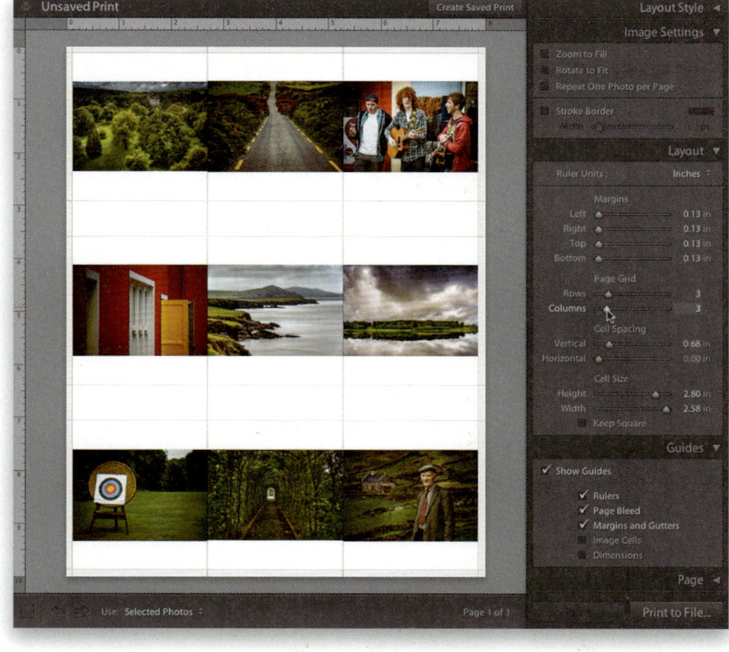

STEP 08

사진들 사이에 여백을 추가하려면 [Cell Spacing] 영역의 [Vertical] 슬라이더를 드래그한다. 예제 사진의 경우 슬라이더를 0.68까지 드래그해서 여백을 만들었다.

STEP 09

[Page Grid] 영역에서 [Columns] 슬라이더를 3으로 드래그하여 레이아웃에 3개의 열을 추가한다. 사진들 사이에 여백이 없도록 기본 설정되어 있기 때문에 수평으로 나열한 사진들 사이에 여백이 없다.

STEP 10

수평으로 나열한 사진들 사이에 여백을 추가하기 위해 [Cell Spacing] 영역의 [Horizontal] 슬라이더를 오른쪽으로 드래그한다. 이제 페이지를 살펴보면 상단과 하단에는 여백에 있지만 양옆에는 여백이 거의 없다.

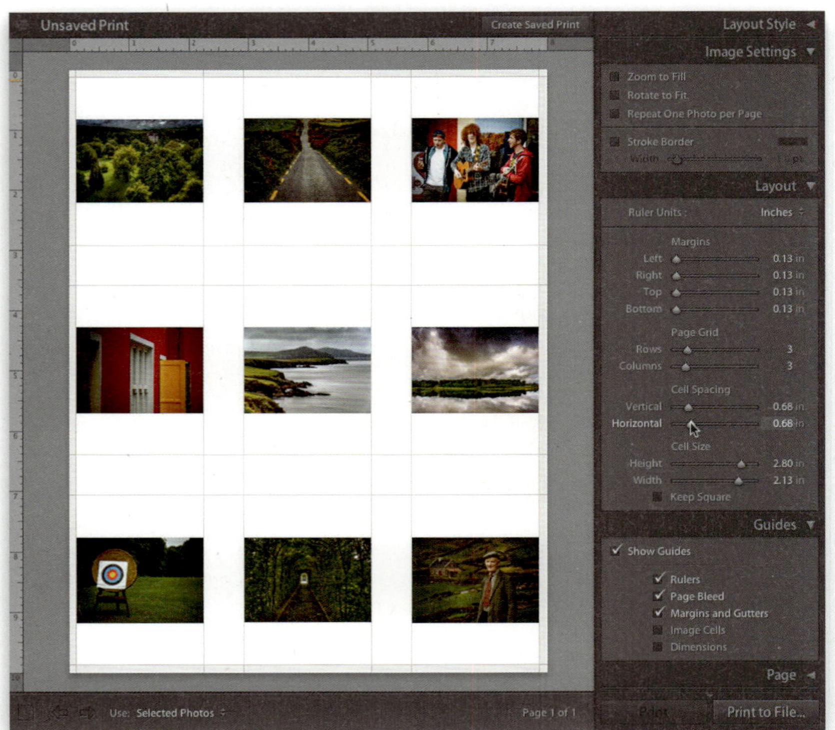

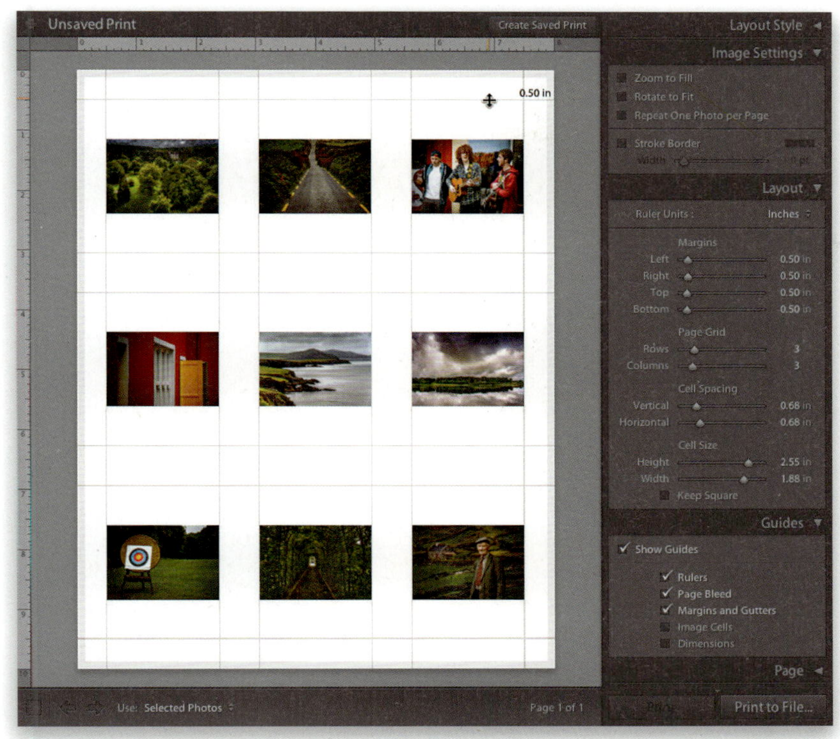

STEP 11

[Layout] 패널에서 [Margin] 슬라이더를 드래그하여 페이지 여백을 설정할 수 있지만 페이지에서 여백 가이드 선을 직접 드래그해서 설정할 수도 있다. 여기서는 상단과 하단 그리고 양옆의 가이드 선을 클릭하고 드래그해서 페이지 둘레에 1/2인치 정도의 여백을 설정했다.

STEP 12

Step 11의 예제 사진을 보면 모든 사진이 가로 방향인데 셀은 세로 방향이다. 이미지를 더 크게 만들기 위해 [Image Settings] 패널에서 'Zoom to Fill'을 체크하여 셀을 채운 다음 사진의 위치를 조절하거나, 'Rotate to Fit'을 체크해서 사진을 회전한다.

STEP 13

밀착 출력 이미지 레이아웃을 활용한 몇 가지 예를 살펴보고 이번 레슨을 마무리하자. [Image Settings] 패널에서 'Zoom to Fill'에 체크한다. [Layout] 패널의 [Page Grid]에서 [Rows]는 1, [Columns]는 3으로 설정한다. [Cell Size] 하단의 'Keep Square'를 체크 해제한다. [Margins] 영역의 [Left], [Right], [Top] 슬라이더를 0.75로 설정하고, [Bottom] 슬라이더는 하단에 Identity Plate를 추가하기 위해 2.75로 설정한다. [Cell Size] 영역에서 'Height: 7.50, Width: 2.20'로 설정해서 세로 방향의 셀을 만든다. 3개의 사진을 선택한 다음 [Page] 패널에서 'Identity Plate' 기능을 체크한다. Identity Plate를 클릭하고 드래그해서 크기와 위치를 조절하면 예제 사진과 같은 레이아웃이 된다.

Note

모든 레이아웃은 8.5×11인치 페이지 크기를 기반으로 하며 페이지 크기는 왼쪽 패널 영역에서 선택한다.

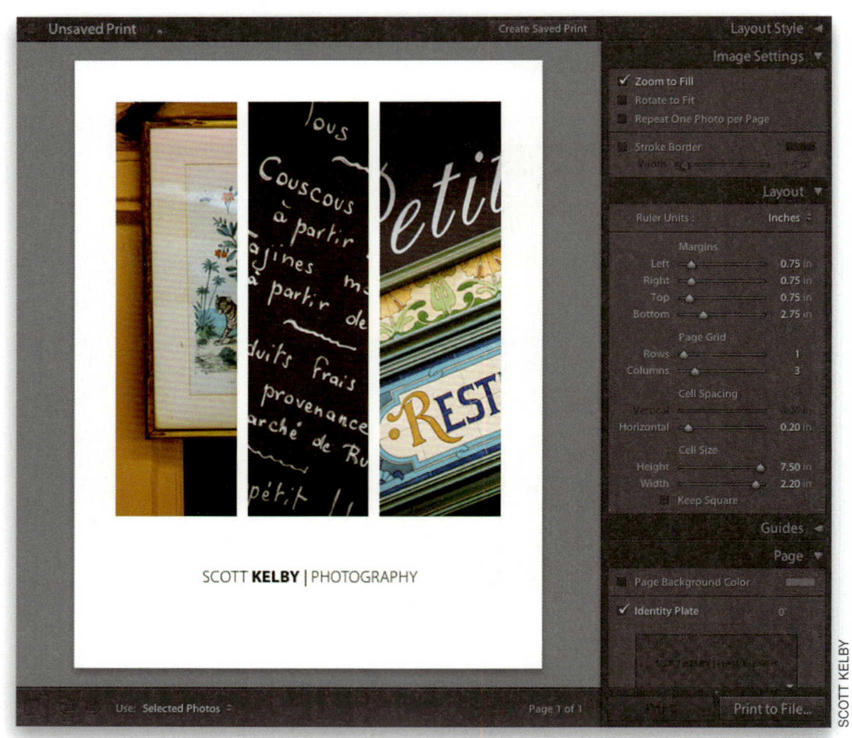

STEP 14

이번엔 4개의 파노라마 이미지를 넣은 레이아웃을 만들어보자. 이때 실제로 파노라마 사진을 사용할 필요가 없다. [Layout] 패널의 [Page Grid]에서 'Rows:4, Columns:1'로 설정한다. 그리고 [Margins] 영역에서 [Left], [Right]는 0.50, [Top] 슬라이더는 0.75나 0.80으로 설정하고, [Bottom] 슬라이더는 1.50으로 설정한다. 또한 [Cell Size] 하단의 'Keep Square'를 체크 해제한다. [Cell Size] 영역은 'Height: 1.81, Width: 7.33'으로 설정한다. 그리고 [Vertical] 슬라이더를 0.50 정도로 설정해서 셀 사이에 여백을 추가하면 예제 사진과 같은 레이아웃이 된다.

SCOTT KELBY

STEP 15

이번에는 검은색 배경과 36개의 사진으로 포스터를 만들어보자. 먼저 36개의 가로 방향 사진들을 선택한다. 그리고 [Image Settings] 패널에서 'Zoom to Fill'에 체크를 해제한다. [Layout] 패널에서 페이지 네 면의 여백을 모두 1인치로 설정한다. [Page Grid]에서 'Rows: 9, Column: 4'로 설정한다. [Cell Spacing]의 [Horizontal] 슬라이더는 0으로 유지하고 [Vertical] 슬라이더는 사진 사이의 여백이 수평 여백의 반 정도가 되도록 설정한다(여기서는 0.17로 설정했다). 마지막으로 [Page] 패널에서 'Page Background Color'를 체크하고 오른쪽의 색상 스와치를 클릭해서 배경색을 선택한다. 페이지에 흰색의 여백이 보인다면 [Page Setup]을 클릭하고 여백이 없는 출력을 선택한다.

SCOTT KELBY

STEP 16

다음은 흔히 사용하지 않는 레이아웃을 만들어보자. 하나의 사진을 5개의 세로 셀로 분리한 레이아웃이다. 먼저 왼쪽 하단의 [Page Setup] 버튼을 클릭하고 페이지를 'Landscape'으로 설정한다. 그리고 [Filmstrip]에서 사진을 마우스 오른쪽 버튼을 클릭한 다음 'Create Virtual Copy'를 선택한다. 이 단계를 세 번 더 반복해서 총 5개의 복제 파일을 만든다. 다음은 [Image Settings] 패널에서 'Zoom to Fill'에 체크하고 [Layout] 패널의 [Margins] 영역에서 양옆의 여백은 1.50으로 설정한 후 상하의 여백은 1.00으로 설정한다. [Page Grid] 영역은 'Rows: 1, Column: 5'로 설정한다. [Cell Spacing] 영역에서 [Horizontal] 슬라이더를 0.25로 설정한다. [Cell Size]는 'Height: 6.50, Width: 1.40'으로 설정해서 세로 방향의 셀을 만든다. [Page] 패널에서 'Page Background Color'에 체크한 다음 색상 스와치를 클릭하고 배경색을 짙은 회색으로 설정한다. [Filmstrip]에서 5개의 사진을 모두 선택한 다음 각 사진을 클릭하고 드래그해서 셀에 추가하면 예제 사진과 같은 레이아웃이 된다.

나만의 출력 레이아웃 만들기

라이트룸 5에서는 이전 버전의 제한된 셀 레이아웃에서 벗어나 'Custom Package' 출력 레이아웃 스타일을 사용해서 나만의 레이아웃을 자유롭게 만들 수 있다. 이번 레슨에서는 사진의 크기와 형태 배치를 자유롭게 설정해서 나만의 레이아웃을 만들어 보자.

STEP 01

가장 먼저 [Layout Style] 패널에서 'Custom Package'를 선택한다. 이번에 배울 레이아웃은 빈 페이지에서 시작해야 하므로 만약 페이지에 셀이 보이면 [Cells] 패널에서 [Clear Layout] 버튼을 클릭해서 삭제한다. 페이지에 사진을 추가하는 방법은 두 가지이다. 첫째는 [Filmstrip]에서 이미지를 클릭하고 드래그해서 페이지에 추가한다. 사진을 페이지에 추가하면 사진이 크기 조절이 가능한 셀 안에 추가되므로 모퉁이의 조절점을 클릭하고 드래그해서 크기를 조절할 수 있다. 여기서는 페이지 하단을 거의 채우도록 사진의 크기를 조절했다. 기본적으로 사진은 화면비를 맞추어 크기를 조절하지만 [Cell] 패널 하단의 'Lock to Photo Aspect Ratio'를 체크 해제하면 'Zoom to Fill'과 같은 기능을 활성화한 셀처럼 작동하기 때문에 사진을 자유롭게 크로핑 할 수 있다.

STEP 02

[Clear Layout] 버튼을 클릭하고 사진을 페이지에 추가하는 다른 방법을 알아보자. 이번에는 셀을 먼저 만든 다음 위치를 설정하고 이미지를 드래그해서 추가하는 방법이다. 먼저 [Cells] 패널의 [Add to Package] 영역에서 원하는 크기를 선택한다. 예를 들어, [3×7] 버튼을 클릭하면 3×7인치 크기의 셀을 페이지에 추가한다. 셀 내부를 클릭하고 드래그해서 위치를 설정한다. 위치 설정을 마치면 [Filmstrip]에서 사진을 클릭하고 셀로 드래그해서 추가한다.

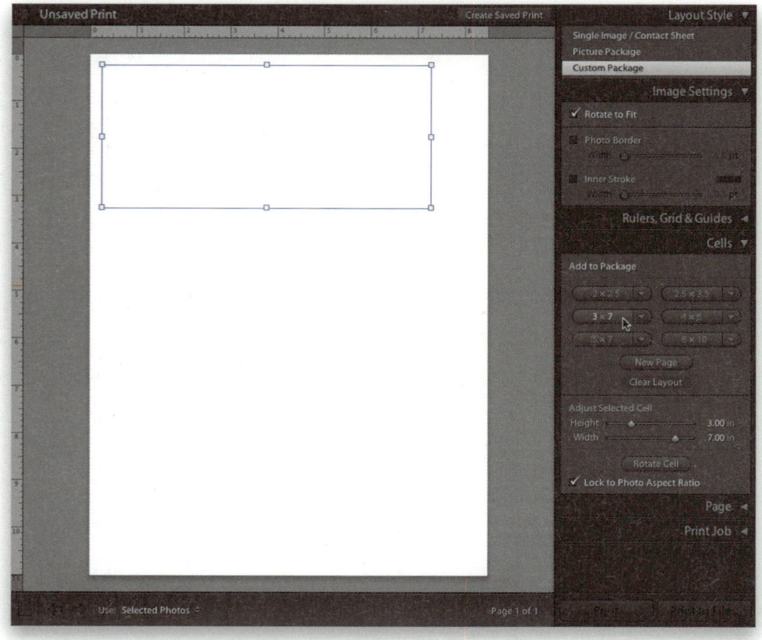

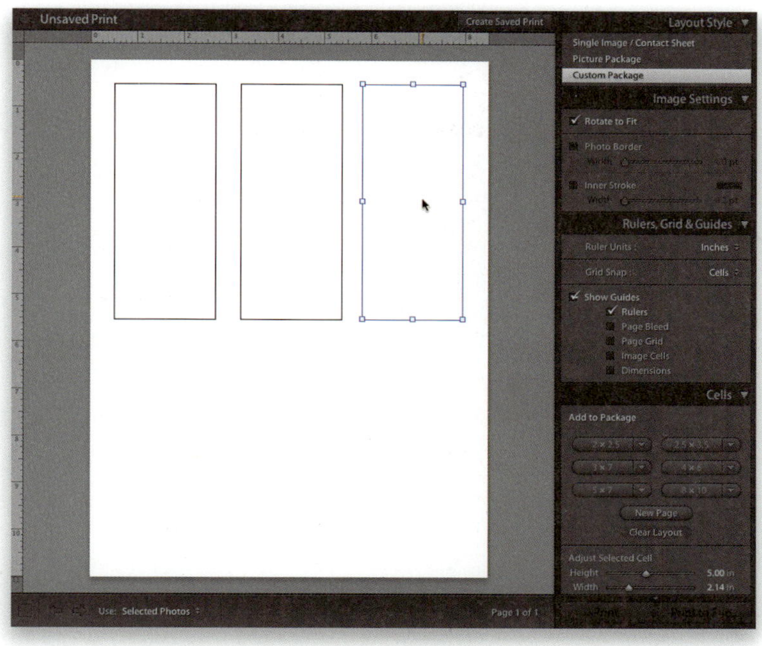

이번에는 셀 버튼을 사용해서 레이아웃을 만들어 보자. [Clear Layout] 버튼을 클릭해서 빈페이지를 만든 다음 [3×7] 버튼을 클릭하고 [Rotate Cell] 버튼을 클릭해서 세로 방향의 긴 셀을 페이지에 추가한다. 셀은 페이지에 비해 크기가 약간 크지만 셀의 조절점이나 [Adjust Selected Cell] 영역의 슬라이더를 드래그해서 크기를 재조절할 수 있다. 여기서는 [Height] 슬라이더를 5.00까지 드래그하고 [Width]를 2.14로 드래그하여 크기를 축소했다. 다음은 동일한 셀을 2개 더 만든다. 가장 빠른 방법은 (MAC:[Option])키를 누른 채 셀의 내부를 클릭한 다음 드래그해서 복사본을 만드는 것이다. 이 방법으로 2개의 셀을 더 만들어 나란히 배치한다. 이때 보이지 않는 수평 그리드가 셀의 수평을 맞춰주기 때문에 셀을 배치하기 쉽다. [Rulers, Grid & Guides] 패널에서 'Show Guides'의 'Page Grid'에 체크하면 그리드를 볼 수 있다.

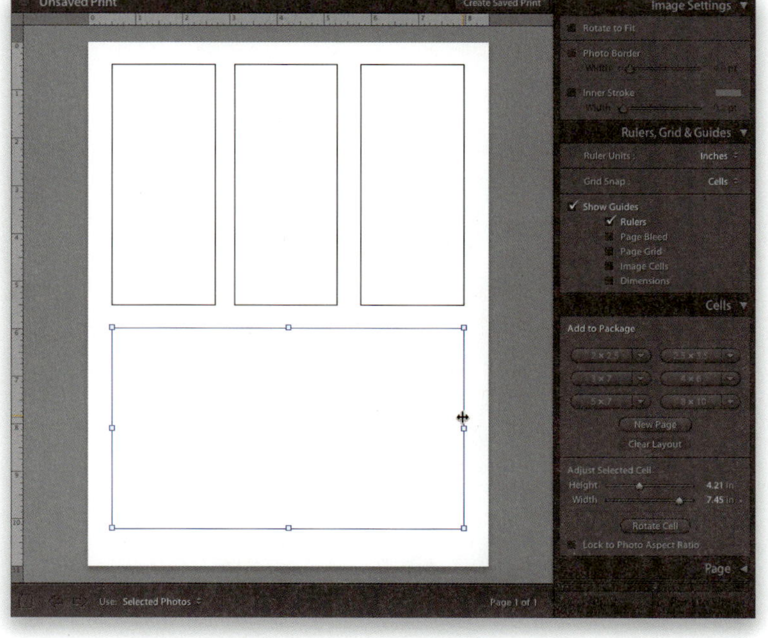

다음은 레이아웃 하단에 4×6인치 크기의 사진을 추가해보자. [4×6] 버튼을 클릭해서 셀을 추가하면 상단에 배치한 3개의 셀보다 너비가 좁다. 너비를 맞추기 위해 먼저 [Cells] 패널 하단의 'Lock to Photo Aspect Ratio'를 체크 해제하고 셀의 너비를 조절해서 맞춘다. 레이아웃을 완성하고 사진을 추가하기 전에 두 가지 설정이 필요하다. 'Lock to Photo Aspect Ratio'를 체크 해제하는 것을 잊지 말자. 그렇지 않으면 사진을 드래그해서 추가했을 때 셀이 사진 전체 크기로 확장된다. 또한 가로 사진을 자동으로 회전하지 않도록 [Image Settings] 패널에서 'Rotate to Fit'의 체크도 해제한다.

STEP 05

사진을 드래그해서 레이아웃에 드롭한다. 추가한 사진이 마음에 들지 않는다면 다른 사진을 그 위에 드롭한다. 작은 셀 안의 사진은 Ctrl (MAC: [Command])키를 누른 채 드래그해서 원하는 부분이 보이도록 위치를 조절한다.

STEP 06

이번에는 포토샵의 레이어처럼 사진을 겹치게 배치하는 레이아웃을 만들어보자. 레이아웃을 다시 만들기 전에 [Page Setup] 버튼을 클릭해서 처음 상태로 되돌린다. [Cells] 패널에서 [Clear Layout] 버튼을 클릭한 다음 [8×10] 버튼을 클릭하고 예제 사진과 같이 셀이 페이지의 대부분을 차지하도록 크기와 위치를 조절한다. 그리고 [2×2.5] 버튼을 3번 클릭해서 3개의 작은 셀을 추가하고 너비를 약간 넓게 조절한 다음 8×10 셀의 하단과 겹치게 배치한다. 사진을 각 셀에 추가한다. 사진을 마우스 오른쪽 버튼으로 클릭하면 팝업 메뉴에서 겹치는 순서를 선택할 수 있다. 사진 둘레에 흰색의 테두리를 추가하려면 [Image Settings] 패널에서 'Photo Border'를 체크한다(이때 'Guides'를 체크하면 더 잘 볼 수 있다). [Page Setup]을 'Portrait'로 전환해보자. 예를 들어, 이 레이아웃을 'Portrait' 스타일로 설정하면 멋진 웨딩 포토북 이미지가 될 수 있다. 그래서 필자는 사진을 교체하고 작은 셀을 회전한 후 큰 셀의 너비를 약간 더 넓게 설정한 다음 'Photo Border'의 체크를 해제했다. 그리고 'Inner Stroke'를 체크하고 3pt의 검은색 테두리를 추가해보았다(오른쪽 하단 예제 사진). 이 모든 과정이 30초 정도 밖에 걸리지 않았다. 또한 큰 셀이 페이지 전체를 채우게 설정하고 작은 셀에 흰색 테두리를 추가했다(왼쪽 하단 예제 사진).

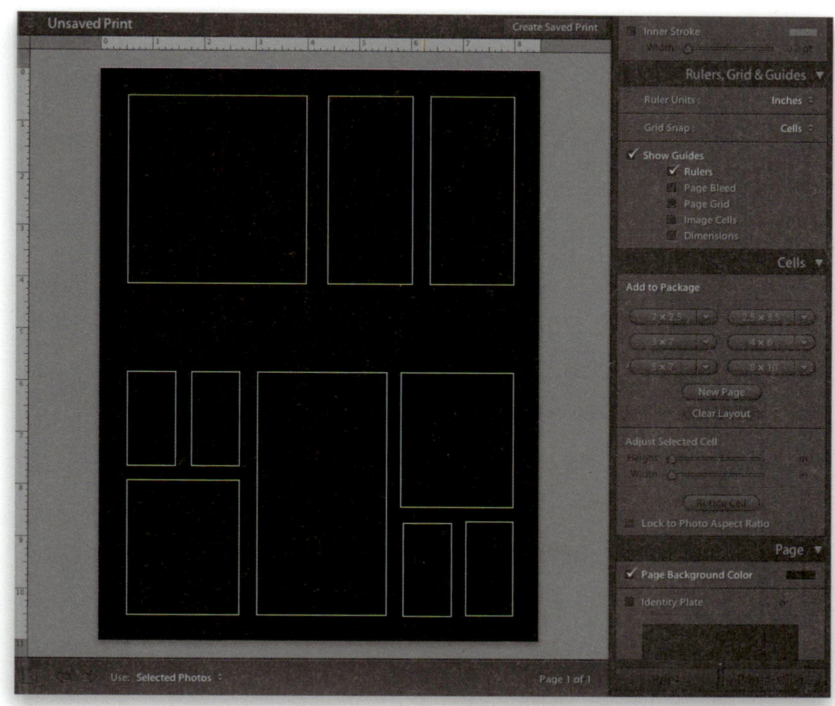

STEP 07

또 다른 레이아웃을 만들어보자. [Cells] 패널에서 [Clear Layout] 버튼을 클릭한 다음 [Page] 패널에서 'Page Background Color'를 체크하고 색상 스와치에서 검은색 배경을 선택한다. 'Lock to Photo Aspect Ratio'를 체크 해제한 다음 [Cell] 패널에서 버튼을 여러 번 클릭해서 다수의 셀을 추가한다. 각 셀의 크기를 조절해서 예제 사진과 같은 레이아웃을 만든다. 페이지 중앙의 여백은 Identity Plate를 넣을 공간이다.

STEP 08

사진들을 드래그해서 셀에 추가한다. 예제 사진의 흰색 테두리는 셀의 경계선을 보여주기 위해 추가한 것이며 최종 출력 이미지에는 넣지 않을 것이다. 흰색 테두리를 추가하고 싶다면 [Image Settings] 패널에서 'Inner Stroke'를 체크한 다음 오른쪽의 색상 스와치를 클릭하고 흰색을 선택한다. 예제 사진의 이미지들은 항공모함을 촬영한 사진들을 모은 컬렉션에서 선택했다. 마지막으로 중앙의 여백에 스튜디오 로고를 추가해보자. [Page] 패널에서 'Identity Plate'를 체크한 다음 'Override Color'를 체크하고 색상 스와치를 클릭해서 Identity Plate를 흰색으로 설정한다. Identity Plate는 드래그해서 어디든지 원하는 위치로 드래그할 수 있지만 여기서는 중앙으로 위치를 설정했다.

출력 레이아웃에 텍스트 추가하기

라이트룸 5에서는 출력 레이아웃에 쉽게 텍스트를 추가할 수 있다. 또한 [Web]과 [Slideshow] 모듈과 마찬가지로 라이트룸이 자동으로 사진의 메타데이터를 불러와 페이지에 추가하도록 설정하거나 직접 텍스트를 추가할 수 있다.

STEP 01

사진을 선택한 다음 [Template Browser]에서 'Fine Art Mat' 템플릿을 선택하고 'Zoom to Fill'의 체크를 해제한다. 텍스트를 추가하는 가장 쉬운 방법은 [Page] 패널에서 'Identity Plate'를 체크하는 것이다(설정 방법은 챕터 4를 참고하자). Identity Plate를 추가한 다음에는 클릭해서 원하는 위치로 드래그한다. 여기서는 사진 하단으로 드래그했다. 각 줄의 글꼴을 다르게 설정하는 방법을 알아보자(예제 사진의 경우 상단에 'Trajan Pro', 하단에 'Minion Pro Italic'을 사용했다). 윗줄의 텍스트를 설정한 다음 MAC:[Option]-[Return]키를 두 번 눌러 두 줄 아래로 이동한다(이 방법은 PC에서 사용할 수 없으므로 포토샵에서 Identity Plate를 만들어서 불러온다). 그리고 Space Bar를 20번 누르고 텍스트를 입력한 다음 둘째 줄을 드래그해서 선택하고 글꼴을 변경한다.

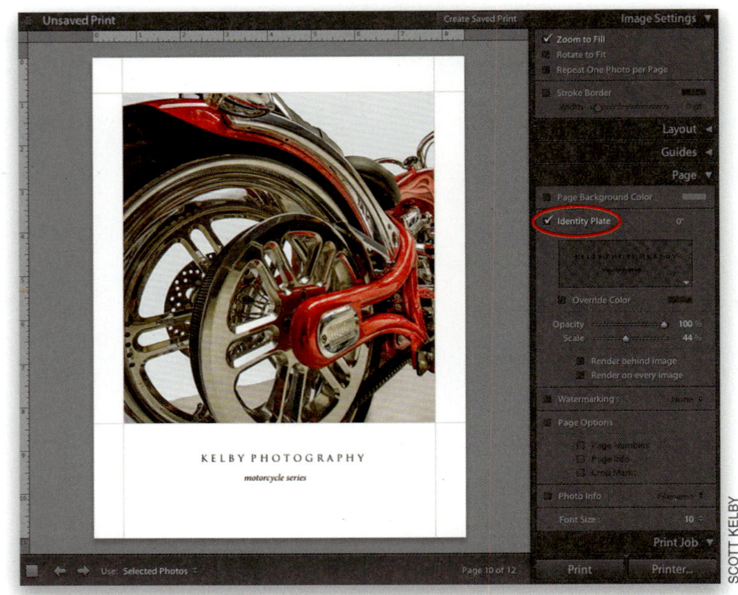

STEP 02

Identity Plate를 사용하는 방법 외에도 사진의 노출 정보, 카메라 기종, 파일명, [Library] 모듈의 [Metadata] 패널에서 추가한 캡션 정보 등의 메타데이터를 불러와 텍스트로 추가하는 방법이 있다. [Page] 패널에서 'Photo Info'를 체크하고 오른쪽의 팝업 메뉴에서 페이지에 추가할 정보를 선택한다. 하단에서 텍스트의 크기를 조절할 수 있지만 '16point'가 최대 크기이기 때문에 대형 크기의 사진을 출력하는 경우 텍스트가 너무 작다.

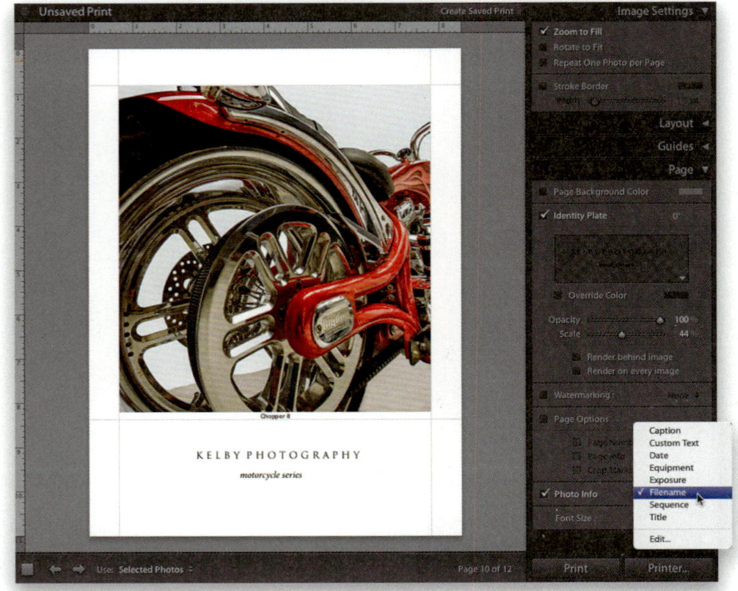

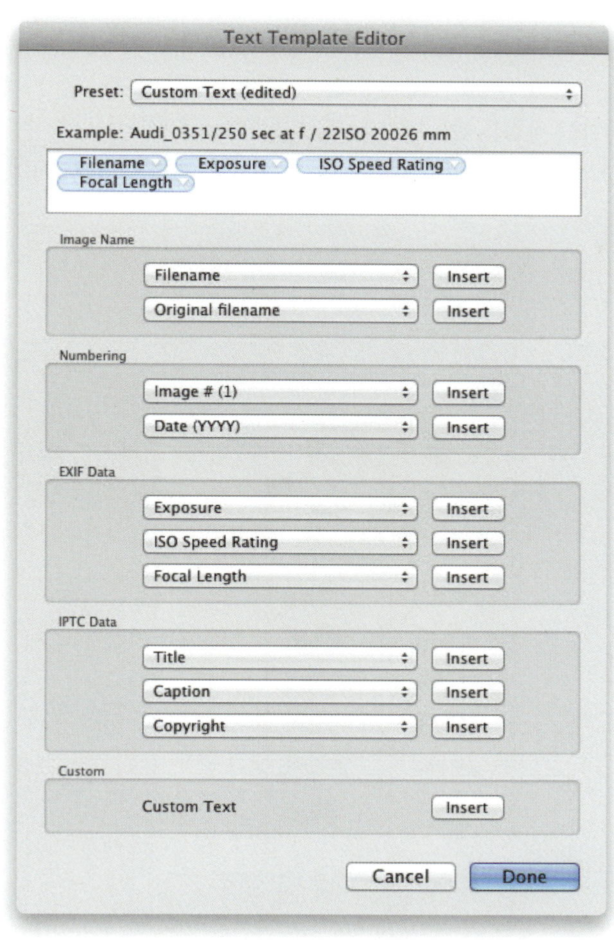

STEP 03

파일명과 메타데이터 정보를 불러오는 대신 직접 만든 텍스트를 추가하는 방법을 알아보자. 단 텍스트는 셀 하단에 표시되며 Identity Plate처럼 위치를 옮길 수 없다는 단점이 있다. [Photo Info] 팝업 메뉴에서 'Custom Text'를 선택하고 입력란에 텍스트를 입력한다. 또한 동일한 팝업 메뉴에서 [Text Template Editor] 대화창을 불러와 사진에서 불러올 메타데이터 목록을 설정할 수 있다. 여기서는 각 항목 오른쪽의 [Insert] 버튼을 클릭하거나 팝업 메뉴를 클릭해서 파일명, 노출, ISO, 조리개 값을 텍스트 목록으로 설정했다. 사진 하단에 이런 정보를 포함해서 출력할 사람이 있을까라는 의문이 들긴 하지만 누군가는 필요로 할지도 모른다.

STEP 04

포토북을 위한 페이지를 출력하는 경우 라이트룸이 자동으로 페이지수를 추가하도록 설정할 수 있다. [Page] 패널에서 'Page Options'를 체크한 다음 'Page Numbers'를 체크한다. 마지막으로 테스트 프린트를 출력하는 경우 'Page Info'에 체크하면 샤프닝, 색상 프로필, 프린터 기종 등 포함한 출력 설정을 페이지 왼쪽 하단에 표시한다.

한 페이지에 여러 개의 사진 출력하기

이번 챕터 앞부분에서 사진 하나를 동일한 크기로 한 페이지에 여러 개 배치해서 출력하는 방법을 알아보았다. 이번 레슨에서는 사진 하나를 다양한 크기로 한 페이지에 여러 개 배치해서 출력하는 방법을 알아보자.

STEP 01

먼저 페이지에 추가할 사진을 클릭한다. 왼쪽 패널 영역의 [Template Browser] 패널에서 '(1) 4×6, (6) 2×3' 템플릿을 선택해서 예제 사진과 같은 레이아웃을 불러온다. 오른쪽 패널 영역 상단의 [Layout Style] 패널을 보면 선택한 레이아웃이 'Picture Package'라고 알려준다.

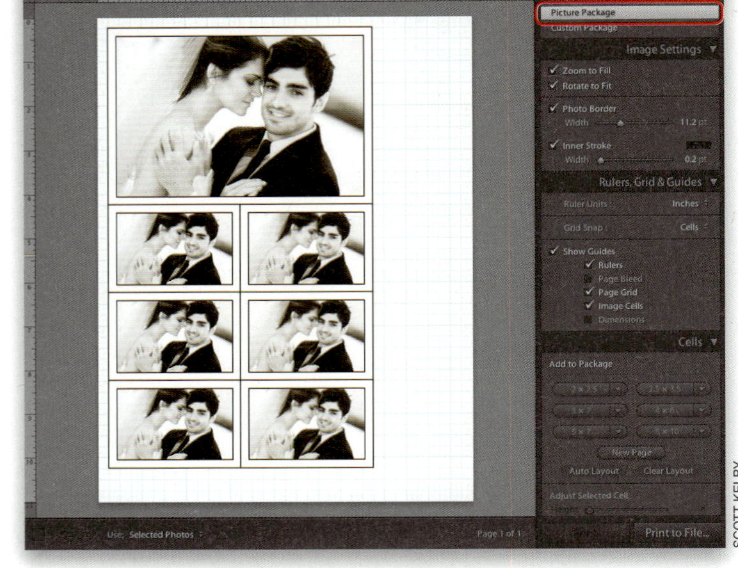

STEP 02

Step 01의 Preview 영역을 보면 레이아웃에 기본적으로 흰색 테두리가 있다. 테두리를 없애려면 [Image Settings] 패널에서 'Photo Border'의 체크를 해제한다. 'Zoom to Fill'에도 체크되어 있어 사진이 약간 잘릴 수 있으나 원하지 않으면 체크를 해제한다.

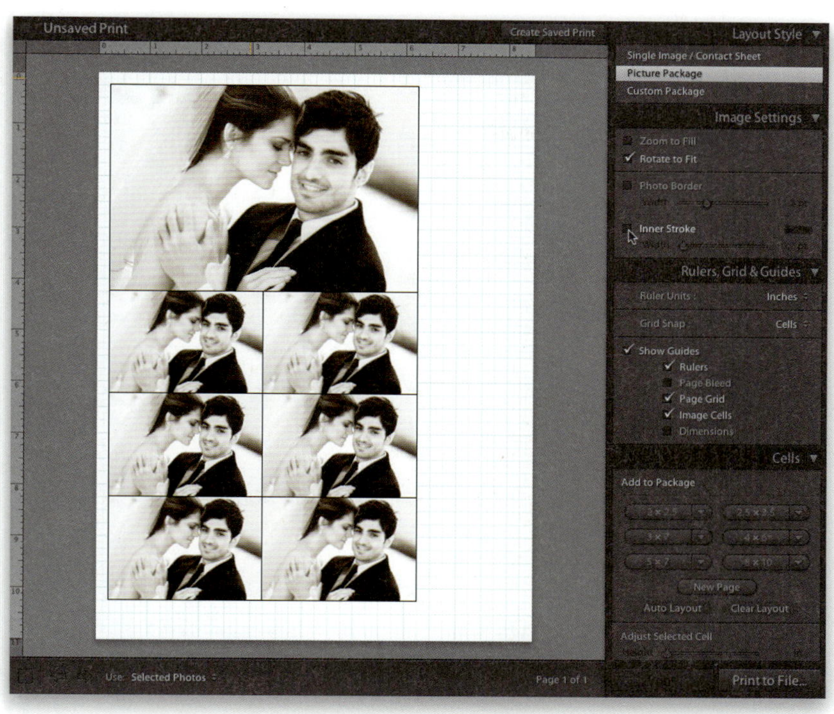

이 레이아웃의 기본 설정 중 하나는 검은색의 사진 테두리이다. 이 테두리는 'Inner Stroke' 하단의 [Width] 슬라이더로 두께를 조절할 수 있다. 테두리를 원하지 않는 경우 'Inner Stroke'의 체크를 해제한다. 이제 사진들이 모두 테두리 없이 근접해서 배치되어 있다.

Note

레이아웃이 마음에 든다면 [Template Browser] 패널 헤더 오른쪽에 있는 [+] 버튼을 클릭해서 저장한다.

페이지에 사진을 더 추가하려면 [Cells] 패널에서 원하는 사진 크기 버튼을 클릭해서 셀을 추가한다. 여기서는 [2×2.5] 버튼을 클릭해서 셀을 추가했다. 같은 방법으로 레이아웃에 셀을 추가할 수 있다. 셀을 삭제하려면 셀을 클릭한 다음 Backspace (MAC:[Delete])를 누른다.

STEP 05

직접 'Picture Package' 레이아웃을 만들려면 [Cells] 패널에서 [Clear Layout] 버튼을 클릭하여 모든 셀을 삭제한 다음 직접 셀을 추가한다.

STEP 06

[Add to Package] 영역에서 원하는 사진 크기 버튼을 클릭해서 페이지에 셀을 추가한다. 셀을 추가하면 라이트룸이 자동으로 셀의 위치를 설정하기 때문에 항상 페이지에 적합한 위치는 아니다.

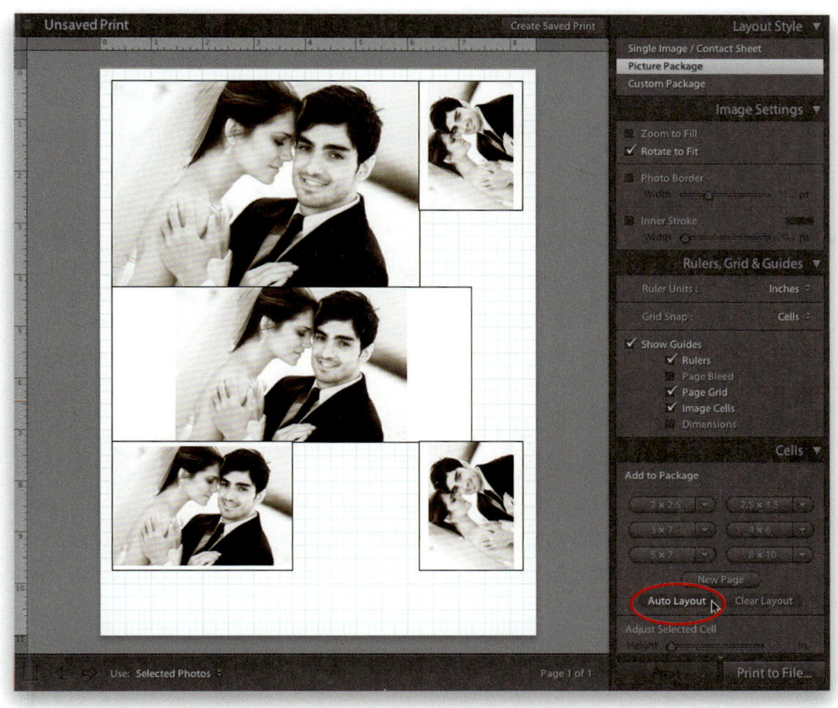

[Add to Package] 영역 하단의 [Auto Layout] 버튼을 클릭하면 라이트룸이 최대한 많은 사진을 추가할 수 있도록 셀을 자동 배치한다. 또 다른 편리한 기능을 알아보기 위해 [Clear Layout] 버튼을 클릭해서 페이지를 비우자.

Tip

드래그해서 복사하기

셀을 복제하려면 Alt (MAC:[Option])키를 누른 채 복제하려는 셀을 드래그해서 원하는 위치에 놓는다. 다른 사진과 겹치는 경우 페이지 오른쪽 상단에 경고 아이콘이 나타난다.

STEP 08

추가한 셀의 개수가 한 페이지에 출력이 불가능한 경우 라이트룸이 자동으로 새 페이지를 추가한다. 예를 들어, 한 페이지에 모두 들어갈 수 없는 [8×10] 크기의 셀과 [5×7] 크기의 셀을 추가하면 자동으로 페이지를 추가해서 [5×7] 셀을 넣는다. 또 다른 [5×7] 셀과 [2×2.5] 셀을 추가하면 페이지를 한 장 더 추가한다. 페이지를 직접 추가하려면 [Add to Package] 하단의 [New Page] 버튼을 클릭한다.

STEP 09

라이트룸에서 추가한 페이지를 삭제하려면 페이지에 커서를 놓고 왼쪽 상단에 나타난 작은 X 표시를 클릭한다. 이제 5×7 사진이 두 개 있는 페이지에서 각 사진을 클릭하고 Backspace (MAC:[Delete])키를 눌러 삭제한 다음 [Image Settings] 패널에서 'Zoom to Fill'에 체크한다.

Tip

한 페이지 줌인하기

예제 사진과 같이 여러 개의 페이지가 있는 경우 페이지를 하나만 보려면 해당 페이지를 클릭한 다음 왼쪽 패널 영역의 [Preview] 패널 헤더의 [Zoom Page]를 클릭한다.

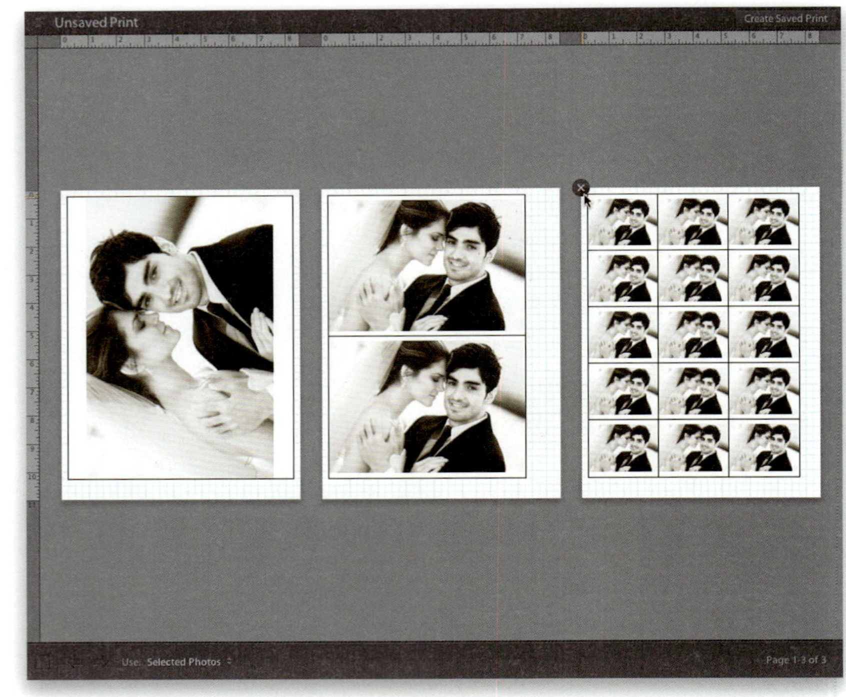

STEP 10

또한 각 셀의 크기는 수동으로 조절할 수 있다. 예를 들어, 두 번째 페이지에 두 개의 3×7 크기 셀을 추가해보자. 하단 이미지를 클릭하고 하단의 조절점을 클릭한 후 위로 드래그해서 셀을 더 가늘게 만든다. [Cells] 패널 하단의 [Adjust Selected Cell] 슬라이더로도 셀의 크기를 조절할 수 있다. 'Picture Package' 기능의 한 가지 단점은 사진을 한 가지만 사용할 수 있다는 점이다. 포토샵에서 빌려온 기능이지만 포토샵에서는 각 셀에 다른 사진을 넣을 수 있다.

Note

'Zoom to Fill'에 체크하면 사진을 크로핑하기 편리하다.

나만의 레이아웃 템플릿으로 저장하기

마음에 드는 레이아웃을 만들었을 때 템플릿으로 저장하면 한 번의 클릭으로 재사용할 수 있다. 출력 템플릿은 단순한 레이아웃의 저장 기능을 넘어 용지 크기부터 프린터 기종, 색상 관리, 샤프닝 등 모든 설정을 기억하는 탁월한 기능을 가지고 있다.

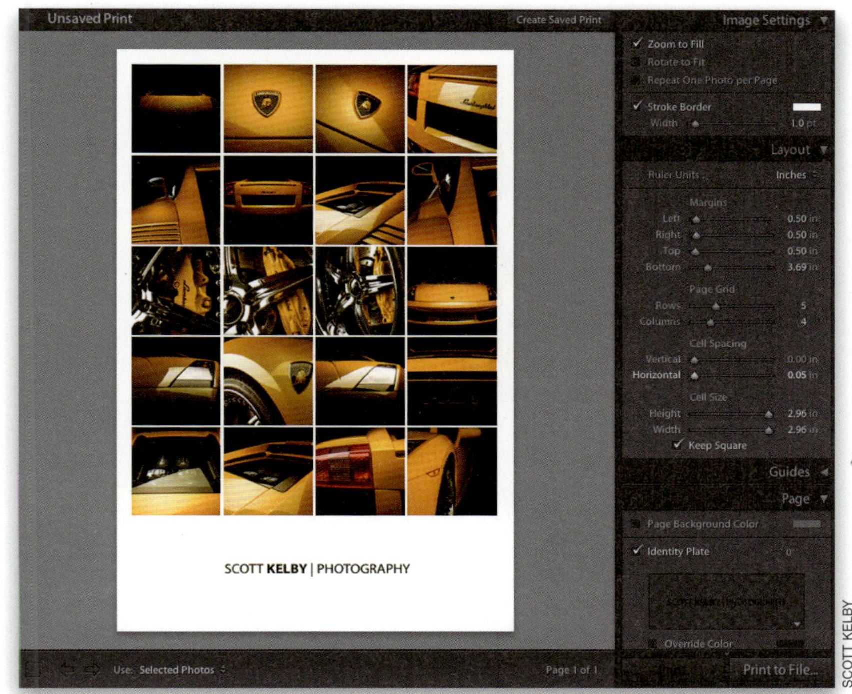

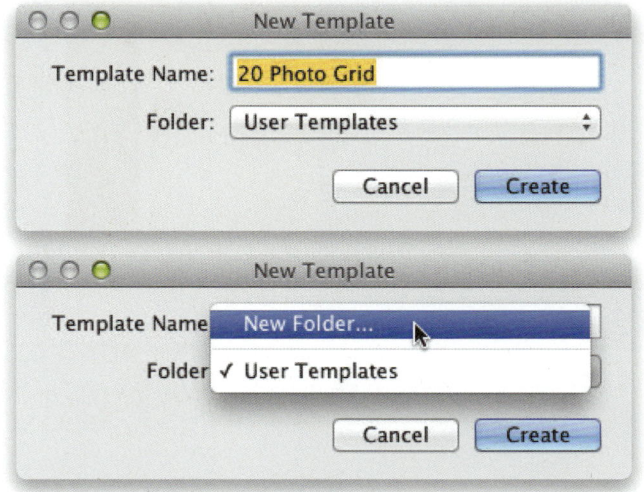

STEP 01

가장 먼저 출력 템플릿으로 저장할 레이아웃을 만든다. 예제 사진의 레이아웃은 13×19인치 크기의 용지에 [Page Grid]에서 'Rows: 5, Columns: 4'로 설정하고 각 셀의 크기는 3인치 정도이며 페이지의 여백은 상단과 양옆이 1/2인치, 하단이 3.69인치이다. 'Stroke Border'를 체크한 다음 흰색으로 설정해서 테두리를 추가했다. 그리고 'Identity Plate'를 체크해서 하단에 스튜디오 로고를 추가했다. 또한 [Image Settings] 패널에서 'Zoom to Fill'에 체크했다.

Note

용지 크기는 왼쪽 패널 영역의 [Page Setup] 버튼을 클릭해서 선택한다.

STEP 02

레이아웃을 완성한 다음 [Template Browser] 패널 헤더 오른쪽의 [+] 버튼을 클릭한다. [New Template] 대화창은 기본적으로 직접 만든 템플릿은 [User Template] 폴더에 저장한다. 직접 만들 수 있는 사용자 템플릿 폴더의 개수는 제한이 없으므로 다양한 항목의 폴더를 만들면 템플릿을 정리하기 쉽다. 새 템플릿 폴더를 만들기 위해 [Folder] 팝업 메뉴를 클릭하고 'New Folder'를 선택한다. 템플릿의 이름을 설정하고 [Create] 버튼을 클릭한다. 템플릿 이름에 커서를 놓으면 상단의 [Preview] 패널에서 레이아웃을 미리 볼 수 있다.

출력 레이아웃 저장하기

여러 단계를 거쳐 멋진 레이아웃을 만들고 사진도 원하는 위치에 모두 배치한 다음 다른 컬렉션을 선택해서 애써 만든 레이아웃을 잃고 싶지 않을 것이다. 다행히 라이트룸에는 출력 레이아웃 저장 기능이 있다. 게다가 용지 크기, 레이아웃 설정, 레이아웃에 넣은 사진 설정도 모두 기억한다.

STEP 01

사진을 출력한 후 모든 레이아웃이 마음에 든다면 Preview 영역 오른쪽 상단의 [Create Saved Print] 버튼을 클릭한 다음 [Create Print] 대화창에서 출력 컬렉션을 저장한다. 이때 'Include Only Used Photos'에 체크해서 새 출력 컬렉션을 저장할 때 출력에 실제로 사용한 사진만 저장한다. 또한 대화창에서 새 출력 컬렉션을 저장하는 컬렉션을 선택할 수 있다. [Location] 영역의 'Inside'를 체크하고 출력 컬렉션을 저장할 컬렉션이나 컬렉션 세트를 선택한다.

Note

PC에서는 'Include Only Used Photos'를 사용할 수 없다.

STEP 02

[Create] 버튼을 클릭하면 새 출력 컬렉션을 [Collections] 패널에 추가한다. 출력 컬렉션은 이름 앞에 프린터 아이콘으로 표시하기 때문에 구별하기 쉽다. 이제 패널에서 출력 컬렉션을 클릭하면 모든 설정을 그대로 유지한 출력 레이아웃을 불러온다.

Note

레이아웃에 모든 사진이 나타나지 않는 경우 [Filmstrip]에서 사진을 선택한다.

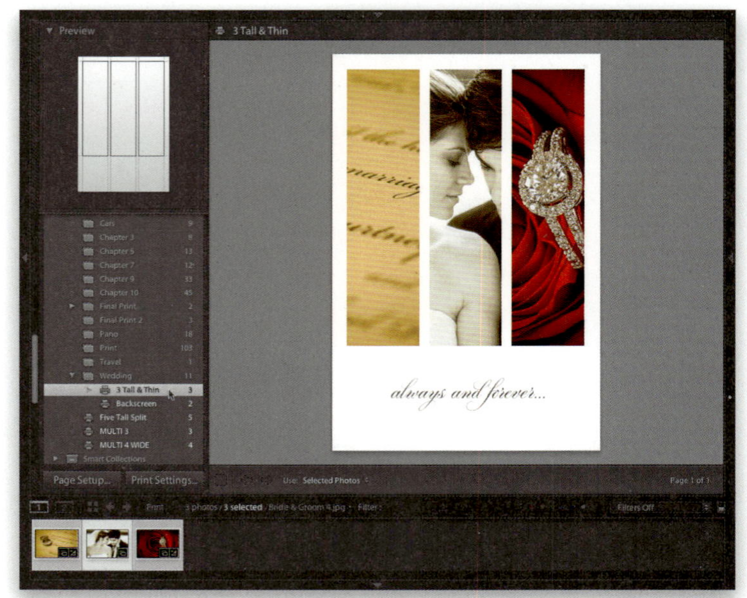

라이트룸 [Print] 모듈의 탁월한 기능들 중 없는 한 가지 기능은 웨딩 포토북에 많이 사용하는 배경 사진을 페이지 배경으로 넣을 수 있는 기능이다. 그러나 사진을 페이지 배경으로 사용할 수 있는 간단한 방법이 있으며 이번 레슨에서는 그 방법을 알아보자.

배경 사진을 넣은 출력 레이아웃 만들기

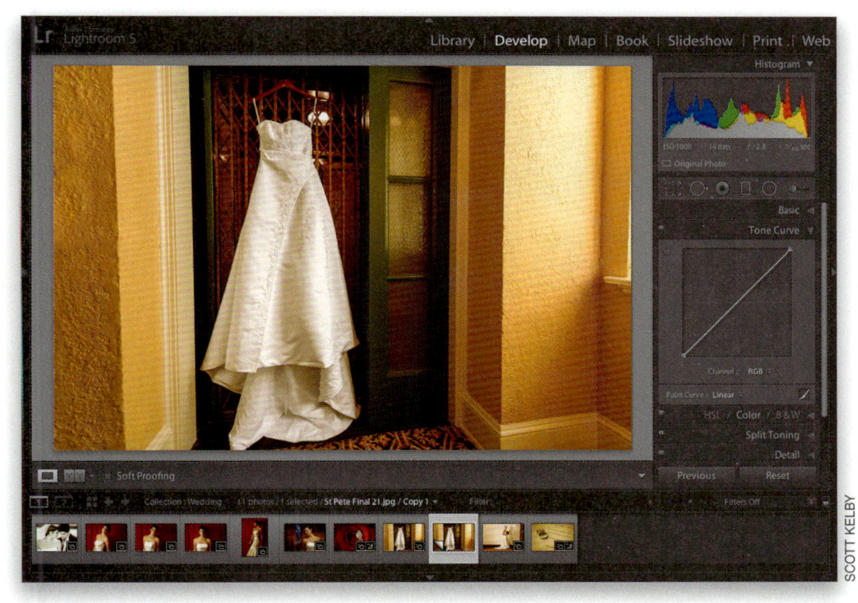

SCOTT KELBY

STEP 01

배경 사진으로 사용할 사진을 선택한 다음 [Ctrl]— (MAC:[Command]— )키를 눌러 가상 복제 파일을 만든다. 복제 파일로 배경 사진을 만들기 때문에 원본은 변형되지 않는다. [Develop] 모듈 의 [Tone Curve] 패널에서 예제 사진처럼 Point Curve가 보이지 않고 슬라이더가 보인다면 패널 오른쪽 하단의 Point Curve 아이콘을 클릭한다.

STEP 02

페이지 배경 사진을 만들기 위해 왼쪽 하단 모퉁이 조절점을 클릭하고 3/4 지점까지 드래그한다.

STEP 03

이번 단계는 건너뛰어도 되지만 배경 이미지를 흑백으로 변환하는 것을 고려하자. 흑백 배경 이미지의 장점은 앞에 넣는 사진과 더 극적인 대비 효과이다. 배경 이미지를 흑백으로 변환하기 위해 [HSL/Color/B&W] 패널에서 [B&W]를 클릭한다. [Print] 모듈로 전환한 다음 [Page Setup] 버튼을 클릭하고 여백이 없는 8.5×11인치 크기의 가로 방향 페이지를 선택한다.

Note

이미지는 배경으로 사용하기 때문에 챕터 4에서 배운 것 같은 보정 과정이 없는 간단한 흑백 변환으로 충분하다.

STEP 04

[Layout Style] 패널에서 'Custom Package'를 선택한 다음 [Cell] 패널에서 [Clear Layout] 버튼을 클릭한다. 그리고 'Lock to Photo Aspect Ratio'에 체크를 해제해서 이미지를 페이지 크기보다 크게 확대할 수 있게 설정한다. 이제 배경 이미지를 클릭해서 페이지로 드래그한다. 이때 이미지가 페이지 전체를 채우도록 크기를 맞춘다. 이미지를 크게 확대할 수 없다면 'Lock to Photo Aspect Ratio'의 체크를 해제했는지 확인한다.

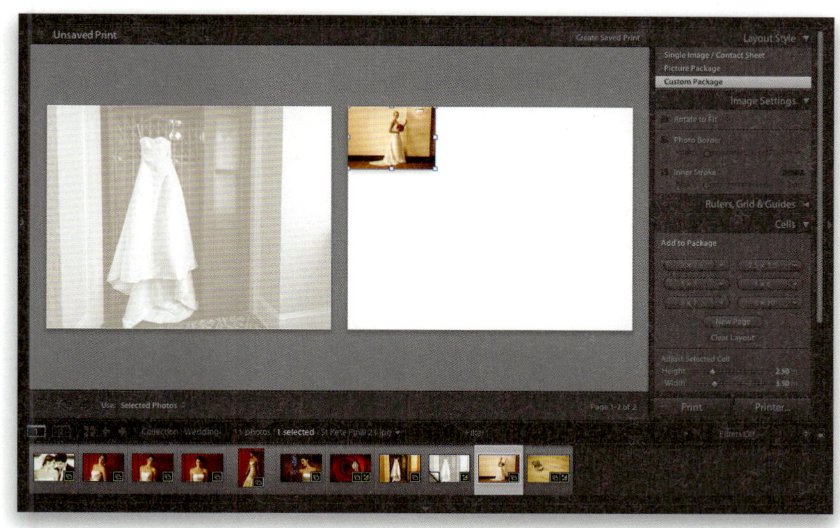

STEP 05

이 과정은 배경 이미지 앞에 놓을 사진만 추가하는 간단한 과정이지만 단순히 셀을 추가하면 라이트룸이 배경 이미지 페이지를 하나의 페이지로 계산하기 때문에 추가한 셀은 새 페이지에 넣는다. 그러므로 두 번째 페이지에 있는 사진을 클릭하고 첫 번째 페이지로 드래그해서 추가해야 한다.

STEP 06

이제 추가한 사진을 드래그해서 위치를 설정한다. 두 번째 페이지는 왼쪽 상단 모퉁이에 있는 [X] 버튼을 클릭해서 삭제한다. 예제 사진은 완성된 출력 레이아웃 이미지이며, 필자는 [Page] 패널에서 Identity Plate를 사용해서 텍스트도 추가했다.

Note

글꼴은 MyFonts.com에서 구매한 Parfumerie Script Regular이다.

출력과 색상 관리 설정

출력 페이지 설정을 마친 후 [Print Job] 패널에서 몇 가지 선택 항목만 설정하면 사진을 출력할 준비를 완료한다. 사진을 최상의 상태로 출력하기 위한 설정에 대해 알아보자.

STEP 01

원하는 페이지 레이아웃을 설정한다. 예제 사진의 경우 왼쪽 패널 영역 하단의 [Page Setup]을 클릭해서 '17×22'인치 크기와 'Landscape'를 선택했다. 그리고 [Template Browser] 패널에서 'Maximize Size' 템플릿을 선택했다. [Margins] 영역의 [Left]와 [Right] 슬라이더를 2.04로 설정하고, [Bottom]은 6.51로 설정했다. 또한 'Zoom to Fill' 기능에 체크하고 마지막으로 사진 하단에 이번 챕터 앞부분에서 만든 Identity Plate를 추가했다. 이제 오른쪽 패널 영역 하단의 [Print Job] 패널에서 출력 설정을 해보자.

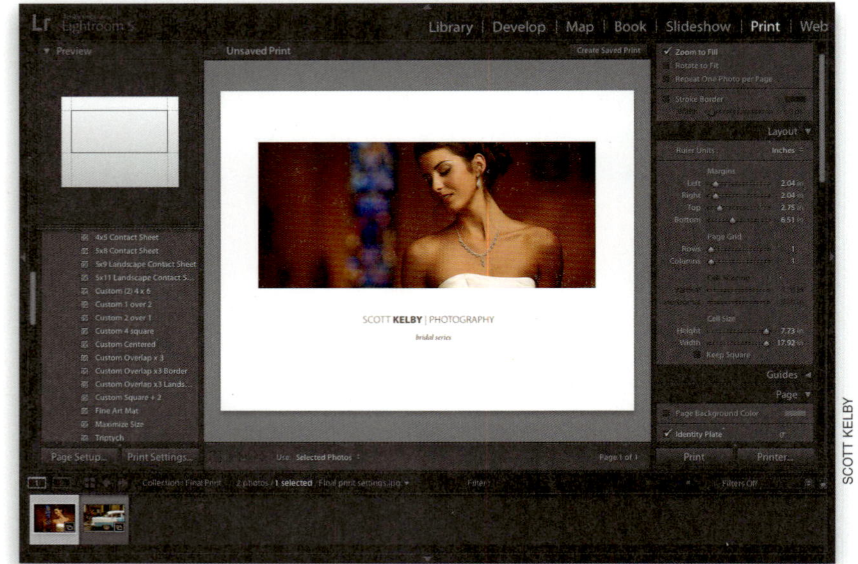

STEP 02

사진은 프린터로 출력하거나, 사진 레이아웃을 고해상도 JPEG 파일로 만들어서 현상소로 보내 출력하거나 클라이언트에게 보내거나 웹사이트에 올리는 등의 다른 용도로도 사용할 수 있다. [Print To] 팝업 메뉴에서 프린터로 사진을 보내거나 JPEG 파일로 저장하도록 선택한다. 'JPEG File'을 선택하는 경우 다음 레슨에서 JPEG 파일 설정 방법과 파일 보내기 설정 방법을 자세히 알 수 있다.

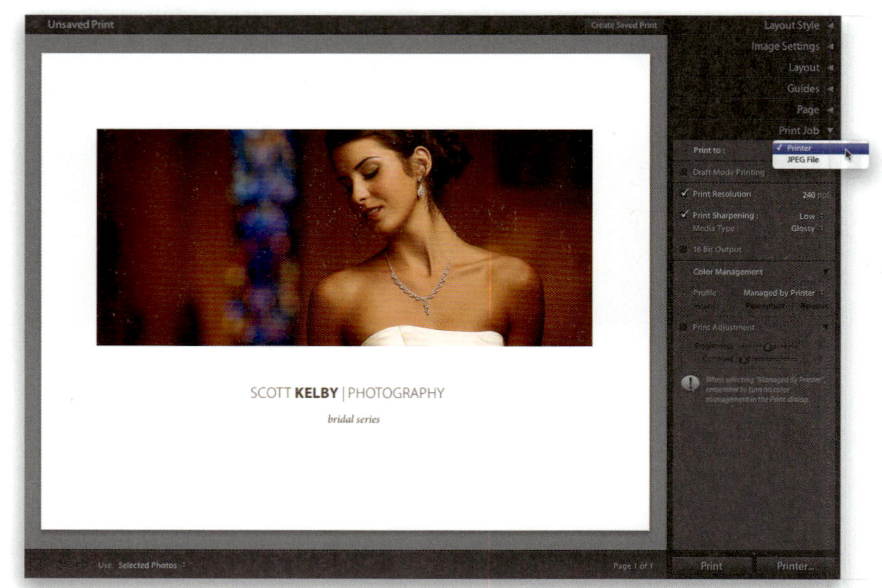

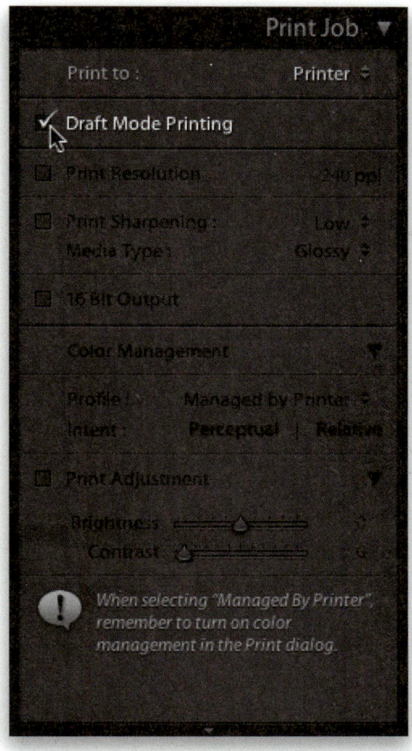

STEP 03

[Print Job] 패널 상단부터 설정 방법을 알아보자. 'Draft Mode Printing'을 체크하면 화질이 좋은 고해상도 이미지 대신 출력 속도가 빠른 저해상도의 JPEG 형식의 미리 보기 이미지를 출력한다. 이 기능은 작은 크기의 썸네일 이미지에 적합하므로 다수의 사진을 넣은 밀착 출력 이미지 출력에만 사용하기를 추천한다. 필자는 밀착 출력 이미지를 출력할 때 항상 이 기능을 활성화한다. 또한 'Draft Mode Printing' 기능을 체크하면 다른 영역이 비활성화된다. 그러므로 밀착 출력 이미지를 출력할 때를 제외하고는 체크를 해제한다.

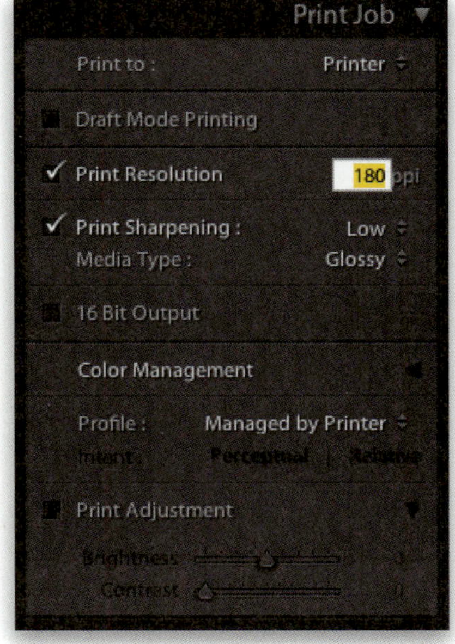

STEP 04

이번에는 이미지의 해상도를 선택해보자. 원본의 해상도를 유지하려면 'Print Resolution'의 체크를 해제한다. 그렇지 않으면 기본 설정인 '240ppi'(대부분의 잉크젯 프린터에 적합한 해상도)로 사진을 출력한다. 필자는 Epson 프린터를 사용하는데 용지의 크기에 따라 적합한 해상도가 있다는 점을 발견했다. 예를 들어, 8½×11인치나 그보다 작은 크기의 용지에는 '360ppi'로 설정하고, 13×19인치는 '240ppi', 16×20인치 혹은 그보다 큰 용지에는 '180ppi'로 설정한다(출력 크기가 클수록 해상도를 낮춘다). 여기서는 Epson Stylus Pro 3880 프린터로 17×22인치 크기를 출력하기 때문에 입력란에 180을 입력했다. 해상도를 선택한 다음 Enter (MAC:[Return])키를 누른다.

Note

180ppi로 사진을 출력하는 것이 불안하다면 기본 설정인 240ppi로 설정한다. 그러나 180ppi로 한 번 출력해보고 차이를 비교해보자.

STEP 05

다음은 [Print Sharpening] 팝업 메뉴이다. 어도비사는 라이트룸 2 버전에서 이 기능을 강력한 도구로 개선했다. 이제 출력 용지를 선택하고 적용할 샤프닝 정도를 선택하면 해상도 설정까지 분석해서 최상의 결과를 얻을 수 있는 샤프닝을 적용한다. 'Print Sharpening'을 체크하고 [Media Type] 팝업 메뉴에서 'Glossy'와 'Matte' 중 하나를 선택한다. [Print Sharpening] 팝업 메뉴에서 적용할 샤프닝의 정도를 선택한다. 필자는 광택지는 'High'로 설정하고, 매트지에는 'Standard'로 설정했다. 나머지는 라이트룸이 자동으로 처리해줄 것이다.

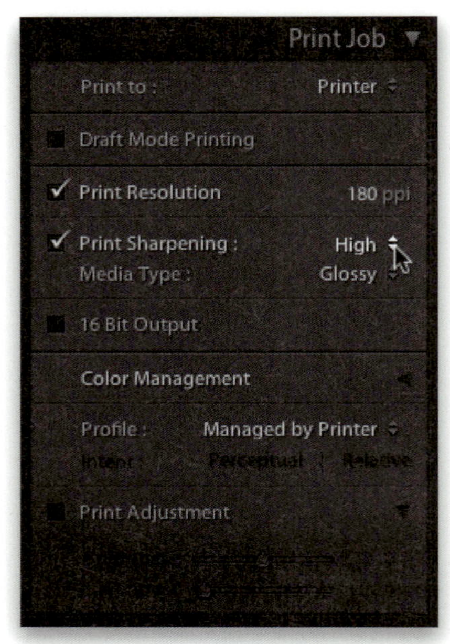

STEP 06

'16 Bit Output' 체크박스는 16비트 출력이 가능한 프린터를 위해 명암비를 확장하는 기능이다. 현재 이 기능은 Mac OS X Leopard나 그보다 높은 사양의 시스템에서만 사용할 수 있다. 물론 이 책이 출판된 후 어도비사가 Window 시스템에서도 사용할 수 있도록 업데이트할 가능성이 충분히 있다. 그러므로 Mac OS X Leopard 이상의 시스템과 16비트 출력이 가능한 프린터를 사용한다면 '16 Bit Output'을 체크한다.

Note -

Canon 신기종 프린터 혹은 Epson사가 2008년 초기에 내놓은 프린터 드라이버를 다운로드했다면 16비트 출력이 가능하다.

- -

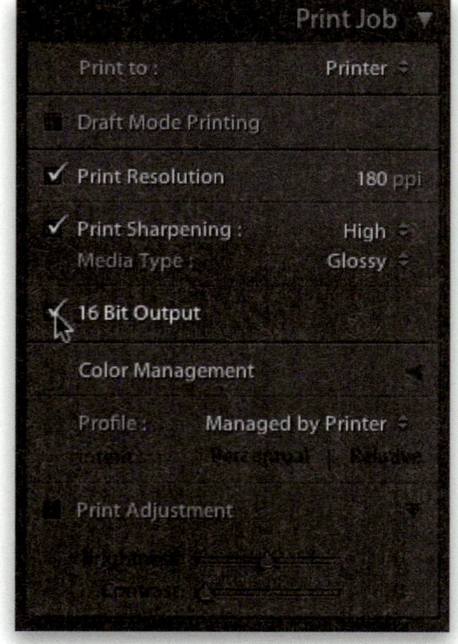

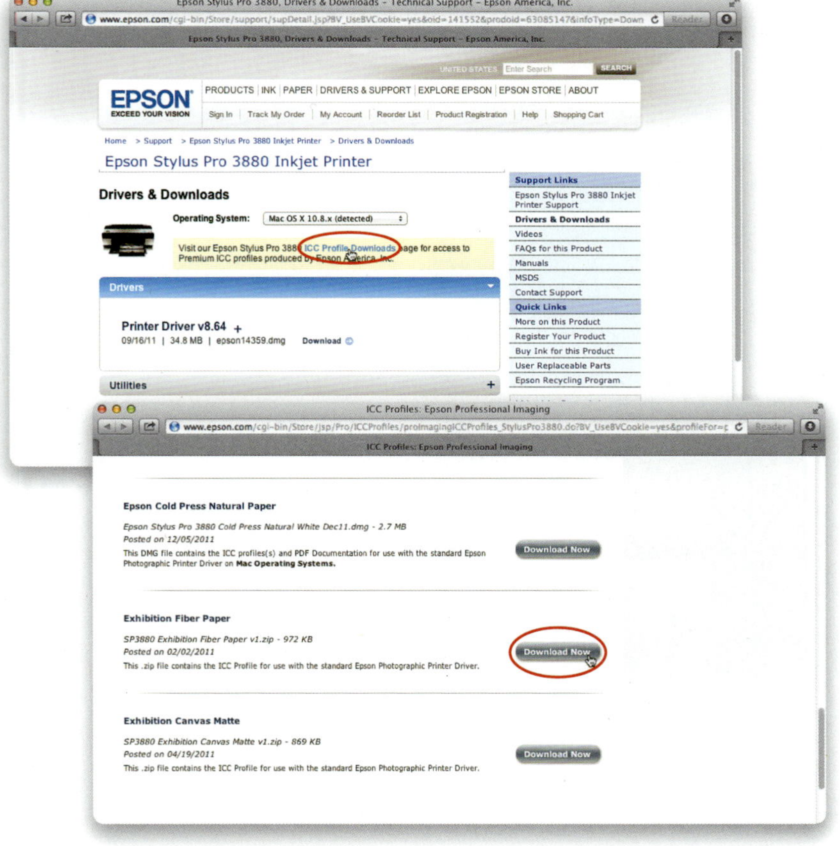

STEP 07

이번에는 모니터로 보는 색상과 출력한 사진의 색상을 일치시키기 위해 [Color Management] 영역을 설정해보자. 그러나 모니터 캘리브레이션을 하지 않았다면 색상 관리 설정을 해도 소용없다는 점에 유의하자. [Color Management] 영역은 프린터 프로필과 렌더링, 두 가지 설정이 필요하다. [Profile]의 기본 설정은 프린터가 색상 관리 설정을 하는 'Managed by Printer'이다. 과거에는 절대 프린터에 의존하지 않았지만 최근에는 프린터의 발전으로 인해 상당히 좋은 결과를 얻을 수 있다. 그러나 최상의 출력을 원한다면 직접 설정하기를 추천한다.

STEP 08

프린터와 용지 프로필을 지정하면 훨씬 나은 결과를 얻을 수 있다. 먼저 사용하는 용지의 제조사 웹사이트에서 용지와 프린터 ICC 색상 프로필을 다운로드한다. 여기서는 Epson Stylus Pro 3880 프린터와 Epson사의 Exhibition Fiber Paper를 사용하므로 Epson 웹사이트의 [Drivers & Support for Printers & All in Ones] 영역에서 Macintosh를 위한 3880 기종 프로필 다운로드를 검색했다. [ICC Profile Downloads]를 클릭하고 [Stylus Pro 3880] 영역에서 [Exhibition Fiber Paper]의 [Download Now] 버튼을 클릭한다. 그리고 색상 프로필을 프린터에 설치하면 된다. Mac에서는 압축 파일을 [Library/ColorSync/Profiles] 폴더에 저장한다. Windows Vista나 최신 버전 시스템의 경우 압축 파일을 마우스 오른쪽 버튼으로 클릭한 다음 'Install Profile'을 선택한다.

STEP 09

색상 프로필을 설치한 다음에는 [Profile] 팝업 메뉴를 누른 채 'Other'를 선택한다. 그리고 컴퓨터에 설치한 모든 색상 프로필 목록이 있는 [Choose Profiles] 대화창에서 사용하는 프린터에 맞는 용지 프로필과 사용하는 용지 프로필을 찾는다. 여기서는 Epson 프린터를 위한 Epson Exhibition Fiber Paper나 약자인 EFP를 찾아 체크하고 [OK] 버튼을 클릭했다.

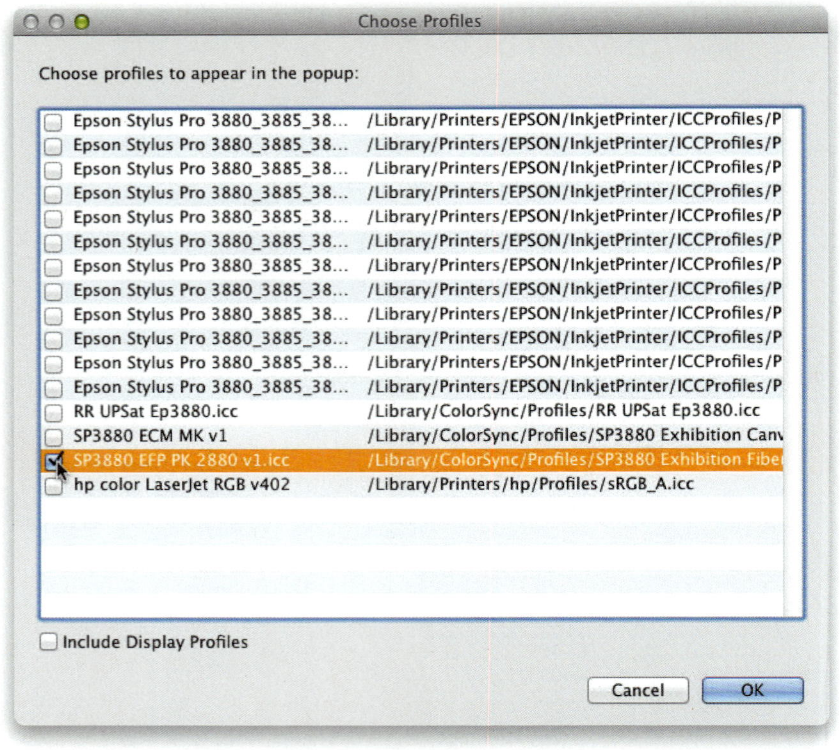

STEP 10

이제 [Print Job] 패널의 [Profile] 팝업 메뉴에서 사용하는 프린터의 색상 프로필을 선택할 수 있다. 여기서는 'SP 3880 EFP PK 2880v1.icc'를 선택했다. 이 설정 단계는 최상의 사진을 출력하기에 매우 중요하다.

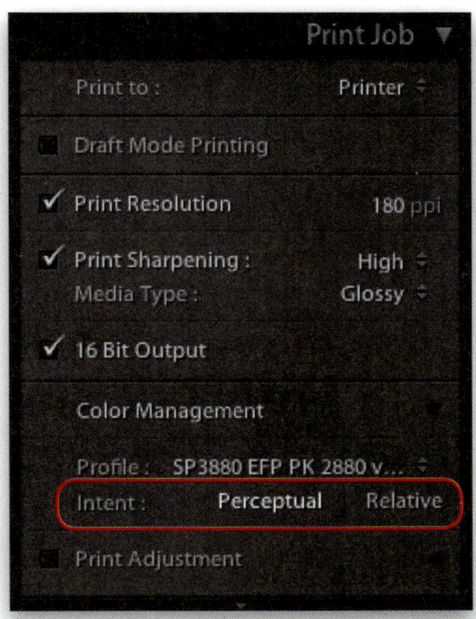

STEP 11

다음은 [Color Management] 영역의 [Intent] 설정에 대해 알아보자. 'Perceptual'을 선택하면 출력할 때 색상의 균형을 맞추기 때문에 결과는 더 만족스러울 수 있지만 모니터에서 본 색상과 다른 결과가 나오기도 한다. 'Relative'를 선택하면 조금 더 정확한 분석을 적용하지만 최종 결과가 만족스럽지 않을 가능성이 있다. 그러므로 사용하는 프린터에 최적인 항목을 선택해야 한다. 일반적으로 'Relative'를 많이 선택하지만 필자는 개인적으로 색감이 풍부하고 높은 채도의 사진을 선호하기 때문에 'Perceptual'을 선택한다. 자신이 사용하는 프린터에 적합한 설정을 찾으려면 테스트 출력을 해본 다음 결정하는 것이 최선의 방법이다. 하단의 'Print Adjustment' 기능은 첫 번째 출력을 실행한 다음 자세히 알아볼 것이다.

STEP 12

드디어 패널 하단의 [Printer] 버튼을 클릭할 차례이다. 버튼을 클릭해서 [Print] 대화창을 불러온다. Mac을 사용하는 경우 예제 사진과 같은 큰 대화창 대신 두 개의 팝업 메뉴가 있는 작은 대화창이 나타나면 [Show Details] 버튼을 클릭해서 확장한다.

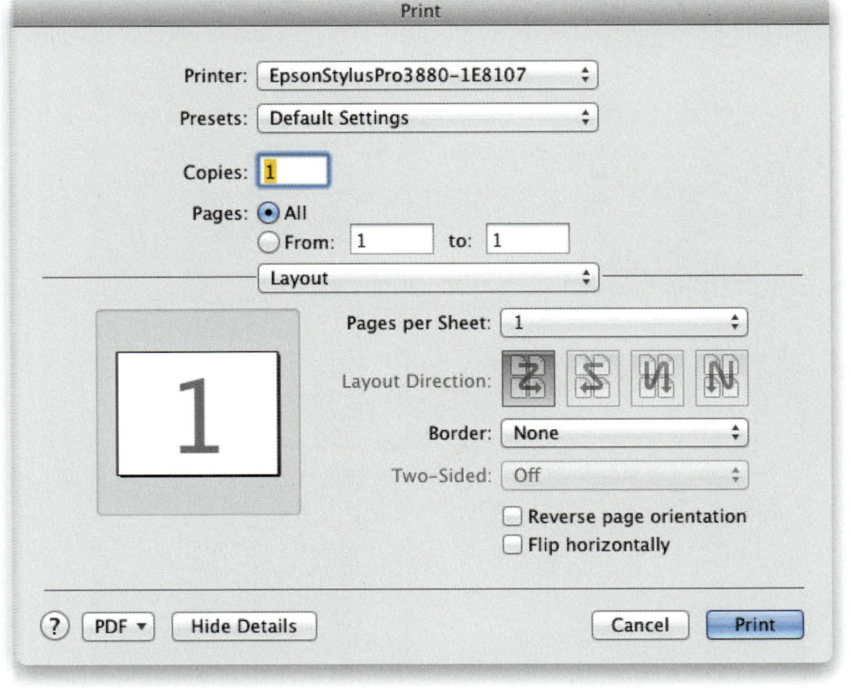

STEP 13

중앙의 팝업 메뉴를 클릭하고 누른 채 'Printer Settings'를 선택한다. 이때 대화창의 메뉴는 사용하는 프린터에 따라 다를 수 있으므로 예제 사진과 똑같지 않더라도 걱정할 필요가 없다. PC에서는 [Printer Name] 팝업 메뉴 옆의 [Properties] 버튼을 클릭한다.

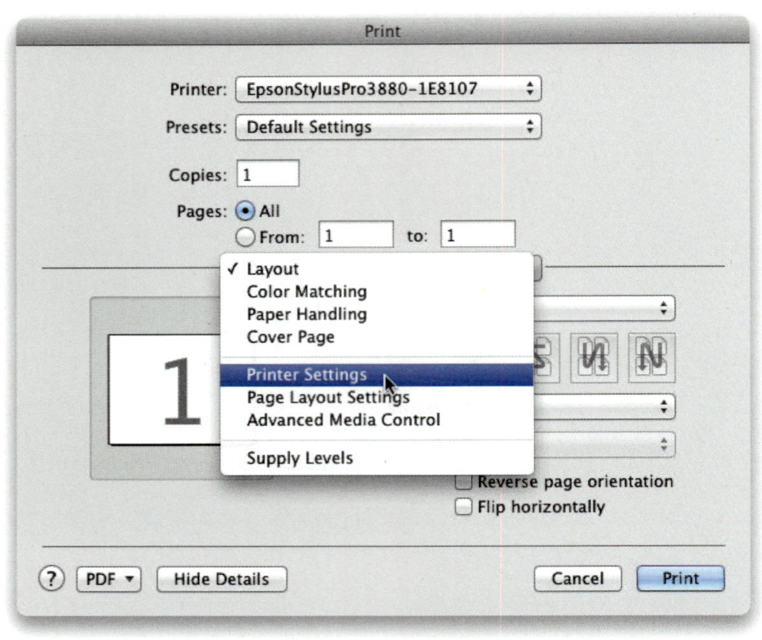

STEP 14

[Printer Settings] 영역의 [Color Mode]에 프린터의 색상 관리 설정이 이미 활성화 되어 있을 수 있다. 그러나 이미 라이트룸의 색상 관리 기능을 활성화했으므로 팝업 메뉴에서 'Off(No Color Management)'를 선택하여 프린터 색상 관리 기능을 비활성화한다. PC에서는 [media Settings] 영역의 [Mode]에서 [Custom] 버튼을 클릭한 다음 팝업 메뉴에서 'Off(No Color Management)'를 선택한다. 예제 사진의 경우 [Color Mode] 영역이 자동으로 비활성화 되어있다.

Note

프린터에 따라 설정 방법이 다를 수 있다.

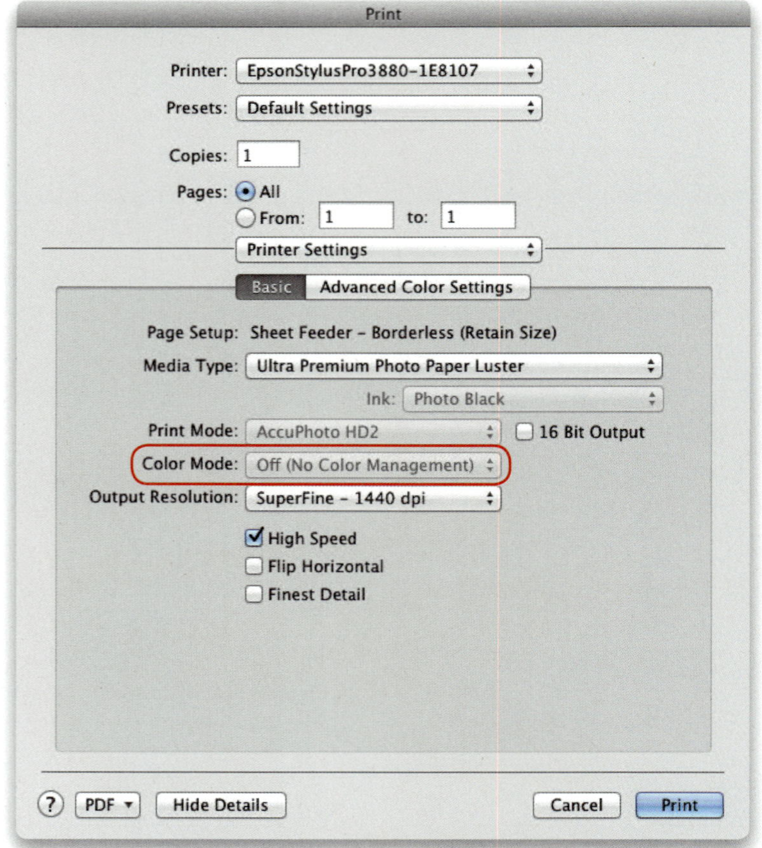

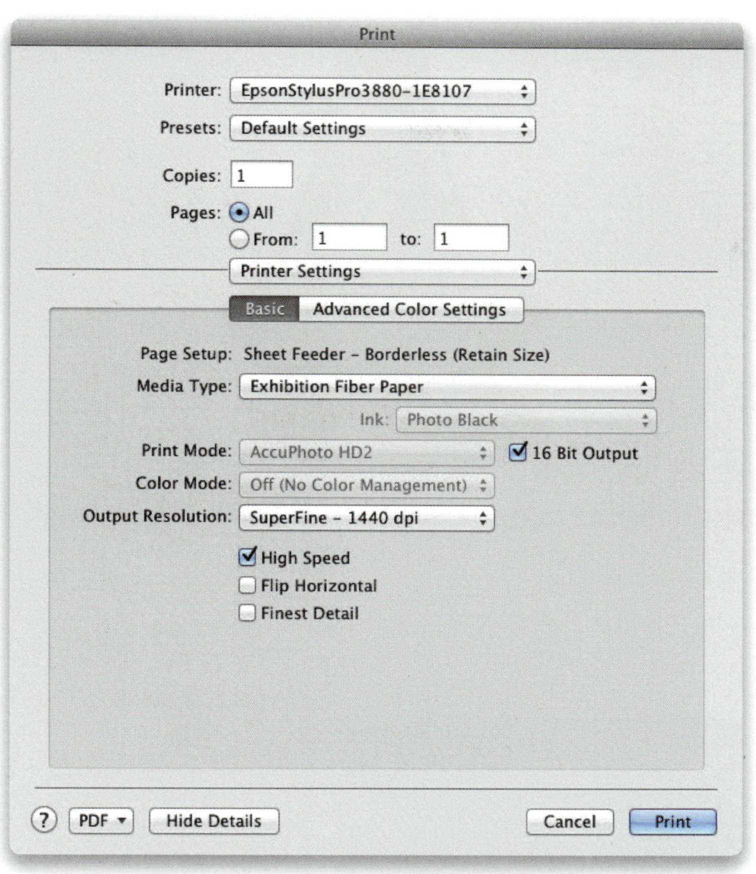

또한 [Media Settings](MAC:[Printer Settings])의 [Media Type] 팝업 메뉴에서 출력에 사용하는 용지 종류를 선택한다. 여기서는 'Exhibition Fiber Paper'를 선택했다.

다음은 [Printer Settings] 영역의 [Output Resolution] 팝업 메뉴에서 'SuperFine—1440dpi'을 선택하고 하단에서 'High Speed'를 체크한다. 16비트 출력 기능을 사용한다면 '16 Bit Output'을 체크한다. MAC에서는 [Print Quality]의 [Quality Options] 팝업 메뉴에서 선택한다. [Quality Options] 대화창에서 'High Speed'를 체크하고 [Speed] 슬라이더로 설정한다. 마지막으로 [Print] 버튼을 클릭해서 사진을 출력한다.

Note

이번 레슨에서는 Epson 프린터와 용지를 사용하는 경우를 예를 들었다. Epson사 제품을 사용하지 않는 경우 가장 근접한 항목을 선택한다.

STEP 17

사진을 출력한 다음 모니터의 사진과 비교해보자. 모니터를 캘리브레이션하고 이번 레슨의 출력 설정 단계를 그대로 따랐다면 차이가 거의 없을 것이다. 색상의 차이가 크다면 가장 먼저 예상할 수 있는 원인은 모니터를 캘리브레이션 하지 않았기 때문이다. 필자는 Datacolor사의 Spyder4 Elite(예제 사진)를 사용하며 사용법도 매우 쉽다. 캘리브레이터를 모니터에 놓고 소프트웨어를 시작한 다음 자동 설정 기능을 선택하면 4분 이내에 모니터 캘리브레이션을 완료한다. 캘리브레이터의 도움 없이는 모니터에서 보는 사진의 색상을 출력하는 사진에 그대로 담기는 거의 불가능하다.

STEP 18

모니터 캘리브레이션도 적용하고 모든 설정 단계를 따랐는데도 출력한 사진과 모니터의 사진이 차이가 난다면 다른 출력 문제가 원인일 수 있다. 출력한 사진의 색상은 동일한데 어둡게 나오는 이유는 투과형 모니터에서는 사진이 밝게 보이지만 용지에 출력한 사진은 그렇지 않기 때문이다. 다행히 라이트룸 4 버전부터 [Print Job] 패널 하단에 'Print Adjustment' 기능을 추가해서 이 문제를 간단히 해결할 수 있게 되었다.

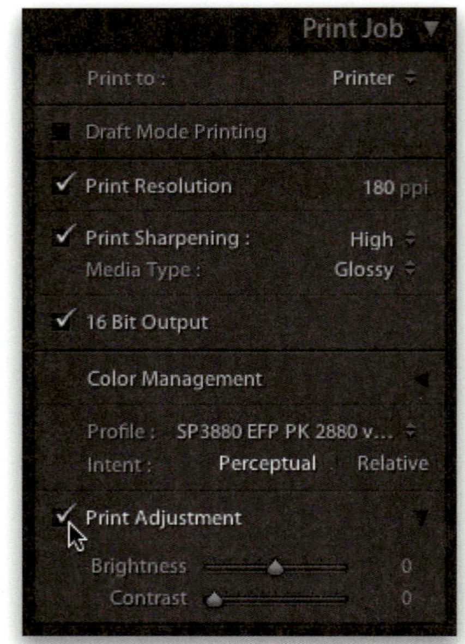

STEP 19

과거의 라이트룸에서는 사진을 출력하기 직전에 [Brightness] 슬라이더를 높여 모니터의 사진의 밝기와 맞추었다. 필자는 Epson 프린터로 출력하는 경우 밝기를 20% 정도 높였다. 문제는 이 설정을 이미지 파일 자체에 적용하기 때문에 웹 갤러리나 잡지와 같은 다른 매체에 사용해야 하는 경우 이미지를 매번 재보정해야 했다. 이제는 새로운 'Print Adjustment' 기능으로 파일에는 영향을 주지 않고 출력 이미지의 밝기나 대비를 설정할 수 있다.

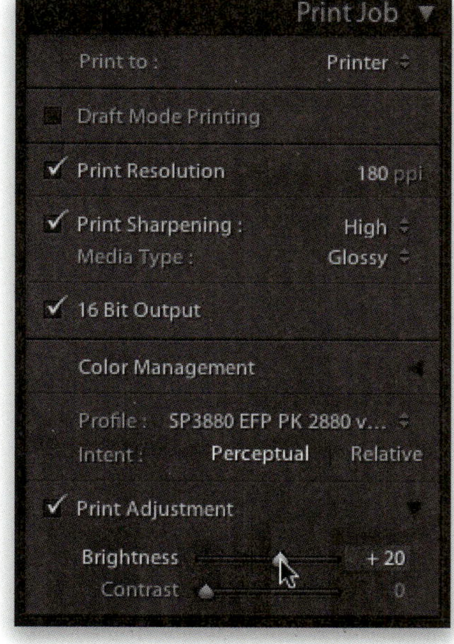

STEP 20

'Print Adjustment'를 체크하고 [Brightness]를 설정해보자. 설정값은 모니터에서 확인할 수 없고 출력할 때 적용하기 때문에 테스트 출력으로 확인하는 방법 외에는 없다. 기쁜 소식은 테스트 출력은 고가의 16X20인치 용지가 아닌 작은 4X6인치로 출력하면 된다는 점이다. 모니터의 사진과 비교해서 테스트 출력한 사진이 어두우면 [Brightness] 슬라이더를 20 정도로 설정하고 다시 테스트 출력을 실행해서 평가한다.

STEP 21

Step 20의 방법으로 사용하는 용지 프로필과 프린터에 적합한 'Print Adjustment' 설정을 찾으면 동일한 용지와 프린터를 사용할 때마다 적용할 수 있다. 물론 다른 용지를 사용하는 경우에는 다시 테스트 출력으로 적합한 설정값을 찾아야한다.

STEP 22

[Contrast] 슬라이더의 설정 방법 역시 [Brightness]와 동일하다. 출력한 사진이 모니터에서 보는 이미지보다 대비가 약한 경우에 조절한다. 슬라이더를 오른쪽으로 드래그하면 대비가 강해진다. 테스트 출력을 실행한 다음 적정 설정값을 찾는다.

Note

'Print Adjustment' 슬라이더의 효과는 그다지 크지 않다. 그러므로 두 개의 슬라이더만으로 만족한 결과를 얻지 못하는 경우(또는 출력한 사진의 색상에 문제가 있는 경우) 218페이지의 '출력과 웹 이미지를 위한 Soft Proofing 기능'으로 돌아가 자세한 출력 설정 방법과 소프트 프루프 기능을 사용해보자.

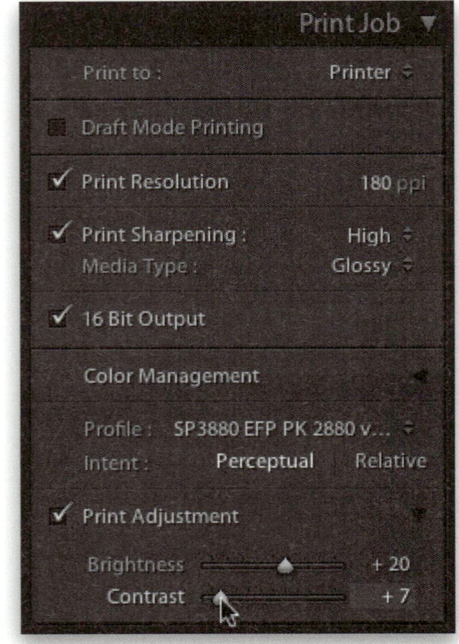

출력 레이아웃은 JPEG 형식으로 저장해서 출력소로 보내거나 타인에게 출력을 맡기거나 클라이언트에게 이메일로 전송하는 등 다양하게 사용할 수 있다.

페이지 레이아웃 JPEG 형식으로 저장하기

STEP 01

레이아웃 설정을 완료한 다음 [Print Job] 패널의 [Print To] 팝업 메뉴에서 'JPEG File'을 선택한다.

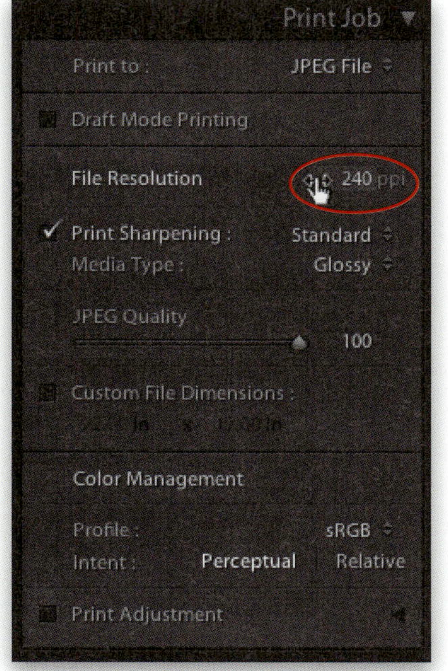

STEP 02

[Print To]에서 'JPEG File'을 선택하면 패널에 새로운 기능들이 나타난다. 'Draft Mode Printing'은 작은 썸네일들을 넣은 밀착 출력 이미지를 출력할 때 사용하는 기능이므로 그대로 둔다. [File Resolution]의 기본 설정은 '300ppi'이다. 설정을 바꾸려면 커서를 입력란에 놓고 예제 사진과 같이 스크러비 슬라이더로 전환하면 왼쪽이나 오른쪽으로 드래그하여 해상도를 조절한다.

STEP
03

다음은 [Print Sharpening] 팝업 메뉴에서 적용할 샤프닝의 정도를 선택하고, [Media Type] 팝업 메뉴에서 사용하는 용지의 종류를 선택한다. 그러면 라이트룸이 해상도 설정을 포함한 설정을 분석해서 최적의 샤프닝 설정을 적용한다. 필자는 출력하거나 JPEG 형식으로 저장하는 모든 사진에 샤프닝을 적용한다. JPEG 형식 파일에 출력 샤프닝을 적용하고 싶지 않다면 'Print Sharpening'을 체크 해제한다.

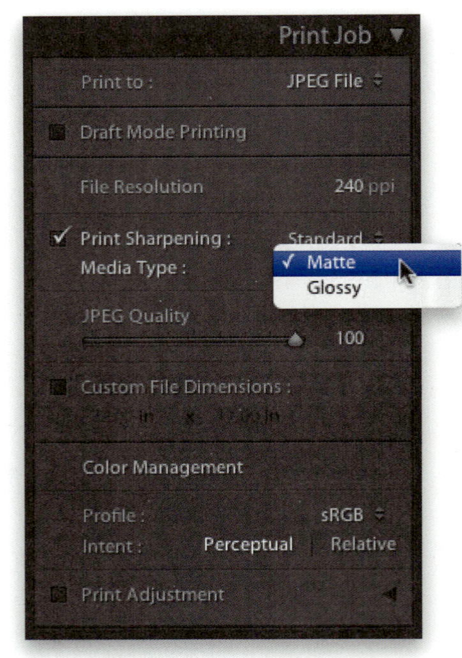

STEP
04

필자는 [JPEG Quality]를 80 정도로 설정한다. 80이 화질과 파일 압축 사이의 최적의 균형이라고 생각하기 때문이다. [Custom File Dimensions]을 해제하면 [Page Setup] 대화창에서 선택한 페이지 크기를 그대로 따른다. JPEG 파일의 크기를 바꾸려면 [Custom File Dimension]을 체크하고 원하는 크기를 설정한다. 마지막으로 [Color Management]의 [Profile]을 설정한다. 대부분의 출력소가 sRGB 프로필을 요구하지만 출력소에 문의한다. 색상 프로필을 직접 설정하려면 마지막 프로젝트로 돌아가 렌더링 설정에서 정보를 찾는다. 이제 오른쪽 패널 영역 하단의 [Print to File] 버튼을 클릭해서 파일을 저장한다.

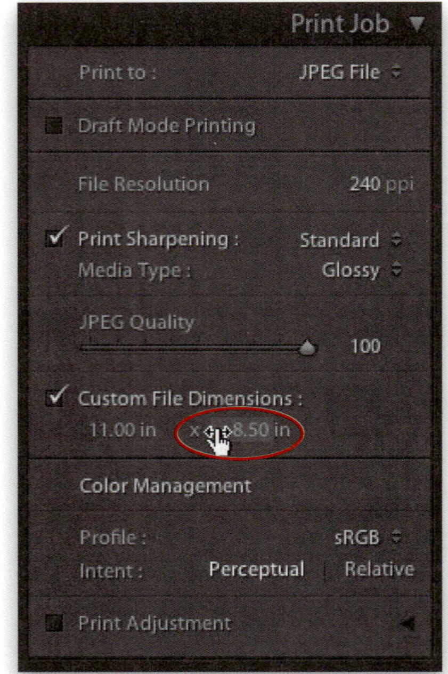

아쉽게도 라이트룸에는 직접 만든 테두리나 프레임을 사진에 추가하는 기능이 없다. 그러나 Identity Plate를 활용해서 사진에 테두리를 추가할 수 있다.

출력하는 사진에 테두리 추가하기

STEP 01

먼저 라이트룸에서 테두리를 사용할 수 있도록 포토샵을 준비한다. 예제 사진의 테두리는 iStockphoto.com에서 다운로드했지만 이 책의 웹사이트에서 무료로 다운로드할 수 있다. 테두리는 배경과 병합되어 있는 상태이므로 검은색 영역 전체를 선택한 다음 [Ctrl]-[Shift]-[J](MAC: [Command]-[Shift]-[J])키를 눌러 분리된 레이어로 만든다. Rectangular Marquee 도구([M]키)로 가운데의 사각형 영역을 선택하고 [Backspace](MAC:[Delete])키를 눌러 잘라내서 구멍을 통해 사진이 보이도록 만든다. 배경이 투명해야 하므로 [Layers] 패널에서 'Background' 레이어를 하단의 휴지통으로 드래그하여 삭제한다. 파일을 PNG 형식으로 저장한다.

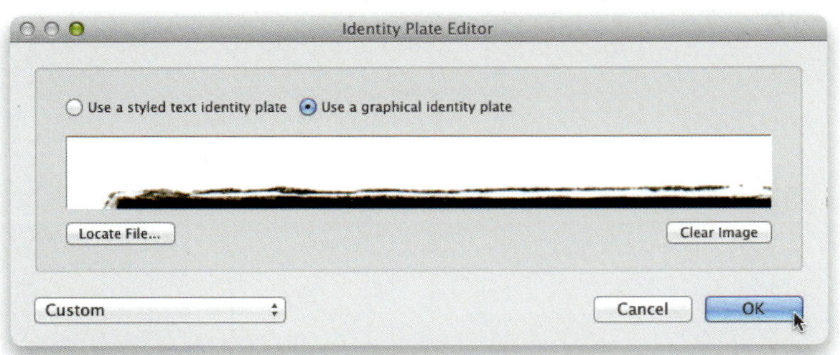

STEP 02

라이트룸으로 전환해서 테두리를 적용할 사진을 선택한다. [Print] 모듈의 [Page] 패널에서 'Identity Plate'를 체크한 다음 팝업 메뉴에서 'Edit'을 선택한다. [Identity Plate Editor] 대화창에서 [Use a graphical identity plate] 버튼을 클릭한 다음 [Locate File] 버튼을 선택해서 PNG 파일을 찾고 [Open](MAC:[Choose])을 클릭한다.

보너스 비디오

이번 레슨의 Identity Plate를 만드는 과정을 영상
으로 만들어서 웹사이트에 올렸다. 영상은 'http://
kelbytraining.com/books/LR5'에서 볼 수 있다.

[OK] 버튼을 클릭하면 출력할 사진 페이지 위에 마
치 분리된 레이어처럼 테두리가 나타난다. 테두리
의 크기와 위치를 사진에 맞게 설정한다.

테두리의 크기를 조절하려면 모퉁이의 조절점을
클릭하고 드래그하거나 [Page] 패널의 [Scale] 슬
라이더를 드래그해서 조정한다. 크기를 조절한 다
음 테두리 내부를 클릭하고 드래그해서 위치를 조
절한다. [Layout] 패널의 [Margins] 슬라이더로 이
미지의 크기를 조절해야 하는 경우도 있다.

STEP 05

테두리의 크기와 위치 설정을 마친 다음 외부 영역을 클릭해서 선택 해제한다. 예제 사진은 테두리 설정을 마친 후의 이미지이다. 추후에 테두리를 다시 사용하려면 [Identity Plate Editor] 대화창을 다시 불러와 왼쪽 하단의 [Custom] 팝업 메뉴에서 'Save As'를 선택하여 테두리 이미지를 Identity Plate로 저장하면 언제든지 사용할 수 있다.

Tip

다수의 사진을 위한 프레임

한 페이지에 다수의 사진을 넣는 경우 [Page] 패널에서 'Render on Every Image'에 체크하면 모든 사진에 테두리 Identity Plate를 자동으로 추가한다.

STEP 06

위에서는 가로 테두리를 만들었지만 세로 이미지에도 테두리를 적용할 수 있다. 왼쪽 패널 영역 하단의 [Page Setup] 버튼을 클릭하고 'Portrait'을 선택하면 Identity Plate도 세로로 자동 회전한다. 'Landscape' 페이지 설정에 세로 방향의 사진을 넣어서 출력하는 경우 [Page] 패널의 'Identity Plate' 체크 박스 오른쪽에서 회전 각도를 선택한다. 회전을 적용한 후 테두리의 크기와 위치를 재조절해야 한다.

페이지 레이아웃 JPEG 형식으로 저장하기

출력하는 사진에 테두리 추가하기

눈금자가 보이지 않는 경우

Ctrl - R (MAC:[Command]- R)키를 눌러도 사진 상단과 왼쪽에 출력 눈금자가 보이지 않는다면 가이드를 활성화한다. Ctrl - Shift - G (MAC:[Command]- Shift - G)키를 누르거나 [View] 메뉴에서 'Show Guides'를 선택해서 가이드를 활성화 하면 눈금자 단축키를 눌러 보이거나 숨길 수 있다.

눈금자 단위 변경하기

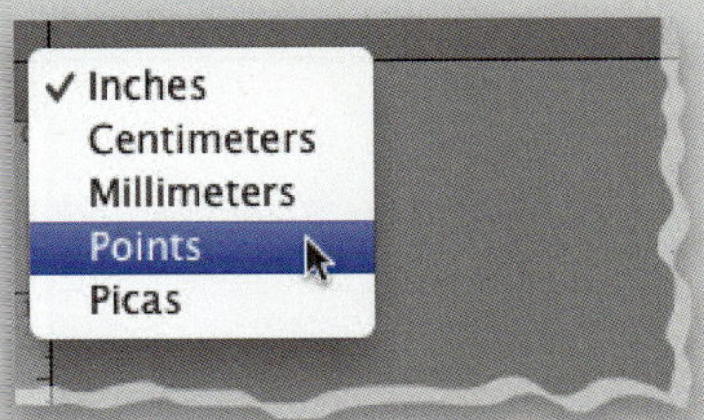

눈금자의 단위를 변경하려면 눈금자를 마우스 오른쪽 버튼으로 클릭한 다음 팝업 메뉴에서 원하는 단위를 선택한다.

Preview 영역의 배경색 변경하기

출력 페이지의 회색 배경을 다른 색상으로 변경할 수 있다. 배경을 마우스 오른쪽 버튼으로 클릭한 다음 팝업 메뉴에서 다른 색상을 선택한다.

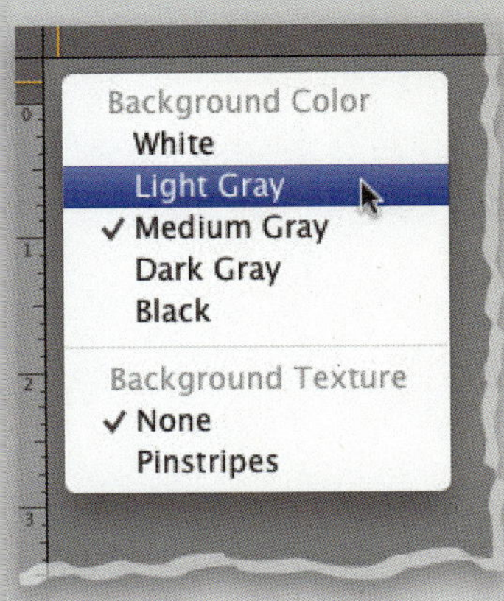

출력 대기 목록에 사진 추가하기

출력할 사진을 추가하는 방법은 매우 간단하다. [Filmstrip]에서 Ctrl - 클릭(MAC:[Command]-클릭)키를 눌러 출력 대기 목록에 추가할 사진들을 선택하면 라이트룸이 추가 선택한 사진들을 넣을 페이지를 자동 생성한다. 대기 목록에서 사진을 삭제하는 방법 역시 간단하다. [Filmstrip]에서 선택한 사진들을 선택 해제하면 라이트룸이 해당 페이지를 자동 삭제한다.

[Margins] 슬라이더보다 정확한 여백 설정 방법

페이지에서 사진의 위치를 재조절해야 하는 경우 [Margins]나 [Cell Size] 슬라이더를 사용해도 되지만 가이드가 보인다면 여백 가이드를 클릭하고 드래그하는 방법이 훨씬 쉽고 빠르다. 가이드를 드래그하기 시작하면 가이드 상단에 거리를 표시하기 때문에 양옆과 상하 여백을 쉽게 맞출 수 있다.

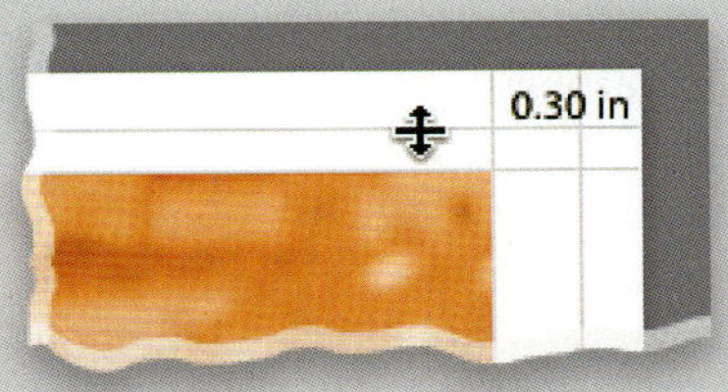

출력소로 사진을 보내는 경우

페이지 레이아웃을 JPEG 형식으로 저장한 다음 출력소에 보내 최종 출력을 하는 경우 모든 설정은 동일하게 유지하고 출력소가 요구하는 색상 프로필로 설정한 새 템플릿을 만들면 JPEG 파일로 저장할 때 색공간 설정을 잊고 변경하지 않는 사고를 방지할 수 있다.

16비트 출력 기능

현재 사용하는 프린터가 지난 몇 년 내에 제조된 기종이라면 16비트 출력이 가능할 것이다. 그러나 16비트 출력 기능을 사용하려면 최신 드라이버가 설치되어 있는지 확인하고 그렇지 않다면 프린터 제조사 웹사이트에서 다운로드해서 설치한다. 단, 16비트 출력 기능은 현재 Mac의 Mac OS X Leopard 이상의 시스템에서만 사용 가능하다.

Identity Plate 출력 설정

다수의 사진을 넣은 레이아웃에서 Identity Plate의 활용법이 두 가지 더 있다. 'Render On Every Image'를 선택하면 모든 셀 중앙에 Identtity Plate를 추가한다. 로고를 워터마크로 사용하는 경우에 유용하다. 'Render Behind Image'를 선택하면 배경에 Identity Plate를 이미지보다 약간 큰 크기로 넣어서 출력하므로 페이퍼 워터마크 역할을 한다.

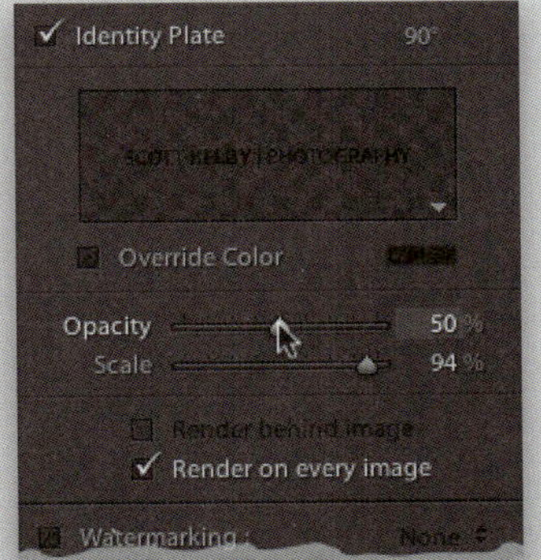

Identity Plate 움직이기

[Print] 모듈에서 ← / → 키를 사용하면 Identity Plate가 소폭으로 이동한다.

THE LAYOUT
웹과 출력을 위한 레이아웃 만들기

"layout"이라는 단어를 가진 노래나 영화를 검색하는 것은 정말 즐거웠다. 가장 먼저 나온 검색 결과는 프렝키 존스의 "The Layout"이라는 앨범이다. "Rendering Intent"라는 챕터의 제목을 검색할 때보다 훨씬 좋은 결과이다(만약 정말 그런 챕터가 있다면 아마 한 두 페이지 정도의 엄청나게 짧은 챕터일 것이다). 어쨌든 라이트룸 3 버전을 다룬 책에는 레이아웃에 대한 내용을 출력에 대한 챕터에 포함했는데 큰 실수였다고 생각한다. 하지만 필자의 실수는 아니다. 오래전에 배운 교훈이 있는데 성공적인 작가가 터득해야 하는 능력이 한 가지 있는데 무엇이든 100% 완벽하지 않으면 편집자에게 잘못을 돌리는 능력이다. 이 방법이 지속적으로 통하는 이유는 장르를 막론하고 책을 출판하는 과정에서 편집자들은 수많은 말들을 뱉기 때문에 자신들이 무슨 말을 언제 했는지 전혀 모르기 때문이다. 필자의 편집자인

테드 웨이트에게 이 점에 대해 얘기를 꺼내보았다. 역시 필자가 예상한대로 많은 편집자들이 스테로이드에 중독되어 있다는 사실을 테드가 인정했다(왜 테드가 과도하게 발달된 근육을 가지고 있는지 설명이 된다). 어쨌든 현재 대부분의 사진가들은 직접 사진을 출력하지 않고 바로 웹에 사진을 업로드하기 때문에 이 책을 보는 많은 독자들은 이번 챕터에 웹에서도 사용 가능한 멋진 레이아웃을 잔뜩 실었다는 것을 몰랐을 것이다. 이번 챕터에 실은 레이아웃들은 필자가 실제로 블로그, Google+, 사진 갤러리 사이트 등에서 사용하는 것이다. 그래서 다양한 레이아웃들을 매트가 만든 라이트룸 프리셋들과 함께 별도의 챕터에 실어서 올림픽 위원회 직원들의 주의를 빼앗아 매달 실시하는 출판 편집장들의 마약 검사를 방해할 수 있다.

다양하게
활용할 수 있는
레이아웃 모음

이번 챕터에는 가장 인기가 높은 필자의 출력 레이아웃들을 모아서 공유하려고 한다. 레이아웃 설정을 따라하기 쉽게 각 레이아웃의 패널을 옆에 실었다. 모든 레이아웃은 13X19인치 페이지 크기이므로 제일 먼저 [Page Setup] 버튼을 클릭해서 설정하기 바란다. 따로 언급한 경우를 제외한 모든 레이아웃은 'Single Image/Contact Sheet' 레이아웃 템플릿을 사용하고 여백이 없는 페이지로 설정한다. 레이아웃에 사용한 Identity Plate를 만드는 방법을 영상으로 만들었으므로 'http://kelbytraining.com/books/LR5'에서 찾아보자.

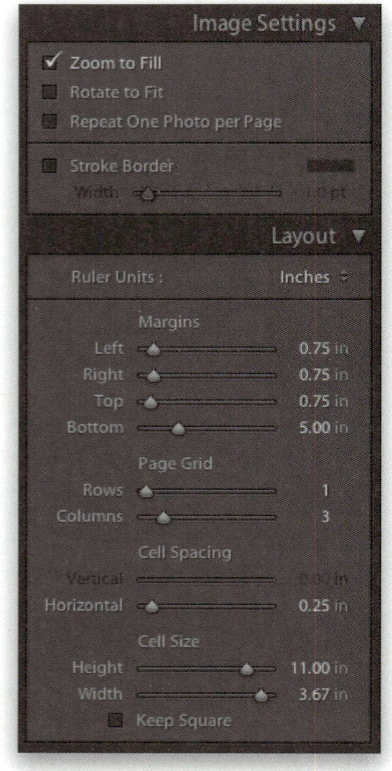

Note

웹이나 출력을 위한 나만의 레이아웃 만들기가 얼마나 쉬운지 알려주는 것이 이번 챕터의 목적이다. 또한 모든 레이아웃 설정은 템플릿으로 저장했으므로 직접 레이아웃을 만들기 싫다면 웹사이트에서 다운로드하여 라이트룸 5로 불러올 수도 있다.

SCOTT KELBY

SCOTT KELBY PHOTOGRAPHY
SCOTT KELBY

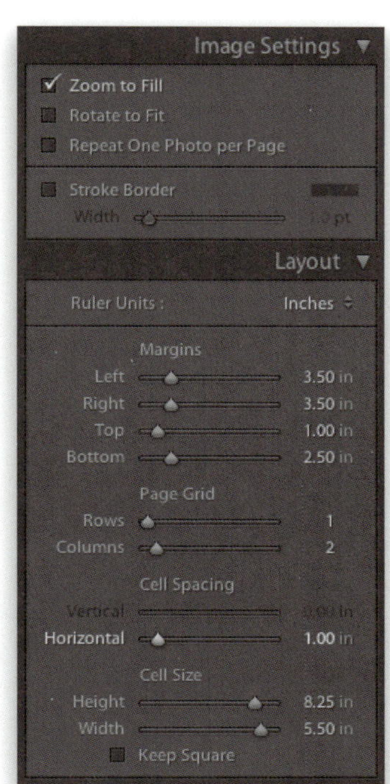
Image Settings ▼
✔ Zoom to Fill
Rotate to Fit
Repeat One Photo per Page
Stroke Border
Width   1.0 pt
Layout ▼
Ruler Units :   Inches
Margins
Left   3.50 in
Right   3.50 in
Top   1.00 in
Bottom   2.50 in
Page Grid
Rows   1
Columns   2
Cell Spacing
Vertical   0.00 in
Horizontal 1.00 in
Cell Size
Height   8.25 in
Width   5.50 in
Keep Square

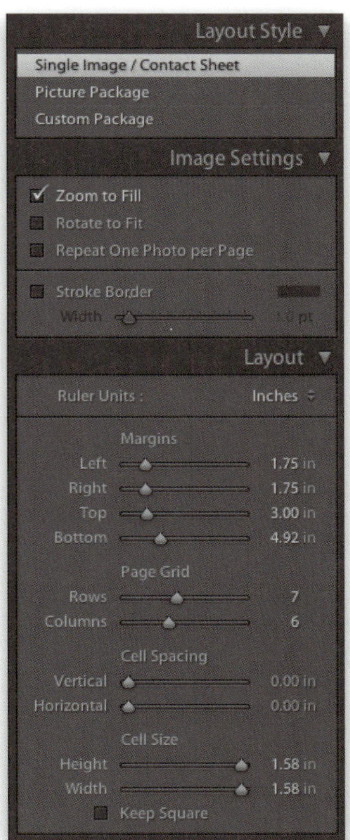
Layout Style ▼
Single Image / Contact Sheet
Picture Package
Custom Package
Image Settings ▼
✔ Zoom to Fill
Rotate to Fit
Repeat One Photo per Page
Stroke Border
Width   1.0 pt
Layout ▼
Ruler Units :   Inches
Margins
Left   1.75 in
Right   1.75 in
Top   3.00 in
Bottom   4.92 in
Page Grid
Rows   7
Columns   6
Cell Spacing
Vertical   0.00 in
Horizontal 0.00 in
Cell Size
Height   1.58 in
Width   1.58 in
Keep Square

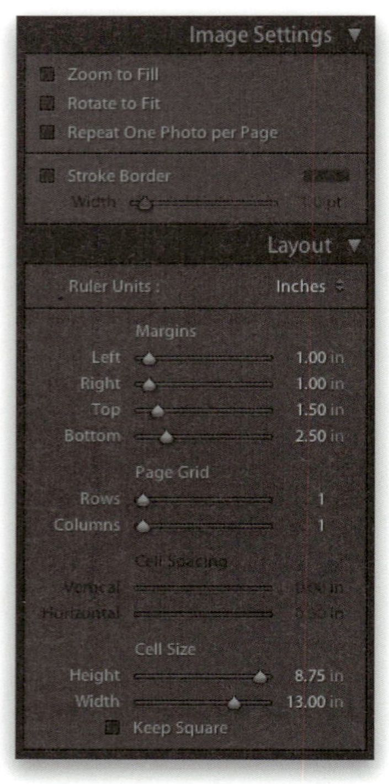

SCOTT KELBY

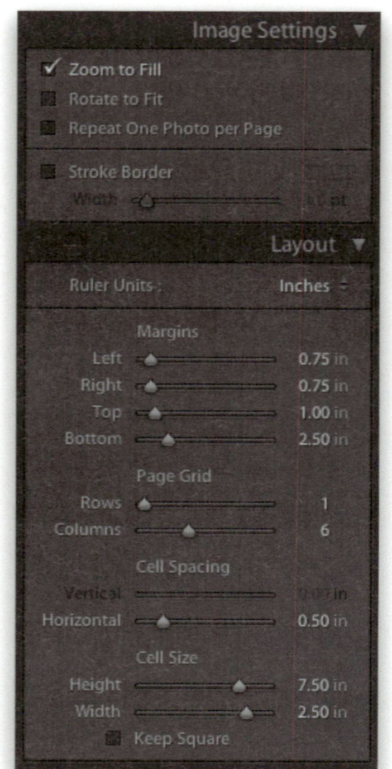

SCOTT KELBY

SCOTT KELBY PHOTOGRAPHY

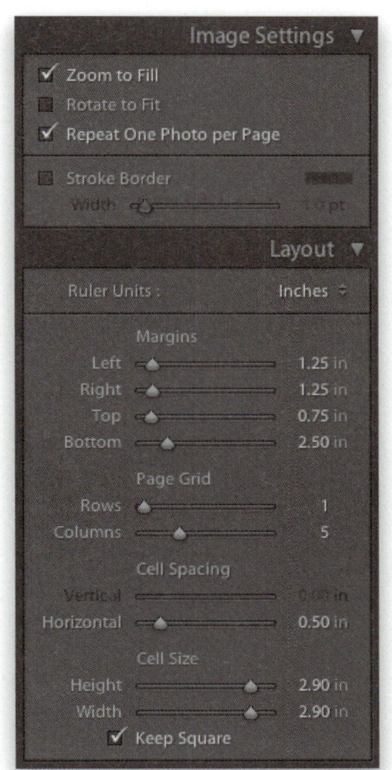
Image Settings ▼
Zoom to Fill
Rotate to Fit
Repeat One Photo per Page
Stroke Border
Width   1.0 pt
Layout ▼
Ruler Units :   Inches
Margins
Left   1.25 in
Right   1.25 in
Top   0.75 in
Bottom   2.50 in
Page Grid
Rows   1
Columns   5
Cell Spacing
Vertical   0.00 in
Horizontal   0.50 in
Cell Size
Height   2.90 in
Width   2.90 in
Keep Square

SCOTT KELBY PHOTOGRAPHY

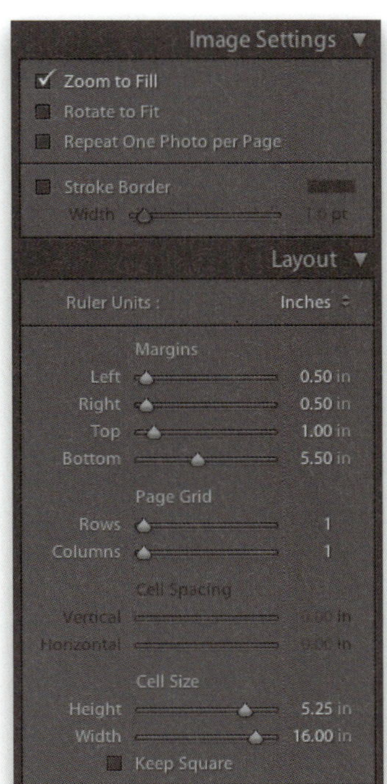
Image Settings ▼
Zoom to Fill
Rotate to Fit
Repeat One Photo per Page
Stroke Border
Width   1.0 pt
Layout ▼
Ruler Units :   Inches
Margins
Left   0.50 in
Right   0.50 in
Top   1.00 in
Bottom   5.50 in
Page Grid
Rows   1
Columns   1
Cell Spacing
Vertical   0.00 in
Horizontal   0.00 in
Cell Size
Height   5.25 in
Width   16.00 in
Keep Square

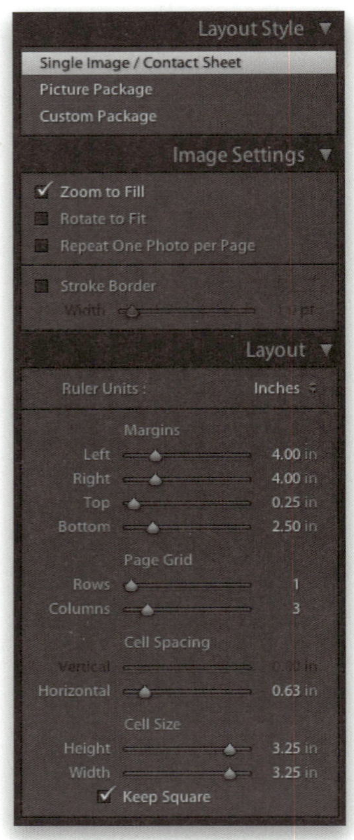

SCOTT **KELBY** | PHOTOGRAPHY
SCOTT KELBY

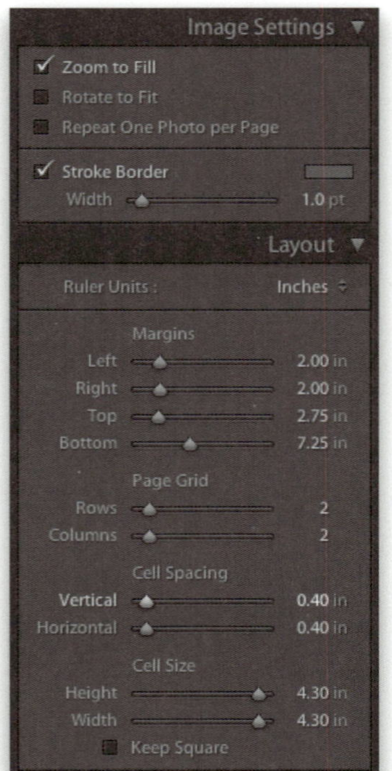

SCOTT KELBY PHOTOGRAPHY
SCOTT KELBY

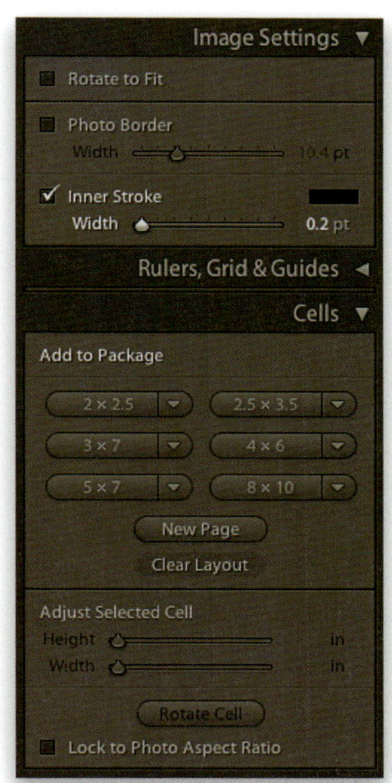

여기서는 [Cells] 패널에서 [4×6] 셀을 추가한 다음 한쪽의 조절점을 클릭하고 안쪽으로 드래그해서 4×4인치 정사각형으로 만든다. 이때 'Lock to Photo Aspect Ratio'를 먼저 체크 해제한다. 4×4 셀을 중앙에 놓은 다음 [4×6] 셀을 두 개 더 추가해서 양 옆에 놓는다.

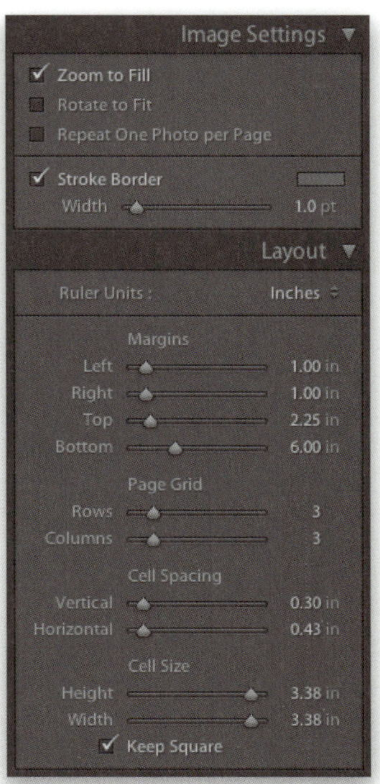

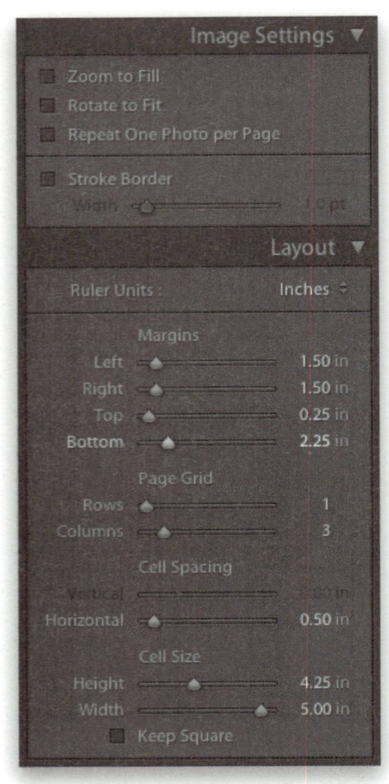

SCOTT KELBY

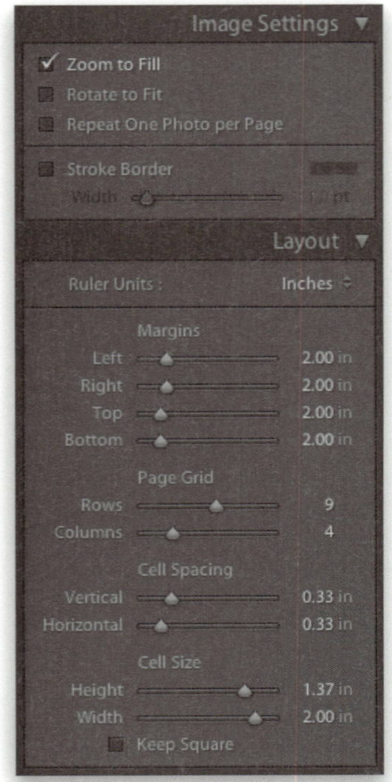

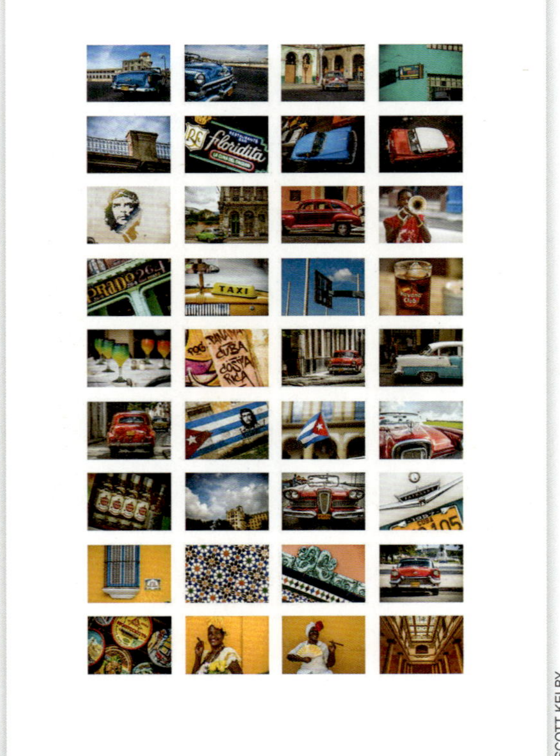

SCOTT KELBY

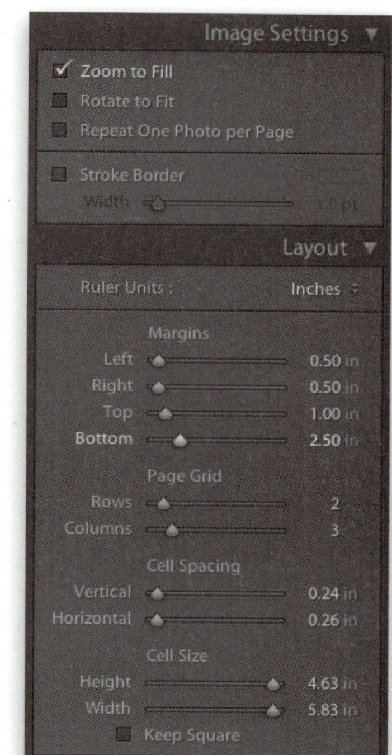

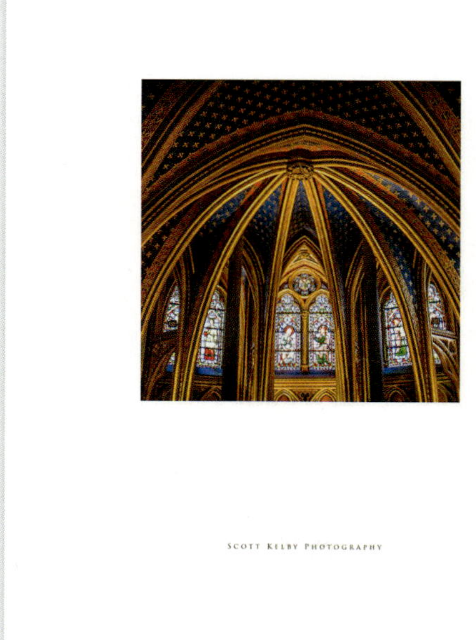

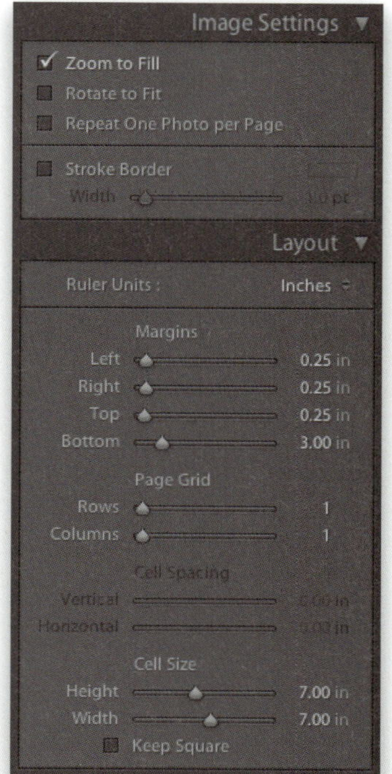

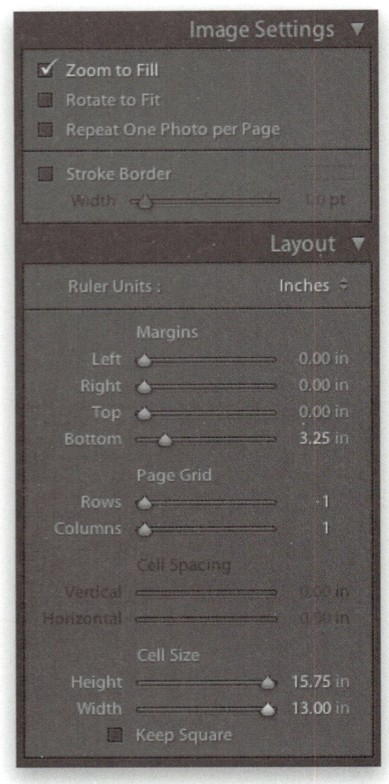

[Page Setup] 버튼을 클릭한 다음 여백이 없는 페이지로 설정한다.

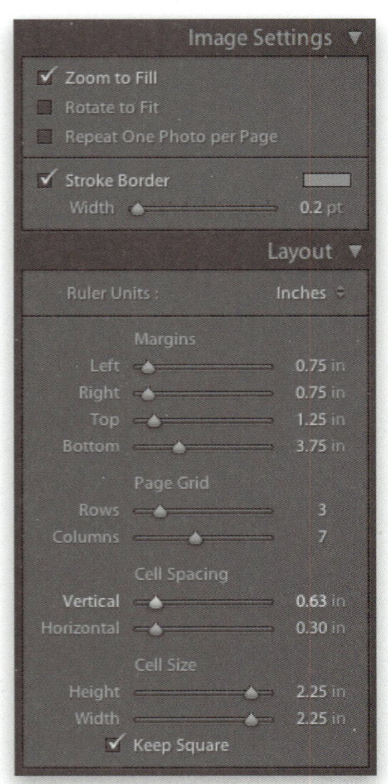

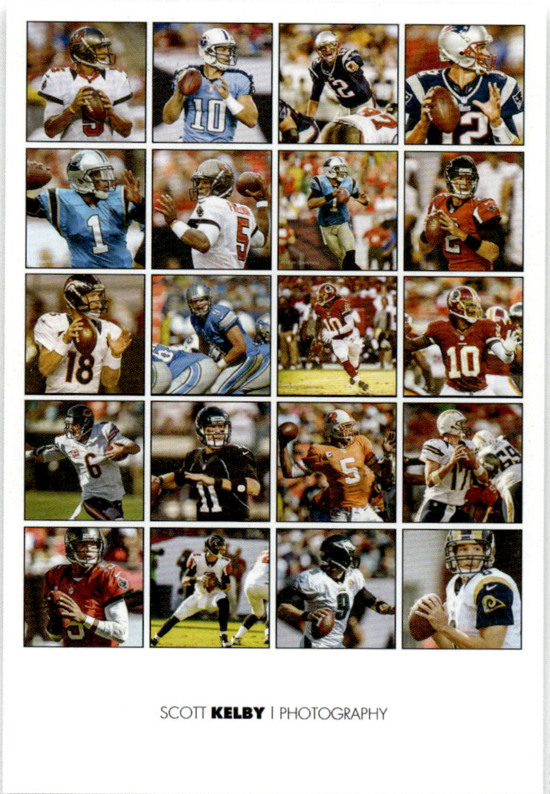

SCOTT KELBY | PHOTOGRAPHY
SCOTT KELBY

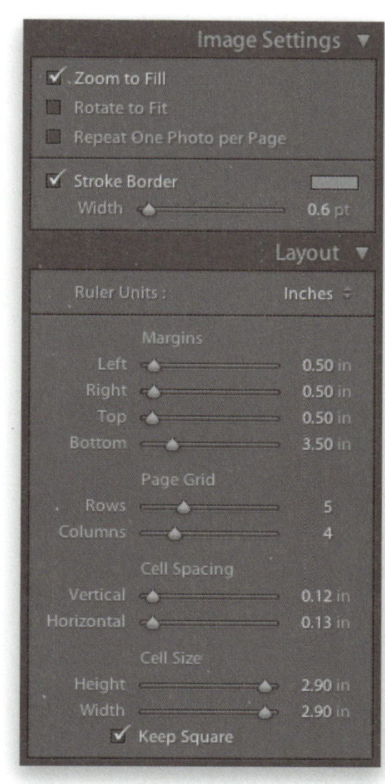

Image Settings ▼
Zoom to Fill
Rotate to Fit
Repeat One Photo per Page
Stroke Border
Width   0.6 pt
Layout ▼
Ruler Units :   Inches
Margins
Left   0.50 in
Right   0.50 in
Top   0.50 in
Bottom   3.50 in
Page Grid
Rows   5
Columns   4
Cell Spacing
Vertical   0.12 in
Horizontal   0.13 in
Cell Size
Height   2.90 in
Width   2.90 in
Keep Square

170
SCOTT KELBY | PHOTOGRAPHY
SCOTT KELBY

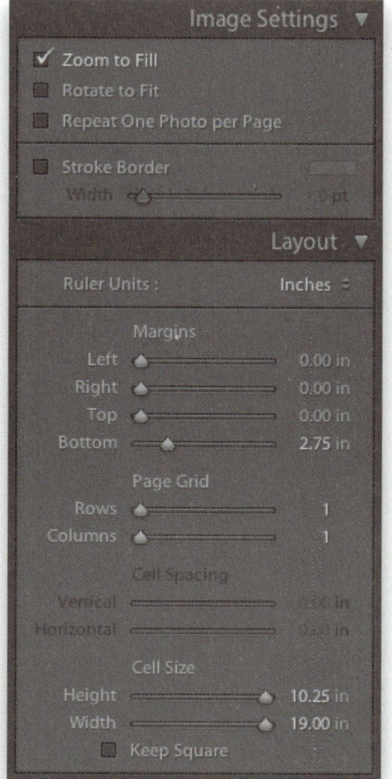

Image Settings ▼
Zoom to Fill
Rotate to Fit
Repeat One Photo per Page
Stroke Border
Width   0.0 pt
Layout ▼
Ruler Units :   Inches
Margins
Left   0.00 in
Right   0.00 in
Top   0.00 in
Bottom   2.75 in
Page Grid
Rows   1
Columns   1
Cell Spacing
Vertical   0.00 in
Horizontal   0.00 in
Cell Size
Height   10.25 in
Width   19.00 in
Keep Square

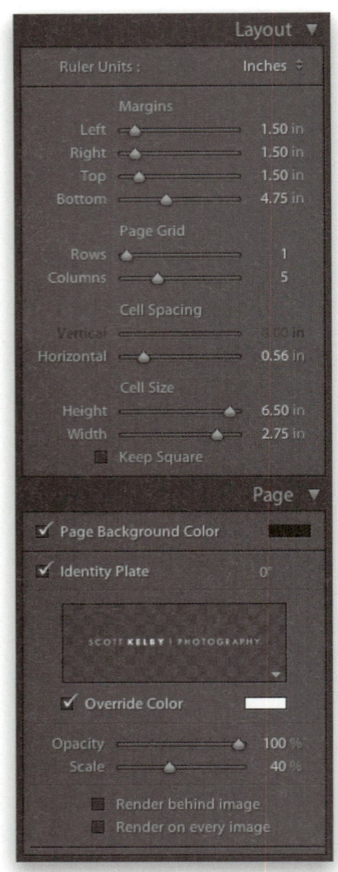

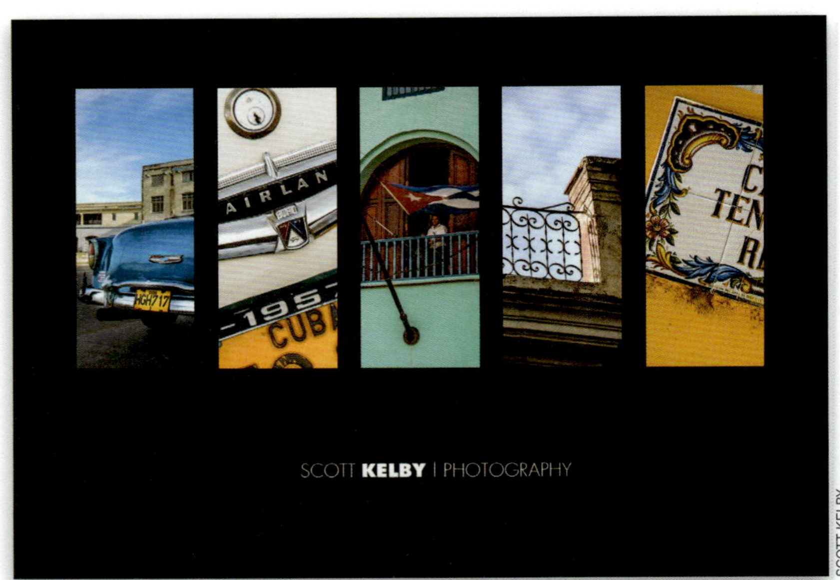

[Image Settings] 패널에서 'Zoom to Fill'을 체크한다. [Page] 패널에서 [Page Background Color]
의 색상 스위치를 클릭하고 배경색을 검은색으로 변경한다. 'Override Color'에 체크해서 Identity
Plate의 색상을 흰색으로 설정한다

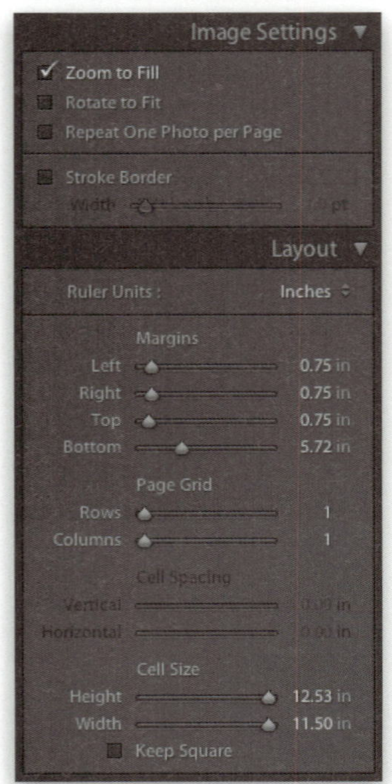

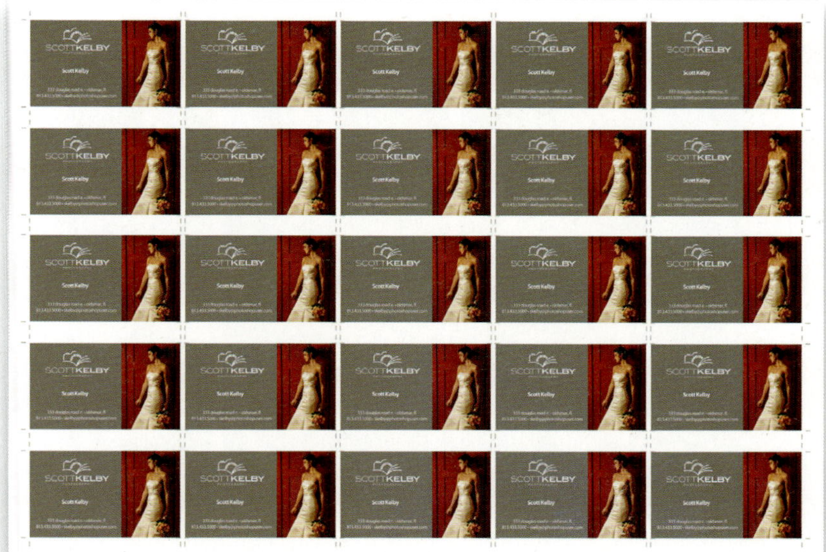

SCOTT KELBY

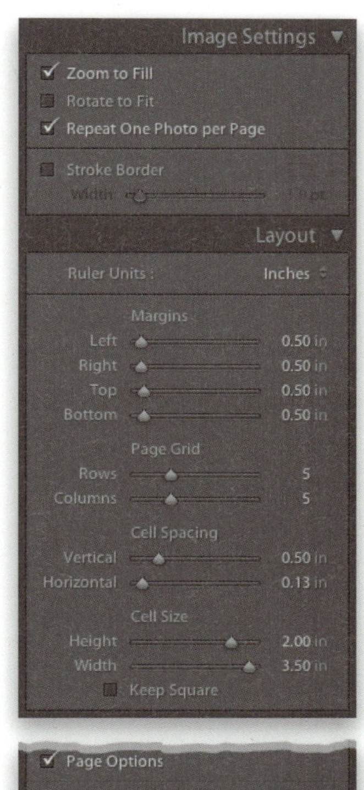

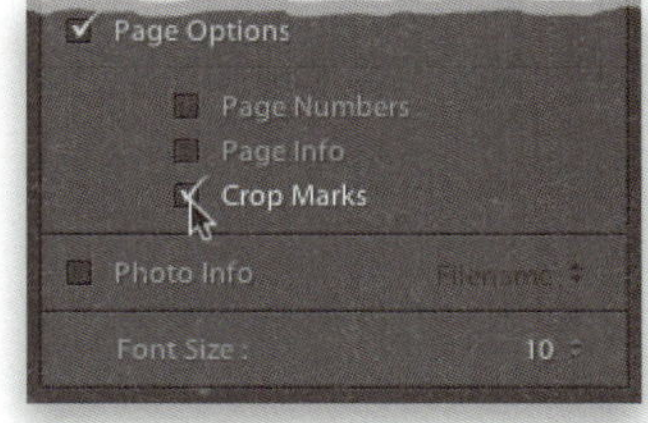

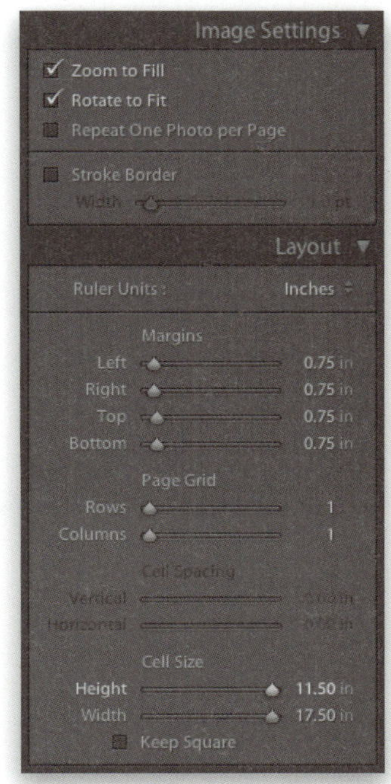

SCOTT KELBY

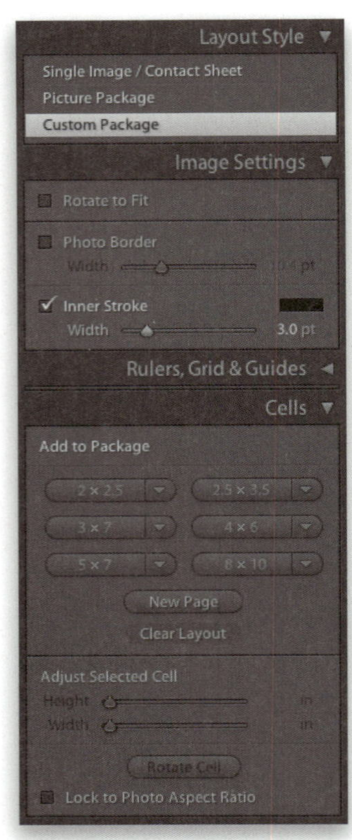

이 레이아웃은 왼쪽부터 [4×6] 셀을 추가한 다음 각 셀의 크기를 조절해서 예제 사진과 같은 레이아웃을 만든다. 바로 이것이 나만의 레이아웃을 만드는 'Custom Package' 기능의 장점이다

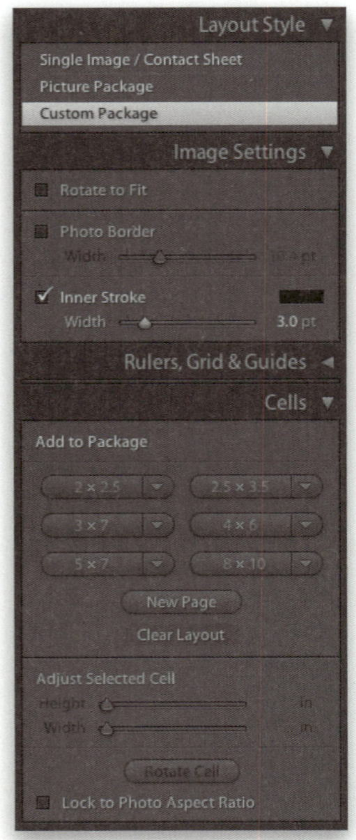

SCOTT KELBY

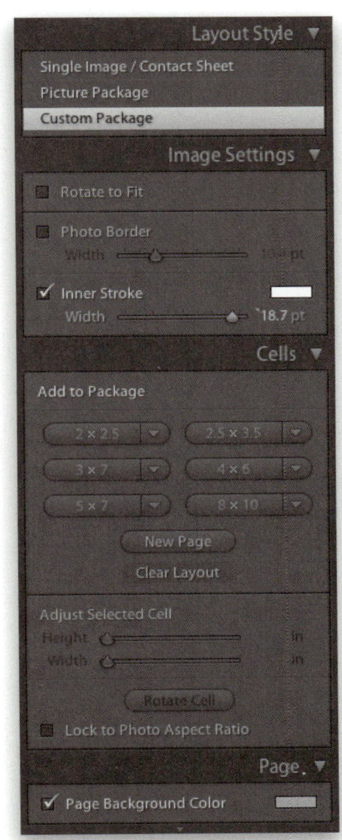

[Page Background Color] 기능으로 배경색을 옅은 회색으로 설정하고 4개의 [5×7] 크기 셀을 추가해서 상하 2개씩 배치한다. 그리고 Alt (MAC:[Option])키를 누른 채 셀 하나를 클릭하고 드래그해서 복제한 후 예제 사진과 같이 중앙에 놓는다. 마지막으로 'Inner Stroke'를 체크한 다음 '18pt' 굵기의 흰색 테두리를 추가한다.

SCOTT KELBY

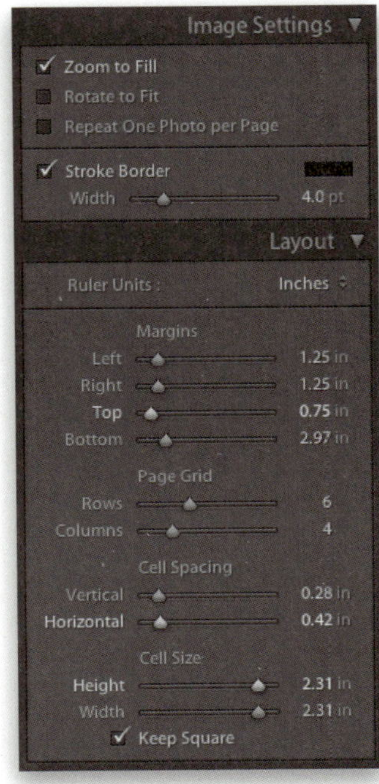

Bonus: 24개의 라이트룸 5 Develop 모듈 프리셋

필자의 친구이자 동료인 매트 클로스코우스키는 Lightroom Killer Tips 블로그를 책임지고 있는 장본인이며 지난 몇 년 동안 "프리셋 닌자"라는 별명을 얻을 정도로 프리셋에 능통하다. 그래서 이 책에서 그의 라이트룸 5 [Develop] 모듈 프리셋 몇 가지를 공유해도 괜찮으냐고 물었다. 매트가 흔쾌히 허락한 덕분에 여러분들과 그의 멋진 프리셋을 공유할 수 있게 되었다.

STEP 01

가장 먼저 프리셋을 어디서 찾을 수 있는지 궁금할 것이다. 프리셋은 'http://kelbytraining.com/books/LR5'에 있다. 이 사이트에는 이 책에 포함한 24개의 프리셋 외에도 샤프닝 프리셋과 이번 챕터 프리셋들의 다른 버전 등 다양한 프리셋들이 있다. 사이트에서는 매트의 [Develop] 모듈 프리셋 외에도 필자가 만든 레슨 영상, 연습에 사용할 수 있는 사진들, 레이아웃 템플릿 등도 찾을 수 있다. 이제 프리셋을 다운로드해서 멋진 사진들을 만들어보자.

STEP 02

프리셋을 다운로드한 다음 [Develop] 모듈의 [Presets] 패널에서 [User Presets] 컬렉션을 마우스 오른쪽 버튼으로 클릭한다. 팝업 메뉴에서 'Import'를 선택하고 다운로드한 프리셋을 찾아 [OK] 버튼을 클릭하면 [User Presets] 컬렉션에 추가한다. 프리셋 이름에 커서를 놓으면 왼쪽 패널 영역 상단의 [Navigator] 패널에 프리셋을 적용한 사진을 미리 보기 할 수 있다. 마음에 드는 프리셋을 발견하면 클릭하여 선택한다.

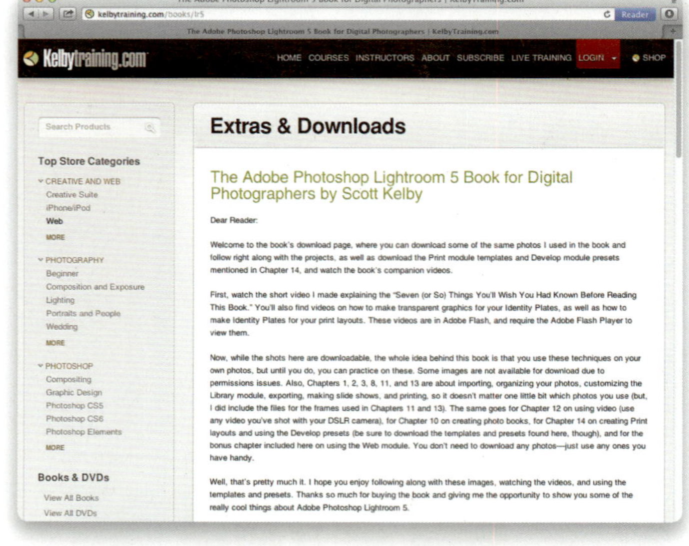

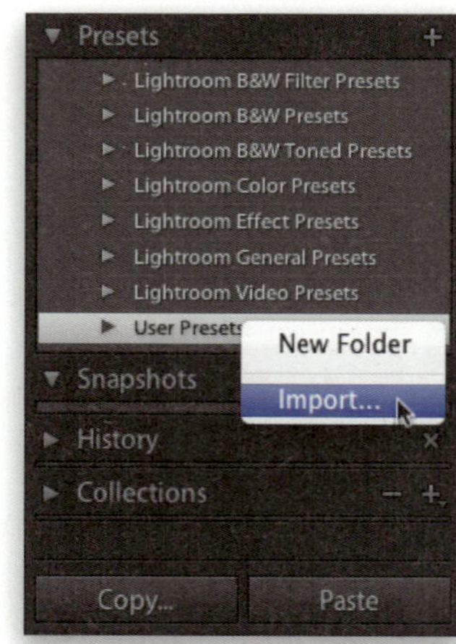

Black and White (Landscape)

Before

After

Classic Black and White Tint

Before

After

Colorize Red

Before

After

Fall Foliage (Strong)

©ISTOCKPHOTO/WILLIAM WALSH

Before

After

Hawaii Five-O (Medium)

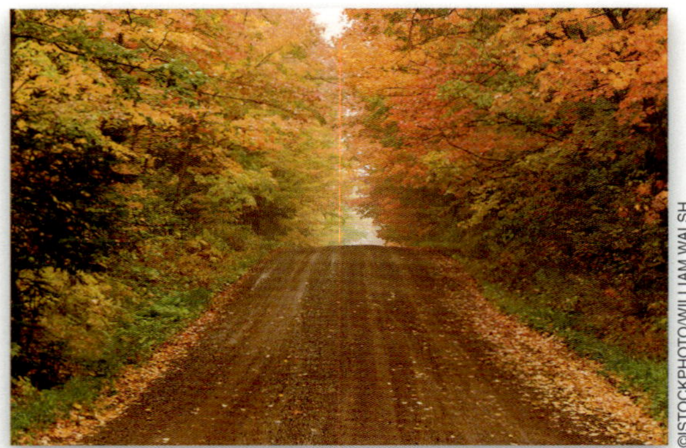

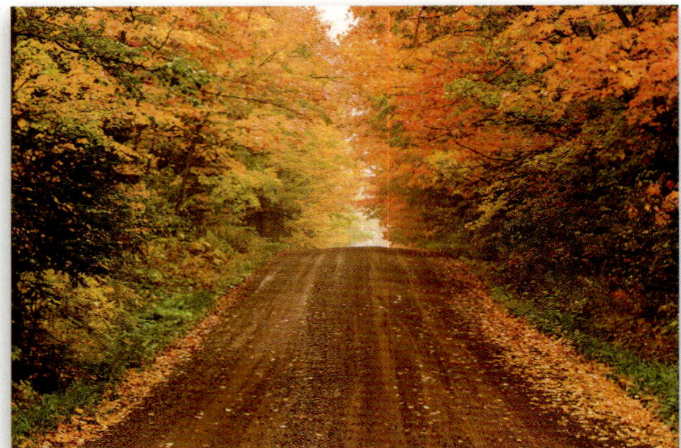

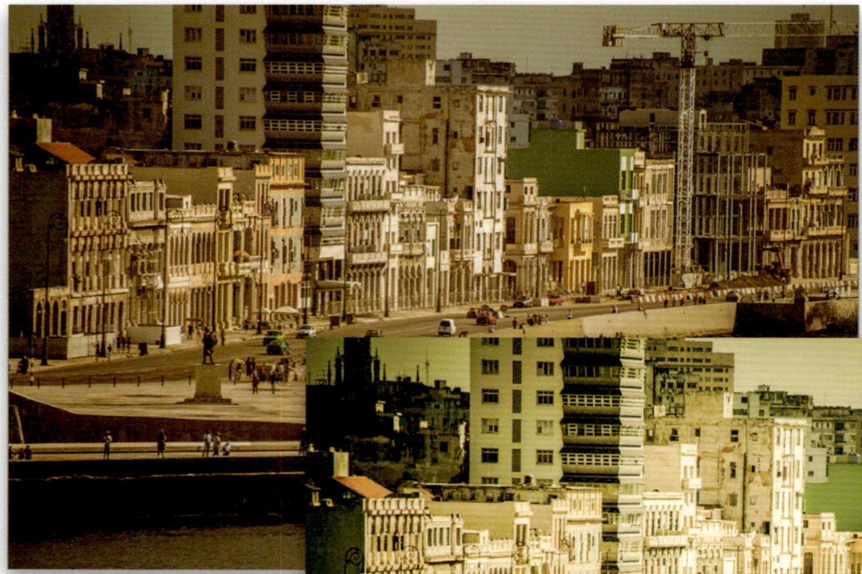

SCOTT KELBY

Before

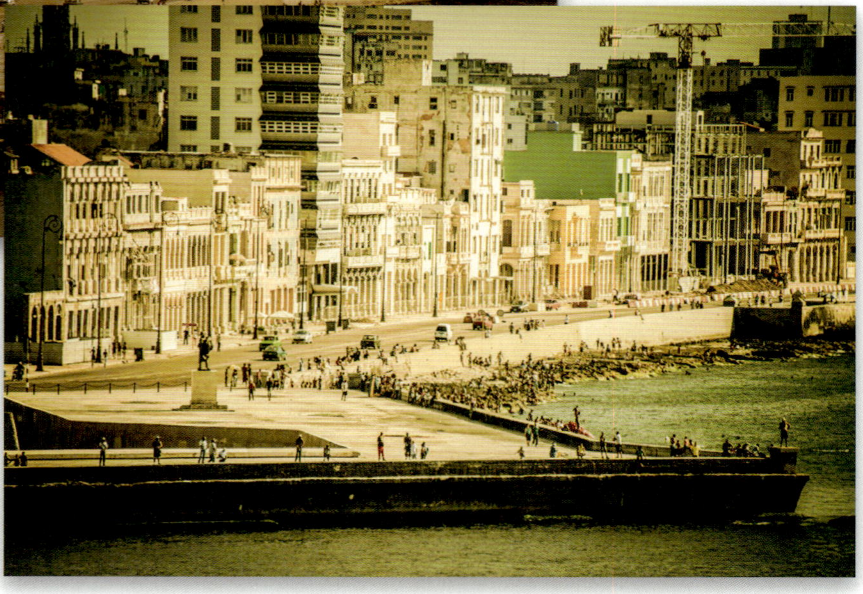

After

Game Day

Before

After

Hang Ten

Before

After

The Hangover Movie Look

Before

After

HDR Look (Strong)

Before

After

Hazy Day

Before

After

Lomo Effect

Before

After

Rounded Rectangle (White)

SCOTT KELBY

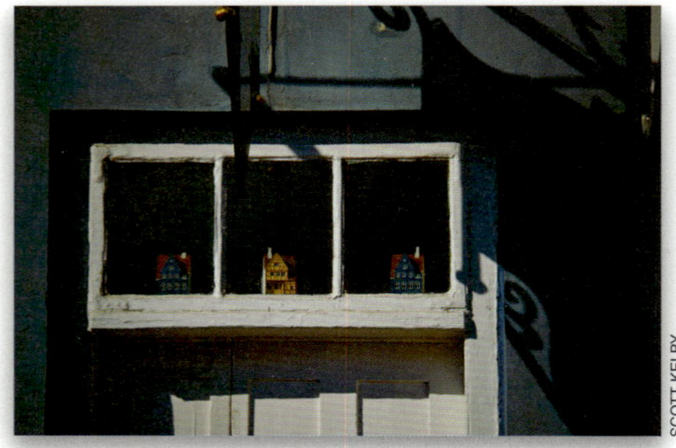

Before

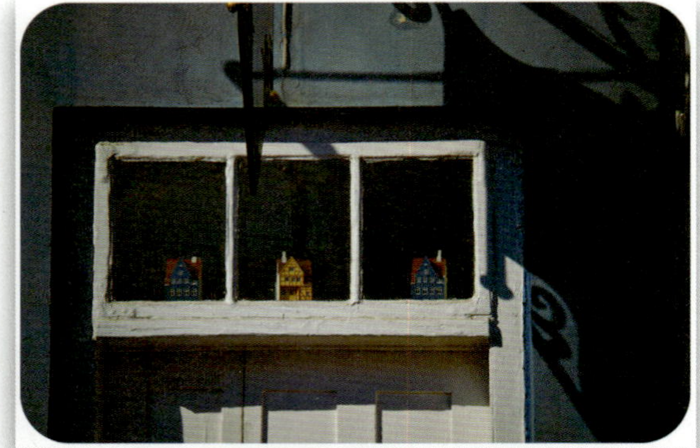

After

Lightroom Instagram Effect

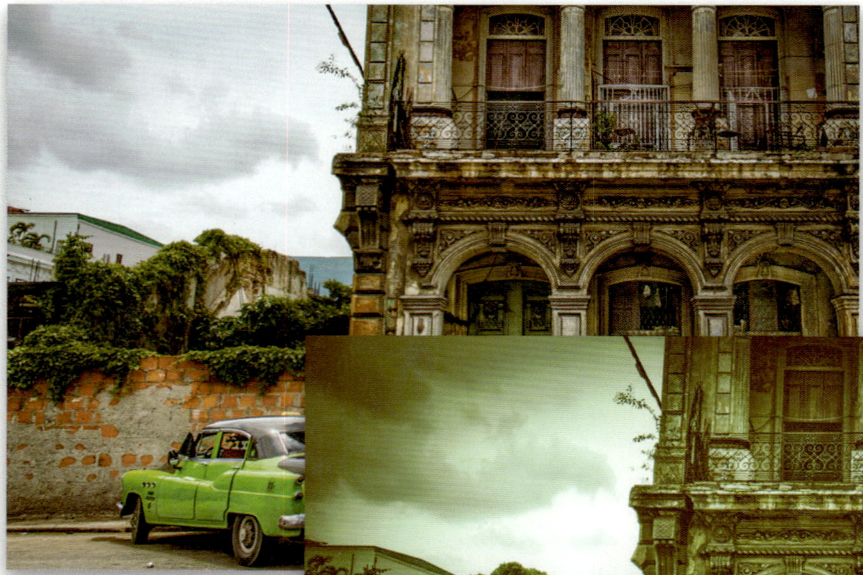

SCOTT KELBY

Before

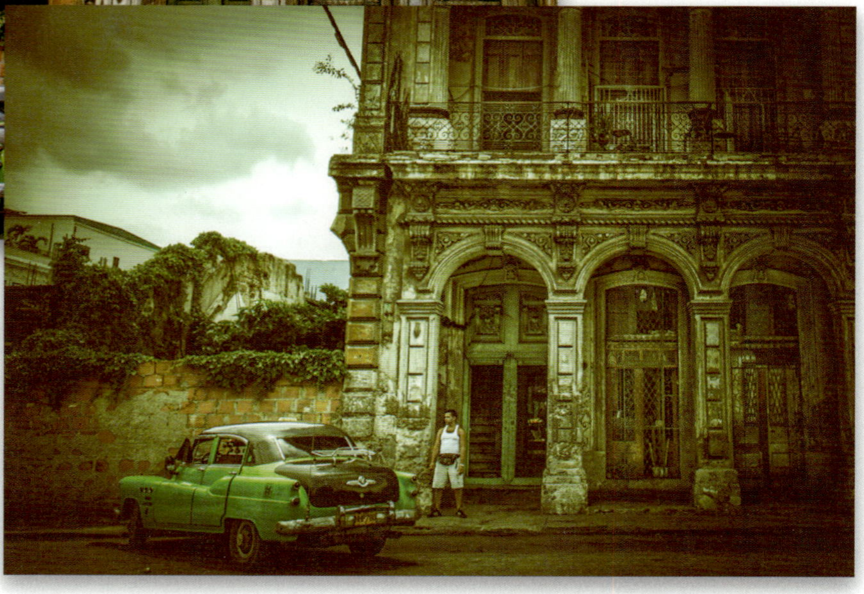

After

Sin City (Light Red)

Before

After

Ultra Gritty Effect

Before

After

Soft Focus Effect

Before

After

Street Light Nights

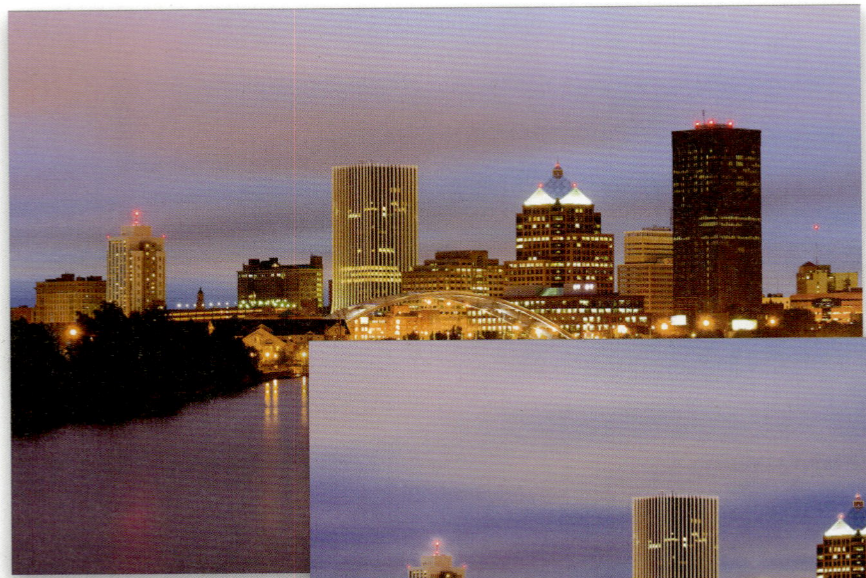

©ISTOCKPHOTO/ANDREW ZARIVNY

Before

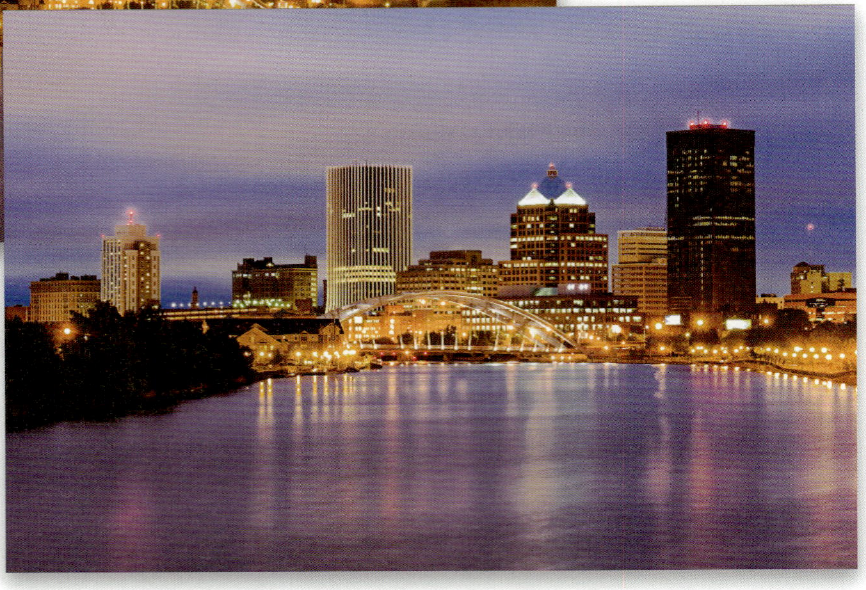

After

The Ultimate Fighter (Medium)

SCOTT KELBY

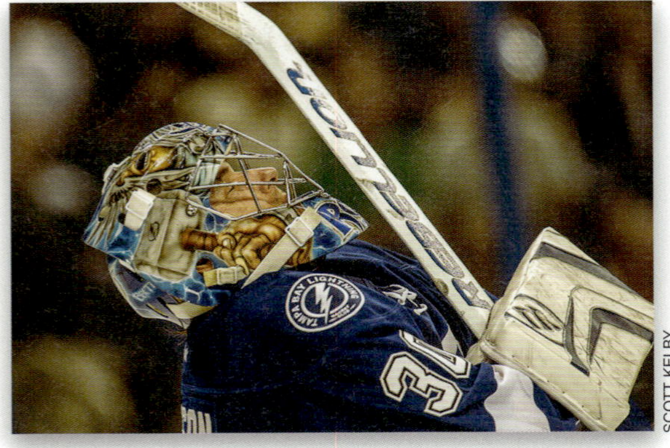

Before

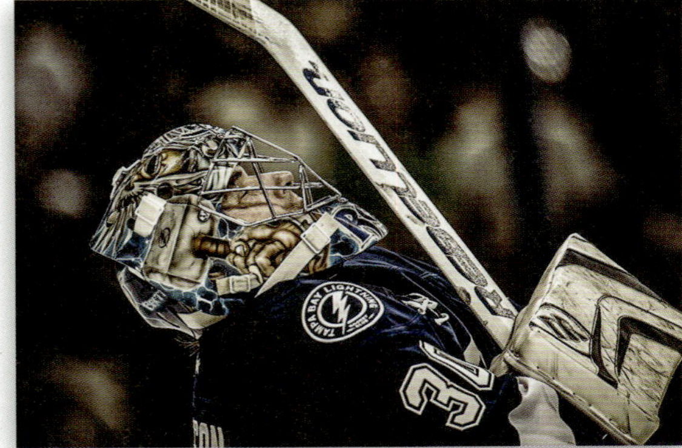

After

Summer Day

Before

After

That 70's Look

Before

After

The 300 Look

Before

After

Surreal Edgy Effect (Strong)

Before

After

Vintage Style

Before

After

Wedding Fairytale (Medium)

Before

After

CHAPTER 15

MY PORTRAIT WORKFLOW
촬영에서 최종 출력까지

지금 이 챕터의 도입문을 읽고 있다면 이미 다양한 테크닉을 배우는데 많은 시간과 노력을 투자했거나, 방금 책을 구입해서 페이지를 넘겨보다가 이 챕터를 폈을 것이다. 챕터 1부터 차근차근 정독하는 독서의 전통 방식을 무시하고 마지막 챕터로 건너뛰었다고 해도 필자는 모두 열심히 노력했다고 여길 것이다. 이 책은 각 주제에 따라 챕터를 나누었다. 그러나 촬영부터 최종 출력까지 전체 과정을 모아서 보여주면 도움이 될 것이라는 생각이 들었다. 왜냐고? 책의 페이지를 늘릴 수 있고 출판사는 독자가 바라는 것은 두꺼운 책이라고 생각하기 때문에 출판사에서도 반긴다. 사실 출판사에 "그냥 아무 단어들이나 나열해서 페이지 수를 늘려야겠어요"라고 말한다면 무척 좋아할 것이다. 그들에게 책에 "이 페이지는 의도적으로 비워놓았습니다"라는 문구를 인쇄한 빈 페이지를 몇 장 넣겠다고 하면 그들은 잠시 의식을 잃을 정도로 흥분해서 방향염(역자 주: 탄산암모늄이 주제인 정신이 들게 하는 약. 의식이 희미해졌을 때 냄새를 맡으면 정신을 차린다.)을 이용해서 깨워야할 것이다. 빈 페이지는 출판업계의 성배이다. 이 책을 인쇄할 때 빈 페이지를 넣을지 모르겠지만 만약 넣는다면 분명히 페이지에 쪽수를 추가하고 사무실의 모든 직원들과 하이파이브를 하며 자축했을 것이다.

Workflow Step 1: 촬영

지금부터 필자의 일상적인 작업 방식을 소개하겠다. 필자의 작업 방식은 풍경사진, 인물사진 혹은 스포츠 사진 등 분야를 막론하고 동일한 방식으로 라이트룸을 사용하고 동일한 과정으로 진행한다. 이번 챕터에 소개하는 작업 방식은 스튜디오 촬영이므로 테더링 기능으로 카메라를 라이트룸과 연결한다. 필자는 환경이 허락하는 한 테더링 촬영을 선호한다. 촬영하는 사진들을 카메라의 후면의 3인치 LCD 대신 큰 모니터 화면으로 확인할 수 있기 때문이다.

STEP 01

조명을 설치하기 전에 USB 케이블로 Nikon DSLR 과 랩톱을 연결하고 라이트룸을 시작한다. 그리고 [File]-[Tethered Capture]-[Start Tethered Capture] 메뉴를 선택한다. [Tethered Capture Settings] 대화창에서 촬영한 이미지의 저장 위치 설정 등 필요한 설정을 하고 [OK] 버튼을 클릭하면 예제 사진과 같이 창이 나타난다.

Note

테더링 기능의 자세한 설정 방법은 챕터 1과 챕터 4를 참고한다.

STEP 02

촬영에 사용한 조명은 매우 간단하다. 2개의 Elinchrom BXRI 500s 플래시 헤드를 사용했다. 위에 설치한 플래시에는 17인치 보기 모드티 디쉬 앞에 산광 커버를 씌워서 부드러운 조명을 만들었다. 두 번째 플래시는 모델 앞 아래쪽에 설치하고 27인치 소프트박스를 사용했다. 카메라 설정은 70-200mm f/2.8 렌즈를 사용하고, 스튜디오에서는 항상 수동 모드로 촬영하며 셔터스피드는 1/125초에 두고 조리개만 설정을 바꾸며 촬영했다. 또한 스튜디오에서는 가장 낮은 ISO인 100 ISO로 설정해서 촬영했다.

Note

모델 뒤에 설치한 소프트박스는 회색 배경으로만 사용하고 조명을 켜지 않았다.

Workflow Step 2: 촬영 직후 해야 할 일

촬영을 마친 다음 라이트룸과 포토샵에서 사진 정리와 편집 과정을 시작하기 전에 가장 먼저 해야 하는 중요한 과정이 있다. 사진 백업이다. 필자는 야외 촬영에서도 반드시 촬영한 사진들을 백업한다(2개의 OWC Mercury On-The-Go High-Speed 80GB 휴대용 하드디스크를 사용한다).

STEP 01

Step 1과 같이 카메라와 랩톱을 연결해서 테더링 촬영을 하면 사진은 컴퓨터와 라이트룸에 자동 저장되지만 백업은 되지 않기 때문에 랩톱에 사고가 생긴다면 사진은 영원히 손실된다. 그러므로 촬영 직후에 백업하는 것이 좋다. 촬영한 사진 폴더를 가장 빨리 찾는 방법은 라이트룸에서 사진 하나를 마우스 오른쪽 버튼으로 클릭한 다음 팝업 메뉴에서 'Show in Explorer(MAC:Show in Finder)'를 선택한다.

STEP 02

Windows Explorer(MAC:Finder)창에 촬영한 사진이 있는 폴더를 클릭하고 백업용 하드디스크(외장 하드)로 드래그하여 저장한다. 외장 드라이브가 없다면 CD나 DVD 디스크를 사용해서 백업한다.

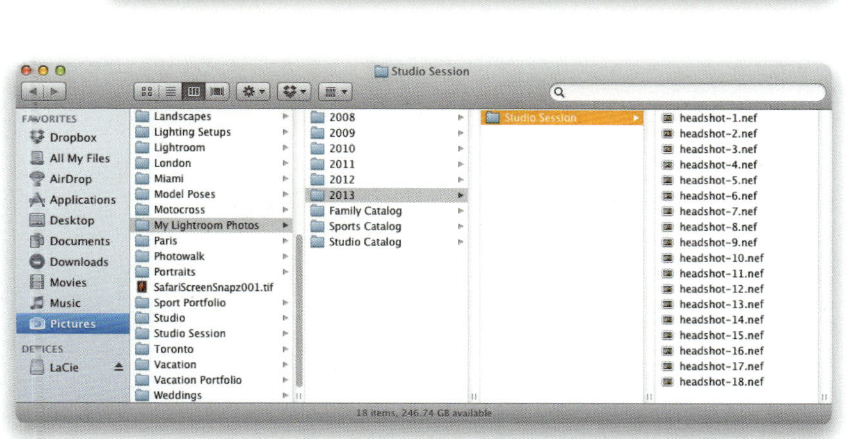

Workflow Step 3: 사진 컬렉션 만들기

사진을 라이트룸에 저장하고 백업 하드디스크에도 저장했다. 이제 촬영한 사진을 컬렉션으로 만들고 초점이 맞지 않거나 플래시가 발광하지 않았거나 필요 없는 사진들을 분류해서 삭제할 차례이다. 처음부터 컬렉션 세트를 만들고 그 안에 Pick와 Select 등급의 사진들만 모아 컬렉션으로 넣으면 편리한다.

STEP 01

[Library] 모듈의 [Collections] 패널 헤더에서 [+] 버튼을 클릭하고 팝업 메뉴에서 'Create Collection Set'을 선택한다. [Create collection Set] 대화창에서 새 컬렉션 세트의 이름을 입력하고 [Create] 버튼을 클릭한다. 이제 클라이언트에게 보여줄 Picks 등급의 사진들과 선택한 사진들을 저장할 컬렉션이 준비되었다.

Note

여기서는 새 컬렉션 세트의 이름을 'Scarf Studio Shoot'으로 입력했다.

STEP 02

다음 단계는 촬영한 사진들을 Picks와 Rejects 등급으로 선별하는 작업이다. G 키를 눌러 Grid 보기 모드로 전환한 다음 첫 번째 사진을 더블클릭해서 Loupe 보기 모드로 전환한다. ←/→ 키를 눌러 각 사진을 살펴보고 마음에 드는 사진에서 P 키를 눌러 Pick 등급으로 플래그를 태그한다. 그리고 초점이 맞지 않거나 구도가 마음에 들지 않는 등 삭제할 사진들은 X 키를 눌러 Reject 등급 플래그를 태그한다. 사진을 선별할 때 유의할 점은 별점 등급이나 다른 종류의 등급은 사용하지 않고 Pick와 Reject 등급만 사용하는 것이다. 실수로 플래그를 태그하면 U 키를 눌러 설정을 취소한다.

Note

Pick와 Reject 등급의 자세한 설정 방법은 78페이지, 'Collection 기능으로 사진 분류하기'를 참고한다.

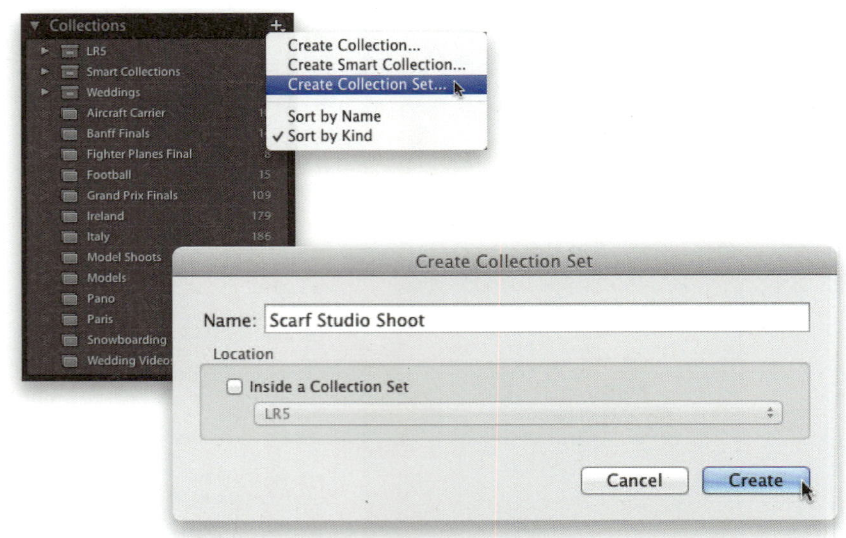

Pick와 Reject 등급 사진들을 선택한 다음 [Photo]−[Delete Rejected Photos] 메뉴를 선택해서 Rejects 등급 사진들을 삭제한다. Reject로 플래그를 태그한 사진들의 썸네일은 검은색 플래그 아이콘 표시 외에도 다른 썸네일보다 흐릿하게 나타나서 구분하기 쉽다. 예제 사진의 둘째 줄 첫 번째 썸네일이 Reject 등급의 사진이다.

다음은 Pick 등급만 볼 수 있게 필터 기능을 활성화한다. Preview 영역 상단의 Library Filter 바에서 [Attribute]를 클릭한 다음 흰색의 Pick 플래그 아이콘을 클릭한다.

Note

Library Filter 바가 보이지 않는다면 \키를 눌러 활성화한다.

STEP 05

Ctrl-A (MAC:[Command]-A)키를 눌러 Picks 등급 사진을 모두 선택한 다음 Ctrl-N (MAC: [Command]-N)키를 눌러 새 컬렉션을 만든다. [Create Collection] 대화창에서 컬렉션의 이름을 'Picks'로 입력하고 'Inside a Collection Set'에 체크한 후 팝업 메뉴가 나타나면 **Step 01**에서 만든 컬렉션 세트 'Scarf Studio Set'를 선택한다. 그리고 선택한 사진들을 자동으로 새 컬렉션에 추가하는 'Include selected photos'를 체크하는 것도 잊지 말자. [Create] 버튼을 클릭해서 컬렉션을 만든다. 현재 모든 Picks 등급 사진들은 아직도 플래그가 태그되어 있다. 그러나 새 컬렉션에 추가했으므로 플래그를 삭제하기 위해 사진을 모두 선택한 다음 U 키를 누른다.

Note

컬렉션 기능의 자세한 설정 방법은 챕터 2를 찾아보자.

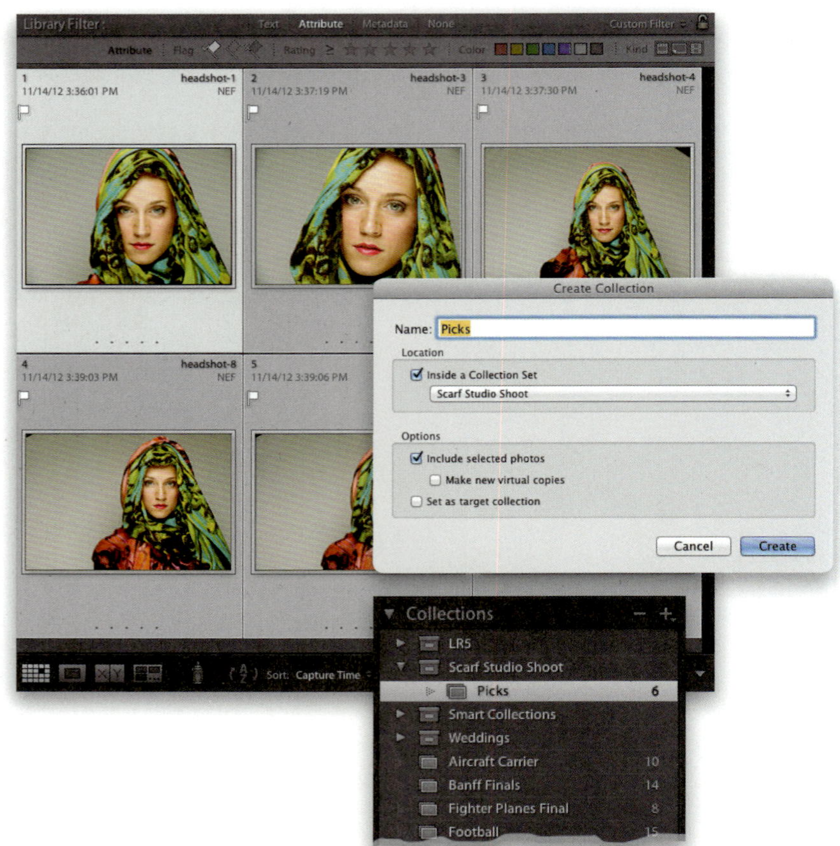

STEP 06

다음은 분류 기준을 더 좁혀서 사진을 선별한다. [Picks] 컬렉션 중에서 유사한 포즈의 사진들만 모아 Survey 보기 모드에서 선별하기 위해 N 키를 누른다. N 키를 눌러 선택한 사진들이 Survey 보기 화면에 나타나면 그 중 1개나 2개의 이미지만 남을 때까지 가장 마음에 들지 않는 사진을 차례로 뺀다. 마지막으로 남은 사진은 Pick 플래그를 태그한 다음 G 키를 눌러 Grid 보기 모드로 다시 전환해서 또 다른 유사한 포즈의 사진 세트를 선택하고 Survey 보기 모드에서 같은 방법으로 선별한다. 사진 선별을 마친 후 Library Filter 바에서 Pick Flag 필터를 선택하고 그 사진들만으로 'Select' 컬렉션을 만들어 [Scarf Studio Shoot] 컬렉션 세트에 저장한다.

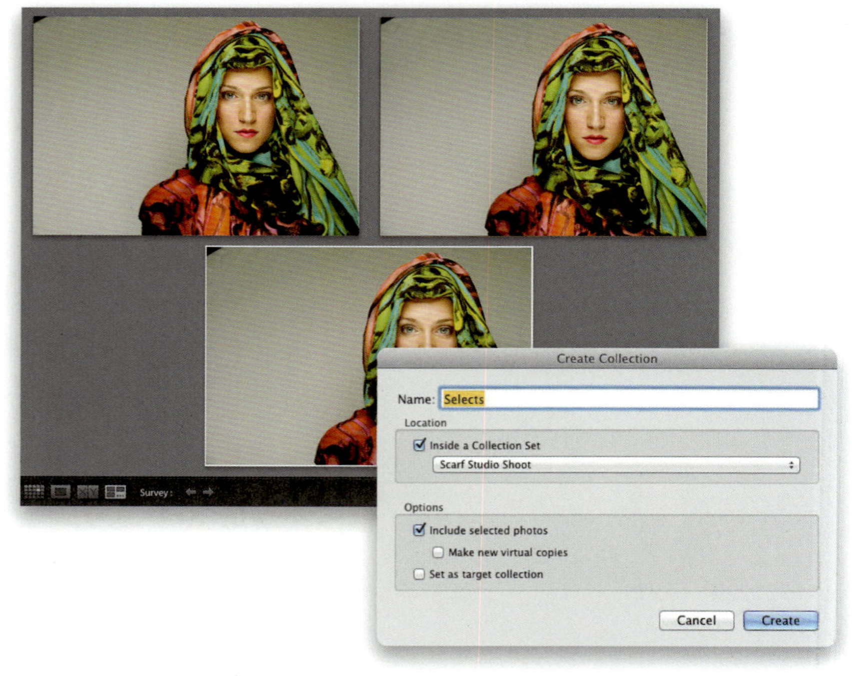

클라이언트에게 보여줄 사진을 선별한 다음 사진을 그대로 보여줄지 라이트룸의 [Develop] 모듈에서 간단한 보정을 적용한 다음 보여줄지를 결정한다. 그대로 보여 주기로 결정했다면 515페이지, 'Workflow Step 5: 클라이언트에게 사진 보내기'로 건 너뛴다. 이번 레슨에서 적용하는 보정은 시간을 많이 투자하지 않는다. 클라이언트 는 단 한 장의 사진만 선택하기 때문에 모든 사진에 긴 시간을 투자할 필요가 없다.

Workflow Step 4: Select 등급 사진의 간단한 보정

STEP 01

클라이언트에게 보여줄 사진을 간단하게 보정해보자. 화이트 밸런스와 노출이 맞지 않는 경우 다른 보정을 설정하기 전에 [Develop] 모듈에서 보정한다. 가장 먼저 눈의 흰자위가 약간 회색이며 홍채가 밋밋해 보인다. Adjustment Brush 도구를 선택한다. [Exposure] 슬라이더를 약간 오른쪽으로 드래그한 다음(여기서는 +0.68로 설정했다) 브러시로 흰자위를 드래그해서 밝게 보정한다. 이후에 슬라이더를 드래그하면 추가 보정을 적용할 수 있다(여기서는 +0.82로 재설정했다). 다음은 [New] 버튼을 클릭하고 [Effect]를 더블클릭해서 모든 슬라이더의 설정을 리셋한 다음 [Contrast] 슬라이더를 설정한 후(25에서 시작해서 62까지 높였다) 브러시로 홍채를 드래그한다.

STEP 02

사진을 줌인해서 피부를 더 자세히 보면 잡티가 눈에 띈다. Spot Removal 도구를 선택한 다음 브러시 크기를 제거하려는 잡티보다 약간 크게 설정한다. 각 잡티를 커서로 클릭해서 제거한다. 이번 단계에서는 보정에 긴 시간을 할애하지 않는다는 점을 기억하자.

STEP 03

메이크업 아티스트가 스카프를 씌우기 전에 립스틱을 발라주었기 때문에 립스틱의 색상이 스카프의 색상과 어울리지 않는 강한 빨간색이다. 그러므로 [HSL] 패널 상단의 [Saturation] 슬라이더를 클릭한 다음 Targeted Adjustment 도구를 선택한다. TAT 도구로 입술을 클릭하고 아래쪽으로 드래그하면 립스틱 색상의 채도를 낮춘다. 여기서는 [Red] 슬라이더가 −31이 될 때까지 드래그했다.

STEP 04

이미지 왼쪽 상단 모퉁이에 소프트박스 가장자리가 보인다. 도구바에서 Spot Removal 도구를 선택하고 소프트박스가 있는 영역을 드래그해서 제거한다. 그리고 배경의 산광 패널에 주름도 보이므로 드래그해서 제거한다. 첫 번째 사진 보정을 마친 후 클라이언트에게 함께 보내는 나머지 2개의 이미지도 보정한다.

이 시점에서 최대한 빠른 시간 내에 간편하게 클라이언트의 승인을 받기 위해서는 이번 촬영처럼 사진의 개수가 적은 경우 라이트룸에서 바로 이메일로 사진을 전송하는 방법이 최선이다. 만약 클라이언트에게 보여주어야할 사진이 15장 혹은 20장 이상이라면 웹 프루프 페이지를 만든다(만드는 방법은 웹사이트의 보너스 웹 챕터에서 찾을 수 있다).

Workflow Step 5: 클라이언트에게 사진 보내기

STEP 01

G키를 눌러 Grid 보기 모드로 전환한 다음 [Select] 컬렉션을 선택한다. 앞의 레슨에서 보정한 클라이언트에게 보낼 3장의 사진을 선택하고 [Library]-[Rename Photos] 메뉴를 선택한다. [Rename Photos] 대화창에서 클라이언트가 알아보기 쉬운 이름 뒤에 'Proof'를 추가하고 사진 번호로 설정한다. 그러므로 이번 사진의 파일명은 'ScarfProof-1', 'ScarfProof-2', 'ScarfProof-3' 이 된다.

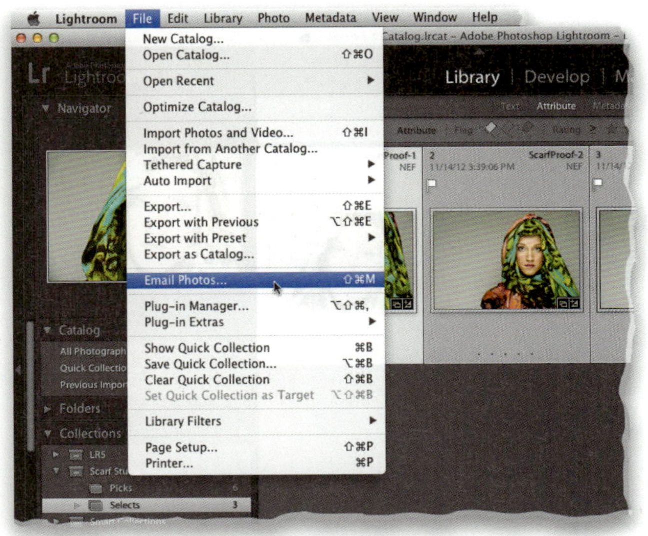

STEP 02

3개의 사진을 선택한 채 [File]-[Email Photos] 메뉴를 선택한다. 라이트룸 5의 이메일 단축키는 Ctrl-Shift-M(MAC:[Command]-Shift-M) 이다.

STEP 03

이메일 대화창에서 사진을 보낼 이메일 주소를 입력하고 [Subject] 입력란에 이메일 제목을 입력한다(자세한 이메일 설정 방법은 310페이지, '라이트룸에서 이메일로 사진 보내기' 참고). 이때 사진을 보호하기 위해 사진의 크기를 작게 설정하거나(왼쪽 하단의 팝업 메뉴에서 'Small' 선택) 워터마크를 추가하는 것도 좋은 방법이다. 이제 [Send] 버튼을 클릭한다.

Note

워터마크 설정 방법은 306페이지의 '이미지에 워터마크 추가하기'를 참고하자.

STEP 04

[Send] 버튼을 클릭하면 **Step 03**에서 입력한 정보와 사진을 포함한 이메일 어플리케이션을 불러온다. 필자는 사진 크기 프리셋을 'Large'로 설정하기 때문에 사진의 긴 변이 800픽셀 정도이며, 화질도 'High'로 설정하기 때문에 3개의 JPEG 파일 용량이 616KB 정도가 된다. 이제 [Send] 버튼을 클릭해서 사진을 클라이언트에게 보내고 사진이 마음에 들길 기도하면 된다.

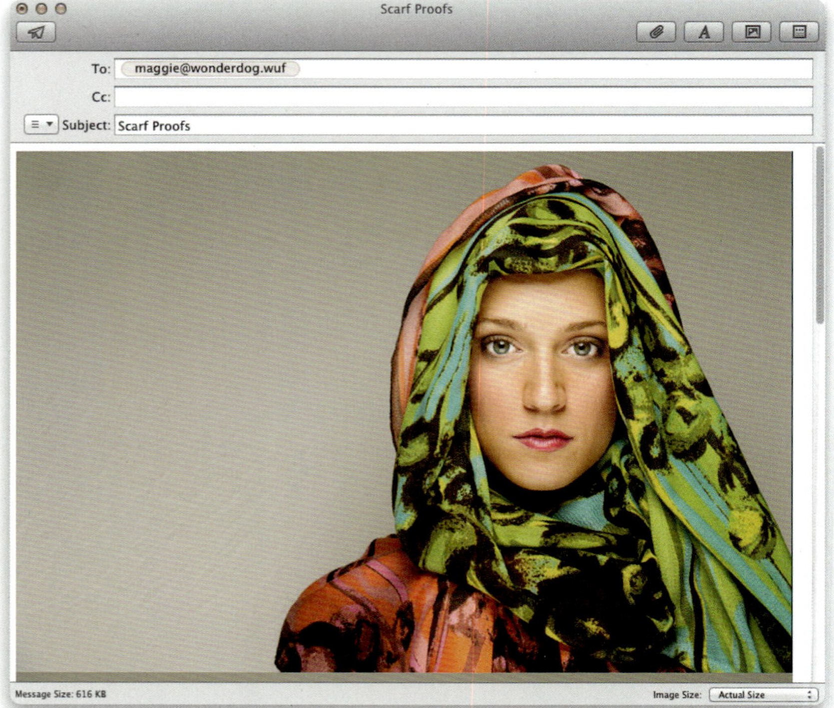

클라이언트가 최종 선택한 사진을 알려주면 라이트룸에서 보정하고 필요하다면 포토샵으로 전환해서 보정한다. 이번 경우에는 인물 사진을 보정해야 하므로 포토샵의 보정 기능이 필요하지만 보정 작업은 항상 라이트룸에서 시작한다.

Workflow Step 6: 최종 사진 보정과 포토샵으로 작업하기

STEP 01

클라이언트가 최종 선택한 사진을 알려준 다음 [Library] 모듈의 [Select] 컬렉션에서 6 키를 눌러 Red 라벨 등급을 설정한다. 필자는 대부분의 경우 클라이언트가 최종 선택한 사진을 'Client Selects'로 별도의 컬렉션을 만든다. 그러나 이번에는 사진이 한 장뿐이기 때문에 Red 라벨 등급만 태그했다.

STEP 02

포토샵으로 전환하기 전에 라이트룸에서 사진을 크로핑한다. [Develop] 모듈의 도구바에서 Crop Overlay 도구를 선택한다. 크로핑 경계선의 모퉁이를 클릭하고 드래그해서 예제 사진과 같이 크로핑 영역을 선택한 다음 Enter (MAC:Return)키를 눌러 적용한다.

STEP 03

Ctrl−E (MAC:[Command]−E)키를 눌러 포토샵으로 전환한다. 포토샵에서 라이트룸에서 불가능한 얼굴의 대칭을 맞추는 등의 최종 보정을 적용할 것이다. 예를 들어, 예제 사진의 오른쪽 눈과 눈썹이 왼쪽보다 낮게 쳐졌다. 이때 가이드선을 사용하면 더 쉽게 비교할 수 있다. 입술도 마찬가지로 오른쪽이 낮다. Ctrl−＋(MAC:[Command]−＋)키를 두어번 정도 눌러 이미지를 줌인해서 확대한다.

STEP 04

오른쪽 눈과 눈썹을 선택하고 경계선을 부드럽게 만든 후 별도의 레이어로 만들어서 ⅛인치 정도 위로 드래그해보자. 가장 먼저 Lasso 도구(L 키)를 선택한 다음 눈과 눈썹이 있는 영역을 선택한다. 그리고 보정한 표시가 나타나지 않도록 [Select]−[Modify]−[Feather] 메뉴를 선택한 다음 [Feather Selection] 대화창의 [Feather Radius] 입력란에 10을 입력하고 [OK] 버튼을 클릭해서 선택 영역의 경계선을 부드럽게 설정한다.

STEP 05

Ctrl-J(MAC:[Command]-J)키를 눌러 선택 영역을 별도의 레이어로 만든다. Move 도구(V 키)를 선택한 다음 ↑키를 눌러 위로 움직여 왼쪽 눈과 높이를 맞춘다. 여기서는 Feather를 '10 픽셀'로 설정했기 때문에 선택 영역의 경계선이 전혀 보이지 않고 자연스럽게 보정할 수 있다. 다음은 입술을 보정해보자. 이번에는 왼쪽 입술 끝을 낮춰서 오른쪽과 높이를 맞춘다. 그 전에 Ctrl-E (MAC:[Command]-E)키를 눌러 레이어를 병합한다.

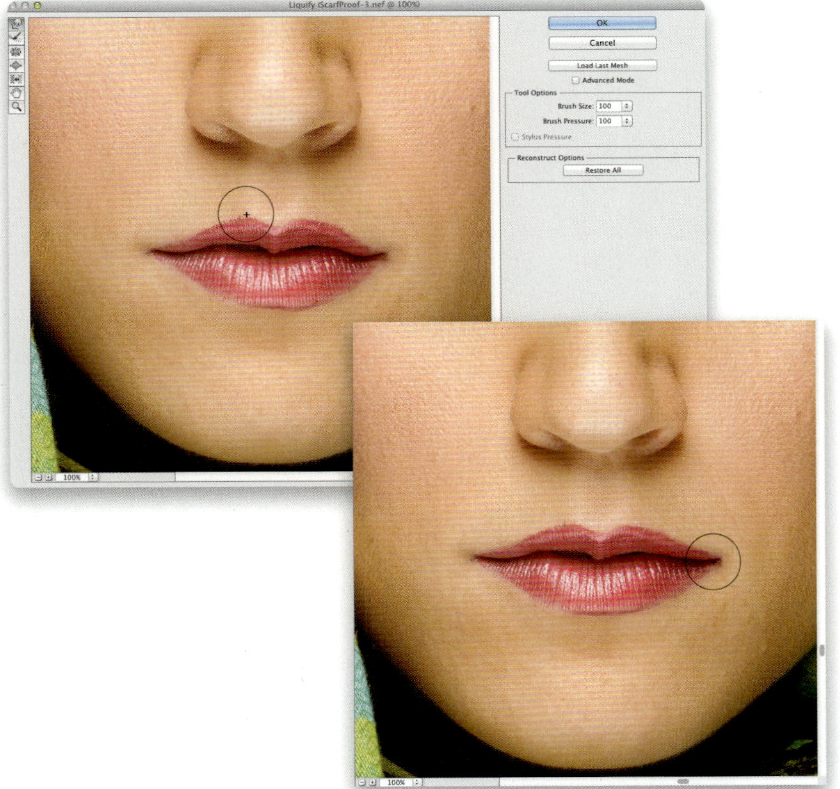

STEP 06

이번에는 [Filter]-[Liquify] 메뉴를 선택한다. [Liquify] 대화창에서 입술을 줌인해서 확대하고 왼쪽 상단 첫 번째의 Forward Warp 도구를 클릭한다. 이 도구는 마치 진한 액체처럼 이미지를 움직일 수 있다. [/] 키를 눌러 입술 끝부분보다 약간 큰 브러시를 선택한 다음 브러시로 왼쪽 입술 끝을 클릭하고 아래로 약간 드래그한다. 다음은 오른쪽 입술 끝을 클릭하고 바깥 방향으로 약간 드래그해서 왼쪽처럼 편편하게 만들어 입술이 대칭을 이루도록 보정한다.

STEP 07

모델의 코는 큰 편이 아니지만 Pucker 도구를 사용해서 약간 작게 보정해보자. 왼쪽의 도구 상자에서 위에서 세 번째에 있는 Pucker 도구를 선택한 다음 코끝이 있는 영역을 몇 번 클릭하고(5번에서 6번 정도) 도구를 약간 위로 옮겨 콧잔등이 있는 영역을 3~4번 클릭한다. 이때 크키가 큰 브러시를 사용해서 한 번에 보정하지 않는 이유는 주변 영역에는 영향을 주지 않기 위해서이다. 보정을 완료하면 [OK] 버튼을 클릭해서 적용한다.

STEP 08

포토샵에서 보정을 마친 다음 다시 라이트룸으로 전환해서 전체 샤프닝 효과를 적용해도 되지만 포토샵에서 가장 진화된 샤프닝 알고리즘을 가진 Sharpen 도구를 백분 활용해서 일부 영역에만 샤프닝 효과를 적용해보자. 어도비사는 CS5 버전에 'Protect Detail' 기능을 추가하고 도구를 업데이트해서 눈과 같은 일부 영역에만 샤프닝을 적용하는데 탁월한 기능을 가지고 있다. 사진을 줌인해서 확대한 다음 도구상자에서 Sharpen 도구를 선택한다. 상단의 Option Bar에서 'Protect Detail'에 체크하고 홍채가 있는 영역을 몇 번 드래그하면 눈을 더욱 선명하게 만든다.

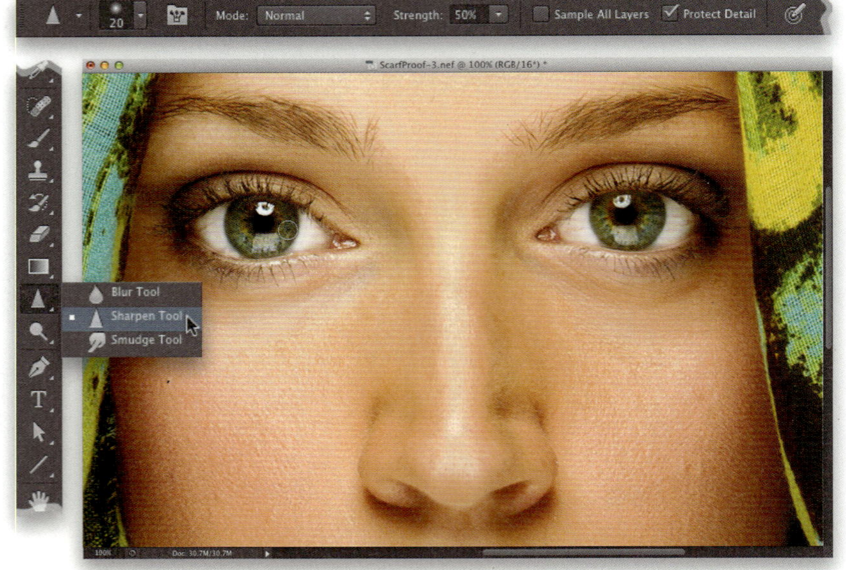

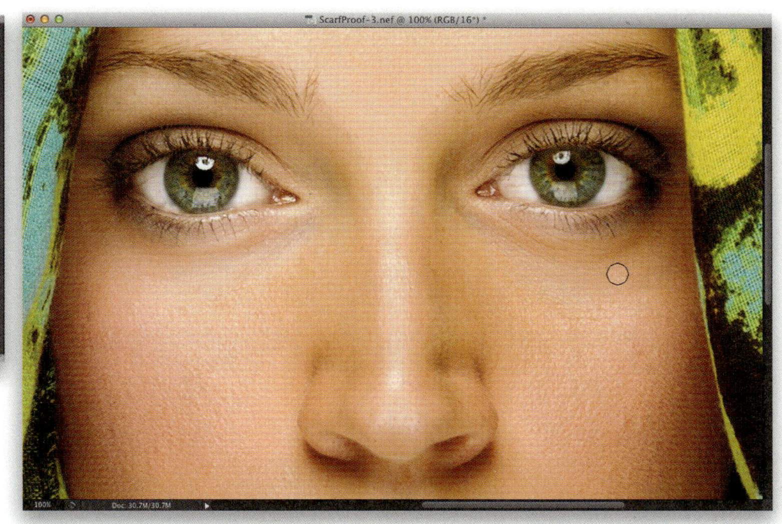

STEP 09

포토샵에서 마지막으로 하는 보정은 잡티나 삐져 나온 머리카락 등을 Healing Brush 도구([Shift]-[J]키)로 제거하는 것이다. 이 도구는 라이트룸의 Spot Removal 도구와 동일한 기능이다. 포토샵에서 보정 작업을 마치면 [Ctrl]-[S] (MAC:[Command]-[S])키를 눌러 이미지를 저장한다. 이때 파일명이나 저장 위치를 재설정하지 않고 단순히 저장만 한 다음 이미지를 닫는다.

STEP 10

포토샵에서 보정한 사진을 저장하면 라이트룸의 원본 파일 옆에 보정한 파일이 있다. 보정한 파일명은 끝에 '-Edit'이라고 표시된다. 하단의 예제 사진에 원본과 보정을 마친 사진을 나란히 배치했다. 이번 사진의 경우 눈에 띨만한 보정은 적용하지 않았기 때문에 차이를 쉽게 발견하기 어렵다.

어도비사는 필자와 필자의 회사를 주인공으로 'Customer Story' 영상을 촬영했다. 이번 사진 촬영 현장의 영상도 담겨있다. 필자는 영상에서 주로 포토샵에 대한 이야기를 많이 하지만 라이트룸을 사용하는 모습과 테더링 촬영하는 장면도 있으므로 궁금하다면 Note의 링크를 확인하자.

Note

Adobe TV: http://adobe.ly/13huxZT

Before

After

Workflow Step 7: 최종 이미지 전달하기

보정 과정을 완료하면 최종 이미지를 이메일로 전송하거나 사진을 출력한 형태로 클라이언트에게 전달해야 한다. 이메일로 보내는 방법은 프루프 사진을 보내는 방법과 동일하기 때문에 이번 단계에서는 다시 설명하지 않겠다. 여기에서는 클라이언트를 위한 출력 이미지를 만드는 방법에 대해 알아보자.

STEP 01

보정을 마친 이미지를 클릭한 다음 [Print] 모듈의 [Template Browser] 패널에서 사용할 템플릿을 선택한다. 여기서는 'Fine Art Mat' 템플릿을 선택했는데 이 템플릿의 기본 페이지 설정은 US Letter(8×11인치)이므로 다른 페이지 크기가 필요하다면 왼쪽 패널 영역 하단의 [Page Setup] 버튼을 클릭하고 대화창에서 프린터, 페이지 크기 등을 선택한 후 [OK] 버튼을 클릭해서 설정을 적용한다. 새로운 페이지 크기를 설정한 다음에는 여백을 재조절해야 하는 경우도 있다.

STEP 02

이제 사진을 출력할 차례이다(자세한 방법은 460 페이지, '출력과 색상 관리 설정' 참고). [Print Job] 패널의 [Print To] 팝업 메뉴에서 'Printer'를 선택한다. [Print Resolution] 항목은 필자의 경우 컬러 잉크젯 프린터를 사용하기 때문에 '240ppi'로 설정한다. 'Print Sharpening'을 체크하고 팝업 메뉴에서 적용하는 샤프닝 정도를 선택한다(필자는 일반적으로 'High'를 선택한다). [Media Type] 팝업 메뉴에서 출력하는 용지의 종류를 선택한다(여기서는 'Glossy'를 선택했다). 사용하는 프린터가 16비트 출력 기능을 가지고 있다면 '16 Bit Output'을 체크한다. 필자는 'Relative'를 선택했다.

Note

[Color Management] 영역에서 [Profile]과 [Intent]를 설정하는 자세한 방법은 챕터 13을 참고하자.

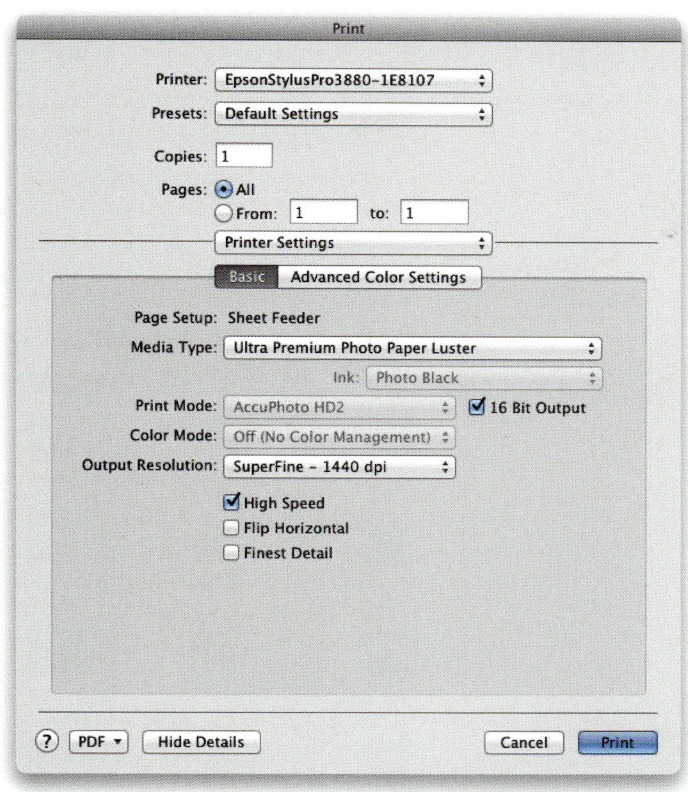

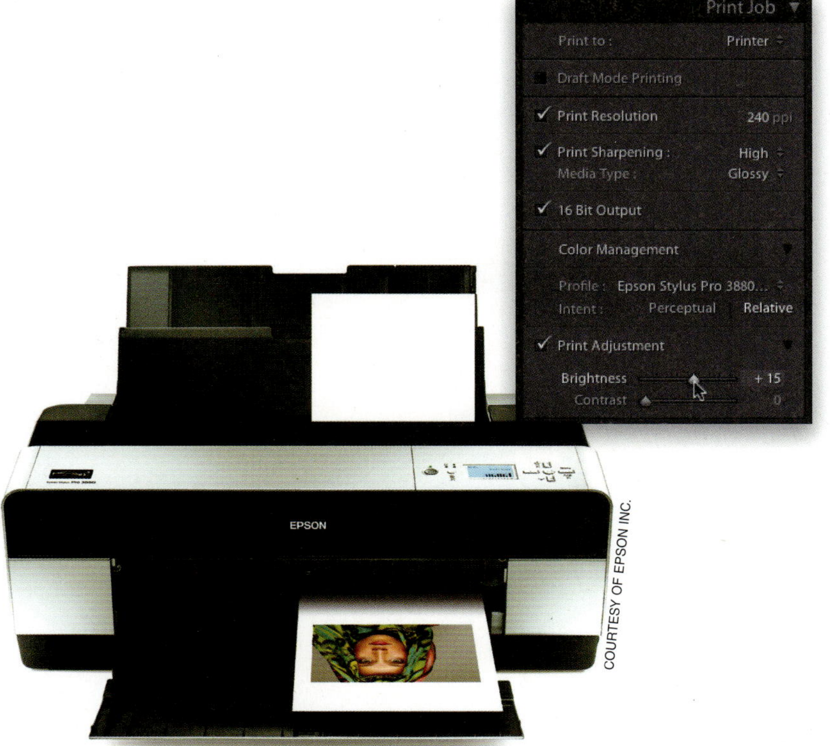

STEP 03

오른쪽 패널 영역 하단의 [Printer] 버튼을 클릭해서 [Print] 대화창을 불러온다. PC의 [Print] 대화창은 모습이 MAC과 다르지만 기본 기능은 동일하다. 대화창의 설정 기능은 프린터에 따라 조금씩 차이가 있지만 [Media Type] 팝업 메뉴에서 용지의 종류를 선택하고 [Output Resolution]에서는 'SUperfine-1440dpi'를 선택하고 'High Speed'를 체크했다.

STEP 04

이제 테스트 출력을 실행한다. [Print] 버튼을 클릭하고 사진이 출력되어 나올 때까지 기다린다. 테스트 출력 사진은 모니터에서 본 밝은 이미지보다 어두울 가능성이 높다. 그러한 경우에는 [Print Job] 패널 하단의 'Print Adjustment'를 체크하고 [Brightness] 슬라이더를 오른쪽으로 약간 드래그해서 보정한 다음 다시 테스트 출력을 실행한다. 적정 값을 찾기까지 두세 번 정도의 테스트 출력이 필요할 것이다. 적정 값을 찾으면 설정을 기억해두고 동일한 용지를 사용할 때마다 적용한다. 출력한 사진의 대비 역시 'Print Adjustment' 영역의 [Contrast] 슬라이더로 조절한다. 그러나 출력한 사진의 색상에 문제가 있는 경우(푸른색이 강하거나 빨간색이 강하거나 등)에는 [Develop] 모듈의 [HSL] 패널에서 해당 색상의 [Saturation] 슬라이더를 재조절하고 다시 테스트 출력을 실행한다. 지금까지 촬영부터 최종 출력까지 필자의 워크플로우를 살펴보았다. 워크플로우를 책의 가장 뒷부분에 넣은 이유는 라이트룸의 모든 기능을 파악해야 이해할 수 있기 때문이다. 그러므로 이해되지 않는 부분이 있다면 해당 기능에 대해 설명한 챕터로 돌아가 다시 읽어보기 바란다.

새로운 라이트룸 사용자에게 전하는 10가지 조언

다음의 10가지 사항은 필자가 처음 라이트룸을 사용하기 시작했을 때 누군가가 알려 주었으면 좋았을 것이란 생각을 들게 해준 조언들이다. 물론 "이 조언들을 왜 이 책 앞부분이 아닌 마지막에 넣었나"라는 의문이 들것이다. 그 이유는 라이트룸 용어와 기능 그리고 개념들을 숙지해야 조언을 이해할 수 있기 때문이다.

1. 모든 사진을 하나의 주 폴더에 저장하라

하나의 주 폴더 안에 얼마든지 많은 하위 폴더를 만들 수 있다. 그러나 앞으로 평화로운 라이트룸 작업을 원한다면 여러 곳으로 사진을 불러오는 방법보다 PC의 [My Pictures] 폴더나 MAC의 [Pictures] 폴더와 같은 하나의 주 폴더를 선택해서 모든 사진 폴더를 그 안에 저장하는 것이 좋다. 그런 다음 라이트룸으로 사진을 불러온다(메모리 카드에서 사진을 불러오는 경우 주 폴더 안에 폴더를 만들어 사진을 복사해서 저장한다). 또한 주 폴더를 사용하면 사진을 백업할 때에도 편리하다. 랩톱을 사용한다면 반드시 랩톱 드라이브에 사진을 저장할 필요가 없으므로 외장 하드에 주 폴더를 만들어 저장한다.

2. Solo Mode를 사용하라

매번 라이트룸의 수많은 패널들을 스크롤하는게 싫다면 Solo Mode 기능을 활성화해서 현재 사용하는 패널만 보이도록 한다. 복잡한 인터페이스를 정리할 뿐 아니라 작업에 더 집중할 수 있다. 아무 패널 제목이나 마우스 오른쪽 버튼으로 클릭한 다음 팝업 메뉴에서 'Solo Mode'를 선택한다.

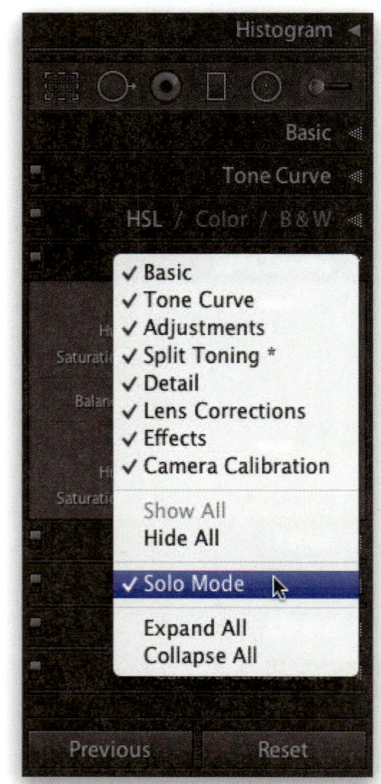

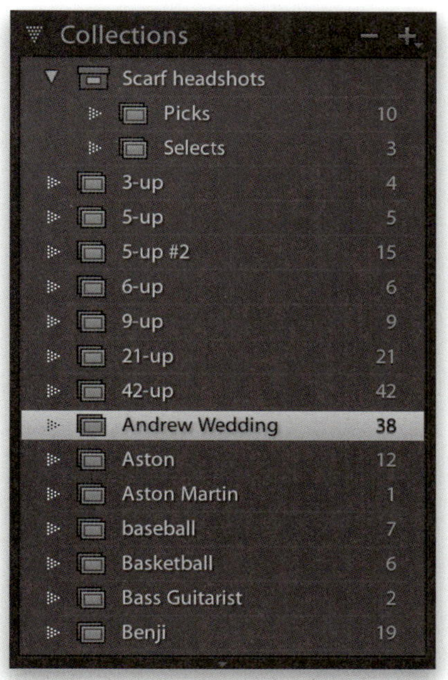

3. 폴더 대신 컬렉션을 사용하라

폴더는 촬영한 사진들을 불러와 컴퓨터나 외장 하드에 저장한 실제의 사진 파일이 들어있는 곳이다. 그러나 대부분의 사용자들은 모든 사진을 불러온 다음 실제로 사용할 사진에만 집중하기 때문에 컬렉션이 만들어졌다. 마음에 드는 사진들은 즉시 컬렉션에 넣기 때문에 필자와 친구 매트는 항상 "폴더는 실패한 사진들을 보기 위해 들어가는 곳"이라고 농담한다. 컬렉션은 과거에 필름을 관리하던 방법과 유사한 기능이다. 마음에 드는 사진은 출력해서 사진 앨범에 넣어서 보관하고 나머지는 슬리브에 끼워 보관한다. 컬렉션은 사진 앨범 역할을 하는 기능이다. 실수로 파일을 컴퓨터나 하드디스크에서 삭제하는 실수를 할 염려가 없으므로 폴더보다 안전하다.

4. 최대한 라이트룸을 사용하라

필자는 후작업의 85%를 라이트룸에서 실행하며 레이어 기능을 사용한 사진 합성, 전문가 수준의 보정, Pen 도구 사용 등 라이트룸에 없는 기능이 필요한 경우에만 포토샵으로 전환한다. 라이트룸의 [Develop] 모듈에서도 얼마든지 대부분의 사진 보정 작업이 가능하다. 그러므로 시간을 투자해 라이트룸의 기능들을 숙지하면 작업 시간을 훨씬 단축할 수 있다.

5. 프리셋과 템플릿을 만들어 작업 시간을 단축하라

라이트룸 작업의 효율성을 높이는 지름길은 자주 사용하는 설정을 프리셋과 템플릿으로 만들어 사용하는 것이다. 많은 사용자들이 프리셋과 템플릿의 힘을 간과한다. 특정한 편집 설정을 두 번 이상 사용한다면 [Develop] 모듈 프리셋을 만들어 한 번의 클릭으로 적용해보자. 출력 설정을 자주 사용한다면 출력 템플릿으로 만들어 저장한다. 파일을 자주 JPEG이나 TIFF 형식으로 보낸다면 Export 프리셋으로 설정을 저장하자. 또는 Import 프리셋을 만들어 시간을 절약할 수도 있다. 프리셋과 템플릿 기능은 라이트룸의 큰 장점 중 하나이며 작업의 효율성을 높여줄 것이다.

6. 이미지를 JPEG 형식으로 저장하라

라이트룸 세미나에서 항상 받는 질문이 파일의 저장 방법이다. 라이트룸에는 다른 어플리케이션과 달리 [File] 메뉴에 'Save'나 'Save As' 명령어가 없다. [File] 메뉴를 열어보면 'Export' 선택 항목들이 있지만 그 중 'Export as JPEG'은 없다. 그러나 'Export'를 선택하고 [Export] 대화창을 불러오면 선택한 이미지를 JPEG 형식으로 저장하도록 선택할 수 있다. 그리고 대부분의 경우 파일을 JPEG 형식으로 저장할 것이므로 대화창 설정을 Export 프리셋으로 저장하면 매번 설정할 필요가 없다는 점도 기억하자.

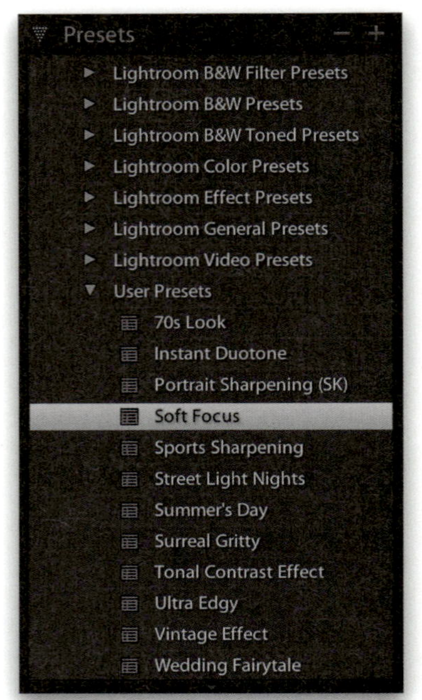

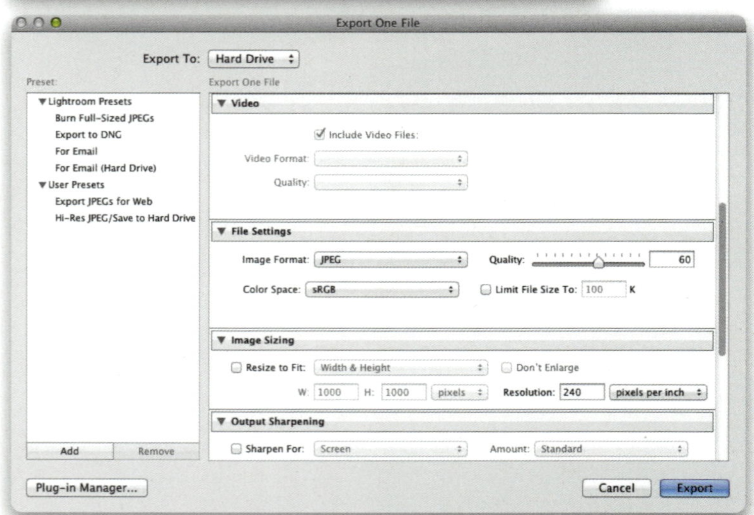

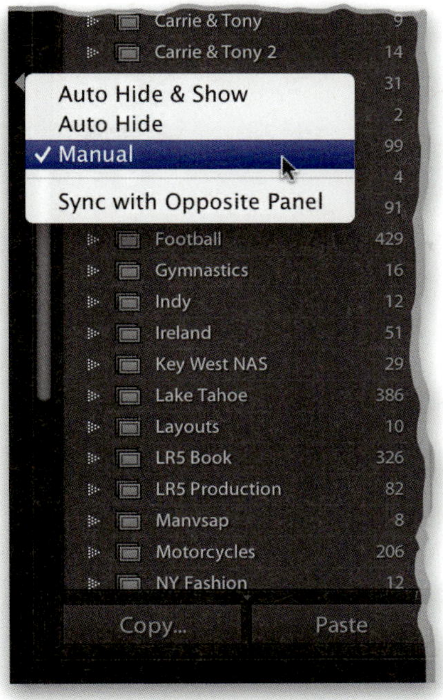

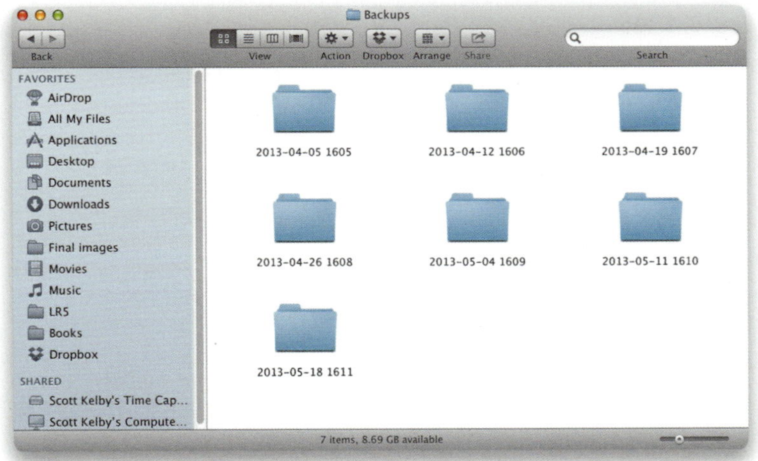

7. Auto Hide & Show 패널 기능을 비활성화하라

새로운 라이트룸 사용자들이 이메일로 많이 문의하는 점 하나가 이 기능을 해제하는 방법을 알려달라는 것이다. 바로 Auto Hide & Show 기능이다. 이 기능은 패널이 원치 않을 때 나타나거나 사라지기 때문에 많은 사용자들을 화나게 만든다. 다행히 이 기능을 해제하는 방법이 있다. 각 패널의 가장자리 중간 부분에 있는 작은 화살표를 마우스 오른쪽 버튼으로 클릭하고 팝업 메뉴에서 'Manual'을 선택하면 자동 기능을 해제한다. 이제 패널은 작은 화살표를 클릭하거나 단축키를 누를 때에만 열린다.

Note

패널의 보이기/숨기기 단축키는 다음과 같다: F5 키는 [Navigation] 패널, F6 키는 [Filmstrip], F7 키는 왼쪽 패널 영역, F8 키는 오른쪽 패널 영역, Tab 키를 누르면 모든 패널을 숨긴다.

8. 오래된 백업 파일은 삭제하라

매일 혹은 일주일에 한 번씩 정기적으로 컬렉션을 백업한다면 머지않아 오래된 백업 파일들이 하드디스크 공간을 차지할 것이다. 그러므로 백업 폴더에서 2주 이상 지난 백업 파일들은 삭제한다. 만약 카탈로그에 문제가 생겨 백업 파일이 필요하다면 저번 주의 백업 파일을 두고 한 달이 지난 백업 파일을 일부러 찾지는 않을 것이므로 오래된 백업 파일은 쓸모가 없다. 또한 Cloud, Time Capsule 혹은 Crash Plan과 같은 무선 하드디스크 서비스 등을 이용해서 정기적으로 컴퓨터 전체를 백업한다면 카탈로그를 백업할 필요조차 없다.

9. 최대한 하나의 카탈로그를 사용하라

물론 여러 개의 카탈로그를 만들어서 사진을 관리해도 상관은 없다. 그러나 필자는 하나의 카탈로그만 사용하기를 권고한다. 라이트룸은 150,000장의 사진 관리가 가능할 정도로 뛰어난 카탈로그 기능을 가지고 있다(사진이 100,000장 이상이 되면 속도가 느려질 수도 있다. 그 때는 [File] 메뉴에서 'Optimize Catalog'를 선택하여 카탈로그를 최적화한다). 모든 사진을 하나의 카탈로그에 넣으면 원하는 이미지를 찾을 때 다른 카탈로그를 재로딩하지 않아도 되기 때문에 사진 관리가 훨씬 수월하다. 어도비사의 라이트룸 제품 매니저인 톰 호거티도 사용자들이 다수의 카탈로그에 대해 질문할 때 동일한 조언을 해주었다.

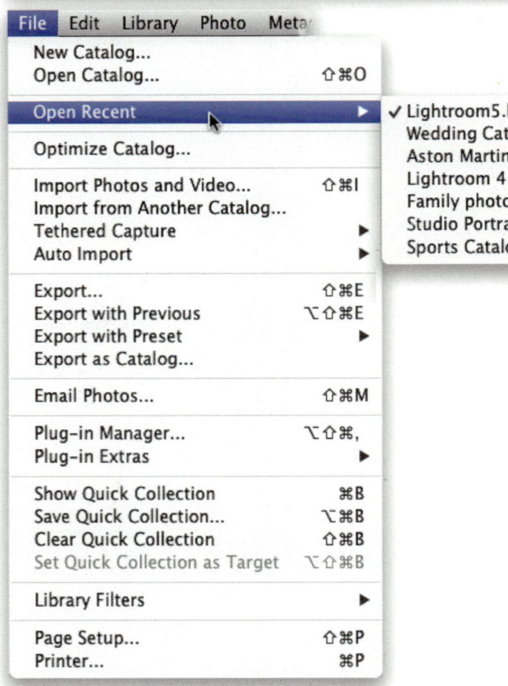

10. 키워드를 추가할 필요가 있는지 고려하라

사진을 불러올 때 추후에 사진을 쉽게 찾기 위해 키워드 설정에 어느 정도의 시간과 노력을 투자하라고 배웠다. 물론 스톡 사진 판매자나 기자라면 세심한 키워드 설정은 필수이다. 혹은 어느 날 갑자기 연락해서 빨간색 자동차에 여자가 운전하고 있는 종구도 사진을 모두 보내달라고 하는 의뢰인이 있다면 전문가 수준의 세분화된 키워드가 필요하다. 그러나 가지고 있는 사진이 작년의 파리 여행에서 찍은 것뿐이라면 굳이 사진에 일일이 키워드를 설정할 필요가 없다. 그러므로 필요한 사진을 컬렉션에서 찾지 못한 경우가 있었는지 한 번 생각해보자. 예를 들어, 2년 전에 이탈리아로 갔던 가족 여행에서 찍은 사진이 필요하다면 [Collections] 패널에서 [2011]-[Travel]-[Italy] 메뉴를 선택하면 된다. 만약 이탈리아 여행을 두 번 갔다면 [Italy]와 [Italy 2], 2개의 컬렉션으로 분류되어 있을 것이다. 키워드 없이도 필요한 사진을 찾는데 문제가 없다면 굳이 키워드 설정에 시간을 투자할 필요가 없다는 의미이다.

색인

색인

색인

[Reset] 버튼   196
Resolution   324
RGB Curves   184
RGB 채널   184
Road Map   117
[Rotate] 슬라이더   276
Roughness   224
Roundness   190

S

'Sample' 영역   53
Satellite   117
Saturation   178, 186
[Saturation] 패널   187
[Saved Location] 패널   114
Second Copy   39
[Second Window] 버튼   145
Segment Photos By Shots   43
[Selects] 컬렉션   87
Session Name   42
Shade   161
Shadows   159, 167
Sharpen 도구   520
[Slideshow] 모듈   390
Single Image/Contact Sheet 기능   436
Single Page View   362
Smart Previews 기능   34
[Snapshot] 패널   259
Soft Proofing   218
Solo Mode   144, 524
[Sort] 팝업 메뉴   25
Source 목록   36
[Split Toning] 패널   198
Spot Removal 도구   240
Spread View   362
sRGB   221
Stack 기능   94
Standard   29

Straighten 도구   264
Stroke Border   398
'Strong Contrast' 프리셋   180
[Style] 팝업 메뉴   189
Survey 보기 모드   83
Synchronize Folder   77

T

Target Adjustment 도구   181
Target Collection   100
TAT 도구   181
Temp   162
Template Browser   384
Terrain   117
Tethered Capture   42
Tint   162
[To]   26
Tone Curve 기능   179
Tracklog   115
[Transform] 패널   275
[Treatment] 영역   195
Trim End   421
Trim Start   421
Tungsten   161
[Type] 패널   382

U

[Unchecked All] 버튼   25
Unsharp Mask 필터   287
Update Process Version   158
Upright Les Correction 기능   277
Upright 기능   278
USB 케이블   42
User Presets   31, 212

V

[Vibrance] 슬라이더   178
View Options   149
Visualize Spots   266

W

Watermark Editor   308
White Balance Selector   163
Whites   159, 167
Windows Explorer   509

X

XMP sidecar   56
XMP 보조 파일   109
XMP 파일   56

Z

[Zoom] 슬라이더   114
Zoom to Fill Frame   396

기타

1:1   29
8 bits   324
16 bits   324
16비트 출력 기능   477
[+] 버튼   32, 81